D1705175

Impressum
Texte: © 2024 Copyright by Frank Zunk
Umschlag: © 2024 Copyright by Frank Zunk
Verantwortlich
für den Inhalt: Frank Zunk
                Straße zum Forst 1
                09633 Halsbrücke
                frankjzunk@gmail.com
                https://dresden-hiroshima.jimdofree.com/

Druck: epubli – ein Service der Neopubli GmbH, Berlin

Grenzenlos
Eine außergewöhnliche Lebensgeschichte

Mit diesem Buch beschreibt der Autor Frank Zunk sein
außergewöhnliches Leben.
Es ist die reale, und unglaubliche Geschichte von einem
gewaltbereiten und kriminellen jungen Mann, der 2
Autounfälle schwer verletzt überlebt hat. Zum
Friedensaktivisten wurde. Und jetzt mit dem Fahrrad auf
Weltreise ist.
Im 1. Teil von diesem Buch beschreibt er authentisch
seine Jugend vom Außenseiter „Heino" über wilde Partys,
viel Alkohol, Abstürze, Straftaten, Hass und Gewalt, dem
1. Schweren Unfall (aus dem er nichts gelernt hat) bis
zum 2. schweren Unfall, bei dem sein bester Freund ums
Leben kam. Und er zum 2. Mal sehr schwer verletzt
wurde.

Im 2. Teil beschreibt Frank wie er ins Leben zurück kam.
Und nach einem langen Weg seinen inneren Frieden
gefunden hat.
Er lag 1 Monat im Koma. Musste alles komplett neu
lernen. War lange in der Reha.
Wurde nach 5 Monaten arbeitsfähig entlassen. Und hatte
kurz darauf einen erneuten Unfall.
Erst dann erkannte er, dass es so nicht weitergehen kann.
Er hat sich komplett verändert. Sein „Heino" Image
abgelegt. Und niemals wieder einen Schluck Alkohol
getrunken.
Erst dann begann sein langer Weg von seiner hasserfüllten
Jugend zum Friedensaktivisten.
Er hatte zunächst ein fast normales Leben. Mit seiner
späteren Frau. Hat sein Elternhaus saniert und umgebaut.

Frank Zunk

Grenzenlos

St.-Johannis-Kirche Göttingen
am 14. Mai 2024

Lieber Steve,

Ich wünsche Dir viel Freude
beim Lesen von diesem Buch.
Und gute Unterhaltung
mit meinen Erlebnissen!
Außerdem würde ich mir wünschen,
dass meine Lebensgeschichte
eine Inspiration für Dich ist.
Und Dich zum Nachdenken anregt.

Gruß
Frank Zunk

Frank Zunk

Grenzenlos

Mein langer Weg zum inneren Frieden

Autobiografie

Dann kam er über Freunde in die Politik. War jahrelang aktives Mitglied bei Der Linken. Ehrenamtlich Ortsvorsitzender beim Sozialverband. BGE Aktivist. Anti Atom Aktivist. Lernte gewaltfreie Kommunikation.
2012 hat seine Frau sich von ihm getrennt. 2013 ist seine Mutter gestorben.
Er war gezwungen, das Haus zu verkaufen. Ist dann nach Hannover gezogen. Hier war er aktiv bei der Mahnwache für Frieden und Völkerverständigung.
Durch die Mahnwachenbewegung begann er umzudenken. Alles zu hinterfragen. Wurde Zinskritiker. Ist aus Der Linken ausgetreten. Wollte eine eigene Partei gründen. Dafür hat er das Parteiprogramm geschrieben. Mit dem BGE als Kernthema. Die Parteigründung ist wegen dem BGE gescheitert.
Deshalb hat er sämtliche politischen Aktivitäten eingestellt. Und wurde mehr und mehr zum Systemkritiker. 2016 hat er angefangen, seine Autobiografie zu schreiben – Dieses Buch.
2016 dann der 1. schwere Darmverschluss. Als Spätfolge vom 1. Unfall.
Dazu kam der Geldmangel. Er lebte eine Zeitlang in einer baufälligen Gartenhütte. Im Winter ohne Wasseranschluss. Es mangelte an allem…
Dann 2018 der 2. schwere Darmverschluss. Frank war den ganzen Sommer mit offenem Bauch und offenem Darm im Krankenhaus. Wurde monatelang künstlich ernährt. War fast tot.
Im Krankenhaus hat er einen großen Teil von diesem Buch geschrieben.
Und er hatte die Idee, mit dem Fahrrad nach Hiroshima zu fahren.
In dieser Zeit hat er seinen Garten und seine Wohnung verloren.

Ein Freund hat ihn dann bei sich auf dem Hof in Sachsen aufgenommen.

Schon wenige Monate nach seiner Entlassung machte er 2019 eine monatelange Fahrradtour durch Deutschland.

Als Probefahrt für seine Fahrradreise nach Hiroshima.

2020, mitten in der Corona Zeit ist er gestartet.

Jetzt fährt er für Frieden und Völkerverständigung mit dem Fahrrad von Dresden nach Hiroshima.

In der Türkei hat er die Arbeiten an seiner Autobiografie wieder aufgenommen. Und in Indien vollendet.

Im Januar 2024 wird es veröffentlicht.

Dieses Buch ist sein Lebenswerk.

Über eine mehr als außergewöhnliche Lebensgeschichte.

Vorwort

Warum schreibt ein normaler Mensch mit 47 eine Autobiografie ?

Ich kann es. Aufgrund der Lebenserfahrung, die ich gesammelt habe.

Mein Leben ist am Limit. Ich habe das Außergewöhnliche und Unmögliche selber erlebt.

Grenzerfahrungen sind für mich normal.

Ich habe viel erlebt. Gutes wie schlechtes. Ich habe viel erreicht.

Meine Lebenserfahrung hat mich geprägt. Das Negative, was ich erlebt habe, hat mich zu dem gemacht, der ich jetzt bin. Eigenes Erfahren hat mich dazu gebracht, Dinge zu hinterfragen. Ich nehme nichts mehr einfach so hin. Sondern setze mich aktiv dafür ein, mein Umfeld und letztendlich die Welt zu verbessern. Ich habe erkannt, dass ich alleine für mein eigenes Glück verantwortlich bin.

Durch meine Erfahrungen wurde mir im Laufe der Jahre immer klarer, dass auch ich als einzelner kleiner Mensch eine Chance habe, etwas zu verändern. Für mich selber. Aber auch für die Welt. Das Entscheidende ist mein eigener Konsum. Insbesondere das, was ich nicht konsumiere und nicht mit Geld kaufe!

Jeder Mensch hat diese Chance.

Jetzt bin ich ein Mensch, der andere Lebewesen achtet und respektiert.

Ich setze mich in vielen Bereichen für eine bessere Welt ein.

Bin aktiv für Tierrechte. Für die Rechte von Homosexuellen und Andersdenkenden.

Ich bin Friedensaktivist. BGE Aktivist. Umweltschützer. Mitglied der Anti-Atombewegung. Wachstumskritiker. Zinskritiker. Visionär.

Mittlerweile lehne ich jede Art von Gewalt ab.

Das war nicht immer so.

Mein Leben war „früher" von Alkohol und Gewalt bestimmt.

Oft habe ich die Kontrolle verloren.

Unter anderem habe ich zwei sehr schwere Verkehrsunfälle, sowie zweimal eine schwerste Erkrankung als Unfallfolge überlebt.

Ich weiß, was es heißt, ganz unten zu sein.

Ich weiß, was es heißt,

- Hunger zu haben. Nichts zu essen. Kein sauberes Trinkwasser.

- wenn essen schadet. Nichts essen zu können.

- absolut kein Geld zu haben.

- keine Wohnung zu haben.

- zu frieren. Kein Brennholz. Kein Heizöl. Kein warmes Wasser.

- Schmerzen zu haben.

Ich habe Fehler gemacht. Sehr oft kam ich ungestraft davon.

Für manche Fehler wurde ich sehr grausam bestraft.

Aus meinen Fehlern habe ich gelernt. Trotzdem bin ich immer rebellisch geblieben.

Mehrfach habe ich gemerkt, wieviel Leid und Schmerz ein Mensch ertragen kann. War mehrmals fast tot. Ich habe meinen Körper schon oft bis an die Belastungsgrenze gebracht. Oder darüber hinaus.

Und ich lebe immer noch.

Ich habe es gelernt, mich durchzusetzen.

Und ich habe immer meinen festen Willen und meinen Lebensmut behalten.

Oder nach kurzer Zeit zurückgewonnen.

Mittlerweile weiß ich, dass alles was ich jetzt habe, nicht selbstverständlich ist.

Ich bin sehr dankbar für das, was ich habe. Bin dankbar, gute Freunde zu haben.

Bin dankbar für jede Kleinigkeit. Dafür, dass ich genug zu essen habe.

Und, dass ich es essen kann.

Ich bin stolz auf das, was ich erreicht habe.

Mit diesem Buch möchte ich anhand meiner Lebenserfahrung meinen langen Weg darstellen, und für die Nachwelt festhalten. Den Weg zu der Erkenntnis, die ich jetzt habe.

Insbesondere zum Konsum.

Meinen langen Weg zum inneren Frieden.

Ich möchte meine Mitmenschen vor den Fehlern bewahren, die ich gemacht habe.

Und nicht zuletzt hilft es mir selber, meine Gedanken und Erlebnisse in Worte zu fassen.

Familienvorgeschichte

Meine Familiengeschichte war, wie bei so vielen anderen Familien auch, stark durch den 2. Weltkrieg beeinflusst.
Meine Großeltern väterlicherseits verstarben schon lange vor meiner Geburt.
Mein Vater wurde 1940 in Würzburg geboren, und war gelernter Kaufmann.
Er heiratete 1964 zum 1. Mal und wurde 1968 geschieden.
Aus dieser Ehe habe ich 3 Halbbrüder, die ich aber nie kennenlernte.
Heinz, Robert und Ralf.
Außerdem hatte mein Vater noch mindestens 2 Schwestern, die heute noch in Würzburg leben müssten.
Ich kenne sie aber nicht und habe auch keinen Kontakt zu meinen Tanten.
Über weitere Familienangehörige von meinem Vater ist mir nichts bekannt.
Da er bereits sehr früh verstarb, habe ich ihn nie bewusst kennengelernt, und weiß auch nichts von ihm.

Meine Mutter wurde 1941 in Angerapp / Ostpreußen geboren.
Mein Großvater mütterlicherseits ist seit Januar 1945 verschollen und wurde 1952 für tot erklärt. Er hatte zufällig am gleichen Tag Geburtstag wie ich.
Meine Großeltern besaßen bis zum Krieg einen Gutshof in Wiesenhausen / Kreis Angerapp.
Meine Großmutter musste mit den Kindern im Oktober 1944 aus Wiesenhausen flüchten und kam bis nach Oberbösa / Thüringen, wo meine Mutter ihre Kindheit verbrachte.
Im Frühjahr 1961 kam die Familie über Berlin in die Bundesrepublik nach Ochsenfurt / Bayern.

Meine Mutter hatte einen Bruder, zu dem wir aber keinen Kontakt hatten. Er war in der DDR geblieben und lebte mit seiner Frau in Greußen bei Erfurt.
Außerdem hatte sie eine Schwester, zu der wir auch keinen Kontakt hatten.
Meine Tante lebte in Würzburg. *Ich habe sie und ihre Familie erst nach dem Tod meiner Mutter kennengelernt.*
Meine Mutter heiratete 1963 zum 1. Mal. Und wurde 1966 geschieden.
Aus dieser Ehe habe ich 2 Halbbrüder.
Roberto wurde im Juli 1963 geboren. Ich kann mich nur dunkel an ihn erinnern. Aber er sollte noch eine wichtige Rolle in meinem Leben spielen.
Axel wurde 1965 geboren und ist 1970 mit nur 5 Jahren verstorben. Ich habe ihn also nie kennengelernt.

Wie ich viele Jahre später erfuhr, ist der 1. Mann meiner Mutter nach der Scheidung nach Brasilien ausgewandert und dort zu Reichtum gekommen. Er hat seinem Sohn Roberto ein Millionenvermögen vererbt.

Meine Mutter war gelernte Krankenschwester und arbeitete jahrelang als Nachtschwester.

Meine Eltern heirateten 1970.

Teil 1

Meine Kindheit und Jugend 1976 – 1999

Meine frühe Kindheit

1976

Ich werde am Freitag, 23. Januar 1976 um 2:20 Uhr in Würzburg / Bayern geboren.

Aus dem Mutterpass meiner Mutter geht hervor, dass meine Geburt 3 Wochen vor Termin ist.

Als Besonderheit wird „straffe Nabelschnurumschlingung" vermerkt.

Ich wiege bei meiner Geburt 2450 Gramm und bin 46 cm groß. Also sehr klein und zierlich.

Auch heute als erwachsener Mann bin ich nur 1,65 m groß. Was nicht unbedingt von Vorteil ist.

Meine Eltern wohnen in Kitzingen / Kreis Würzburg. Am 15. Februar werde ich katholisch getauft. Patentante ist meine Tante Gabi, die ich aber nie bewusst kennenlerne.

1977

Im Juli ziehen meine Eltern mit mir und Roberto von
Bayern nach Norddeutschland.
In Bremen – Vegesack verbringe ich meine frühe
Kinderzeit, an die ich aber keine Erinnerungen habe.
Mein Vater ist dort noch als Verkäufer tätig. Meine Mutter
arbeitet als Nachtschwester im Diakoniekrankenhaus
Gröpelingen.
Wahrscheinlich gehe ich in den Kindergarten. Ich habe
aber keine Erinnerung daran.

1979

Am 19. September stirbt mein Vater mit nur 39 Jahren in
Bremen. Woran genau er stirbt, weiß ich nicht. Meine
Mutter spricht nie über ihn.
Beerdigt wird er am 28. September auf dem
Hauptfriedhof in Würzburg.
Wie ich erst viele Jahre später erfahre, zerstreitet sich
meine Mutter damals wegen dem Erbe von meinem Vater
mit der ganzen Familie, und sie bricht zu allen den
Kontakt ab. Die einzige Ausnahme ist ihre Mutter. Meine
Oma Herta.
Sie verheimlicht uns Kindern für den Rest ihres Lebens
das sie noch Geschwister hat.
Das macht viel kaputt. Ich habe keine richtige Familie.
Nur meine Mutter und meine Oma.
Oma Herta wohnt im selben Wohnblock wie wir.

Mein Halbbruder Roberto ist damals noch bei uns. Ich
habe aber fast keine Erinnerungen an ihn.
Ich weiß bis heute nicht, was aus ihm geworden ist.

Kurz nach dem Tod meines Vaters lernt meine Mutter einen neuen Mann kennen. Heinrich wohnt mit seinen Eltern auf einem Bauernhof in Kampsheide bei Asendorf / Kreis Diepholz.

1981
Im Mai wird meine Halbschwester Silke in Bremen geboren.

Ich lerne Fahrradfahren
Etwa zu dieser Zeit lerne ich das Fahrradfahren. Ich kann mich aber nur noch dunkel an mein erstes blaues Kinderfahrrad erinnern. Und, dass ich damit vor unseren Wohnblocks rumgefahren bin.

Bauernhof
Meine Mutter zieht mit uns Kindern im September auf dem Hof in Kampsheide ein.
Ob Roberto zu dieser Zeit bei uns ist weiß ich nicht. Oma Herta bleibt in Bremen.
Der Hof ist ein großes, altes Gebäude mit vielen leerstehenden Räumen. Ich erinnere mich an das riesige Wohnzimmer mit der alten Standuhr. Es gibt eine große Diele. Von dort kommt man auch in das sehr altmodische Bad. Laut der Inschrift über dem großen Eingangstor zur Diele wurde das Haus im Jahr 1903 gebaut. Über der Diele ist der Heuboden. Seitlich sind die Stallgebäude. Der Schweinestall steht schon länger leer. Aber es gibt dort noch ein Plumpsklo. Im Kuhstall sind noch 12 Milchkühe und einige Rinder. Neben dem Kuhstall ist die Scheune, dort stehen landwirtschaftliche Maschinen. Ich erinnere mich an das rote Förderband für Strohballen. Und einen alten hellblauen Trecker. Auf der anderen Seite

neben dem Schweinestall ist der Trecker-Schuppen. Dort steht ein ziemlich neuer grüner Fendt Trecker. Der ehemalige Hühnerstall steht schon lange leer. Etwas abseits gibt es noch das alte Backhaus. Das wird schon lange nicht mehr benutzt. Nur in einem Teil steht sorgfältig unter Decken abgedeckt, der rote Mercedes von Opa Heini. Besonders fasziniert bin ich von den alten Pferdewagen, die schon sehr lange auf dem Hof vor dem Schweinestall stehen.

Heinrich und meine Mutter bauen das Obergeschoss des Wohnhauses für uns um. Es stand bislang leer. Seine Eltern wohnen ja unten. Ganz oben gibt es noch einen Dachboden. Dort ist es sehr unheimlich. Aber da liegen auch komische, sehr altertümliche Sachen rum. Ich erinnere mich an das alte Grammophon.

Die Landwirtschaft besteht ja nur noch aus den Kühen und Rindern. Heinrich bewirtschaftet den Hof mit Hilfe seiner Eltern. Ich finde es toll, wenn ich auf dem grünen Trecker mitfahren darf.

Ich bekomme schon als kleines Kind mit, das es oft Streit gibt. Meine Mutter streitet sich mit den Eltern von Heinrich. Ich glaube, dass es um Geld wegen der hohen Heizkosten geht.

1982
Oyle
Anfang 1982 zieht meine Mutter mit Heinrich und uns Kindern um.
Wie ich viele Jahre später erfahre, ist Roberto auch mit dabei.

Wir wohnen jetzt in einer Wohnung in Oyle. Das ist ein kleiner Ort im Landkreis Nienburg.

Meine bewusste Erinnerung beginnt ungefähr zu dieser Zeit.

Heino – Meine Grundschulzeit als Outsider

Grundschule Marklohe

Anfang August werde ich in der Grundschule Marklohe eingeschult.

Ich bin jetzt in der Klasse 1a.

Ich habe keine Erinnerung an meine Einschulung.

Ich bin damals schon ein Außenseiter.

Das liegt wohl auch daran, dass ich ja erst vor kurzem hergezogen war. Die anderen kannten sich schon aus dem Kindergarten. Ich kenne keinen. Bin kleiner als die anderen ... und schüchtern ...

Ich kann mich nicht erinnern, dass ich in der 1. Klasse Freunde hatte.

Ab jetzt bin ich ein Schulkind. Und fahre mit dem Bus von Oyle in den Nachbarort Marklohe zur Schule.

Heino

Zu dieser Zeit beginnt etwas, was mein Leben nachhaltig beeinflussen wird.

Ich fange an, mich für die Plattensammlung von meiner Mutter zu interessieren.

Anfangs höre ich die Platten mit ihr zusammen. Später alleine und heimlich.

Besonders ihre Heino Platten faszinieren mich.

Das Lied „Blau blüht der Enzian" begleitet mich mein Leben lang.

Ich bin so fasziniert davon, dass ich beginne es selber zu singen. Immer wieder ... den Refrain. Und ich „jodele".

Im Schulbus sitze ich immer vorne beim Busfahrer und singe durchs Micro „Blau blüht der Enzian".

Ich unterhalte den ganzen Bus. Und werde in der Schule bekannt. Aber nicht unbedingt positiv.

Ich werde zum Gespött meiner Mitschüler. Zum Klassenclown ... Outsider.

Damals ist mir das aber noch nicht bewusst.

Meine Kindheit in Liebenau

1983

Liebenau

Ein entscheidender Abschnitt meines Lebens beginnt im April 1983.

Wir ziehen erneut um. Nach Liebenau / Kreis Nienburg.

Das Dorf Liebenau hat etwa 3500 Einwohner und ist etwa 12 km von Nienburg entfernt.

Meine Mutter und ihr Lebensgefährte Heinrich kaufen ein Haus in einem Neubaugebiet.

In einer der besten Wohngegenden von Liebenau.

Es gehört beiden zur Hälfte.

Dieses Einfamilienhaus Baujahr 1974 auf dem 1358m² großen Eckgrundstück am Waldrand in der Potsdamer Straße soll später eine wichtige Rolle für mich spielen.

Das Waldstück auf der anderen Straßenseite ist eingezäunt. Dass sich in diesem Wald die ehemalige Pulverfabrik sowie das ehemalige Arbeitslager aus dem 2. Weltkrieg befindet, erfahre ich erst viele Jahre später.

Ein Stück weiter, direkt am Ortsausgang, ist die Waldsiedlung. Alte Gebäude. Fast wie ein eigenes kleines Dorf. Dort wohnen „komische" Leute. Die kaum Kontakt zu den normalen Bürgern von Liebenau haben. Auch wir sollten die Waldsiedlung besser meiden. Gegenüber ist der Panzerplatz. Eine große Betonfläche. Und eine leerstehende „Kaserne". Ich erfahre später, dass Waldsiedlung, Panzerplatz und „Kaserne" ebenfalls zur Pulverfabrik gehörten.

Und dann gibt es in unmittelbarer Nähe zu unserem Haus noch so hässliche, alte Wohnblocks. Da wohnen nur „Asoziale" (Dieser Ausdruck für die Bewohner der Blocks ist zu der Zeit in Liebenau üblich).

Ich erinnere mich noch genau an den ersten Rundgang durch unser Haus.

Wir haben zum ersten Mal einen großen Garten mit einigen Obstbäumen und viel Rasen. Es gibt eine Terrasse mit Markise, und eine Doppelgarage. Ich wundere mich schon als Kind über das Beet aus Beton. Und das dicke Fundament am Zaun. Später erfahre ich, dass auf unserem Grundstück im 2. Weltkrieg Baracken standen, die ebenfalls zur Pulverfabrik gehörten.

Die Erdgeschosswohnung hat einen schmalen Flur mit einer dunklen 70er Jahre Tapete.

Die fast neuwertige dunkelbraune Einbauküche übernehmen wir vom Vorbesitzer.

Es gibt ein großes Wohnzimmer. Auch das Schlafzimmer ist sehr groß. Ich erinnere mich noch an das weiße Ehebett meiner Mutter.

Daneben ist ein Kinderzimmer. Es sollte später das Zimmer von Silke werden.

Und das Bad, in Grün … im Stil der 70er.

Im Obergeschoss sind nur 2 große Räume, in einem ist ein Schornstein und im anderen steht ein großer schwarz-weißer Schrank. Den haben wir ebenfalls vom Vorbesitzer übernommen. Und es gibt ein Gäste WC.

Später lässt meine Mutter oben Trennwände einbauen, so dass auf der einen Seite zwei kleine Zimmer entstehen. Eines davon wird mein erstes Kinderzimmer.

Auf der anderen Seite wird neben dem großen Zimmer eine Abstellkammer abgetrennt.

Das Haus ist komplett unterkellert. Es gibt einen großen vertäfelten Raum.

Das wird später mein Kellerzimmer.
Außerdem gibt es einen Speisekeller und einen
Hauswirtschaftsraum.
Sowie ein weiteres Zimmer mit Ausgang nach draußen.
Die Holztreppen nach oben und unten sind braun
gestrichen. Die Kellertreppe ist mir schon als kleines Kind
irgendwie unheimlich…

Gleich nach dem Einzug muss meine Mutter sich mit den
Nachbarn verkracht haben. Was genau vorgefallen ist,
weiß ich nicht. Ich bin ja damals noch ein Kind. Ich weiß
nur, dass wir ein sehr schlechtes Verhältnis zu den
Nachbarn haben.
Für mich sind die feinen Leute in der Potsdamer Straße
nur „Die Reichen und Schönen".
Ich hasse sie von Anfang an. Ich hasse Spießigkeit von
klein auf!

Wir gehören nie dazu … nehmen nicht am
„Dorfleben" teil.

Grundschule Liebenau

Die 1. Klasse beende ich noch in Marklohe. Nach den
Sommerferien komme ich in die 2. Klasse der
Grundschule Liebenau. Ich kann jetzt mit Fahrrad zur
Schule fahren.
Die Grundschule ist damals noch mit der Realschule in
einem Gebäude.
Hier mache ich weiter, wie ich in Marklohe aufgehört
habe. Als Heino singender Klassenclown.
Schnell habe ich den Spitznahmen „Heino" weg.
Ich stehe täglich auf dem Schulhof und singe „Blau blüht

der Enzian"
Die „großen" Realschüler stehen im Kreis um mich rum.
Und werfen mir Kleingeld zu.
Ich bin der zweifelhafte Star der Schule. Und trotzdem ein
Outsider. Ich habe (fast) keine Freunde.
Ich muss anfangs am katholischen Religionsunterricht
teilnehmen.
Meine schulischen Leistungen sind schlecht.

1984
Meine Mutter und Heinrich streiten sich oft. Anfang 1984
trennen sie sich. Und Heinrich zieht aus.
Ab März gehört meiner Mutter das Haus alleine. Silke
und ich wachsen also ohne Vater auf. Meine Mutter
arbeitet aus gesundheitlichen Gründen nicht mehr als
Nachtschwester.

Ich bekomme schon als kleines Kind mit, dass das Geld
immer knapp ist.
Kein Geld zu haben zieht sich wie ein roter Faden durch
mein ganzes Leben.

Meine Mutter beginnt, sich Putzstellen in privaten
Haushalten zu suchen. Und sie fährt immer zum
Flohmarkt. Kauft und verkauft, vor allem
Kinderbekleidung. Sie ist auf jedem Flohmarkt in der
Umgebung und fährt oft nach Bremen zum Flohmarkt am
Weserufer.
Und sie beginnt, möblierte Zimmer in unserem Haus zu
vermieten, an alleinstehende Herren.
Frauen will sie nicht, weil sie Angst hat, dass diese
stundenlang duschen.

Die Männer, die bei uns einziehen, sind entweder Jugendliche oder Ältere.

Ich erinnere mich an Fahri, einen türkischen Gastarbeiter, der jahrelang bei uns wohnt. Zu ihm haben wir alle ein sehr gutes Verhältnis. Irgendwann geht er in Rente und zieht zu seiner Familie zurück in die Türkei.

Ansonsten wohnen sehr unterschiedliche, aber auch merkwürdige Menschen bei uns.

Ich muss die 2. Klasse wiederholen

Im Juli bekommen wir Besuch von meinem damaligen Klassenlehrer, Herrn Baier. Er teilt meiner Mutter mit, dass ich nicht versetzt werde.

Ich wiederhole also die 2. Klasse. Nach den Sommerferien komme ich in die nächste Klasse 2a.

In der neuen Klasse bin ich der Älteste. Frau Dlugi ist die Klassenlehrerin. Eine ältere und sehr liebe Lehrerin. Wir sind ihre „letzte" Klasse vor dem Ruhestand.

Viele Jahre später treffe ich sie als Ortsvorsitzender vom Sozialverband noch einmal wieder.

Am 4. November werde ich auf Entscheidung meiner Mutter evangelisch. Mir ist das egal.

Freunde in der Grundschule

Meine Leistungen werden etwas besser. Und ich beginne, Freunde zu finden. Jan-Hendrik aus der Liebenauer Heide. Und Bastian, der nur ein paar Häuser neben mir wohnt. Er gehört zwar auch zu den „Reichen und Schönen", aber wir verstehen uns. Mit Bastian spiele ich öfters am Rohrbach hinter unserer Straße. Und wir fahren mit unseren Rädern durch Liebenau.

Bastian wohnt in einem neuen, tollen Haus. Er hat ein riesiges Spielzimmer im Keller mit einer großen

Miniatureisenbahnanlage und ganz viel Lego. Er hat immer besseres Spielzeug als ich. Ich habe ja nur gebrauchte Sachen vom Flohmarkt. Und er hat schon früh einen Computer. Ich kann nichts damit anfangen, wenn er mir stolz seine neuesten Computerspiele zeigt. Und er fängt an, komplexe Berechnungen am Computer zu machen. Ich verstehe nicht, was er da macht.
Während meiner ganzen Kinder und Jugendzeit besitze ich nie einen Computer.

Der Außenseiter
Ich bin immer anders als andere … kleiner …
zierlicher … und halt der „Heino"
Trotz der zwei Freunde bin ich in der Klasse der Außenseiter.
Ich kann nicht mit meinen Klassenkameraden mithalten.
Bin in fast allem schlechter als die anderen. Da wir kaum Geld haben, habe ich auch keine Markenklamotten wie meine Mitschüler, sondern trage gebrauchte Kleidung vom Flohmarkt.
Und ich bin ja auch nicht im Fußballverein, nehme nicht am „Dorfleben" teil.
Ich gucke auch kaum Fernsehen. Kann nicht mitreden, wenn sich meine Mitschüler über die neuesten Filme unterhalten.
Die Zeit in der Grundschule prägt mich. Es ist teilweise bis heute so geblieben.

1985
Roberto
Mein Halbbruder Roberto wohnt zu dieser Zeit noch bei

uns. In dem großen Kellerzimmer.

Ich habe aber kaum Erinnerungen an ihn. Er hat oft Streit mit unserer Mutter, irgendwann hat sie ihn rausgeschmissen.

Das Zimmer vermietet meine Mutter dann an einen jungen Mann. Der arbeitet in der Nienburger Disco „Voices" als Türsteher.

Roberto hat kurzzeitig eine Wohnung in der Wallstraße in Liebenau.

Dort übernachte ich hin und wieder.

Anfang 1985 wird Silke getauft. Die Schwester von ihrem Vater „Tante Brigitte" aus Recklinghausen ist ihre Patentante.

Schon als Kind trage ich eine Brille, weil ich kurzsichtig bin.

Während meiner Grundschulzeit komme ich zweimal zur Kinderkur, weil ich so klein und untergewichtig bin.

Die erste Kur ist in Bad Sassendorf. Ich habe keine Erinnerungen mehr daran.

1986

Im Laufe des Jahres 1986 verschwindet Roberto endgültig. Ich habe nie wieder etwas von ihm gehört. Er soll aber noch eine wichtige Rolle für mich spielen.

Tschernobyl

Die Nuklearkatastrophe von Tschernobyl ereignet sich am

26. April 1986.
Ich bin 10 Jahre alt und in der 3. Klasse.
Ich bekomme davon nur am Rande etwas mit. Ich erinnere mich daran, dass wir erstmal nicht mehr im Sandkasten spielen dürfen und dass es kein frisches Gemüse gibt.
Irgendwer erzählt, dass die Kühe trotz des schönen Wetters im Stall bleiben sollen. Sie dürfen das Gras nicht fressen. Ich verstehe das (noch) nicht. Mir tun die Kühe leid.
Die Erwachsenen reden nur noch über Atomenergie. Sie haben Angst. Ich weiß nicht, was ich davon halten soll.
Das Einzige, was ich selber sehe, ist der „weiße" Regen. Wenn es regnet, sind die Pfützen weiß. Das finde ich irgendwie unheimlich…
Es macht mich nachdenklich.
Aber als 10-jähriges Kind interessiere ich mich noch nicht für Dinge wie Politik. Ich hätte damals nicht daran gedacht, dass ich einmal ein Atomkraftgegner werden sollte…

Fußball-Weltmeisterschaft 1986 in Mexico
Vom 31. Mai bis zum 29. Juni 1986 ist die Fußball WM in Mexico. Die erste WM, an die ich mich erinnere und die ich im Wohnzimmer vor dem Fernseher verfolge.
Ich erinnere mich besonders an das Finale am 29. Juni.
Als Argentinien Weltmeister wird und Deutschland verliert.
Das meine spätere Lieblingsband, die Onkelz zu dieser WM ihr bekanntestes Lied „Mexico" rausbringen, bekomme ich damals noch nicht mit.

1987

Zum ersten Mal am Meer

Im Frühjahr 1987 komme ich zum zweiten Mal zur
Kinderkur. In Westerland auf Sylt. Im
DAK - Kinderkurheim "Haus Quickborn".

Es ist das erste Mal, dass ich alleine mit dem Zug so eine
weite Reise mache. Ich erinnere mich daran, dass ich in
Bremen auf dem Hauptbahnhof umsteige. Und an die
Bahnfahrt über den Hindenburgdamm auf die
Nordseeinsel Sylt.

Ich bin zum ersten Mal am Meer. Die Nordsee fasziniert
mich! Zum ersten Mal spüre ich diese Sehnsucht …
„Fernweh".

Wenn ich groß bin, will ich über das Meer fahren, in ferne
Länder reisen.

Mit 11 Jahren ahne ich noch nicht, dass ich viele Jahre
später mit dem Fahrrad um die Welt fahren werde.

Ich sammle sehr viele Muscheln am Strand. Sonst habe
ich keine Erinnerungen an diese Kur.

Und in der 4. Klasse beginne ich Bücher zu lesen. Zuerst
Kinderbücher, dann Abenteuergeschichten.
Lesen und auch schreiben kann ich.

Ich will nicht mehr als „Heino" verspottet werden.
Deshalb höre ich mit dem Singen und jodeln auf. Der
Spitzname „Heino" bleibt mir aber bis ins Jahr 2000
erhalten. Später bin ich im ganzen Landkreis Nienburg als
„der Heino" bekannt.

Das erste Mal verliebt

Gegen Ende der 4. Klasse beginne ich mich für Mädchen
zu interessieren. Ich verliebe mich zum ersten Mal. In

Silvia. Die ist in der 3. Klasse. Aber sie beachtet mich nicht weiter und nach den Sommerferien wechsele ich die Schule.

Oma Herta

Oma Herta lebt noch jahrelang alleine in Bremen.
Als kleines Kind besuche ich sie manchmal in den Ferien.
Sie ist total lieb und sie kann sehr gut kochen. Am liebsten mag ich ihre Weihnachtskekse. Ich bin sehr gerne bei ihr.
Irgendwann Mitte der 80er geht es ihr gesundheitlich immer schlechter.
Deshalb zieht sie nach Liebenau. Sie hat aber erstmal noch eine eigene Wohnung. Zuerst in der Langen Straße über der Fleischerei Süchting. Und später in der Königsberger Straße. Ich besuche sie oft.

Der Bauernhof in Asendorf

Ich bin als Kind sehr oft in den Ferien bei Silkes Großeltern auf dem Hof in Kampsheide. Ich fahre schon früh mit Fahrrad hin. Von Liebenau nach Kampsheide sind es etwa 20 km. Das ist für mich als Kind eine tolle Leistung.
Das riesige Grundstück mit dem alten Bauernhaus fasziniert mich. Besonders die vielen lehrstehenden, und teilweise verfallenen Gebäude haben mich in ihren Bann gezogen.
Tagelang streife ich über das Gelände und durch die alten Ställe. Ich erkunde jeden Winkel und stelle mir vor, wie es wäre, wenn ich hier lebe und das alles wiederherrichte.

Geld

Da wir kaum Geld haben, bekomme ich, wenn überhaupt, nur sehr wenig Taschengeld.

Aber ich kann mir Geld dazuverdienen. Wir haben ja einen großen Garten. Mit sehr viel Rasen. Einer unserer Mieter bringt mir das Rasenmähen bei. Ich mähe regelmäßig den Rasen und bekomme von meiner Mutter extra Taschengeld. Auch fürs Unkraut jäten. So lerne ich schon als Kind, dass man für Geld arbeiten muss.
Und ich muss schon früh viel selbst bezahlen. Wenn meine Mutter mich mit Auto zu Freunden oder so fährt, verlangt sie Spritgeld von mir. Wenn ich eine „neue" Hose (vom Flohmarkt) haben will, muss ich die selbst bezahlen. So lerne ich sehr früh, dass nicht alles selbstverständlich ist. Das hat mich geprägt.

OS Marklohe
Ab August 1987 gehe ich auf die Orientierungsstufe (OS) Marklohe. In die Klasse 505.
Ich fahre jetzt wieder mit dem Bus zur Schule. Die Bushaltestelle ist am Stern. Das ist eine markante Kreuzung in etwa 1 km Entfernung von unserem Haus. Ich habe von Anfang an Angst, an den Blocks vorbeizugehen.

Ich singe zwar jetzt keine Heino Lieder mehr, aber mein Ruf als Heino eilt mir voraus.
Ich bin auch in der neuen Klasse der Außenseiter, mein bester Freund Bastian ist jetzt in einer anderen Klasse. Wir verlieren uns aus den Augen. Auch, weil er in einer ganz anderen Welt lebt als ich. Er ist ehrgeizig. Will aufs Gymnasium und Abitur machen.
Mir ist das alles egal.

... Ich bin immer noch der Außenseiter
Und ich habe Angst vor Mädchen. Trotzdem laufe ich Mädchen, die ich gut finde, hinterher. Aber die haben kein

Interesse an mir. Ich bin halt der Heino ... der Spinner ...
klein und hässlich...
In der Klasse werde ich gehänselt, geärgert und
verprügelt. Bin der Klassenclown. Im Mittelpunkt. Aber
trotzdem der Außenseiter.
Ich habe kaum Freunde. Nur Jan Hendrik und Oliver
halten immer zu mir.

Eines Tages werde ich morgens auf dem Weg zur Schule
bei den Blocks überfallen und verprügelt. Zu holen ist bei
mir ja nichts.
Meine Angst vor den Bewohnern der Blocks ist also nicht
unbegründet.
Auch andere Kinder aus der Potsdamer Straße werden auf
dem Weg zum Bus überfallen und beklaut. Kinder von
den „Reichen und Schönen". Aber deren Eltern haben
Einfluss. Und schon bald wird die Bushaltestelle verlegt.
Direkt vor unsere Haustür. Ich finde das sehr gut!

Schulische Leistungen
Meine Leistungen sind mittelmäßig, eher schlecht.
Mathe kann ich überhaupt nicht.
Aber Englisch macht mir Spaß! Und da bin ich recht gut.
Aufsätze schreiben kann ich auch gut.

Ich träume von Weltreisen
Und ich beginne anspruchsvollere Bücher zu lesen. Erst
über Kolumbus und die Entdeckung von Amerika. Dann
über Magellans Weltumseglung.
Weltreisen faszinieren mich. Es ist dieses Fernweh, das
mich seit meiner Kur auf Sylt gefesselt hat.
Irgendwann bekomme ich einen Globus. Mit dem Finger
zeichne ich Routen um die Welt.
Ich beginne mich für ferne Länder zu interessieren.

Wenn ich „groß" bin will ich um die Welt wandern. DAS ist für mich grenzenlose Freiheit!
Diese Gedanken lassen mich nie wieder los.
Zu dieser Zeit beginnt der Traum, um die Welt zu reisen.
Es soll noch über 30 Jahre dauern, bis aus dem Traum Wirklichkeit wird.

Meine Zeit als Jugendlicher in Liebenau

1988
Am 23. Januar feiere ich meinen 12. Geburtstag im Kellerzimmer mit dem Ausgang nach draußen.
Es ist meine letzte „Kinderparty".

Im Winter 87/ 88 und 88/89 bin ich oft im Hallenbad Liebenau.
Der Bademeister Uwe war ehemaliger Realschüler und kannte mich nur als Heino. Wir werden Freunde.
Er bringt mir das Schwimmen bei.
Am 12. März 1988 habe ich (später, als die meisten Anderen) endlich das Jugendschwimmabzeichen Bronze.

1989
Ich trete in den Liebenauer Schwimmverein ein. Immer mittwochs ist Schwimmtraining.
Im März 1989 mache ich kurz hintereinander die Abzeichen Silber und Gold.
Durch das regelmäßige Schwimmtraining lerne ich immer

besser Schwimmen.

Alkohol

Über eine Bekannte von meiner Mutter lerne ich ihren
Sohn Ingo R. kennen.

Der ist deutlich älter als ich. Er ist schon Anfang 20 und
hat ein Auto.

So wie ich, hat er nie eine Freundin. Ihn interessiert nur
Fußball. Und er ist immer mit seinen Kumpels im
Hallenbad am Saufen. Dort trinke ich mit 13 mein erstes
Bier. Es schmeckt mir nicht...

Aber trotzdem trinke ich ab jetzt immer mit. Um
dazuzugehören. Irgendwann gewöhne ich mich an den
Geschmack. Ich find es voll cool mit den „Großen" Bier
zu trinken. Über Ingo lerne ich schnell die anderen
kennen. Rene, Torsten und Hans-Peter. Und Ingo B., der
später einer meiner besten Freunde wird. Alle sind
deutlich älter als ich. Irgendwer hat die Idee Kümmerling
zu trinken. Mit den leeren Flaschen legen wir Kreise auf
den runden Tischen im Hallenbad. Ich trinke mit.
Kümmerling „ballert" noch viel mehr als Bier. Das find
ich geil! Ich genieße das komische kribbeln im Kopf,
wenn der Alkohol wirkt. Ich werde dann lustiger und
lockerer. Besonders Mädchen gegenüber. Aber ich verliere
auch schnell alle Hemmungen. Werde mutiger, lauter und
aggressiver. Beim Saufen mit meinen neuen Kumpels
fühle ich mich cool. Meine Mutter weiß natürlich nichts
davon. Sie findet es gut, dass ich jetzt so oft zum
Schwimmen gehe.

Für meine Mitschüler habe ich nur noch Verachtung übrig.
Ich habe ja jetzt viel coolere Freunde. Die sind alle über
18, saufen und rauchen und haben Autos. Wir fahren auch

oft einfach so in der Gegend rum. Um Mädchen
aufzureißen. Um anzugeben. Besonders Rene finde ich
cool. Er fährt einen alten roten R4. Wir fahren damit oft
gemeinsam rum.
Im Hallenbad rauche ich meine erste Zigarette. Ich muss
husten. Aber egal. Ab jetzt rauche ich. Damit fühle ich
mich noch cooler und erwachsener. Und ich habe endlich
Freunde, die so drauf sind wie ich!
Die „Partys" im Hallenbad eskalieren. Wir trinken immer
öfter und immer mehr. Bier, Kümmerling und Sekt.
Einmal schieße ich beim Öffnen der Sektflasche, den
Korken an die Decke. Wir legen auf jedem Tisch im
Bistro einen Kreis mit leeren Kümmerling Flaschen.
Werden immer lauter. Wir verscheuchen die anderen
Badegäste. Die Bedienung ist verärgert.
Aber es kommt noch krasser...
Eines Tages fahren wir nach einem erneuten Saufgelage
im Hallenbad zum Ausnüchtern an die Aue. Das ist ein
kleiner Fluss, der durch Liebenau fließt. Ich bin ziemlich
besoffen. Und falle ins Wasser. Ich wäre fast ertrunken.
Aber irgendwer zieht mich raus. Danach fahren wir
wieder zurück ins Hallenbad. Besoffen und klitschnass
irre ich im Bistro umher. Ich kotze alles voll! Dann werde
ich rausgeworfen! Seitdem habe ich Alkoholverbot im
Hallenbad. Und der Alkoholverkauf wird eingeschränkt.
Nur dem Bademeister Uwe habe ich es zu verdanken, dass
ich kein komplettes Hallenbadverbot bekommen habe.
Meine Mutter hat nie etwas davon erfahren.

Mein 1. Fernseher
Ich habe meinen 1. eigenen Fernseher. Ein uralter
schwarz-weiß Fernseher vom Flohmarkt.
Andere in meinem Alter haben schon lange richtig tolle
Farbfernseher.

Unsere Fernsehantenne wird „erweitert", so dass wir RTL und SAT 1 empfangen können.

Ich gucke auf RTL Knight Rider mit David Hasselhoff und Eis am Stiel. Später gucke ich nachts heimlich die Softpornos auf RTL. Ich besorge mir heimlich einen Videorecorder, baue den unters Regalbrett und beginne auf meinem kleinen schwarz-weiß Fernseher nachts Pornos und Gewaltfilme zu gucken. Besonders Rambo find ich cool.

Onkel Helmut

In dieser Zeit passiert etwas, was sich nachhaltig auf mein Leben auswirken sollte.

Einer der Mieter meiner Mutter ist Helmut. Ein älterer, alleinstehender Herr. Für uns Kinder ist er Onkel Helmut. Nach einiger Zeit hat er ein Verhältnis mit meiner Mutter. Und später überschreibt sie ihm eine Haushälfte.

Aber sie streiten sich immer öfter. Er hat ein Alkoholproblem.

Jeden Tag ist er betrunken. Irgendwann zieht er in den Keller. In das Zimmer mit dem Ausgang nach draußen. Neben ihm, in dem großen Zimmer, wohnt ja der junge Mann.

Es ist Mittwoch, der 15. März 1989. Ich bin abends beim Schwimmtraining. Als ich nach dem Schwimmen nach Hause komme, ist ein Gewitter.

Helmut ist mal wieder besoffen. Er streitet sich heftig mit meiner Mutter.

Ich gehe nochmal in den Keller. Weswegen genau, weiß ich nicht mehr. Im Kellerflur begegne ich Helmut. Es ist das letzte Mal, dass ich ihn sehe…

Ich werde niemals seinen wirren Blick vergessen…

In dieser Nacht schlafe ich wegen dem Gewitter bei meiner Mutter im Bett. Irgendwann wache ich auf, weil etwas im Haus poltert. Ich schlafe dann aber wieder ein. Und wache später nochmal auf, weil es an der Haustür klingelt. Meine Mutter öffnet. Ich hör nur wie jemand sagt „Polizei, ist das ihr Abschleppseil?"

....

Am nächsten Morgen habe ich ja Schule. Meine Mutter erwähnt beim Frühstück nur kurz und knapp, dass Onkel Helmut sich nachts im Treppenhaus mit dem Abschleppseil erhängt hat.

Unser Mieter hat ihn auf der Treppe hängend gefunden, als er nachts nach Hause kam...

Er ist dann auch kurz danach ausgezogen.

Seitdem lässt mich diese Nacht nicht mehr los. Jedes Mal habe ich Angst, in den Keller zu gehen. Ich denke immer auf der Kellertreppe, Onkel Helmut würde da hängen. Immer wenn ich auf dem Kellerflur bin, muss ich an seinen Blick denken. Ich habe später das große Kellerzimmer als Jugendzimmer. Und mache immer die Tür ganz schnell zu. Nachts ist es besonders schlimm...

Sogar als erwachsener Mann muss ich immer an Onkel Helmut denken, der sich auf der Kellertreppe erhängt hat...

Seitdem war ich mir sicher, dass uns dieses Haus kein Glück bringen sollte. Und jetzt, viele Jahre später weiß ich, dass ich mit diesem Gedanken Recht hatte.

Kellerzimmer& Partyleben
Nach dem Tod von Onkel Helmut zieht der junge Mann, der ihn gefunden hat, aus. Und ich bekomme das große

Kellerzimmer als Jugendzimmer.
Das finde ich sehr cool! Hier bin ich ungestört. Meine
Mutter kommt nur selten in den Keller. Also kann ich die
Musik aufdrehen. David Hasselhoff in voller Lautstärke!
Leider habe ich nur eine kleine billige Anlage vom
Flohmarkt. David Hasselhoff ist mein Vorbild. Ich habe
einen alten Plattenspieler vom Flohmarkt. Die erste Platte,
die ich mir kaufe, ist das Album „Looking for
Freedom" von David Hasselhoff.

Ich kann rauchen und Bier trinken. Und heimlich aus dem
Fenster klettern! Ich nutze das gleich aus. Und beginne,
nachts abzuhauen. Meine Mutter geht ja meistens früh ins
Bett. Aber sie hat sowieso andere Probleme, als sich um
mich zu kümmern. Sie kriegt nichts mit. Ich bin sogar so
dreist und klettere aus dem Fenster, obwohl sie genau
darüber im Wohnzimmer vor dem Fernseher sitzt. Fahre
nachts mit meinen Kumpels auf Disco. Ich bin zwar erst
13. Aber 1989 sind die Kontrollen und der Jugendschutz
noch nicht so streng wie heute. Es interessiert keinen. Ich
kann mich nicht erinnern, dass ich mal Probleme hatte in
Discos reinzukommen.
Meine älteren Kumpels schleusen mich immer irgendwie
an den Türstehern vorbei. Und wenn die doch mal was
sagen, redet Rene mit ihnen. Und alles ist gut.
Meine erste Disconacht erlebe ich im Voices. Ich bin
fasziniert. Von der lauten Musik! Von dem coolen
Discolicht! Und die ganzen Mädchen! Es ist so cool! Bier
trinken und rauchen mit meinen Freunden. Mitten unter
viel Älteren. Ich gehöre einfach dazu. Bis morgens um
fünf. Dann klettere ich stockbesoffen wieder in mein
Kellerzimmer.
Meinen ersten Vollrausch habe ich auf der Liebenauer
Gewerbeschau. Bei der Zeltdisco. Ich trinke das erste Mal

Bacardi. Und verliere die Kontrolle. Hab keine
Erinnerung mehr an das, was noch alles passiert. Ich
kotze. Irgendwer bringt mich nach Hause. Ich schaffe es
in mein Zimmer zu kommen, ohne dass meine Mutter was
merkt.
Mit Ingo bin ich das erste Mal in meiner späteren
Stammdisco in Sulingen, die damals noch
„Lockschuppen" heißt.

Eines Tages trete ich besoffen in unserem Haus die
Zwischentür zur unteren Wohnung ein.
Meine Mutter ist grad nicht da. Als sie kommt, sage ich
ihr, dass wohl „jemand" im Haus gewesen sein muss. Sie
wundert sich. Und meldet den Schaden der Versicherung.
Die fragt genauer nach. Wie der Unbekannte denn
reingekommen ist. Und schickt einen Gutachter. So ganz
nebenbei bemerkt der, dass es ja einfach ist, durch die
Kellerfenster ins Haus zu kommen.
Damit die Versicherung den Schaden übernimmt, müssen
die Fenster vergittert werden.
Die Gitter kosten ein Vielfaches von der Tür. Aber meine
Mutter lässt es machen. Und die ganzen Kellerfenster
bekommen ein Gitter.
Ich habe mir mit der Aktion ein Eigentor geschossen ...
und ärgere mich.
Aber auch ein Gitter ist für mich kein Hindernis! Ich bin
ja schlank und sportlich. Und klettere einfach drüber weg.

Ohne Limit
Ich trinke schon früh sehr viel Alkohol. Nach 1, 2 Bier
werde ich lockerer, lustiger...
Will dieses Gefühl immer mehr verstärken. Darum trinke
ich immer mehr. Ohne Limit...
Bestenfalls so lange, bis alles leer ist oder ich kein Geld

mehr habe. Meistens haben wir aber so viel, dass ich
saufe, bis ich entweder mit dem Kopf auf dem Tisch
einschlafe oder irgendwo in der Ecke liege und kotze...
Und immer wieder passieren mir „komische Sachen",
wenn ich besoffen bin.
Durch den Alkohol verliere ich alle Hemmungen.
Besonders bei Mädchen...

Realschule Liebenau
Ich habe trotz dem nächtlichen " Partyleben" ein
durchschnittliches Zeugnis in der 6. Klasse.
Ab August gehe ich in Liebenau zur Realschule, in die
Klasse 7a. Jetzt kann ich wieder mit dem Fahrrad zur
Schule fahren.
Allerdings merke ich schnell, dass auf der Realschule sehr
viel Leistung gefordert wird. Ich bin in vielen Bereichen
überfordert. Besonders in Mathe habe ich
Schwierigkeiten. Ich bekomme private Nachhilfe von
einer etwas älteren Schülerin. Trotzdem sacken meine
Leistungen immer weiter ab. Ich habe absolut keine Lust
zum Lernen, oder Hausaufgaben zu machen. Bin den
Anforderungen der Realschule nicht gewachsen. Auch,
weil ich andere Interessen als Schule habe. Ich habe
Mädchen im Kopf. Aber anders als meine Mitschüler habe
ich keine Freundin. Die Mädchen aus meiner Klasse
wollen mit mir nichts zu tun haben. Weil ich anders bin.
Weil ich „komische" Freunde habe. Und weil ich ja „der
Heino" bin. Ein Spinner halt.
Ich habe eh keinen Bock auf meine Mitschüler. Die sind
mir einfach zu spießig. Zu „normal".
Meine „großen" Freunde sind viel cooler!
Ich habe keine Lust mehr auf Schule. Auch in der neuen
Klasse bin ich der totale Außenseiter. Aber ich werde jetzt
nicht mehr geärgert (heute würde man sagen gemobbt).

Ich setze mich durch. Und schlage zu! Ich verschaffe mir Respekt. Und fühle mich damit besser und cooler, als die anderen.

Konfirmandenunterricht
Zu dieser Zeit beginnt für mich der Konfirmandenunterricht. Einmal in der Woche muss ich ins Gemeindehaus hinter der Kirche. Ich lerne bei Pastor Harms die Grundlagen des christlichen Glaubens. Unter anderem lerne ich die 10 Gebote und das Vaterunser. Sowie das Apostolische Glaubensbekenntnis.
Eigentlich glaube ich nicht an Gott. Aber ich finde den Konfirmandenunterricht oft besser als Schule.
Und irgendwie hilft mir das Beten in manchen schweren Situationen. Und Schwierigkeiten habe ich ja mehr als genug!
Besonders beeindruckt bin ich von der Besichtigung des Jüdischen Friedhofs am Ortsausgang von Liebenau.
Pastor Harms weiß viele Einzelheiten über diesen Friedhof. Er besteht seit mindestens 1778 an der Stolzenauer Straße. Im Januar 1939 wurde der Friedhof aufgrund einer Verfügung des Regierungspräsidenten geschlossen. Hinter einer Mauer und dem verschlossenen Tor befinden sich noch 70 Grabsteine aus der Zeit nach 1850 – Ein Teil von ihnen nur mit hebräischen Inschriften.

Judenverfolgung
Es ist das erste Mal, dass ich mich näher mit dem Judentum, aber auch mit der Judenverfolgung im 2. Weltkrieg befasse.
In der Schule haben wir das Thema Holocaust bisher nicht gehabt. Oder ich kann mich nicht daran erinnern.
Irgendwie ist es befremdlich und unwirklich für mich zu erfahren, dass in der Zeit des Nationalsozialismus,

Menschen in Konzentrationslagern eingesperrt und vergast wurden.

Jugend

In Liebenau und Umgebung kennt mich jeder. Als „Heino".
Obwohl ich schon lange nicht mehr singe, werde ich den Ruf nicht wieder los.

Ich bin es ja schon länger gewöhnt, mir mein Taschengeld durch Gartenarbeit zu verdienen.
Für meine Verhältnisse gebe ich allerdings sehr viel Geld für Alkohol und Zigaretten aus. Deshalb bin ich ständig auf der Suche nach Möglichkeiten, um an Geld zu kommen. Ich arbeite oft bei Bekannten von meiner Mutter im Garten. Rasen mähen und Unkraut jäten kann ich ja schon lange. Und ich lerne immer mehr. Tapezieren, zum Beispiel. Ich merke, dass ich, durch handwerkliches Geschick, Geld verdienen kann.
Außerdem beginne ich, Zeitungen auszutragen. Durch das Austragen der Bild am Sonntag kann ich mir ein ordentliches Zusatzgeld verdienen. Und damit die Saufpartys finanzieren.
Es ist oft nicht einfach, nach durchzechter Nacht Sonntagmorgens früh aufzustehen, und mit dem Fahrrad Zeitungen auszutragen. Manchmal komme ich erst kurz bevor meine Mutter mich weckt, nach Hause.
Wenn schlechtes Wetter ist, fährt sie mich morgens mit ihrem Auto rum. Ich muss mich oft sehr zusammenreißen, dass sie nix merkt. Aber sie schöpft wohl Verdacht.
Einmal sagt sie zu mir

„Du warst doch gestern nicht etwa noch weg? Das stinkt hier so nach Bier und Kneipe! Und du bist doch besoffen!" Aber sie lässt mich gewähren. Strafen, wie Hausarrest oder Taschengeldentzug, wären bei mir eh sinnlos.
Ich mache schon von Kindheit an was ich will! Und lasse mir nichts vorschreiben. Und ich arbeite schon früh hart. Helfe Bekannten im Garten. Und trage neben der Sonntagszeitung, Werbeblätter aus. Bin also finanziell unabhängig von ihr.

Das hat mich geprägt. Ich lasse mir nichts vorschreiben! Strafen oder negative Folgen von meinem Handeln interessieren mich nicht! Ich mache immer was ich will! Hab schon früh gelernt, Strafen zu entgehen. Oder sie zu umgehen. Und ich habe es gelernt, mich durchzusetzen! Gegen meine Mutter. Aber auch gegen meine Mitschüler. Ich lasse mich nicht mehr verarschen!
Meine Mutter ist hilflos – machtlos.
Ich hasse es, wenn sie mir was vorschreiben will! Und ich hasse es, von ihr abhängig zu sein.
Deshalb bin ich bereit, für meine Unabhängigkeit früh aufzustehen und schwer zu arbeiten. Auch nach durch-zechter Nacht. Ich gewöhne mich daran. Meine finanzielle Freiheit ist mir wichtiger, als alles andere.

Erste sexuelle Erfahrungen
Bei der Liebenauer Herbstmarktdisco mache ich meine ersten sexuellen Erfahrungen. Besoffen lande ich mit mehreren älteren Frauen auf dem Parkplatz in einem Auto...

Mauerfall

Die Wende und den Fall der Berliner Mauer am 9. November 1989 bekomme ich nur am Rande mit. Politik oder solche Sachen interessieren mich nicht sonderlich. Mir ist alles egal.

Ich finde es aber total cool, dass meine Mutter auf einmal wieder Kontakt zu meinem Onkel in der ehemaligen DDR hat.

1990

Schon mit dem Halbjahreszeugnis der 7. Klasse erfahre ich, dass meine Versetzung gefährdet ist.

Aber das ist mir egal. Die Schule kotzt mich eh nur noch an.

Familie?

Im April fahren wir über Ostern, Onkel Ulli und seine Familie in Thüringen besuchen.

Wir fahren mit Auto zum ersten Mal in die ehemalige DDR. Das ist für mich eine ganz andere Welt. Hier ist alles grau. Und es gibt viele Trabbis! Die sehen so altmodisch aus.

Es ist das einzige Mal, dass ich meinen Onkel bewusst erlebe. Ich erinnere mich auch an seine sehr nette Frau. Tante Anne. Ich finde Greußen und Erfurt total toll.

Besonders die Zeit bei Onkel Ulli in seinem Schrebergarten genieße ich. Es fasziniert mich, dass ich einen Cousin und eine Cousine habe, von denen ich bisher nichts wusste. Besonders mit Thomas, der Fernfahrer ist, verstehe ich mich sehr gut.

Der zieht dann wenig später mit seinem Kumpel bei uns ein. In das Kellerzimmer, neben meinem.

Aber nach kurzer Zeit zerstreiten die beiden sich mit

meiner Mutter. Und sie ziehen wieder aus. Ich habe sie nie wiedergesehen.

Danach bricht der Kontakt zu allen, die wir grad (wieder) kennengelernt hatten, endgültig ab.

Erst nach dem Tod meiner Mutter erfahre ich, dass Onkel Ulli kurz darauf, Anfang der 90er, verstorben ist.

Zwei Wochen später stirbt die Oma von Silke. Am 3. Mai ist die Beerdigung auf dem Friedhof in Asendorf. Es ist die erste Beerdigung, an der ich bewusst teilnehme. Ich finde es sehr traurig, dass Oma Lisbeth jetzt tot ist. Irgendwie ein beklemmendes Gefühl, zu wissen, dass sie jetzt in einem Sarg unter der Erde liegt.

New Kids on the Block
Ich höre jetzt die Boygroup „New Kids on the Block". Ich denke, wenn die ganzen Mädels das hören, dann stehen die auf mich, wenn ich das auch höre.
Was natürlich nicht der Fall ist.
Beim Liebenauer Schützenfest laufe ich stockbesoffen mit einem NKOTB Shirt rum.

Fußball-Weltmeisterschaft 1990 in Italien – ich bin anders
Von der WM bekomme ich nichts mit. Ich habe ganz andere Interessen. Hab keine Lust, so wie die ganzen normalen Spießer, Fußball zu gucken. Bin halt anders. Und will nicht so sein wie andere. Deshalb mache ich nicht das, was alle machen. Und schon gar nicht das, was von mir erwartet wird. Sondern ich mache oft das Gegenteil ... aus Trotz. Und um mich abzugrenzen. Um zu zeigen, dass ich anders bin! Besser als die Spießer, die vor dem Fernseher sitzen und Fußball gucken.
(Diese Einstellung habe ich mir über mein ganzes Leben bewahrt)

Hauptschule Marklohe

Meine Schulischen Leistungen verschlechtern sich immer mehr. Ich soll die 7. Klasse wiederholen. Das will ich nicht! Also wechsle ich nach den Sommerferien in die 8. Klasse der Hauptschule Marklohe. Das bedeutet, wieder mit dem Bus zur Schule zu fahren.

Die Hauptschule ist im gleichen Gebäude wie die OS. Ich bin auch hier der Außenseiter. Nur Björn L., der wie ich in Liebenau wohnt, hält zu mir. Wir werden Freunde. Meine schulischen Leistungen verbessern sich etwas. Nur Mathe kann ich überhaupt nicht.

Ich merke so langsam, dass das ständige Saufen nix bringt. Und versuche mich eine Zeitlang wieder mehr auf die Schule zu konzentrieren.

Am 6. August kommt das Album „Crazy for You" von David Hasselhoff raus. Ich kaufe mir die LP.

Spätaussiedler aus Russland

Ab 1990 erlebt Deutschland einen erhöhten Zuzug an Aussiedlern beziehungsweise Spätaussiedlern aus Osteuropa. Auch in Liebenau kommen immer mehr „Russen" an. Das ist in der Bevölkerung der allgemeine Begriff für diese Menschen.

Sie werden in der seit Jahren leerstehenden, ehemaligen Polizeischule untergebracht. Ich fahre da oft hin, um die süßen Mädels anzubaggern. Die haben aber kein Interesse an mir. Dafür finde ich neue Freunde. Mit denen ich Wodka saufe.

Später wohnen die „Russen" überwiegend in der Waldsiedlung.

In den Blocks wohnen inzwischen fast nur noch Ausländer. Araber. Türken. Immer wieder kommt es zu Polizeieinsätzen. Es ist das Liebenauer Ghetto. Ein „Schandfleck", in unmittelbarer Nähe zum besten Wohngebiet von Liebenau. Das ist jedenfalls die Meinung der „Reichen und Schönen".
Mir ist es egal. So lange die mich in Ruhe lassen...

1991

Konfirmation

Am Sonntag, 24. März werde ich in der Sankt Laurentius Kirche konfirmiert. Mein Konfirmationsspruch ist Psalm 23. Der Herr ist mein Hirte:

1 Der HERR ist mein Hirte, mir wird nichts mangeln.
2 Er weidet mich auf einer grünen Aue und führet mich zum frischen Wasser.
3 Er erquicket meine Seele. Er führet mich auf rechter Straße um seines Namens willen.
4 Und ob ich schon wanderte im finstern Tal, fürchte ich kein Unglück; denn du bist bei mir, dein Stecken und Stab trösten mich.
5 Du bereitest vor mir einen Tisch im Angesicht meiner Feinde. Du salbest mein Haupt mit Öl und schenkest mir voll ein.
6 Gutes und Barmherzigkeit werden mir folgen mein Leben lang, und ich werde bleiben im Hause des HERRN immerdar.

Ich habe den Text von meinem Konfirmationsspruch nur in dieses Buch aufgenommen, weil ich ihn, bis zum geht nicht mehr, auswendig gelernt habe.
Eigentlich interessiert mich die Kirche oder Gott nicht.

Aber irgendwie gibt es mir doch Halt und Kraft, an etwas zu glauben.

Besonders wichtig ist für mich, dass ich jetzt kein Kind mehr bin.

Meine Kindheit habe ich ja sowieso schon lange hinter mir gelassen.

Die Feier bei uns im Wohnzimmer ist klein. Wir haben ja keine Verwandten, die wir einladen können. Ich bekomme auch nicht viel Geld. Es reicht gerade für ein gebrauchtes Rennrad.

Praktikum

Im Frühjahr ist ein Schulpraktikum. Ich mache es auf Anregung und Initiative von meiner Mutter in der Tischlerei Bösche in Nienburg, wo sie als Putzfrau arbeitet. Mir ist es erstmal egal. Aber nach einer Weile finde ich es voll gut mit Holz zu arbeiten. Ich fahre jeden Tag mit dem Fahrrad durch die Marsch ins Nienburger Gewerbegebiet. Die Tischlerei ist direkt neben dem „Voices".

1. Freundin

Im Sommer habe ich meine erste Freundin. Antje wohnt in Holtdorf.

Wir lernen uns im Freibad Steyerberg kennen. Da bin ich in den Sommerferien oft. Ich fahre immer mit Fahrrad durch den Wald in das Waldbad im Nachbarort.

Ich erinnere mich an meinen ersten Kuss unter der Nienburger Weserbrücke. Aber, außer Knutschen, läuft nix.

Tanja

Nach den Sommerferien bin ich in der 9. Klasse. Ich lerne Tanja kennen. Sie kommt in die 5. Klasse der OS. Tanja wohnt auch in Liebenau. Und wir sind fast Nachbarn. Ich verbringe zwar oft mit ihr und Björn die Pausen, aber sonst haben wir kaum Kontakt.

Ich ahne noch nicht, dass wir später sehr gute Freunde werden.

Im November mache ich mit der Schule eine Ausbildung in Erster Hilfe. Das wird mir später den kostenpflichtigen Kurs für die Fahrschule ersparen.

1992

1. Personalausweis

Am 23. Januar werde ich 16.

Ich bekomme meinen 1. Personalausweis.

Als ich den bei der Gemeinde Liebenau beantrage, fragt die Beamtin vom Einwohnermeldeamt wie groß ich bin.

Etwa 1,70m antworte ich.

Ich soll mich an die Messlatte stellen.

Vom Schreibtisch aus peilt sie rüber.

„Passt" sagt sie...

Seitdem steht in meinem Ausweis 1,70m als offizielle Größe.

Das wird einfach immer wieder übernommen.

Dass ich in Wirklichkeit nur 1.65m groß bin, wird erst im Jahr 2016 festgestellt, als ich an einer Gesundheitsstudie teilnehme und genau vermessen werde.

Freunde

Außer Björn habe ich keine Freunde in der Schule. Ich bin weiterhin der Outsider. Aber das ist mir mittlerweile egal.

Ich habe ja meine älteren Saufkumpane als Freunde.

Ich verändere mich…

Hass

Ich habe einen abgrundtiefen Hass in mir!
Ich hasse alles und jeden.
Die Schule. Und besonders meine Mitschüler, die mich
auslachen...
Dabei bin ich ja viel cooler als die!
Unsere spießigen Nachbarn.
Den Staat, weil wir so wenig Geld haben. Und weil er
mich zwingt, zur Schule zu gehen.
Ich hasse einfach alles was "normal" ist. Ich will nicht
normal sein! Und bin nicht normal!

Musik

Die Musik wird härter. Meine David Hasselhoff Platten
haben ausgedient. Für Boygroups empfinde ich nur noch
Verachtung ... Hass ..., weil die ganzen süßen Mädchen
auf die stehen!
Ich höre jetzt AC/DC. Besonders die Lieder „Highway to
Hell" und Hells Bells" werden zu meinen
Lieblingsliedern.
Irgendwann ist mir diese Musik nicht mehr hart genug.
Ich entdecke die Band Metallica. Besonders die Lieder
„Master of Puppets" und „One" höre ich immer und
immer wieder. Außerdem Gruppen wie Slayer, Pantera
und Sodom.
Ich kaufe mir das Live Album „Decade of
Aggression" von Slayer als Doppel LP. Das ist die richtige
Musik für mich!
Und ich besorge mir eine geklaute Anlage. Mit CD-
Player. Die Anlage verstecke ich in meinem
Kleiderschrank. Ich baue sie dort von außen unsichtbar
ein. Und drehe heimlich die Mucke auf, wenn meine
Mutter nicht da ist. Ich lasse meine Haare wachsen. Und

„moshe" zu den Songs von Metallica. Es ist eine coole Zeit!

Böhse Onkelz

Und ich bekomme eine CD von der Band Böhse Onkelz! Es ist das Album Kneipenterroristen. Seitdem bin ich der totale Onkelz Fan! Die Musik der Onkelz hat mich mehr als einmal am Leben erhalten. Niemals wieder spielt eine Band eine solch wichtige Rolle in meinem Leben wie die Onkelz. Die Texte treffen mich bis ins Mark. Besonders das Lied „Erinnerungen"!

Immer und immer wieder Böhse Onkelz … immer wieder dieselben Lieder…

…im Rausch

Die Partys werden wilder. Die Musik lauter. Ich liebe es, meine leistungsstarke Anlage bis zum Anschlag aufzudrehen. Onkelz in voller Lautstärke! In meinem Kellerzimmer finden regelrechte Sauforgien statt. Es sieht aus wie ein Schlachtfeld, CDs, Kippen, leere Flaschen. Ich saufe mit meinen älteren Freunden und mit den Mietern von meiner Mutter. Oder alleine.

Trinke Wodka und Bacardi aus der Flasche. Oder Bacardi mit Red Bull.

1 Karton Red Bull und 2 Flaschen Bacardi ist meine Wochenendration. Oder eine Kiste Bier. Immer öfter trinke ich auch in der Woche, während der Schulzeit. Ich bin fast täglich betrunken.

Und ich rauche immer mehr. Manchmal zwei Zigaretten auf einmal. Ich suche den Rausch…

Den ultimativen Kick. Ich liebe, und brauche das Kribbeln im Kopf, wenn der Alkohol wirkt und meine Sinne

vernebelt. Immer öfter saufe ich bis zum totalen Absturz.
Und immer wieder Onkelz!

Hauptschulabschluss

Trotzdem schaffe ich irgendwie meinen
Hauptschulabschluss.
Am 17. Juni 1992 habe ich ihn in der Tasche. Ich bin
richtig stolz auf mich.
Als ich die Schule verlasse, verliere ich Tanja für eine
Zeitlang aus den Augen.

BGJ Holztechnik

Nach den Sommerferien gehe ich zur Berufsschule
Nienburg. Ich soll ja auf Anregung meiner Mutter Tischler
werden. Und dazu ist ein Berufsgrundbildungsjahr
Holztechnik Pflicht. Mir selber ist das eh egal. Ich habe
andere Interessen, als Schule oder Arbeiten.
Und ich merke sehr bald, dass die Anforderungen zu hoch
für mich sind, besonders in Mathe.

Gewalt

Es liegt auch daran, dass ich nachts immer unterwegs bin.
Und am Saufen. Sogar während der Schulzeit trinke ich
mit meinen Kumpels in der Pause Wodka.
Und ich beginne den Unterricht zu schwänzen. Ich
besuche Bastian auf dem Gymnasium und gucke mir die
süßen Mädchen da an. Oder hänge einfach so in der
Fußgängerzone von Nienburg rum.

Meine Mutter bekommt davon nichts mit. Sie ahnt es wohl. Aber sie ist hilflos. Und kann sich nicht gegen mich durchsetzen. Ich gehe ja morgens ganz normal aus dem Haus. Manchmal geh ich nur ein paar Meter in Richtung Bushaltestelle. Und dann gleich wieder zurück. Ich klettere durch mein Kellerfenster wieder rein. Und schlafe den ganzen Vormittag.

Ich verliere jeden Respekt. Es gibt keine Toleranzgrenze für mich.

Ich werde aggressiver, bin leicht reizbar. Bei jeder Kleinigkeit raste ich aus! Schlage zu!

Und ich zerstöre einfach so, irgendwelche Sachen. Das ist einer der Kicks, die ich brauche.

Bei der Zeltdisco zur Sportwerbewoche in Liebenau gerate ich besoffen in eine Schlägerei. Was genau passiert, weiß ich nicht mehr. Ich weiß nur, dass mir jemand ein Glas ins Gesicht schlägt. Überall ist Blut. Aber mir ist das egal. Ich muss ja bald aufstehen und Zeitungen austragen. Wie immer bin ich grad noch rechtzeitig wieder zuhause, bevor meine Mutter mich weckt. Bin so besoffen, dass ich fast im Gitter steckenbleibe!

Als ich dann aus meinem Kellerzimmer blutüberströmt nach oben torkele, bekommt sie fast einen Herzinfarkt. Sie fährt mit mir ins Krankenhaus nach Nienburg. Ich habe unter dem linken Auge eine tiefe Platzwunde, die genäht werden muss. Die Narbe ist noch heute zu sehen. Die Zeitungen kommen an diesem Sonntagmorgen sehr spät bei den Kunden an.

Das Verhältnis zu meiner Mutter wird nicht zuletzt durch diese Aktion immer schlechter...

Saufen und „Scheiße bauen" ist für mich normal geworden. Ich brauche Geld, um die Partys zu finanzieren.

Straftaten

Ich werde kriminell. Fahre nachts mit dem Rad durch Liebenau und breche Autos auf. Ich klaue teure Autoradios und Boxen. Oder was sonst noch so in den Autos rumliegt.

Ich werde nie dieses Gefühl vergessen, als ich das erste Mal mit einem Stein eine Autoscheibe einschlage. Das Glas zersplittert. Wie im Rausch durchsuche ich das Auto nach Wertsachen…

In den nächsten Wochen und Monaten sollen viele weitere Autos folgen…

Ich baue die Radios und Boxen aus. Transportiere das Diebesgut mit dem Fahrrad nach Hause und durchs Fenster in mein Kellerzimmer.

Aber eigentlich geht es mir nur um den Kick.

Ich bin zeitweise jede Nacht unterwegs. Und immer alleine.

Morgens fahre ich ganz normal mit dem Bus zur Schule. Die geklauten Sachen verkaufe ich in meinem Freundeskreis und in der Berufsschule. In meinem Spind lagern mehr Autoradios und Bierflaschen als Arbeitsmaterialien.

Anfang Dezember breche ich in der Liebenauer Tankstelle ein. Den Tipp bekomme ich von einem Kumpel. Er weiß, dass die Tanke keine Alarmanlage hat. Also fahre ich nachts mit Fahrrad dorthin. Ich hebele das hintere Bürofenster auf. Und klettere rein. Es ist so einfach…

Mich interessiert nur der Verkaufsraum. Dort gibt es ja stangenweise Zigaretten und jede Menge hochprozentigen Alkohol. Es ist so viel, dass ich mehrmals mit Fahrrad hin und herfahren muss. Das schwierigste ist, die Sachen

möglichst leise durch mein vergittertes Kellerfenster ins Zimmer zu bekommen. Aber es lohnt sich! Ganz viel Alkohol! Und hunderte Schachteln Zigaretten!
Wahnsinn! Ich bin selber überrascht. Mein Zimmer ist voll mit Schnapsflaschen und Unmengen Zigaretten. Ich rauche zwei oder drei auf einmal. Und saufe bis zur Besinnungslosigkeit.
Ich werde übermütig und leichtsinnig. Verkaufe in der Schule geklaute Zigaretten und Alkohol.
Und bin jeden Tag besoffen. Das Zeitungsaustragen, aber auch die Schule vernachlässige ich immer mehr...
Mein Kellerzimmer wird zu einem „Warenlager" voller Diebesgut, das ich teilweise selber klaue, oder kaufe und weiterverkaufe.

Es ist absehbar, dass ich den Abschluss nicht schaffe. Aber das ist mir egal. So wie alles andere auch...

Anmerkung: Ich beschreibe hier nur die Straftaten, die mir später nachgewiesen werden. Es waren noch viel mehr!
Die Allermeisten bleiben mein Geheimnis. Ich nehme es mit ins Grab.
Jetzt, im Jahr 2022 sehe ich diese Straftaten aus einem anderen Blickwinkel.
Das was ich getan habe, ist ein dunkler Teil meines Lebens. Es tut mir leid.
Hiermit möchte ich mich bei den Menschen entschuldigen, denen ich vor 30 Jahren Schaden zugefügt habe.

1993

Am 23. Januar werde ich 17. Mein Leben ist ein
Scherbenhaufen.

Polizei

Eines Tages, Anfang 1993 kommt es, wie es kommen
musste. Ich werde „verpfiffen".
Als ich in der Schule bin, steht die Polizei bei uns vor der
Tür. Hausdurchsuchung. Meine Mutter fällt aus allen
Wolken!
Die Polizei durchsucht mein Kellerzimmer. Und
beschlagnahmt jede Menge Diebesgut.
Ich werde zur Polizei vorgeladen. Erst in Liebenau. Der
Dorfpolizist, Herr Hagen, vernimmt mich. Dann muss ich
zur Kripo nach Nienburg. Ich werde stundenlang verhört.
Und erkennungsdienstlich behandelt. Es werden Fotos
von mir gemacht. Und Fingerabdrücke genommen. Ich
gebe aber nur zu, was mir nachgewiesen werden kann.
Das ist nur ein Bruchteil. Ich habe ja von klein auf
gelernt, Strafen zu entgehen. Die allermeisten Straftaten
bleiben mein Geheimnis.

Strafe

Und das Jugendamt wird eingeschaltet. Ich bin ja gerade
17 geworden.
Ich erinnere mich noch an Frau Bodenstab vom
Jugendamt. Sie hat da damals gerade angefangen. Und
wird als meine Betreuerin eingesetzt. (Heute leitet sie das
Jugendamt in Nienburg).
Es kommt zu einer Gerichtsverhandlung. Ich bin ja bisher
nicht aufgefallen. Und es können mir nur ein paar
„kleinere" Diebstähle, der Einbruch in der Tankstelle
sowie ein paar Autoaufbrüche nachgewiesen werden.
Deshalb werde ich „nur" zu einem sozialen Trainingskurs
verurteilt. Da soll ich, zusammen mit anderen straffällig

gewordenen Jugendlichen lernen, wie man sich zu verhalten hat. Ob es was bringt, wage ich mal zu bezweifeln. Ich lerne jedenfalls neue Leute kennen, mit denen ich feiern und saufen kann.

Unter anderem Robert B., mit dem ich später wilde Sauforgien feiere.

Diese milde Strafe stört mich nicht im Geringsten.

Aber mir ist sehr wohl klar, dass die Strafe viel höher ausgefallen wäre, wenn alles rausgekommen wäre.

Und ich habe keine Lust, wegen ein paar geklauter Sachen in den Knast zu kommen.

Also begehe ich ab jetzt keine Straftaten mehr.

Meine Mutter ist verzweifelt und hilflos.

Ich muss aus meinem Kellerzimmer ausziehen. In das kleine Zimmer im Obergeschoss. Mein altes Kinderzimmer ist ja grad vermietet. Sie kontrolliert mich. Unser Verhältnis ist sehr angespannt. Sie droht mir immer wieder, dass sie mich rausschmeißen wird, wenn noch was mit der Polizei vorfällt.

Ihre größte Sorge ist „Was sollen die Nachbarn denken, wenn die Polizei bei uns ist?".

Die Potsdamer Straße war schon immer eine der „besseren" Wohngegenden von Liebenau. Hier wohnen die Geschäftsleute. Wie ich immer sage „Die Reichen und Schönen".

Wir passen da nicht hier hin. Meine Mutter geht ja nur putzen.

Wir gehören nie dazu. Trotzdem ist sie immer darauf bedacht, dass alles für die Nachbarn gut aussieht, … dass der Rasen gemäht und der Bürgersteig gefegt ist.

Und, dass nicht über uns „geredet" wird!

Mich kotzt diese Spießigkeit an.

Besonders, weil ich weiß, dass die Leute eh über uns reden!
Jeder im Ort kennt mich.
Ich bin ja der Heino.

Freunde
Mein Kellerzimmer wird wieder vermietet. Thomas, ein junger Mann aus Magdeburg, zieht bei uns ein. Wir freunden uns schnell an. Und fahren oft zusammen mit seinem Auto, einem Opel Vectra, auf Disco.

Ich bin wieder öfter mit Bastian unterwegs. Im Frühjahr lernen wir Marco und seine kleine Schwester kennen. Ich bin oft bei Marco. Und versuche, mich an seine Schwester ranzumachen. Die ist erst 13 und hat kein Interesse an mir. Über die beiden lerne ich ihre Cousine sowie deren Freundin Stina kennen.

Ohne Abschluss...
Ich verlasse die Berufsschule ohne Abschluss. Das BGJ Holztechnik war ein verschenktes Jahr. Ich habe total versagt! Keine Zukunftsperspektive.
Ich habe keinen Plan, was ich nach den Sommerferien machen soll. Die Lehre als Tischler hat sich ja erledigt. Eigentlich ist es ja geil, einfach so abzuhängen...

Ausbildung zum KFZ - Mechaniker

Aber trotzdem gehe ich spontan zum Ford Autohaus Arnold bei uns im Ort und frage, ob ich nach den Ferien eine Lehre machen kann. Herr Arnold kennt mich Gott sei

Dank noch nicht, obwohl er am Ende der Potsdamer Straße wohnt. Er will mir eine Chance geben, obwohl meine letzten Zeugnisse nicht so gut sind. Ich soll ab sofort für den Rest der Ferien Praktikum bei ihm in der Werkstatt machen.

Ich nutze die Chance: Ziehe das Praktikum durch, und bekomme die Lehrstelle. Ohne schriftliche Bewerbung. So etwas ist heute, etwa 30 Jahre später, undenkbar!

Am 30. Juli unterschreibe ich meinen Ausbildungsvertrag. Ab 1. August bin ich Auszubildender zum KFZ – Mechaniker.

Ich bin richtig stolz auf mich. Zum ersten Mal im Leben habe ich durch Ehrgeiz etwas erreicht! Und das Schrauben an Autos macht mir richtig Spaß. Ich hatte vorher keinen blassen Schimmer davon.

Jetzt werden Autos immer mehr zu meiner Leidenschaft. Mit dem Meister und den anderen Auszubildenden komme ich gut zurecht. Auch wenn es manchmal nicht einfach ist. Und ich merke die körperliche Anstrengung. Insbesondere nach durchzechten Nächten. Aber ich reiße mich zusammen. Und feiere weniger. Stattdessen konzentriere ich mich auf die Ausbildung und die Arbeit.

Reeperbahn

Als ich mein erstes Ausbildungsgehalt auf dem Konto habe, fahre ich mit dem ganzen Geld in der Tasche Anfang September mit Ingo und Hans-Peter nach Hamburg. Auf die Reeperbahn. Wir gehen in diverse Clubs & Strip Shows. Das Geld rinnt mir durch die Finger…

Nach kurzer Zeit lande ich mit einer Prostituierten im Bett. Ich gebe ihr mein ganzes restliches Geld. Sie besorgt es mir…

Es ist für mich als 17-jähriger der ultimative Kick im Puff

zu sein! Und Sex zu haben.

Ohne Geld fahren wir zurück. Ich bin am Monatsanfang schon pleite. Ein hoher Preis für wenige Minuten Spaß. Aber mir ist das egal, Geld ist mir egal. Der Kick ist mir wichtiger als Geld!

Grenzenlos - Die Suche nach dem Kick

Dieses Erlebnis macht mir klar WAS ich wirklich will. Ich will den Kick! Ich will bis an die Grenze gehen! Oder auch darüber hinaus. Ich will austesten, WIE WEIT ich gehen kann...

Grenzenlos! ... ohne Limit!...

Ich will Sex! Ich will den Rausch! Bis zur Besinnungslosigkeit...

Ich will harte Musik in voller Lautstärke! Will die Bässe spüren! Onkelz aufdrehen bis zum Anschlag! Ich will mir ALLES nehmen was irgendwie geht!

Und ich will endlich 18 sein. Frei und unabhängig.

Endlich machen können, was ich will.

Ich will endlich Auto fahren! Gas geben und Onkelz aufdrehen!

Meine ersten Erfahrungen am Steuer eines Autos mache ich mit Jan-Hendrik. Bei ihm auf dem Hof, in der Liebenauer Heide, steht ein alter VW Käfer. Damit fahren wir in der Umgebung rum. Das ist so geil! Ich genieße dieses Gefühl von Freiheit. Selber das Steuer in der Hand zu haben. Selber bestimmen, wohin die Fahrt gehen soll. Selber Gas geben!

Natürlich will ich ein eigenes Auto haben. Und Führerschein machen.

Das erste Auto

Das erste Auto kaufe ich sehr billig von dem Bruder von meinem Arbeitskollegen Guido, der im 2. Lehrjahr ist. Es ist ein Opel Manta B, BJ. 81, ohne TÜV. Ich stelle es mir so einfach vor. Mit dem Manta und einer fetten Anlage kann ich endlich Gas geben & Onkelz bis zum Anschlag aufdrehen! Ich kann angeben...

Und die ganzen Mädels stehen auf mich!

Ich miete mir eine Garage in der Ortstraße. Natürlich, ohne dass meine Mutter es weiß. Und will den Wagen über den TÜV bringen. Ich fange planlos an. Verkleide die Türverkleidungen mit Teppich. Und baue ein CD Autoradio ein. Sowie leistungsstarke Lautsprecher.

Aber das Projekt ist zum Scheitern verurteilt. Ich habe ja noch fast gar keine Kenntnisse von Autos. Und kein Geld. Bald kann ich die Miete für die Garage nicht mehr bezahlen. Der Vermieter ist verärgert, weil ich nicht zahle. Und ein Autowrack in der Garage steht. Das auch noch Öl verliert. Ich muss die Garage räumen. Mir bleibt nichts anders übrig, als den Manta zu verschrotten.

Und ich muss mir eingestehen, dass das Projekt gescheitert ist...

Meine Mutter hat nie etwas von dem Manta erfahren.

Das erste Auto in meinem Besitz, endet nach kurzer Zeit auf dem Schrottplatz…

Viele weitere Autos sollen folgen…

Das zweite Auto

Mein zweites Auto ist ein alter Ford Fiesta, ebenfalls BJ. 81. Den bekomme ich sehr günstig von Ford Arnold. Das Auto hat sogar noch TÜV und braucht nur angemeldet werden. Diesmal weiß meine Mutter davon. Der Wagen kommt zu uns in die Garage. Und meine Mutter achtet darauf, dass die verschlossen ist. Damit ich nicht auf

dumme Gedanken komme. Aber ich habe das Schloss
schon vorher manipuliert…
Ich lasse mir halt nix vorschreiben…

Ich fange an den Führerschein zu machen
Ende des Jahres fange ich endlich an den Führerschein zu
machen. Da ich kaum Geld habe, hat es sich immer
wieder verzögert. Erstmal ist nur Theorie. Das nervt mich.
Hab keinen Bock auf Verkehrsregeln und Vorschriften!

1994
Im Januar nehme ich die ersten Fahrstunden. Ich bin so
stolz. Endlich darf ich ganz legal am Steuer eines Autos
sitzen. Das Fahrschulauto, ein fast neuer Escort von Ford
Arnold, ist etwas ganz anderes, als die uralten
Schrottautos, die ich bisher gefahren habe.
Mich nervt allerdings der Fahrlehrer auf dem
Beifahrersitz. Und, dass ich mich an die
Straßenverkehrsvorschriften halten muss.
Und mich nervt, das absehbar ist, dass ich den
Führerschein zu meinem Geburtstag noch nicht haben
werde. Ich habe einfach zu spät damit angefangen.

18. Geburtstag

Am Sonntag, 23. Januar 1994 werde ich 18. Endlich
volljährig!
Ich feiere Samstagabend rein. In der 2. Garage von uns.
Nebenan steht ja der Fiesta. Aber in der Garage ist eh nur
Platz für die Anlage und Getränke. Der Rest findet

draußen statt. Es ist eine rauschende Party mit sehr viel Alkohol und etwa 80 Leuten. Ich habe mir eine richtig große Anlage gemietet und Kistenweise Bier besorgt. Wir drehen die Mucke bis zum Anschlag auf. Onkelz, AC/DC und Manowar in vollster Lautstärke. Mit wummernden Bässen. Wir unterhalten die ganze Potsdamer Straße. Ich lasse es richtig krachen! Der Alkohol fließt in Strömen. Wir verlieren alle Hemmungen. Ich tanze auf den Dächern geparkter Autos. Unser Garten wird zum Party-Schlachtfeld. Ich habe niemals wieder so eine exzessive & rauschende Party gefeiert! Sehr zum Leidwesen meiner Mutter und der Nachbarn. Mich wundert, dass niemand die Polizei ruft. Meine Mutter droht mir mal wieder, dass sie mich endgültig rausschmeißt. Ich bin ja jetzt 18 und kann auf eigenen Füßen stehen. In den nächsten Tagen soll ich meine Sachen packen und mir eine Bleibe suchen. Aber in dieser Nacht ist mir alles egal. Für mich ist es DAS Wichtigste, dass ich endlich 18 bin! Endlich unabhängig! Endlich frei!
Allerdings darf ich noch kein Auto fahren. Ich bin ja noch nicht fertig mit der Fahrschule.

Gleich ab dem Montag nach meiner Party ist meine Mutter erstmal für eine Zeitlang im Krankenhaus. Sie hat schon seit Jahren Knieprobleme. Jetzt bekommt sie ein künstliches Kniegelenk. Wenn sie wieder da ist, soll ich ausziehen. So lange habe ich Zeit, eine Bleibe zu finden. Mir ist das egal...

Dann passiert etwas, womit ich nicht gerechnet habe…

Der 1. Unfall

Kurz nach meinem Geburtstag lerne ich über Guido ein
Mädchen kennen. Miriam ist 12.
Am 1. Februar bin ich abends mit Guido bei ihrem
Bruder. Der gibt eine Party. Ihre Eltern sind nicht da. Ich
bin, wie immer, besoffen. Miriam findet mich offenbar
sympathisch. Wir sondern uns von den anderen ab. In
ihrem Zimmer quatschen wir. Und kommen uns näher...
Später beschließen wir noch, in den Nachbarort
Pennigsehl zu fahren. Dort ist in der Dorfdisco
„Linderkamp", „Wilde Sau". So wie jeden ersten Dienstag
im Monat.
Also klaue ich vom Auto ihrer Eltern die Kennzeichen
und fahre mit dem Rad zu mir und schraube die an
meinen Ford. Das Garagentor kann ich ja problemlos
öffnen.
Ich hole Miriam mit dem Auto ab. Das gefällt mir!
Wir wollen durch die Liebenauer Heide nach Pennigsehl.
Ich bin besoffen und fahre viel zu schnell…
Kurz hinter dem Ortsausgang von Liebenau komme ich
auf gerader Strecke von der Straße ab. Und das Auto prallt
gegen einen Baum…
…

Wie ich später erfahre, prallt das Auto mit solcher Wucht
gegen den Baum, dass es sich "hochkant" darum wickelt.
Das Ganze passiert genau gegenüber von dem einzigen
Haus in der Nähe. Es ist das Haus von Albes. Es wird
viele Jahre später noch eine Rolle für mich spielen.
Der Opa von Albes wacht durch den Lärm auf. Und ruft
Rettungswagen & Polizei.

Es ist ein Wunder, dass wir überleben.

Miriam wird nur relativ leicht verletzt.

Ich „träume" von großen Feuerwehrschläuchen, die mir in den Mund geschoben werden...

Ich erleide unter anderem folgende lebensgefährliche Verletzungen:
- Schweres Stumpfes Bauchtrauma mit Leberruptur (Leberriss).
- Abriss vom Zwerchfell.
- Innere Blutungen.
- Schwere Lungenquetschung.

Krankenhaus Stolzenau
Ich komme ins Krankenhaus Stolzenau. Dort werde ich operiert. Unter anderem wird meine Leber genäht.
Ich habe wahnsinnige Schmerzen! Niemals wieder werde ich diese Schmerzen im Bauch vergessen...
Ich bekomme zwar starke Schmerzmittel, Morphium, aber es ist trotzdem unerträglich...
Seitdem weiß ich, was Schmerzen sind. Jetzt, viele Jahre später, sehe ich es als ein Stück Lebenserfahrung.
Ich bin vom 2. Februar bis 11. März im Krankenhaus Stolzenau.
Es ist das erste Mal, dass ich für längere Zeit im Krankenhaus sein muss. Es ist eine ganz neue und ungewohnte Situation für mich.
Ich bin ans Bett gefesselt. Keine Party und kein Alkohol. Stattdessen Schmerzen, Medikamente, Krankenhausessen und Regeln.
Erstmals bin ich hilfebedürftig. Auf andere Menschen angewiesen. Abhängig. Ich hasse das!
Und ich muss „alles neu lernen". Ich erinnere mich noch genau an das Gefühl, als ich das erste Mal mit Hilfe der

Schwester aufstehe. Wie wackelig ich auf den Beinen bin.

Ich ahne nicht im Geringsten, dass all das nur ein
Vorgeschmack auf etwas viel Schlimmeres ist, was mich
noch erwartet. Dass ich viele Jahre später noch öfter und
viel länger im Krankenhaus sein werde ... als Folge von
diesem Unfall.
Ich ahne nicht, dass ich noch mehrmals wieder alles
komplett neu lernen muss...

Ich werde schnell wieder gesund. Ich bin ja jung. Und
durch die schwere Arbeit in der Werkstatt gut
durchtrainiert. Das hilft mir. Ruckzuck komme ich wieder
auf die Beine.
Ich find es sogar irgendwie geil, dass ich meinen Körper
bis an die Belastungsgrenze gebracht habe. Ich weiß jetzt,
was ich alles ertragen kann. Die Schmerzen sind zwar
grausam. Aber sie haben mich nicht umgebracht. Es
macht mich nur noch härter!

Reha auf Sylt
Direkt im Anschluss komme ich für 6 Wochen zur Kur.
Vom 11. April bis 9. Mai bin ich in Westerland auf Sylt.
Ich bin zum zweiten Mal auf Sylt und am Meer.
Diesmal ist es keine Kinderkur.
Es ist eine Kur für Erwachsene. Ich bin irgendwie stolz,
dass ich dazu gehöre. Und genieße die Zeit.
Ich nehme an einer angebotenen Tagesfahrt nach
Helgoland teil. Es ist für mich ein Abenteuer! Das erste
Mal auf hoher See!
Außerdem nehme ich an einem Tagesausflug nach
Dänemark teil. Das ist für mich das erste Mal, dass ich im
Ausland bin.
Wir fahren zunächst nach Ribe. Und dann nach Esbjerg.

In beiden Städten machen wir Stadtbesichtigungen. An weitere Einzelheiten erinnere ich mich nicht mehr.
Ansonsten bin ich oft alleine unterwegs.
Ich leihe mir ein Fahrrad und erkunde die Insel auf eigene Faust.

Ein schwules Erlebnis
Bei einer meiner Touren habe ich mein erstes und einziges "schwule" Erlebnis.
Ich lerne einen älteren Mann kennen, der mich auf ein Bier einlädt. Wir sitzen zusammen im Strandkorb. Er öffnet seine Hose...Ich soll ihn anfassen...
Ich tue es...Er stöhnt. Bevor es ihm kommt, will er mich auch anfassen...
Ich lasse es zu.
Im Strandkorb hinter uns sitzen 2 Mädchen ... die kichern schon...
Mir wird das zu peinlich! Ich flüchte!
Danach sehe ich ihn noch einmal wieder ... mit Frau und Kind.
Er grinst mich nur an.
Das ist für mich ein Schlüsselerlebnis.
Seitdem hasse ich Schwulitäten!

Während dieser Kur habe ich noch ein weiteres Schlüsselerlebnis.
Stalingrad
Ich lerne eine sehr alte Frau kennen.
Sie erzählt mir von ihrem Mann, der im 2. Weltkrieg als Soldat in Stalingrad war.
Er kam nicht zurück...
Es ist das erste Mal, dass ich von Stalingrad höre.
Ich habe lange Gespräche mit dieser Frau. Ihre Kriegserlebnisse beeindrucken mich sehr.

Ich kann mich nicht erinnern, dass wir das Thema in der Schule hatten.

Seit den Gesprächen mit dieser Kriegswitwe bin ich von der Schlacht um Stalingrad fasziniert. Aber ich bin vor allem erschüttert von dem Leid, das der 2. Weltkrieg über unschuldige Menschen brachte.

Später besorge ich mir Bücher über die Schlacht um Stalingrad und befasse mich damit. Und ich befasse mich allgemein mit dem 2. Weltkrieg. Mit der Judenverfolgung. Ich beginne nachzudenken.

Mir wird erstmals klar, wie sinnlos damals Menschenleben geopfert wurden.

Mir wird klar, wie sinnlos Krieg ist.

Trotzdem ahne ich 1994 noch nicht, dass ich viele Jahre später Friedensaktivist bin.

Im Augenblick ist mir mein Partyleben noch wichtiger. Ich habe eigentlich keinen Bock über sowas negatives wie Krieg nachzudenken. Politik ist mir eh egal.

Und ich merke, wie teuer das Leben auf Sylt ist. 6 Mark für ein Bier in der Strandbar.

Ansonsten tut mir die Kur gut. Ich werde wieder völlig gesund und bin auch sehr schnell wieder topfit.

Außer einer riesigen Narbe auf dem Bauch, habe ich erstmal keine bleibenden Schäden behalten.

Die Ärzte sagen lediglich, dass ich in Zukunft besser keinen Alkohol mehr trinken, und nicht mehr rauchen sollte. Es ist mir egal … ich mache danach weiter wie vorher.

Dass dieser Unfall noch einmal sehr ernsthafte Folgen für mich haben sollte, kann ich nicht wissen.

24 Jahre später werde ich einen grausamen und sehr

harten Preis für diesen jugendlichen Leichtsinn bezahlen!
Ich weiß 1994 noch nicht, dass ich noch sehr viel lernen
muss.

Miriam erleidet "nur" ein paar Knochenbrüche.
Ihre Eltern sind „nicht begeistert".
Ich habe Miriam nie wieder gesehen…
Nur von ihrer Krankenkasse bekomme ich Post. Ich soll
ein unwiderrufliches Schuldeingeständnis unterschreiben.
Was ich aber verweigere. Die Sache verläuft dann im
Sande…

Meine Mutter ist mal wieder geschockt…
Sie war, als wir den Unfall hatten, ja gerade selber im
Krankenhaus. Den Krankenhausaufenthalt bricht sie
vorzeitig ab.
Wenn es mir nicht so schlecht gehen würde, würde sie
mich rausschmeißen.
Aber sie gibt mir eine letzte Chance. Unser Verhältnis ist
sehr angespannt.

Auch Herr Arnold ist „nicht begeistert".
Aber er gibt mir die Chance, meine Lehre trotz der langen
Fehlzeit weiter zu machen.
Das mit meinem Führerschein hat sich erstmal erledigt.
Ich bekomme eine Führerscheinsperre
von einem Jahr.
Und muss 40 Sozialstunden gemeinnützige Arbeit leisten.
Die mache ich in der Liebenauer Schule.
Ein paar Tage helfe ich dem Hausmeister.
Hauptsächlich werde ich zum Rasen mähen auf dem
Schulhof eingeteilt.
Es ärgert mich zwar, aber beeindruckt mich nicht weiter.

Trotz allem…
Ich lerne nicht aus diesem Unfall.
Mein Partyleben geht weiter. Und wird wilder als zuvor.

Grenzenlos

Immer öfter überschreite ich Grenzen. "Gehe mit dem Kopf durch die Wand."
Wenn mir ein Weg versperrt wird, umgehe ich ihn. Oder durchbreche die Sperre.
Ich weiß ja jetzt, wie weit ich gehen kann. Ohne nennenswert bestraft zu werden.

Ich bin erwachsen
Vatertag 1994
Am Vatertag bin ich das erste Mal wieder besoffen. Wir feiern an der Rolle, einem Kiesteich bei Nienburg. Ich falle beinahe mit Fahrrad ins Wasser.
Am Tag danach haben die meisten ja frei. Für mich ist dieser Freitag der erste Arbeitstag nach dem Unfall.
Aber ich ziehe es durch. Das Leben geht weiter. Bin es ja schon seit Jahren gewohnt, direkt nach einer durchzechten Nacht wieder aufzustehen und zu arbeiten. Oder direkt durchzumachen.

Fußball-Weltmeisterschaft 1994
Von der WM in den USA bekomme ich nichts mit. Es interessiert mich einfach nicht.

…bis zur Belastungsgrenze
Das Arbeitsklima wird für mich schlechter. Ich werde mehr gefordert. Muss oft Überstunden machen. Oder bekomme die körperlich schwersten Arbeiten. Es stört

mich nicht. Im Gegenteil. Ich finde es sehr gut, möglichst hart zu arbeiten. Es bringt mich nicht um. Es macht mich nur noch härter. Noch stärker. Ich bin stolz auf meine Muskeln. Oft mache ich nach der Arbeit zuhause noch Liegestütze.
Ich liebe es meinen Körper bis an die Belastungsgrenze zu bringen! Ich teste immer wieder, wieviel noch geht.

Discozeit
Ich konzentriere mich auf meine Ausbildung. Trinke etwas weniger Alkohol. Zumindest in der Woche.
An den Wochenenden bin ich oft mit Thomas und auch Ingo R. unterwegs. Wir fahren gemeinsam in die Disco. Nach Sulingen. Die Disco wurde umgebaut und heißt jetzt Kreml.
Ab und zu fahren wir auch nach Oyten bei Bremen. Das Capitol ist eine riesige Nobeldisco. Die geilste Disco überhaupt! *Leider ist sie später abgebrannt.*

Ab August bin ich im 2. Lehrjahr.

Ein Buch über mein Leben?
Immer öfter sagen Freunde zu mir „Du solltest mal ein Buch über dein Leben schreiben."
Zuerst finde ich das völlig absurd!
Später denke ich immer öfter darüber nach…
Verwerfe diese Gedanken aber wieder.
Erst 22 Jahre später beginne ich tatsächlich mit der Umsetzung. Ich schreibe ein Buch über mein Leben. Bis zur Fertigstellung und Veröffentlichung sollen aber weitere 6 Jahre vergehen.

Bundestagswahl 1994
Am 16. Oktober ist Bundestagswahl.

Ich bin ja jetzt volljährig und damit wahlberechtigt. Meine
Mutter und besonders meine Oma, bedrängen mich zur
Wahl zu gehen. Das ist eine Bürgerpflicht! Und ich soll
SPD wählen.
Mir ist das total egal. Politik interessiert mich nicht im
Geringsten.
Aber an diesem Sonntag fahren wir zusammen zur
Schule. Und ich wähle SPD.
1994 denke ich darüber noch nicht weiter nach. Ich bin
leicht zu beeinflussen...
Helmut Kohl bleibt Bundeskanzler. Auch das ist mir egal.

1995
Am 26. April habe ich Zwischenprüfung.

...mein Führerschein verzögert sich...
Im Sommer kann ich endlich meinen Führerschein weiter
machen.
Ich mache mir nicht die Mühe zu lernen.
Die Theoretische Prüfung bestehe ich grad so. Aber grad
so, reicht mir.
Ich falle allerdings durch die praktische Prüfung.
Prüfungen sind nichts für mich. Wieder verzögert sich
mein Führerschein.

Jetzt bin ich öfter mit Ingo R., und besonders Hans-Peter
unterwegs.
Der hat einen alten Audi 80. Damit fahren wir rum. Um
Mädchen aufzureißen.

Meine Mutter kauft sich zu dieser Zeit einen alten Golf I
Automatik BJ. 1979

(Sie hatte nur einen Führerschein für Automatik) – in Gelb. Eine sehr ungewöhnliche Farbe.

Ab August bin ich im 3. Lehrjahr.

Im Sommer zieht Thomas aus.
Er wohnt aber noch einige Jahre in Liebenau.

Führerschein

Am 1. September bestehe ich endlich meine (erneute) Führerscheinprüfung!
Ich bin so stolz auf mich!
Da Freitag ist, bekomme ich den Führerschein aber erst am Montag danach.
Ich erinnere mich noch genau, dass Frau Arnold (die mittlerweile verstorben ist) ihn vom Straßenverkehrsamt abholt. Sie übergibt ihn mir in der Werkstatt von Ford Arnold.
Ich habe endlich den Führerschein! Ich bin frei! Jetzt beginnt mein Leben!
An diesem Tag holt Hans-Peter mich von der Arbeit ab.
Ich darf das erste Mal seinen Audi fahren! Ein geiles Gefühl!
Ich fahre den Audi. Er trinkt Bier.
An dem Wochenende fahren wir gleich in eine Disco.
Nach Emtinghausen (Kreis Verden) ins Infinity.
An den nächsten Wochenenden sind wir immer zusammen unterwegs.
Es ist „logisch", dass ich fahre und er Bier trinkt. Ich genieße es. Und werde immer sicherer. Mit dem Alkohol halte ich mich zurück. Mal ein Bier…
In der Anfangszeit fahre ich (fast) nie besoffen.

Katrin
Am 4. September Wochenende ist Altstadtfest in

Nienburg. Das Kultereignis im Landkreis!
Von Freitag bis Sonntag ist die ganze Nienburger
Innenstadt eine einzige Partymeile.
Und Sonntag ist Flohmarkt.
Ich bin wie immer das ganze Wochenende durchgehend
da, und total besoffen.
Sonntagnachmittag läuft mir Katrin über den Weg. Wir
haben Blickkontakt. Unterhalten uns. Sie wohnt in
Nienburg – Langendamm.
Kurze Zeit später bin ich mit ihr zusammen.

Mein 1. Auto

Ich bekomme ein günstiges Auto von Ford Arnold.
Einen grünen Ford Taunus. Ein Sondermodell „Ghia" BJ.
82 mit Schiebedach und gehobener Ausstattung.
Am 2. Oktober wird er auf meinen Namen zugelassen.
Mein erstes eigenes Auto mit dem Kennzeichen NI – XK
24. Jetzt ist alles perfekt!

...wieder ein Unfall
Doch nicht lange…
Gleich am ersten Wochenende danach fahre ich mit Ingo
R. und Hans-Peter in die Disco.
Nach Oyten ins Capitol. Dort sind wir zu dieser Zeit ja
öfter.
Auf dem Rückweg schlafe ich wohl am Steuer ein…
Auf der B6 zwischen Asendorf und Wietzen komme ich
von der Straße ab…
Der Taunus prallt gegen einen Baum! Wir sind unverletzt,
aber geschockt.
Die vordere Stoßstange ist eingedrückt, und die
Motorhaube verbeult. Mein schönes „neues" Auto ist arg

ramponiert…
Ich bin in der Realität des Autofahrens angekommen.
Zwar repariere ich es wieder notdürftig, Aber fahre jetzt
mit einer „Schrottkiste" rum…

Die erste größere Fahrt zum Fußball
Am 28. Oktober unternehme ich meine erste größere Tour
mit dem Auto. Ich fahre mit Ingo R. und noch einem
Kumpel von ihm, nach Gelsenkirchen zum Fußball.
Das Fußballbundesligaspiel Schalke – Dortmund endet
1:2.
Es interessiert mich nur am Rande. Mir geht es
Hauptsächlich um die Party. Mit dem Alkohol halte ich
mich zurück. Ich bin ja der Fahrer.

Sven
Am 1. November zieht Sven bei uns ein. In das
Kellerzimmer, wo Thomas zuletzt wohnte. Er ist in
meinem Alter. Ich kenne ihn aus der Grundschule. Wir
freunden uns schnell an. Er ist cool drauf. Und der totale
Opel Fan.

Tanja
Kurz darauf bin ich bei uns im Garten dabei, mein Auto
zu putzen. Als zwei Mädchen vorbeigehen, mit denen ich
ins Gespräch komme. Tanja und ihre Freundin. Tanja
kenne ich noch aus der Hauptschule.
Seitdem sind wir sehr gut befreundet.

Am 17. November fahren wir wieder mit dem Auto zum
Fußball. Diesmal nach Mönchengladbach zum Spiel
Borussia Gladbach – Hamburger SV. Das Spiel endet 1:2.

Die Einweihungsparty von Sven eskaliert
Wenig später feiert Sven seine Einweihungsparty.
Ich bin total besoffen. An die Party selber habe ich
keinerlei Erinnerungen mehr...
Irgendwann bin ich nackt! Torkele nackt durchs Haus und
kotze alles voll. Svens Zimmer, das Treppenhaus und das
frisch tapezierte Gäste-WC oben.
Meine Mutter ist entsetzt und kündigt Sven. Er muss nach
einem Monat schon wieder ausziehen.

Nacktfoto von mir
Am Tag nach dieser Party macht eine Freundin
Nacktfotos von mir.
Später schicke ich eins davon für 50 Mark an die Blitz-
Illu.
(Das ist eine Illustrierte, deren Zielgruppe vor allem junge
Männer sind.
Thematisch ist sie auf die Darstellung entkleideter Frauen
und die Anbahnung sexueller Kontakte ausgerichtet).

Sylvester 1995 in Česká Lípa
Den Jahreswechsel `95 / `96 verbringe ich mit Thomas
und einem Kumpel von ihm in Tschechien.
Wir fahren mit zwei Autos über Magdeburg, Leipzig,
Dresden bis nach Česká Lípa zu Bekannten von Thomas.
Das ist meine erste richtig große Tour mit dem Auto. Und
das erste Mal, dass ich im Ausland Auto fahre.
In Česká Lípa feiern wir Sylvester.
Zur Disco fahren wir alle in meinem Taunus. Als ich
morgens rückwärts einparken will, macht jemand hinten
die Tür auf und das Auto bleibt mit der offenen Tür an
einem Pfeiler hängen!
Jetzt ist mein Taunus richtig demoliert!

Aber es kommt noch schlimmer…

1996
…mein Auto springt nicht mehr an
Am Neujahrnachmittag wollen wir zurückfahren. Aber
mein Auto springt nicht an!
Alle Startversuche sind vergebens! Es sieht so aus, als
wenn das ein ernstes Motorproblem ist…
Und ich habe ja kein Werkzeug mit.
Außerdem bekommen wir langsam Zeitprobleme. Es ist
schon viel später als geplant. Wir müssen alle am nächsten
Tag wieder arbeiten. Und haben noch etwa 500 km Fahrt
vor uns.
Also lasse ich mein Auto in Česká Lípa stehen. Und wir
fahren alle mit dem Vectra von Thomas zurück. Ich
komme grad noch rechtzeitig zur Arbeit wieder in
Liebenau an.
Jetzt habe ich ein Problem. Mein kaputtes Auto steht in
Tschechien.
Aber ich habe weder Zeit noch Geld, um mich darum zu
kümmern.
Ich hole es erst einen Monat später wieder ab…

20. Geburtstag
Erstmal feiere ich meinen 20. Geburtstag.
Es ist mal wieder eine rauschende Party mit viel Alkohol.
Diesmal in meinem kleinen Zimmer oben. Ich erinnere
mich, dass irgendwann die Zimmertür
„rausgerissen" wird …Was genau passiert, weiß ich nicht
mehr … ich bin zu besoffen…

Tschechien

Anfang Februar, nachdem ich Lohn bekommen habe,
kann ich es mir endlich leisten, mein Auto zu holen.
Ich fahre übers Wochenende wieder nach Česká Lípa. Mit
Werkzeug und Ersatzteilen im Gepäck.
Eigentlich ist mein Plan, per Anhalter zu fahren. Aber ich
komme nur bis Hannover.
Also muss ich mit der Bahn weiterfahren.
Nach einer langen Fahrt komme ich in Česká Lípa an.
Mein Auto steht noch da. Ich tausche als erstes die
Verteilerkappe aus. Und der Motor springt auf Anhieb an!
Alles wird wieder gut. Ich bin sogar noch besser in der
Zeit als ich dachte. Spontan fahre ich nach Prag.
Prag
Auf dem Weg dorthin nehme ich zwei Mädels mit, die als
Anhalter an der Straße stehen. Es wird eine lustige Fahrt.
Nur leider können die beiden kein Deutsch.
Ich verbringe einen schönen Sonntag in Prag. Diese Stadt
an der Moldau fasziniert mich. Besonders von der
Karlsbrücke bin ich beeindruckt. Ich wäre gerne noch
länger geblieben. Aber ich muss ja am nächsten Tag
wieder arbeiten.
Spät abends fahre ich zurück. Das erste Mal alleine so
eine weite Strecke.
Ich fahre die ganze Nacht durch. Über Dresden, Leipzig,
Halle, Magdeburg, Hannover bis nach Liebenau. Wieder
direkt zur Arbeit.

Leben am Limit
Mein Taunus
Mit meinem Taunus, der immer mehr zum Wrack wird,
fahre ich wie ein wahnsinniger rum…
Ich find es geil, das letzte aus dem Auto rauszuholen. Ich
liebe es, Technik und meinen Körper bis an die
Belastungsgrenze zu bringen! Ich verschiebe die Grenze

immer weiter nach oben. Ich liebe es, dass Gaspedal bis zum Bodenblech durchzutreten. Die Mucke bis zum Anschlag aufzudrehen … Onkelz in voller Lautstärke! Und ich liebe es mit quietschenden Reifen durch Liebenau zu heizen. Ich fahre mit Höchstgeschwindigkeit über holprige Waldwege. Und drehe Kreise auf dem Panzerplatz in der Nachbarschaft. DAS ist der Kick, den ich immer wollte! DAS ist das, was ich brauche! Adrenalin im Blut…

Die Leute reden über mich.…

Herr Arnold verbietet mir, den Taunus auf dem Firmengelände zu parken. Weil er Öl verliert. Und weil so eine Schrottkiste die Kunden abschreckt.

Die Mutter von Tanja verbietet ihr, bei mir mitzufahren.

Ich werde aber nicht geblitzt. Es gibt 1996 auch kaum Blitzer.

Und mit Alkohol halte ich mich zurück, wenn ich mit Auto unterwegs bin. Das ist die einzige Lehre die ich aus meinem Unfall mit Miriam gezogen habe.

Der Unfall mit dem Taunus
Einen Monat, nachdem ich das Auto aus Česká Lípa zurückgeholt habe, bin ich mit Sven unterwegs. Wir sind am ersten Märzwochenende mit meinem Auto im Life Musikpark. In Wagenfeld-Ströhen (Kreis Diepholz). Nachts fahren wir nach Sulingen. Und sind dann noch im Kreml.

Es ist Samstagmorgen, der 2. März, als ich auf der B214 zwischen Sulingen und Borstel in der 80er Zone von der Straße abkomme. Wie immer, fahre ich viel schneller als erlaubt.

Mein Taunus prallt gegen einen Baum und wickelt sich regelrecht darum!

Durch die Wucht des Aufpralls befindet der Baum sich da, wo mal die Mittelkonsole des Taunus war!
Wir klettern beide aus dem Autowrack.
Haben nur ein paar Kratzer. Kommen aber beide vorsorglich ins Sulinger Krankenhaus. Das können wir allerdings noch am selben Tag wieder verlassen.

Der Unfall hat für mich aber keine Folgen. Ich hatte ja ausnahmsweise mal keinen Alkohol getrunken. Dass ich zu schnell war, kann man mir nicht nachweisen.
Meiner Mutter erzähle ich lediglich, dass mein Auto „kaputt" ist. Was wirklich passiert ist, hat sie nie erfahren.
Gleich am Montag nach dem Unfall fahre ich mit meinem Meister nach Sulingen. Zu der Ford Werkstatt, in die mein Taunus gebracht wurde. Er ist nicht mehr als Auto zu erkennen ... ein total zerstörtes Wrack.
Mein Meister hat schon viele kaputte Autos gesehen. Aber er ist geschockt, wie ein so stabiles Auto wie es der Taunus ja war, so zerstört sein kann.
Es ist wirklich ein Wunder, dass da überhaupt jemand lebend rausgekommen ist!
Ich bekomme später die Rechnung vom Abschleppunternehmen. Die habe ich aber nie bezahlt…
Am 4. März wird mein Taunus endgültig abgemeldet.

Ford Capri
Ich brauche ein neues Auto. Aber ich habe kein Geld.
Zufällig steht fast direkt neben meinem Taunus ein weiterer Ford. Ein giftgrüner Ford Capri II
BJ. 1977 in einem Top Zustand! Mit 2,3 l V 6 Motor. Und er soll gar nicht so viel kosten. 1000 Mark. Ich bin fasziniert! Und will dieses Auto unbedingt haben. Mein

Meister rät mir davon ab. Er meint, der ist zu teuer im Unterhalt und ich werde mich damit totfahren. Der hat viel zu viel Leistung für mich. Ich ignoriere seine gutgemeinten Ratschläge.

Sven hilft mir. Er leiht mir das Geld. Und ich kaufe den Ford. Ich bin so glücklich!

Das ist ein Auto ganz nach meinem Geschmack! Damit kann ich angeben und den Mädels imponieren.

Irgendwie schaffe ich es auch, ihn rechtzeitig zum Wochenende zuzulassen.

Ich bin so stolz. Mein giftgrüner Capri fällt richtig auf! Und ist bald im ganzen Landkreis Nienburg bekannt.

Gleich am Freitag fahre ich damit in die Disco nach Sulingen.

Auf der Rückfahrt komme ich in eine Polizeikontrolle. Die Polizisten sind dieselben, die genau eine Woche vorher meinen Unfall aufgenommen hatten…

Aber jetzt ist alles in Ordnung.

Mit dem Capri fahre ich die erste Zeit sinniger. Ich merke, dass er wesentlich mehr Sprit verbraucht als der Taunus.

Und ich merke erstmals, dass Autofahren teuer ist.

Und dass, obwohl die Spritpreise 1996 noch viel günstiger sind als heute.

1 Liter Super kostet etwa 1,52 Mark.

Der Ford verbraucht deutlich über 10 l/100km bei sinniger Fahrweise.

Wenn ich aufs Gas trete, sind es teilweise über 25 Liter.

Und ich gebe meistens Vollgas … Ich bin immer auf der Überholspur unterwegs.

Ich besorge mir einen Autoskooter-Verstärker und ein CD Radio.

Onkelz von CD aufdrehen bis zum Anschlag! Und das Gaspedal vom Capri durchtreten bis zum Bodenblech.

Das ist mein Leben! Das gibt mir den Kick! Jetzt noch
mehr als mit dem Taunus. Dieser Ford ist das beste Auto,
was ich je hatte!
Und jetzt ist die Beste Zeit meines Lebens!
Ich fahr mit den Mädels rum … Wir feiern nachts wilde
Partys an der Rolle.
Sex, Alkohol ... und immer wieder Onkelz!
Mit ohne Geld. Und mit ohne Sprit…
Ich erinnere mich, dass ich einmal meine letzten Pfennige
zusammenkratze, und den Capri für
1,32 Mark tanke.
Ich bleibe oft wegen Spritmangel liegen.

Tomas
Irgendwann im Sommer lerne ich Tomas L. kennen.
Wir werden gute Freunde und sind oft zusammen
unterwegs.
Tomas ist ein Mädchenschwarm. Es regt mich allerdings
auf, dass der die ganzen Mädels kriegt. Und ich nicht…
Über Tomas lerne ich viele Leute kennen.
Unter anderem Maurice. Der kommt aus Nordhausen.
Und ist, so wie ich, nur am Saufen und hängt einfach so in
Liebenau rum … so wie Tomas.
Wir drei hängen immer zusammen ab.

Am 26. Juni ist in Nienburg ein Konzert der Newcomer
Boygroup Caught in the Act.
Wir sind nur am Zaun und gucken uns die ganzen süßen
Mädels an.

Emanuel
Am 30. Juli schleppt Tomas uns mit zu einer
Geburtstagsparty nach Steyerberg.
Ich fahr da mit meinem Capri vor. Wir kennen keinen.

Aber ich lerne auf dieser Party viele Leute kennen, die noch eine wichtige Rolle in meinem Leben spielen werden.

Der Gastgeber Emanuel wird an diesem Tag 18. Sein Bruder Tino ist 15. Die beiden anderen Brüder sind noch ganz klein. Tino ist mit Tanja A. zusammen. Die wohnt in dem Haus hinterm Liebenauer Ortseingang, bei dem ich den Unfall mit Miriam hatte.

Außerdem lerne ich Jan-Peter aus Liebenau kennen. Der ist 16.

Emanuel und Jan werden gute Freunde von mir. Wir fahren oft gemeinsam zu Partys. Oder in Discos.

Ab August bin ich im 4. Lehrjahr.

Zu dieser Zeit lerne ich Simone und Steffi kennen, die direkt neben Ford Arnold wohnen. Und mit Tanja und Nadine befreundet sind.

Ich lerne immer mehr Leute kennen.

Am 17. August ist Beach Party an der Rolle. Ich fahre mit meinem Capri hin. Es ist eine weitere coole Party.

Sauf – und Sexorgien

Über einen Kumpel von Tomas lerne ich Petra kennen. Sie wohnt in Nienburg und ist 15. Wir sind oft mit meinem Capri an der Rolle unterwegs. Und sind mehr- oder weniger zusammen. Mit ihr und Hans-Peter feiere ich wilde Sauf- und Sexorgien in meinem Capri. Viel Alkohol ... viel Sex. Ich verliere die Kontrolle. Weiß nicht mehr was passiert. Petra hat Sex mit uns beiden.

Eines Tages ist sie so besoffen, dass ich sie ins Nienburger Krankenhaus bringen muss.

Sie raucht Joints. Davon halte ich (noch) nichts…
Irgendwann verlieren wir uns aus den Augen.

In der Realität des Lebens…
Rausschmiss
Meiner Mutter passen meine „asozialen" Freunde nicht.
Es passt ihr nicht, dass ich ständig besoffen bin. Sie hat
Angst, dass die Polizei wieder bei uns vor der Tür steht.
Wir geraten immer öfter und immer heftiger aneinander.
Sie schämt sich wegen mir…
Im August schmeißt sie mich endgültig raus.
In diesem Sommer sehe ich meine Oma Herta, an der ich
sehr hänge, zum letzten Mal. Sie weint, weil ich so
missraten bin. Das tut weh…

Ich bin in der Realität des Lebens angekommen!
Zu meiner Mutter habe ich eine Zeitlang keinen Kontakt
mehr.
Silke sehe ich gelegentlich.

Auf der Straße
Ich stehe im wahrsten Sinne des Wortes auf der Straße.
Zum ersten Mal merke ich, was es heißt Hunger zu haben.
Ich habe kein Zuhause mehr. Kein Essen. Kein Geld…
Ich laufe ziellos durch Liebenau…
Ein weiterer Tiefpunkt meines Lebens.

WG
Mein alter Kumpel Ingo B. hilft mir.
Er hat eine eigene Wohnung in Steyerberg. Da ist sogar
noch ein Zimmer frei.

Er nimmt mich erstmal auf.
Etwa einen Monat wohne ich bei ihm. Es ist meine erste
WG. Wir kochen zusammen. Essen zusammen. Putzen
zusammen. Und feiern zusammen. Das WG Leben ist
cool!

Ich habe kein Geld. Und keine Wohnung. Aber ich habe
gute Freunde, die mir helfen.
Zur gleichen Zeit sind Maurice und Tomas L. ebenfalls
auf Wohnungssuche.
Tanja hilft mir.
Tanja hat mir im Laufe meines Lebens oft geholfen. Ich
verdanke ihr sehr viel.

Die WG in Darlaten

Tanja vermittelt uns eine günstige 2-Zimmer Wohnung in
Darlaten. Dort ziehe ich mit Maurice und Tomas zum 1.
September ein.
Darlaten ist ein Ortsteil von Uchte. Am Rand vom
Landkreis Nienburg. Direkt am Moor.
Darlaten ist ein kleines Dorf, in dem nichts ist ... außer
Moor...

Der Herbst 96 wird eine krasse Zeit!

Haschisch
Wir haben einen coolen Nachbarn. „Stegi" hat die ganze
Wohnung voller Hanf Pflanzen.
Wir hängen immer bei ihm ab ... hören 70er Jahre Rock
und rauchen Hasch...
Ich lasse mich überreden. Und rauche meinen ersten
Joint...

Das „ballert" noch viel mehr als Alkohol. DAS ist DER ultimative Kick! Genau das brauche ich. Ich brauche es, mich zu berauschen, und alles zu vergessen. Keine Probleme. Keine Geldsorgen. Die Flucht in den Rausch hilft mir. Nur coole Mucke. Black Sabbath, Deep Purple und Led Zeppelin. Und der unverwechselbare Geruch vom Hasch. Dazu kaltes Bier. Die Welt ist bunt und dreht sich. Alles ist gut. Aber es geht nicht lange gut…
Wir fahren mit meinem Capri rum. Es sind immer Mädels dabei, die Tomas abschleppt.
Oder auch Maurice. An mir haben die kein Interesse…

Vollbart
Ich lasse mir einen Vollbart wachsen. Versuche mich, damit abzugrenzen. Ich will auch äußerlich zeigen, dass ich nicht normal bin. Ich hasse Normalität!
Herr Arnold und mein Meister sind nicht begeistert. Ich könnte mit meinem „wilden" Aussehen ja die Kunden vergraulen…
Ich muss mich im Waschraum der Firma rasieren.
Ich bin wütend! Ich hasse es, bevormundet zu werden. Ich hasse es, wenn Andere sich in mein Leben einmischen!

Zu der Zeit kaufe ich mir eine Ratte. „Rasputin" ist immer bei mir. Und wenn ich mit meinem Capri rumfahre, sitzt sie auf meiner Schulter. Ich habe sie aber nicht lange, da ich mich nicht richtig um sie kümmern kann. Eine Freundin übernimmt sie.

Selbstmordgedanken
Eines Tages bin ich besoffen und zugekifft. Ich will mich umbringen. Aus Liebeskummer. Tomas hat mal wieder ein hübsches Mädel aufgerissen und abgeschleppt. Dabei wollte ich mir die klarmachen. Hab mir Hoffnungen

gemacht. Aber die steht halt auf Typen wie Tomas.

Das verstehe ich nicht! Ich frage mich immer wieder, was die Mädels an dem so toll finden. Und warum ich kein Glück habe. Mir geht es schlecht...

Ich bin verzweifelt. Am Ende. Sehe keinen Sinn mehr in meinem verkorksten Leben...

Denke an Onkel Helmut ... der sich erhängt hat. Ich will mir ein Seil besorgen...

Tanja hilft mir. Mal wieder. Wir reden sehr lange. Sie versteht mich. Ich merke, wie wichtig es ist, so gute Freunde wie Tanja zu haben.

Und die Musik der Onkelz hilft mir. Immer wieder höre ich dieselben Lieder. Immer wieder das Lied „Erinnerungen". Es ist das wichtigste Lied für mich! Die Freundschaft zu Tanja und die Lieder der Onkelz geben meinem Leben wieder einen Sinn.

Das Leben geht weiter...

WG am Limit

Es ist eine Chaos WG. Immer am (finanziellen) Limit…

Mit wenig Geld auszukommen, kenne ich schon von klein auf.

Aber nach meinem Rauswurf wird meine finanzielle Situation immer schlechter.

Ich habe lediglich meine Ausbildungsvergütung.

Ich will keine Sozialhilfe beantragen.

Dazu bin ich zu stolz. Ich hasse es, beim Amt um Geld zu bitten. Und ich hasse den Staat!

Lieber komme ich mit dem aus, was ich habe.

Auch wenn es knapp ist.

Ich muss meinen Mietanteil bezahlen, und den Capri unterhalten.

Maurice und Tomas haben auch kein Geld.

Die unbezahlten Rechnungen stapeln sich.
Wenn wir mal Geld haben, investieren wir es in Bier...
Ich bekomme von Tanja einen uralten, riesigen
Kühlschrank. Den sprühe ich mit der Farbe von meinem
Capri an ... giftgrün.
Er ist fast immer voll mit Bier.
Zu essen haben wir so gut wie Nichts.
Es gibt fast jeden Tag die billigsten Nudeln mit dem
billigsten Ketchup.
Oder die billigsten Dosensuppen. Und das billigste Toast.
Irgendwann ist unser Dosenöffner kaputt. Und ich öffne
die Dose mit Hammer & Meißel.
Wenn wir gar kein Geld haben, essen wir Mais. Den ich
vom Feld klaue...

Hunger
...oder es gibt halt (außer Bier) gar nichts zu essen.
In dieser Zeit lerne ich zum ersten Mal, was es heißt
Hunger zu haben.
Wenn der Magen knurrt ... aber es ist nichts Essbares in
der Wohnung...

Eines Tages kommt der Gerichtsvollzieher...
Vergeblich. Bei uns ist nichts zu holen.

Nordhausen
An einem Wochenende fahren wir drei mit meinem Capri
nach Nordhausen / Thüringen.
Zu Freunden von Maurice.
Ich bekomme das erste Mal mit, wie angespannt das
Verhältnis zwischen Linken und Rechten ist.
Maurice ist Rechts. Er hasst Ausländer. Ich verstehe nicht,
wieso man Menschen hassen kann, die man gar nicht

kennt. In der Schule habe ich meine Mitschüler gehasst ...
aber die kannte ich ja...

Ansonsten ist es mir egal...

Politik ist mir immer noch egal.

In Nordhausen legt Maurice sich besoffen mit einer
Gruppe Linker an.

Ich weiß gar nicht, worum es geht.

Die Lage eskaliert.

Später fahren wir mit meinem Capri durch Nordhausen.
Ich habe wie immer meine Ratte auf der Schulter. Auf
einmal werden wir von mehreren Autos verfolgt. Die
Linken machen Jagd auf uns Nazis! Ich sehe mich zwar
nicht als Nazi. Aber ich sitze am Steuer von diesem
auffälligen Capri. Maurice ist Beifahrer. Und total Rechts.
Also sind wir alle Nazis.

Ich gebe Gas und dreh die Mucke auf. Es wird eine wilde
Verfolgungsjagt durch Nordhausen! Plötzlich ist da eine
Sackgasse ... es geht nicht weiter...

Die Linken springen mit Baseballschlägern aus ihren
Autos!

Ich stecke Rasputin instinktiv unter meine Jacke. Wir
trauen uns nicht raus...

Glas klirrt ... sie schlagen die Scheiben von meinem
Capri ein!

Dieses Gefühl in einem Auto zu sitzen, dessen Scheiben
eingeschlagen werden...

Ich werde es niemals vergessen.

Irgendwann lassen sie von uns ab. Und ich fahre direkt
zur Polizei. Ich gebe zwar eine Anzeige auf. Aber die, ist
im Sande verlaufen.

Jetzt sind die Scheiben von meinem Auto kaputt. Und wir
müssen an dem Abend noch zurück nach Hause.
Ich bekomme von der Polizei die Erlaubnis, auch mit

kaputten Scheiben auf direktem Weg nach Hause zu
fahren.
Es ist eine abenteuerliche Fahrt! Wir ziehen uns Socken
über die Hände. Und setzen uns Unterhosen auf den
Kopf... Weil es so kalt ist.
Auf der Autobahn fliegen wohl einem anderen Auto
Glassplitter auf das Auto und beschädigen es. Ich
bekomme jedenfalls später Post. Das ignoriere ich
natürlich.
Morgens fahre ich mit voll aufgedrehter Mucke und
kaputten Scheiben durch Liebenau ... direkt zur Arbeit.

Außer den Scheiben ist nichts kaputt. Aber ich habe kein
Geld, um die zu erneuern.
Neue gibt es für einen Capri BJ. 77 eh nicht mehr, oder
nur auf Sonderbestellung. Und gebrauchte vom
Schrottplatz sollen 500 Mark kosten.
Also fahr ich einen Monat ohne Scheiben rum. Und das
im Herbst. Mein Auto wird nach und nach ein
Feuchtbiotop...
Ich werde auch von der Polizei angehalten. Ich sage, dass
die vor kurzem eingeschlagen wurden. Und das ich jetzt
auf dem Weg in die Werkstatt bin.

Motorschaden
An einem Sonntagmorgen stehe ich an einer Kreuzung.
Der Motor geht aus ... und springt nicht mehr an ...
Motorschaden! Am 22. September hat sich die Zeit mit
dem Capri endgültig erledigt.
Wir „wohnen" mitten in der Pampa. Ohne Geld und jetzt
auch noch ohne Auto...
In Darlaten sind wir ohne Auto „gefangen".

Opel Kadett

Ich brauche ganz dringend Ersatz. In der Nienburger Sonntagszeitung finde ich über eine Annonce einen alten Kadett D für 250 Mark. Die kriege ich grad so zusammen. Kurz entschlossen kaufe ich das Auto. Der Opel ist zwar recht klapprig, aber fährt noch.

Ich komme aber erst am Dienstag zum Straßenverkehrsamt, um ihn anzumelden.

Also klaue ich ein altes, klappriges Fahrrad. Und fahre damit am Montag zur Arbeit nach Liebenau.

Ich habe einen Arbeitsweg von fast 30 km.

Ich will den Capri restaurieren...
Am nächsten Dienstag wird mein Capri für immer abgemeldet.

Ich miete einen Unterstellplatz in einer Scheune in Nendorf bei Uchte. Dort stelle ich den Capri erstmal unter.

Ich will ihn restaurieren. Und zerlege das Auto bis auf die letzte Schraube.

Da ich kein Geld habe, bleibt die Karosse bis auf weiteres in der Scheune stehen.

Silkes Opa stirbt
Mitte Oktober erfahre ich über Silke, dass ihr Opa verstorben ist.

Da er sich mit seinem einzigen Sohn (Silkes Vater) zerstritten hatte, hat er ihn enterbt. Und Silke erbt das große Grundstück mit dem alten Bauernhaus. Silke ist aber erst 15. Und deshalb übernimmt meine Mutter die Aus- und Aufräumarbeiten. Das Haus soll vermietet werden.

Ohne Strom
Unsere Wohnsituation wird immer dramatischer.

Wir können die Stromrechnung nicht bezahlen.
Anfang November wird uns der Strom abgestellt!
Einen Monat „wohnen" wir da noch … ohne Strom.
Wir merken plötzlich, wie wichtig Strom ist.
Nichts geht mehr. Kein Licht. Der Herd bleibt tot.
Dass das Bier nicht mehr gekühlt wird, ist ja nicht so
dramatisch.
Und dass der Fernseher nicht geht, stört mich nicht. Ich
guckte eh kein Fernsehen … hab an dem Müll, der jeden
Tag kommt, kein Interesse….
Dramatisch ist, dass wir kein warmes Wasser mehr haben.
Es ist ja Herbst. Und es wird kälter. Kalt duschen ist nicht
angenehm…
Also beschränke ich mich aufs Haare waschen … mit
kaltem Wasser im Schein von Kerzenlicht.

Kerzen
Wir bekommen von Ingo einen ganzen Vorrat an
Teelichtern.
Kerzen sind unsere einzige Lichtquelle.
Das Nudeln kochen hat sich erledigt...
Die Nachbarin unter uns hat eine Steckdose vor der Tür.
Ich versuche, mit dem Tauchsieder im Treppenhaus
Nudeln zu kochen. Das geht aber nicht wirklich. Also gibt
es Toast mit Ketchup…
Das einzige, was geht, ist die Ölheizung.
Und das Telefon! Es ist ja 1996 noch analog.
Ich erinnere mich, dass ich einmal stundenlang mit Tanja
telefoniere.
Und Tomas ruft andauernd bei irgendwelchen Sexhotlines
an…
Die Telefonrechnung haben wir nie bezahlt.
Kurz nachdem der Strom abgestellt ist, verschwindet
Maurice.

Er setzt sich einfach so ab.
Ich habe nie wieder was von ihm gehört.
Jetzt sind Tomas und ich alleine in Darlaten.

Petra & Eskalation
Ich treffe mich wieder mit Petra.
Eines Tages nehme ich sie mit nach Darlaten. Doch statt mit mir, geht sie mit Tomas ins Bett!
Ich raste aus! Und werfe beide aus der Wohnung! Petra fahre ich noch nach Hause. Ich schäume vor Wut. Rase mit dem Kadett wie ein wahnsinniger nach Nienburg und zurück.
Tomas ist dann weg.
Ich habe Tomas und Petra nie wiedergesehen.

Also bin ich alleine in Darlaten...

Wietzen

Über eine Zeitungsanzeige finde ich eine Wohnung in Wietzen.
In einer Nachtaktion verlasse ich die Wohnung in Darlaten. Tanja hilft mir mal wieder beim Umzug.
In Wietzen habe ich eine sehr schöne große Wohnung für mich alleine.
Es ist mir aber von Anfang an klar, dass ich die Miete auf Dauer nicht bezahlen kann.
Aber erstmal ist alles gut. Ich wohne direkt an der B6 zwischen Nienburg und Bremen. An der Kreisgrenze zum Nachbarkreis Diepholz. Gar nicht so weit weg von Asendorf – Kampsheide, wo ja der Hof von Silkes Opa ist.

Tanja

Und ich habe endlich eine Freundin. Tanja wohnt in Nienburg. Ich lerne sie über Silke kennen. Unsere Beziehung tut mir gut. Es ist schön, mal eine richtige Freundin zu haben.

Sie ist in der ersten Zeit fast täglich bei mir in Wietzen. Wir haben oft Sex. Schlafen aber nicht miteinander. Weil wir keine Kondome haben.

...wieder Kontakt zu meiner Mutter

Über Silke habe ich wieder Kontakt zu meiner Mutter. Sie hilft mir. Mein ehemaliger Vermieter aus Darlaten besteht darauf, dass die restlichen Möbel und der grüne Kühlschrank aus der Wohnung geräumt werden. Meine Mutter holt die Sachen mit mir zusammen ab. Und bringt sie zum Hof von Silke nach Asendorf. Dort werden sie zusammen mit dem Sperrmüll von Silkes Opa entsorgt.

Das Verhältnis zu meiner Mutter ist angespannt. Aber trotzdem unterstützt sie mich. Mit Geld, Lebensmitteln und Kleinigkeiten für den Haushalt.

Ich habe, dank ihr, wieder ein einigermaßen geregeltes Leben.

Ich helfe ihr beim Ausräumen und Renovieren von Silkes Haus.

Schrottauto

Mein Kadett ist fast schrottreif.

Der Tank ist undicht. Irgendwann klemme ich ihn ab. Und verwende stattdessen einen Kanister als Tank.

Außerdem sind die Vorderreifen völlig abgefahren. Es ist absolut kein Profil mehr vorhanden. Die Drähte gucken schon raus. Aber ich fahre trotzdem noch damit. Gebe Gas. Wie immer. Mich stört das nicht...

Eines Tages löst sich der linke Vorderreifen während der Fahrt auf! Er wird erst platt. Und als ich dann trotzdem weiterfahre, fällt er ganz auseinander. Es qualmt. Ich fahre weiter. Für mich ist das, der Kick! Ich will erleben, wie es weitergeht ... so nach und nach verliere ich den Reifen. Dann fahre ich auf der Felge weiter. Funken fliegen ... ich schaffe es grad noch nach Hause. Da ich kein Geld für neue Reifen habe, bleibt mir nichts anderes übrig als das Auto abzumelden.

Ich fahre dann wieder mit Fahrrad zur Arbeit. Im Winter bei Eis und Schnee. Aber durch den Wald sind es nur 14 km von Wietzen nach Liebenau.

1997
Gesellenprüfung – Ich falle durch
Am 30. Januar 1997 habe ich Gesellenprüfung. Den theoretischen Teil bestehe ich grad so.
Praktisch falle ich durch!
Es ist ein Schock für mich...
Auch Herr Arnold und mein Meister sind nicht begeistert. Trotzdem wird mein Ausbildungsvertrag um ein halbes Jahr verlängert. Im Sommer soll ich die praktische Prüfung wiederholen.

Golf I
Meine Mutter hilft mir wieder mal. Sie kauft sich ein „neues" Auto. Und ich bekomme ihren alten gelben Golf. Er wird am 6. Februar auf meinen Namen angemeldet. Ich habe endlich wieder ein Auto!
Am 1. März fahre ich damit mit Ingo R. mal wieder zum Fußball. Diesmal nach Karlsruhe zum Spiel KSC – Gladbach. Das Spiel endet 1:1

Unsere „Werkstatt" und Schrottautos

Zwischenzeitlich bekomme ich Ärger mit dem Vermieter meiner Scheune in Nendorf, wo ja immer noch die Karosse von meinem Capri untergestellt ist. Ich hatte die Jahresmiete nicht bezahlt. Und muss das Auto da wegholen.

Im Frühjahr überrede ich Silke, dass ich meinen Ford in dem ehemaligen Schweinestall von ihrem Haus unterstellen darf. Wir machen sogar einen „Mietvertrag". Ich leihe mir einen Trailer. Und bringe den Capri (beziehungsweise die entkernte Karosse) dorthin.

Es findet sich eh kein Mieter für das Grundstück. Also bin ich da erstmal „ungestört"

Es bleibt nicht bei einem Auto. Zur gleichen Zeit treffe ich Uwe, einen alten Kumpel wieder. Wir haben die Idee, das Stallgebäude als „Werkstatt" zu nutzen.

Dazu schlage ich mit einem großen Vorschlaghammer einen Teil der Mauer raus. Um eine Einfahrt zu schaffen. Der Stall hat keinen Stromanschluss. Aber der Strom im Wohnhaus geht noch. Über den Heuboden klettere ich nachts im Dunkeln ins Wohnhaus. Von da lege ich ein Stromkabel zu unserer Werkstatt.

Uwe hat einen schrottreifen, alten Ascona B. Den stellt er dort ebenfalls unter. Auch mein gelber Golf steht irgendwann hier, weil er nicht mehr fahrtüchtig ist.

Ich treffe Emanuel wieder. Er hat ebenfalls einen alten Golf I. Sein erstes Auto. Der ist richtig Schrott. Wir wollen ihn ausschlachten. Und Teile für meinen Golf verwenden.

Am 9. Mai melde ich meinen Golf erstmal wieder ab. Uwe schenkt mir seinen Ascona.

Allerdings kriege ich auf meinen Namen keine Autos mehr zugelassen, weil ich die Steuern für den Golf nicht

bezahlt habe. Sven hilft mir. Der Ascona wird auf seinen
Namen angemeldet.
Und Uwe hat noch einen Ascona B. Den wollen wir auch
ausschlachten.
Innerhalb von wenigen Tagen werden es immer mehr
Autos. Wir fangen an, die auszuschlachten. Um
Ersatzteile zu verkaufen.
Mit Silke und anderen Mädchen feiern wir wilde Partys
mit viel Alkohol.
Nachts fahren wir, wie wahnsinnig, auf dem Gelände rum.
Eines Tages geht die Hinterachse vom Ascona kaputt.
In einer Nachtaktion baue ich die aus dem anderen
Ascona um. Und fahre danach direkt zur Arbeit nach
Liebenau. Wie immer, bin ich grad noch rechtzeitig da.
Nachmittags schlafe ich beim Reifen abziehen ein. Das
Montiereisen zum Reifen abziehen knallt mir gegen den
Kopf. Dann bin ich wach. Mein Meister wundert sich.

Der Ascona ist in einem sehr schlechten Zustand. Der
Motor verliert sehr viel Öl.
Immer wenn ich bei Ford Arnold parke, ist auf meinem
Parkplatz ein Ölfleck.
Herr Arnold „verbietet" mir das Fahren mit diesem Auto.
Ich habe zwar jede Menge Autowracks. Aber kein
fahrtüchtiges und verkehrssicheres Auto.
Einige Tage fahre ich wieder mit Fahrrad von Wietzen
nach Liebenau zur Arbeit.
Dann gibt Herr Arnold mir noch eine Chance. Ich darf mit
dem Firmenwagen fahren, um zur Arbeit zu kommen.
Das ist ein ziemlich neuer Ford Fiesta.
Damit fahre ich dann nach der Arbeit, auch nach Asendorf
zu unserer „Werkstatt".
Eines nachts verliere ich auf der Fahrt von Asendorf nach
Wietzen die Kontrolle über den Fiesta. Und fahre gegen

einen Baum. Das Seitenteil auf der Beifahrerseite ist ziemlich stark beschädigt. Aber der Wagen fährt noch. Ich fahre damit am nächsten Morgen zur Arbeit. Herr Arnold ist mal wieder geschockt. Aber er gibt mir nochmal eine Chance. Ich soll den Schaden nach Feierabend selber reparieren. Und die notwendigen Ersatzteile selber bezahlen.

Ein Auto bekomme ich jetzt nicht mehr. Also fahre ich wieder mit dem Fahrrad zur Arbeit.

Das passt mir überhaupt nicht!

Irgendwann verursache ich nachts in unserer „Werkstatt" einen Kurzschluss. Ich klettere im Dunkeln über den Strohboden zum Sicherungskasten. Und stürze auf der maroden Holzleiter fast ab.

In einer weiteren Nacht, als wir mal nicht da sind, wird in der „ Werkstatt" eingebrochen.

Autoteile sowie Werkzeug geklaut, und Autoscheiben eingeschlagen. Ich weiß bis heute nicht, wer das war, aber es muss jemand aus meinem Bekanntenkreis gewesen sein.

Es ist eine kurze, aber krasse Zeit.

Silke bekommt alles mit. Sie ist nicht begeistert…

Meine Mutter erfährt erstmal nichts davon.

Erneute Eskalation

Es kommt wie es kommen musste. Wir werden „verpfiffen".

Die Polizei durchsucht unsere „Werkstatt". Ich bin grad nicht da.

Silkes Hausverwalter wird informiert. Und meine Mutter. Sie ist geschockt, und schaltet einen Anwalt ein. Am 21. Mai bekomme ich einen bitterbösen Brief von ihrem

Anwalt. Sie verklagt mich auf Räumung der Stallgebäude. Das ist der „endgültige" Bruch mit meiner Mutter. Ich hätte niemals erwartet, dass sie mir nochmal verzeihen wird...

Auch mit Silke zerstreitet sie sich. Silke zieht Anfang Juni aus. Und „wohnt" für eine kurze Zeit bei mir in Wietzen. Ohne Wissen von meiner Mutter. Aber sie ist ja erst 16. Das Jugendamt schaltet sich ein. Und Silke kommt in eine Pflegefamilie. In ein Dorf in der Nähe.

Ich bekomme eine Anzeige. Wegen Hausfriedensbruch und unerlaubtem Betreiben einer Autowerkstatt. Vor allem gibt es Probleme wegen der vielen Autowracks. Wegen dem ausgelaufenen Öl.

Ich werde zu einer Geldstrafe von 1000 Mark verurteilt.

Wut & Gewalt

Außerdem muss ich die „Werkstatt" räumen. Aber ich weiß nicht wohin mit den ganzen Autowracks. Also lasse ich sie erstmal stehen.

Der Traum von der eigenen Werkstatt hat sich erledigt. Ich bin wütend! Und fahre nochmal nach Asendorf. Am liebsten würde ich den ganzen Hof abfackeln! Ich raste aus! Randaliere. Ich schlage mit einem großen Hammer wie wahnsinnig auf die Autowracks ein. Werfe Getriebe in Autoscheiben.

Ich zerstöre die mühsam von uns ausgebauten Autoteile. Ich zerstöre das, was mal unsere Werkstatt war.

Danach geht es mir besser...

Probleme

Immer mehr Probleme kommen auf mich zu.

Ich habe kein Geld. Kann mir nichts zu essen kaufen, die Miete nicht mehr bezahlen.

Eine offene Geldstrafe, weiteren Ärger wegen der ganzen Autowracks, meine Arbeit nervt mich. Und meine Beziehung zu Tanja ist auch fast am Ende. Wir sehen uns kaum noch.

Flucht. Abbruch meiner Ausbildung

Am Morgen des 24. Juni kann ich nicht mehr. Statt mit dem Fahrrad zur Arbeit zu fahren, bringe ich den Ascona wieder zum Laufen. Der ist ja noch angemeldet. Und ich fahre los…

Ohne Geld … will weg … weg von meinen Problemen…weg aus Deutschland.

Erstmal nach Holland. In Asendorf tanke ich den Ascona voll.

Kann nicht bezahlen. Und sage der Frau am Schalter, dass ich mein Geld zuhause vergessen habe. Um einer Anzeige zu entgehen, hinterlasse ich meinen Führerschein als Pfand. Und verspreche nach Hause zu fahren, und Geld zu holen.

Stattdessen fahre ich Richtung Holland...

Ich verfahre mich. Irgendwann fahre ich ziellos durch Cloppenburg. Der Motor fängt an zu kochen. Weil der Kühler undicht ist. Das Auto verliert Öl und Wasser. Zu allem Überfluss hält mich auch noch die Polizei an. Sie bemerken den Ölverlust nicht. Ich sage, dass ich meinen Führerschein zuhause vergessen habe.

Irgendwann sehe ich keine andere Möglichkeit mehr, als zurückzufahren.

Ich muss immer wieder anhalten, um den Motor abkühlen zu lassen. Und um Öl und Wasser nachzufüllen. Der Ascona schafft es gerade noch bis nach Asendorf. Ich lasse den Wagen dort bei den anderen Autowracks stehen.

Und gehe das letzte Stück bis Wietzen zu Fuß nach Hause.

Bei Ford Arnold war ich nie wieder. Damit habe ich meine Ausbildung kurz vor der erneuten Gesellenprüfung abgebrochen.

Meine Freundin Tanja hilft mir. Sie bezahlt meine Tankschulden. Und fährt mit mir gleich am nächsten Tag zum Straßenverkehrsamt, um den Ascona abzumelden.

Ich stehe vor dem nichts. Kein Auto. Kein Geld. Keine Arbeit. Keine Ausbildung.
Der Vermieter droht mir mit Zwangsräumung.
Aber erstmal ist Wochenende.

Tote Hosen Konzert in Düsseldorf
Am 28. Juni fahre ich mit Silke, Emanuel, Jan Peter und weiteren Freunden nach Düsseldorf zum 1000. Toten Hosen Konzert. Wir fahren mit dem Wochenendticket der Bahn. Schon auf der Hinfahrt sind wir besoffen,
Bei dem Jubiläumskonzert im Düsseldorfer Rheinstadium sind 65.000 Menschen.
Wir haben Tribünenplätze. An diesem Samstag ist bestes Sommerwetter.
Das Programm beginnt schon nachmittags. Vorgruppen sind „Goldfinger", „Bad Religion" und „Leningrad Cowboys" Wir bekommen allerdings nicht viel davon mit, weil wir zu besoffen sind. Besonders Emanuel hat sich völlig abgeschossen. Ich will die Toten Hosen bewusst erleben. Und halte mich gegen Abend mit dem Alkohol zurück.
Der Auftritt der Toten Hosen beginnt um 21 Uhr. Gleich mit dem 1. Titel „Hier kommt Alex" gibt die Band um

Sänger Campino Vollgas. Im Innenraum herrscht offenbar totales Chaos. Es wird mit jedem Titel heftiger. Die Toten Hosen spielen Klassiker wie „Wünsch dir was" und „1000 gute Gründe" Das in dem Gedränge ein 16-jähriges Mädchen ums Leben kommt, kriegen wir nicht mit.

Nach etwa 50 Minuten wird das Konzert unterbrochen. Wir wundern uns. Es sind jene Minuten, in denen die Band erfährt, dass vor der Bühne ein Mensch ums Leben gekommen ist und dass es viele weitere Verletzte gibt. Die Einsatzleitung bittet die geschockten Musiker mit Nachdruck, wieder raus zu gehen und weiter zu spielen, weil die Folgen eines Abbruchs der überhitzten Veranstaltung völlig unabsehbar sind. Es ist die Zeit vor dem Internet und vor den sozialen Medien. 1996 funktioniert so eine Geheimhaltungstaktik noch.

Nachdem die Menge sich einigermaßen beruhigt hat, geht das Konzert unter dem Jubel der Fans weiter. Dass es einen Todesfall gegeben hat, wird uns und den meisten anderen Konzertbesuchern noch nicht mitgeteilt, um eine Panik zu vermeiden.

Wir wundern uns, warum das Flutlicht eingeschaltet wird. Auf der Bühne stehen jetzt Beamte von Feuerwehr und Polizei. Außerdem fallen die Ansagen von Campino auf einmal deutlich gedämpfter aus. Vom Vollgas der ersten Viertelstunde ist nicht mehr viel übrig. Wiederholt weist er die Ordner darauf hin, wenn im Publikum mal wieder ein Fan gestürzt ist. In regelmäßigen Abständen fordert er uns auf, gestürzten Nebenleuten aufzuhelfen. Sichtlich angeschlagen mahnt der Sänger andauernd zur gegenseitigen Rücksichtnahme.

Ganz schön gesittete Worte vom Frontmann einer Band, die jahrelang mit dem Slogan "Betreten auf eigene Gefahr" für ihre Konzerte geworben hatte. Es kommt uns alles ein bisschen komisch vor, aber keineswegs

bedrohlich. Wir denken einfach nicht weiter darüber nach.
Was sollte schon passiert sein? Wir holen uns noch ein
Bier. Und feiern mit Liedern wie „10 kleine
Jägermeister" weiter. Die Toten Hosen spielen insgesamt
35 Lieder.
Der letzte Titel an diesem denkwürdigen Abend ist
„Nichts bleibt für die Ewigkeit".
Für uns ist es ein saugeiles und unvergessliches Konzert.
Für mich das erste, in dieser Größenordnung.
Erst auf der Rückfahrt im Zug erfahren wir, dass im
Gedränge vor der Bühne ein Mädchen gestorben ist.

Probleme
Realität
Nach diesem geilen Wochenende holen mich meine
Probleme schnell wieder ein.

WG mit Emanuel

Diesmal hilft mir Emanuel, Er wohnt mittlerweile in einer
kleinen 1 Zimmer Wohnung in Steyerberg. Er nimmt mich
bei sich auf. Wir leben ab Ende Juni gemeinsam in einem
Zimmer.
Es ist die ultimative Chaos WG: Wir hören Metallica und
Black Sabbath. Und feiern wilde Partys. Emanuel macht
eine Ausbildung in Nienburg. Also bin ich tagsüber alleine
in der Wohnung. Ich räume dann alles wieder auf, was wir
abends gemeinsam verwüsten.
Wir haben beide kaum Geld. Die Oma von Emanuel hilft
uns. Mit Geld und Lebensmitteln. Wir sind oft bei ihr in
Loccum und arbeiten im Garten. Wir hacken Holz. Die
körperlich schwere Arbeit tut mir gut.

Ich lerne Mädels kennen. Aus Bergen im Landkreis Celle. Sie wollen zelten und laden mich ein. Ich fahre mit dem Fahrrad 90 km von Steyerberg nach Bergen. Zelte mit den Mädels. Schlafe sogar mit einer in einem Zelt. Leider bin ich mal wieder zu besoffen…
Am nächsten Tag fahr ich mit dem Fahrrad zurück.

KZ Bergen-Belsen
Die KZ Gedenkstätte Bergen-Belsen ist ganz in der Nähe. Spontan halte ich dort an und besuche die Gedenkstätte. Hier befand sich 1943 / 1944 das Aufenthaltslager Bergen-Belsen und ab 1944 bis zur Befreiung des Lagers durch britische Truppen am 15. April 1945 das Konzentrationslager Bergen-Belsen. Insgesamt starben hier etwa 52.000 Menschen. Mir wird erstmals das Ausmaß der Judenverfolgung im 2. Weltkrieg bewusst. Ein Schlüsselerlebnis! Ich bin schwer beeindruckt. Sehr nachdenklich fahre ich weiter.

Allerdings habe ich in Steyerberg reale und aktuelle Probleme. Darüber vergesse ich das Thema Judenverfolgung erstmal wieder…

Probleme
Meine Freundin Tanja macht endgültig Schluss. Weil ich mit zwei jüngeren Mädchen zelten war. Und ich bin ihr einfach zu chaotisch.
Ich ärgere mich, dass mit der im Zelt nix gelaufen ist, weil ich zu besoffen war.
Mit Tanja hätte ich die Chance auf eine bessere Zukunft gehabt. Und ich habe das, wegen einem kleinen Mädchen, sausen lassen. Und es dann noch vergeigt. Wegen dem Scheiß Alkohol! Der wird immer mehr zum Problem…
Ich bin jeden Tag besoffen. Kann gar nicht mehr ohne...

Fiesta

Und ich brauche ein Auto ... Tanja hilft mir mal wieder.
Ihr Opa hat einen alten Ford Fiesta. Den bekomme ich
umsonst. Aber das Auto ist nicht verkehrstauglich. Also
verheizen wir ihn...

Zerstörungswut

Wir fahren mit dem Fiesta in die Loccumer Heide. Auf
den Truppenübungsplatz. Und fahren mit dem Auto wie
wahnsinnig über das unwegsame Gelände...
Irgendwann reißt das rechte Federbein ab, und die
Antriebswelle raus ... der Fiesta ist jetzt nur noch ein
völlig demoliertes Wrack! Und fährt nicht mehr.
Allerdings läuft der Motor immer noch. Wir kippen Sand
rein ... und jagen ihn bis zum Anschlag hoch...
Er „explodiert" und geht dann endgültig aus...
DAS ist es, was ich immer wollte! Sinnlos Dinge
zerstören ... vernichten ... es ist der ultimative Kick für
mich, Dinge bis an ihre Belastungsgrenze zu bringen ...
und darüber hinaus...
Wir lassen das Wrack stehen...
Außerdem bekommen wir alte Fernseher geschenkt.
Damit fahren wir in den Wald. Dort zerstören wir sie...
Wenn ich schwere Fernseher mit vollster Wucht
zerschmettere, kann ich meine Aggressionen rauslassen!
Ich bin voller Wut ... Abgrundtiefer Hass! Auf alles und
jeden...

Ich hatte zwar mal wieder ein Auto. Aber trotzdem keinen
fahrbaren Untersatz. Also klaue ich mir ein Fahrrad. Gut,
dass Emanuel wenigstens seinen Golf hat. Geld für Sprit
haben wir eh nur selten. Ich zapfe oft nachts Sprit von
geparkten Autos ab. Damit Emanuel am nächsten Tag zur

Arbeit kommt. Wir helfen uns gegenseitig. Seine Oma
hilft uns immer wieder.

Chaos WG

Das WG Leben in einem Zimmer wird immer chaotischer.
Wir zerstören abends aus Frust & Spaß die Einrichtung.
Tagsüber räume ich das Chaos wieder auf.
Am 30. Juli hat Emanuel Geburtstag. Er wird 19. Seine
Oma kommt zum Kaffee.
Ich richte die Wohnung her. So gut es geht … putze. Und
decke liebevoll den Kaffeetisch. Sogar mit einer weißen
Tischdecke. Seine Oma ist beeindruckt. Es ist ein
gemütlicher und schöner Nachmittag. Wir beten
gemeinsam. Oma betet für uns.
Kaum ist sie weg, herrscht wieder das totale Chaos.
Emanuel hat eine riesige Axt. Mit der zerstören wir die
ganze Einrichtung. Die weiße Tischdecke zünden wir auf
dem Tisch an…
Die Wohnung ist nicht mehr bewohnbar. Wir brauchen
dringend eine neue Unterkunft.
Hausen aber noch einen Monat im absoluten Chaos. Das
Aufräumen ist sinnlos. Es ist alles komplett verwüstet.

…eine neue WG

Emanuel ist mittlerweile mit Tanja A. zusammen. Die Ex,
von seinem Bruder Tino. Sie bringt ihn etwas zur
Vernunft. Und auch ich fange an, nachzudenken. Das
Leben in diesem Chaos ist nicht mehr lebenswert. Wir
wollen das nicht mehr. Wir wollen endlich mal zumindest
halbwegs „normal" leben. Tanja und Emanuel planen eine
gemeinsame Zukunft. Ich gehöre einfach dazu. Also
suchen wir zu Dritt eine Wohnung. In Liebenau finden wir
eine 3-Zimmer Wohnung. Gegenüber von den Blocks.
Fast in unmittelbarer Nähe vom Haus meiner Mutter.

Zum 1. September ziehen wir da ein. Endlich raus aus
dem Chaos. Ich habe mein eigenes, kleines Zimmer.
Emanuel & Tanja haben das Schlafzimmer. Und das
Wohnzimmer benutzen wir gemeinsam. Keine zerstörten
Möbel mehr. Die Axt wird in den Keller verbannt. Wir
richten die Wohnung mit geschenkten Sachen ein. Es ist
einfach. Aber gemütlich.
Ich trinke jetzt deutlich weniger Alkohol. Und werde
ruhiger.

Arbeit
Zwischenzeitlich habe ich meinen Einberufungsbescheid
zur Bundeswehr bekommen.
Am 1. Oktober soll ich meinen Wehrdienst in der
Nienburger Kaserne antreten.
Aber bis dahin brauche ich Geld. Ich muss ja meinen
Mietanteil bezahlen.
Über eine Freundin von Tanja bekomme ich Arbeit. Ihr
Vater hat einen Dienstleistungsbetrieb. Und sucht
Bauhelfer. Sven arbeitet da auch. Also heißt es für mich,
wieder früh aufstehen und arbeiten. Gegen Bargeld. Das
gefällt mir. Ich bin wieder in der Lage, für mich selbst zu
sorgen. Und mir tut die schwere körperliche Arbeit auf
den Baustellen gut. Wir arbeiten oft im Landkreis
Schaumburg. Ich fahre den Firmenwagen.

Oktoberfest München
Am letzten September Wochenende fahre ich mit Ingo R.
und Bastian zum Münchener Oktoberfest. Wir fahren mit
dem Wochenendticket der Bahn. Das ist 1997 noch sehr
billig.
Ich bin das erste Mal in München. Und beeindruckt. Das
Oktoberfest ist riesig. Aber auch sehr teuer. Schon alleine
wegen der Preise trinke ich nicht so viel Alkohol. Ich

genieße es, mal nicht stockbesoffen zu sein. Ich genieße
es mal „was mitzubekommen". Sonst schieße ich mich ja
immer völlig ab.

Im Gefängnis

Dann holt mich meine Vergangenheit ein.
Es ist der 27. September. Mein letzter Arbeitstag als
Bauhelfer. Wir sind an diesem Samstagmorgen zu Dritt im
Firmenwagen unterwegs. Auf dem Weg nach Rinteln zur
Baustelle. Ich fahre zu schnell und werde geblitzt. Die
Polizei hält mich an. Bei der Führerscheinkontrolle
bemerken die Beamten, dass ein Haftbefehl gegen mich
vorliegt...
Ich habe die 1000 Mark Geldstrafe wegen der Autowracks
in Asendorf nicht bezahlt. Deswegen soll ich jetzt für 30
Tage ins Gefängnis.
Damit hat sich der Arbeitstag für mich erledigt. Ich werde
verhaftet!
Sven und mein anderer Arbeitskollege müssen ohne mich
zur Arbeit. Ich werde in Handschellen im Polizeiauto
mitgenommen.
Es ist ein scheiß Gefühl. Zum ersten Mal erlebe ich, dass
etwas ernsthafte Konsequenzen für mich hat. Aber ich
bekomme noch eine Chance. Wenn ich das Geld sofort
bezahle, kann ich der Gefängnisstrafe entgehen. Das ist
für mich keine Option! Sicher … ich könnte meinen Chef
anrufen. Der würde die 1000 Mark erstmal auslegen. Aber
nein … ich bin zu stolz. Und ich hasse den Staat!
Also werde ich in die nahe gelegene JVA Bückeburg
gebracht.
Bei der Aufnahmeuntersuchung werden mir alle

persönlichen Gegenstände und mein Gürtel abgenommen. Als ob ich mich damit erhängen könnte. Ich habe nicht vor, mich umzubringen. Ich will leben! Und ich will diesem verdammten Staat schaden! Es ist gut zu wissen, dass meine Haftunterbringung den Staat ein Vielfaches von den 1000 Mark kosten wird!

Ich komme in eine Zelle mit mehreren anderen Gefangenen. Es ist zwar nicht so angenehm, eingesperrt zu sein, aber ich mach das Beste draus. Und denke mir immer wieder, dass jeder Tag den ich eingesperrt bin, den verhassten Staat viel Geld kostet. Ich habe ein Dach über dem Kopf und kriege auf Staatskosten was zu essen. Drei Mahlzeiten am Tag. Morgens gibt es sogar Brötchen. Mittags warmes Essen. Es ist nicht das Beste. Aber für mich ist es Luxus! Ich werde satt!

Mein Hass auf den Staat wird immer größer.

Am Mittwoch ist der 1. Oktober. Dann muss ich meinen Grundwehrdienst antreten. Das hat sich jetzt erledigt. Um weiteren Ärger aus dem Weg zu gehen, bitte ich am Montag um ein Telefongespräch und rufe in der Kaserne an. Sage, dass ich verhaftet wurde. Und im Gefängnis sitze. Ich dachte, dass sich mein Grundwehrdienst damit erledigt hat. Aber nein. Er wird nur verschoben. Ich bekomme zu einem späteren Zeitpunkt einen neuen Einberufungsbescheid.

JVA Lingen

Nach wenigen Tagen werde ich verlegt. Ich soll in den offenen Vollzug. Mit einem Gefangenentransport werde ich auf Staatskosten etwa 160 km bis nach Lingen gefahren.

Ich werde in die JVA Lingen – Damaschke gebracht. Hier wird ein umfangreiches Aufnahmeverfahren durchgeführt. Zugangsgespräch, die Datenerfassung, ärztliche Untersuchung und eine Behandlungsuntersuchung durch einen Psychologen. Um festzustellen, dass ich für den offenen Vollzug geeignet bin. Da ich nur insgesamt 30 Tage absitzen muss, brauche ich nicht zu arbeiten. Das ist gut. Ich hätte mich sonst geweigert. Hab keine Lust für einen Staat, der mich einsperrt auch noch zu arbeiten!

Also hänge ich die Zeit einfach ab. Offener Vollzug ist ganz locker. Ich kann tagsüber (zeitlich begrenzt) zum Hofgang nach draußen. Und es gibt einen Fitnessraum! Den nutze ich so oft es geht. Und ich darf Besuch empfangen. Emanuel und Tanja besuchen mich und bringen mir Klamotten. Und mein Chef, der gibt mir meinen Lohn vom letzten Monat. Und teilt mir mit, dass er nach meiner Entlassung keine Arbeit mehr für mich hat. Die Firma wird aufgelöst. Aber er kümmert sich darum, dass ich einen neuen Job kriege.

Um 20 Uhr werden wir in den Zellen eingeschlossen. Das nervt!

Ich verstehe mich sehr gut mit meinem Zellengenossen. Der sitzt, so wie ich, eine nicht bezahlte Geldstrafe ab. Und ist genauso drauf wie ich. Jeden Abend diskutieren wir über „Gott und die Welt".

Die Zeit vergeht schneller, als ich dachte. Am 27. Oktober werde ich entlassen. Ich bekomme auf Staatskosten ein Zugticket. Fahre mit dem Zug nach Nienburg.

Ich habe ein weiteres dunkles Kapitel meines Lebens überstanden.

Mit Verbüßung der Haft hat sich meine Geldstrafe erledigt!

Es ist schade, dass ich bei der Recherche für diesen Text nicht in Erfahrung bringen konnte, was 30 Tage Haft den Staat 1997 gekostet haben.

Freiheit, Tod und Familie

Das Leben geht weiter. Für mich…

Ich erfahre es über Silke. Am 3. November stirbt meine geliebte Oma Herta im Krankenhaus Nienburg. Ich bin wirklich traurig. Sie war so eine liebe Frau. Das letzte Mal als ich sie gesehen habe, hat sie geweint. Wegen mir. Ich schäme mich. Es tut mir so leid…

Meine Mutter erlaubt es mir, dass ich zur Beerdigung komme. Oma wird in Liebenau beerdigt. Es ist eine Urnenbestattung im kleinen Kreis. Ich wundere mich über die fremden Menschen mit bayerischem Dialekt. Eine alte Frau und zwei jüngere Frauen. So nebenbei erfahre ich von Silke, wer das ist. Meine Tante! Und meine Cousinen! Ich bin fassungslos … Leider habe ich keine Zeit mit ihnen zu reden. Meine Mutter besteht darauf, dass ich unmittelbar nach der Beisetzung wieder fahre.

Ich bin traurig … wegen meiner Oma … und verwirrt. Ich habe eben erfahren, dass ich eine Tante und Cousinen habe. Nachdenklich fahre ich das kurze Stück nach Hause. Ich weiß, dass meine Familie ganz in der Nähe am Kaffeetisch sitzt. Das tut weh.

Hoffnung

Wolfram

Ich brauche einen neuen Job. Mein ehemaliger Chef fährt mit mir ins Liebenauer Gewerbegebiet Beckebohnen. Dort hat ein Bekannter von ihm eine kleine Autowerkstatt. Er stellt mich vor. Sagt, dass ich gute Arbeit leiste.

Wolfram ist sehr nett. Er will mich einstellen. Als Aushilfe in der Werkstatt. Ich kann gleich morgen anfangen.

So schnell komme ich an einen Job!

Das frühe Aufstehen bin ich ja aus dem Knast gewöhnt. Da war um 6 Uhr wecken.

Ich kann wieder an Autos schrauben. Das macht mir Spaß. Und ich verstehe mich sehr gut mit Wolfram. Er ist total locker. Seine Werkstatt ist etwas chaotisch. Er macht alles alleine. Hat aber gelegentliche Aushilfen. Schnell merkt er, was ich am besten kann. Autos ausschlachten. Das habe ich mir selbst beigebracht. In Asendorf.

Hinter der Werkstatt ist ein großes Grundstück. Dort stehen unzählige Autowracks. Daraus braucht er noch viele Teile. Die ich für ihn ausbaue. Das gefällt mir. Die schwere körperliche Arbeit ist kein Problem für mich. Ich habe ja im Knast täglich trainiert. Es ist genau der richtige Job für mich. Autos ausschlachten an der frischen Luft. Wolfram hat einen riesigen alten Bagger. Mit dem drückt er die ausgeschlachteten Wracks platt. Und bringt die dann zum Schrott.

Schnell komme ich mit Wolfram ins Gespräch. Erzähle ihm, dass ich bei Ford Arnold gelernt habe. Die Lehre abgebrochen habe. Dass ich diverse Probleme habe. Ich erzähle ihm von meinen Autowracks in Asendorf.

Wolfram wird mir helfen. Er wird einer der Menschen die am meisten für mich leisten.

Ich bin ihm auch heute, 25 Jahre später, noch sehr dankbar.

Das Ende von gescheiterten Projekten und von meinem Capri

Das mit den Autowracks in Asendorf ist für Wolfram kein Problem. Wir fahren zusammen hin. Und holen die Reste der Autos so nach und nach zu ihm. Er drückt die Karossen mit seinem Bagger zusammen. Und entsorgt sie ordnungsgemäß. Unter anderen den gelben Golf von meiner Mutter und die beiden Asconas von Uwe. Sowie den roten Golf von Emanuel.

Und meinen Capri! Ich werde niemals vergessen, wie er

das (ja von mir völlig entkernte) giftgrüne Auto mit seinem riesigen Bagger plattdrückt...
Mein Capri und die eigene Werkstatt sind damit endgültig eines von vielen gescheiterten Projekten in meinem Leben.

Erneute Probleme & Hilfe

Meine Probleme holen mich ein ... Ich bekomme Post. Eine erneute Anzeige.
Diesmal geht es um den Fiesta, den wir in der Loccumer Heide zerstört haben. Die Polizei hat den letzten Halter ermittelt. Das war der Opa von Tanja. Aber er hat den ja an mich verkauft. Mit Kaufvertrag. Jetzt bin ich für das Wrack in der Loccumer Heide verantwortlich.
Ein Freund hilft mir. Er hat einen Freund der Anwalt ist. Dieser setzt ein (für mich kostenloses) Schreiben auf. Damit erkläre ich, dass ich das Auto an einen „Igor Barananov" wohnhaft in Nowosibirsk, Russland, verkauft habe. Sowie einen (gefälschtem) Kaufvertrag. Das schicken wir zur Polizei. Damit ist die Sache für mich erledigt.
Ich bin mal wieder einer Strafe entgangen. Das gefällt mir.

Eine neue WG

Ende November treffe ich Sven wieder. Er ist grad dabei, mit seinem Kumpel Björn in der Waldsiedlung eine WG zu gründen. Sie brauchen noch einen dritten Mitbewohner. Spontan sage ich zu. Also ziehe ich mal wieder um. Ist ja nicht weit.
Ab 1. Dezember wohnen wir also in der Waldsiedlung. In einer Doppelhaushälfte. Das Reihenhaus wurde wie die

ganze Siedlung, Ende der 1930er Jahre gebaut. Unsere
Wohnung ist auf 2 Etagen. Unten ist Wohnzimmer, Küche
und Bad. Oben sind 3 kleine Räume. Eins davon wird
mein neues Zimmer. Und es gibt einen Kellerraum.

Sylvester 1997
Wir feiern zusammen im Kellerraum in der Waldsiedlung
ins neue Jahr.

1998
Schon bald bekommen wir Probleme mit den Nachbarn.
In der Waldsiedlung wohnen ja überwiegend Russen. Wir
als deutsche passen da nicht rein.
Außerdem will Boris, ein Kumpel von Sven, bei uns mit
einziehen. Dann fehlt ein Zimmer.
Also suchen wir schon wieder eine neue Wohnung für
unsere WG.
Wir finden eine richtig große Wohnung im Nachbardorf
Wellie. Dort können wir zum 1. Februar einziehen.

22. Geburtstag
Aber erstmal feiern wir im Kellerraum meinen 22.
Geburtstag. Ich habe ja dieses Jahr passenderweise an
einem Freitag Geburtstag. Sogar Wolfram ist dabei. Es ist
unsere letzte Party in der Waldsiedlung.

Wellie 13
Die WG in Wellie 13 ist eine der krassesten Zeiten meines
Lebens. Das kleine Dorf Wellie gehört zu Steyerberg. Die

6-Zimmer-Wohnung in einem ehemaligen Bauernhaus ist riesig. Es gibt eine große Küche und eine richtig große Diele. Das Wohnzimmer nutzen wir gemeinsam. Jeder von uns hat ein eigenes Zimmer. Zur Wohnung gehört ein kleiner Garten. Diese Wohnung mit den zwei Bädern ist ideal für unsere WG. Am Anfang wohnen nur Sven, Björn, Boris und ich hier. Im Laufe des Jahres 1998 haben wir unterschiedliche zusätzliche Mitbewohner. Und wir feiern sehr krasse Partys!

Unglück beim Karnevalsumzug in Stolzenau
Aber erstmal ist, so wie jedes Jahr, der Karnevalsumzug in Stolzenau. Bei diesem Umzug am
22. Februar stürzt ein Mädchen von einem der Umzugswagen. Und stirbt. Ich bekomme es nur am Rand mit. Dass es eine Bekannte von mir war, erfahre ich erst später...

VW Caddy
Da ich jetzt ja in Wellie wohne, brauche ich wieder ein Auto. Von Wolfram kaufe ich einen günstigen VW Caddy. Auf Golf 1 Basis. Mit offener Ladefläche.

WG Leben und neue Freunde
Ich lerne in diesem Jahr sehr viele Leute kennen. Besonders durch unsere WG. Gerrit zieht bei uns ein. Ein weiterer Kumpel von Sven. Er ist etwas älter als wir. Und er schleppt immer mehr Leute an. Ich lerne erst seine Freundin Monia kennen. Und dann ihre kleine Schwester Manuela. Die ist damals erst 14. Wir werden sehr gute Freunde. Und unternehmen viel zusammen. Über Tanja lerne ich Svenja kennen. Die ist auch erst 14 und wohnt in einer Pflegefamilie in Steyerberg. Svenja zieht bei uns in

der WG ein.

Martin ist ebenfalls ein Kumpel von Sven. Auch er zieht bei uns ein.

Rechtsrock

Und Verena, die Freundin von Sven wird ebenfalls eine WG Mitbewohnerin. Verena ist krass drauf. Und sie ist total Rechts! Rechtsrock in voller Lautstärke! Bands wie Störkraft und Endstufe. Rechtsrock mag ich nicht. Die Texte sind mir zu krass. Ich verstehe nicht, wieso man gegen Neger oder Juden sein sollte. In meinen Augen sind ALLE Menschen gleich.

Onkelz & Rammstein

Ich höre lieber Onkelz! Die Texte der Onkelz sind zwar auch krass. Aber auf eine andere Art. Sie handeln vom wahren Leben. Mit den Texten der Onkelz kann ich mich identifizieren. Sie singen über das, was ich selber erlebt habe. Alkohol, Probleme, Gewalt. Ich habe selber gemerkt, dass das Leben kein Ponyhof ist.

Und ich entdecke die Band Rammstein. Die Texte und der Sound faszinieren mich! Das ist die richtige Musik für mich! Wir feiern wilde Onkelz & Rammstein Partys. Mit Bier und Bacardi. Einmal tanze ich auf dem Tisch, bis der zusammenbricht.

Über uns wohnt die Mutter des Vermieters. Sie beschwert sich oft über die laute Musik.

Wieder ein Capri

Ich würde gerne wieder einen Capri haben. Ein Freund von Wolfram hat gleich zwei Capri III. Einen blauen mit Schiebedach und einen gelben Rechtslenker. Ich entscheide mich für den blauen. Er ist sehr günstig. Und in einem guten Zustand. Ich miete einen Unterstellplatz in einer Scheune in Liebenau. Ganz in der Nähe von Wolfram. Dort stelle ich den Capri unter. Auf der Geburtstagsparty von Jan-Peter will ich damit vorfahren. Ich putze und poliere das Auto. Und baue eine richtig große Anlage rein. Zuletzt arbeite ich Tag und Nacht daran. Um das Auto rechtzeitig fertig zu haben. Ich schaffe es - wie immer - in letzter Minute! Und bin richtig stolz auf mich!

Da ich ja keine Autos mehr zugelassen kriege, wird der Capri vom 5. Juni bis 9. Juni auf den Namen von Martin mit Kurzzeitkennzeichen angemeldet. Richtig anmelden kann ich das Auto nicht. Es ist seit Jahren stillgelegt. Und damit ist die Betriebserlaubnis erloschen. Eine komplette Neuzulassung ist erforderlich. Für die umfangreiche TÜV Abnahme hat der Ford zu viele Mängel. Die kann ich nicht so schnell beheben. Aber zumindest kann ich 5 Tage damit rumfahren. Ich genieße es! Es ist fast so geil wie vor zwei Jahren mit meinem giftgrünen Capri. Onkelz & Vollgas!

Geburtstagsparty von Jan-Peter
Am Samstag, 6. Juni ist die Geburtstagsparty von Jan-Peter. Er feiert zusammen mit einem Kumpel auf einer Wiese vor dem Ortseingang von Liebenau seinen 18. Geburtstag. Es ist eine rauschende Party. Alle meine Freunde sind dabei. Ich fahre mit meinem Capri vor. DAS ist so ein tolles Gefühl!

Wieder ein gescheitertes Projekt...
Leider ist die Zeit mit dem Capri zu kurz. Ich stelle ihn erstmal wieder in die Scheune. Hab aber weder Zeit noch Geld, mich weiter darum zu kümmern. Irgendwann kann ich die Miete nicht mehr bezahlen. Und ich verkaufe das Auto günstig an einen Freund.

Ich weiß nicht, was daraus geworden ist…

Sommer `98
Der Sommer `98 ist einer der besten meines Lebens. Wir feiern eine coole Party nach der anderen.
Am 26. Juni feiert Tanja ihren 18. Geburtstag bei Ingos Eltern im Zelt. Auch diese Party ist richtig gut!

Über Simone und Steffi lerne ich deren Schwester Martina kennen.

Ein neuer Job
Martina leitet in Stolzenau eine Pizzeria mit Lieferservice. Dafür sucht sie noch Aushilfsfahrer. Das ist der richtige Job für mich!
Ab jetzt fahre ich mehrmals in der Woche abends mit dem Lieferauto durch Stolzenau und Umgebung und verteile Pizza, Döner und Salat. Es bleibt neben dem normalen Verdienst ein ordentliches Trinkgeld hängen. Und ich darf mir immer eine Riesenpizza selber belegen. Da schlage ich richtig zu.
Die Pizzeria Lacada hat zwei Lieferautos. Einen neueren Seat Transporter. Und einen alten roten Polo II. Dieser Polo soll noch eine wichtige Rolle in meinem Leben spielen.

Gesellenbrief
Am 14. Juli habe ich dank Wolfram und dem Berufsschullehrer Herrn Hillinger die Chance meine praktische Gesellenprüfung nachträglich nachzuholen. Ich nutze sie. Und bestehe die Prüfung!
Ich kann es nicht fassen! An diesem Dienstag habe ich

etwas erreicht, was ich niemals für möglich   gehalten
hätte. Und was normalerweise gar nicht mehr möglich
wäre.
Ich habe eine abgeschlossene Ausbildung als KFZ-
Mechaniker!
Ich bin unendlich stolz auf mich!
Wolfram kann mich allerdings nicht als Geselle
beschäftigen. Aber das macht nichts. Ich habe ja noch den
Job bei Lacada. Und werde mir dann in Ruhe eine Stelle
suchen.
Erstmal arbeite ich, wie bisher, als Hilfskraft weiter bei
ihm. Das bin ich Wolfram schuldig. Und Geld bedeutet
mir eh nichts.

Jugoslawien
Ich lerne den Schwager von Sven kennen. Zoran kommt
aus Jugoslawien (Serbien). Er lebt aber schon länger in
Steyerberg. Im Lebensgarten. Das ist eine ähnlich, wie die
Waldsiedlung aufgebaute Siedlung. Die ebenfalls zur
ehemaligen Pulverfabrik gehörte. Hier wohnen viele
alternativ denkende Menschen. Ich bin das erste Mal im
Lebensgarten. Es ist eine tolle Gemeinschaft!

Zoran handelt mit Autos. Er kauft hier in Deutschland
günstig Gebrauchtwagen. Und verkauft die in seiner
Heimat Serbien. Und er sucht Fahrer, die bereit sind, diese
bis ins 2000 km entfernte Kraljevo zu fahren. DAS ist
genau das Richtige für mich! Ich bin begeistert!
Aber erstmal brauche ich einen Reisepass. Als ich den
endlich habe, fahre ich mit Zoran nach Hamburg, ins
jugoslawische Konsulat. Ich fahre mit einem seiner Autos.
Er ist Beifahrer. Er will sehen, ob ich sicher genug fahre.
Ich bin das erste Mal in Hamburg. Das Autofahren in
dieser unbekannten Großstadt ist eine Herausforderung

für mich. Aber wenn es drauf ankommt, kann ich mich zusammenreißen. Zoran ist zufrieden mit mir.
Beim jugoslawischen Konsulat bekomme ich ein Visum für die Einreise nach Serbien.

Das erste Auto, dass ich für Zoran rüberfahre, ist ein Kadett E. Wir fahren mit drei Autos ab Steyerberg. Zoran, sein Vater und ich. Ich brauche den anderen beiden nur hinterherfahren. Wir fahren ab Steyerberg Lebensgarten etwa 750 km durch. Bis zum Grenzübergang Passau. Dort tanken wir und machen in Österreich kurz hinter der Grenze erstmal Pause. Dann geht es weiter durch ganz Österreich. Ich komme gar nicht dazu, die bergige Landschaft zu genießen. Ich darf die anderen beiden ja nicht aus den Augen verlieren. Zoran hat zwar ein Handy. Aber ich nicht.
(Mein erstes Handy habe ich erst im Jahr 2000).
Wir fahren durch Wien. Ich bin schwer beeindruckt von dieser gewaltigen Stadt. Erlebe Wien allerdings erstmal nur von der Autobahn aus. Wir fahren auf der E60 etwa 350 km durch ganz Österreich. Bis zum Grenzübergang Nickelsdorf. An der Grenze zwischen Österreich und Ungarn finden umfangreiche Fahrzeug- und Personenkontrollen statt. Wir warten stundenlang.
In Ungarn ist eine ganz andere Welt. Die Autobahn wird zu einer holprigen schmalen Straße. Dabei ist die M1 (E60) eine der wichtigsten Fernverkehrsstraßen in Ungarn. Und es gibt noch unendlich viel unbebautes Land!
Wir fahren etwa 700 km auf der E60 und E75 durch ganz Ungarn. Bis nach Szeged. Zum Grenzübergang Röszke. Auch hier finden sehr umfangreiche Kontrollen statt. Jetzt ist das Visum wichtig. Endlich sind wir in Serbien, aber noch nicht am Ziel. Von Horgoš bis Kraljevo sind es noch

etwa 360 km. Als wir bei der Familie von Zoran ankommen, bin ich total erschöpft. Ich falle sofort ins Bett. Und schlafe richtig lange. Wir sind in zwei Tagen über 2000 km gefahren. Das ist für mich doch sehr ungewohnt. Eine völlig neue Lebenserfahrung.

Wir bleiben eine Woche in Kraljevo. Die Stadt befindet sich am Ibar, in einem Mittelgebirgstal zwischen den Kotlenik-Bergen und den Stolovi-Bergen.

Die Familie von Zoran ist sehr nett und gastfreundlich. Es gibt jeden Tag hervorragendes und sehr scharfes Essen. Nur leider ist die Verständigung sehr schwierig. Ich verstehe kein serbisch. Und die meisten Menschen hier verstehen weder Deutsch noch Englisch. Es ist eine sehr schöne Zeit in einer wunderschönen Landschaft mit sehr lieben Menschen. Ich genieße diese kurze Auszeit von meinem krassen Leben im fernen Deutschland. Wir fahren mit dem Fernbus zurück. Vom Bus aus kann ich mir in aller Ruhe die schönen Landschaften angucken, durch die wir fahren. Wir fahren bis Hannover ZOB. Da holt Ingo uns ab.

Mein erster „Urlaub" im Ausland war richtig toll!
Ich freue mich auf die nächste Tour.

Im August fahre ich noch einmal dorthin. Diesmal alleine! Das Auto ist ein Omega. Wir suchen vorher die Route auf der Karte raus. 1998 sind Navis ja noch nicht so verbreitet wie heute. Zoran gibt mir 1000 Mark mit. Für Sprit, Mautgebühren und Verpflegung. Ich soll mir Zeit lassen. Und öfter Mal Pause machen. Während der Fahrt bin ich auf mich alleine gestellt. Es ist eine Herausforderung für mich!

Die Strecke ist die gleiche wie beim letzten Mal. Die erste größere Pause mache ich in Würzburg. Da ich ja auf der A7 direkt an meiner Geburtsstadt vorbeikomme, nutze ich diese Chance zu einer kurzen Stadtbesichtigung. Ich war seit meiner frühen Kindheit nie wieder hier. Ich weiß nicht, dass hier auf dem Hauptfriedhof das Grab von meinem Vater ist! Und ich weiß nicht, dass meine Tante und meine Cousinen im nur wenige Kilometer entfernten Kitzingen leben! Ahnungslos genieße ich den sonnigen Nachmittag in dieser wunderschönen Stadt.

Wie auf der 1. Tour, tanke ich beim Grenzübergang Passau. Und fahre weiter bis nach Wien. Dort mache ich wieder eine längere Pause. Wien ist die schönste Stadt, die ich kenne! Auch hier verbringe ich einen sehr schönen Nachmittag. Außerdem genieße ich die wunderbare Berglandschaft in Österreich.

An der Grenze zu Ungarn muss ich sehr lange warten. Ungarn ist die gefährlichste Etappe der Tour. Oft werden Fahrzeuge mit deutschem Kennzeichen überfallen. Zoran hat mich vorher gewarnt. Aber ich habe Glück.

Unbehelligt komme ich auf der M1 voran. Ganz in der Nähe ist der Balaton (Plattensee). Ich würde gerne einen Abstecher dorthin machen. Aber ich bin so vernünftig, darauf zu verzichten.

Ich ahne nicht, dass ich zwei Jahre später wieder in Ungarn und am Plattensee bin.

Jetzt fahre ich bis Budapest durch. Das ist zwar ein kleiner Umweg. Aber ich gönne mir diese wunderbare Stadt an der Donau. Hier verbringe ich sehr schöne Stunden. Besonders beeindruckt bin ich von der Kettenbrücke. Dann fahre ich etwa 180 km auf der M5 (E75) bis zur serbischen Grenze. Wieder muss ich sehr lange warten. In Serbien angekommen ist mein erstes Ziel Novi Sad. Auf der letzten Tour sind wir durch diese Stadt einfach durchgefahren. Jetzt mache ich hier wieder eine etwas längere Pause. Dann folge ich der E 75 etwa 90 km bis Belgrad. In der Hauptstadt von Serbien verfahre ich mich. Und bin auf einmal mitten auf dem Flughafen. In Deutschland wäre so etwas unmöglich. Nach weiteren 190 km durch eine wunderschöne Landschaft bin ich am Ziel. In Kraljevo werde ich bereits erwartet.

Ich bin 4 Tage unterwegs. Auf dieser Fahrt sehe ich eine Menge. Und sammle Erfahrungen.

In Kraljevo verbringe einige schöne Tage bei gutem Essen im Kreis der Familie von Zoran.

Und er spendiert mir eine Busfahrt an die Adria!

500 km im Reisebus durch Serbien und Montenegro. Durch Täler und wunderschöne Berglandschaften. Durch Schluchten mit atemberaubenden Hängen auf der einen Seite und direkt neben der engen Straße geht es steil bergab. Bis ans Mittelmeer. Der Badeort Budva an der Adria in Montenegro ist wunderschön! Ich verbringe dort ein paar sehr schöne und erholsame Tage. Nur ausruhen und am Strand in der Sonne liegen. Baden im Mittelmeer. Das ist Urlaub! Eine ganz neue Erfahrung für mich. Es ist eine ganz andere Welt als Deutschland. Ein ganz anderes Leben. Als ich zurückfahre, bin ich direkt traurig. Aber auch die Rückfahrt durch die malerischen Landschaften ist ein unvergessliches Erlebnis.

(Viele Jahre später werde ich noch einmal nach Budva kommen...Mit dem Fahrrad!)

Ich bin noch ein paar Tage in Kraljevo. Bevor es mit dem Fernbus zurück nach Deutschland geht. Noch einmal durch Novi Sad und Belgrad. Wartezeit an der Grenze. Durch Ungarn. Erneutes warten bei der Einreise nach Österreich. Durch Wien. Über Passau zurück in die Heimat. Bis nach Hannover. Dort werde ich wieder abgeholt.

Für mich war das die letzte Tour nach Kraljevo...

Probleme & Hilfe

Kaum bin ich wieder zu Hause, kommen neue Probleme auf mich zu.

Wolfram ist sauer, weil ich länger als geplant weg war. Er kann mich nicht weiter beschäftigen.

Und der Caddy wurde zwangsabgemeldet, weil ich die Steuern nicht bezahlt habe. Ohne Auto bin ich in Wellie gefangen! Martina hilft mir. Ich darf den roten Polo auch privat nutzen. Bin dann aber für die Wartung zuständig. Das ist für mich in Ordnung. Zumindest bin ich erstmal wieder mobil.

Nur der Job bei Lacada reicht mir allerdings nicht, um finanziell über die Runden zu kommen.

Also bin ich gezwungen, mich arbeitslos zu melden.

Arbeit als Geselle

Das Arbeitsamt vermittelt mir eine Stelle als KFZ-Geselle. In einer Autowerkstatt in Diepenau. Das ist am äußersten Ende vom Landkreis Nienburg. Ich fahre da hin. Der Chef, Herr Biermann, ist nett. Nach dem Vorstellungsgespräch habe ich die Stelle.

Ab 1. September arbeite ich bei Autohaus Biermann als Geselle. Die Werkstatt repariert Autos aller Marken. Es ist eine ganz andere Arbeit als bei Wolfram. Als Geselle stehe ich unter ständigen Zeitdruck. Das nervt mich! Außerdem habe ich einen langen Arbeitsweg. Von Wellie bis Diepenau sind es 35 km. Da ich den Polo nicht jeden Tag habe, bleibt mir nichts anderes übrig, als mit dem Fahrrad zu fahren. Morgens sehr früh aufstehen, um halb 6 losfahren. Den ganzen Tag arbeiten. Und abends wieder mit dem Fahrrad zurück. Das ist doch sehr anstrengend.

Totalschaden am 1. Tag

Dann bietet Herr Biermann mir ein günstiges Auto an, einen Corsa A. Ohne TÜV. Sehr lange abgemeldet. Aber in gutem Zustand. Ich behebe die Mängel. Und bringe das Auto über den TÜV. Am Freitag, 25. September erfolgt die Abnahme und Neuzulassung auf meinen Namen. Das geht wieder, weil ich die offenen Steuern bezahlt habe. Ich bin so stolz auf mich. Zum ersten Mal habe ich in Eigenverantwortung ein Auto über den TÜV gebracht. Und ich habe endlich ein vernünftiges, verkehrssicheres Auto. Herr Biermann ist zufrieden mit meiner geleisteten Arbeit.

Noch am selben Tag kommt es zur Katastrophe…

An diesem Wochenende ist Altstadtfest in Nienburg. Ich fahre nach der Arbeit mit dem Corsa nach Hause. Duschen und umziehen. Dann fahre ich nach Nienburg. Es ist eine rauschende Party. Ich habe aus Jugoslawien eine Flasche selbstgebrannten Sliwowitz mitgebracht. Die trinke ich an diesem Abend fast alleine. Ich bin stockbesoffen! Will dann im Auto schlafen und ausnüchtern.

Ein fataler Fehler.

Irgendwann nachts fahre ich los. Ich kann kaum geradeaus gucken … fahre den Schleichweg über Glissen.

Es kommt, wie es kommen musste: Zwischen Glissen und Liebenau fahre ich in einer Kurve geradeaus. Der Corsa prallt frontal gegen einen Baum. Mir passiert nichts. Aber der Corsa scheint sehr beschädigt zu sein. Er fährt nicht mehr. Ich bin zu besoffen, um mir darüber Gedanken zu machen. Ein Auto kommt vorbei. Ich halte den Fahrer an. Sage, dass ich eine Panne hatte. Er fragt nicht weiter nach und nimmt mich bis Wellie mit. Ich schlafe erstmal meinen Rausch aus.

Samstagnachmittag werde ich geweckt. Die Polizei steht

vor der Tür. Die Polizisten teilen mir mit, dass mein Corsa bei Glissen sichergestellt wurde. Ich gebe zu, dass ich damit heute Nacht gefahren bin und einen Unfall hatte. Dass ich besoffen war, lässt sich nicht mehr nachweisen. Also bekomme ich auch nie eine Strafe.

Ich fahre mit Gerrit nach Glissen. Und bin geschockt. Mein Corsa ist nur noch Schrott! Der Motorraum ist komplett eingedrückt. Sogar das Dach ist geknickt. Totalschaden! Nicht mal 24 Stunden nach der Neuzulassung! Das ist eine absolute Katastrophe!

Am Montagmorgen fahre ich wieder mit den Fahrrad zur Arbeit. Herr Biermann wundert sich …

ich sage lediglich, dass ich mit dem Auto einen kleinen Unfall hatte.

Ab dem nächsten Tag fahre ich erstmal mit Bus zur Arbeit. Herr Biermann fragt nicht mehr nach. Er erfährt nie, was wirklich passiert ist...

Bundestagswahl 1998

Am 27. September ist Bundestagswahl. Ich verbrenne die Wahlbenachrichtigung sofort! Und denke nicht daran zur Wahl zu gehen.

Gerhard Schröder wird Bundeskanzler. Mich interessiert das nicht. Ich hasse die Politiker und den Staat!

Ich habe in der nächsten Zeit kein Auto. Und fahre mit dem Bus zur Arbeit nach Diepenau.

Ab und zu bekomme ich den Polo von Martina. Ich fahre aber auch oft mit dem Fahrrad von Wellie nach Stolzenau zur Pizzeria.

Böhse Onkelz Konzert

Am Freitag, 9. Oktober fahre ich zum Böhse Onkelz Konzert!

Es ist für mich das erste Mal, dass ich meine Lieblingsband live erlebe! Die Onkelz sind auf VIVA LOS TIOZ Tour mit Pro Pain als Vorband.

Ich bin schwer beeindruckt von der Wucht, mit der die Onkelz live aus den Boxen dröhnen! Diese Lieder habe ich so oft im Auto aufgedreht. Und bei meinen Partys. Aber das hier ist der ultimative Kick! Besonders das letzte Lied „Erinnerungen" löst bei mir ein Wechselbad der Gefühle aus. DAS ist MEIN Lied! Es ist MEIN Leben! Es erinnert mich an meine krasse Vergangenheit. Aber diese Melodie gibt mir auch die Kraft weiterzumachen!

Es ist in unvergessliches Konzert in der Stadthalle Bremen!

Ich werde diese Band noch mehrmals live erleben...

... "Kündigung"

Das Arbeitsklima in der Werkstatt wird immer schlechter. Und meinen Lohn kriege ich auch sehr spät. Oder gar nicht. Herr Biermann zieht mir alle möglichen Beträge ab. Und den Corsa sowie die TÜV Gebühren muss ich ja auch noch bezahlen. Mitte November habe ich es satt. Und fahre einfach nicht mehr zur Arbeit! Ich war nie wieder beim Autohaus Biermann.

Herbst `98

Die nächsten Monate komme ich mit dem Job in der Pizzeria und kleineren Gelegenheitsjobs aus. Ich spare ja auch Geld, weil ich kein Auto habe. Den Caddy hat Gerrit. Er will ihn restaurieren. Was daraus geworden ist, weiß ich nicht.

Alkohol trinke ich seit dem Schock vom Altstadtfest auch nicht mehr so viel.

Das WG Leben ist etwas ruhiger geworden. Trotzdem feiern wir noch gelegentliche Partys. Und immer wieder tauchen komische Leute auf. Oft sind es Bekannte von Gerrit.

Sylvester 1998
Den Jahreswechsel 1998 /1999 feiern wir alle zusammen im Wellie 13.

1999
23. Geburtstag
Die nächste richtig große Party ist am 23. Januar. Ich feiere meinen 23. Geburtstag. Gemeinsam mit Verena und Claas, einem Kumpel von mir. Es sind sehr viele Leute da. Einige schlagen sich. Die Party eskaliert. Irgendwann kommt die Polizei...
Es ist die letzte große Party im Wellie 13.

Bungeejumping
Dann bekomme ich die Chance auf den Kick meines Lebens! Auf dem Parkplatz vom Kreml in Sulingen wird Bungeejumping von einem 70 m-Kran angeboten. Ich gewinne einen Sprung! Alleine die Aussicht von dort oben ist phantastisch. Es ist ein geiles Gefühl, so hoch oben über meiner   langjährigen Stammdisco zu sein!
Bei den Sicherheitsvorkehrungen bin ich nervös. Ich habe Angst. Aber ich reiße mich zusammen. Spüre das Adrenalin … und ich springe kopfüber in die Tiefe!
DAS ist der ultimative KICK! Ich fliege! Im freien Fall! Noch nie fühlte sich mein Kopf so frei an. Alles wird verdrängt. Die längsten (und doch wieder kürzesten!) Sekunden meines Lebens! Dann kommt der Ruck! Ein Ruck und dieses irre Gefühl von kompletter Orientierungslosigkeit, als ich mit voller Wucht wieder

nach oben gerissen werde - einfach unbeschreiblich!
Als ich nach dem Auspendeln wieder auf dem Parkplatz
stehe, zittern meine Beine.
Dann folgt einfach nur ein Gefühl der Erleichterung. Ein
Gefühl von Stolz. Ich habe meine Angst überwunden.
Es war der ultimative Kick! Den ich immer wollte.

Fabrikarbeit

Gerrit vermittelt mir Arbeit. In Stolzenau gibt es jetzt eine
Zeitarbeitsfirma. Die suchen Personal. Ich fahre hin.
Stelle mich kurz vor. Und hab den Job. Ich soll in
verschiedenen Firmen als Aushilfskraft eingesetzt werden.
Ab Mitte Februar arbeite ich bei era Beschichtungen in
Stolzenau. Das ist eine Fabrik, die Kunstlederbezüge für
Auto Türverkleidungen herstellt. Und
Laderaumabdeckungen. Sowie LKW Planen. Ich arbeite
da in unterschiedlichen Abteilungen. Zuerst in der
Mischerei. Wo die flüssige Rohmasse angesetzt wird. Ich
schrubbe Kessel mit Äther. Dabei sind Atemschutzmasken
Pflicht. Die sind nach kurzer Zeit so dicht, dass es
„angenehmer" ist ohne zu arbeiten. Ich setze die nur auf,
wenn einer der Chefs kommt. Nach kurzer Zeit bekomme
ich die Nachtschichten. Das gibt steuerfreien
Nachtzuschlag. Nachts arbeiten ist am Anfang ungewohnt
für mich. Aber ich gewöhne mich schnell daran. Und
finde das gut. Da hab ich wenigstens meine Ruhe.
Manchmal wasche ich die ganze Nacht Kessel. Ohne
Maske. Morgens bin ich high. Gehe dann erstmal in de
Wald joggen. Irgendwann werde ich versetzt. Bin eine
Zeitlang am Band. Da trage ich die Rohmasse auf
durchlaufende Gewebebahnen auf. Ein sehr eintöniger
Job. Gut das ich bald wieder in eine andere Abteilung

komme. An der Stanze ist es aber auch nicht viel besser.
Dort muss ich Gewebestücke in die Stanze legen. Die
Maschine stanzt daraus Türverkleidungen. Die nehme ich
dann wieder raus. Im Akkord. 8 Stunden lang.
Zwischendurch bin ich immer wieder in der Mischerei.
Diese Arbeit ist nicht grad mein Traumjob. Aber ich
mache es, um Geld zu verdienen. Um meine Miete
bezahlen zu können. Um Geld für Lebensmittel zu haben.
Um das Auto unterhalten zu können.
Da ich ja zur Arbeit nach Stolzenau kommen muss,
brauche ich wieder ein Auto.
Ich bekomme von Martin seinen alten Derby II geschenkt.
Damit bin ich wenigstens wieder mobil.
1999 hinterfrage ich das noch nicht...

Erneute Verhaftung
Am Morgen des 8 März bekomme ich neuen Ärger. Ich
bin nach der Nachtschicht gerade im Supermarkt, als der
Liebenauer Dorfpolizist mich anspricht. Gegen mich liegt
ein Haftbefehl vor. Weil ich eine Geldstrafe von 1000
Mark nicht bezahlt habe. Schon wieder...
Ich habe keine Lust nochmal im Knast zu landen...Ich
möchte niemals wieder eingesperrt sein. Meine Freiheit ist
mir wichtiger als alles andere. Wichtiger als Geld. Also
werde ich die Geldstrafe bezahlen...
Und hoffe, dass mein Chef mir hilft...
Ich fahre ich nach Stolzenau zum Büro. Der Polizist fährt
hinterher. Mein Chef ist nicht grad erfreut. Aber er gibt
mir ein zinsloses Darlehen. Und bezahlt die 1000 Mark in
bar. Damit hat sich der Haftbefehl erledigt. Trotzdem
ärgere ich mich gewaltig!
Ich empfinde nur noch grenzenlosen Hass!

Ich trete aus der Kirche aus

Ich will einfach nur meine Ruhe! Und mit den ganzen politischen Sachen nichts zu tun haben! Wenn ich daran denke, wieviel Steuern ich bezahle, wird mir schlecht! Ich schrubbe nächtelang Kessel mit Äther, bis ich high bin...Und dann zahle ich von dem bisschen Geld was ich bekomme, auch noch Steuern...
Besonders die Kirchensteuer ärgert mich. Deshalb trete ich am 24. März aus der Kirche aus.

Eine eigene Wohnung

Das WG Leben nervt mich allmählich immer mehr. Besonders wenn ich nachts arbeite. Und tagsüber Schlafen will. Ich brauche wieder eine eigene Wohnung. Über eine Zeitungsannonce finde ich eine kleine 1-Zimmer Wohnung in Liebenau. Direkt in der Ortsmitte.
Ab 1. April wohne ich wieder in Liebenau. Die Wohnung besteht nur aus einem Raum sowie dem kleinen Bad. Aber mir reicht das. Hier habe ich meine Ruhe.

Zu dieser Zeit bekomme ich meinen erneuten Einberufungsbescheid. Im Juli soll ich meinen Grundwehrdienst antreten.

Vatertag 1999
Ich bin jetzt sehr oft mit Manuela unterwegs. Und mit Claas. Über Manuela lerne ich Silvia und Steffi kennen. Die wohnen in Düdinghausen. Einem kleinen Ort bei Steyerberg.
Dort feiern wir alle gemeinsam Vatertag. Ich bin mal wieder besoffen. Um zu verhindern, dass ich mit Auto fahre, füllt Martin Sand in den Tank von meinem Derby. Ich erfahre das erst später. Wäre aber auch nicht gefahren.

Tour durch Bayern

In der Woche danach habe ich Urlaub. Silke wird am Dienstag 18. Und sie ist gerade auf Klassenfahrt in Nürnberg. Ich will sie mit Auto besuchen. Und die Gelegenheit für eine Rundfahrt durch Bayern nutzen. Am Montag fahre ich los.

Bereits auf der Hinfahrt nach Nürnberg wundere ich mich, warum mein Auto immer schlechter läuft. Der Motor andauernd ausgeht. Das ist ein sehr ungünstiger Zeitpunkt. Trotzdem ziehe ich meine Tour wie geplant durch. Als erstes besichtige ich Bamberg. Ich übernachte im Auto. Dienstagabend bin ich in Nürnberg bei der Jugendherberge. Es wird ein toller Abend mit Silke und den anderen aus ihrer Klasse.

Über Regensburg fahre ich nach München. Es ist total cool mit Auto durch München zu fahren! Auch wenn der Motor vom Derby immer schlechter läuft.

Mein nächstes Ziel ist der Starnberger See. Der Motor fängt an zu stottern. Ich komme gerade noch bis zu einer Ford Werkstatt in Starnberg. Die Mechaniker finden den Fehler mit meiner Hilfe. Der Vergaser ist verstopft. Weil Sand im Tank ist. Die Werkstatt kann das Problem beheben. Mit etwas Verzögerung fahre ich weiter.

Ich hatte mir so etwas schon gedacht. Und habe Martin im Verdacht. Wie ich später erfahre, war er es. Diese Aktion hat unsere Freundschaft belastet.

Ich fahre nach Garmisch Patenkirchen. Jetzt merke ich, dass ich in Bayern bin. Dieser wunderschöne Ort mit seinen Straßen aus Kopfsteinpflaster verströmt ein traditionell bayerisches Ambiente. Der Blick auf die Zugspitze ist einmalig!

Über Augsburg fahre ich zurück. Wegen der Verzögerung mit dem Derby muss ich die Tour etwas abkürzen. Ich

bleibe aber trotzdem noch für einen Nachmittag in meiner Geburtsstadt Würzburg. Von meiner Familie, die ganz in der Nähe wohnt, weiß ich noch nichts…
Trotz der Probleme ist es eine tolle Tour durch Bayern.

Geburtstagsfeiern
Am nächsten Wochenende feiert Tino seinen 18. Geburtstag in Loccum. Ich bin mal wieder ziemlich besoffen!
Die nächste große Party ist Anfang Juni der 19. Geburtstag von Jan – Peter.
Kurz darauf feiert Tanja ihren 19. Geburtstag bei Ingos Eltern im Zelt.

Zeitarbeit und Angebot der Festeinstellung
Ich arbeite bis Ende Juni bei era. Zuletzt bin ich am Kalander. Ganz am Anfang der Produktion. Hier werden die Textilbahnen geglättet. An dieser Maschine wird nur 1 Arbeiter eingesetzt. Ich bin dort in Vertretung für den festeingestellten Mitarbeiter. Die Firmenleitung ist sehr zufrieden mit meiner Leistung. Ich bekomme das Angebot einer Festanstellung bei era. Das bedeutet für mich ein höheres Gehalt. Ohne lange darüber nachzudenken, lehne ich ab. Ich habe keine Lust, ewig in dieser Fabrik zu arbeiten. Mich nervt der Zeitdruck! Vor allem nervt es mich, für den Staat zu arbeiten! Ich hasse den Staat! Geld ist für mich bedeutungslos.
Und ab Juli muss ich ja eh zur Bundeswehr. Also würde es gar nicht gehen.
Erst viele Jahre später wird mir bewusst, dass diese Absage ein Schlüsselerlebnis ist.

Bundeswehr

Am 1. Juli muss ich meinen Grundwehrdienst in der Clausewitz-Kaserne in Nienburg – Langendamm antreten. An diesem Donnerstag beginnt für mich ein neuer Lebensabschnitt.

Ich bin jetzt Soldat im 1./Raketenartilleriebataillon 12. Kanonier ist der unterste Dienstgrad für Soldaten der Artillerie. In den ersten Tagen werde ich eingekleidet. Ich bekomme

Uniformen und sonstige Ausrüstung. Dazu gehören auch zwei Paar Kampfstiefel.

Das Taschenmesser habe ich heute noch.

Die allgemeine Grundausbildung (AGA) ist der anstrengendste Teil des Wehrdienstes. In diesen 2 Monaten lerne ich die grundlegenden Fertigkeiten als Soldat. Also neben Befehl und Gehorsam, Sauberkeit, Ordnung und Disziplin auch die Handhabung einer Waffe, Verhalten im Gelände, erste Hilfe bei Kriegsverletzungen und rechtliche Grundlagen des militärischen Dienstes. Einiges von dem was ich hier lerne – lernen muss - ist für mich bisher unvorstellbar gewesen. Ich bin es nicht gewöhnt, Befehle zu befolgen. Aber es schadet mir nicht. Und ich merke schnell, dass ich es leichter habe, wenn ich mache, was mir befohlen wird.

Ordnung und Sauberkeit ist für mich selbstverständlich. In meinem bisherigen WG Leben habe ich ja immer geputzt und aufgeräumt. Auch das ich mit 5 weiteren Kameraden auf einer Stube bin, ist für mich kein Problem.

Nur den Umgang mit Waffen finde ich zunächst komisch. Das zerlegen und reinigen von einem G3 ist für mich als Mechaniker nichts Ungewohntes. Aber das Schießen ist eine ganz neue Erfahrung. Die ersten Übungen auf der Schießbahn sind eine echte Herausforderung für mich.

Grenzerfahrungen

Der sportliche Drill ist genau das richtige für mich. Die Belastungen sind extrem hoch. Ich kann mich richtig auspowern. Auch die Märsche mit Gepäck sind für mich kein Problem. Ich liebe es, meinen Körper bis an die Belastungsgrenze zu bringen! Besonders die nächtlichen Geländeübungen und Manöver gefallen mir! Nachts in irgendwelchen Scheunen oder im Zelt zu schlafen ist für mich ein richtig tolles Abenteuer. Und wenn ich den Wachposten übernehmen darf, bin ich richtig stolz auf mich. Am allerbesten finde ich die „Kampfeinsätze". Einmal fahren wir auf dem Truppenübungsplatz in der Loccumer Heide.

Dort war ich vor 2 Jahren schon einmal. Mit dem Fiesta… Hier stehen alte Gebäude. Wo wir Häuserkampf trainieren. DAS ist der Kick für mich! Mit einer Waffe in der Hand wie wild rumballern! Bis zur totalen Erschöpfung…

Und danach marschieren wir die ganze Nacht mit Gepäck 25 km bis zur Kaserne zurück. Das gefällt mir.

So nach und nach werde ich Soldat. Gegen Ende der Grundausbildung absolviere ich eine Ausbildung zum Wach- und Sicherungssoldaten. Ich darf jetzt sogar am Kasernentor Wache schieben. Und die Kaserne bewachen. Diese Verantwortung gefällt mir.

Die Grundausbildung sehe ich jetzt, viele Jahre später, als ein Stück Lebenserfahrung.
Auch wenn ich mittlerweile jede Art von Gewalt, Waffen und Militär ablehne.
1999 hatte ich dazu noch eine andere Einstellung.

Nach Ende der Grundausbildung überlege ich, ob ich nach dem Wehrdienst freiwillig bei der Bundeswehr bleibe. Ich will mich verpflichten. Ich würde sehr gerne auf Auslandseinsätze gehen. Das wäre für mich der ultimative Kick!

Aber es soll nicht dazu kommen...

Ende August ist meine Grundausbildung beendet. Und ich werde zum Gefreiten befördert. Ab September ist das Bundeswehrleben viel entspannter. Ich bleibe in der 1./12. Das ist eine Versorgungseinheit. Da ich eine abgeschlossene Ausbildung als Autoschlosser habe, werde ich in der Instandsetzungseinheit eingesetzt. Ich bin in der Werkstatt für die Wartung von den Wolf Geländewagen und LKW zuständig. Das ist eine anspruchsvolle Tätigkeit. Die Arbeit macht mir richtig Spaß. Es ist ein normaler Werkstattalltag. Ich schlafe wieder zuhause. Und fahre morgens ganz normal zur Arbeit. Dass ich beim Bund bin, merke ich nur am täglichen Antreten. Und gelegentlichen Übungen sowie dem regelmäßigen Wachdienst.

Seit dem Herbst ist Emanuel ebenfalls beim Bund in der Clausewitz - Kaserne. In meiner Nachbareinheit. Wir fahren nach seiner Grundausbildung oft gemeinsam zum Dienst.

Am 13. Dezember werde ich zum Obergefreiten befördert.

...wieder ein neues Auto

Mein Derby wird immer klappriger. Ich brauche wieder ein neues Auto. Im August verkauft der Bruder von Manuela mir günstig einen alten Peugeot.

Meine Mutter sucht den Kontakt zu mir...

Bald ist Weihnachten. Meine Mutter sucht den Kontakt zu mir. Sie lädt mich Heiligabend zum Essen ein. Das richtet Silke mir aus. Wie ich später erfahren habe, war das eine Anregung von Silkes Pflegeeltern.

Wir freuen uns auf die große Sylvester Party bei Nachbarn von Emanuel.

Es kommt aber ganz anders…

Der 2. schwere Unfall

Im November geht der Motor von dem Pizza Polo von Martina kaputt. Ich baue mit Hilfe von ihrem Mann einen neuen Motor ein. Am Wochenende vom 17. /18. Dezember habe ich das Auto. Will an diesem Samstag alles durchchecken und nochmal das Öl wechseln. Aber dazu kommt es nicht mehr...

Am 17. Dezember habe ich etwas früher Dienstschluss. Es ist ja Freitag. Und kurz vor Weihnachten. Ich ahne nicht, dass ich nie wieder in dieser Werkstatt sein werde. Abends bin ich mit Manuela, Emanuel und Jan –Peter auf der Party von Maren eingeladen. Maren ist eine Freundin von Manuela. Sie wohnt in Ensen, einem kleinen Dorf zwischen Stolzenau und Steyerberg. Wir sind mit dem Polo unterwegs. Zuerst holen wir noch Getränke aus Nienburg. Dann sind wir auf der Party. Ich will mir Mut antrinken. Die hübsche Freundin von Maren hat es mir angetan. Maren und ihre Freundin habe ich nie wieder gesehen. Ich überlasse Emanuel den Autoschlüssel…
……………………………………..

Dann setzt meine Erinnerung aus.

Viel später erfahre ich, was passiert:
Irgendwann nachts fahren wir mit dem Polo zurück.
Emanuel fährt erst nach Steyerberg.
Bringt Manuela nach Hause.
Emanuel ist auch betrunken.
Er fährt viel zu schnell. Es ist glatt. Die Reifen vom Polo sind abgefahren.
Am Ortseingang von Liebenau kommt der Polo in einer Kurve von der Straße ab. Und prallt mit der Fahrerseite gegen einen Baum.
Emanuel ist auf der Stelle tot.
Jan – Peter wird mit Sitz und Gurt aus dem Auto geschleudert. Und schwer verletzt.
Ich habe unter anderen folgende schwere und lebensgefährliche Verletzungen:
- Schwerste lebensgefährliche Kopfverletzungen / schweres Schädel-Hirn-Trauma
- Mein Becken ist links völlig zertrümmert
- Mehrere Knochenbrüche: Unter anderem linker Oberschenkelknochen, rechtes Knie, beide Handgelenke zertrümmert
- Zähne abgebrochen

....

Mit diesen lebensgefährlichen Verletzungen werde ich mit dem Rettungshubschrauber ins Nordstadtkrankenhaus nach Hannover geflogen.
Dort werde ich mehrfach operiert. Und in ein künstliches Koma versetzt.
Im linken Bein bekomme ich einen Marknagel. Das rechte Knie wird genagelt. Beide Handgelenke mit einem Gestell fixiert.

Ich bekomme einen Luftröhrenschnitt.
Am 23. Dezember habe ich eine schwere
Lungenentzündung
Am 25. Dezember habe ich eine schwere Blutvergiftung.

Emanuel wird am 23. Dezember beerdigt.

Teil 2

Mein langer Weg zum inneren Frieden 2000 – 2020

Koma
Nordstadtkrankenhaus
Hannover. Intensivstation.

Keine Erinnerungen. Kein Gefühl – oder doch? Ich weiß es nicht.

Schlaf. Dunkelheit.
Ich schlafe. Tief und fest. Ich liege seit dem 18. Dezember 1999 im künstlichen Koma.
Ich bekomme nichts mit. Ich verschlafe den Jahrtausendwechsel.

2000
Mein Weg zurück ins Leben
Etwa um den 10. Januar herum werde ich zurück ins Leben geholt.
Ich wache allmählich auf. Ich frage mich WO bin ich? Ich frage mich WER bin ich?

Erinnerungen- ich habe diese Melodie im Kopf – Mir fällt der Text ein. „ *Ich erinner' mich gern an diese Zeit. Eine Zeit, die man nie vergisst* " Und mir fällt es wieder ein. Ereignisse aus meiner Kindheit & Jugend… " *viel Alkohol viel Frauen, von der Wirklichkeit entfernt*"….Ich frage mich WAS ist die Wirklichkeit? WAS mache ich hier? *1* Kabel…ich bin verkabelt. Mir ist das zu viel. Ich will schlafen.

Schlaf. Träume. Wachträume.

Irgendwann bin ich wieder wach. Mehr wach als schlafend.

Licht. Ich kann sehen. Ein Raum. Geräte. Monitore. Kabel.

Menschen. Fremde Gesichter. Weiße Kittel. Ärzte? Dunkelheit. Licht.

Um den 10. Januar herum werde ich immer wacher. Bekannte Gesichter. Meine Mutter. Warum? „ *Ich erinner' mich gern an diese Zeit. Eine Zeit, die man nie vergisst* " nein. Daran erinnere ich mich nicht gerne. Meine Mutter hat mich rausgeschmissen! Und jetzt steht sie hier an meinem Krankenbett! Bin ich denn krank? Was ist passiert? Noch ein bekanntes Gesicht. Tino. Der kleine Bruder von Emanuel. Wo ist Emanuel? Da war doch was? Ich war mit Emanuel auf der Party von Maren.

Dunkelheit. Danach ist alles dunkel. Alles ist weg. Die Zeit fehlt…

Dunkelheit.

Musik. Ich höre Musik. Popmusik. Und ein Nachrichtensprecher. Ein Radio?

Licht. Ich sehe…Meine Mutter und Tino. Meine Mutter fragt mich „Wie geht es dir?" Instinktiv will ich antworten. Aber ich kann nicht sprechen. Die Worte schaffen es nicht meinen Mund zu verlassen.

Dunkelheit. Schlaf.

Licht. Ich sehe das Zimmer. Ich sehe ein Fenster. Ich sehe Bäume. Tageslicht.

Musik. Ich höre wieder Popmusik.

Dann sagt der Nachrichtensprecher: *„Prinz Ernst August prügelt wieder. Der Welfenprinz hat auf der kenianischen Insel Lamu einen deutschen Discothekenbesitzer mit einer Schlägertruppe angegriffen und ihn offensichtlich krankenhausreif geschlagen. "*

WO ist das Radio? Mein Blick wandert durch das Zimmer. Es ist ein Krankenhauszimmer. Ich liege in einem Krankenhausbett. Bin verkabelt. Angeschlossen an Geräte. Monitore. Das Radio steht auf der Fensterbank. Jetzt läuft wieder Musik. Irgendwas aus den Charts. Der Sender ist Radio FFN. Der Sprecher sagt irgendwann die Uhrzeit 14:30 Uhr. Und es scheint Sonntag zu sein. Ich frage mich welches Datum heute ist. Ich erinnere mich an die Party von Maren. Das war kurz vor Weihnachten. War schon Weihnachten? War die Silvesterparty schon? DIE Party zum Jahrtausendwechsel.

Die Tür geht auf. Eine junge Krankenschwester. Sie guckt mich an und sagt „ Hallo sie sind ja wach. Hören sie mich?" Ich will antworten. Aber es geht nicht. Sie fragt mich „Wissen sie was passiert ist? Wissen sie wo sie sind?" Wenn sie nicht sprechen können, geben sie mir ein Zeichen. Ich schüttele mit dem Kopf. Die Schwester sagt „ Sie hatten einen Unfall. Sie sind jetzt in Hannover. Im Nordstadtkrankenhaus." Heute ist Sonntag, der 16. Januar 2000.

Ich kann nicht antworten.

Die Tür geht auf. Meine Mutter, Silke und Tino. Ich will sprechen. Aber es geht nicht. Ich kann nur gurgeln. Die Schwester erklärt den anderen, dass es nach einem Luftröhrenschnitt normal ist, das der Patient erstmal nicht sprechen kann. Aber das werde ich bestimmt wieder lernen. Und sie sagt, dass ich bald verlegt werden kann.

Neurologische Klinik Hessisch Oldendorf

Es geht mir etwas besser.

Am Dienstag, 18. Januar werde ich mit dem Krankenwagen nach Hessisch Oldendorf gebracht.

Ich bin jetzt in der Neurologischen Klinik Hessisch Oldendorf. Etwa15 km von Hameln entfernt.

Therapie

Hier bekomme ich in den nächsten Wochen und Monaten Hilfe auf meinem Weg zurück ins Leben. Ich lerne so nach und nach ALLE Lebenswichtigen Dinge komplett neu.

Ich bekomme verschiedene Therapien. Als erstes inhaliere ich. und mache Atemübungen.

In der Kognitiven Frührehabilitation lerne ich so nach und nach zu verstehen WAS passiert ist. WER ich bin. WO ich bin.

Mir wir so nach und nach bewusst, dass wir auf dem Rückweg von der Party einen Unfall hatten, bei dem ich sehr schwer verletzt wurde. Dass Emanuel gestorben ist, erfahre ich erst später.

So nach und nach kommt meine Erinnerung zurück. Aber alles was ich weiß, endet abrupt am 17. 12.1999. Mit der Party von Maren.

Aber mir ist bewusst, dass ich jetzt in einer Reha Klinik bin. Und das ich dabei bin, wieder ins Leben zurückzufinden.

Von meinem 24. Geburtstag bekomme ich allerdings noch nicht so viel mit. Ich erinnere mich dunkel daran. Ich habe Besuch. Von Tino. Silke. Und von meiner Mutter!

Ich lerne wieder Texte zu lesen. Und zu verstehen, was ich gelesen habe.

Einfachste Dinge, wie das Ablesen der Uhrzeit sind anfangs eine Herausforderung für mich.

Auch schreiben ist sehr schwierig. Ich habe Probleme mit der Kopf – Hand Koordination.

Als erstes muss ich unterschreiben, das ich kein Auto fahre. Wegen der Kopfverletzungen.

Durch intensives Üben verbessert sich meine Konzentration und Merkfähigkeit. Aufgrund der erlittenen Kopfverletzungen bleiben aber Defizite. Insbesondere was das Kurzzeitgedächtnis betrifft. Ich bin sehr vergesslich.

Meine visuelle Wahrnehmung wird gefördert.

Ich lerne neu, sinnvoll zu handeln.

In der Logopädie (Sprachtherapie) lerne ich wieder zu sprechen. Ich kann mich wieder verständigen. Kann Fragen stellen, wenn ich etwas wissen möchte. Und ich will viel wissen – ich will lernen.

In der Ergotherapie lerne ich alltägliche Bewegungen neu. Wie Dinge greifen und festhalten. Ich lerne, mich wieder selber zu waschen, und alleine anzuziehen. Da ich noch lange Zeit Probleme habe mich zu bücken, fällt mir das Schuhe anziehen, und zubinden auch später noch sehr schwer. Alleine Socken anzuziehen ist anfangs für mich unmöglich. Aber durch intensives Training habe ich es irgendwann geschafft.

Ich kann mich in der ersten Zeit nur im Rollstuhl fortbe-
wegen. Mit Hilfe der Therapeutin stehe ich zum ersten
Mal kurz aus dem Rollstuhl auf. Aber meine Beine kön-
nen mich nicht mehr tragen. In der Physiotherapie lerne
ich am Stehbrett das stehen. Dann Schritt für Schritt wie-
der zu laufen.
Je mehr ich neu lerne, desto schneller geht es voran.
Das wichtigste ist mein eiserner Wille! Ich will leben! Ich
will wieder gesund werden!
Ich habe ein Ziel. Etwas das mich antreibt. Und mir die
Kraft gibt, immer weiter zu machen.
Ich will noch einmal auf ein Onkelz Konzert!

Die Böhsen Onkelz
Es ist die Band die ein Teil meines Lebens ist. Die Lieder
und Texte der Onkelz haben mir schon so oft geholfen. In
guten Zeiten wie in schlechten. Die wilden Partys in meinem Kellerzimmer. Oder bei den Sauf- und Sexorgien an
der Rolle in meinem Capri. Wenn ich beim Autofahren
auf der Überholspur aufs Gas getreten habe. 1996 in Darlaten, als ich mich umbringen wollte. Immer wieder Onkelz. Immer wieder dieselben Lieder. Erinnerungen. Dieser Text hat mir meine eigene Erinnerung zurückgebracht.
Ich will - und muss diese Band noch einmal live erleben!

...In der Klinik
Aber es gibt noch etwas, das mich antreibt. Es ist der Alltag in dieser Klinik. Die anderen Menschen hier. Ich bin
ja in einer neurologischen Klinik. Alle Patienten haben
Kopfverletzungen erlitten. Und sind mehr oder weniger
behindert. Es ist für mich grausam zu sehen, wie die meisten meiner Mitpatienten hier in ihrem Rollstuhl sitzen,

und vor sich hin gucken. Ich kann das nicht ertragen! Das schlimmste ist, das ich ja selber einer von ihnen bin! NEIN. So will ich nicht leben! Das ist nicht meine Vorstellung von einem Menschenwürdigen Leben. Ich will hier weg! Deshalb reiße ich mich zusammen. Und setze alles daran, hier weg zu kommen.

Ich bin lange in Hessisch Oldendorf. Meine Gedanken werden immer klarer und zusammenhängender. Ich denke viel nach. Über den Unfall. Und ich kann ja so nach und nach wieder sprechen.

Tino kommt mich regelmäßig besuchen. Am Anfang wundert mich das. Wir haben doch gar nicht so sehr viel miteinander zu tun. Er ist ja der kleine Bruder von Emanuel. Emanuel? WO ist der eigentlich? Wir hatten doch zusammen den Unfall. Ich frage Tino. Er weicht aus. Sagt, dass der mit der Bundeswehr auf Übung ist. Ich habe so eine dunkle Ahnung...Aber ich verdränge den Gedanken. Will es gar nicht so genau wissen.

Und noch etwas wundert mich am Anfang. Meine Mutter. Sie kommt mich oft besuchen. Entweder mit Silke oder mit Tino. Sie kümmert sich um mich. So nach und nach fällt es mir wieder ein. Wir hatten uns ja total zerstritten. Wegen der Sache mit dem Haus von Silke. Aber letztes Jahr hat sie mich an Heiligabend zum Essen eingeladen. Aber es kam nicht mehr dazu. Der Unfall war ja am 18. Dezember, ein paar Tage vor Weihnachten. Sie möchte sich mit mir versöhnen. Wie ich von Silke erfahre, haben ihre Pflegeeltern das angeregt.

Versöhnung mit meiner Mutter
Ich werde immer wacher und klarer. Als mein Gesundheitszustand das zulässt, rede ich lange mit meiner Mutter.

Sie verzeiht mir. Und sie bietet mir ihre Hilfe an. Sie
kümmert sich um meine finanziellen Angelegenheiten.
Und ich darf wieder bei ihr wohnen.
Ich nehme das Angebot an. Wir versöhnen uns.
Sie hilft mir. Als erstes kündigt sie meine Wohnung. Und
sie bezahlt von meinem Geld meine Schulden.
Allerdings finde Ich es nicht ganz so gut, dass sie schon
vor einiger Zeit, am 11. Januar, einen Anwalt eingeschaltet hat. Um für mich ein Schmerzenzgeld von der Auto-
versicherung von Martina einzuklagen. Aber ich kann
über solche Sachen jetzt noch nicht nachdenken...
Es geht mir von Tag zu Tag immer besser. Ich mache
rasante Fortschritte. Und durchlaufe in Rekordtempo alle
Stationen der Klinik. Ruckzuck komme ich wieder auf die
Beine. Mache die ersten Laufübungen. Mitte Februar
brauche ich den Rollstuhl nicht mehr. Ich kann wieder fast
normal laufen. Und fange sogar schon an, Treppensteigen
zu üben.

Zuhause
Nach genau einem Monat in der Reha, am 18. Februar
kann ich das erste Mal nach Hause. Zu meiner Mutter. Sie
holt mich ab. Es ist komisch, wieder in meinem Elternhaus zu sein. Meine Mutter hat jetzt einen Hund. Susi ist
eine junge Mischlingshündin. Sie wurde im Mai 1998
geboren. Eine Mischung aus Jack-Russel und Terrier.
Im Obergeschoss ist jetzt eine abgetrennte Wohnung. Die
war ja für meine Oma gedacht. Die dann allerdings schon
bald nach der Fertigstellung gestorben ist. Jetzt hat meine
Mutter die Wohnung an eine ältere Dame vermietet. Frau
Kramp ist sehr nett, aber auch sehr krank. Sie braucht viel
Ruhe. Ihre Tochter kümmert sich um sie. Ich kenne Frau

Römbke vom Sehen. Weitere Mieter hat meine Mutter nicht mehr. Sie wohnt mit Frau Kramp alleine in dem großen Haus.

Ansonsten hat sich nicht viel geändert. Im Haus und Garten ist alles noch so wie immer. Ich sehe aber auf dem ersten Blick, dass einige Dinge mal einen neuen Anstrich gebrauchen könnten. Auch der Garten ist etwas vernachlässigt.

An diesem Wochenende schlafe ich auf dem Sofa im Wohnzimmer. Langfristig soll ich mein altes Kellerzimmer wieder bekommen.

Ich bin von Freitag bis Sonntag bei meiner Mutter in Liebenau. Es ist schön, wieder zuhause zu sein. Freitagabend fahre ich mit Tino nach Stolzenau zur Karnevalsdisco. Das ist irre. Genau 2 Monate nach dem Unfall bin ich wieder auf Party. Ich sehe viele Freunde wieder. Nur Emanuel nicht. Ich frage auch nicht nach. Ich trinke keinen Alkohol. Mir ist nicht danach. Und meine Freunde achten auf mich. Ich bin ja doch noch ziemlich wackelig auf den Beinen. Sonntag bringt Tino mich zurück nach Hessisch Oldendorf.

Emanuel ist tot...
Der Urlaub zuhause hat mir sehr gut getan. Meine Genesung schreitet immer schneller voran.

Ich bekomme oft Besuch von meinen Freunden. Nur Emanuel habe ich nicht wiedergesehen. Tino sagt mir irgendwann später, was ich schon geahnt hatte. Emanuel ist bei dem Unfall gestorben. Er war sofort tot. Ich nehme das einfach so hin. Kann es eh nicht mehr ändern. Was mich nachdenklich macht ist, dass er betrunken war. Und gefahren ist. Alkohol hat in meinem Leben schon viele

Probleme verursacht. Ich kann damit nicht umgehen. Es ist besser, wenn ich den Alkohol in Zukunft ganz weglasse. Aber bis zur strikten Umsetzung soll es noch ein paar Monate dauern.

Am 30. März bin ich nochmals für einen Tag im Nordstadtkrankenhaus zu mehreren umfangreichen Untersuchungen.

Schmerzensgeld
Der Rechtsanwalt den meine Mutter eingeschaltet hat, fordert einen Vorschuss. Bei einem weiteren Besuch zuhause bin ich bei ihm in der Kanzlei. Ich sage ihm, dass ich auf das eventuelle Schmerzensgeld verzichte. Und kündige den Vertrag.
Da es aber sehr wahrscheinlich ist, das mir Schmerzensgeld zusteht, brauche ich einen Anwalt der das für mich durchsetzt. Tino empfiehlt mir einen Anwalt in Stolzenau. Bei einem weiteren Besuch zuhause fahre ich mit ihm dorthin. Dieser Anwalt hilft mir sofort und ohne Vorauszahlung. Er sagt, dass sehr gute Chancen auf ein hohes Schmerzensgeld bestehen. Mich trifft ja keine Schuld an dem Unfall. Der Fahrer ist tot. Aber die Versicherung vom Auto muss für die entstandenen Schäden haften.

Meine Mutter löst meine Wohnung auf. Und bezahlt mit meiner Abfindung von der Bundeswehr meine Schulden. Eigentlich finde ich es nicht gut, dass sie sich in meine finanziellen Angelegenheiten einmischt. Aber ich akzeptiere es. Da ich ja weiß, dass es besser ist. Es ist seit langem das erste Mal, dass ich etwas ohne Wiederstand akzeptiere.

146

Ab 17. April bin ich wieder bei ihr gemeldet.

Kurze Zeit später bekomme ich einen ersten Abschlag auf mein Schmerzensgeld.

5000 Mark! So viel Geld hatte ich noch nie! Am 26. April geht das Geld auf meinem Konto ein.

Ich will mir davon ein Auto kaufen.

Fahrschule

Erstmal ist es wichtig, dass ich wieder gesund werde. Es bestehen gute Chancen, dass ich sehr bald entlassen werden kann. Ich muss allerdings noch eine Hürde nehmen. Ganz am Anfang hatte ich ja unterschrieben, dass ich erstmal kein Auto fahre. Deshalb muss meine Fahreignung neu überprüft werden. Ich muss Fahrstunden bei einer Fahrschule nehmen. Wie ein normaler Fahrschüler. Es ist anfangs sehr ungewohnt für mich, wieder Auto zu fahren. Und dazu noch in einer völlig fremden Stadt. Die meisten Fahrstunden sind in Hameln. Ich bin überfordert. Vor allem habe ich Konzentrationsschwierigkeiten. So etwas kenne ich gar nicht. Es sind Folgen der Kopfverletzungen. Der Fahrlehrer will nach den ersten Stunden abbrechen. Das würde bedeuten, dass ich nie wieder Auto fahren darf! Ich bin am Boden zerstört. Bitte ihn um eine 2. Chance. Und ich nutze sie! Ich reiße mich richtig zusammen. Es klappt. Ich werde immer sicherer am Steuer. Der Fahrlehrer ist beeindruckt. Ich brauche zwar mehr Fahrstunden als andere. Aber ich schaffe es. Eine Prüfung findet nicht statt. Irgendwann entscheidet der Fahrlehrer, dass ich wieder sicher genug fahren kann. Und erteilt mir die Erlaubnis wieder als Autofahrer am Straßenverkehr teilzunehmen. Aufgrund der Anfangsschwierigkeiten kann er es allerding nicht verantworten, das ich gewerblich fahre. Damit kann ich leben. Die amtliche Bescheinigung wird allerdings vom Straßenverkehrsamt ausgestellt. Und mir über die Klinik zugesendet.

Am 30. April endet meine Dienstzeit bei der Bundeswehr. Ich werde dienstunfähig entlassen.

Belastbarkeit
Da der 1. Mai ja Feiertag ist, ist das letzte April Wochenende länger. Ich verbringe es zuhause. An diesem Samstag mähe ich den Rasen in unserem Garten. So wie ich es schon als Kind gemacht habe. Er ist sehr lang. Ich mähe von morgens bis abends. Eine echte körperliche Herausforderung für mich. Ich merke, dass ich wieder belastbar bin. Und die Arbeit an der frischen Luft tut mir gut. Ich bin wieder gesund. Habe unendlich viele Pläne für meine Zukunft. Aber ich bin immer noch in der Klinik. Bei den ganzen Behinderten. Das nervt mich!
Als ich am Dienstag wieder in der Klinik bin, schreibe ich einen handschriftlichen Brief an den Ärztlichen Direktor. Und bitte um schnellstmögliche Entlassung. Bereits am nächsten Tag bekomme ich einen Antwortbrief von ihm. Er teilt mir mit, dass ich am 26. Mai entlassen werde. Das ist doch eine Perspektive!
Die Zeit vergeht sehr schnell. Ich werde immer fitter. Besonders das Rasenmähen hat mir geholfen.

Am 19. Mai werde ich für den letzten Urlaub abgeholt. Tino hat an diesem Tag Geburtstag. Er feiert bei seinen Eltern im Garten. Die wohnen ja mittlerweile in Hoysinghausen. Das ist ein kleines Dorf bei Uchte. Hier auf dem Friedhof ist das Grab von Emanuel. Ich bin zum ersten

Mal dort. Es ist ein sehr beklemmendes Gefühl am Grab von meinem besten Freund zu stehen.

...wieder ein Auto
Am nächsten Tag kaufe ich mir ein Auto. Einen richtig guten VW Scirocco 16 V. In blau Metallic. Total schick. Das Auto bleibt aber erstmal noch abgemeldet. Da der TÜV abgelaufen ist. Wir holen ihn mit roten Nummern zu Tinos Eltern nach Hoysinghausen. Tino wird in den nächsten Tagen ein paar Roststellen schweißen, und einige Kleinigkeiten reparieren.

Liebenau 2000 – 2013

Zurück im Leben
Eine Woche später, am 26. Mai werde ich arbeitsfähig aus der Reha Klinik entlassen!
Die Monate in Hessisch Oldendorf waren die schwersten meines bisherigen Lebens. Diese Zeit hat mich geprägt. Ich bin jetzt ein anderer Mensch als vor dem Unfall. Ich bin nachdenklicher geworden. Meine Unbeschwertheit ist vorbei. Meine Jugend ist vorbei.

Alkohol?
Gleich am selben Abend bin ich auf der Geburtstagsparty von Steffi. Sie wird ja heute 18. Ich trinke nur ein Bier. Es schmeckt mir nicht mehr. Mir ist das saufen vergangen. Ich muss immer an Emanuel denken, der jetzt in seinem Sarg unter der Erde liegt. Und an das letzte halbe Jahr. In Hessisch Oldendorf zwischen den ganzen Behinderten zu sitzen. Es war grausam. Und das nur, weil wir die Kontrolle verloren haben. Wegen dem Alkohol!

Alkohol hat viel kaputt gemacht in meinem Leben. Das tut weh...

Liebenau
Ich ziehe wieder in mein altes Kellerzimmer ein. Mit Hilfe meiner Mutter richte ich es mir gemütlich ein. Kein Vergleich mehr zu der Party Höhle aus meiner Jugendzeit.

Tino hat den Scirocco für mich über den TÜV gebracht. Gleich am Montag wird er angemeldet. Ich bin glücklich. Endlich habe ich ein vernünftiges Auto. Das einzige Problem ist nur, das ich noch nicht fahren darf. Ich habe die Bescheinigung noch nicht. Die wird mir von der Klinik zugeschickt. Um Ärger zu vermeiden, fahre ich auch nicht. Tino behält das Auto, und fährt mich, wenn ich Termine habe.

Ab 1. Juni arbeite ich wieder bei dem Personaldienstleister, wo ich vor meiner Bundeswehrzeit war. Aber da der 1. Juni ja Feiertag ist, brauche ich erst am Montag anfangen.

Vatertag 2020
Es ist Vatertag. Ich bin bei Sven und Verena. Die wohnen mittlerweile in Steyerberg. An diesem Tag trinke ich mal wieder was. Es ist ein feucht-fröhlicher Abend.

Ich ahne nicht, dass ich an diesem Vatertag im Jahr 2000 zum allerletzten Mal Alkohol trinke.

Arbeit
Nach langer Zeit arbeite ich ab Montag wieder bei era Beschichtungen in Stolzenau. Da ich ja noch nicht fahren

darf, fährt meine Mutter mich zur Arbeit. Ich werde wieder am Band eingesetzt.

Glücklich

Am 8. Juni erhalte ich endlich die ersehnte Bescheinigung. Ich darf wieder Auto fahren! Und ich hab ein vernünftiges Auto.

Meine wilden Zeiten sind vorbei. Mit dem Scirocco fahre ich sinnig und zurückhaltend.

Meine Mutter fährt einen alten Ford Sierra. Mit dem ist sie aber nicht zufrieden. Sie braucht ein neues Auto. Ich berate sie. Zusammen kaufen wir einen fast neuwertigen Ford Mondeo beim Ford Autohaus in Nienburg. Sie hat etwas Geld gespart und gibt den Sierra in Zahlung. 2000 Mark gebe ich dazu. Trotzdem ist es ihr Auto. Sie will mir das Geld in Raten zurückzahlen. Ich hab ja den Scirocco.

Mein Anwalt ist richtig gut. Er schafft es, dass mir ein sehr hohes Schmerzensgeld ausgezahlt wird.

Am 26. Juni erhalte ich die nächste Abschlagszahlung. 10.000 Mark! Ich kann gar nicht glauben, dass ich so viel Geld habe...

Es geht mir gut. Ich habe Geld, Und ein schickes Auto!

Ich kaufe mir einen richtig guten Verstärker und einen Videorecorder.

Motorschaden

Aber mein Glück ist nur kurz.

Anfang Juli bleibe ich mit dem Scirocco liegen. Motorschaden!

Ich schaffe das Auto in unsere Garage. Und zerlege den Motor. Aber mir fehlt das passende Werkzeug. Nächte-

lang arbeite ich daran. Dann gebe ich auf. Am 5.Juli wird
das Auto erstmal abgemeldet.
Ich kaufe von Wolfram einen sehr günstigen Kadett. Damit ich überhaupt ein Auto habe.

Zeitdruck

Auf der Arbeit läuft es nicht gut. Ich merke nach kurzer
Zeit, dass ich mit der geforderten Arbeitsgeschwindigkeit
überfordert bin. Das Band läuft unerbittlich weiter. Ich
muss im richtigen Augenblick reagieren, und Stanzteile
auflegen oder entnehmen. Oder mit einer Kelle Farbmasse
aufbringen. Immer wieder stockt der Betriebsablauf wegen mir.

Nach wenigen Tagen kommt einer der oberen Chefs zu
mir. Und sagt, dass ich schneller arbeiten muss. Damit die
geforderten Stückzahlen eingehalten werden können. Es
ist derselbe, der mir letztes Jahr eine Festanstellung angeboten hatte.

Erst viel später wird mir bewusst, dass dieses Gespräch
ein Schlüsselerlebnis für mich ist.
*Ich muss schneller arbeiten. Damit mehr produziert wer-
den kann. Mehr Produktion bedeutet mehr Profit für die
Bosse im Hintergrund. Im Jahr 2000 war mir dieser Zusammenhang aber noch nicht klar.*

Ich verliere bereits nach kurzer Zeit die Lust, in dieser
Fabrik zu arbeiten. Aber das war ja schon im letzten Jahr
nicht grad mein Traumjob. Ein paar Tage arbeite ich dort
noch.
Dann werde ich abgezogen. Die Zeitarbeitsfirma setzt
mich in einer anderen Firma ein. In Hannover. Bei Schenker. Das ist ein Logistikbetrieb. Ein Zulieferer für VW

Nutzfahrzeuge. Das bedeutet, dass ich einen viel weiteren Arbeitsweg habe...

Schenker liegt in unmittelbarer Nähe zum VW Werk. Hannover Nordhafen. Dort bin ich beim Umpacken von Autoteilen eingesetzt. Von einer Palette auf die andere.

Wieder ein Unfall
Am 8. August habe ich das nächste Schlüsselerlebnis. Es wird mein Leben verändern
Morgens auf dem Weg zur Arbeit komme ich zwischen Liebenau und Nienburg bei Binnen von der Straße ab. Warum weiß ich nicht. Sekundenschlaf? Oder eine kurze Unachtsamkeit?
Der Kadett überschlägt sich! Und prallt gegen einen Baum.
Ich bekomme einen Schreck. Hab aber nur ein paar Kratzer. Ich klettere aus dem Wrack. Ein nachfolgendes Auto hält an. Der Fahrer hat ein Handy. Er wählt den Notruf. Ich werde nach Nienburg ins Krankenhaus gebracht. Hab aber keine weiteren Verletzungen. Und kann gleich wieder entlassen werden.

Mein Arbeitstag hat sich erledigt. Wolfram schleppt den Kadett ab. Zu seiner Werkstatt. Er wird ihn verschrotten. Meiner Mutter erzähle ich, dass der Motor auf dem Weg zur Arbeit kaputt gegangen ist. Ich will ihr nicht sagen, dass ich schon wieder einen Unfall hatte...

Alkohol
Ich bin am Boden zerstört. Schon wieder ein Unfall! Schon wieder habe ich nach kurzer Zeit ein Auto zu

Schrott gefahren. So kann es nicht weitergehen! Ich muss etwas drastisch verändern! Und zwar jetzt sofort.

2 Dinge belasten mich und mein Leben.

Ich bin ja immer noch der Heino. Auch wenn ich schon lange nicht mehr singe. Den Namen habe ich weg. Als Dorftrottel. Ich bin DER Chaot. Ein Spinner. Halt der Heino. Und ich benehme mich auch so. Wie ein Chaot. Immer wieder verrückte und krasse Aktionen. Immer wieder gehe ich bis an die Grenze. Oder darüber hinaus. Und immer wieder ist Alkohol im Spiel.

Alkohol! DAS ist mein entscheidendes Problem! Ich kann damit nicht umgehen. Wenn ich erstmal 1 Bier getrunken habe, werden daraus ruckzuck 10. Oder eine Kiste.

Es bringt nichts, wenn ich mir vornehme nicht mehr so viel zu trinken. Das schaffe ich nicht.

Seit dem Unfall mit Emanuel habe ich zwar kaum noch Alkohol getrunken.

Das letzte Mal Vatertag. Das ist schon über 2 Monate her. Und auch jetzt, als ich den Kadett zu Schrott gefahren hab, war ich nüchtern. Aber ich habe Angst, dass ich bei der nächsten Gelegenheit in mein altes Leben zurückfalle. Dass ich wieder mit dem Saufen anfange. Und dann auch wieder rauche. Ich habe ja seit Dezember so ganz nebenbei mit dem Rauchen aufgehört. Ungeplant. Und ich merke, dass es für meine Gesundheit besser ist, wenn ich nicht rauche.

Ich weiß, dass es DAS Beste ist wenn ich keinen Alkohol mehr trinke.

Ich verbringe den Nachmittag in meinem Zimmer. Und denke über mein bisheriges Leben nach. Denke an all die Autos die ich schon zu Schrott gefahren habe. Denke an all die Unfälle.

Der Unfall mit Miriam. Ich bin total besoffen gefahren. Und war anschließend fast tot.

Der Unfall mit Sven. Es war ein Wunder, das wir aus dem total zerstörten Wrack lebend rausgekommen sind. Der Corsa von Autohaus Biermann. Ich bin total besoffen gefahren. Obwohl ich kaum geradeaus gehen konnte. Oft bin ich stockbesoffen vom Kreml oder anderen Partys nach Hause gefahren! Und dann der Unfall mit Emanuel. Der ist jetzt tot. Ich war sehr schwer verletzt.

Dann all die wilden Saufpartys. Stress. Probleme. Schlägereien. Kontrollverlust. Ich denke an meine Jugend. Die Sauforgien im Hallenbad. Bis ich fast in der Aue ertrunken wäre.

Alles nur wegen dem Alkohol... So geht es nicht weiter! So kann es nicht weitergehen!

Nie wieder Alkohol, nie wieder Heino

Ich beschließe, ab sofort keinen einzigen Tropfen Alkohol mehr zu trinken.

Niemals wieder! Es wird keine Ausnahme geben. Keine Kompromisse.

Zurückblickend kann ich jetzt im Jahr 2023 sagen, dass ich es bis zum heutigen Tag durchgehalten habe. 23 Jahre lang. Darauf bin ich stolz!

Ich beschließe noch etwas:

Ich will ab sofort mit dem Heino Image aufhören! Ich werde allen die mich mit Heino ansprechen, sagen dass ich Frank heiße. Und den Namen Heino als Rufnamen für mich abschaffen. Damit will ich den Ruf als Spinner und Chaot loswerden.

Dazu gehört natürlich auch, dass ich mein Verhalten ändere. Ich werde mich in Zukunft bemühen krasse Situationen zu vermeiden.
Außerdem werde ich nicht mehr rauchen. Und keine Drogen mehr nehmen. Keine Joints mehr...

Als ich in den nächsten Tagen damit beginne, das umzusetzen, lachen mich meine Freunde aus. Kaum einer nimmt mich Ernst. Aber ich bleibe dabei. Ich bestehe darauf, dass ich mit Frank angesprochen werde. Auf Heino reagiere ich nicht mehr. So nach und nach setze ich mich durch. Mit Erfolg. Jetzt, viele Jahre später weiß kaum noch einer dass ich mal „der Heino" war.
Das mit dem Alkoholverzicht ist zunächst relativ leicht. Schwer wird es, wenn ich meine alten Saufkumpane treffe. Die sagen, dass ich morgen eh wieder einen mittrinke. Ich distanziere mich so nach und nach von diesen falschen Freunden. Meine wahren Freunde respektieren meine Entscheidung.

Neuanfang

Ab jetzt beginnt mein neues Leben. Ich bin ein komplett anderer Mensch.

Am 13. April wird mein Kadett verschrottet. Ich hab mal wieder kein Auto. Aber das ist diesmal kein Problem. Meine Mutter hat ja grad den Mondeo gekauft. Ich habe einen Teil davon bezahlt. Eigentlich hatte ich ihr das Geld nur geliehen. Aber da ich jetzt selber kein Auto habe, fahre ich den Mondeo. Sie ist damit einverstanden.

Unser Verhältnis hat sich gebessert. Ich habe gemerkt, dass ich sie brauche. Ich wohne „kostenlos" bei ihr im Haus. Sie kocht für mich und wäscht meine Wäsche. Bügelt sogar die T-Shirts. Oder mal ein Hemd, wenn ich auf Disco will. Ich fahre ihr Auto.

Aber sie braucht mich auch. Es geht ihr gesundheitlich nicht gut. Sie hat ständig Schmerzen. Ich kümmere mich um den Garten. Jäte Unkraut, mähe den Rasen. Erledige so nach und nach all die Kleinigkeiten und Reparaturen, die rund ums Haus anfallen. Sie lebte ja jahrelang alleine hier und hatte nur ab und zu mal gelegentlich Hilfe von Bekannten oder den Mietern. Die meisten Reparaturen sind liegen geblieben. Nur das allernötigste wurde gemacht.

Ich kümmere mich jetzt um alles. Von der Wartung des Mondeo bis zum Straße fegen. Meine Mutter ist mir sehr dankbar. Und sie vertraut mir. Ich kann alles machen wie ich will. Kann den Garten gestalten wie ich will. In kurzer Zeit bin ich zum „Hausbesitzer" geworden.

Ohne dass wir groß drüber reden, läuft es. Sie zahlt den Abtrag für das Haus. Ich investiere mein Schmerzensgeld und meine Arbeitskraft in die Instandhaltung von Haus, Garten und Auto. Geben und Nehmen. Auch mit den Lebensmitteln. Ich esse sehr viel. Sie fast gar nichts. Also kaufe ich ein. Was ich essen möchte. Und sie kocht für uns beide.

Körperlich geht es mir immer besser. Die Gartenarbeit an der frischen Luft tut mir gut.

Ich fahre regelmäßig in meine Stammdisco Kreml nach Sulingen. Trinke aber keinen Alkohol mehr. Meine Freunde verstehen das. Außerdem bin ich ja immer der Fahrer. Das ist ein guter Grund nichts zu trinken.

Auf der Suche nach dem Sinn
Ich werde nachdenklicher. Denke über den Sinn des Lebens nach. Ich frage mich immer wieder was eigentlich der Sinn meines Lebens ist. Arbeiten? Geld verdienen? Momentan habe ich genug Geld. Ich hab Arbeit. Fahre ein fast neuwertiges Auto. Und habe ein Haus. Zumindest gefühlt.
Trotzdem bin ich nicht so richtig glücklich. Irgendwas fehlt...
Es soll noch 20 Jahre dauern, bis ich den Sinn meines Lebens finde...

Ich trenne mich von der Vergangenheit
In dieser Zeit wird mir immer bewusster, dass ich mit meiner Vergangenheit abschließen muss.
Dazu gehört auch, dass ich mich von alten Erinnerungen und Unterlagen trenne.
Eines Tages fahre ich mit Kartons voller Papier zum Altpapiercontainer beim Hallenbad. Ich entsorge viele Briefe und Dokumente, die ich jahrelang aufgehoben hatte. Darunter die gesamten Strafakten aus meiner Jugendzeit.
Damit befreie ich mich von altem Ballast. Jetzt geht es mir besser. Und ich bin bereit für neues...

Erst viel später wird mir bewusst, dass ich mit diesem
Schritt unersetzliche Dokumente meiner Lebensgeschichte
entsorgt habe.
Das Fehlen dieser Unterlagen macht die Aufarbeitung
meiner Jugendzeit sehr schwer.
Einiges kann ich Jahrzehnte später nicht mehr rekonstru-
ieren.

Handy

Fast jeder in meinem Bekanntenkreis hat mittlerweile ein
Handy. Ich habe mich lange dagegen gewehrt. Habe im-
mer gesagt „Handys sind nur was für die Reichen und
Schönen"
Aber in der heutigen Zeit geht es nicht mehr ohne. Einen
Vertrag will ich aber auf keinen Fall abschließen. Also
kaufe ich mir ein billiges D2-Callya Handy. Ein Siemens
C25. Damit bin ich ab jetzt auch unterwegs erreichbar.

Bon Jovi im Weserstadion Bremen

Bei einer der Partys im Kreml werden Freikarten fürs Bon
Jovi Konzert in Bremen vergeben. Ich bekomme eine!
Wahnsinn! Bon Jovi live im Weserstadion!
Am Samstag, 2. September ist es soweit.
Bon Jovi spielt im Bremer Weserstadion. Es ist eines der
wenigen Konzerte in Deutschland auf der Crush Tour.
Einer weltweiten Konzerttournee von Bon Jovi.
Ich fahre mit dem Zug nach Bremen.
Das Konzert ist bombastisch! Bon Jovi spielen überwie-
gend Lieder aus dem aktuellen Album "Crush". Beson-
ders der aktuelle Super Hit "Ist's my Life" ist ein Kracher.
Aber auch ältere Stücke kommen sehr gut an. Die Ballade
"Bed of Roses" erzeugt Gänsehautmomente im Licht tau-

sendender Feuerzeuge. Bei der Zugabe "Livin' on a Prayer" bebt das Weserstadion. Dieses Konzert ist ein unvergessliches Erlebnis.

Kaffeefahrt nach Ungarn

Meine Mutter hat eine Reise nach Ungarn gewonnen. Ich darf für sie daran teilnehmen.

Es ist zwar eine Kaffeefahrt. Aber das ist mir egal.

Vom 14. September bis 19. September fahre ich nach Baltonfüred an den Plattensee. Da wollte ich ja 1998 auf meiner Jugoslawien Tour schon anhalten. Jetzt komme ich nochmal dorthin.

Am 14. September werde ich frühmorgens mit einigen anderen Fahrgästen direkt in Liebenau von einem modernen Reisebus abgeholt.

Die Teilnehmer sind überwiegend Rentner. Der Bus fährt dieselbe Strecke, die ich vor 2 Jahren nach Jugoslawien gefahren bin. Durch halb Deutschland bis Passau. Bei mehreren Zwischenstopps steigen weitere Teilnehmer zu. Dann quer durch Österreich. Wien beeindruckt mich mal wieder. Am Grenzübergang nach Ungarn müssen wir sehr lange warten. Aber ich kenne das ja bereits. Da der Bus den ganzen Tag und die ganze Nacht fährt, sind wir bereits am 15. September in Ungarn. Gleich hinter der Grenze halten wir zum Mittagessen in einem kleinen Dorf an. Dort ist eine Verkaufsveranstaltung. Für Bettdecken. Einige der Rentner sind begeistert, und kaufen teure Decken. Für mich ist das Abzocke. Ich kaufe nichts.

Die Busfahrt geht weiter. Bis Baltonfüred ans Nordufer vom Plattensee. Das Hotel Annabella liegt in unmittelbarer Nähe zum Plattensee. Ich habe ein sehr schönes Zimmer. Der Balaton ist 79 km lang und etwa7 km breit. Viel größer als ich dachte. Am nächsten Tag wird vormittags eine Schifffahrt auf dem See angeboten. Nachmittags fahren wir mit dem Bus nach Veszprém, eine der ältesten ungarischen Städte. Hier besichtigen wir unter anderem das Burgviertel. Den Sonntag verbringen wir in Budapest. Ich kenne die Stadt ja bereits.

Nach einer letzten Nacht im Hotel fahren wir zurück. Wieder stehen wir lange am Grenzübergang nach Österreich. Wieder bin ich von der riesigen Stadt Wien beeindruckt. Wieder fasziniert mich die Berglandschaft in Österreich. Nach einer langen Busfahrt komme ich am Dienstagabend erschöpft, aber glücklich und voller Eindrücke wieder in Liebenau an.

Trotz der nervigen Verkaufsveranstaltung war es ein schöner Kurzurlaub.

Herbst 2000

Ich will keine Straftaten mehr begehen. Auch keine Fahrräder mehr klauen. Anfang Oktober kaufe ich ein richtig gutes Mountainbike von einem Kumpel. Mit Bedienungsanleitung. Ich lasse es sogar auf meinen Namen codieren. So ein teures Fahrrad legal zu besitzen, ist doch ein ganz anderes Gefühl als mit einem geklauten Rad rumzufahren. Ich behalte dieses Fahrrad viele Jahre.

Meine nächste Anschaffung sind blaue Kontaktlinsen. Ich bin so stolz auf mich. Endlich hab ich blaue Augen. Und keine Brille mehr! Passend dazu lasse ich mir die Haare blond färben.

Immer wieder werde ich an den Unfall mit Emanuel erinnert.

Da beim Aufprall meine Schneidezähne teilweise abgebrochen sind, werden diese überkront. Ich bin oft beim

Zahnarzt. Die Behandlung ist sehr schmerzhaft. Am 12. Oktober ist sie abgeschlossen. Ich habe endlich wieder normale Zähne!

Am 17. Oktober bekomme ich einen weiteren Abschlag auf mein Schmerzensgeld. Es gehen nochmal 5000 Mark auf meinem Konto ein.

Zeitarbeit
Auf der Arbeit läuft es nicht so gut. Ich werde von der Zeitarbeitsfirma von einem Betrieb zum nächsten geschickt. Nach Schenker bin ich in einem anderen Betrieb in Hannover. Dort sortiere ich blaue CHEP Europaletten. Staple und sichte die. Tagelang. Bis ich wieder abgezogen werde. Weil ich zu langsam bin. Es folgen mehrere Firmen in Hannover und im Landkreis Nienburg. Unter anderem werde ich in einer Wäscherei in Rehburg eingesetzt. Und bei einem Autoteilezulieferer in Rehburg-Loccum. Für kurze Zeit arbeite ich auch bei Filigran in Leese. Hier werden Trägersysteme hergestellt.
Ich bin zwar wieder körperlich belastbar. Aber ich habe Probleme mit der geforderten Geschwindigkeit. Ich merke immer wieder, dass ich zu langsam für den Arbeitsalltag bin. Ich bin oft überfordert.

Für mein zu erwartendes Schmerzensgeld ist das allerdings gut. Die Zeitarbeitsfirma stellt mir eine Bescheinigung aus. Das ich körperliche Einschränkungen habe, und zu langsam für den normalen Arbeitsalltag bin. Diese reiche ich bei meinem Anwalt ein. Der rät mir, dass ich eine Erwerbsunfähigkeitsrente beantragen sollte. Dabei hilft mir der Zufall...

Ich treffe mich wieder mit Katrin. Und sind irgendwann wieder mehr oder weniger zusammen. Ich bin jedenfalls oft bei ihr in Langendamm.

Der letzte Arbeitstag...
Am Dienstag 12. Dezember arbeite ich in einer Firma in Hannover. Ich ahne nicht, dass es der letzte reguläre Arbeitstag meines Lebens ist...
Abends bin ich bei Katrin. Ich fahre ziemlich spät zurück nach Liebenau. Am nächsten Tag muss ich ja wieder arbeiten. Als ich von der B6 runterfahre, werde ich von der Polizei angehalten. Allgemeine Verkehrskontrolle. Da ich ja meine blauen Kontaktlinsen drin habe, denken die Polizisten, dass ich unter Drogen stehe. Ich muss mit nach Nienburg zur Polizei. Blutabnahme. Drogentest. Es ist aber alles in Ordnung. Die ganzen Untersuchungen dauern sehr lange. Irgendwann am frühen Morgen bin ich zuhause. Und total müde. Ich verschlafe. Normalerweise hätte ich nach Hannover zur Arbeit gemusst. Aber ich fahre zu meinem Hausarzt. Sage ihm, dass ich Schmerzen im Bein und in der Hüfte habe. Das ist nicht gelogen. Ich habe in letzter Zeit wieder häufiger Schmerzen. Außerdem ist immer noch der Nagel im linken Oberschenkel. Und die Schraube im rechten Knie. Das soll nach etwa einem Jahr entfernt werden. Das Jahr ist jetzt fast rum. Der Arzt schreibt mich krank. Und überweist mich ins Krankenhaus. Im Nienburger Krankenhaus stellen die Ärzte fest, dass es wirklich nötig ist, den Nagel und die Schraube zu entfernen. Das geht aber vor Weihnachten nicht mehr. Also erst Anfang nächstes Jahr. Und danach kann ich vorrausichtlich für längere Zeit nicht arbeiten. Ich werde also bis auf weiteres krankgeschrieben.

Sylvester 2000

Den Jahreswechsel 2000 / 2001 feiere ich im kleinen Kreis bei uns in der Doppelgarage. Nicht mal zum Anstoßen trinke ich Sekt. Es ist für mich eine Belastungsprobe, keinen Alkohol zu trinken. Ich schaffe es! Darauf bin ich stolz.

Diese Sylvester Party ist kein Vergleich zu der krassen Party an meinem 18. Geburtstag, die ja auch in dieser Garage stattfand.

Die Zeit meiner wilden Saufpartys ist vorbei. Und wird nie wieder kommen.

Meine Jugend ist vorbei…

2001

Krankenhaus

Gleich Anfang des Jahres bin ich im Krankenhaus Nienburg. Am 4. Januar werde ich operiert. Bei der Operation entfernen die Ärzte den Nagel aus dem rechten Bein und die Schraube aus dem linken Knie.

Am 19. Januar habe ich abends plötzlich starke Magenschmerzen. Ich werde mit dem Rettungswagen wieder ins Krankenhaus Nienburg gebracht. Dort wird aber nichts Ernsthaftes festgestellt.

25. Geburtstag

Am 23. Januar ist mein 25. Geburtstag. Am Abend vorher hängen Tino und weitere Freunde von mir eine Sockenkette an unseren Zaun. Es ist komisch, dass ich selbst an meinem Geburtstag keinen Alkohol trinke. Aber meine Freunde akzeptieren das.

Magenschleimhautentzündung
Am 1. Februar habe ich wieder Magenschmerzen. Im Krankenhaus Stolzenau wird eine leichte Magenschleimhautentzündung festgestellt.

Jessica

Beim Karneval in Stolzenau lerne ich bei der Zeltdisco Jessica und ihre Freundin Sonja kennen.
Wir sprechen aber nur ganz kurz miteinander.
Ich ahne nicht, dass Jessica noch eine sehr wichtige Rolle in meinem Leben spielen wird.
3 Wochen später sehe ich die beiden zufällig wieder. Im Kreml. Ich spreche sie an. Wir kommen ins Gespräch.
Und verbringen den Rest der Nacht bis zum Feierabend miteinander, Wir tauschen Telefonnummern aus. Jessica ist 19 und wohnt in Hoysinghausen. Sonja kommt aus Stolzenau.
Jessica meldet sich schon am nächsten Tag. Wir treffen uns zu 3. in einer Kneipe in Stolzenau. Später bringen Jessica und ich Sonja nach Hause, und gehen noch ein bisschen spazieren. Sie wird dann von ihrer Mutter abgeholt.
Am 31.März fahren wir zusammen zu der Geburtstagsparty von ihrer Freundin nach Uchte. Ich hole Jessica zuhause ab. An diesem Abend küssen wir uns zum ersten Mal. Um 20:26 Uhr schreibt sie mir per SMS das wir zusammen sind.

Liebe

Jessica und ich sind ein Traumpaar. Zum ersten Mal erfahre ich, was Liebe ist. Wir sind beide total ineinander verliebt. Wenn Sie bei mir übernachtet, verbringen wir romantische Kuschelabende mit Kuschelrock und Kerzen. Wir schreiben uns Liebesbriefe. Oder kleine Zettelchen. Ich kaufe ihr Rosen. Wenn wir zusammen frühstücken, decke ich liebevoll den Tisch.

Wir unternehmen sehr viel zusammen. Sie wohnt noch bei ihren Eltern auf einem Bauernhof in Hoysinghausen. Ihre Familie ist sehr nett. Ich werde von Anfang an freundlich aufgenommen. Und gehöre schon bald zur Familie. Auch meine Mutter ist sehr froh, dass ich so eine vernünftige Freundin habe. Jessica ist oft bei mir. Die Beziehung tut mir sehr gut. In dieser Zeit bin ich richtig glücklich.

Heidepark Soltau

Ende April fahren wir gemeinsam in den Heidepark nach Soltau.

2 Wochen vorher wurde im Heide Park der Colossos, die schnellste und steilste Holzachterbahn der Welt eröffnet. Die Fahrten im Colossos sind für mich ein Kick! Obwohl es mich jedes Mal fast zerreißt. Insbesondere wegen meiner Kopfverletzungen kann ich so etwas eigentlich gar nicht mehr ab. Nur die langen Wartezeiten sind etwas nervig.

Jessica zieht bei mir ein

Im Mai zieht Jessica bei mir ein. Wir wohnen ab jetzt gemeinsam in meinem Kellerzimmer.

Ich verkaufe den Scirocco

Mitte Mai verkaufe ich meinen Scirocco für 1 symbolische Mark an Wolfram.

Reha in Soltau & Computer

Ich bin ja immer noch krankgeschrieben. Und habe einen Rentenantrag gestellt.
Deshalb soll ich zu einer Reha.
Vom 22. Mai bis 22. Juni bin ich im Reha - Klinikum in Soltau.
Hier habe ich verschiedene Therapien. Meine Erwerbsfähigkeit wird überprüft.
Ich bin erstmals am Computer. Mit speziellen Programmen testet die Klinik meine Merkfähigkeit sowie die Reaktionszeit. Für mich ist der Umgang mit Maus und Tastatur etwas ganz neues. Ich habe am Anfang Schwierigkeiten. Aber je öfter ich das mache, umso sicherer werde ich. Es macht mir sogar Spaß. Ich ahne noch nicht, dass Computer später ein wichtiger Teil meines Lebens werden. Es fängt damit an, dass ich am Ende der Reha eine Programm CD erhalte, mit der ich diese Übungen zuhause weiter machen kann. Wir haben ja noch keinen PC. Aber ich weiß, dass Jessicas Eltern einen haben. Also nehme ich die CD mit.

Überprüfung meiner Eignung zum Führen von Kraftfahrzeugen
Während der Reha kommt ein neues Problem auf mich zu...
Da meine Reaktionszeit bei den Computertests sehr schlecht ist, wird meine Eignung zum Führen von Kraftfahrzeugen infrage gestellt! Das erschüttert mich!

Aber ich reiße mich richtig zusammen. Und bestehe die Tests zur Kraftfahrereignung gerade so. Aber gerade so reicht mir, wie so oft in meinem Leben.

Viel später wird mir bewusst, dass es eine Gratwanderung ist.

Zum einen bin ich zu langsam zum arbeiten. Aber gerade so schnell genug zum Autofahren.

Ich werde arbeitsunfähig entlassen. Und kann meinen Führerschein behalten.

Computer

Von Jessicas Tante bekommen wir einen alten Computer mit Windows 95 geschenkt. Damit kann ich die Übungen zuhause fortsetzen.

Ich mache das aber nur noch kurz. So nach und nach entdecke ich, was man mit so einem PC noch alles machen kann. Das ist viel interessanter als so ein langweiliges Übungsprogramm...

Jessicas Eltern haben Musik auf ihrem Rechner. Das fasziniert mich total. Ich befasse mich damit. Und merke, wie einfach es ist, Musik CDs einzulesen. Ich beginne damit, meine ganze Musik auf dem PC zu speichern.

Und ich beginne, mir selber das Schreiben und Textverarbeitung mit Word beizubringen.

Ich schreibe erste Texte am Computer.

Der geschenkte PC stößt besonders wegen der vielen Musik schnell an seine Grenzen.

Aber durch die unzähligen Abstürze und Schwierigkeiten lerne ich sehr viel über Computer. Ich bringe mir alles selber bei.

Dieser 1. Computer verändert mein Leben.

Ich verbringe mehr und mehr Zeit vor dem Bildschirm.

Internet haben wir erstmal noch nicht…

Berlin 2001

Ich habe mein Ziel erreicht! Ich fahre zum Onkelz Konzert nach Berlin!
Ich habe 2 Karten gekauft. Und fahre am letzten Juni Wochenende mit Jessica nach Berlin.
Es ist für mich das erste Mal das ich in Berlin bin. Und dann gleich mit Auto. Wir übernachten in einer günstigen Pension.
Berlin ist eine beeindruckende Stadt! Aber auch sehr laut und schmutzig. Wohnen möchte ich hier nicht. Aber mal ein Wochenende in Berlin zu sein ist echt cool.

Böhse Onkelz Konzert

Am Samstag, 30. Juni ist das Open Air Konzert der Onkelz auf der Trabrennbahn Karlshorst.
Aus Rücksicht auf Jessica bin ich nicht ganz vorne. Für sie ist es das erste Konzert überhaupt.
Es ist ein tolles Erlebnis! Ich bin tatsächlich noch einmal bei einem Onkelz Konzert! Der Gedanke, der mich in Hessisch Oldendorf am Leben erhalten hat, ist in Erfüllung gegangen!
Ich sehe noch einmal die Band, die mich die letzten Jahre begleitet hat. All die Lieder und Texte die ich tagein tagaus immer wieder höre, und die in meinem Kopf eingebrannt sind. Ich höre sie LIVE und mal nicht aus der Konserve. Bei Erinnerungen kommen mir fast die Tränen…
Trotzdem…ich merke, dass dieses Konzert noch nicht alles war. Es gibt noch eine Steigerung. Und mein Gefühl gibt mir Recht. DAS ultimative Konzert der Onkelz erlebe ich erst 4 Jahre später…

Den Sonntag nutzen wir noch zu einer kurzen Stadtbesichtigung. Bevor wir abends wieder zurückfahren.

Herbst 2001

Am 11. Juli erhalte ich weitere 10.000 Mark als Abschlag
für mein Schmerzensgeld! Ich kann es gar nicht fassen,
dass ich so viel Geld auf meinem Konto habe.

Ich investiere viel Geld in unser Haus. Bin in jeder freien
Minute am Arbeiten, um Haus und Garten zu verschö-
nern. Lege Beete an. Oder tapeziere.
Ende Juli kaufe ich beim Praktiker Baumarkt in Nienburg
einen kleinen PKW Anhänger mit Plane. Der wird am 9.
August neu auf mich zugelassen.

Erwerbsunfähigkeitsrente

Am 10. August muss ich nach Verden. Zu einem Gutachter. Das Sozialmedizinische Gutachten ergibt, dass ich
nicht mehr erwerbsfähig bin. Die offizielle Begründung
ist, dass ich zu langsam für den Arbeitsmarkt bin.
Deshalb werde ich rückwirkend ab 1. Januar 2000 beren-
tet. Ich bekomme jetzt eine Rente wegen voller Erwerbsunfähigkeit. Diese ist allerdings zunächst befristet.
Der monatliche Auszahlungsbetrag ist mit etwa 400€ aber
sehr niedrig.

Am 17. August feiern Jessicas Großeltern ihre goldene
Hochzeit. Ich kenne mittlerweile die meisten aus ihrer
Familie. Gehöre ja schon dazu.

Verlobung mit Jessica

Jessica und ich verloben uns am Donnerstag, 31.August.

Diesen Tag haben wir bewusst gewählt. Obwohl es ein normaler Arbeitstag ist. Vor genau 5 Monaten sind wir zusammen gekommen. Wir haben uns goldene Ringe bei einem Juwelier in Hannover gekauft. Die Feier findet im kleinen Kreis bei uns auf der Terrasse statt. Von ihren Eltern bekommen wir „silbernes" Besteck. Es ist ein netter und gemütlicher Abend mit Freunden und Familie.

11. September 2001

Am 11. September erschüttern Terroranschläge in den USA die Welt.

Jessica und ich sind an diesem Dienstag zu Besuch bei ihren Eltern in Hoysinghausen. Bei ihrer Oma läuft wie immer der Fernseher. Ich sehe, wie ein Flugzeug in ein Hochhaus fliegt. Und denke noch „Was für ein Gewaltfilm wird denn da im Nachmittagsprogramm gezeigt?" Dann realisiere ich, dass es eine Liveübertragung aus New York ist. Wo eben das 2. Flugzeug ins World Trade Center geflogen ist. Den geplanten gemütlichen Familienbesuch verbringen wir vor dem Fernseher und verfolgen die Ereignisse in Amerika. Zunächst glaube ich das, was dort berichtet wird. Nehme es so hin. 2001 denke ich darüber noch nicht weiter nach. Ich hab noch nicht gelernt, Dinge oder Ereignisse zu hinterfragen.

Ein neuer Computer

Irgendwann reicht mir der geschenkte Computer nicht mehr.

Die ständigen Abstürze und der begrenzte Speicherplatz nerven mich.

Im Herbst entdecke ich bei Aldi einen Medion PC (Modell März 2001) mit Windows ME.

(Das kurz darauf Windows XP erscheint, weiß ich noch nicht)

Dieser PC hat eine 40 GB Festplatte, einen 1 GHz Pentium III Prozessor, 128 MB Arbeitsspeicher und neben einem DVD Laufwerk ein 3,5 Zoll Diskettenlaufwerk.

Ich kaufe den PC zusammen mit einem 17 Zoll Monitor. In den nächsten Jahren werde ich viel Zeit vor diesem Computer verbringen.

„Irgendwann" zwischen 2000 und 2002 bekommen wir einen ISDN Anschluss von der Telekom. Damit haben wir 3 Telefonnummern. Aber noch kein Internet.

In den nächsten Jahren führe ich mit Jessica ein relativ normales und ruhiges Leben.

2002

Euro Bargeld

Am 1. Januar ist in Deutschland die Euro-Bargeldeinführung. Damit ist die deutsche Mark keine offizielle Währung mehr. Ein € entspricht jetzt 1,95 DM.

Ich erinnere mich noch gut an das Euro Starterkit. Für je 20 Mark kaufen wir uns 2 davon. Es enthält Euro Münzen im Wert von 10,23€

Auf einmal kostet alles nur noch die Hälfte. Aber auch das Geld das man bekommt, ist nur noch die Hälfte.

Für mich ist das erstmal eine gewaltige Umstellung. Ich habe ja nie anderes Geld als die deutsche Mark kennengelernt. (Abgesehen von meinen kurzen Aufenthalten in Jugoslawien)

Bis Ende Februar gibt es eine Übergangszeit, in der man noch mit Mark bezahlen kann. Und das Wechselgeld in Euro erhält.

Der Euro ist für mich zunächst „unwirklich". Spielgeld. Und ich befürchte, dass jetzt alles teurer wird.

Heute, über 20 Jahre später, weiß ich dass mein Gefühl von damals richtig war. Seit der Euro Einführung ist das Leben deutlich teurer geworden.

Jessicas 20. Geburtstagsfeier

Am 19. Januar feiert Jessica bei ihren Eltern in Hoysinghausen ihren 20. Geburtstag.

Es ist für mich ihre erste Geburtstagsfeier mit ihrer Familie, aber auch gemeinsamen Freunden von uns.

Paris

Anfang April fahren Jessica und ich für ein paar Tage mit unserem Auto nach Paris.

Ich fahre etwa 800 km durch Holland und Belgien bis nach Frankreich. In Paris verbringen wir eine schöne Zeit. Der Besitzer der kleinen Pension, wo wir uns spontan einmieten, spricht deutsch. Ansonsten können wir uns gut mit Schulenglish verständigen. Jetzt merken wir zum ersten Mal einen Vorteil vom Euro. Wir können hier mit dem gleichen Geld bezahlen, wie zuhause.

Unter anderem sind wir auf dem Eifelturm. Und besichtigen die bekannte Kirche Notre-Dame.

Am 10. April bleiben wir in einem der vielen Tunnel von Paris wegen Spritmangel liegen. (Die Tankanzeige von

unserem Mondeo ist defekt. Und wir hatten es versäumt
rechtzeitig zu tanken.)
Die Polizei hilft uns freundlicherweise.
In der folgenden Nacht fahre ich die 800 km wieder zu-
rück. Meine Mutter braucht am nächsten Tag das Auto.
Wie so oft kommen wir gerade rechtzeitig in Liebenau an.

Frühjahr 2002
Wir verbringen eine ruhige Zeit mit Freunden in Liebenau
und überwiegend im Kreis Nienburg.
Am 27. April feiert mein alter Freund Ingo B. seinen 30.
Geburtstag.

Am Vatertag fahren wir mit Freunden in den Serengeti
Park nach Hodenhagen.

**Begutachtung für mein Schmerzensgeld / Gerichtsver-
handlung**
Am 25. Juni fahre ich nach Verden. Ich werde erneut be-
gutachtet. Diesmal für mein Schmerzensgeld.
Am 1. Juli ist die Gerichtsverhandlung wegen dem Unfall.
Mir wird eine Teilschuld zugesprochen. Ich hätte nicht zu
einem betrunkenen ins Auto steigen dürfen. Deshalb fällt
mein Schmerzensgeld niedriger aus.

Nachmusterung der Bundeswehr
Am 4. September werde ich beim Kreiswehrersatzamt
nachgemustert. Und als dienstunfähig eingestuft.
Damit kann ich auch im Verteidigungsfall nicht zum
Wehrdienst eingezogen werden.

2002 ist es mir egal. 20 Jahre später bin ich sehr froh über die Gewissheit, niemals als Soldat in einen Kriegseinsatz zu müssen.

Nebenjob bei Wolfram

Ab 9. September arbeite ich auf 450€ Basis wieder bei Wolfram. Zunächst kurzzeitig in der Werkstatt. Allerdings stellt sich sehr bald heraus, dass ich viel zu langsam bin. Ich brauche für alles etwa 3 x längeres ein normaler Geselle. Das ist für Wolfram im normalen Werkstattbetrieb nicht tragbar. Er setzt mich nur noch für „Nebentätigkeiten" ein. Ich räume die Werkstatt auf. Schlachte Autos aus. Überwiegend bin ich draußen. Und sorge für Ordnung auf dem Firmengelände. Jäte Unkraut, mähe Rasen und räume auf. Außerdem kümmere ich mich um die Brennholz Versorgung.

Diesen Job werde ich für lange Zeit behalten. In den nächsten Jahren lerne ich von Wolfram das Arbeiten. Zum einen praktische Tätigkeiten, wie die Beschaffung und Handhabung von Brennholz. Aber auch allgemein sauber und akkurat zu arbeiten.

Wolfram wird ein guter Freund von mir.

Am 13. September stirbt Frau Kramp.
Kurz darauf ist klar, dass Jessica und ich die Wohnung bekommen.

Bundestagswahl 2002
Am 22. September ist Bundestagswahl.
Gerhard Schröder wird Bundeskanzler.
Mich interessiert das nicht. Ich gehe nicht zur Wahl.

Unser Haus in Liebenau

Im Oktober beziehen Jessica und ich die obere Wohnung.
Die Wohnung wurde vor kurzem erst für meine Oma aus-
gebaut. Wir tapezieren nur.
Und ich kaufe eine neue Einbauküche.
Ich fange an, dass Haus so nach und nach zu sanieren und
umzubauen

Internet

Im Laufe der letzten Jahre wurde das Internet immer
wichtiger.
„Früher" hat mich das nicht interessiert. Aber irgendwann
kommen auch wir nicht daran vorbei Internet anzumelden.
Wir haben ja ISDN.
Unser 1. Provider ist AOL.
Das genaue Datum weiß ich nicht mehr…Aber ich erinnere mich noch genau an dieses Gefühl, zum ersten Mal
online zu sein…
Am Anfang wird jede Minute berechnet. Die Einwahl
dauert lange. Und die Verbindung ist sehr langsam.
Ich verbringe jetzt noch mehr Zeit vor dem Rechner.
Nach und nach entdecke ich, was für unendliche Möglichkeiten es im Internet gibt.
Ich beginne Musik herunterzuladen. Es dauert aber sehr
lange, bis ich eine MP3 herunter geladen habe. So nach
und nach wächst meine Musiksammlung auf dem Computer. Auch der „neue" PC kommt bald an seine Grenzen…

Außerdem Informiere ich mich stundenlang über alle möglichen Themen.

Und ich entdecke die Möglichkeit, mit anderen Menschen zu chatten…

Das Internet soll mein Leben verändern, und beeinflussen.

Erneute Reha in Soltau

Ab 28. November bin ich zur erneuten Reha in Soltau.

Am 24. Dezember werde ich arbeitsunfähig entlassen.

2003

Ein neues Auto

Der Mondeo hat mittlerweile einige Macken.

Im Februar kaufe ich für mich und meine Mutter einen gebrauchten Opel Vectra für etwa 5000€.

Den Mondeo geben wir in Zahlung.

Am 28. Februar wird der Vectra auf meinen Namen zugelassen. Das klappt jetzt problemlos.

Meine Steuerschulden sind ja dank meiner Mutter bezahlt.

Erneute Reha

Vom 10. Juni – 01. Juli bin ich zur erneuten Reha in Lippoldsberg. Wieder werde ich arbeitsunfähig entlassen.

Musikbox

Anfang August bekomme ich von Jessicas Opa eine alte Musikbox mit Single Platten aus den 1950er Jahren geschenkt.

Ich möchte Sie restaurieren. Und investiere viel Zeit dafür.

Ich zerlege sie komplett. Fange an Einzelteile zu überarbeiten.

Nach einigen Wochen stelle ich die Arbeiten aber ein.
Andere Dinge sind wichtiger...
Ich verschiebe dieses Projekt auf „irgendwann".
Es verbleibt...Ich komme nicht mehr dazu. Als ich das Haus 2013 ausräume, verkaufe ich die Musikbox sehr günstig in Einzelteilen.
Mein Freund restauriert sie innerhalb kürzester Zeit.
Für mich ist diese Musikbox eines der vielen gescheiterten Projekte in meinem Leben.

Ansonsten ist das Jahr 2003 ein ruhiges Jahr mit Jessica und meiner Mutter.
Wir kommen finanziell klar. Meine Mutter bezahlt den Abtrag und die Nebenkosten für das Haus.
Ich investiere mein Schmerzensgeld und meine Arbeitskraft in die Renovierung. Arbeite entweder am, und in unserem Haus, oder bei Wolfram.

2004
Urlaub an der Nordsee
Anfang Mai fahren wir mit Freunden in den Kurzurlaub an die Nordsee. Wir verbringen eine schöne Zeit in Greetsiel.
Am 1. Mai sind wir in Greetsiel unterwegs.
Am 2. Mai machen wir mit der Fähre einen Tagesausflug auf die Insel Norderney.

Blutspende

Am 21. Mai gehe ich mit Jessica und Sonja das erste Mal Blut spenden.
An diesem Freitag ist es eine Blutspendeaktion im Feuerwehrhaus in Wellie.

Ab jetzt spende ich regelmäßig alle 3 Monate Blut.
Wir fahren immer zu den Blutspendeterminen vom DRK im Seniorenzentrum Stolzenau.
Es ist ein gutes Gefühl, dass ich mit meinem Blut anderen Menschen helfen kann.
Und im Seniorenzentrum gibt es im Anschluss immer sehr leckeres Essen.

Böhse Onkelz live in Karlsruhe
Am 29. August fahre ich mit Auto nach Karlsruhe zum Onkelz Konzert.
Es ist die La Ultima, die letzte Tour der Onkelz für sehr lange Zeit. Und wie jedes Konzert der Onkelz ein Wahnsinnserlebnis!
Ich komme allerdings etwas spät dort an. Und bin ziemlich weit hinten.
Für mich ist es das 3. Konzert der Onkelz.
Nach dem Konzert fahre ich direkt zurück, da meine Mutter am nächsten Morgen das Auto braucht. Wie immer bin ich gerade rechtzeitig zurück. Sie wartet schon auf mich, und das Auto.

Schmerzensgeld
Im November bekomme ich ein recht hohes Schmerzensgeld ausgezahlt. Dafür verzichte ich allerdings auf weitere Ansprüche.

Einen Teil des Geldes lege ich auf Sparkonten an.

Mein erstes Laptop
Ich kaufe mir ein großes Laptop mit 19 Zoll Monitor.
Das werde ich die nächsten Jahre nutzen. Trotzdem behalte ich zusätzlich noch den PC.

Ein neuer 1er BMW
Ende November kaufe ich mir einen neuen 1er BMW
1,6l. Mit Schiebedach und Klimaanlage. Da wir ja einen
Anhänger haben, lasse ich eine Anhängerkupplung anbauen. Insgesamt bezahle ich 23.000€
Dieser Neuwagen ist ein krasser Gegensatz zu den
Schrottautos, die ich bisher hatte.
Er wird am 26. November neu auf meinen Namen zugelassen. Da ich den Kaufpreis komplett bezahle, gehört mir
der BMW sofort. Als ich an diesem Tag damit vom Hof
des BMW Händlers in Wunstorf fahre, hat das Auto erst 7
km runter.
Ich hätte bis jetzt niemals gedacht, dass ich mal ein nagelneues Auto besitze!
Diesen BMW werde ich in den nächsten Jahren fahren.

2005
Jessica bezieht Hartz IV. Damit sind wir eine Bedarfsgemeinschaft. Ich muss mein Schmerzensgeld mit angeben.
Es wird aber nicht angerechnet. Allerdings versäume ich
es, die Sparkonten anzugeben.

Böhse Onkelz & Musikanlage

Gleich Anfang des Jahres lasse ich einen Böhse Onkelz Schriftzug an meinem Auto anbringen. Außerdem lasse ich im Februar eine richtig gute, und sehr laute Soundanlage mit einem riesigen Subwoofer einbauen. Insgesamt bezahle ich über 3000€ dafür. Und die Anlage ist richtig extrem laut! Mein BMW ist jetzt eine rollende Disco mit der ich die ganze Umgebung beschalle. Wenn ich die Musik aufdrehe, vibriert die Heckscheibe mit dem Onkelz Schriftzug.

Und ich drehe sehr oft voll auf! Mit Onkelz in vollster Lautstärke fahre ich durch Liebenau oder auf der B6.

Ich drehe die Anlage so laut, dass es nach kurzer Zeit die leistungsstarke Bass Box zerreißt!

Von der Firma in Sulingen bekomme ich dann zum Sonderpreis eine noch bessere.

Damit ist die Anlage noch lauter. Ich bin bei jeder Fahrt im Rausch der Musik!

Mit diesem BMW und der Anlage habe ich mir einen Traum erfüllt!

Allerdings fahre ich jetzt viel sinniger und zurückhaltender als in meiner wilden Zeit mir dem Taunus.

Um das Auto nicht zu beschädigen, oder gar zu zerstören. Und ich achte auf mein neues Auto. Jede Woche fahr ich es durch die Waschanlage.

Trotzdem fahre ich gelegentlich sehr schnell. Wenn es die Straße und der Verkehr zulässt. Auf der B6 und nachts. Dann trete ich, so wie früher das Gaspedal bis zum Bodenblech durch. Und die Anlage bis zum Anschlag auf! Obwohl der 1,6 l Motor der kleinste von BMW ist, schafft das Auto es problemlos auf 220 km/h.

In diesen Momenten bin ich wie auf Droge…Vollgas auf der Überholspur… Onkelz in vollster Lautstärke…DAS ist der ultimative Kick!

Fanta 4 Konzert Hannover

Am 10. März fahre ich mit Freunden zum Fanta 4 Konzert nach Hannover. Als Vorgruppe treten Chulca Cundela auf. Dieses gratis Event in der TUI Arena ist etwas ganz anderes, als die Rockkonzerte der Onkelz.

Onkelz Abschiedsfestival Vaya con tioz auf dem Lausitzring

Das Wochenende vom 17. / 18. Juni ist das genialste Konzertwochenende meines Lebens!

Mit dem Abschiedskonzert der Onkelz wird auf dem Eurospeedway Lausitz 5 Tage lang Rock-Geschichte geschrieben.

Anreise

Ich fahre bereits am Mittwoch um 17:30 Uhr zuhause los. Zunächst hole ich einen Freund aus Hannover ab.

Dann fahren wir nach Dortmund. Auf dem Parkplatz von der Dortmunder Westfalenhalle treffen wir uns mit vielen weiteren Onkelz Fans.

Von hier aus fahren wir ab 23:30 Uhr im Autokorso mit etwa 100 Autos 500 km bis nach Sachsen zum Konzertgelände auf dem Laussitzring. Diese Motorsportanlage liegt zwischen Dresden und Cottbus kurz vor der polnischen Grenze.

Schon kilometerweit vor dem Eurospeedway Lausitzring staut sich der Anreiseverkehr der vielen tausend Onkelz Fans. Ich beschalle mit meiner leistungsstarken Anlage die ganze Umgebung.

Auf der Hinfahrt bin ich insgesamt genau 832 km gefahren.

Auf dem Laussitzring

Die Onkelz spielen am Freitag und Samstag ihr (vorerst) letztes Konzert.

Bei diesem Open Air Festival sind etwa 120.000 Menschen auf dem riesigen Festivalgelände.

Wir fahren die ganze Nacht durch. Und kommen am Donnerstagmorgen endlich dort an. Aber die Einfahrt auf den Zeltplatz verzögert sich noch. Zu viele Autos und Menschen drängen aus allen Richtungen gleichzeitig auf das riesige Veranstaltungsgelände.

Auf dem Zeltplatz

Der Zeltplatz ist etwa 3 km vom eigentlichen Konzertgelände entfernt. Als wir um 9 endlich an unserem zugewiesenen Platz ankommen, bauen wir erstmal die Zelte auf. Im Laufe des Tages reisen immer mehr Fans an. Bei 30 Grad und strahlendem Sonnenschein beginnt die gigantische Party auf dem Zeltplatz. Niemals wieder habe ich eine solche Party erlebt! Es ist nicht in Worte zu fassen! Ein Meer aus Wohnmobilen, Autos und Zelten...soweit das Auge reicht. Und ich bin mittendrin! Es gibt Dusch- und Waschstationen und hunderte Dixi Kloos. Fahnenmasten, Bierstände. Und Massen an Onkelzfans die sich über das Gelände verteilen.

Beim Onkelz Sound aus zig tausend Boxen wird gegrillt und gefeiert. Das Bier fließt in Strömen. Aber ich bin stocknüchtern! Trinke nur Wasser und Cola.

Auf der Rennstrecke

Auf der eigentlichen Autorennstrecke wird ebenfalls einiges geboten. Neben Showrennen sind hier geniale Auto Kreationen zu sehen. Unter anderem ein Onkelz-Trabbi mit einer „28" auf den Türen und 250 PS. ein 50er Jahre Käfer, eine gelbe Ente, ein Golf mit Flügeltüren, mehrere Mustangs und Mantas...

Hier treffe ich mich kurz mit einer online Bekanntschaft, die ich über das Gästebuch auf der Onkelz Homepage kennengelernt hatte. Wir verlieren uns aber im dichten Gedränge wieder aus den Augen.

Frei.Wild und Coverbands

In den beiden Partyzelten auf beiden Seiten vom Festivalgelände spielen bereits auf mehreren kleineren Bühnen unter anderen Onkelz Coverbands wie Kneipenterroristen und die Enkelz.

Besonders die Enkelz sind eine sehr gute Onkelz Coverband. Ich werde sie in den nächsten Jahren noch mehrmals live sehen.

Außerdem die Band Frei.Wild, eine italienische Deutschrock-Band aus Südtirol.

Ich kannte Frei.Wild bisher nicht. Aber bin total begeistert!

Später soll diese Band eine meiner Lieblingsbands werden.

Diese Musik ist genau das richtige für mich! Rockig und deutsche Texte. Mit denen ich mich identifizieren kann. Aus dem Leben. Passend zu meinem Leben. Und Frei.Wild ist sehr nah dran an dem unvergleichlichen Sound der Onkelz!

Bei den gecoverten Onkelz Klassikern wie „Mexico" aber auch eigenen Liedern von Bands wie Frei.Wild ist hier ausgelassene Partystimmung bis in die frühen Morgenstunden! Etwa um 4 Uhr morgens liege ich dann total erschöpft in meinem Zelt.

Freitag, 17. Juni – 1. Konzerttag

Schon früh morgens werde ich vom Onkelz Sound geweckt. Hier auf dem Zeltplatz ist schon wieder (oder immer noch) Partystimmung. Vorfreude auf den heutigen Konzerttag.

Ich gehe zum Duschen zu einer der Sanitäranlagen. Und dann mache ich mich um etwa 10 auf den langen Weg zum Festivalgelände.

Die Bühne ist gigantisch! 75 m breit, 15 m hoch. 40 Tonnen Stahl wurden hier verbaut! Links und rechts neben der Bühne sind 2 riesige Leinwände. Der Zuschauerbereich ist 400 m lang!

Als um 13:30 Uhr die Einlassgitter geöffnet werden, stürme ich sofort nach vorne. Bei 30 Grad stehe ich ab mittags am Absperrgitter in der 1. Reihe vor der gewaltigen Bühne. Die Security spritzt zur Abkühlung Wasser auf die Menschenmenge hinter mir. Und verteilt Trinkwasser. Direkt vor mir sind die beweglichen Kameras. Mit denen das Konzert aufgezeichnet wird.

Nachmittags treten bei bestem Sommerwetter die ersten Vorbands auf:

Wonderfools, Discipline, SUB7EVEN, DAD. Diese Bands kannte ich bisher nicht.

Gegen Abend wird es voller auf dem Konzertgelände. Aber ich kann meinen Platz auf der rechten Seite in der 1. Reihe behaupten.

Motörhead

Dann treten Motörhead auf. Der 1. Höhepunkt von diesem Wahnsinnsfestival! DAS ist die richtige Musik für mich! Diese Musik hab ich schon in meinem Jugendzimmer im Keller aufgedreht! Und jetzt erlebe ich diese Band live. Aus nächster Nähe. Der *(2015 verstorbene)* Sänger und Bassist Lemmy Kilmister steht direkt vor mir. Während er

Titel wie „Ace of Spades" singt. Es ist ein unvergessliches Erlebnis.

Machine Head

Als letzte Vorband tritt die US-amerikanische Metal Band Machine Head auf.

Böhse Onkelz - Tag 1

Dann ist es nach einer längeren Pause soweit. Etwa um 23:15 Uhr ertönt das bekannte Onkelz Intro „28".

Die Menschenmenge hinter mir drückt mich mitsamt dem Gitter nach vorne. Ich behalte aber meinen Platz.

Die ersten Klänge von dem Klassiker „10 Jahre" donnern über dieses riesige Festivalgelände...

Das Licht geht an...Die Böhsen Onkelz stehen auf der Bühne! Direkt vor mir!

DAS ist einer der besten Momente meines Lebens!

Jetzt weiß ich, dass ich es geschafft habe! Für diesen Moment habe ich mich im Krankenhaus und in Hessisch Oldendorf zurück ins Leben gekämpft. Ich war zum 2. Mal fast tot. Und jetzt stehe ich hier in der 1. Reihe beim Abschiedskonzert der Onkelz!

Diese Band ist für mich nicht nur eine geile Band. Diese Band ist mehr als das... ein fester Bestandteil von meinem Leben!

Es ist ein bombastisches Konzert. An diesem 1. Abend spielen die Onkelz ältere Klassiker. Fast jedes Lied weckt Erinnerungen an mein Leben. „Nie wieder" war einer der ersten Onkelz Songs die ich gehört habe. „Wir ham' noch lange nicht genug" ist DER Kracher der sogar im Kreml gespielt wird. „Mexico" ist die ultimative Kulthymne . „Heilige Lieder" hab ich so oft im Auto bis zum Anschlag aufgedreht...

Und die Onkelz spielen „Der nette Mann" Dieses Lied ist indiziert…verboten.

Dafür muss die Band eine hohe Geldstrafe zahlen.

(Es wurde allerdings 2019 vom Index genommen, und darf heute straffrei gespielt werden)

Das letzte Lied an diesem Abend ist „Erinnerungen".

Kein anderes Lied hat eine solche Bedeutung für mich wie „Erinnerungen".

Diese Melodie…dieser Text hat mich vor 5 Jahren, in der bisher schwersten Zeit meines Lebens, ins Leben zurück gebracht. Und am Leben erhalten.

Jetzt stehe ich hier in der 1. Reihe auf dem Lausitzring!

Kevin, der Sänger steht direkt vor mir. Und singt dieses Lied. 120.000 Menschen sind hinter mir. Niemals wieder werde ich solch einen emotionalen Moment erleben!

Ich bin den Tränen nahe, und unendlich dankbar, dass ich das erleben darf. Und ja…

Ich bin stolz auf mich. Stolz, dass ich es geschafft habe, hier zu stehen. Wohlgemerkt stocknüchtern.

Um 2 Uhr morgens ist der erste Konzerttag beendet.

Es dauert sehr lange, bis ich durch das dichte Gedränge vom Konzertgelände komme. Und mich auf den langen Rückweg zum Zelt mache. Ich bin am Ende meiner Kräfte…verliere im Dunkeln die Orientierung…und verlaufe mich. Es dauert lange, bis ich den richtigen Zeltplatz finde.

Und dann nochmal lange, bis ich unter tausenden von Zelten mein Zelt finde.

Etwa um 6 Uhr liege ich darin. Die ersten Onkelzfans stehen schon wieder auf. Und starten in die nächste krasse Onkelz Party…

Dieser Tag war einer der Highlights meines Lebens!

Samstag, 18. Juni – 2. Konzerttag

An viel Schlaf ist nicht zu denken. Der Onkelz Sound und die morgendliche Onkelz Party um mich herum weckt mich sehr bald. Und schon geht es wieder los....

Nach einer Dusche und dem schnellen Frühstück mache ich mich auch heute um 10 auf den Weg zum Festivalgelände. Wieder renne ich sofort los. Es lohnt sich! Dieses Mal habe ich den allerbesten Platz! In der 1. Reihe genau mittig vor der Bühne. Bei 30 Grad kann ich ihn bis zum Auftritt der Onkelz behaupten, Es ist der Wahnsinn! 120.000 Menschen sind hinter mir. Ich stehe ganz vorne vor der Bühne! Und das nach dem, was ich alles durchgemacht habe!

An diesem Nachmittag hab ich allerdings keine Gelegenheit zum Nachdenken.

Das Programm beginnt...

Die erste Band Psychopunch kenne ich noch nicht. Von der 2. Band Pro-Pain hatte ich schon einige Lieder gehört. Beide Bands sind ein guter Opener für einen tollen Konzerttag.

J.B.O.

Dann sind J.B.O., eine deutsche Fun-Metal-Band auf der Bühne direkt vor mir!

Auf den Auftritt von J.B.O. habe ich mich besonders gefreut. Diese Band gehört schon länger zu meinen Lieblingsbands. Und an diesem Nachmittag erlebe ich sie bei allerbestem Sommerwetter live und aus nächster Nähe. Es ist ein weiterer Höhepunkt von diesem ultimativen Festival!

Bei Songs wie „Ein guter Tag zum sterben" feiern 120.000 Menschen bei 30 Grad eine grandiose Sommerparty. Die Security bespritzt aus dem Graben heraus die

188

ersten Reihen mit Wasser. Ich werde nass. Aber das ist eine willkommene Erfrischung.

In Extremo

Nach einer weiteren Umbaupause kommt die deutsche Mittelalter-Rock Band in Extremo auf die Bühne. In Extremo zählt zu meinen Lieblingsbands. Auch dieses, etwa 1-stündige Konzert ist ein weiteres tolles Erlebnis für mich. Besonders bei dem Lied „Vollmond" ist auf dem Lausitzring Sommerpartystimmung! *(Dieser Titel ist später auch auf der DVD)*

Rose Tatoo

Als nächstes tritt die australische Hardrock-Band Rose Tattoo auf. Ich kannte sie bisher nicht.

Auch dieser Sound gefällt mir.

Mittlerweile ist es Abends. Ich stehe seit vielen Stunden hier auf dem besten Platz in der 1. Reihe.

So langsam merke ich die Erschöpfung. Die letzten Tage waren einfach zu krass. Zu viele Erlebnisse und Eindrücke. Zu wenig Schlaf. Zu viel Anstrengung in der prallen Sommerhitze....Aber noch halte ich durch...

Children of Bodom

Als letzte Vorband tritt Children of Bodom auf. Eine *(mittlerweile aufgelöste)* finnische Melodic-Death-Metal-Band. Für die Band ist es eines ihrer größten Konzerte. Aber mir ist dieser Sound mittlerweile zu hart. Obwohl ich in meiner Jugend ähnliche Musik gehört habe.

Dann die letzte sehr lange Pause....

Das Gedränge der Menschen hinter mir wird stärker...Meine Kräfte lassen nach....

Aber ich reiße mich zusammen! Mit letzter Kraft klammere ich mich am Gitter fest...bin kurz davor das Bewusstsein zu verlieren...

Aber jetzt aufgeben, und meinen Besten Platz zu verlieren, ist keine Option für mich. Ich mobilisiere all meine Kräfte! Und bleibe stehen.

Böhse Onkelz – Tag 2

Als dann etwa um 23 Uhr die ersten Klänge vom opener „Hier sind die Onkelz" ertönen, und die Onkelz zum letzten Mal die Bühne betreten, werde ich von der Wucht von 120.000 Menschen hinter mir mitsamt der Gitter etwa 1 Meter nach vorne gedrückt!

Ich bin am Ende meiner Kräfte!

Kann mich aber noch bis zum Ende vom ersten Lied auf den Beinen halten.

Beim 2. Lied „Dunkler Ort breche ich zusammen!

Umfallen kann man in dieser Menschenmenge aber nicht…

Ich werde von der Security übers Gitter in den Graben gezogen. Und zur Krankenstation gebracht. Hier komme ich nach einer kurzen Ruhepause, und viel Wasser trinken wieder auf die Beine.

Für den Rest vom Auftritt der Onkelz bin ich dann ganz hinten. Aus der Ferne verfolge ich die letzten Lieder von meiner Lieblingsband.

Für mich sind „Kirche" und „Auf gute Freunde" die Höhepunkte von diesem Konzert.

Dann die Schlussrede der Band… Es sind bewegende Worte und traurige Momente…

Sie spielen das letzte Lied „Ihr hättet es wissen müssen".

Dann verabschieden die Onkelz sich. Beim instrumentalen Outro A.D.I.O.Z. vom Band.steigt etwa 20 Minuten lang ein gigantisches Feuerwerk in den Himmel. Und die Band Mitglieder sind im Graben. Gehen an den ersten Reihen vorbei… Aber ich bin ja jetzt ganz hinten…

190

Es sind traurig-schöne Momente. Die ich nicht in Worte fassen kann. Sie bleiben für immer in meiner Erinnerung. Auch dieses letzte Konzert der Onkelz ist um 2 Uhr morgens beendet. Dann mache ich mich dann auf den Rückweg zu meinem Zelt.

Heute finde ich es auf diesem riesigen Gelände schneller. Ab etwa 3 Uhr liege ich darin.

Auch dieser 2. Konzerttag war ein ultimativer Höhepunkt!

Rückfahrt

Auch an diesem Sonntag stehen wir früh auf. Ab 7:30 Uhr bauen wir, wie alle anderen die Zelte ab. Um 10 verlassen wir das Festivalgelände.

Jetzt fahren wir auf dem direkten Weg zurück nach Hannover. Dort lasse ich meinen Freund raus. Und fahr alleine nach Liebenau. Gegen 15 Uhr komme ich wieder zuhause an. Auf der Rückfahrt bin ich genau 446 km gefahren.

Ich bin total erschöpft!Aber überglücklich!

An diesem Wochenende hab ich mir den Traum erfüllt, der mich nach meinem Unfall am Leben erhalten hat. Und mehr als das. Ich war beide Tage in der 1. Reihe! Bin mehrmals auf der Konzert DVD zu sehen. Es war DAS ultimative Konzert Wochenende meines Lebens. So etwas wird es niemals wieder geben.

Liebenau

Tiffy

1 Woche später ruft mein bester Freund Tino mich an. Er hat eine kleine Katze abzugeben. Sie ist erst 1 Woche alt. Wurde also am Wochenende vom Onkelz Konzert geboren.

Tino hat sie gerettet. Die Nachbarn von seinen Eltern in Hoysinghausen wollten sie töten.

Aber er kann sie nicht behalten. Spontan sage ich, dass wir sie nehmen.

Jetzt haben wir also eine Katze. Wir nennen sie Tiffy.

Sie hat die Augen noch zu, und ist winzig klein. Wir ziehen sie mit Katzenmilch aus einer Pipette auf. Anfangs füttern wir sie Tag und Nacht alle 2 Stunden. Tiffy wächst sehr schnell. Sie wird die nächsten Jahre bei uns sein.

Das Haus in Liebenau

In diesem Jahr verbringe ich sehr viel Zeit damit, unser Haus umzubauen und zu renovieren.

Und ich investiere einen großen Teil von meinem Schmerzensgeld in dieses Haus.

Unter anderem kaufe ich einen neuen Rasenmäher Trecker mit Schneeschild.

Enkelz Konzert in Bad Fallingbostel

Am 10. September fahre ich mit Freunden zum Enkelz Konzert nach Bad Fallingbostel. Damit sehe ich diese Onkelz Coverband bereits zum 2. Mal.

Die Enkelz machen gute Coversongs von den Onkelz. Kommen aber nicht an das Original ran.

Eine Band wie die Onkelz wird es niemals wieder geben.

Holzofen

Über Freunde von Tino bekommen wir einen Kachelofen geschenkt.

Ich kaufe einen Edelstahlschornstein dafür. Mit Hilfe von Tino baue ich den Anfang Oktober an der Hauswand an.

Ich erneuere die Schamottesteine und die Scheibe von dem Ofen und baue ihn bei meiner Mutter im Wohnzimmer ein.

Später kaufe ich noch einen kleinen Ofen für unsere Wohnung.

Dafür bohre ich ein großes Loch in den vorhandenen Schornstein.

Ab jetzt heizen wir unser Haus überwiegend mit Holz.

Ich kaufe unter anderem eine große Tischkreissäge und eine Motorsäge.

Hinter der Garage bauen wir ein Carport für Brennholz.

Über Freunde bekomme ich viel gratis Brennholz. Bretter, Balken aus Abbruchhäusern und Paletten. Gelegentlich fälle ich auch mal Bäume bei Freunden. Den Umgang mit der Motorsäge bringe ich mir selber bei.

Solarenergie

Im Herbst investiere ich einen Teil von meinem Schmerzensgeld in eine Solaranlage.

Am 1. November werden auf dem Hausdach Solarzellen zur Stromerzeugung installiert.

Durch den ins Netz eingespeisten Strom verdiene ich in den nächsten Jahren etwa 2000€ pro Jahr.

Bundestagswahl 2005

Am 22. November ist Bundestagswahl.

Angela Merkel wird Bundeskanzlerin. Ich gehe nicht zur Wahl. Ich hasse den Staat und Politik!

Will damit nichts zu tun haben....

DSL – Schnelles Internet

Irgendwann zwischen 2003 und 2006 bekommen wir einen DSL Anschluss.

Sylvester2005

Den Jahreswechsel verbringen wir bei Freunden in Liebenau.

2006

Mein 30. Geburtstag

Am 23. Januar werde ich 30. Da es ein Montag ist, findet die Feier am Freitag statt.

Vor dem Liebenauer Rathaus fege ich. Abends feiern wir bei uns in der Garage. Es ist ein schöner Abend mit Freunden. Aber kein Vergleich zu den wilden Saufpartys meiner Jugend.

Diese Zeit ist jetzt endgültig vorbei...

Solarthermie

Im Mai lasse ich auf dem Garagendach eine Solarthermie Anlage für Warmwasser installieren. Der Tank dafür kommt in den Heizungskeller. Außerdem lasse ich gleich eine neue Ölheizung mit einbauen.

Für Warmwasser und Heizung investiere ich sehr viel Geld.

B.O.S.C. Rocks in Schwarzheide

Vom 16. bis 18. Juni fahre ich zum B.O.S.C. Rocks Festival nach Schwarzheide (Sachsen).

Am Jahrestag vom Onkelz Abschiedskonzert findet in unmittelbarer Nähe vom Laussitzring ein kleines Festival

für etwa 5000 Onkelzfans statt. Es treten Coverbands auf. Die auch schon vor 1 Jahr auf dem Lausitzring waren. Unter anderem :
Die Enkelz, SUB7EVEN, Engel in Zivil.
Außerdem sind die Onkelz selber vor Ort. Und geben Autogramme.
Ich bekomme aber keins ab.
Es ist ein tolles, kleines Festival mit guter Stimmung und guter Musik.
Aber kein Vergleich zu einem Onkelz Konzert. Oder gar zum Original Laussitzring Festival.

Onkelz Fanz Treffen 2006

Am 8. und 9. September fahre ich zum O.F.T. (Onkelz Fanz Treffen) nach Ferropolis.
Ferropolis (Stadt aus Eisen) ist ein Industriemuseum und Veranstaltungsort in der Nähe von Dessau in Sachsen-Anhalt.
Auf diesem Festival spielen unter anderem die Enkelz, Pogowahn und Wilde Jungs.
Außerdem hab ich die Gelegenheit, den Onkelz Tourbus zu besichtigen.
Es ist ein tolles Festival mit Deutschrockbands vor einer beeindruckenden Kulisse.

Dipsy

Kessi, die Rehpinscher- Hündin von Silke bekommt Welpen. Da sie in einer Mietswohnung lebt, werden die Welpen am 10. September bei uns geboren. Im Wohnzimmer von meiner Mutter.

Meine Mutter zieht die 4 kleinen Hunde auf. 3 der Welpen werden verkauft. Die letzte bleibt über. Jessica und ich werden sie behalten. Wir nennen sie Dipsy.

Am 14. Oktober sind Jessica und ich auf der Silberhochzeit von ihren Eltern.

Sylvester 2006
Den Jahreswechsel verbringen wir in Uchte bei Silke und ihrer Familie.

2007
Onkelz DVD Vaya Con Tios
Am 16. Februar erscheint die DVD Vaya Con Tios vom Onkelz Abschiedskonzert auf dem Lausitzring. Ich habe die 4 DVD Box vorbestellt. Und erhalte sie an diesem Tag.
Ich bin stolz, bei diesem Wahnsinnsfestival dabei gewesen zu sein.
Mehrmals bin ich auf der DVD zu sehen.

Wiedereintritt in die Kirche
Da wir dieses Jahr heiraten wollen, trete ich am 29. März wieder in die evangelische Kirche ein.

Arbeiten an unserem Haus – Wir tauschen mit meiner Mutter Wohnungen
Im Sommer tauschen wir mit meiner Mutter die Wohnungen. Sie bekommt die kleine, obere Wohnung. Wir über-

nehmen die untere Wohnung. So nach und nach renoviere ich das ganze Haus.

Auch in diesem Jahr verbringe ich sehr viel Zeit auf der Baustelle in unserem Haus. Unter anderem renoviere ich die untere Wohnung für uns. Das Wohnzimmer wird komplett saniert. Der Boden gefliest. Die Decke vertäfele ich.

Der Ofen wird wieder abgebaut. Dahinter verlege ich in wochenlanger Arbeit Bruchfliesen. Dann überhole, und reinige ich den Ofen komplett. Und schließe ihn neu an. Anstelle einer Tür, lassen wir den Durchgang zum Flur offen. Dort verlege ich ebenfalls Bruchfliesen.

Im Schlafzimmer verlege ich schickes Laminat in Fliesen Optik. Auch hier vertäfele ich die Decke.

Grenzenlose Wut & Hass auf das System

Am 16. Juni habe ich ein weiteres Schlüsselerlebnis.

Das Arbeitsamt fordert von uns als Bedarfsgemeinschaft etwa 8000€ Hartz IV zurück, weil wir es versäumt haben, meine Sparbücher anzugeben. Ich rase vor Wut! Bin kurz davor, nach Berlin zu fahren, und im Bundestag die Politiker niederzumetzeln! Spätestens seit diesem Tag habe ich einen abgrundtiefen, grenzenlosen Hass auf das System und die Politiker!

Als ich mich beruhigt habe, schalten wir einen Anwalt ein. Der schreibt einen Brief an den zuständigen Sachbearbeiter.

Außer den Anwaltskosten haben wir nie wieder etwas von der Angelegenheit gehört.

Tanzschule

Im Sommer gehen Jessica und ich zur Tanzschule. Damit wir auf unserer Hochzeit tanzen können.

Das ist für mich etwas ganz anderes, als zu Rockmusik zu bangen.

Mein Junggesellenabschied

Am 25. August feiere ich mit Freunden meinen Junggesellenabschied in Düsseldorf.

Wir fahren mit dem Zug nach Düsseldorf. Dort machen wir eine Tour durch die Clubs der Altstadt.

Es ist ein toller Tag. Für mich natürlich alkoholfrei! Das ich keinen Alkohol trinke, ist für mich normal geworden.

Hochzeit

Am 31. August heiraten Jessica und ich.

Standesamtliche Trauung

Morgens ist die standesamtliche Trauung im Rathaus von Liebenau.

Ich nehme den Nachnamen von Jessica an. Das ist für mich eine Möglichkeit, mit meiner Vergangenheit abzuschließen.

Kirchliche Trauung

Später fährt Wolfram uns im Mercedes Oldtimer zur Liebenauer Kirche.

Nachmittags ist kirchliche Trauung in der St. Laurentius Kirche.

Da der örtliche Pastor verhindert ist, übernimmt ein andere Pastor die Trauung.

Unser Trauspruch ist aus dem Buch Korinther:

Die Liebe erträgt alles, sie glaubt alles, sie hofft alles, sie duldet alles. Die Liebe hört niemals auf.

Hochzeitsfeier

Anschließend fährt Wolfram uns nach Hoysinghausen. Dort ist abends auf dem Saal der Dorfgaststätte „Mietze" die Feier mit etwa 70 Gästen. Es ist e in rauschendes Fest. Mit bestem Essen. Nach dem Essen habe ich eine Überraschung für Jessica. Ich habe „heimlich" unsere Hochzeitsreise gebucht. Morgen Nacht fliegen wir für eine Woche nach Gran Canaria!

Wir haben einen DJ, der für Stimmung sorgt.

Unser Ehrentanzlied ist „Ein Stern (…der deinen Namen trägt" von DJ Ötzi.

Wir tanzen und feiern die ganze Nacht.

Der DJ spielt extra für mich Heino! Und natürlich Onkelz!

Am Morgen fährt Tino uns nach Liebenau.

Als wir dann in unser frisch renoviertes Schlafzimmer kommen, erleben wir eine tolle Überraschung…

Unsere Freunde haben das ganze Schlafzimmer mit Konfetti und Ballons dekoriert!

In dem neuen Bett verbringen wir eine schöne Hochzeitsnacht. Allerdings ist sie recht kurz. Wir fliegen ja schon bald in den Urlaub…

Hochzeitsreise nach Gran Canaria

Ich hatte alles vorbereitet…

Nicht nur die Reise gebucht… auch heimlich Koffer gepackt, und alles weitere organisiert. Unsere Tiere werden versorgt. Tiffy bringen wir zu Freunden. Um Dipsy kümmert meine Mutter sich.

Tino holt uns an diesem Sonntagabend ab. Und bringt uns nach Hannover zum Flughafen Hannover-Langenhagen.

Der Hinflug

Unser Flug mit Condor ist am 2. September um etwa 4 Uhr. 2 Stunden vor Abflug müssen wir auf dem Flughafen sein. Wir sind beide noch nie geflogen. Das ist eine ganz neue Erfahrung. Aber auch ein tolles Erlebnis. Wir fliegen mit einem Airbus A320. Als wir erstmal gestartet sind, ist es ganz entspannt. Auf dem Bordmonitoren können wir die Route verfolgen.

Gran Canaria

Nach knapp 5 Stunden landet unser Flugzeug auf dem Flughafen von Las Palmas auf der Insel Gran Canaria, Spanien. Wir werden von einem Kleinbus abgeholt. Und etwa 30 km bis ans andere Ende der Insel in den Ort San Agustin gefahren. Hier habe ich im 5 Sterne Hotel Meliá Tamarindos eine Woche All inclusive gebucht.

Es ist ein Traumurlaub in einem Luxushotel!

Die ersten 3 Tage liegen wir die meiste Zeit in der Sonne, am Pool oder am Strand. Und lassen uns verwöhnen. Das Essen ist bombastisch! Niemals wieder habe ich ein so üppiges und luxuriöses Frühstücksbuffet erlebt! Es ist eine ganz neue Erfahrung für mich.

Immer wieder muss ich an meine wilde Zeit in Darlaten denken. Wo wir nackte Nudeln und billigstes Toast ge-gessen haben. Oder einfach nur Mais…

Und jetzt erlebe ich solch einen Luxus und Überfluss!

Las Palmas

Am 5. September miete ich uns gleich morgens ein Auto. Damit fahren wir nach Las Palmas. In dieser Hauptstadt von Gran Canaria verbringen wir einen schönen Tag.

Maspalomas

Am 6. September fahren wir in den Nachbarort Maspalomas. Hier liegen wir bis zum Nachmittag am Strand und genießen die Sonne.

Bucht von Playa de Amadores

Am 7. September fahren wir in den Südwesten der Insel. Zur Bucht von Playa de Amadores bei Puerto Rico. Hier mieten wir uns ein Schlauchboot. Und verbringen eine tolle Zeit in dieser wunderschönen Bucht.

Allerdings haben wir abends beide starken Sonnenbrand.

...noch ein Tag im Hotel Meliá Tamarindos

Am 8. September gebe ich den Leihwagen morgens wieder ab. Dann verbringen wir unseren letzten Urlaubstag überwiegend am Pool in unserem Hotel.

Rückflug nach Hannover

Am 9. September stehen wir früh auf. Und werden früh abgeholt. Um 6:40 Uhr sind wir schon am Flughafen von Las Palmas. Etwa um 8:20 Uhr startet unser Flugzeug. Wir verlassen Gran Canaria...

Auch der Rückflug ist entspannt. Da es ja jetzt hell ist, sehen wir zumindest beim Start, mehr von der Landschaft unter uns. Auch diesmal können wir wieder unsere Route auf dem Monitor verfolgen. Besonders interessant finde ich es, als wir über Paris fliegen. Allerdings sind am Fenster nur Wolken zu sehen.

Nach etwa 5 Stunden landen wir wieder auf dem Flughafen Hannover.

Tino holt uns ab.

Unsere Hochzeitsreise war ein unvergessliches Erlebnis, und bis 2023 meine einzige Flugreise.

Enkelz Konzert in Nienburg

Am 6. Oktober bin ich mit Freunden beim Enkelz Konzert in Nienburg.

Sanierung unserer Küche
Im November entkerne, und saniere ich unsere Küche.
Anfang Dezember wird die neue Einbauküche eingebaut.

Sylvester 2007
Sylvester feiern wir mit Freunden in Liebenau.

2008
Die Linke

Im März soll sich meine Meinung über Politik ändern.
Durch Gespräche mit Freunden wird mir bewusst, dass es nichts bringt, wenn ich mich nur über den Staat und die Politiker aufrege.
Wenn ich zum Bundestag fahre, und Amok laufe, lande ich nur im Gefängnis. Und dann in der Psychiatrie…
Nein! Wenn mir das nicht gefällt, was die Regierung macht, sollte ich selber politisch aktiv werden. Spontan nehme ich mit Freunden an einer Sitzung der Partei „Die Linke" teil.
Es sind die Wahlen für den Kreisvorstand. Um Stimmberechtigt zu sein, trete ich kurzerhand in die Partei ein.
Es geschieht etwas, womit ich nicht gerechnet habe.
Ich werde in den Kreisvorstand gewählt!

Jetzt bin ich Schriftführer im Kreisverband Nienburg.
Dieses ehrenamtliche Amt behalte ich über mehrere Jahre.
Dadurch beginne ich die Funktionsweise von Politik zu
verstehen. Ich merke, dass ich durch politische Aktivität
etwas ändern kann. Zumindest glaube ich das 2008
noch...

Ich engagiere mich aktiv. In den nächsten Jahren schreibe
ich die Protokolle für den KV Nienburg. Dafür nutze ich
mein Laptop.
Außerdem beteilige ich mich aktiv an der politischen Arbeit für den Landkreis Nienburg.

Durch die politischen Aktivitäten verändert sich meine
Einstellung, aber auch mein Leben nach und nach.

Ich habe jetzt noch weniger Zeit...
Mehrmals in der Woche arbeite ich bei Wolfram.
Außerdem saniere ich Stück für Stück unser Haus.
Abends bin ich immer öfter auf politischen Veranstaltun-
gen. Und auch das schreiben, und überarbeiten der Proto-
kolle ist sehr zeitintensiv. Wenn ich nicht für Die Linke
unterwegs bin, sitze ich am Rechner.
Die gemeinsame Zeit mit Jessica wird immer seltener...

Arbeiten am Haus
Im Mai leihe ich mir eine Arbeitsbühne. Und streiche den
Giebel von unserem Haus.
Anschließend nutze ich die Arbeitsbühne, um die Tannen
an der Straße zu fällen.

Balkon

Kurz darauf lasse ich für meine Mutter an der oberen Wohnung einen Balkon anbauen.

Am 17. Juni wird er mit einem Kran von der Straße aus, über unseren Garten bis ans Haus gehoben. Und angebracht.

Diether Dehm in Nienburg

Am 21. Juni ist der Linke Bundestagsabgeordnete Diether Dehm in Nienburg.

Erstmals lerne ich einen Spitzenpolitiker persönlich kennen.

Er ist ein sehr offener und freundlicher Mensch. Ich hätte nicht gedacht, dass ein Politiker so normal sein kann.

Politik

Durch meine ehrenamtliche Tätigkeit bei der Linken verändere ich mich.

Ich empfinde jetzt keinen Hass mehr für die Politiker.

Ich bin ja selber einer...wenn auch nur auf kommunaler Ebene und ehrenamtlich.

Ich will wirklich etwas verändern! Will, dass es anderen Menschen besser geht als mir.

Und ich beginne, die Zusammenhänge zu verstehen...

Zumindest denke ich das...

Erst Jahre später werde ich es wirklich verstehen...

Mein Musikgeschmack ändert sich... Ich lerne Toleranz

Ich lerne auf Parteiveranstaltungen immer mehr Links eingestellte Menschen kennen. Mir wird immer mehr bewusst, dass meine absolute Lieblingsband Böhse Onkelz in Linken Kreisen „nicht gerne gesehen" ist. Die Onkelz waren zu Beginn ihrer Bandgeschichte ja mal

Rechts. Haben sich dann aber davon distanziert. Trotzdem mögen Linke die Onkelz nicht.

Mich macht das traurig… Aber ich lerne damit umzugehen…. Ich lerne Toleranz.

In der letzten Zeit höre ich eh nur noch selten Onkelz.

Mein Musikgeschmack ändert sich.

Ich bin mittlerweile für fast alles offen. Sogar für Schlager. Nur Black und Hip Hop mag ich nicht.

Bau der Terrassenüberdachung

Im Juli fange ich an, die Terrasse zu überdachen. Die Balkenkonstruktion und Doppelstegplatten bringe ich fast alleine an. Das wird ein sehr zeitintensives Projekt.

Jessica hat Multiple Sklerose

Im August kann Jessica auf einmal nicht mehr laufen.

Später wird bei ihr Multiple Sklerose (MS) festgestellt.

Internetradio

Jessica ist eine Zeitlang in Minden im Krankenhaus. Bei einem Besuch lerne ich ihre Bettnachbarin kennen. Die macht Internetradio. Da ich ja mittlerweile sehr viel Musik auf dem Computer habe, ist das ideal für mich!

Sie stellt den Kontakt zum SMP Radio her.

Ich mache eine Probesendung. Und bin nach kurzer Zeit fester Moderator beim SMP.

Dieses reine Internetradio hat einen eigenen Chat.

Ich sende mehrmals pro Woche. Am Anfang ist es für mich eine Herausforderung, einfach frei drauf los zu sprechen. Aber mit jeder Sendung werde ich lockerer und besser.

Onkelz ist bei diesem Radio allerdings nicht erwünscht.

Aber ich habe in den letzten Jahren über Freunde so viel Musik bekommen, dass ich mehr als genug Auswahl habe.

Meine Sendungen sind überwiegend rockig. Ich gehe auch immer mehr auf die Wünsche meiner Hörer ein. Und spiele dank meinem umfangreichem Musikarchiv viele unterschiedliche Lieder. Auch für mich selber entdecke ich diesen Spaß, unabhängig von der Musikrichtung krasse Wechsel zu spielen. AC/DC, Heino, Scooter, Robbie Williams, Rammstein, Mickie Krause, Metallica...

Charts, Ballermann, Metal oder Oldies... Bei mir ist alles möglich.

Schon bald übernehme ich die Wunschsendung. Ich werde ein guter, und beliebter Moderator beim SMP.

Und ich knüpfe online immer mehr Kontakte. Bekomme immer mehr Musik.

Mein Medion PC reicht dafür allerdings nicht aus.

Und das Laptop hat keinen Mikrofon Eingang.

Ich baue mir kurzerhand selber aus Einzelteilen einen leistungsstarken Rechner zusammen.

Meine Musik habe ich ja schon länger auf einer 1TB externen Festplatte.

Den Eigenbau PC verwende ich nur zum Senden.

Wenn ich auf Sendung bin, arbeite ich mit 2 Rechnern.

Auf dem Medion Computer läuft der Chat.

Besonders auf Wunschsendung bin ich voll in meinem Element! Es ist für mich eine Herausforderung, jeden, noch so ausgefallenen Musikwunsch zu erfüllen. Dadurch befasse ich mich immer mehr mit der Musikgeschichte. Und entdecke Musik und Künstler, von den ich vorher nichts wusste. Zum Beispiel Unheilig oder Axel Rudi Pell.

Wenn ich ein Lied nicht habe, besorge ich es mir während der Sendung über Freunde, oder lade es mir direkt aus dem Netz. Zeitweise arbeite ich dann mit 3 Rechnern.

Ich befasse mich jetzt fast täglich mit Musik. Stundenlang sortiere ich die rasant wachsende MP3 Sammlung auf meiner Festplatte. Und lade mir immer neue Lieder herunter. Jede Woche alle Neueinsteiger in den Charts. Eine Zeitlang bin ich immer up to date. Ich habe die kompletten aktuellen Single Charts aus Deutschland. Und die kompletten deutschen Jahrescharts ab 1930. Sowie von sehr vielen Bands die komplette Diskographie.

Auch dieses Hobby ist sehr zeitintensiv. Und meine ohnehin begrenzte Zeit wird noch knapper...

Berlin - Politische Besuchsfahrt

Vom 9. bis 11. September nehme ich auf Einladung von Diether Dehm, erstmals an einer Besuchsfahrt nach Berlin teil.

Reichstag

Wir werden durch das Reichstagsgebäude geführt. Im Plenarsaal findet aber gerade keine Sitzung statt. Der Besuch der Kuppel ist für mich ein ganz besonderes Erlebnis!

Dort trifft unsere Besuchergruppe sich mit Diether Dehm.

Brandenburger Tor

Wir besichtigen unter anderem das Brandenburger Tor, Es fasziniert mich, durch dieses geschichtsträchtige Tor zu gehen.

Berliner Mauer

Außerdem besichtigen wir den Checkpoint Charlie, einen der bekanntesten Berliner Grenzübergänge durch die Ber-

liner Mauer. Und wir besuchen das benachbarte Mauer-
museum „Haus am Checkpoint Charlie"
Die Gedenkstätte Berliner Mauer beeindruckt mich besonders. Hier ist der zentrale Erinnerungsort an die deutsche Teilung. Auf dem Areal der Gedenkstätte befindet
sich das letzte Stück der Berliner Mauer, das erhalten
geblieben ist. An diesem historischen Ort in der Bernauer
Straße erstreckt sie sich auf 1,4 km Länge über den ehemaligen Grenzstreifen. Und vermittelt einen Eindruck
vom Aufbau der Grenzanlagen vom Ende der 1980er Jahre.

Holocaust-Mahnmal

Das Denkmal für die ermordeten Juden Europas in der
historischen Mitte von Berlin erinnert an die rund 6 Millionen Juden, die unter der Herrschaft Adolf Hitlers und der
Nationalsozialisten ermordet worden sind.
Das Holocaust-Mahnmal besteht aus einem wellenförmi-
gen Feld mit 2711 Stelen und soll die Besucher mit dieser
abstrakten Form zum Nachdenken anregen. Der unter dem
Holocaust-Mahnmal gelegene "Ort der Information" dokumentiert die Verfolgung und Vernichtung der europäischen Juden.
Als ich hineingehe, bin ich am Anfang irritiert. Je weiter
ich zwischen den Stelen bin, desto bedrückender wird
es… Danach bin ich sehr nachdenklich. Zumindest bei
mir, wird mit diesem Mahnmal die gewollte Wirkung
erreicht.

Ehrenmale

Das Sowjetische Ehrenmal im Tiergarten besichtigen wir
ebenfalls.

Diese Anlage wurde 1945 errichtet, um die im Zweiten Weltkrieg gefallenen Soldaten der Roten Armee zu ehren. Am nächsten Tag fahren wir nach Berlin-Pankow, und besichtigen in der Schönholzer Heide ein weiteres Sowjetisches Ehrenmal.

Topographie des Terrors

Besonders die Dokumentationsstätte „Topographie des Terrors" beeindruckt mich sehr!

Die Topographie des Terrors ist ein seit 1987 bestehendes Projekt, zur Dokumentation und Aufarbeitung des Terrors in der Zeit des Nationalsozialismus.

Niedersächsische Botschaft

Die Vertretung des Landes Niedersachsen beim Bund hat ihren Sitz in den Ministergärten im Berliner Stadtteil Mitte. Hier essen wir zu Mittag.

Ich lerne sehr viel über Berlin, sowie die politische Geschichte seit dem 2. Weltkrieg.

Und ich bin schockiert vom Ausmaß der Zerstörung im Krieg, sowie dem Wahnsinn des Nationalsozialismus.

Mir wird immer klarer, das Krieg und Gewalt NIEMALS eine Lösung ist.

Ich bin beeindruckt von dieser gewaltigen Stadt und den ganzen Eindrücken.

2009

Auch in diesem Jahr arbeite ich bei Wolfram. Und an unserem Haus.

Bin mehrmals pro Woche auf Sendung.

Und beteilige mich aktiv an der Arbeit im Kreisvorstand der Linken.

Tierpark Ströhen
Den Karfreitag verbringen wir dieses Jahr im Tierpark Ströhen im benachbarten Kreis Diepholz.

Sealife Hannover
Gleich am nächsten Tag fahren wir mit Freunden nach Hannover ins Sealife.

Wahlkampf für Die Linke
In diesem Jahr mache ich aktiven Wahlkampf für Die Linke.
Für die Europawahl hänge ich Plakate im Landkreis Nienburg auf.
Außerdem helfe ich bei Infoständen, und nehme an Wahlkampfveranstaltungen teil.

Europawahl 2009
Am 7. Juni ist Europawahl.
Ich nehme erstmals an einer Europawahl teil. Und wähle Die Linke.
Die Linke bleibt mit 8 Sitzen im Europaparlament.

DJ Franky
In diesem, und auch im nächsten Jahr mache ich als DJ Franky auf mehreren Hochzeiten und Geburtstagen Musik.
Dafür kaufe ich mir einen Verstärker mit Mischpult und große Boxen. Ich nehme meinen Sende Computer mit zu den Veranstaltungen. Und nutze die Radio Software für die Liederauswahl.

Am 13. Juni mache ich Musik auf einer Hochzeit.
An diesem Abend lerne ich Dany kennen. Daraus entsteht
eine langjährige Freundschaft.

Neugestaltung der Terrasse
In diesem Sommer arbeite ich an der Neugestaltung unserer Terrasse. Ich stelle die Überdachung fertig.
Und verlege Bruchsteinplatten auf dem Boden.
Die Seiten verkleide ich mit Brettern. Ich trenne einen
Lagerraum für das Brennholz ab.

Die Enkelz im Kreml
Am 5. September treten die Enkelz im Kreml auf. Das ist
eine tolle Party mit Onkelz Sound in meiner Stammdisco!
Diether Dehm in Nienburg
Am 9. September kommt Diether Dehm zum 2. Mal nach
Nienburg.

Bundestagswahl 2009
Am 27. September ist Bundestagswahl. Dieses Mal gehe
ich zur Wahl. Und wähle mit beiden Stimmen Die Linke.
Sie bekommt 11,9 % der Zweitstimmen, und bleibt im
Bundestag.
Angela Merkel bleibt Bundeskanzlerin.

Berlin Fahrt 2009
Im November nehme ich, wieder auf Einladung von Diether Dehm, zum 2. Mal an einer Besuchsfahrt nach Berlin
teil. Das Programm ist ähnlich wie im letzten Jahr.

Gefahren der Atomenergie

Ich nehme über Die Linke in Hannover an einem Tages-
seminar über die Gefahren der Atomenergie teil.
Hier wird uns anschaulich erklärt, wie Atomenergie erzeugt, und genutzt wird. Vom Uranabbau bis zur Atombombe. Und warum diese Technologie nicht beherrschbar
ist.

Uranabbau

Der Abbau von Uran stellt eine erhebliche Umweltbelas-
tung dar. Insbesondere durch oberirdische Abraumhalden
kommt es zu einer weitreichenden Freisetzung von radioaktiven Stoffen und von Schwermetallen, die beim
Uranabbau mitgefördert werden, in die Umwelt. Insbesondere das Grundwasser ist häufig betroffen. Auch in
Deutschland, vor allem in Thüringen und Sachsen, führen
die Hinterlassenschaften des Uranabbaus zu Gesundheits-
risiken für Mensch und Umwelt.

Einer besonderen Belastung, vor allem durch radioaktiven
Staub, sind Bergarbeiter, besonders in Entwicklungs- und
Schwellenländern ausgesetzt, da dort meistens keine aus-
reichenden Sicherheitsmaßnahmen vorhanden sind.

Normalbetrieb

Auch im alltäglichen Betrieb geben Atomkraftwerke
Strahlung an die Umgebung ab. Studien des Bundesamtes
für Strahlenschutz zeigen, dass im Umkreis von AKWs in
Deutschland die Leukämierate unter Kindern auffällig
erhöht ist. Für das AKW Brokdorf in Schleswig-Holstein
kann ein entsprechender Zusammenhang auch bei Erwachsenen nachgewiesen werden.

Kritisch zu betrachten sind dabei die sogenannten „Revisionen". Dabei handelt es sich um regelmäßig stattfindende Kontrollen des Reaktors, bei denen unter anderem die Brennstäbe ausgetauscht werden. Dazu muss der Reaktordeckel geöffnet werden. Beim AKW Brokdorf führt dies zu einem bis zu 160-fachen Anstieg der Radioaktivität im Umkreis des Kraftwerks. Da aber im Jahresmittel die Grenzwerte nicht überschritten werden, sehen Betreiber und Gesetzgeber hier keinen Grund zum Einschreiten.

Unfälle

Die Atomkraft ist eine hochsensible, nicht beherrschbare Technologie, bei der kleinste Fehler zur großen Katastrophe führen können.

Fallen bei einem Atomreaktor die Kühlung sowie die Notkühlsysteme aus oder wird die Kühlung durch ein Überkritischwerden überlastet, dann kann es zur Kernschmelze kommen. Dabei werden die Brennstäbe im Reaktor entweder durch die Hitze der Kernreaktion oder durch die Nachzerfallswärme (trotz „erfolgreicher" Abschaltung) so stark erhitzt, dass diese schmelzen. Das Schmelzmaterial kann sich durch den Reaktor fressen und so in Kontakt mit der Umwelt geraten. Dadurch werden große Mengen Radioaktivität frei und radioaktive Elemente über weite Landstriche verteilt. Zusätzliche Gefahr besteht, wenn durch die große freiwerdende Hitze bei einer außer Kontrolle geratenen Kernreaktion, das als Kühlmittel verwendete Wasser zu Wasserstoff umgewandelt wird und sich dann entzündet. So sind gewaltige Explosionen möglich, die Trümmer und radioaktive Teilchen weit verteilen können.

Bekannte Beispiele für Unfälle bei denen es zur einer Kernschmelze kam:

Three Mile Island, USA
Tschernobyl, Ukraine
Des Weiteren kam es in mehrfach in weiteren Reaktoren
weltweit zu vollständigen und teilweisen Kernschmelzen.
Häufigste Ursachen waren dabei immer menschliches
Versagen und/oder Konstruktionsfehler der Reaktoren.

Atomwaffen
Die Technologien zur Erzeugung von Strom durch Atomenergie lassen sich sehr einfach auch zur Produktion von
Atomwaffen umrüsten. Insbesondere die Urananreiche-
rung kann sowohl zivilen wie auch militärischen Zwecken
dienen. In manchen Reaktortypen fällt als Nebenprodukt
der Stromproduktion waffenfähiges Material an. So trägt
die Atomtechnologie zur Verbreitung von Material und
Knowhow zur Herstellung von Atomwaffen bei.

Erdbeben
Erdbeben spielen in Deutschland scheinbar keine Rolle,
aber historisch sind immer wieder Erdbeben in Deutschland belegt. Gerade der Rheingraben ist eine seismisch
hochaktive Zone . Die im Rheingraben stehenden AKWs
Biblis, Philippsburg, Neckarwestheim und Gundremmingen liegen allesamt in erdbebengefährdeten Gebieten und
sind nur unzureichend gegen die entsprechenden Gefahren
abgesichert.

Terrorismus
Atomkraftwerke sind nur mangelhaft gegen den gezielten
Absturz von Flugzeugen gesichert. So sind AKWs entsprechend den behördlichen Genehmigungen zwar gegen
den Absturz kleinerer Maschinen, z. B. eines Düsenjägers,
gesichert, aber nicht gegen eine absichtlich herbeigeführte

Kollision durch einen modernen Großraumpassagierflieger, wie dem Airbus A380.

Des Weiteren sind die jeweiligen Zwischenlager an den AKWs nur unzureichend gegen terroristische Angriffe vom Boden aus geschützt. Insbesondere durch moderne Panzerwaffen sind diese verletzbar.

(Quelle: www.bund-sh.de/energie/atomkraft/hintergrund/unkalkulierbare-risiken/)

An diesem Tag wird mir erstmals der Wahnsinn bewusst, den der Mensch mit der Nutzung der Atomenergie anrichtet. Später befasse ich mich intensiv mit diesem Thema.

Ich werde Atomkraftgegner.

2010

Das bedingungslose Grundeinkommen

Anfang 2010 erfahre ich auf einer Veranstaltung der Linken erstmals vom Bedingungslosen Grundeinkommen. Ich organisiere diese Veranstaltung vom KV Nienburg mit.

Zuerst bin ich sehr skeptisch…

Friedrich N. von den Grünen hält den Vortrag über das BGE.

Er erklärt was das BGE ist:

Das bedingungslose Grundeinkommen (BGE) ist ein sozialpolitischer Finanztransfervorschlag, nach dem jeder

Bürger – unabhängig von seiner wirtschaftlichen Lage –
eine gesetzlich festgelegte und für jeden gleiche, vom
Staat ausgezahlte finanzielle Zuwendung erhält, ohne
dafür eine Gegenleistung erbringen zu müssen.

Ein BGE muss
- existenzsichernd sein
- einen individuellen Rechtsanspruch begründen
- darf mit keiner Bedürftigkeitsprüfung einhergehen
- es gibt keinem Zwang zur Arbeit

Ich bin geflasht!
Das BGE wäre ein Teil der Lösung für so viele weltweite
Probleme!
Und auch für mich wäre es das beste, was mir passieren
kann!
In der nächsten Zeit befasse ich mich intensiv mit diesem
Thema.

Ich werde BGE Aktivist.

*Gründung einer Kreis Nienburger Bürgerinitiative für das
BGE*

Schon kurz nach der Veranstaltung setze ich mich mit
Friedrich und weiteren Vorstandsmitgliedern der Linken
zusammen. Wir wollen eine überparteiliche Kreis Nienburger Bürgerinitiative für die Einführung von einem
BGE gründen. Im Laufe des Jahres treffen wir uns mehrmals. Und bereiten die Gründung dieser BI vor. Wir machen Infostände und Infoveranstaltungen. Und wir entwerfen einen Flyer. Ich schreibe von Anfang an die Pro-

tokolle und bin maßgeblich an der Gründung dieser BI beteiligt.

Facebook

Anfang Februar melde ich mich bei Facebook an.
Am Anfang bin ich noch nicht so aktiv.
Aber im Laufe der Zeit sind immer mehr meiner Freunde bei Facebook. Diese Plattform wird mein weiteres Leben beeinflussen.

Motorsägen Lehrgang

Ich arbeite immer öfter mit der Motorsäge. Und fälle teilweise große Bäume.
Am 26. und 27. März nehme ich in Nienburg erfolgreich an einem Motorsägen Lehrgang der Deula in Nienburg teil.

Die Linke

Auch für Die Linke bin ich weiterhin sehr aktiv. Im Mai bin ich einer der Mitbegründer vom Ortsverband Stolzenau. In diesem Ortsverband bin ich ebenfalls Vorstandsmitglied. Und schreibe die Protokolle.

Urlaub an der Nordsee

Im Juli fahren wir mit Ingo und Tanja in den Urlaub an die Nordsee.
Wir fahren mit 2 Autos und Anhänger nach Hooksiel auf einen Campingplatz.
Dipsy nehmen wir mit.

Vom Campingplatz aus unternehmen wir Ausflüge. Unter anderen nach Wilhelmshaven.
Und wir fahren Wasserski. Das ist genau das richtige für mich!

Sozialverband Deutschland
Jessica tritt in den Sozialverband (SoVD) ein. Der SoVD unterstützt sie bei ihrem Rentenantrag. Dieser wird später bewilligt.
Im Herbst trete ich ebenfalls in den SoVD ein.

Bürgerinitiative bedingungsloses Grundeinkommen Nienburg

Am 12. Oktober ist es soweit. Die Bürgerinitiative bedingungsloses Grundeinkommen Nienburg wird gegründet. Ich bin Vorstandsmitglied und Schriftführer. In den nächsten Jahren bin ich an der Organisation von fast allen Sitzungen und Veranstaltungen dieser BI beteiligt. Dank unserer Arbeit wird das BGE im Landkreis Nienburg und auch im Umland immer bekannter.
Und natürlich setze ich mich auch innerhalb der Linken für das BGE ein.

Wismar 2010
Über das Wochenende vom 15. bis 17. Oktober fahren Jessica und ich nach Wismar. An die Ostseeküste in Mecklenburg-Vorpommern. Wir besuchen einen Freund und Kollegen vom SMP Radio. An diesem Freitag ma-

chen wir eine gemeinsame Sendung. Samstag und Sonntag sind wir in der Altstadt von Wismar unterwegs. Sonntag machen wir eine Hafenrundfahrt.

Es ist eine tolle Zeit in dieser schönen Stadt.

Demo für ein BGE in Berlin

Susanne Wiest, eine Tagesmutter aus Greifswald hatte 2008 eine Petition für die Einführung des bedingungslosen Grundeinkommens beim Deutschen Bundestag eingereicht.

Am 10. November ist ihre Anhörung vor dem Petitionsausschuss.

Aus diesem Anlass ist am 6. November eine Demo für das bedingungslose Grundeinkommen in Berlin.

An diesem Samstag fahre ich mit der Bahn schon sehr früh nach Berlin. Zusammen mit Friedrich nehme ich bei Regenwetter für unsere Bürgerinitiative an der Demo teil. Zu dieser Demo sind etwa 2000 Menschen aus dem ganzen Bundesgebiet angereist. Vor dem Brandenburger Tor findet eine Auftaktveranstaltung statt. Unter anderem spricht Susanne Wiest. Dann ziehen wir mit mehreren Wagen und Musik über die Straße Unter den Linden, die Friedrichstraße und die Ebertstraße wieder zum Brandenburger Tor zurück, wo eine Abschlusskundgebung stattfindet. Neben Transparenten mit Aufschriften wie "Sicherheit statt Angst" trage ich wie viele der Demonstranten eine goldene Krone aus Papier. Diese sollen symbolisieren, dass mit einem BGE jeder Bürger ein König ist.

2011
Haussanierung

Anfang des Jahres saniere ich unser Bad. Ich entkerne es
komplett. Und mache alles neu. Das Highlight ist ein
Glaswaschtisch.

Meine politischen und sozialen Aktivitäten 2011

Nuklearkatastrophe von Fukushima

Ab dem 11. März 2011 kommt es durch ein Erdbeben
sowie dem folgenden Tsunami zu einer Reihe katastro-
phaler Unfälle und schwerer Störfälle im japanischen
Kernkraftwerk Fukushima.

Da ich kein Fernsehen gucke, werde ich erst durch eine
Rundmail von Peter Jilani auf diese Ereignisse aufmerksam. Er ruft in dieser Mail zu einer Anti-Atom Mahnwache in Stolzenau auf.

Durch diese Nuklearkatastrophe werde ich zu einem aktiven Atomkraftgegner.

Anti-Atom Mahnwachen in Stolzenau und Nienburg

Auf Initiative von Peter Jilani findet in Stolzenau ab dem
14. März jeden Montag um 18 Uhr eine Mahnwache gegen die Nutzung der Atomenergie statt.

Diese Mahnwachen finden in Anlehnung an die Montags-
demonstrationen in der DDR bis zum Herbst jeden Montag statt. Wir machen im kleinen Kreis die Bevölkerung
auf die Gefahren der Atomenergie aufmerksam. Aus diesen Mahnwachen entsteht der Anti- Atomkreis Stolzenau,
in dem ich für kurze Zeit mitarbeite.

Zeitgleich finden auch in Nienburg Anti-Atom Mahnwachen statt. Ich bin im Wechsel mal in Nienburg oder Stolzenau. Und Mitbegründer vom Anti- Atomkreis Nienburg. DIE LINKE unterstützt beide Initiativen.

In der nächsten Zeit befasse ich mich intensiv mit den Gefahren der Atomenergie.

Ich lehne diese Technologie ganz entschieden ab! Für mich ist die Nutzung der Kernkraft ein fataler Irrweg!

Ich bin Ortsvorsitzender vom Sozialverband OV Liebenau

Am 12. März ist die Mitgliederversammlung vom SoVD Ortsverband Liebenau. Ich werde zum Ortsvorsitzenden gewählt. Von Anfang an unterstütze ich den Schriftführer. Ich schreibe in den nächsten Jahren alle Protokolle und Presseberichte für den OV Liebenau. Durch meinen ehrenamtlichen Einsatz gewinnt der OV Liebenau viele neue Mitglieder. Ich betreue die überwiegend älteren Mitglieder persönlich. Organisiere Infoveranstaltungen und Ausflugsfahrten.

Im August findet auf meine Initiative eine Info Veranstaltung über das BGE statt. Über den SoVD nehme ich an mehreren Lehrgängen und Schulungen teil. Unter anderen für Schriftführer, EDV Verarbeitung, Vereinsrecht, Organisieren von Veranstaltungen, Mitgliederverwaltung usw. Dieses Wissen ist auch für meine anderen ehrenamtlichen Tätigkeiten sehr nützlich. Als Ortsvorsitzender besuche ich Mitglieder zu runden Geburtstagen. Und nehme an Beerdigungen verstorbener Mitglieder teil.

Die erste Beerdigung ist bei den Zeugen Jehovas. Diese schlichte Trauerfeier im Königreichsaal in Nienburg ist anders, als die Beerdigungen auf denen ich bisher war. Ohne weltliche Gesänge und Musikstücke. Und ohne Grabkreuz. Es wird von den Angehörigen keine Erde ins Grab geworfen.

Für mich ist das eine ganz neue Erfahrung.

Gewaltfreie Kommunikation

Am 3. Mai hält Julian Gebken vom Steyerberger Lebensgarten für die BI bedingungsloses Grundeinkommen einen Vortrag über gewaltfreie Kommunikation.

Diese Veranstaltung hatte ich mit organisiert.

Ich höre zum ersten Mal davon. Und bin beeindruckt!

Die Gewaltfreie Kommunikation (kurz GFK) ist ein von Marshall B. Rosenberg entwickeltes Handlungskonzept mit dem Ziel, menschliche Beziehungen in einer Weise zu entwickeln, dass die Betroffenen spontan und gerne zum gegenseitigen Wohlergehen beitragen. Grundvoraussetzung hierfür ist Freiwilligkeit.

Der Kommunikationsfluss soll zu mehr Vertrauen und Freude am Leben führen. GFK kann in diesem Sinne sowohl bei der Kommunikation im Alltag, als auch bei der friedlichen Konfliktlösung im persönlichen, beruflichen oder politischen Bereich hilfreich sein. Im Vordergrund steht nicht, andere Menschen zu einem bestimmten Handeln zu bewegen, sondern eine wertschätzende Beziehung zu entwickeln, die mehr Kooperation und gemeinsame Kreativität im Zusammenleben ermöglicht.

Diese Veranstaltung ist für mich ein entscheidender Schritt auf meinem Weg von meiner hasserfüllten und gewalttätigen Jugend, zu einem liebevollen und friedlichen Menschen.

Später befasse ich mich intensiv mit den Grundlagen der gewaltfreien Kommunikation. Ich beginne, so nach und nach die gewaltfreie Kommunikation in mein Leben zu integrieren. Im Laufe der nächsten Jahre erkenne ich immer mehr, dass weltweiter Frieden schon im kleinen privaten Bereich anfängt. Respekt und Toleranz ist eine der Grundvoraussetzungen für Frieden.

Mittlerweile lehne ich jede Art von Gewalt ab.

Vanessa

Bei dieser Veranstaltung lerne ich Vanessa kennen. Wir verstehen uns auf Anhieb. Und werden sehr gute Freunde.
Im Laufe der nächsten Jahre entwickelt sich ein tiefes freundschaftliches Verhältnis zwischen uns. Vanessa wird meine beste Freundin.
Durch Vanessa lerne ich kurz darauf ihre Freundin Deborah kennen.
Auch Deborah wird eine sehr gute Freundin von mir.
In den nächsten Jahren unternehmen wir viel zusammen.

Toleranz

Als Jugendlicher war ich intolerant. Ich hatte nur Verachtung für jeden über, der nicht meiner Meinung war. Andere Ansichten waren immer falsch für mich.

Im Laufe der Jahre bin ich Stück für Stück toleranter geworden.

Ich habe gelernt, andere Meinungen oder Vorlieben zu akzeptieren.

Besonders durch die gewaltfreie Kommunikation. Und durch Vanessa und Deborah.

DJ Franky
Auch in diesem Jahr mache ich auf mehreren privaten Feiern Musik.

Unter anderem auf dem 30. Geburtstag von Silke.

Hubschrauberrundflug über Liebenau
Am 4. Juni bekomme ich bei der Gewerbeschau im Nachbarort Pennigsehl die Gelegenheit zu einem Hubschrauberrundflug über Pennigsehl und Liebenau. Es ist ein tolles Erlebnis, meinen Heimatort mal von oben zu sehen!

Die Linke und das bedingungsloses Grundeinkommen
Auch für Die Linke und besonders für das BGE bin ich in diesem Jahr sehr aktiv. Ich bin aktiv an der Organisation von mehreren Veranstaltungen der BI beteiligt.

Im Juni besichtige ich mit der Linken die KZ Gedenkstätte Bergen Belsen. Diese Gedenkstätte besuche ich ja bereits zum 2. Mal.

Mir wird immer bewusster, welches Leid der 2. Weltkrieg, und die Judenverfolgung über die Welt gebracht hat.

Durch meine ehrenamtlichen Tätigkeiten befasse ich mich immer intensiver mit dem weltweiten politischen Zusammenhängen.

Ich bin BGE und Friedensaktivist.
Ich lehne die Nutzung der Atomenergie, sowie die Verfolgung & Verurteilung andersdenkender Menschen ab.
Ich setze mich für soziale Gerechtigkeit und weltweiten Frieden ein.

Im Sommer schreibe ich eine persönliche Erklärung zur Notwendigkeit des BGE und der Gier nach Geld & Macht:

Ich bin 36 Jahre alt und nach einem schweren Autounfall Frührentner. Meine Frau ist an Multipler Sklerose erkrankt. Sie arbeitet in der Lebenshilfe für ein Taschengeld von 100,- €. Ihr Rentenantrag wird derzeit bearbeitet. Wir hätten gerne Kinder. Aber in Anbetracht unseres geringen Einkommens, und auch der allgemeinen Unsicherheit (Finanzkrise, Umweltzerstörung & Atomkriegsgefahr) halten wir es im Augenblick für besser, keine weiteren Menschen in die Welt zu setzen.

Ich investiere einen Großteil meiner (Lebens)Zeit in unentgeltliche & ehrenamtliche Arbeit.

Wenn der Rentenantrag meiner Frau abgelehnt wird, sehe ich mich in letzter Konsequenz gezwungen, meine ehrenamtliche Tätigkeit einzustellen oder zumindest einzuschränken.

Ich werde es mir dann nicht mehr leisten können, an Veranstaltungen teilzunehmen, da ich das Geld für Fahrtkosten / Getränke usw. nicht mehr aufbringen kann.

Unabhängig davon betrachte ich es als ein unbedingtes Menschenrecht, dass der Staat jedem Bürger ein bedingungsloses Grundeinkommen auszahlt. Dieses soll nicht nur das (Über)leben sichern, sondern auch Teilhabe am

*Leben gewähren. (Ehrenamtliche) Arbeit wir damit erst
ermöglicht!*

*Es sollte (am besten weltweit) bedingungslos jeder be-
kommen. Jeder Mensch ist auf seine Art für die Gesellschaft nützlich. Auch wer Millionen auf dem Konto hat,
sollte es bekommen. Sonst müsste ja die Bedürftigkeit
überprüft werden. Und der Wegfall dieser unwürdigen
Überprüfungen ist ja das entscheidende. Es würde ein
gewaltiger Verwaltungsaufwand entfallen. Diese Kosten
können mit zur Finanzierung eines BGE beitragen.*

*Im Übrigen ist es finanzierbar! Das Geld ist vorhanden:
Es sollte nur gerechter verteilt werden.*

*Durch den Wegfall der Verwaltungskosten / Hartz IV,
Renten, Kindergeld usw. könnten sofort jedem Bundesbürger etwa 700,-€ ausgezahlt werden. Menschenwürdig
wären aber mindestens 1000,-€.*

*Das würde bedeuten, dass diejenigen, die jetzt sehr viel
haben, einen Bruchteil von ihrem Einkommen abgeben
müssten. Deshalb wird ein BGE von denen, die an der
Regierung (an der Macht) sind, bislang (noch) verhindert.
Macht und Geld hängt zusammen. Wer viel Geld hat,
kann sich Macht erkaufen. Und wer Macht hat, ist in der
Position, sich noch mehr Profit (Geld) zu verschaffen.*

*Die Gier nach Geld & Macht von einigen wenigen, auf
Kosten der allermeisten anderen, ist das größte Problem
der Menschheit.*

*Diese Gier verursacht Kriege um noch mehr Macht &
Geld. Nur wegen dieser Gier zerstört der Mensch seine
eigene Lebensgrundlage.*

*Jedem normal denkendem Menschen dürfte mittlerweile
klar sein, dass die Nutzung der Atomenergie ein für uns
alle letztendlich tödlicher Irrweg ist. Die Menschheit ist*

im Begriff sich selbst auszurotten! Warum gibt es immer
noch Machthaber (Staaten), die mit dem Besitz und Ein-
satz einer Atombombe drohen?
Mit welcher Berechtigung laufen weltweit AKWs weiter,
& werden sogar noch neue gebaut?
Mit welcher Berechtigung werden tausende von Tieren
(Lebewesen!) in Mastställen gehalten?
Es geht um nichts anderes als um Geld &Macht für die
Konzernbosse und Politiker die hinter dem System stehen,
und die Fäden in der Hand halten!
Mit welcher Berechtigung "verdienen" einige wenige Mil-
lionenbeträge, während andere
(in Deutschland) nicht wissen, wie sie ihre Miete bezahlen
sollen, und weltweit täglich Menschen (Kinder) verhun-
gern?
Es geht immer und überall nur um die Gier nach Geld &
Macht.
Dagegen kämpfe ich. Ich setze mich im Rahmen meiner
bescheidenen Möglichkeiten ehrenamtlich und unentgelt-
lich für eine bessere Zukunft ein. Für eine bessere Welt -
für alle Lebewesen.
Frank Zunk

Wahlkampf für Die Linke
Im Herbst ist Kommunalwahl in Niedersachsen. Wieder
mache ich aktiven Wahlkampf für Die Linke. Ich hänge
im Landkreis Nienburg Plakate auf, und beteilige mich an
Infoständen in der Nienburger Fußgängerzone.
Ich überlege ernsthaft, für Die Linke zu kandidieren. Ziehe dann aber meine Kandidatur zurück. Weil ich immer
mehr erkenne, dass ich als kleiner Kommunalpolitiker

nichts erreichen kann. Von Partei Kollegen höre ich die Aussage „Hier in der Kommunalpolitik können wir nichts verändern. Wir können nur das Elend verwalten."
Nein… Ich will nicht nur das Elend verwalten. Ich will etwas verändern!
Veränderungen sind nur möglich, wenn man selber im Bundestag sitzt.
Ich will unbedingt „die Welt retten" Ein Schlüssel zur Rettung der Welt ist für mich das BGE.

Ein weiteres Projekt – Eine Mauer aus Feldsteinen
Außerdem fange ich dieses Jahr an, vor der Terrasse eine Mauer aus Feldsteinen zu bauen. Ich investiere sehr viel Arbeitszeit in dieses Projekt.

Ich kaufe einen großen Kamingrill. Und baue ihn mit Tino auf.

Diether Dehm in Nienburg
Am 31. August ist Diether Dehm erneut in Nienburg. Der Kreisverband Die Linke hat den Bundestagsabgeordneten im Rahmen des Wahlkampfes zur niedersächsischen Kommunalwahl eingeladen. An diesem Mittwoch ist ja Wochenmarkt. Vor dem Posthof in der Innenstadt bauen wir einen Infostand auf. Ich stelle meine große Anlage für den Auftritt von Diether zur Verfügung. Er ist den ganzen Tag in Nienburg. Abends tritt er noch einmal im „Wirtshaus Zum Schwarzen Keiler" auf.

Berlin 2011

Vom 1. bis 3. September bin ich auf Einladung der Linken Bundestagsabgeordneten Heidrun Dittrich erneut auf einer 3 tägigen politischen Informationsfahrt in Berlin. Wir übernachten in einem Hotel in der Friedrichstraße. Und besichtigen wichtige politische Sehenswürdigkeiten in Berlin.

Für mich ist es die 3. politische Berlin Fahrt

Kommunalwahl 2011

Am 11. September ist in Niedersachsen Kommunalwahl. Ich wähle Die Linke.

Abends ist Wahlparty bei uns auf der Terrasse.

BGE Vortrag bei SoVD Liebenau

Ich schaffe es, einen Vortrag über das BGE beim SoVD Liebenau zu organisieren.

Am 24. November stellt Christopher Bodirsky aus Hannover das BGE den SoVD Mitgliedern vor.

Das ist die von mir verfasste Pressemitteilung dazu:

„bedingungsloses Grundeinkommen beim SoVD Liebenau Liebenau. Kürzlich veranstaltete der Liebenauer SoVD-Ortsverband einen Kaffeenachmittag mit einem besonderen Gast.

Christopher Bodirsky von der Bürgerinitiative bedingungsloses Grundeinkommen Hannover stellte eine Zukunftsvision vor: Das bedingungslose Grundeinkommen. Die überwiegend älteren SoVD Mitglieder lauschten gespannt seinen Ausführungen. Und erfuhren unter ande-

rem, das sie mit einem BGE mehr Geld zur Verfügung
hätten, und vieles gerechter wäre.
Heute unbezahlte Arbeit, beispielsweise von Hausfrauen-
und Ehrenamtstätigkeit würde endlich anerkannt.
Herr Bodirsky hatte auch auf Einwände eine Antwort.
Er erwähnte, dass ein BGE heute schon finanzierbar wä-
re.
Und das es auch heute schon Menschen gibt, die nicht
arbeiten wollen. Diese leisten aber trotzdem auf ihre Wei-
se einen Beitrag für unsere Gesellschaft.
Es war eine rundum gelungene Veranstaltung, die zu Dis-
kussionen anregt, heißt es in einer
Pressemitteilung des SoVD-Ortsverbandes. "

Anti-Atom Bewegung

In diesem Jahr nehme ich an mehreren großen Anti-Atom
Demos teil.

Demo beim AKW Grohnde

Am Sonntag, dem 2. Oktober fahre ich mit Atomkraftgegnern aus Stolzenau, nach Emmerthal zur Anti – Atom
Demo beim AKW Grohnde.

Es nehmen etwa 800 Atomkraft-Gegner an der Protestaktion teil. Damit wollen wir unserer Forderung Nachdruck
verleihen, das AKW Grohnde vor dem für 2021 geplanten
Ende der Laufzeit vom Netz zu nehmen.

Mit einer Rede des BUND-Vorsitzenden Prof. Dr. Hubert
Weiger beginnt am Bahnhof Emmerthal eine 24-stündige
Protestaktion gegen das Atomkraftwerk Grohnde. Nach
einer Demonstration zum Kraftwerk findet dort eine

Kundgebung statt, bei der u.a. Vladimir Slivyak von eco-defense Kaliningrad, Kerstin Rudek von der BI Lüchow-Dannenberg und der Bio-Bauer Ulf Allhoff-Cramer (Detmold) reden. Es sind sehr bewegende Reden.
(Trotz dieser, und weiterer Demos wird das AKW Grohnde erst am 31.12.2021 vom Netz genommen)

Anti – Castor Demo in Gorleben
Der 13. Transport, und zugleich letzte Castor-Transport von der französischen Wiederaufbereitungsanlage La Hague in das Zwischenlager Gorleben wird vom 23. November bis 28. November 2011 durchgeführt.
Am Samstag bin ich bei der Anti – Castor Demo dabei. Gemeinsam mit anderen Atomkraftgegnern fahre ich von Nienburg mit der Bahn nach Dannenberg.
Am frühen Nachmittag demonstrieren Tausende von Atomkraftgegnern gegen den Castor-Transport. In Dannenberg versammelten sich nach Polizeiangaben mehr als 8000 Menschen. "Wir gehen von einer weit größeren Zahl aus", sagt Jochen Stay, Sprecher der Anti-Atomkraftbewegung "ausgestrahlt". Noch immer strömen Menschen auf das Gelände. Am Nachmittag sprechen die Veranstalter von 23.000 Demonstranten. Unter ihnen Familien mit kleinen Kindern, Jugendliche und ältere Menschen. Zwischen gelben Fahnen mit der Aufschrift " Atomkraft - Nein Danke" wehen grüne und rote Luftballons. Die Menschen tragen gelbe X-Kreuze als Anhänger oder Aufnäher, sogar Hunde tragen Anti-AKW-Aufkleber. Es ist eine friedliche Demo. Von den Blockadeaktionen auf der Castor Schienenstrecke und den gewaltsamen Auseinandersetzungen bekommen wir nichts mit.

Naturstrom

Mir wird immer klarer, was für ein fataler Irrweg die Nutzung der Atomenergie ist.

Und mir ist bewusst, dass ich unglaubwürdig bin, wenn ich gegen Atomkraft demonstriere, aber selber Atomstrom verbrauche.

Deshalb wechsele ich den Stromanbieter für unser Haus. Wir beziehen den Strom, den wir verbrauchen, ab Dezember von Naturstrom. Dieser Strom stammt zu 100 Prozent aus erneuerbaren Energien, und zwar aus Wasser- und Windkraftwerken in Deutschland.

Den Strom von meiner Photovoltaikanlage speise ich unabhängig davon weiter ins Netz der Avacon ein.

Country Sendung beim SMP

Am 5. November mache ich mit einem Freund eine Country Sendung beim SMP Internetradio.

Besichtigung vom Atommüll Zwischenlager in Leese

Gemeinsam mit weiteren Anti-Atom Aktivisten vom Anti-Atom Kreis Nienburg und Stolzenau besichtige ich am 8. Dezember das Zwischenlager für schwach radioaktiven Atommüll in Leese im Landkreis Nienburg.

Hier lagern viele Fässer mit Atommüll in unserer unmittelbaren Nachbarschaft!

Das wusste ich bisher nicht...

Sylvester 2011

Über Sylvester fahren wir nach Hessen. Mein alter Freund Ingo wohnt mittlerweile in der Nähe von Wetzlar. Mit ihm und seiner Familie feiern wir Sylvester.

2012

Meine tägliche Zitrone

Eines Tages, als ich gerade mal erkältet bin, bringt Jessica mich auf die Idee, dass ich ja mal eine heiße Zitrone trinken könnte. Das mache ich... Und es wirkt Wunder! Die Erkältung ist sofort weg.

Seitdem trinke ich jeden Morgen eine frisch gepresste Zitrone mit heißem Wasser.

Und ich bin nie krank oder erkältet.

Meine tägliche Zitrone wird für die nächsten Jahre mein tägliches Ritual - mein Lebenselixier!

Haussanierung

Im Januar fange ich an das Treppenhaus zu sanieren. Ich beize die Treppe ab. Das ist sehr langwierig. Und die arbeiten werden nicht mehr fertig.....Später kommt etwas dazwischen, womit ich nicht gerechnet habe.

Anti-Atom Bündnis Nienburg

Am 16. Januar wird das Anti-Atom Bündnis Nienburg gegründet. Ich bin einer der Mitbegründer, und schreibe kurzzeitig die Protokolle.

Medikamente

Ich habe mir über Medikamente bisher keine Gedanken gemacht.

Mich nervt allerdings, dass meine Mutter so viele Medikamente nehmen muss. Besonders ihre Schmerzmittel werden langsam aber sicher zum Problem. Unser Hausarzt Dr. Brinkmann hat ihr sehr starke Schmerztropfen verschrieben. Sie meint, dass die nicht helfen. Und nimmt immer mehr davon. Zusätzlich zu ihren ganzen Tabletten. Ich hab nie darauf geachtet, was sie alles nimmt...

In letzter Zeit fahre ich allerdings immer öfter für sie zur Apotheke, um neue Medikamente zu holen. Meine Mutter wird immer „verwirrter".

Sie wird immer schwächer und ist sehr schläfrig. An manchen Tagen schläft sie 12 Stunden oder sogar noch länger. Trotzdem klagt sie über Schlafstörungen. Dagegen muss sie noch mehr Schlaftabletten nehmen. Sie redet nur noch von ihren Tropfen, Das die nicht helfen. Und sie wieder welche nehmen muss. Mir fällt auf, dass sich ihr Wesen verändert. Sie ist oft sehr gereizt. Und sie entwickelt eine innere Unruhe. In immer kürzeren Abständen geht sie mit ihrem Rollator draußen spazieren. Bei jedem Wetter geht sie raus. Kommt nach kurzer Zeit wieder. Geht nach oben in ihre Wohnung. Und kommt kurze Zeit später wieder runter. Geht wieder raus... Sie läuft scheinbar ziellos umher. Ständig klagt sie über Schmerzen. Und verlangt immer wieder neue Tropfen. Sie will den Arzt wechseln, weil Dr. Brinkmann ihr nicht mehr genug verschreibt. Ich beginne mir Sorgen zu machen...

Anfang des Jahres lese ich zufällig im Internet einen Artikel über die Gefahren und Wechselwirkungen von Medikamenten. Ich denke sofort an meine Mutter und ihre vielen Tabletten. Und befasse mich erstmals damit, was sie überhaupt alles nimmt.

Ich stelle fest, dass sie eine extrem hohe Dosis an Schmerztropfen bekommt. Und auch sonst sehr viele Tabletten wild durcheinander. Ich spreche mit Dr. Brinkmann darüber. Er listet auf, was sie wann, und warum nehmen soll.

Und ich nehme die Sache mit ihren Medikamenten in die Hand. Als erstes sichte ich, was überhaupt alles da ist. Das meiste davon entsorge ich. Und in der nächsten Zeit teile ich ihr die Tabletten und Tropfen zu.

Ich hatte nicht mit den Entzugserscheinungen gerechnet. Sie jammert den ganzen Tag. Das sie Schmerzen hat. Und sie verlangt immer wieder nach ihren Schmerztropfen. Oder Tabletten. Sie wird zittrig und hat Schweißausbrüche. Sie wird immer verwirrter, und ist kaum noch ansprechbar. In der Apotheke kaufe ich Placebo Tabletten ohne Wirkstoff. Die gebe ich ihr als „Beruhigungstabletten". Außerdem mische ich ihr aus einer minimalen Menge Alkohol und Wasser „Schmerztropfen"

Gemeinsam mit Dr. Brinkmann mache ich ihr klar, dass es nur zu ihrem Besten ist, wenn ich ihr die Tabletten nur nach ärztlicher Anordnung zuteile. Und sie sieht es ein. Schon nach kurzer Zeit geht es ihr etwas besser. Sie ist nicht mehr so verwirrt.

Ganz gesund wird sie allerdings nie wieder…

Seitdem sehe ich Medikamente sehr kritisch!
Mittlerweile bin ich davon überzeugt, dass eine gesunde, überwiegend pflanzliche und möglichst naturbelassene Ernährung, sowie viel Bewegung in der Natur besser ist als jedes Medikament.

Susi wird eingeschläfert

Im Februar wird Susi bei uns auf der Terrasse eingeschläfert. Sie hatte ein riesiges Krebsgeschwür. Wir beerdigen
sie im Garten.

Auch in diesem Jahr setze ich mich aktiv bei der BI Nienburg für das BGE ein.

Fukushima Jahrestag   ,
Am 11. März ist Jahrestag der Nuklearkatastrophe von
Fukushima.
Aus diesem Anlass nehme ich an der Anti-Atom Demo in
Hannover teil.

Besichtigung Airbus Werk Hamburg
Am 14. April besichtige ich mit dem SoVD Liebenau das
Airbus Werk in Hamburg Finkenwerder.
Diese Tagesfahrt mit einem Reisebus hatte ich mit organi-
siert,
In dem Airbus Werk Finkenwerder werden der A318 bis
A321 sowie der A380 montiert.
Bei der Werksführung erfahren wir, dass ein Flugzeug aus
etwa 2 Millionen Einzelteilen besteht.
Nach dem gemeinsamen Mittagessen geht die Fahrt wei-
ter nach Wedel / Schulau. Hier befindet sich die Schiffs-
begrüßungsanlage "Willkomm-Höft", wo jedes Schiff auf
der Elbe mit der ihrer Herkunft entsprechenden Hymne
begrüßt, und verabschiedet wird.
Anschließend fahren wir mit der Elbfähre noch nach Lühe
auf einen Obst Hof.

Waldrodung in Liebenau
Am 28. April bin ich morgens auf der Arbeit geschockt!
Der Wald hinter dem Grundstück von Wolfram wird ge-
rodet!

Riesige Maschinen zerstören innerhalb kürzester Zeit diesen wunderschönen Wald!

Ich frage Wolfram, was da los ist. Er weiß es auch zunächst nicht. Später erfahren wir, dass hier ein Solarpark gebaut wird.

Ich bin fassungslos! Für so etwas habe ich kein Verständnis!

An der nächsten Ratssitzung vom Samtgemeinderat Liebenau nehme ich teil. Während der Bürgerfragestunde frage ich den Samtgemeindebürgermeister, warum der Wald jetzt, während der Brutzeit gefällt wird. Und warum keine bereits vorhandenen Freiflächen für den Solarpark genutzt werden.

Die Antwort ist lediglich, dass das Waldstück ein Teil vom Gewerbegebiet Beckebohnen ist. Und bisher nur noch nicht gewerblich genutzt wurde.

Ich bin enttäuscht und wütend!

Aber als kleiner Bürger habe ich keine Möglichkeit, dass zu ändern.

Zumal es für den Wald eh zu spät ist. Er wurde innerhalb weniger Tage gerodet.

Diese Fläche ist jetzt ein Solarpark

Ford Focus

Mein BMW hat immer mehr Macken und Probleme. Insbesondere mit der Elektrik.

Im April verkaufe ich ihn mit viel Verlust. Und kaufe mir ein „neues" Auto.

Im Netz finde ich nach tagelanger Suche einen Ford Focus „Titanium" Bj. 2009, 2l, mit Sportausstattung, Ledersitzen, Schiebedach und Anhängerkupplung als Automatik.

Am 7. Mai wird der Ford auf meinen Namen zugelassen. An diesem Tag fahre ich mit der Bahn nach Hamburg. Und hole mein „neues" Auto ab.

Ich ahne noch nicht, dass es das letzte Auto in meinem Besitz sein wird...

Magdeburg 2012
Am 10. Mai mache ich mit dem Sozialverband einen Tagesausflug nach Magdeburg.

Runder Tisch Energiewende Stolzenau
Auch bei der Arbeitsgemeinschaft „Runder Tisch Energiewende" bin ich einige Zeit aktiv.
Hier spreche ich die Waldrodung in Liebenau an:
Daraus entsteht folgender Pressebericht:

„Runder Tisch kritisiert Waldrodung für Solarpark und Atommüllager in Leese

Stolzenau. Kürzlich fand in Stolzenau wieder eine Mahnwache gegen Atomenergie statt. Anschließend setzte sich der "Runde Tisch Energiewende" zusammen.

Frank Zunk (Liebenau) sprach eine Waldrodung zur Brutzeit an:

Anfang Mai wurde in Liebenau hinter dem Gewerbegebiet Beckebohnen ein größeres Waldstück gerodet. An dieser Stelle soll ein Solarpark entstehen. Dieser ist mittlerweile fast fertig gestellt.

Der Stolzenauer Runde Tisch Energiewende kritisiert dieses Vorhaben und fragt öffentlich:

Warum muss für einen Solarpark ein etwa 50 Jahre alter gesunder Mischwald weichen?

Der Solarpark könnte auch auf vorhandenen Acker- oder Freiflächen entstehen.

Wenn die Rodung unumgänglich ist, warum muss das ausgerechnet zur Brutzeit (1. April bis zum 15. Juli.) geschehen? Die Arbeiten begannen am 28. April und sollten über das verlängerte Wochenende vom 1. Mai fortgesetzt werden. Dieses wurde aber durch eine einstweilige Verfügung der Anwohner vorübergehend gestoppt. Mittlerweile ist der Wald allerdings komplett verschwunden.

Viele Vögel und ihre Gelege, sowie andere Tiere wurden zum Opfer, dieser aus Sicht des Runden Tisches unnötigen Aktion. Auf welcher Gesetzesgrundlage ist so etwas zu verantworten?

Wer hat die erforderliche Ausnahmegenehmigung erteilt? Wer profitiert von dem Holzverkauf?

Warum wurde die Bevölkerung (insbesondere die betroffenen Anwohner) nicht im Vorfeld über die geplante Rodung informiert? fragt sich der Runde Tisch."

Ich weiß allerdings nicht, ob – und wo dieser Text veröffentlicht wurde.

Auf die Fragen haben wir (soweit ich weiß) keine Antwort bekommen.

Für mich ist das ein weiteres Beispiel dafür, dass es immer und überall nur um Profit für einige wenige geht. Ohne Rücksicht!

Mir wird erstmals bewusst, dass ich durch meine ehrenamtlichen politischen Tätigkeiten daran nichts verändern kann. Ich konnte dadurch diesen Wald nicht retten. Und erst recht kann ich die Welt nicht retten, wenn ich nur Protokolle oder Pressemitteilungen schreibe, Veranstaltungen organisiere, und Wahlplakate aufhänge!

Postwachstumsökonomie

Am 13. Juni nehme ich in der VHS Nienburg an einem Vortrag über "Postwachstumsökonomie" von Prof. Dr. Niko Paech teil.

Ich höre zum ersten Mal davon. Anschaulich erklärt Prof. Dr. Paech, was damit gemeint ist:

Die Postwachstumsökonomie kommt ohne Konsumzwang aus. Dafür gewinnen alle mehr Zeit für ein erfüllteres Leben mit intakter Umwelt.

Postwachstumsökonomie – ein Leben ohne Wachstum

Postwachstumsökonomie bedeutet wörtlich „die Wirtschaftslehre nach dem Wachstum".

Und genau darum geht es auch. Sie hat eine einfache Erklärung, warum viele Probleme in der globalisierten Welt noch nicht gelöst sind: das Wirtschaftswachstum ist der Grund. Durch das ständige Wachstum nehmen beispielsweise soziale Ungleichheit und Umweltprobleme zu.

Niko Paech sagt, dass das Wirtschaftswachstum als generelles Ziel ausgedient hat.

Aber wie kann eine Wirtschaft ohne Wachstum funktionieren?

Dazu müssen nicht nur Politiker umdenken – Radikale Änderungen in fast allen Bereichen des täglichen Lebens sind notwendig. Jeder Einzelne wird seinen bisherigen Lebensstil neu definieren müssen. Geld und Arbeit erhalten einen anderen Stellenwert in der Gesellschaft.

Konsum:

In der westlichen Gesellschaft verbringen wir viel Zeit damit, nach Prestige und Statussymbolen zu streben. Konsum, als vermeintliches Mittel zum Glück soll in der Postwachstumsökonomie ausgedient haben.

Arbeitszeit:

Viele Menschen arbeiten 40 Stunden in der Woche plus Überstunden. Die Postwachstumsökonomie sagt, dass dabei unnötige Tätigkeiten viel Zeit beanspruchen. Deshalb soll Zeit geschaffen werden für produktive Tätigkeiten, die befriedigend sind und der Gemeinschaft nützen. Noch gibt die Wachstumstheorie die Ziele vor.

BIP-Wachstum ist das Ziel fast aller Staaten.

Fast alle Staaten streben mit ihrer Politik ein Wachstum der wirtschaftlichen Leistung an. Damit folgen sie im Grunde der Wachstumstheorie, die besagt:

Durch wachsende industrielle Produktion steigt die Wirtschaftsleistung im Staat und somit der Wohlstand der Bevölkerung.

Die Wirtschaftsleistung von Staaten wird als Bruttoinlandsprodukt, kurz BIP bezeichnet.

Im Kern enthält die Theorie eine Formel, aus der sich zum Beispiel ablesen lässt, wie viele Jahre es dauert, den Wohlstand zu verdoppeln, und welches regelmäßige Wachstum dazu notwendig ist.

Die Wachstumstheorie stammt aus den 1950er-Jahren, als sich vor allem die westliche die Welt von den zwei Weltkriegen erholte und es darum ging, die Wirtschaft wieder aufzubauen.

Jedoch lässt die Formel offen, wie es dann weitergehen soll – verdoppelt sich der Wohlstand nochmal? Kritiker merken daher an, das die Wachstumstheorie ins „Unendliche" reicht, ohne einen Abschluss zu finden.

Postwachstumsökonomie – mit dem Wachstum nehmen auch die Probleme zu.

Heute, nach über 60 Jahren Wirtschaftswachstum, stößt die Theorie an ihre Grenzen. Die Ressourcen der Erde an Energie, Rohstoffen aber auch Arbeitszeit sind begrenzt.

Auf der anderen Seite ist auch ein unbegrenzter Konsum nicht tragbar.

1) Das Wachstum verursacht ökologische Probleme:
Ökologischer Fußabdruck: Die Industrieländer leben über ihre Verhältnisse.

Earth Overshoot Day: Der Tag, an dem die Ressourcen der Erde für das Jahr schon aufgebraucht sind, ist jedes Jahr früher.

Abfall: Mit der Wirtschaft wachsen die Müllberge und die Ozeane ersticken in Plastikmüll.

Energie: Die Fabriken, vor allem in Asien verbrauchen Kohlestrom, der mit seinen CO2-Emissionen das Klima schädigt. Es sieht nicht so aus, dass die großen Industrienationen, wie USA, Japan, Deutschland und China die Klimaziele erreichen können. Im Rating von Germanwatch liegt kein Land im „grünen Bereich".

2) Das Wachstum verursacht soziale und politische Spannungen:
Obwohl das BIP in allen Regionen zunimmt, verteilt sich der Wohlstand nicht gleichmäßig.

Der BUND schreibt in seiner Wachstumskritik, dass ein Prozent der Weltbevölkerung genauso viel Geld besitzt, wie alle übrigen 99 Prozent. Daraus entstehen soziale und politische Spannungen.

Löhne, die nicht zum Leben reichen, sind kein entferntes Problem aus dem globalen Süden. Immer häufiger sind auch Arbeitnehmer aus den „reichen" Ländern davon betroffen.

3) Das Wachstum wird durch Staatsschulden erkauft:
Um die Wachstums- und Wohlstandsziele zu erreichen, nehmen Staaten immer mehr Schulden auf.

Die Schuldenberge der Staaten wachsen deutlich stärker als das Wirtschaftswachstum.

Das hat auch Auswirkungen auf die Finanzmärkte, zum Beispiel auf die Höhe der Zinsen oder darauf, wie stabil Währungen sind.

Die Postwachstumsökonomie will die Probleme des Wirtschaftswachstums mit fünf Entwicklungsschritten lösen:

1.Tempo drosseln

Am Anfang geht es darum, die Konsumspirale aufzuhalten, und das Wachstum zu drosseln. Der allgemeine Zusammenhang um Angebot und Nachfrage zu regulieren, ist bekannt: Sinkt die Nachfrage, geht auch die Produktion zurück und damit das Wachstum.

Das funktioniert nur, wenn jeder mitmacht. Und weniger Konsumgüter kauft. Das soll jedoch nicht heißen, dass man auf notwendige Anschaffungen verzichten soll.

Vielmehr sollte sich jeder Bürger vor jedem Einkauf die Frage stellen, ob er das Produkt wirklich braucht.

Niko Paech argumentiert, dass uns übervolle Auslagen in den Läden überfordern, und Stress auslösen. In der Postwachstumsökonomie spart man Zeit, die man sonst vielleicht damit verbracht hätte, dem besten Schnäppchen hinterher zu jagen.

2. Mehr Selbstversorgung

In der Postwachstumsökonomie soll sich jeder, soweit möglich, selbst versorgen können. Damit werden die Menschen unabhängiger von den Preisen und Angeboten in den Läden. Würden beispielsweise die Preise für Tomaten drastisch steigen, wäre es für den einzelnen nicht schlimm, weil er Tomaten aus eigenem Anbau hat.

Was jeder jetzt schon tun kann:

-    Eigenes Gemüse anbauen

- Wasch- und Putzmittel selber machen
- Kosmetika selber machen

Dafür ist die Freizeit zu knapp, wenn man Vollzeit arbeitet. Die Lösung der Postwachstumsökonomie sind daher kürzere Arbeitszeiten. Hinzu kommen Modelle wie das bedingungslose Grundeinkommen.

Dadurch gewinnen die Menschen wieder mehr Zeit, um sich zum Beispiel in der Nachbarschaftshilfe zu engagieren, oder einen Gemeinschaftsgarten mitzugestalten.

Die Menschen sparen Geld: Sie bezahlen beispielsweise nicht mehr für einen Kindergarten oder Reparaturen, weil so etwas in der Nachbarschaft organisiert wird.

Die Ernte aus dem Gemeinschaftsgarten braucht man nicht mehr kaufen.

Carsharing und andere Tauschbörsen können an die Stelle von Geschäften treten.

3. Mehr regionale Wirtschaft

Alle Waren, die man nicht in der Nachbarschaft tauschen oder leihen kann, sollten möglichst aus der Region kommen, ohne lange Transportwege.

So könnte man in Hofläden Lebensmittel einkaufen, oder ist an einer Landwirtschaft beteiligt, die dafür die Lebensmittel liefert.

In der Postwachstumsökonomie sollen Waren möglichst lange genutzt werden. Die Industrie wächst nicht, sondern produziert auf gleichbleibenden Niveau. Sie ersetzt nur die Produkte, die am Schluss aus dem Kreislauf ausscheiden. Cradle to Cradel wird zum Standard.

So würden zum Beispiel Elektrogeräte erst einmal von einem Fachmann in der Umgebung repariert werden.

Erst wenn ein Gerät wirklich kaputt ist, würde es durch ein Neues ersetzt werden.

Second Hand wird zur Norm.

In den Regionen entstehen dadurch neue Beschäftigungs-möglichkeiten. So könnten zum Beispiel Handwerker wie Schuster, Schneider oder Zimmermänner wieder gefragte Berufe werden.

Die einzelnen Regionen werden unabhängiger. Weltweite Wirtschaftskrisen mit Massenarbeitslosigkeit gehören dann der Vergangenheit an. Mit Regionalwährungen, die staatlich gestützt sind, können auch extreme Schwankungen in den Finanzmärkten den lokalen Wirtschaftsgebieten nichts mehr anhaben.

4. Reparieren und recyceln, ein neuer Markt

Ein Ziel der Postwachstumsökonomie ist es, möglichst wenig Rohstoffe neu zu verwenden. Die industrielle Produktion soll sich aus den recycelten Materialien bedienen. Die Postwachstumökonomen schlagen vor, Waren künftig so zu gestalten, dass sie eine lange Lebensdauer haben.

Auch wenn es weniger Produkte gibt, wird es neue Beschäftigungen geben.

So müssen zum Beispiel Experten technische Geräte warten, oder reparieren. Das stellt neue Anforderungen an das Konzept von Produkten, deren Design bislang eher für den kurzzeitigen Gebrauch gedacht war.

Dienstleister könnten zum Beispiel veraltete technische Geräte umbauen. Die Geräte kommen so wieder auf den neusten technischen Standard, oder werden nur äußerlich aufbereitet.

Auch allgemeines Upcycling durch Dienstleister ist denkbar.

5. Reform der Werte

Die Postwachstumsökonomie macht Bodenflächen frei, die bislang Industriegebiete, Logistikparks oder Autobahnen beanspruchten.

Diese Flächen sollen nach Möglichkeit „natürlich" genutzt werden, wie zum Beispiel für Landwirtschaft und Gemeindegärten.

Eine andere Möglichkeit ist es, diese schon bebauten Flächen für Strom aus erneuerbaren Energien zu nutzen.

Die nachhaltige Entwicklung muss nach Auffassung der Postwachstumsökonomie endlich konkret messbar werden. Die Wissenschaftler empfehlen daher, bei jedem Produkt den jeweiligen CO_2-Verbrauch anzugeben. Die Summe aller individuellen CO_2-Bilanzen der Produkte müssen dann mit gesteckten CO_2-Klimazielen vereinbar sein.

Die Postwachstumsökonomie will das Wirtschaftsziel „Wachstum" durch neue Ziele ersetzten, die nicht nur das Vermögen messen, sondern höheren Werten verpflichtet sind. So lässt sich schon jetzt das kleine Land Bhutan am Bruttosozialglück seiner Bevölkerung messen. Als erstes Land der Welt hat es dem allgemeinen Wachstumsziel des Bruttoinlandsprodukts eine Absage erteilt.

(Quelle: utopia.de/ratgeber/postwachstumsoekonomie-geht-es-auch-ohne-wirtschaftswachstum/ und Nico Paech)

Ich bin begeistert! Durch diese Veranstaltung werde ich zum Wachstumskritiker.

Später übernehme ich Teile der Postwachstumsökonomie in mein Denken und Handeln.

Dann passiert etwas, womit ich nicht gerechnet hatte... Es war aber voraus zu sehen.

Trennung von Jessica

Im Juni trennt sich Jessica von mir.

Nach unserer Hochzeit haben wir uns immer mehr „auseinander" gelebt.

Insbesondere durch meine vielen Interessen und Aktivitäten.

Meine ehrenamtlichen Tätigkeiten (Die Linke, BGE, Sozialverband, Anti-Atom Bewegung), das Internetradio und auch die Sanierung von unserem Haus haben in den letzten Jahren sehr viel Zeit in Anspruch genommen.

Entweder war ich am arbeiten, oder unterwegs. Auf politischen Veranstaltungen, Informationsfahrten, Lehrgängen usw. Oder ich saß am Rechner. Hab Internetradio gemacht, Musik runtergeladen und sortiert, Protokolle und Presseberichte geschrieben.

Wir hatten kaum noch gemeinsame Zeit.

Jessica hat immer öfter Zeit mit ihren Arbeitskollegen verbracht...

Im Juni zieht sie zu ihrem Freund.

Ich nehme es einfach so hin...

Sie nimmt zunächst nur ihre persönlichen Sachen mit.

Die Trennung ist ein Schock für mich...

...Ich stelle die Renovierungsarbeiten ein

Ich bin jetzt alleine mit meiner Mutter in unserem großen Haus.

Es ist immer noch Baustelle.

Ich habe fast mein ganzes Schmerzensgeld in dieses Haus investiert.

Das Geld geht auch langsam, aber sicher zu Ende....

Ich stelle die Renovierungsarbeiten ein.

Später wird das Haus als Baustelle verkauft.

Mein Leben geht weiter...

Pflege meiner Mutter

Meine Mutter wird immer kränklicher. Sie ist jetzt pflegebedürftig. Ich kümmere mich intensiv um sie. Neben der Körperpflege kümmere ich mich auch um alle finanziellen Angelegenheiten. Von ihrem Geld wird weiterhin der Unterhalt für unser Haus bezahlt. Aber es wird trotzdem knapp.

Dresden 2012

Am 7. Juli nehme ich mit Friedrich an einer Veranstaltung zum BGE in Dresden teil.

An diesem Wochenende fahre ich mit der Bahn nach Dresden. Friedrich wohnt mittlerweile in Dresden. Ich verbringe ein tolles Wochenende bei ihm und seiner Frau. Er zeigt mir diese wunderschöne Stadt. Sonntag fahre ich zurück.

Seitdem bin ich fasziniert von Dresden!

Manowar Konzert in Dortmund

Gleich am nächsten Tag, dem 9. Juli bin ich mit einer Freundin beim Manowar Konzert in Dortmund.

Mandy wohnt in Minden. Wir kennen uns schon eine Weile. Ich habe sie online über den Chat vom SMP Radio kennengelernt.

An diesem Montag fahren wir mit ihrem Auto nach Dortmund. Und sind am frühen Nachmittag bei der Westfalenhalle.

HolyHell

Diese US-amerikanische Power-Metal Band kannte ich bisher nicht.

Der Sound gefällt mir! Leider ist der Auftritt mit nur 6 Liedern recht kurz.

Manowar

Es wird laut! Die ersten Töne vom Opener "Manowar"! Es wird ein gigantisches, und sehr lautes Metalkonzert! Manowar ist die lauteste Band der Welt.

Bei "Fighting The World" muss ich an meine Jugendzeit und meinen 18. Geburtstag denken, als ich mit diesem Lied die ganze Nachbarschaft in der Potsdamer Straße beschallt habe. Jetzt erlebe ich es live!

Zwischendurch holt die Band einen 16 jährigen aus dem Publikum auf die Bühne. Er soll beweisen, dass er Gitarre spielen kann. Und ja...Das kann er. Für sein Gitarrensolo bekommt er eine Gitarre von der Band geschenkt.

"Warriors Of The World" ist ein weiterer Kracher. Dieses Lied finde ich in letzter Zeit noch besser.

Auch dieses Konzert ist ein tolles Erlebnis!

Mandy und ich übernachten in einem Hotel in Dortmund. Und fahren am nächsten Tag zurück

Wacken 2012

Am ersten Augustwochenende ist das zweite Wahnsinnsfestival meines Lebens!

Ich bin auf Wacken!

Das Wacken Open Air W:O:A ist ein erstmals 1990 abge-
haltenes Heavy-Metal-Festival, das jährlich in der Gemeinde Wacken in Schleswig-Holstein stattfindet.

Wacken 2012 - 23 Years (Faster: Harder: Louder) Unter
dieser Bezeichnung wird das diesjährige Festival in die
Metal Geschichte eingehen.

Ich bin mit Dany und Tomas dabei

Die Karten hatten wir bereits letztes Jahr im August bestellt. Das Festival war nach 121 Tagen schon ausverkauft. Obwohl 150€ pro Karte nicht grad günstig ist, wurden in kurzer Zeit 75.000 Karten verkauft.

Anfahrt

Ich fahre bereits am Dienstagnachmittag mit Auto in Liebenau los.

Nach Warder zu Dany und Tomas. Dort verbringe ich mit
den beiden einen ruhigen Abend am Wardersee.

Am Mittwochmorgen fahren wir zu dem nur 50 km entfernten Festival im Kreis Steinburg.

Den Tag verbringen wir mit einchecken, und Zelt aufbauen.

Satte 50 Liter pro Stunde und Quadratmeter hatten das Gelände in den Tagen vor dem Festival in eine Seenlandschaft verwandelt.

Während der kommenden Festivaltage bin ich weitestgehend alleine unterwegs. Aber das macht mir nichts aus. So kann ich mir die Bands angucken die ich sehen will. Und bin unabhängig. Dany und Tomas fahren zum Übernachten in ihr Ferienhaus. Wir sehen uns zwischendurch immer mal kurz.

Auch an diesem Wochenende ist es für mich selbstverständlich, dass ich keinen Alkohol trinke. Soweit ich das mitbekomme, bin ich der einzige, der während der gesamten Zeit nüchtern ist.

Santiano

An diesem Abend höre ich mir spontan die erste Band an. Santiano spielen auf der Wackinger Stage. Bis jetzt kannte ich Santiano nicht. Diese Band mischt Musikgenres wie traditionelle Volkslieder, Schlager und Seemannslieder. Nicht grad meine Musikrichtung. Aber ich werde sehr positiv überrascht! Santiano sind richtig gut! Besonders das Lied Santiano ist ein Live Kracher! Ich bin begeistert! Die Seemannslieder sind der Hammer! Seit diesem Abend ist Santiano eine meiner absoluten Lieblingsbands.

Die Party auf dem riesigen Festivalgelände geht bis in die frühen Morgenstunden.

Donnerstag auf Wacken

Gegen 8 werde ich von der saunaartigen Hitze im Zelt wach. Die Sonne brennt zu dieser frühen Stunde bereits unerbittlich, und ich kann mir gar nicht vorstellen, dass für die kommenden Tage Regenfälle gemeldet sind. Zumindest jetzt lässt sich kein Wölkchen am Himmel ausmachen.

Santiano

Der 1. Festivaltag beginnt für mich wie der Mittwoch aufgehört hat. Mit dem 2. Auftritt von Santiano. Die spielen jeden Tag auf der kleinen Bühne. Diesmal bereits mittags. Bei Tageslicht schaffen es Santiano mit ihren Seemannsliedern die Metal Fans auf die folgenden Rockkonzerte einzustimmen.

Diese Band ist mir total sympathisch. Das ist noch echte handgemachte Musik mit Herzblut.

Nachmittags fängt es an zu regnen…

Skyline

Die Rock- und Coverband. Skyline war schon beim ersten Wacken Open Air im Jahr 1990 dabei, damals noch mit Festivalgründer Thomas Jensen an der Bassgitarre.

Ich kannte auch diese Band bisher nicht. Sie sind mit einem Special Guest angekündigt. Ich bin gespannt.

Es ist 16 Uhr. Und damit Zeit für Skyline das 23. W:O:A auf der Black Stage zu eröffnen.

Der Sound von Skyline gefällt mir. Sie covern bekannte Rocksongs.

Dann die Überraschung… Auf einmal steht Doro Pesch auf der Bühne! Doros neuer Song „Raise Your Fist In The Air" ist ein Kracher! Sie spielt ihn zusammen mit Skyline auf der Black Stage. Überraschend gut ist das Rammstein Cover „Engel" von Skyline. Dann ein Manowar Cover „Warriors of the World" Ich liebe dieses Lied!

Die Wacken Hymne „We Are The Metall Heads" von und mit Doro wird sowieso gefeiert! Es ist der Rockwahnsinn im strömenden Regen!

Das Wetter ist typisch für dieses Festival. Der Boden vor der Bühne verwandelt sich in eine Schlammwüste. Aber es ist eine krasse Party mit lautem Rocksound!

Sepultura

Nach einer Umbaupause geht es auf der Black Stage mit Sepultura weiter.

Das ist Musik aus meiner Jugendzeit. Mit 16 habe ich zu den Liedern vom Sepultura Album „Arise" in meinem Kellerzimmer gemoscht. Jetzt steht diese Metal Band aus Brasilien direkt vor mir auf der Bühne. Die Songs wecken Erinnerungen. Sepultura schaffen es die unglaubliche Energie ihrer Songs auf die Menschenmassen vor der Bühne zu übertragen.

Insbesondere bei den Klassikern „Roots bloody Roots" und „Ratamahatta" steht niemand mehr still. Allerdings ist mir der Sound mittlerweile zu hart.

Saxon

Abends spielen Saxon Heavy Metal aus England auf der Black Stage. Auch das ist Musik aus meiner Jugendzeit. Schon der Opener „Heavy-Metal-Thunder" ist krass! Saxon bringt die Menge vor der Bühne zum Toben. Ein Kracher ist "Wheels Of Steel".

Mit "Princess Of The Night" beenden Saxon ein weiteres grandioses Konzert hier auf Wacken.

Torfrock

Die Deutschrockband Torfrock spielt um 22:45 Uhr auf der kleinen Bühne. Torfrock wurden 1990 mit dem Titel „Beinhart" bekannt. Zum Filmstart von Werner – Beinhart! hatten sie mit diesem Lied einen Nummer-eins-Hit. Natürlich ist er an diesem Abend auf Wacken zu hören. Außerdem unter anderem bekannte Titel wie „Rollo, Der Wikinger" und „Presslufthammer B-B-Bernhard"

Nach einem krassen und erlebnisreichen Tag falle ich am frühen Freitagmorgen erschöpft, aber glücklich ins Zelt.

Freitag auf Wacken

Es ist morgens nicht so heiß wie gestern. Und ich schlafe deutlich länger. Aber um 11 mache ich mich wieder auf dem Weg vom Zeltplatz zum Festivalgelände. Einer der krassesten Konzerttage meines Lebens erwartet mich…

Santiano

Mittags erlebe ich Santiano zum 3. Mal. Diese Band fasziniert mich! Ich bin ein totaler Santiano Fan geworden. Fühle mich schon wie ein Groupie, das von Konzert zu Konzert reist.

Oomph!

Direkt im Anschluss gehe ich zur Party Stage. Hier spielt die deutsche Rockband Oomph!

Die finde ich schon länger richtig gut. Und live ist diese Band der Hammer! Im Matrosenkostüm stürmen die Jungs von Oomph! die Bühne. Bei strahlendem Sonnenschein spielt die Band ein bunt gemischtes Set, Heizen die Meute immer wieder an zu hüpfen und zu klatschen. Die Stimmung kocht und jeder hat seinen Spaß. Jedes Lied ist ein Kracher.

„Sandmann, Gott ist ein Popstar, Labyrinth"…

Besonders Augen auf!" bringt die Menge zum Toben. Ich lasse mich einfach treiben. Bin im Rausch der Musik.

Schlammwüste auf Wacken

Kurz nach 3 fängt es an zu regnen. Es ist ein sintflutartiger Regenschauer, der auf das Festival niedergeht. Das Festivalgelände verwandelt sich in eine Schlammwüste. Es ist der Wahnsinn! Tausende von Metal Fans waten durch den Schlamm. 2 Mädels machen sehr zur Freude der umstehenden Männer eine Schlammschlacht. Das Festivalgelände, und auch mein Zelt versinken im Schlamm. Ich schaffe es grad noch die wichtigsten Dinge aus dem Schlamm zu fischen und ins trockene Auto zu retten. Diese Bilder werde ich nie vergessen. Der 3. August 2012 ist einer der intensivsten Tage meines Lebens! Harte Rockmusik und Schlamm…

HammerFall

Pünktlich zum Auftritt von HammerFall ab 19:45 Uhr auf der True Metal Stage hört es auf zu regnen. Die Power-Metal-Band bringt die Menge im Schlamm vor der Bühne zum Toben. HammerFall beginnen ihr 15jähriges Wacken-Jubiläum in strahlendem Sonnenschein der Abendsonne mit „Patient Zero". Die Schweden bieten der begeisterten Menge nicht nur mit „Bang Your Head" die perfekte Untermalung zum Headbangen, sondern nehmen uns mit „Steel Meets Steel" auch mit auf eine Zeitreise zum 15 Jahre zurückliegenden „Glory To The Brave". Überhaupt bieten HammerFall ein Hitfeuerwerk, das kaum Wünsche offen lässt.

Die 2 Stündige Pause auf der Hauptbühne nutze ich, um die ultimative Party im Schlamm zu feiern!

In Flames

In Flames ist eine schwedische Melodic-Death-Metal-Band, die ich bisher nicht kannte. Sie haben sich für ihre Show etwas ganz Besonderes einfallen lassen. Zu Beginn der Show stehen alle Bandmitglieder auf einem Gerüst, das sich über die komplette Rückwand der Bühne erstreckt. Hinter Leinwänden steht die Band als Schattenspieler und ganz gemächlich beginnt der Auftritt mit „The Jester's Door" und „Cloud Conected". Die Fans sind hellauf begeistert, und vergessen einmal mehr das Wacken-

Meer um sich herum. Neben einer Leinwand sorgen unentwegt Flammen für einen mehr als heißen Gig.

Zum Abschluss gibt es bei „My Sweet Shadow" ein Feuerwerk, das hinter der Bühne den nächtlichen Himmel erhellt. Es ist ein beeindruckender Auftritt. Diese Band hat mich beeindruckt. Allerdings ist mir der Death-Metal Sound mittlerweile zu hart.

In Extremo

Auf den Auftritt von In Extremo habe ich mich besonders gefreut. Ich hatte die ja bereits 2005 als Vorband der Onkelz gesehen. Seitdem bin ich In Extremo Fan!

Das nächtliche In Extremo Konzert auf der Black Stage ist der Hammer!

Mit „Sterneneisen" steigt die Mittelalterrock-Band in ihren Auftritt ein.

Besonders die Lieder „Mein Rasend Herz" „Spielmannsfluch" und „Vollmond" sind

ultimative Kracher! Die Show ist bombastisch!

Aber der harte Tag im Schlamm, und der Alkohol haben bei den meisten Metal Fans Spuren hinterlassen.

Ich bin auch nachts um 2 noch fit!

Überglücklich stapfe ich durch den Matsch Richtung Zeltplatz. Es ist nebelig und die spärliche Zeltplatzbeleuchtung lässt ein gewisses Zombiefeeling aufkommen.

Tausende Metall Heads schlurfen in eine Richtung durch den Matsch, dunkle Silhouetten auf der Suche nach Ruhe und Bier.

Mein Zelt ist völlig verschlammt. Ein Feuchtbiotop. Und nicht mehr nutzbar. Ich richte mich für die Nacht im Auto ein. Es ist halb 4, als ich auf der Rückbank von meinem Ford einschlafe.

Samstag auf Wacken

Die Morgensonne weckt mich recht früh. Und die Vorfreude auf den krassen Festivaltag lässt mich eh nicht
mehr schlafen. Im Laufe des Vormittags verschlechtert
sich das Wetter zunehmend. Mittags fängt es wieder an zu
regnen. Aber das gehört auf Wacken dazu. Ich kämpfe
mich im Regen durch den Schlamm bis zur Wackinger
Stage wo Santiano auftreten.

Santiano

Santiano spielen zum 4. und letzten Mal. Ich habe alle 4
Konzerte von der 1. Reihe aus erlebt. Auch dieser letzte
Auftritt im Regen und Schlamm ist bombastisch! Ich bin
im Santiano Fieber!
Es ist die ultimative Schlammparty auf Wacken!
Nachmittags schüttet es wie aus Eimern! 2 Stunden lasse
ich mich von diesem schlammigen Wahnsinn treiben.
Dann erwartet mich auf der True Metal Stage einer der
Höhepunkte auf Wacken 2012.

Axel Rudi Pell

Dieser deutsche Hard-Rock- und Heavy-Metal-Gitarrist
mit seiner Band ist genial gut! Einer der Haupt Acts von
diesem Festival. Ich bin durch das SMP Radio auf ihn
gestoßen. Und seitdem totaler Axel Rudi Pell Fan. Ich
habe es geschafft, mich im Schlamm durch die Menschenmassen bis in die 1. Reihe vorzukämpfen!
Die Band startet mit dem Intro „The Guillotine Suite" von
ihrem aktuellen Album ihren Auftritt. Sie spielen einige
Titel davon. Aber auch ältere Stücke.
Diese international besetzte 5er Band ist einfach gut.
Nicht nur der Frontmann Axel, sondern auch der Sänger
Johnny Gioeli überzeugt durch sein können.

Das Wetter ist anfangs mal erträglich. Aber bei "Before I Die" fängt es wieder an zu regnen. "Strong As A Rock" ist ein richtiger Live Kracher!

Nach der Bandvorstellung sorgt mit "Nasty Reputation" dann ein Hit aus frühen Tagen für den würdigen Abschluss eines Auftritts, der eine Menge positive Energie ausgestrahlt hat.

Megaherz

Am frühen Abend spielt die Deutschrock Band Megaherz in der W.E.T. Stage. Ich kannte schon ein paar einzelne Titel von Megaherz. Da bei Megaherz nicht so viel Andrang ist, kann ich mir ohne Probleme den besten Platz in der 1. Reihe sichern. Diese Deutschrocklieder sind die richtige Musik für mich! Besonders „Heuchler und das letzte Lied „Miststück" sind der Hammer! Für mich ist das Konzert von Megaherz ein unvergesslicher Teil von diesem Festival.

Nach dem Auftritt von Megaherz genieße ich die letzten Stunden auf Wacken. Das Schlammchaos wird immer krasser…

Aber der Höhepunkt von diesem Festival kommt ja noch…

Scorpions

Die Scorpions geben an diesem Abend ihr Abschiedskonzert auf der Black Stage. Sie starten mit „Sting in the Tail" in ihren Auftritt. Es folgen ein paar ruhige Klassiker. Mit "Rhythm Of Love" und "Raised On Rock" zieht die Band dann Härtegrad und Tempo leicht an. Zeitgleich beginnt es nochmal zu regnen. Und zwar nicht nur ein bisschen, sondern noch einmal so richtig! Ich harre trotzdem vor der Bühne im Schlamm aus. Songs wie "Dynamite", "Blackout" und "Big City Nights" sind es mir wert.

haben es in sich. Zu "Coming Home" wird eine Statue auf die Bühne gerollt, die die Form der berühmten Scorpions-Pyramide hat und die dann von leichtbekleideten Damen funkensprühend mit der Flex bearbeitet wird. Die zweite Zugabe ist die wohl beste Ballade, die es je gab. "Still Loving You".

"Rock You Like A Hurricane" ist ein grandioser Schluss-punkt von diesem denkwürdigen Konzert.

Für mich ist dieses Festival um 0:30 Uhr nach dem Auf-tritt der Scorpions beendet.

Rückfahrt

Ich kämpfe mich so wie zig tausend andere Metal Fans durch den Schlamm zum Zeltplatz. Es ist eine Herausfor-derung, im Schlamm alle Sachen wieder zu finden. Dass ich es schaffe, mit dem Auto heile durch die Schlamm-wüste zu kommen, grenzt an ein Wunder. Ich lege die Fußmatten unter die Antriebsräder. Und hab spontane Hilfe beim Schieben. Helfe genauso spontan auch, andere Autos aus dem Schlamm zu bekommen. Mit vereinten Kräften kommen alle vom Platz. Total im Schlamm ver-sunkene Autos werden mit dem Trecker rausgezogen.

Es herrscht ein einziges Abreisechaos. Dazu beschallt die harte Rockmusik der letzten Bands das Gelände. Diese nächtliche Abreise ist, ebenso wie das gesamte Wochen-ende auf Wacken unvergesslich! Um halb 2 habe ich es geschafft. Ich verlasse das Festivalgelände und fahre nach Hause.

Unterwegs werde ich müde. Damit ich nicht am Steuer einschlafe, halte ich an einem Autobahnrastplatz an. Und schlafe erstmal.

Halb 9 am Sonntagmorgen bin ich zuhause.

Damit ist eines der krassesten Wochenenden meines Lebens beendet.

Stemwede 2012

Schon 2 Wochen später bin ich mit Mandy auf dem nächsten Festival. Das „Stemwede - umsonst & draußen" findet am 17. und 18. August bei Stemwede (Kreis Minden) statt.

Mit etwa 12.000 Besuchern im Ilweder Wäldchen, sowie auf den umgebenden Stoppelfeldern und Wiesen, gilt das Festival als größte Veranstaltung dieser Art in der Region Ostwestfalen-Lippe und im angrenzenden Niedersachsen. Das Festival bietet auf drei Bühnen ein vielfältiges musikalisches Programm an. Überwiegend aus den Genres Rock, Ska, Alternative und Punk. Auf der Waldbühne wird überregionalen Bands oder Musikern Raum für einen Auftritt vor großem Publikum geboten. Internationale Acts, denen in ihrer Heimat bereits der Durchbruch gelungen ist, kann man hier ebenfalls erleben. Auch junge Bands aus der Region rund um Stemwede, haben auf dem Stemwede Open Air Festival die Chance, sich zu präsentieren. Die Wiesenbühne bietet eine Plattform für regionale Bands. Erstmals gibt es außerdem eine kleine, dritte Bühne: Das sogenannte Sonnensystem. Hier findet nachmittags ein Programm aus Singer-Songwritern, Poetry-Slamern, Theater und Kunst statt. Nachts verwandelt sich das Sonnensystem in einen Dancefloor mit elektronischer Musik.

An diesem Wochenende ist strahlender Sonnenschein mit 30 Grad.

Ich kannte bisher keine der auftretenden Bands.

Mandy und ich genießen einfach das Flair von diesem Festival.

Wir gucken uns einige Bands an.

Unter anderem 7 Seconds, eine Hardcore-Band aus Nevada.

Cryptex

Besonders der Auftritt von Cryptex ist mir in Erinnerung geblieben. Die Band spielt Samstagabend auf der Waldbühne. Dieser Auftritt hat mich sehr beeindruckt.

Cryptex ist eine deutsche Progressive-Folk-Rockband aus Niedersachsen (Salzgitter und Hannover).Das Trio spielt einen Mix aus Progressive Rock, Folk, Pop und Hard Rock. Bei Live-Auftritten benutzt die Band unter anderem exotische und untypische Instrumente, wie das Sansula, Didgeridoo, Cajón oder Glockenspiel.

Seit diesem Konzert bin ich Cryptex Fan. Ich kaufe mir auch gleich ihr aktuelles Album. Die Bandmitglieder signieren die CD für mich. Außerdem wird ein Gruppenfoto mit mir gemacht.

Mandy und ich verbringen 2 tolle Tage in Stemwede.

Der Dümmer brennt 2012

Der Dümmer See im Landkreis Diepholz ist der zweitgrößte Binnensee von Niedersachsen. Jedes Jahr wird hier ein großes Feuerwerk veranstaltet. Der „Dümmerbrand" findet 2012 zum 50. Mal statt. Es ist ein großes Volksfest am See. Ich bin am 25. August mit Freunden vom SMP Radio dabei. Das Feuerwerk ist wirklich beeindruckend und sehenswert.

Anschließend bin ich bis 5 Uhr morgens auf der Party bei der FFN Bühne am Dümmer.

Weserfahrt 2012

Anfang September bin ich mit dem SoVD auf einer Weserfahrt. Ich habe diese Fahrt für den Ortsverband Liebenau initiiert, und mit organisiert. Jessica und meine Mutter
sind ebenfalls dabei. Wir fahren an diesem Samstag gemeinsam mit Mitgliedern aus den umliegenden Ortsverbänden mit einem Reisebus nach Bodenwerder. Und dann
mit einem Ausflugsschiff auf der Weser flussabwärts bis
Polle. Es ist eine sehr schöne, 3 stündige Fahrt auf der
Weser. Ich genieße besonders die Möglichkeit das Weserbergland mal von der Wasserseite aus zu sehen. Die Mit-
telgebirgslandschaft ist einmalig schön.

Für meine Mutter ist es der letzte größere Ausflug...

Pulverfabrik Liebenau
Direkt neben unserem Grundstück befindet sich ja das
eingezäunte Waldstück. Es ist nicht einsehbar. Schon als
Kind hat mich dieser Wald, in den ich ja nicht reinkam,
fasziniert. Irgendwann wurde es zur Gewohnheit, dass der
Wald da ist.
Viele Jahre später stoße ich im Netz auf Berichte über die
Pulverfabrik in Liebenau.
Auf der Homepage der Dokumentationsstelle über die
Pulverfabrik finde ich folgenden Text:
„Pulverfabrik Liebenau 1938 bis 1945
Im Sommer 1939 begann die Firma Wolff & Co. aus
Walsrode mit dem Bau einer Pulverfabrik in der unmittel-
baren Umgebung der Ortschaften Liebenau und Steyer-
berg (Kreis Nienburg/Weser). In einem ausgedehnten
Waldgebiet übernahmen der Reichsarbeitsdienst und über
70 Vertragsfirmen - mit den Häftlingen des sogenannten

„Arbeitserziehungslagers" Liebenau - die Planierungsarbeiten, den Straßen-, Hoch- und Tiefbau sowie die Installationsarbeiten. Auf einer Gesamtfläche von etwa 12 qkm errichteten sie insgesamt knapp 400 Gebäude. Die einzelnen Bauten lagen aus Sicherheitsgründen weit auseinander. Die flachen Betondächer waren zur Tarnung mit einer Erdschicht bedeckt und bepflanzt. Zum Betrieb der Anlage wurden 200 Kilometer Kabelleitungen für Licht und Strom, 84 Kilometer Betonstraßen und 42 Kilometer Eisenbahnschienen angelegt. Ab 1941 produzierte die von Wolff & Co. gegründete Tochterfirma „Eibia" im Auftrag des Oberkommandos des Heeres (OKH) verschiedene Pulvergrundstoffe, Pulver und Raketentreibsätze. Hergestellt wurden Röhren-, Blättchen- und Ringpulver. Bis in das Jahr 1945 belief sich die Gesamtproduktion in Liebenau auf weit über 40.000 Tonnen Pulver. Zu dieser Arbeit wurden neben vergleichsweise wenigen deutschen Arbeitskräften vor allem sowjetische Kriegsgefangene sowie Fremd- und Zwangsarbeiter/innen aus den verschiedensten Nationen herangezogen, wobei die heute noch vorhandenen Meldekarteien in Liebenau und Steyerberg mehr als 11.000 Namen ausweisen. Die Häftlinge des „Arbeitserziehungslagers" Liebenau, die sowjetischen Kriegsgefangenen und die osteuropäischen Zwangsarbeiter/innen waren besonders miserablen Lebensumständen ausgesetzt. Über 2.000 dieser Frauen und Männer starben an Mangelerkrankungen, Hunger und Schlägen, aber auch durch Erschießungen und Hinrichtungen durch den Strang."

(Quelle: Martin Guse, www.martinguse.de/pulverfabrik/index.htm)

Das habe ich nicht gewusst! Ein dunkles Kapitel in der Geschichte von Liebenau. In meiner unmittelbaren Nachbarschaft.

Bei meiner weiteren Internetrecherche stelle ich fest, dass die Waldsiedlung und auch der Lebensgarten Steyerberg ebenfalls zu dem Gelände der Pulverfabrik gehörten.

Und die dicken Fundamente auf unserem Grundstück waren Baracken, die auch damit in Verbindung standen. Martin Guse leitet die Dokumentationsstelle. Und bietet Führungen über das Gelände an.

Als direkter Anwohner möchte ich die Pulverfabrik besichtigen. Und nehme Kontakt zu Herrn Guse auf. Aber als Privatperson ist es sehr schwierig, eine Führung zu bekommen.

Über den Sozialverband schaffe ich es, eine Führung für den Ortsverband zu organisieren. Dieses Thema stößt bei den überwiegend älteren Mitgliedern auf reges Interesse. Am 6. Oktober führt Martin Guse eine Gruppe von etwa 20 Mitgliedern vom SoVD Ortsverband Liebenau und umliegenden Ortsverbänden über das riesige Gelände. Vorab erfahren wir in der Hauptschule Einzelheiten über die Geschichte der Pulverfabrik.

An diesem Samstagvormittag regnet es.

Aufgrund der Weitläufigkeit fahren wir mit mehreren Autos. Ich fahre selber. Jessica fährt bei mir mit. Es ist ein einmaliges Erlebnis! Aber auch sehr beeindruckend! Wir fahren über die Ringstraße einige der etwa 400 Gebäude an. In manche können wir hineingehen. Herr Guse erläutert uns viele Einzelheiten zu den einzelnen Gebäuden. Es ist wirklich bedrückend! So etwas in unmittelbarer Nähe von unserem Haus! Mittags hört es auf zu regnen. So dass wir vom Auto aus eine bessere Sicht auf das Gelände haben. Neben überwucherten Gebäuden ist ein Teil vom ehemaligen Straßen- und Schienennetz zu sehen. Die meisten der Produktionsstätten sind noch relativ gut erhalten. Es sind viele Details erkennbar.

Einige Gebäude sehen aus wie richtige Häuser. Aber überwiegend sind es riesige, leerstehende Fabrikhallen und Bunkeranlagen. Einige der Bauwerke sind so überwuchert, dass sie fast nicht zu sehen sind.

Die Führung dauert etwa 2,5 Stunden. Ich bin schwer beeindruckt und nachdenklich.

Doro im Aladin Bremen

Doro ist am 16. November während ihrer Europatour im Rahmen ihrer Raise Your Fist World Tour 2012/13 im Aladin in Bremen.

Ich fahre an diesem Freitag mit Mandy in die Rockdisco nach Bremen-Hemelingen.

Die Vorband ist die tschechische Rockband SEVEN.

Ich hatte Doro ja erst vor kurzem auf Wacken erlebt. Aber dieses Konzert, nur mit ihr und ihrer Band ist etwas ganz besonderes. Wie meistens bei Konzerten, bin ich in der 1. Reihe.

Ich bin seit meiner Jugend Doro, Beziehungsweise Warlock Fan. Ich bewundere Doro Pesch insbesondere für ihre Stärke! Sie hat es geschafft, sich in der Männerdominierten Metal-Szene durchzusetzen. Sie ist eine der erfolgreichsten Sängerinnen innerhalb der Rock-Szene, bekannt für ihre blonde Mähne und verrauchte Gröl- und Whiskey-Stimme. Und jetzt steht diese großartige Powerfrau direkt vor mir. In unmittelbarer Nähe…zum Greifen nahe! Es ist ein ultimatives Konzerterlebnis! Man merkt ganz klar, dass Doro ihr

Leben der Musik gewidmet hat. Dass Musik ihre Liebe ist. Und ihr zuhause der Tour Bus. Diese Liebe und Begeisterung, mit der sie singt ist beeindruckend!

Doro stellt ihr neues Album „Raise Your Fist" vor. Der Titelsong ist ein Kracher. Aber sie bringt auch ältere Lieder aus ihrer Solo Kariere. Und sogar Stücke aus der Zeit mit Warlock. Ein besonderes Highlight ist der Titel „All We Are". Diesen Titel habe ich schon als Jugendlicher in meinem Kellerzimmer aufgedreht. Es ist eines meiner absoluten Lieblingslieder. Jetzt singt Doro ihn live direkt vor mir. Ein unvergesslicher Moment! Und auch „I Rule the Ruins" ist ein live Kracher. Sehr schön ist „Für Immer"

Im Anschluss an das Konzert kaufe ich mir das neue Album von Doro. Die Mitglieder der Band stehen dann noch für eine Autogrammstunde zur Verfügung. Sie signieren mir die CD. Doro selber ist aber leider schon nicht mehr im Aladin.

Auch dieses Konzert ist ein unvergessliches Erlebnis!

Winter 2012/2013

Es wird ein kalter Winter.

Ich hab kein Geld mehr für Heizöl. Wir haben kaum noch trockenes Holz. Ich kann meine Wohnung nicht mehr heizen. Mit dem Holz was noch da ist, heize ich die Wohnung von meiner Mutter.

Ich selber sitze in meiner eiskalten Wohnung...

Sylvester 2012

Den Jahreswechsel verbringe ich in Stolzenau bei Vanessa und Deborah.

2013

Meiner Mutter geht es immer schlechter. Sie ist verwirrt.
Am 25. Januar bringe ich sie ins Krankenhaus Stolzenau.

Es ist sehr kalt! Ich friere, und sitze zitternd vor dem
Ofen… Mit nassem Holz wird er nicht warm… Am 26.
Januar habe ich eine Lungenentzündung. Dr. Brinkmann
weist mich ebenfalls ins Stolzenauer Krankenhaus ein.
Dort komme ich innerhalb weniger Tage wieder auf die
Beine.
Ende Januar werden wir beide entlassen.
Wolfram hilft mir mal wieder. Er bringt mir trockenes
Brennholz. So dass ich das Haus wieder heizen kann.

Meine Mutter stirbt

Meine Mutter erholt sich nicht mehr. Es geht ihr immer
schlechter. Mitte Februar wird sie mit dem Rettungswagen nach Neustadt ins Krankenhaus gebracht…

Am 17. Februar besuche ich sie dort. An diesem Sonntag
geht es ihr etwas besser. Sie ist auf Normalstation und
hofft, bald nach Hause zu kommen. Als ich gehen möchte,
bittet sie mich noch zu bleiben… Ich werde niemals ihren
Blick vergessen, als wir uns verabschieden…
An diesem Tag ahne ich nicht, dass wir heute das letzte
Mal miteinander gesprochen haben…

Am Montag ruft mich das Krankenhaus an. Es geht ihr wieder schlechter. Sie ist wieder auf der Intensivstation. Am Dienstag fahren Silke und ich ins Krankenhaus. Sie ist an Schläuche und Kabel angeschlossen. Nicht bei Bewusstsein... nicht ansprechbar... Sie erkennt uns nicht mehr...

Am Mittwoch, 20. Februar arbeite ich zunächst normal bei Wolfram. Gleich morgens klingelt mein Telefon... der behandelnde Arzt... Er sagt, dass sie nichts mehr für sie tun können...

Wenn wir unsere Mutter noch einmal sehen wollen, sollten wir so bald wie möglich ins Krankenhaus kommen... Ich mache Feierabend. Und rufe Silke an. Gemeinsam fahren wir wieder nach Neustadt ins Krankenhaus.

Dort sitzen wir lange an ihrem Bett. Halten ihre Hände. Sie reagiert nicht mehr...

Ich muss immer wieder auf den Überwachungsmonitor gucken, wo ihre Vitalparameter angezeigt werden. Diese Werte sacken immer mehr ab... Irgendwann blinken die Anzeigen nur noch. Der Pfleger schaltet den Monitor aus...

Es ist 12:21 Uhr

....

Ich bin geschockt...

Später bekommen wir noch mal Gelegenheit, uns in einem separaten Raum von ihr zu verabschieden.

Ich geh alleine rein. Meine Mutter liegt in einem frischen Bett. Und es sieht aus, als wenn sie schläft... So friedlich...

Ich schaffe es nicht hinzugehen. Bleibe an der Tür stehen. Und halte mich an meinem Wasserglas fest...

....

Dieser Tag wird mein Leben verändern.

Wie geht es weiter?
Zunächst muss ich gemeinsam mit Silke die Beerdigung organisieren.

Wir überlegen, wen wir einladen. Uns fällt ein, dass meine Mutter Geschwister hat. Zu denen besteht aber kein Kontakt mehr. Nach stundenlanger Internetrecherche finden wir die Telefonnummer von unserem Onkel Ulli in Thüringen.

Wir rufen die Nummer an. Unsere Tante Anne geht ans Telefon. Wir telefonieren lange mit ihr.

Sie kann sich an uns erinnern. 1990 waren wir zu Besuch. Damals waren wir noch Kinder.

Onkel Ulli ist kurz darauf gestorben…

Sie ist zu alt und zu krank, um den weiten Weg bis nach Liebenau zu fahren.

Dann gibt sie uns eine Telefonnummer. Von unserer anderen Tante in Kitzingen

Die rufen wir an. Tante Bergit erinnert sich auch an uns. Sie war ja sogar schon in Liebenau. Bei der Beerdigung von unserer Oma. 1997…

Sie wird mit unseren Cousinen zur Beerdigung kommen. Weitere Verwandte gibt es nicht.

In den nächsten Tagen organisieren wir die Urnenbeisetzung auf dem Liebenauer Friedhof.

Unsere Mutter hat vor Jahren mal eine Sterbegeldversicherung abgeschlossen. Ich bin sehr froh darüber. Damit sind die Kosten gedeckt.

Mehr können wir erstmal nicht machen.

Am 23. Februar ist in der Kreis Nienburger Tageszeitung „Die Harke" eine Traueranzeige.

Die letzte Sendung beim SMP

Ebenfalls an diesem Samstag stellt das SMP Internetradio den Sendebetrieb ein. Ich moderiere die allerletzte Sendung. Obwohl mir so kurz nach dem Tod meiner Mutter nicht nach „ just for fun senden" zumute ist.

Die Beerdigung von meiner Mutter

Am 1. März ist die Beerdigung meiner Mutter auf dem Friedhof in Liebenau.

Es ist einer der emotionalsten Tage meines Lebens.

Ich lerne meine Tante, meine Cousinen und meinen Cousin kennen. Ich hatte vorher keinen bewussten Kontakt zu ihnen. Mir stehen an diesem Morgen fremde Menschen mit bayrischem Akzent gegenüber....

Es ist eine bewegende Trauerfeier mit anschließender Urnenbeisetzung. Danach gehen wir noch gemeinsam essen.

Meine Cousine Melanie ist in meinem Alter.

Meine Tante ist eine alte Frau, die sehr viel aus der Kindheit von ihr und meiner Mutter erzählt. Von der Vertreibung aus Ostpreußen. Das ist für mich so unwirklich...

Bei der Beerdigung von meiner Mutter lerne ich meine Familie kennen...

Finanzielle Folgen

Mit dem Tod meiner Mutter fällt ihre Rente weg. Davon wurden ja bisher die Kosten für unser Haus bezahlt. Der Abtrag und die Nebenkosten.

Mit meiner Mini Rente und dem Nebenverdienst kann ich das unmöglich finanzieren. Für eine kurze Zeit kann ich die Raten für den Hauskredit aussetzen. Für die Nebenkosten reicht mein Geld gerade so.

Das Erbe und mein Halbbruder
Das Erbe von meiner Mutter besteht nur aus dem Haus. Genau genommen aus einer Haushälfte. Die andere Hälfte gehört mir. Der Kredit läuft ebenfalls zur Hälfte auf meinen Namen.
Meine Mutter hatte ja 3 Kinder. Nach ihrem Tod werden wir daran erinnert, dass wir ja noch einen Halbbruder haben. Der seit etwa 1986 verschollen ist. Allerdings ist er ja erbberechtigt. Also muss die Haushälfte meiner Mutter durch 3 geteilt werden. Da ich ja meine Geschwister auszahlen muss, bleibt mir nichts anderes übrig, als das Haus zu verkaufen…

Familie
Melanie
Besonders mit meiner Cousine Melanie verstehe ich mich sehr gut. Sie ist ja nur wenige Monate älter als ich. Wir telefonieren sehr oft. Und lange. Durch diese Telefonate lernen wir uns kennen. Sie erzählt mir sehr viel über die Zusammenhänge unserer Familie. Ich hab so vieles bisher nicht gewusst! Ich bekomme zum ersten Mal Informationen über meinen Vater. Den ich ja nicht mehr bewusst kennengelernt habe. Ich erfahre von Melanie, mit wem ich noch alles verwandt bin. Ich erfahre, dass meine Patentante Gaby, die Schwester von meinem Vater noch in Würzburg leben müsste. Melanie hat aber auch keinen Kontakt zu ihr.

Je besser wir uns kennenlernen, desto besser verstehen wir uns. Wir sind wie Geschwister.

Nach dem ersten Informationsaustausch unterhalten wir uns über „Gott und die Welt".

Später diskutieren wir. In einigen Punkten ist sie anderer Meinung als ich...

Ich berichte ihr von den Schwierigkeiten, die jetzt wegen dem Erbe auf mich zukommen.

Insbesondere weil Roberto verschollen ist.

Sie kennt Roberto auch noch. Weiß aber so wie wir, nicht wo er sein könnte.

Familienbesuch in Bayern

Am 13. März fahre ich das erste Mal für einige Tage nach Kitzingen in Unterfranken zu meiner Familie. Ich fahre an diesem Mittwoch mit Auto bei starkem Schneefall über 400 km. Dipsy nehme ich mit.

Kitzingen

Jetzt bin ich das erste Mal bewusst in der Stadt, in der ich die ersten 1,5 Jahre meines Lebens verbracht habe.

Ich komme erst sehr spät abends in Kitzingen an.

Tante Bergit wohnt in einer eigenen Wohnung. Es ist ein freudiges Wiedersehen.

Meine Cousine Melanie wohnt in der Nähe. Ebenfalls in einer eigenen Wohnung. Bei ihr übernachte ich die nächsten Tage.

In dieser Woche bin ich sehr viel mit Melanie unterwegs. Wir verstehen uns gut. Am nächsten Tag zeigt sie mir Kitzingen.

Ich erkenne in dieser schönen Kreisstadt nichts wieder.

War damals einfach zu klein.

Würzburg

Am Freitag sind wir in Würzburg. Hier war ich ja in letzter Zeit bereits. Melanie zeigt mir das Krankenhaus, wo ich geboren wurde. Abends bin ich mit Melanie auf dem Würzburger Frühjahrs-Volksfest auf der Talavera, einem Großparkplatz direkt an der Friedensbrücke. Das Feuerwerk über meiner Geburtsstadt ist richtig schön. Allerdings ist um 1 Uhr Zapfenstreich. Wir fahren dann noch in eine Disco. Dort feiern wir bis in die frühen Morgenstunden.

Am Grab von meinem Vater
Am Samstagnachmittag fahre ich mit Tante Bergit und Melanie wieder nach Würzburg. Wir sind auf dem Hauptfriedhof am Grab von meinem Vater. Es ist noch eingefallener als bei meinem letzten Besuch im Oktober 2008.

Familiengeschichte
Nach einem Spaziergang in Kitzingen bin ich abends bei Tante Bergit. Sie erzählt von ihrer Kindheit in Ostpreußen. Sie wurde 1939 geboren, ist also 2 Jahre älter als meine Mutter. Sie erzählt vom dem Gutshof in Wiesenhausen. Wo sie die ersten Jahre ihres Lebens verbracht hat. Genau wie meine Mutter. Auch an die Flucht im Oktober 1944 kann sie sich noch erinnern. Tante Bergit zeigt mir alte Fotos aus ihrer Kindheit. Bilder von dem Gutshof. Und auch Kinderfotos von meiner Mutter. Durch dieses Gespräch erhalte ich sehr viele Informationen über meine Familiengeschichte. Ich erfahre Dinge, die ich bisher nicht wusste. Meine Mutter hat nie darüber gesprochen.

Auch an Roberto kann Tante Bergit sich erinnern. Aber sie weiß noch weniger als wir, wo er seit Mitte der 1980er Jahre ist.

Mich hat sie noch als kleines Kind in Erinnerung…

Jetzt, als erwachsener Mann habe ich endlich einen Einblick in die Zusammenhänge innerhalb meiner Familie bekommen. Es macht mich unheimlich traurig, all das jetzt erst zu erfahren. Sonntagnachmittag fahre ich zurück nach Liebenau. Um 22 Uhr bin ich zuhause.

Hausverkauf

Nach langer Überlegung und vielen Gesprächen beschließe ich gemeinsam mit Silke, dass ich unser Haus verkaufe. Ich werde Liebenau verlassen. Und überlege, nach Würzburg oder Kitzingen zu meiner Familie zu ziehen. Melanie würde mich unterstützen.
Ich sehe keine andere Möglichkeit, dass Haus zu halten.

Außerdem ist es für mich die Chance auf einen Neuanfang.
Am 22. März beauftrage ich eine Maklerfirma mit dem Hausverkauf. Ab Anfang April steht es online zum Verkauf.

Ausräumen...
In den nächsten Wochen und Monaten räume ich Stück für Stück unser Haus aus. Das meiste mache ich alleine.

Wohnungsauflösung von meiner Mutter
Ich fange mit der Wohnung von meiner Mutter an. Alles was wir nicht mehr verwenden können, wird entsorgt. Es tut mir weh, all die Erinnerungen wegzuschmeißen. Aber

ich habe keine andere Wahl. Die Einbauküche verkaufe ich mit sehr viel Verlust.

Am schwierigsten ist es, die privaten Gegenstände von meiner Mutter wegzuschmeißen. Ihre gesamten Kleidungsstücke spende ich über unsere Nachbarin an die Kirche. Ich behalte erstmal nur das grüne Kleid, was sie zu unserer Hochzeit anhatte. (Ich entsorge es Jahre später in einem Altkleidercontainer)

Ihr Geschirr teilen wir auf. Das meiste wird entsorgt.

Keller

Ich nehme mir einen Raum nach dem anderen vor. Im Keller ist es einfach. Ein Freund hilft mir beim Ausräumen. Meine Werkstatt lasse ich bis zuletzt...

Unsere Wohnung

Unsere Wohnung auszuräumen fällt mir am schwersten. Wir hatten sie ja gerade erst fertig renoviert. Und ich wohne da ja noch. Aber mir bleibt keine Alternative. Das neue schicke Bad, soll so wie es ist, mit dem Haus verkauft werden. Die neue Einbauküche auch. Jessica holt in der nächsten Zeit immer mehr von ihren privaten Sachen ab. Das meiste gehört mir. Aber ich weiß nicht wohin, mit dem ganzen Kram... Außerdem habe ich ja noch keine neue Wohnung. Nur den groben Plan, dass ich nach Würzburg ziehen will. Und wir haben ja noch keinen Käufer für das Haus.

Sperrmüll

Alleine aus der Wohnung von meiner Mutter habe ich einen riesigen Berg Sperrmüll angesammelt.

Anfang April kommen zufällig Schrotthändler vorbei, und nehmen den Metallschrott mit.

Die erste Ladung Sperrmüll lassen wir Ende April abholen.

Unterfranken und Würzburg

Am 30. April fahre ich ein weiteres Mal nach Kitzingen.
Da ich ja vorhabe, nach meinem Hausverkauf dorthin zu
ziehen, nehme ich bereits Sachen mit. Unter anderem die
Winterreifen für mein Auto. Sie werden bei Melanie im
Keller zwischengelagert.

Silke kommt an Himmelfahrt nach. Wir wollen nach dem
langen Wochenende gemeinsam zurückfahren. Aber es
kommt anders als geplant…

Erstmal verbringe ich ein paar sehr schöne Tage bei meiner Familie. Ich übernachte wieder bei Melanie.

Radtour mit Edeltraud

Mit meiner Cousine Edeltraud verstehe ich mich auch
sehr gut. Obwohl sie einige Jahre älter ist als ich.

Am 1. Mai unternehme ich mit Edeltraud eine ausgedehn-
te Radtour durch Kitzingen, sowie die umliegenden Dörfer und Städte in Unterfranken. Wir fahren durch die
Marktgemeinde Großlangheim. Auf dem Friedhof von
Großlangheim zeigt mir Edeltraud das Grab von ihrem
Vater. Mein Onkel Arnulf ist bereits 1999 verstorben. Ich
habe ihn nie bewusst kennengelernt.

In der Ruine einer mittelalterlichen Wasserburg machen
wir Rast. Die Burg Großlangheim entstand etwa im 12.
Jahrhundert. Nach 1660 war das Schloss nicht mehr bewohnbar, verfiel, und wurde nach 1694 von der Bevölkerung als Steinbruch genutzt. Von der spätmittelalterlichen,
großen quadratischen Anlage mit Wassergraben sind noch
die steinerne Brücke, die Ringmauer und der Wehrgraben,
welcher zum Teil mit Wasser gefüllt ist, sowie Reste der
Grundmauern erhalten. Nach dem Aufenthalt in dieser

wunderbaren Burgruine fahren wir zur nächsten Sehenswürdigkeit ganz in der Nähe.

Der Jüdische Friedhof Rödelsee ist etwas außerhalb von der Ortschaft Rödelsee.

Bei der Recherche für diesen Text stoße ich auf interessante Details:

„Der Jüdische Friedhof Rödelsee gehört zu den größten jüdischen Begräbnisstätten Bayerns. Er wurde 1432 erstmals erwähnt. Der Friedhof ist für die Juden ebenso bedeutsam wie die Synagoge. Das zeigt sich auch daran, dass die Männer den Friedhof nicht ohne Kopfbedeckung betreten dürfen. Auch in Rödelsee liegt der jüdische Friedhof wegen des großen Platzbedarfs durch die Einmalbelegung abgeschieden. Er ist das Haus der Ewigkeit. Jeder Verstorbene hat hier seinen ewigen Ruheplatz in einem einfachen Holzsarg. Kein Grabstein wird gerichtet oder entfernt. Wie der Name „Haus der Ewigkeit" andeutet, soll der Tote an diesem Platz in Ewigkeit ruhen dürfen. Den Toten darf der Ruheort nicht genommen werden, da sie auf die Auferweckung „am Ende der Tage" und auf ein ewiges Leben von Leib und Seele warten. Der jüdische Friedhof ist somit unantastbar. Eine Umbettung oder Neubelegung der Totenstätte, wie es häufig auf christlichen Friedhöfen der Fall ist, ist hier undenkbar."

(Quelle: Wikipedia)

Dieser riesige Friedhof hinter einer Mauer, mit seinen vielen verwitterten Grabsteinen beeindruckt mich sehr!

Im 4 km entfernten Iphofen machen wir eine Kaffeepause. Über den Weinort Neuses am Berg fahren wir nach Dettelbach. Diese schöne Stadt am Main ist etwa 8 km entfernt von Kitzingen. Dort kommen wir abends, nach einer tollen Tour durch den Landkreis Kitzingen, wieder an.

Mainbernheim

Später fahre ich mit Melanie nach Mainbernheim zum Haribo Werk. Der größte und bekannteste Arbeitgeber Mainbernheims, ist die 1863 gegründete Firma Bären-Schmidt. Sie erlangte große Bekanntheit, unter anderem für ihre Lebkuchenherzen.

Wie ich ebenfalls bei der Recherche herausfinde, ist dieser Betrieb seit dem 1. März 2018 geschlossen.

Mainbernheim ist eine Idyllische Kleinstadt zwischen Kitzingen und Iphofen.

AKW Grafenrheinfeld

Am nächsten Tag bin ich mit Melanie unterwegs. Ich möchte zum Kernkraftwerk Grafenrheinfeld.

Wir fahren mit meinem Auto nach Grafenrheinfeld bei Schweinfurt. Das AKW ist nur etwa 35 km entfernt von Kitzingen. Das macht mich sehr nachdenklich. Auch, wenn das Werk hinter dem hohen Zaun und der Wiese, einen sicheren Eindruck macht. Ich als Atomkraftgegner weiß von den Gefahren, die von diesem AKW ausgehen. Es ist mir bewusst, dass Kitzingen und auch meine Geburtsstadt Würzburg, bei einer Nuklearkatastrophe unmittelbar betroffen wären. Das AKW ist etwa 25 Kilometer entfernt von Würzburg. Als ich vor den Toren vom AKW Grafenrheinfeld stehe, muss ich an das Buch die Wolke denken, dass ich kürzlich gelesen habe. Die Wolke ist ein 1987 erschienener Jugendroman von Gudrun Pausewang, in dem das fiktive Schicksal der 14-jährigen Janna-Berta erzählt wird, die durch einen Reaktorunfall im AKW Grafenrheinfeld zu einem Strahlenopfer wird. Es ist erschreckend real, jetzt an genau diesem Ort zu sein...

Und dieses AKW ist 2012 immer noch in Betrieb. Es wird erst am 27. Juni 2015 stillgelegt.

Endgültig abgeschlossen soll der Rückbau im Jahr 2035 sein. Bis dahin fallen rund 500.000 Tonnen Bauschutt und verschiedene Abfallmaterialien an, davon sind etwa 3500 Tonnen schwach- und mittelradioaktiv. Bis 2046 wird das Zwischenlager mit den Castoren noch an dieser Stelle stehen...

Sehr nachdenklich, und besorgt fahre ich zurück nach Kitzingen.

Am Freitag bin ich wieder mit Melanie unterwegs.

Kitzingen

Sie zeigt mir die Innenstadt von Kitzingen. Unter anderem sind wir beim historischen Rathaus von Kitzingen, am Marktplatz, wo meine Eltern 1970 geheiratet haben. Melanie zeigt mir die Evangelische Stadtkirche, die größte evangelische Kirche in Unterfranken. Und sie zeigt mir die St.-Hedwig-Grundschule, mitten in der Altstadt von Kitzingen. Hier ging sie in den ersten Jahren zur Schule. An der katholischen Heiligkreuzkirche fahren wir nur vorbei.

Melanie

An diesem Nachmittag sind wir bei Melanie in der Wohnung. Ich wohne ja für die Zeit meines Aufenthaltes in Kitzingen, bei ihr. Schnell merke ich, dass das Zusammenleben mit meiner Cousine schwierig ist. Ich hab durch sie viel über meine Familie erfahren. Erst war ich froh über diese Informationen. Dann wurden daraus immer mehr Diskussionen. Und jetzt, als ich jeden Tag mit ihr unterwegs bin, diskutieren wir nur noch. Und wir streiten uns immer öfter. Sie mischt sich in mein Leben ein. Vieles was ich gemacht habe, oder noch mache, findet sie nicht richtig.

An diesem Abend fahren wir zusammen nach Würzburg. Wir feiern in der Disco LaViva bis in die frühen Morgenstunden.

Im Kitzinger Solebad

Am Samstag fahren Edeltraud und ich mit Fahrrad, am Main entlang ins Kitzinger Solebad. Es ist ein toller Nachmittag mit meiner Cousine.

Kindheitserinnerungen?

Samstagabend bin ich bei Tante Bergit. Sie zeigt mir alte Fotos von einem Besuch in Liebenau Anfang oder Mitte der 1980er Jahre. Ein Familienfoto mit uns allen. Meine Oma Herta, meine Mutter, Tante Bergit, Onkel Arnulf und wir Kinder. Auch Roberto ist dabei. Silke ist etwa 3 Jahre alt. Ich bin etwa 8 Jahre alt. Also muss das Foto etwa von 1984 sein. Außerdem ein Foto mit „Onkel" Helmut (der sich erhängt hat), Onkel Arnulf und mir. Und Tante Bergit bei uns auf dem Hof vor dem Garagentor. Ich habe keinerlei Erinnerungen daran…

Radtour nach Ochsenfurt

Auch am Sonntag bin ich mit Edeltraud unterwegs. Wir machen eine größere Radtour, am Main entlang bis ins 15 km entfernte Ochsenfurt, der Geburtsstadt von Roberto. An der historischen Hafenanlage in Marktsteft machen wir eine kurze Rast. Sie ist die älteste in ihrer ursprünglichen Form erhaltene in Bayern. Dann fahren wir durch Marktbreit, einer Kleinstadt am Linken Mainufer.

In Ochsenfurt zeigt mir Edeltraud die Innenstadt. Besonders beeindruckt bin ich vom neuen Rathaus. Es besitzt eine Monduhr am Lanzentürmchen, und ist das Wahrzeichen von Ochsenfurt. Wir setzen uns mit einem Eisbecher in die Sonne. Dann fahren wir zurück nach Kitzingen. Es ist ein weiterer schöner Nachmittag mit meiner Cousine.

Würzburg und Kitzingen

Das Verhältnis zwischen mir und Melanie wird immer angespannter. Am Montag bin ich mit Dipsy alleine in Kitzingen unterwegs.

Dienstag fahre ich alleine mit Dipsy nach Würzburg.

Bei bestem Wetter gehe ich im Ringpark, am Main spazieren. In der Altstadt setze ich mich in ein Café am Markplatz. Zum Abschluss dieses Tages verweile ich lange auf der alten Mainbrücke, mache Fotos und genieße die Sonne. Es ist die älteste Brücke über den Main in Würzburg, und ein Wahrzeichen dieser Stadt.

Ich genieße mit Dipsy den Tag.

Gedanken...

...Aber ich denke auch viel nach. Ich würde so gerne hierher ziehen. Würzburg ist eine ganz besondere Stadt für mich. Nicht nur, weil ich hier geboren bin.

Aber es gibt einiges, was mir zu denken gibt. Ich habe meine Familie gerade erst kennengelernt.

Tante Bergit ist eine großartige Frau. Mit Edeltraud verstehe ich mich sehr gut.

Allerdings ist mein Verhältnis zu Melanie sehr angespannt. Und gleichzeitig ist sie diejenige, die mich hier am meisten unterstützt. Ich weiß nicht, ob ich das dauerhaft ertragen kann.

Außerdem bin ich hier 400 km von meiner Heimat entfernt. Ich kenne niemanden...

Und dann ist da noch das AKW Grafenrheinfeld in bedrohlicher Nähe... Ich als Atomkraftgegner habe Angst davor.

Der nächste Tag wird alles verändern....

Eskalation

Am nächsten Tag streite ich mich wieder mit Melanie. Ich will Streit aus dem Weg gehen. Und bin mit Dipsy den ganzen Tag draußen. Stundenlang gehe ich am Main spazieren, und denke nach. Abends will ich mit Melanie nach Würzburg. In eine angesagte Disco. Das ist schon seit Tagen geplant. Darauf freue ich mich eigentlich... Aber nach dem Streit der letzten Tage ist mir die Lust vergangen.

Als ich abends wieder bei Melanie bin, versuche ich ruhig zu bleiben. Wir wollen ja auf Disco, und eine tolle Partynacht feiern.

Außerdem ist am nächsten Tag ja Himmelfahrt. Silke kommt ebenfalls nach Kitzingen. Auch meine Cousine Anemone hat sich mit ihrem Mann angekündigt. Wir wollen das lange Himmelfahrt- und Muttertags Wochenende im Kreis der Familie verbringen.

Kurz bevor wir los wollen, streiten wir uns wieder.

Ich kann das nicht mehr ertragen!

In einer Kurzschlussreaktion packe ich meine Sachen ins Auto. Dipsy ist ganz verstört...

ich sage zu ihr, dass wir jetzt nach Hause fahren. Nehme sie... Und steige ins Auto. Melanie sagt nichts dazu.

Ohne mich zu verabschieden, fahre ich los. Zurück nach Liebenau! Als ich bei Tante Bergit vorbeifahre, sehe ich sie am Fenster stehen...

Ich halte nur kurz zum Tanken an. Um 22:50 Uhr verlasse ich Kitzingen und fahre auf die A7. Und ohne Zwischenstopp bis Liebenau. Kurz nach 4 bin ich zuhause.

Mit Melanie habe ich seitdem nicht mehr gesprochen.

Silke konnte ich so spät abends nicht mehr anrufen. Hab ihr nur per SMS geschrieben, dass ich zurück nach Liebenau fahre. Morgens um 6 ruft sie mich an. Sie ist schon in der Bahn auf dem Weg nach Würzburg. Sie ist geschockt. Trotzdem fährt sie wie geplant zu unserer Familie. Und dann nach den Feiertagen mit der Bahn wieder zurück.

Sie verbringt ein schönes Wochenende in Kitzingen. Das große Familientreffen wird allerdings von meiner vorzeitigen Abreise überschattet…

Ich habe mit meiner Kurzschlussreaktion zum 2. Mal meine Familie verloren. Dabei hatten wir erst vor wenigen Wochen wieder zueinander gefunden.

Mit Edeltraud telefoniere ich noch gelegentlich. Silke informiert die Kitzinger immer über Neuigkeiten von mir. Seit diesem 8. Mai 2013 habe ich nur noch Silke.

Tante Bergit und Melanie sehe ich nie wieder. Sie sind beide 2021 verstorben.

Die nächsten Wochen und Monate verbringe ich überwiegend damit, mein Haus auszuräumen.

Amsterdam

Am 4. Juni fahre ich für einen Tag mit 3 Freunden nach Amsterdam. Wir fahren mit meinem Auto nach Holland und nehmen Dipsy mit. Um 8 Uhr fahren wir in Liebenau los. Bis Amsterdam sind es 350 km. Es kommt außer Dipsy noch ein weiterer kleiner Hund mit. Wir fahren über die A1 und A30 bis zum Grenzübergang Bad

Bentheim. Es gibt keine Grenzkontrollen. Die Autobahn geht einfach weiter, und wird zur holländischen A1. Bei der 1. Gelegenheit halten wir an. Ich bin zum 2. Mal in Holland. Allerdings sind wir 2002 auf dem Weg nach Paris nur ein kurzes Stück durch dieses Land gefahren. An diesem Donnerstag ist es ein Kurztrip für einen Tag. Mittags kommen wir in Amsterdam an. Wir haben kein bestimmtes Ziel.

Wollen einfach mal das Flair dieser berühmten Stadt genießen. Und bummeln einfach so mit den beiden Hunden durch die Straßen und Gassen. An den Grachten entlang, die die gesamte Innenstadt in mehreren Ringen durchziehen, und von zahlreichen Brücken überspannt werden. Es ist allerbestes Sommerwetter.

Coffeeshop

Amsterdam ist berühmt und berüchtigt für den offenen Verkauf, und freien Gebrauch von Cannabisprodukten. Die vielen Coffeeshops sind im Stadtbild nicht zu übersehen. Wir sind in einigen kurz drin. Hier ist Wiet rauchen ganz legal. Es gibt Haschisch, Marihuana und Cannabis. Ich kenne diesen Geruch aus meiner wilden Zeit in Darlaten! Aber ich kaufe nichts. Und ziehe auch nicht an dem angebotenen Joint! Ende der 90er hätte ich hier bis zur Besinnungslosigkeit gekifft.

Für mich ist diese Zeit seit dem Unfall mit Emanuel vorbei! Außerdem habe ich ja Verantwortung. Ich bin der Fahrer. Und wir wollen heute noch zurückfahren.

Trotzdem ist es ein einmaliges Erlebnis.

Gegen Abend fahren wir zurück. Ich bin Freitagmorgen um halb 3 wieder in Liebenau.

Es war ein toller Tag mit sehr vielen Eindrücken.

Sommer 2013

In diesem Sommer bin ich sehr oft mit Freunden unterwegs. Wir fahren zum Steinhuder Meer, in den Heidepark, zum Badesee oder ins Freibad. Und auf Disco. Meistens in Sulingen. Dass Kreml heißt mittlerweile Nachtwerk. Wir fahren auch nach Herford ins X. Und nach Hannover, in den Funpark oder ins Agostea. Ich genieße (ohne Alkohol) mein Single- und Partyleben. Feier nächtelang durch. Gehe morgens oft als letzter aus der Disco. Und starte dann in den nächsten Tag. Meistens bin ich mit Vanessa & Deborah unterwegs.

Es ist (fast) wie früher, in meiner wilden Zeit. Nur ohne Alkohol und Drogen.

Und immer mit Auto. Ein Leben ohne Auto ist für mich noch nicht vorstellbar....

Zukunftspläne

Durch den Streit mit Melanie und meine Kurzschlussreaktion hat sich einiges verändert.   Ich habe keinen Grund mehr nach Bayern zu ziehen. Trotzdem will ich meinen Hausverkauf als Chance nutzen. Ich will auf keinen Fall in Liebenau bleiben. Will in eine Großstadt. Wo ich das Partyleben genießen kann. Kurzzeitig überlege ich, nach Dresden zu ziehen. Dresden fasziniert mich. Allerdings ist diese wunderbare Stadt auch etwa 400 km vom Kreis Nienburg entfernt. Ich kenne dort niemanden. Für diesen gewaltigen Schritt auf einen Neuanfang in einer völlig fremden Stadt, ohne Freunde bin ich noch nicht soweit.

5 Jahre später ist die Situation eine andere...

Etwa um den 11. Juni treffe ich eine Entscheidung. Ich ziehe nach Hannover. Suche mir dort eine kleine Wohnung, und starte in mein neues Partyleben. In Hannover bin ich nur 60 km entfernt von meinen Freunden. Es ist möglich, Freundschaften zu erhalten. Außerdem wohnt Tanja in Hannover. Und ihr Bruder Jörg.

Das geht allerdings erst, wenn das Haus verkauft ist.

...geblitzt

Am 13. Juni werde ich auf dem Weg zum Sprecherkreistreffen der Bürgerinitiative Grundeinkommen geblitzt. Mal wieder… Ich rege mich auf! Für mich sind Blitzer nur Abzocke.

Ich fahre jetzt viel sinniger, als in der Anfangszeit mit Führerschein. Mit meinem Taunus bin ich wie ein Wahnsinniger rumgeheizt! Und wurde nie geblitzt. Jetzt fahre ich sinnig und angepasst. Und werde andauernd geblitzt. „Früher" gab es kaum Blitzer. Heute stehen überall welche.

Bei jeder Autofahrt ist mein Gedanke „hoffentlich werde ich nicht geblitzt".

Ich achte immer auf die Geschwindigkeitsbegrenzung. Und wenn ich mal grad nicht drauf achte, passiert es. Unter diesen Umständen macht Autofahren keinen Spaß mehr.

Außerdem wird es immer teurer. Die Spritpreise steigen immer weiter an.

Ich überlege erstmals, dass Auto abzuschaffen. In Hannover ist es sowieso besser, mit öffentlichen Verkehrsmitteln zu fahren. Aber noch bin ich in Liebenau. Und hier bin ich zwingend auf ein Auto angewiesen. Ohne Auto komme ich aus Liebenau abends, und am Wochenende nicht weg.

Geldmangel

Ich finde keinen Käufer für mein Haus. Aber die Kosten laufen weiter. Ich muss es nach dem Tod meiner Mutter komplett alleine unterhalten. Das ist auf Dauer nicht möglich. Mein Schmerzensgeld ist so gut wie aufgebraucht. Von den letzten Ersparnissen zahle ich die laufenden Kosten für das Haus. Außerdem muss ich auch Steuern und Versicherung fürs Auto zahlen. Der Ford ist ein sportliches Auto und damit sehr teuer im Unterhalt.

Zum ersten Mal seit dem Unfall habe ich wieder Geldmangel. Das nervt mich! Gezwungenermaßen muss ich mein Partyleben einschränken. Vor allem die Fahrten mit dem Auto kosten wegen der hohen Spritpreise sehr viel Geld. Mein Capri hat viel mehr verbraucht als der Focus. Und ich bin 1996 noch mehr rumgefahren als jetzt. Aber trotzdem hatte ich nicht so hohe Spritkosten. Das nervt…

Es nervt mich, dass ich aus Geldmangel dieses Jahr nicht nach Wacken fahren kann.

Trotzdem genieße ich auch den August noch…

Die letzte Party in meinem Haus

Am 17. August gebe ich noch einmal eine Party in meinem Haus. Mit ca. 20 Personen feiern wir von Samstagmittag bis Sonntagmittag durch. 24 Stunden Party! Mit viel Alkohol (für mich natürlich alkoholfrei, und lauter Musik. Ich tanze auf dem Tisch! So wie früher. Die Party findet auf der Terrasse statt. Aber erstreckt über das ganze Grundstück.

Es ist eine legendäre Party. Trotzdem ist es nicht so extrem krass wie mein 18. Geburtstag. Oder die Partys Ende der 90er. Vielleicht liegt es daran, dass ich keinen Alkohol mehr trinke. Ich bin nicht mehr so unbeschwert wie damals. Das Leben hat mich hart gemacht... Ich hab mich verändert... Jetzt bin ich ein ganz anderer Mensch. Das ist gut so. Aber manchmal wünsche ich mir diese wilde Zeit zurück. Saufen, rauchen, Drogen, Party. Ohne nachzudenken... einfach LEBEN... Feiern ohne Limit. Just for fun.

Mir ist bewusst, dass diese Zeit niemals wiederkommt.

Die Toten Hosen Konzert in Minden

Am 31.August bin ich wieder auf einem Konzert. An diesem Samstag spielen die Toten Hosen im Rahmen ihrer „Der Krach der Republik" Tour in Minden. Es ist für mich das 2. Hosen Konzert.

Und dieses Mal bekomme ich den Auftritt auch mit. 1997 in Düsseldorf war ich zu besoffen…

Ich bin mit Mandy bei diesem Open Air am Mindener Weserufer. Sie wohnt ja in Minden. Ich verbringe das Wochenende bei ihr.

Ich schaffe es mal nicht nach ganz vorne. Deshalb stört es mich heute besonders, dass ich so klein bin.…

Kurz bevor das Konzert beginnt, regnet es. Ein heftiger Regenschauer. Aber es ist der einzige an diesem Tag.

The Computers

Pünktlich um 17:30 Uhr spielt die 1. Vorband. The Computers. Die Briten spielen eine Mischung aus Rock, Pop, Blues und Rockabilly. Dazu kommt eine mitreißende Live

Performance, Ich kannte diese Band bisher nicht. Bin aber begeistert.

The Computers schaffen es in 30 Minuten die 40.000 Toten Hosen Fans in Stimmung zu bringen.

The Living End

Nach kurzer Wartezeit darf sich dann eine weitgereiste Band ebenfalls gut 30 Minuten präsentieren.

The Living End ist eine australische Rockband. Die kannte ich bis jetzt auch nicht.

Der Sound ist eine Mischung aus Rock, Punk, Pop und Psychobilly. Und lädt zum Mitgrölen und Tanzen ein.

Donuts

Auf den Auftritt der Donots habe ich mich gefreut. Ich mag diese deutsche Alternative-Rock-Band.

Der 30 minütige Auftritt der Jungs aus Ibbenbüren ist bombastisch. Frontmann Ingo Knollmann springt über die Bühne, und reißt die Menge mit. Immer wieder feuert er die Massen an. Er surft singend über der Menge, und animiert den vorderen Bereich dazu, sich fast geschlossen hinzukauern. Bekannte Hits wie „Whatever Happened To The 80s", „Stop The Clocks" tun ihr übriges, um die Toten Hosen Fans endgültig auf Betriebstemperatur zu bringen. Eines meiner Lieblingslieder „We're Not Gonna Take It" ist ein ultimativer live Kracher!

Die Toten Hosen

Um kurz vor 21 Uhr ist es so weit: Campino und Co. stürmen die Bühne. Nach einem obligatorischen Intro steigen sie mit dem Titeltrack des aktuellen/ 2012er Albums „Ballast der Republik" ein. Gleich der nächste Titel „Altes Fieber" ist ein ultimativer Kracher!

Die Hosen spielen weitere aktuelle Titel. Aber auch viele Klassiker aus ihrer mehr als 30-jährigen Bandgeschichte.

Jeder Titel wird von einer genialen Bilder- und Lichter-show begleitet. Ein unvergessliches Erlebnis! „Hier kommt Alex" ist ein weiterer ultimativer Kracher und eines meiner absoluten Lieblingslieder! „Wünsch Dir was" ist einer der vielen Höhepunkte des Abends. Der Gassenhauer „Steh auf, wenn du am Boden bist" (natür-lich mit entsprechender Sitz-/ Sprung-Einlage der Zu-schauer) lässt die Stimmung noch mal hochkochen. „Tage wie diese" beendet dann Part 1 mit einem riesigen Chor und einem ausgiebigen Konfetti-Regen in Rot-Weiß. Doch das sollte es noch lange nicht gewesen sein, schließ-lich ist es erst 22:15 Uhr.

Der von allen verlangte erste Zugaben Block überrascht uns zunächst mal mit der Tatsache, dass die Hosen nicht vorne, sondern inmitten der Zuschauer auf einer kleineren Bühne stehen, um so auch den weiter hinten postierten Gästen einen Anblick aus der Nähe zu bieten. „Opel-Gang" ist eine Reise in die absoluten Anfänge der Band. Die Hosen spielen in insgesamt 3 Zugaben Blocks weitere Kracher der Band. Unter anderem „Zehn kleine Jäger-meister" und „Bayern"

Das übliche „You'll Never Walk Alone" ist dann gegen 23 Uhr die passende Begleithymne zum Cooldown, aus vielen Hälsen mitgesungen... Damit geht dieses Wahn-sinns Open Air am Mindener Weserufer zu Ende. Dieser Abend wird mir als eines der besten Konzerte meines Lebens in Erinnerung bleiben.

Besichtigung vom VW Werk Wolfsburg

Am 6. September besichtige ich mit dem SoVD Liebenau das VW Werk und die Autostadt in Wolfsburg. Auch diese Tagesfahrt hatte ich organisiert.

Auf der Werksführung erleben wir unter anderem die Produktion des Golf.

Anschließend besichtigen wir die Autostadt Wolfsburg. Besonders interessant sind die beiden gläsernen Autotürme, in denen die Neuwagen zur Auslieferung bereit stehen.

Der Besuch im VW Werk und der Autostadt ist ein tolles Erlebnis!

BGE Demo in Berlin

Am 14. September ist in Berlin unter dem Titel „Bedingungsloses Grundeinkommen ist ein Menschenrecht" eine Demo für das BGE. Es ist nach 2010 die 2. BGE Demo in Berlin, an der ich teilnehme.

Ich komme an diesem Samstagmorgen erst um 5:30 Uhr von einer ultimativen Partynacht im Nachtwerk nach Hause. Ich dusche, frühstücke und fahre um 6:30 Uhr nach Nienburg. Dann mit der Bahn über Stendal nach Berlin.

Die Demo startet mit der Auftaktveranstaltung um 13 Uhr am Neptunbrunen in Berlin-Mitte.

Hier sprechen unter anderen Ralph Boes, Susanne Wiest und Katja Kipping.

Eine Woche vor der Bundestagswahl sprechen wir uns gegen Billiglöhne, Ausbeutung, für mehr Freiheit, sowie Selbstbestimmung aus und fordern

- ein allen Menschen individuell zustehendes und garantiertes,

-   in existenz- und teilhabesichernder Höhe,
-   ohne Bedürftigkeitsprüfung (Einkommens-/Vermögensprüfung),
-   ohne Zwang zur Arbeit und sonstiger Gegenleistung,

gezahltes / bedingungsloses Grundeinkommen.

Der Demonstrationszug bewegt sich über Spandauer Str., Hackescher Markt, Oranienburger Str., Friedrichstr, Reinhardtstr, Kronprinzenbrücke, Konrad-Adenauer-Str. und Otto-von-Bismarck-Allee bis zur Schweizer Botschaft. Hier findet die Abschluss Kundgebung statt. Es gibt unter anderem Statements von Daniel Häni, Enno Schmidt und Inge Hannemann.

Svenja

Bei der Demo treffe ich mich mit meiner ehemaligen WG Mitbewohnerin Svenja. Wir haben
uns seit etwa15 Jahren nicht gesehen. Svenja wohnt jetzt in Berlin. Es ist ein freudiges Wiedersehen. Bei mir weckt es Erinnerungen an die krasse Zeit in Wellie 13.

Ich genieße bei bestem Wetter den Tag im Zentrum von Berlin. Und treffe noch weitere Bekannte aus der BGE Szene.
Abends fahre ich mit der Bahn wieder zurück.
Sonntagmorgen bin ich um halb 2 zuhause im Bett. Ein krasses Wochenende liegt hinter mir.

Bundestagswahl 2013

Die Wahl zum 18. Deutschen Bundestag findet am 22. September 2013 statt.
Stärkste Partei wird die CDU. Sie erreicht zusammen mit der CSU, mit der sie traditionell eine Union und eine

Fraktion im Bundestag bildet, 41,5 % der gültigen Zweitstimmen. Damit vergrößert sich der Abstand der Unions-
parteien zur SPD. Stimmen verlieren die Grünen, Die
Linke und vor allem die FDP, die zum ersten Mal seit der
Gründung der Bundesrepublik nicht mehr im Parlament
vertreten ist. damit hat der 18. Bundestag nur vier Frakti-
onen.
Angela Merkel wird zum dritten Mal zur Bundeskanzlerin
gewählt.
Auch in diesem Jahr habe ich Die Linke als Mitglied im
Kreisvorstand von Nienburg aktiv im Wahlkampf unterstützt. (Allerdings in geringerem Umfang wie sonst. Ich
war ja mit dem Hausverkauf und ausräumen beschäftigt)
Und wähle an diesem Wahlsonntag auch mit beiden
Stimmen Die Linke.
*Ich ahne nicht, dass es die letzte Wahl ist, an der ich teil-
nehme.*
*Im Laufe der nächste Jahre wird sich meine Einstellung
zu Politik und zum Parteien System grundlegend verändern.....*

Altstadtfest Nienburg 2013
Das Altstadtfest ist dieses Jahr vom 26. bis 29. September.
Die Innenstadt ist von Donnerstag bis Sonntag eine einzi-
ge Partymeile.
Donnerstag
Ich bin an diesem Abend mit mehreren Freunden beim
Altstadtfest. Auf dem Kirchplatz tritt
Lotto King Karl auf. Ein Musiker, sowie TV- und Radi-
omoderator aus Hamburg. Das Lied „Hamburg,, meine
Perle" wird auch hier in Nienburg gefeiert.

Für einen Donnerstag ist es richtig voll in der Innenstadt von Nienburg.

Freitag

Auch am Freitagabend bin ich mit Freunden beim Altstadtfest. Es ist der nächste tolle Partyabend.

Samstag

Heino

Am Samstag tritt mein Kindheitsidol Heino auf dem gut gefüllten Kirchplatz auf. Ich bin in der 1. Reihe dabei. Es ist für mich sehr beeindruckend, diesen Superstar meiner Kindheit direkt vor mir live zu erleben. Heino singt seine Volksmusik-Klassiker. Lieder, die ich als kleiner Junge auf den Platten meiner Mutter gehört habe. Unter anderem „Hoch auf dem gelben Wagen" Und MEIN Lied „Blau blüht der Enzian". Aber auch aktuelle, rockige Stücke. Mit dem Rammstein Cover „Sonne" rockt Heino den Kirchplatz. Es ist ein toller Abend mit guten Freunden. Ich feiere bis in die frühen Morgenstunden auf der gigantischen Partymeile in der Nienburger Innenstadt.

Der Flohmarkt fällt dieses Jahr für mich aus. Ich fahre ja am Sonntag nach Hessen zur Hochzeit von meinem alten Freund Ingo.

Probleme

Im Oktober werden meine Geldprobleme immer drängender. Mein Schmerzensgeld ist verbraucht. Und nur mit meinem Einkommen aus Rente und Nebenjob kann ich das Haus nicht unterhalten.

Ich brauche dringend einen Käufer! Mitte Oktober gebe ich den Verkauf an die Sparkasse ab. Es waren zwar schon viele Interessenten da. Aber keiner ist bereit, das Haus zu kaufen.

Das größte Hindernis ist der feuchte Keller. Es sind umfangreiche, und kostenintensive Maßnahmen erforderlich, um das Problem zu beheben. So etwas schreckt potentielle Käufer ab.

Partyleben

Trotz meiner ungeklärten Zukunft und den Geldproblemen genieße ich auch im Oktober mein Partyleben. Ich bin sehr viel mit Auto unterwegs. Fahre nach Sulingen ins Nachtwerk. Oder nach Hannover ins Agostea. Ich feiere oft bis zum nächsten Morgen. Und mache an manchen Wochenenden von Freitag bis Sonntag durch. DAS ist mein Leben am Limit.

Ratschläge

Einige meiner Freunde verstehen das nicht. Sie sind der Meinung, dass ich lieber weniger Party machen sollte, wenn ich kein Geld habe.

Diese gut gemeinten Ratschläge stören mich ganz gewaltig!

Ich hasse es, wenn sich andere Menschen in mein Leben einmischen. Und meinen zu wissen, was gut für mich ist. Ich bin niemandem Rechenschaft schuldig.... Aber mich nerven die Kommentare und Sprüche von manchen Leuten, auch wenn es lieb gemeint ist.

Um das mal klarzustellen, verfasse ich einen Facebook Post:

„Ich möchte mal was klarstellen: Immer wieder höre ich den gut gemeinten Rat "Wenn du kein Geld hast, musst du halt weniger Party machen"

1. Ich bin Frührentner...und arbeite trotzdem (bevor es einer falsch versteht - ganz legal und angemeldet im Rahmen der Hinzuverdienstgrenzen) Ich arbeite gerne, um mein Partyleben zu finanzieren. Aber ich habe schlicht und ergreifend keine Lust zu arbeiten, um zu überleben. Genau das mache ich jetzt! Weil ich gezwungen bin, ein Haus zu unterhalten was ich nicht haben will. Überleben kann ich auch (nur) mit meiner Rente. Aber das ist kein LEBEN! Wenn ich nur meine Rente hätte, würde mir staatliche Unterstützung zustehen. Aber da ich ein Haus und ein Auto habe, was zu viel wert ist, bekomme ich nichts. Ich habe mich bereits erkundigt. Und ich werde nichts beantragen!! Ich habe schon zu viele schlechte Erfahrungen mit dem Staat und den Ämtern gemacht. Und wegen dem bisschen Wohngeldzuschuss, der mir eventuell zusteht, werde ich mich nicht vor dem Staat offenbaren, und meine ganzen Geldverhältnisse offenlegen! Da arbeite ich lieber!

Ich bin durch einen unverschuldeten Unfall Frührentner, aber in der glücklichen Lage, dass ich doch relativ fit bin, und arbeiten kann. Aber wenn das so weitergeht, vergeht mir die Lust zum arbeiten....

2. Ich bin der Meinung, dass der Staat JEDEM Bürger ein bedingungsloses Grundeinkommen zahlen sollte, von dem man bescheiden, aber würdevoll leben kann!

Und jeder sollte unbegrenzt hinzuverdienen können, was dann natürlich versteuert werden muss. Ich setze mich ja auch in der Nienburger Bürgerinitiative dafür ein. Wenn es das schon gebe, hätte ich die Probleme nicht, die ich jetzt habe.

3. Jeder Mensch kann mit seinem Geld machen was er will... es verrauchen, versaufen, in Urlaub fahren oder in Haus und Auto investieren. Ich bin niemanden Rechenschaft schuldig, was ich mit meinem Geld mache!

4. Aber da ich ja weiß, dass es viele nur gut mit mir mei-
nen, trotzdem was zu meinem Partyleben:
Ich trinke ja grundsätzlich keinen Alkohol und rauche
nicht - Das spart schon mal eine Menge Geld... Und ich
fahre (meistens), nur in Discos wo ich freien Eintritt habe.
Im Übrigen gebe ich an den Wochenenden meistens nicht
viel Geld aus. Ausnahmen gibt es natürlich. Aber das
betrachte ich als mein Recht. Das ist für mich das LE-
BEN. Ich könnte mich ja auch zuhause einschließen, und
nix mehr machen. Aber das ist kein LEBEN!"

Autoverkauf?

Ich bin sehr viel mit Auto unterwegs. Wenn ich mit
Freunden auf Disco bin, fahre ich immer. Die Spritkosten
werden immer durch die Mitfahrer geteilt. Trotzdem habe
ich ziemlich hohe Spritkosten.
Ich denke tagelang nach. Wäge die Vor- und Nachteile
vom Autofahren ab.
Für mich hat es in letzter Zeit immer mehr Nachteile:
Ein Auto zu unterhalten wird für mich immer schwieriger.
Mein größtes Problem sind die Kosten.
- Spritkosten. Die hohen Kosten zwingen mich immer
öfter, auf Fahrten zu verzichten.
- Steuern
- Versicherung. Bald ist wieder die Jahresprämie für die
Versicherung fällig
- Wartungskosten, TÜV Gebühren (Auch wenn ich viel
selber machen kann)
- Verschleißkosten wie Reifen, Bremsen
- Parkgebühren

- Winterreifen. Es ist bald Winter. Und meine Winterreifen sind bei Melanie in Kitzingen. Ich habe sie bei der überstürzten Abreise vergessen.
- Blitzer. Die Blitzer sind (teilweise) durchaus berechtigt. Aber nach wie vor sehe ich sie als Abzocke. Die Angst vor Blitzern ist für mich der Hauptgrund, warum ich den Spaß am Autofahren verloren habe.
- Parkplatzsuche. Zuhause habe ich meine Garage. Aber sobald ich woanders bin, muss ich jedes Mal einem Parkplatz suchen. Besonders in größeren Städten ist das oft sehr schwierig.

Die monatlichen Festkosten sind höher als ein Monatsticket für öffentliche Verkehrsmittel im Stadtgebiet von Hannover. Damit könnte ich unbegrenzt innerhalb von Hannover fahren. Ein Großraumticket ist zwar teurer. Aber das gilt sogar bis Nienburg.

Außerdem habe ich mich durch meine politische Arbeit bei Der Linken in der letzten Zeit intensiv mit den weltweiten Problemen unserer Zeit befasst.

Die Millionen von Fahrzeugen mit Verbrennungsmotoren tragen eine große Mitschuld an der jährlichen Steigerung der Ozonwerte. Durch das übersteigerte Verbrennen von fossilen Brennstoffen wird weiterhin eine große Menge an Kohlendioxid freigegeben, wodurch auf lange Sicht der Treibhauseffekt verstärkt wird, was zu einer Erwärmung der Erdatmosphäre führt.

Feinstaub ist höchst gesundheitsgefährdend und kann zu Asthma, Bronchitis oder schlimmstenfalls Krebs führen. Der ultrafeine Staub kann sogar in die Blutbahn gelangen und einen Herzinfarkt auslösen. Der größte Anteil an Feinstaub wird durch den Verkehr generiert. Vor allem Dieselmotoren belasten die Umwelt stark, da die Motoren beim Verbrennen von Dieselkraftstoffen feine Rußpartikel in die Luft freigeben. Auch Stickstoffoxide werden beim Verbrennen fossiler Kraftstoffe freigesetzt. Sowohl Benzin- als auch Dieselmotoren tragen gleichermaßen zur Schädigung der Umwelt durch Stickstoffdioxide bei.

Auch hier werden Lungen und Bronchien geschädigt und es kann zu Asthma und anderen Luftwegerkrankungen kommen. Stickstoffoxide sind starke Atemgifte und vor allem Kinder sind gefährdet.

Dennoch erhöht sich die Anzahl der Fahrzeuge ständig. Und die Produktion von Neuwagen steigt immer weiter. Unter diesen Umständen ist es unverantwortlich, dass jeder Mensch ein eigenes Auto besitzt.

Ein Auto mit einem Verbrennungsmotor ist meiner Ansicht nach kein zeitgemäßes Fortbewegungsmittel mehr…

Die Entscheidung…Ich verkaufe mein Auto

Am 29. Oktober treffe ich eine Entscheidung, die mein Leben verändern wird.

Wenn ich das Haus verkauft habe, und nach Hannover ziehe, werde ich auch mein Auto verkaufen. Und in Zukunft nur noch mit öffentlichen Verkehrsmitteln fahren. So etwas wäre bis vor kurzer Zeit für mich noch völlig undenkbar gewesen.

Ein cooles Auto zu besitzen war für mich immer DAS wichtigste. Ich habe ein Auto als Statussymbol gesehen. Aber der Geldmangel zwingt mich zum Umdenken.

Gedanken

Zur gleichen Zeit fange ich aufgrund meiner politischen Aktivitäten an, nachzudenken. Ich beginne langsam die weltweiten Zusammenhänge zu verstehen. Auch wenn mir 2013 noch lange nicht alles bewusst ist. Aber mir ist klar, dass ich es nicht mehr mit meinem Gewissen vereinbaren kann, „just for fun" fossile Brennstoffe zu verbrauchen.

Kann ich mit politischer Arbeit die Welt retten?

Ich habe in der letzten Zeit durch meine politischen Aktivitäten viele Politiker kennengelernt. Auch aus dem Bundestag. Und ich habe viele Gespräche geführt. Ich bekam einen Einblick, wie Politik funktioniert.

Schon lange ist mir klar, dass kleine Kommunalpolitiker nichts zu entscheiden haben. Sie können nur das umsetzten, was Ihnen von der Bundespartei oder vom Bundestag vorgegeben wird.

Sie können nur das Elend verwalten.

Wenn ein Politiker etwas verändern will, geht das nur im Bundestag.

Im Laufe der Zeit wird mir immer bewusster, dass selbst den Politikern im Bundestag „Die Hände gebunden sind". Sie sind verpflichtet, sich an die Vorgaben der Partei zu halten. Und vor allem an die Vorgaben der Wirtschaft.

In Gesprächen höre ich immer wieder Sätze wie „ Die demokratisch gewählten Politiker haben nichts zu entscheiden. Die Entscheidungen treffen ganz andere. Und die sind nicht gewählt."

Auf einer Parteiveranstaltung sagt ein mir persönlich bekannter Politiker etwas, was ich in Erinnerung behalten werde:

„Es gibt nicht DEN Fehler im System. DAS System ist der Fehler"

Das macht mich sehr nachdenklich…

Unter solchen Umständen vergeht mir mehr und mehr die Lust, meine kostbare Lebenszeit in politische Arbeit zu investieren.

Ich will die Welt retten! Ich will eine bessere Welt für alle Lebewesen auf diesem Planeten.

Wenn ich nur Protokolle für einen kleinen unbedeutenden Kreisverband schreibe, oder Wahlplakate aufhänge, werde ich niemals die Welt retten können…

Vorüberlegungen für meine Autobiografie

Ebenfalls Ende Oktober überlege ich zum ersten Mal ernsthaft, ein Buch über mein Leben zu schreiben.

Ich fange an, Daten und Erinnerungen zu sammeln, und in die richtige Reihenfolge zu bringen.

Es wird um viel Alkohol, wilde Partys, Geldnot, Probleme und Abstürze gehen.

Allerdings wird es nicht nur eine Zusammenfassung von Ereignissen aus meinem Leben, sondern ich werde auch den Sinn des Lebens (von meinem Leben) hinterfragen, und alles kritisch betrachten. Außerdem will ich das System von Geld und Macht kritisieren.

Es wird meine Abrechnung mit der Gesellschaft und dem System.

(Bis zur Fertigstellung und zur Veröffentlichung von diesem Buch werden allerdings noch einige Jahre vergehen. Dann wird es nicht nur ein Buch über mein Leben. Es wird mein Lebenswerk)

Das Haus ist verkauft

Am 2. November gucken sich mal wieder Interessenten das Haus an. Eine junge Familie. Sie sind sehr lange da. Und gucken sehr gründlich alles an.

An diesem Samstagabend fahre ich mit Freunden mit der Bahn nach Bremen. Zum Bremer Freimarkt. Danach sind wir noch in der City von Bremen unterwegs. Erst in einer Bar. Und dann in der Disco Stubo. Um 6 fahren wir zurück. Ich frühstücke erstmal. Um halb 8 bin ich im Bett.

Am Sonntagmorgen um halb 11 reißt mich das Telefon aus dem Schlaf. Dieser Anruf wird mein Leben verändern...

Es ist der letzte Interessent. Sie kaufen das Haus für 100.000€. Das ist zwar weniger als gedacht. Aber damit kann ich leben.

Am selben Tag rufe ich Silke an. Und ab Montag beginnen wir mit der Verkaufsabwicklung.

Roberto

Es ist ein sehr komplizierter Hausverkauf. Da eine Hälfte mir gehört. Und die andere Hälfte durch 3 geteilt werden muss.

Das Problem ist, dass Roberto nicht auffindbar ist. Obwohl er wegen dem Erbe offiziell gesucht wird.

Er muss dem Hausverkauf zustimmen. Wegen ihm droht das ganze Projekt zu scheitern.

Anfang Dezember wird ein Bevollmächtigter für ihn eingesetzt. Sein Teil vom Verkaufserlös wird auf einem extra Konto angelegt. Damit ist der Hausverkauf gesichert.

Realistisch ist es dieses Jahr aber nicht mehr zu schaffen. Als Verkaufstermin ist der 6. Januar 2014 angesetzt. Bis zur eigentlichen Hausübergabe wird noch mehr Zeit vergehen...

Wohnungsauflösung...
Und ich trenne mich so nach und nach von immer mehr Sachen. Mein Haus wird immer leerer.

Die Käufer wollen es komplett umbauen. Und es soll AL-LES raus. Auch das neue Bad. Und die neue Einbauküche. Das tut weh... Aber da ich dieses Haus verkaufe, kann ich es nicht verhindern, wenn die neuen Eigentümer alles rausreißen, was ich in jahrelanger Arbeit eingebaut habe.

Ich baue den Glaswaschtisch wieder aus. Und verkaufe ihn mit viel Verlust an Wolfram.

Die Einbauküche bekommt Jessica. Ich bringe sie ihr sogar nach Stolzenau. In die Küche ihrer Wohnung passt die allerdings nicht komplett rein. Ihr Freund baut alles um. Den Geschirrspüler verkaufe ich später extra. Es tut weh...

Den Wohnzimmerschrank von meiner Mutter bekommt eine Bekannte. Ich gebe Unmengen an Geschirr und Kleinkram ab. Wolfram holt viele Sachen aus meiner Werkstatt.

Den Rasenmäher Trecker verkaufe ich über Facebook. Meine Säge, den Anhänger und die zerlegte Musikbox verkaufe ich sehr günstig an einen Freund.

Musikbox
Besonders, dass ich mich von der Musikbox trenne, fällt mir sehr schwer. Ich war so stolz darauf. Habe unzählige Arbeitsstunden investiert. Und dann stand sie jahrelang in

Einzelteilen rum. Weil ich einfach keine Zeit mehr dafür hatte. Und jetzt muss ich mir eingestehen, dass dieses Projekt gescheitert ist.

Mein Freund Heiko schafft es in kürzester Zeit das zu vollenden, was ich angefangen, und abgebrochen habe. Er restauriert die Musikbox, und bringt sie wieder zum Laufen. Allerdings lässt er die Mechanik von einem Experten überholen. Schon wenige Monate später steht dieses Schmuckstück, als absoluter Hingucker wie aus dem Ei gepellt, in der Empfangshalle seiner Firma.

Erinnerungen
Es tut weh, Erinnerungen an mein vergangenes Leben abzugeben,

Aber trotzdem hilft es mir, die Vergangenheit hinter mir zu lassen. Mit jedem Stück, das weg ist fühle ich mich befreiter. Mit jedem Stück fällt eine Last von mir ab. Ich will ohne Altlasten in mein neues Leben starten...

Auch das Abo für die Nienburger Tageszeitung kündige ich. Meine Mutter hatte es 1982 abgeschlossen. Damals haben wir noch in Oyle gewohnt...

Durch den Verkauf von einigen Sachen habe ich wieder Geld. Und meine Geldprobleme haben sich erstmal erledigt.

Kündigung bei Wolfram
Da jetzt feststeht, dass ich Liebenau verlasse, kündige ich meinen Job bei Wolfram. Auch das fällt mir sehr schwer.

Wolfram hat mir sehr oft geholfen. Ihm habe ich es zu verdanken, dass ich meine Gesellenprüfung nachholen konnte. Er hat meine ganzen Schrottautos entsorgt. Und nicht zuletzt habe ich (mit Unterbrechungen) 16 Jahre bei ihm gearbeitet. Wir sind im Laufe der Jahre gute Freunde geworden. Und mir hat die Arbeit bei ihm immer Spaß gemacht. Von ihm habe ich „das Arbeiten" gelernt.

Am 4. Dezember arbeite ich zum vorerst letzten Mal bei Wolfram. Als ich abends meine Schlüssel abgebe, bin ich sehr traurig und nachdenklich.

Damit ist für mich ein Lebensabschnitt vorbei. Ich hätte nicht gedacht, dass man so an seiner Arbeitsstelle hängen kann....

Zukunftsplanung

Ich werde den Hausverkauf als Chance nutzen. Ich ziehe aus dem Kreis Nienburg weg. In die Großstadt. Ich will endlich mein Partyleben genießen.

Ich überlege lange, wohin ich ziehe... Würzburg hat sich ja erledigt. Am liebsten würde ich nach Dresden ziehen. Diese Stadt fasziniert mich. Aber es ist zu weit weg. Ich kenne da niemanden.

Also entscheide ich mich für Hannover. Das ist eine Großstadt. Und noch in erreichbarer Nähe zu meinen Freunden.

Ab jetzt kann ich meine Zukunft in Hannover planen.

Ich fange mit der online Wohnungssuche in Hannover an. Allerdings merke ich schnell, dass es mit Hund und Katze sehr schwer ist, eine Wohnung oder ein WG Zimmer zu finden.

Ich fahre einige Male zu Wohnungsbesichtigungen nach Hannover. Aber zunächst erfolglos…

Es dauert lange, bis ich in Hannover-Stöcken eine günstige 2 Zimmer Wohnung finde.
Die ist allerdings erst zum 1. Februar frei.
Tino hilft mir. Ich kann im Januar bei ihm und seiner Freundin Carmen in Schessinghausen unterkommen.

Neuanfang
Ich bin dabei alles wegzuschmeißen, was ich in meinem Leben erreicht habe... Mein Elternhaus das seit über 30 Jahren im Familienbesitz ist. Die ganzen Sachen, die mir mal was bedeutet haben, und meine Arbeit bei Wolfram gebe ich auf. Und nicht zuletzt meine Freunde....

Manchmal frage mich, warum?

Ich trenne mich von allem, weil ich einen Neuanfang will... in einer Großstadt.
Ich will weg aus Liebenau und dem toten Landkreis Nienburg.
Jetzt, wo mein Haus verkauft ist, habe ich die Chance, dass zu erreichen, was ich immer wollte.
Ich muss sie nur nutzen. Und ich werde sie nutzen!
Was bleibt, und was mir keiner nehmen kann, sind Fotos und Erinnerungen... Bilder im Kopf.

Meine ehrenamtliche Tätigkeit
Ich will nicht alle Brücken nach Nienburg sofort abbrechen. Nach langer Überlegung werde ich meine ehrenamtlichen „Posten" erstmal behalten.
Bei der LINKEN bleibe ich bis auf weiteres im Kreisvorstand Nienburg.

Beim Sozialverband bleibe ich 1. Ortsvorsitzender von Liebenau.

Am 7. Dezember haben wir auf meine Initiative einen Infostand auf dem Liebenauer Weihnachtsmarkt.

Vor allem die Nienburger Bürgerinitiative für ein BGE ist mir sehr wichtig. Ich werde weiterhin aktiv im Sprecherteam mitwirken.

Der Weg in mein neues Leben ohne Auto
Rehunfall
Am 20. November bin ich an einem meiner letzten Arbeitstage für Wolfram mit einem Kundenauto unterwegs. Im Wald zwischen Liebenau und Steyerberg läuft mir ein Reh vors Auto. Mir passiert nichts. Aber das Reh ist tot, und das Auto vorne stark beschädigt. Ich kann nichts dafür. Die Versicherung übernimmt den Schaden.
Aber für mich ist dieser Rehunfall ein weiterer Grund das Auto abzuschaffen.
Und in Hannover nur noch mit öffentlichen Verkehrsmitteln zu fahren.

Winterreifen
Anfang Dezember wird es kalt. Und damit steigt die Glättegefahr. Meine Winterreifen liegen ja noch in Kitzingen bei Melanie. Da ich das Auto verkaufen will, lohnt es sich nicht, 800 km zu fahren, um die zu holen. Also hätte sich mit dem Wintereinbruch das Autofahren für mich erledigt.

VOLUME® Party
Die VOLUME® Partys finden etwa 3 bis 4 Mal im Jahr in Hannover im Funpark statt. Es ist Norddeutschlands größte schwul-lesbische Party. Jede Ausgabe der VOLUME® ist zu 100% einzigartig.

Vanessa & Deborah überreden mich Anfang Dezember, mal mitzukommen. Anfangs habe ich echt Bedenken. Ich habe „Angst" von schwulen angebaggert zu werden. Trotzdem komme ich am 8. Dezember spontan mit. An diesem Abend tritt Cascada im Funpark auf. Es ist eine großartige Partynacht! Di Gäste sind zwar überwiegend lesbisch oder schwul. Aber mich macht keiner an. Und die Mädels sind viel lockerer als in „normalen" Discos. Ich bin positiv überrascht und begeistert! Seit diesem Abend ist die VOLUME® Party ein fester Bestandteil in meinem Partyleben.

Toleranz

Als Jugendlicher hatte ich eine "Abneigung" gegen Schwule. So wie gegen alle, die anders sind.
Besonders nach meinem schwulen Erlebnis auf Sylt...
Ich hab zwar immer noch "Angst", von einem Mann angebaggert zu werden.
Aber durch Vanessa und Deborah lerne ich auch in diesem Bereich Toleranz.

Letzte Aufräumarbeiten

Im Dezember räume ich das Haus komplett leer. Ich trenne mich von fast allem. Einen Teil der Sachen aus unserem Haushalt bekommt Jessica unter anderen den Fernseher. Ich gucke ja eh kein TV. Einige persönliche Sachen und auch Erbstücke von meiner Mutter stelle ich bei einem Nachbarn unter.
All die tollen Gegenstände und das Haus bedeuten mir nichts mehr. Ich weiß jetzt, dass ich hier in dem toten Dorf Liebenau nicht glücklich war. Dieses Haus hat mir kein Glück gebracht.

Weihnachten 2013

Es ist das erste Weihnachten, an dem ich Heiligabend normalerweise alleine wäre.

Aber Vanessa und Deborah laden mich über die Feiertage ein. Ich verbringe eine wunderschöne Weihnachtszeit im Kreis ihrer Familie. Wie ein Familienmitglied gehöre ich an Heiligabend einfach dazu.

Ich bin sehr froh und dankbar, dass ich so tolle Freunde habe!

Ab jetzt bin ich die nächsten Jahre Heiligabend bei Vanessa und Deborah.

Auto Abmeldung

Ich beschließe diesen Neuanfang zu nutzen. Ich trenne mich bewusst von meinem Auto. Da ich nach Hannover ziehe, brauche ich es nicht mehr. Ich halte es nicht mehr für zeitgemäß, dass jeder Mensch ein eigenes Auto besitzt.

In Zukunft fahre ich Fahrrad oder mit öffentlichen Verkehrsmitteln.

Am 30. Dezember melde ich den Focus ab. Er wird über Wolfram verkauft.

In meinem Leben habe ich viele Autos besessen. Ich habe Autos als Statusobjekt gesehen. Dachte, dass ich mit einem schicken Auto kleinen Mädchen imponieren kann.

Ich habe nach meinem Unfall um meinen Führerschein gekämpft. Für mich war ein Leben ohne Auto unvorstellbar.

Mittlerweile bin ich erwachsen geworden. Ich brauche niemanden mehr imponieren…

Sylvester 2013
Den Jahreswechsel feiere ich mit Vanessa und Deborah in Stolzenau.
Seit dieser Sylvester Party lasse ich meine Brille weg.
Bald starte ich mein neues Leben in Hannover..

Hannover 2014 - 2018

2014
Neuanfang – *Ein neuer Lebensabschnitt beginnt*
Zum 1. Januar ist das Haus verkauft. Ich bin im Januar bei Tino und Carmen in Schessinghausen.
Dipsy und Tiffy bringe ich vorübergehend bei Freunden unter.

Ich verlasse mein Haus für immer
Die endgültige Hausübergabe ist am 21. Januar.
Das ist mein Facebook Post dazu:
„21.01.2014 um 14:30 Uhr
Zum letzten Mal verlasse ich das Haus in Liebenau… Es heißt endgültig Abschied nehmen von einem Haus, das

fast mein ganzes Leben mein zuhause war... Aber es gehört mir nicht mehr. Ich wünsche den neuen Besitzern das sie glücklich werden, in einem Haus was mir kein Glück gebracht hat. Ich schaue nicht zurück, oder trauere vergangenen hinterher. Sondern nur nach vorne auf mein neues Leben."

Es dauert aber noch, bis die Käufer das Geld bezahlen.

Hannover

Zum 1. Februar habe ich die 2 Zimmer Wohnung in Hannover Stöcken gemietet. Sie ist im 2. Stock von einem Mehrfamilienhaus.
Die Einbauküche übernehme ich von der Vormieterin.
Ein Freund hilft mir mit einem Transporter beim Umzug.
Vanessa und Deborah helfen mir beim einräumen.
Gleich als erstes schließe ich ein Abo bei der Üstra ab. Ich nehme das 7 Zonen Ticket, dass bis Nienburg gilt. Damit kann ich im Großraum Hannover alle öffentlichen Verkehrsmittel nutzen. Ich fahre ja noch regelmäßig nach Nienburg.
Und ich fahre oft mit der Straßenbahn durch die Stadt.
Außerdem schließe ich eine Hausratversicherung ab. Die ich aber nach kurzer Zeit wieder kündige.
Es ist die letzte Versicherung, die ich abschließe.

Anfang Februar hole ich Dipsy und Tiffy nach Hannover.

Sport

Ich gehe fast täglich joggen. Direkt hinter meiner Wohnung ist eine kilometerlange Grünfläche. Die entdecke ich Anfang Februar beim Gassi gehen mit Dipsy. Dort drehe ich meine Joggingrunden.

In kurzer Zeit schaffe ich es problemlos, 10 km in etwa 1 Stunde durchzulaufen.

McFit

Ich will mehr Sport machen. Im Internet gucke ich, was es in Hannover für Möglichkeiten gibt. Ich stoße auf McFit. Das ist eine bundesweite Studiokette. Es gibt in vielen Städten Studios. Und die sind rund um die Uhr geöffnet. Für 20€ im Monat. Das ist genau das richtige für mich! Am 1. März melde ich mich an. In Hannover gibt es 3 Studios. Ab 24. März trainiere ich regelmäßig. Meistens fahre ich ins Studio nach Langenhagen.

Hannover Marathon

Anfang April melde ich mich spontan für den 10 km Lauf vom Hannover Marathon an. Ich trainiere fast täglich dafür. Meistens jogge ich in der Natur. Gleich morgens. Wenn es regnet, bei McFit auf dem Laufband.

Am 27. April nehme ich am 10 km Lauf vom Hannover Marathon teil.

Die Strecke schaffe ich problemlos. Ich benötige knapp eine Stunde dafür. Das ist meine bisher beste sportliche Leistung!

Arbeit

Allerdings merke ich schnell, dass das Leben in der Stadt sehr teuer ist. Und das Geld aus dem Hausverkauf hab ich auch noch nicht. Stattdessen bekomme ich noch Rechnungen. Es nervt mich, dass ich noch für ein Haus bezahlen soll, was mir nicht mehr gehört.

Nebenjob in einer Entrümpelungsfirma

Also suche ich im Netz nach einem Nebenjob. Für kurze Zeit arbeite ich auf 450€ Basis bei einer Entrümpelungsfirma. Das Ausräumen von Wohnungen ist körperliche Schwerstarbeit. Und es wird ein sehr hohes Arbeitstempo verlangt. Ich stoße schon bald an die Grenze meiner Leistungsfähigkeit. Es ist nicht die körperliche Arbeit, die mir zu schaffen macht. Das bewältige ich problemlos. Ich bin körperlich fit. Es ist das hohe Tempo. Ich kann nicht mit meinen Kollegen mithalten.

Partyleben

Aber ich genieße mein Partyleben in Hannover. An den Wochenenden bin ich oft in der City und in den Discos unterwegs. Meistens im Agostea.

Mahnwachen für Frieden und Völkerverständigung

Am 14. April stoße ich zufällig auf dem Ernst-August Platz auf eine kleine Gruppe Menschen. Es ist eine Friedensmahnwache der neuen Friedensbewegung 2.0. Am offenen Mikrofon werden Reden gehalten. Es geht um Frieden. Um das Geldsystem. Um Kriege, die wegen Ressourcen geführt werden. Um die Terroranschläge vom 9. September 2001.

Ich höre eine Weile zu. Dann gehe ich selbst ans Mikro. Ich frage die Zuhörer unter anderem:

" Warum werden Kriege geführt? Warum wird die Atomenergie immer noch genutzt? Warum wird unsere Umwelt zerstört, und Tiere gequält? Es geht immer und überall

*nur um die Gier nach immer mehr Macht und Geld von
einigen wenigen, auf Kosten der allermeisten anderen....
Ich bin für Frieden und eine gerechte Verteilung der vorhandenen Güter, für ein weltweites bedingungsloses
Grundeinkommen. "*

Aus meinem kurzen Redebeitrag entwickeln sich interessante Gespräche.

Spontan beteilige ich mich an der Organisation der nächsten Montagsmahnwachen.

In den nächsten Wochen und Monaten werde ich aktiver
Mitgestalter der montäglichen Mahnwachen für Frieden
und Völkerverständigung auf dem Ernst-August Platz.
Darüber lerne ich sehr viele Menschen kennen. Unter
anderen Meiko aus Ahlem, Andre' der ebenfalls in Stöcken wohnt, und Christine aus Hannover. Sowie Steffi aus
Hildesheim.

Durch die Mahnwachen knüpfe ich viele Kontakte in
Hannover und Umgebung.

Die Zeit der Mahnwachen 2014 wird mein weiteres Leben
beeinflussen.

Umdenken

Durch meine Aktivität bei den Mahnwachen verändert
sich mein politisches Denken. Ich erkenne immer mehr,
worum es weltweit eigentlich geht. Und wie weltweit
alles zusammenhängt. Warum Kriege geführt werden. Es
geht um Ansprüche auf Ressourcen wie Erdöl.

Damit die Wirtschaft immer weiter wachsen kann, Es geht
darum, dass Zinssystem am laufen zu halten....

Zinskritik

Mir wird so nach und nach bewusst, dass das Zinssystem das größte Problem der Menschheit ist.
Ich beginne, dass weltweite Geld- und Zinssystem zu hinterfragen.
Ich beginne, ALLES zu hinterfragen.

Die Linke
Allerdings merke ich schon nach kurzer Zeit, dass die Mahnwachenbewegung in der Kritik steht. Gerade aus dem Bereich der Linken. Wo ich ja noch Mitglied bin. Und sogar im Kreisvorstand Nienburg. Anfangs möchte ich eine Zusammenarbeit mit der Linken anregen. Das stößt allerdings auf enormen Wiederstand der Linken. Am 29. April ist Mitgliederversammlung vom KV Nienburg. Ich erkläre, dass ich für weitere Vorstandsarbeit nicht mehr zur Verfügung stehe. Es wird ein neuer Vorstand gewählt, dem ich nicht mehr angehöre.

Ich beginne umzudenken...

Fast jeden Montag bin ich bei der Mahnwache für Frieden und Völkerverständigung, die ich mit organisiere.
Darüber lerne ich sehr viele Menschen kennen.
Und ich erkenne immer mehr die Zusammenhänge. Auch zu meinem eigenem Konsum. Anfangs werde ich von den Teilnehmern der Mahnwache kritisiert, weil ich regelmäßig zu McDonald's gehe.
Dann beginne ich langsam zu verstehen, dass mein eigener Konsum ein Teil des Problems ist. Ich kann nicht

gegen Massentierhaltung demonstrieren, aber selber billiges Fleisch essen.

Nach und nach beginne ich meinen Konsum umzustellen. Ich kaufe nicht mehr wahllos, dass was billig ist. Ich gehe immer seltener zu McDonald's . Und dann gar nicht mehr.

Geld aus dem Hausverkauf

Geld aus dem Hausverkauf

Ende Mai bekomme ich endlich das Geld aus dem Hausverkauf. Als erstes kaufe ich mir ein neues Laptop. Und eine große externe Festplatte. Dieses Laptop wird mich in den nächsten Jahren begleiten. Damit verfasse ich fast alle meine Texte, und den größten Teil meiner Autobiografie .

Ordner bei den Mahnwachen

Ordner bei den Mahnwachen

Auf den Mahnwachen bin ich mittlerweile als Ordner eingeteilt. Ich sorge dafür, dass die Mahnwache friedlich abläuft. Es gibt allerdings selten Probleme. Nur am 27. Mai möchte ein offensichtlich betrunkener ans Micro. Ich kann ihn aber davon abhalten. Und erteile ihm freundlich, aber bestimmt Redeverbot für heute.

Christopher Street Day

Der Christopher Street Day (CSD) ist ein Fest-, Gedenk- und Demonstrationstag von Lesben, Schwulen, Bisexuellen, Transgender-Personen und Intersexuellen. An diesem Tag wird für die Rechte dieser Gruppen sowie gegen Diskriminierung und Ausgrenzung demonstriert.

Am 7. Juni nehme ich am Christopher Street Day Hannover teil.

Am 16. Juni ist auf dem Ernst August-Platz die live Übertragung vom Fußball WM Spiel Deutschland – Portugal.

Zeitgleich halten wir direkt daneben unsere Mahnwache ab.

Mein eigener Konsum ist entscheidend
Ich denke immer mehr nach. Und mir wird immer bewusster, dass ich durch meinen eigenen Konsum das Weltgeschehen beeinflussen kann.

Krav Maga

Allgemein lehne ich ja jede Art von Gewalt ab. Und gehe betrunkenen, oder bekifften Menschen aus dem Weg. Trotzdem möchte ich nicht das wehrlose Opfer sein. Und mich grad als Ordner bei der Mahnwache körperlich durchsetzen können.
Deshalb möchte ich einen Kampfsport oder Selbstverteidigung erlernen.
Also gucke ich im Internet was es in Hannover für Angebote gibt.
Ich stoße sehr schnell auf Krav Maga. Das ist ein Selbstverteidigungssport aus Israel.
Ich melde mich in Hannover zum Training an.
Anfang Juli ist das diesjährige Sommercamp. Spontan nehme ich daran teil.
Ohne Vorbereitung erwartet mich ein intensives Trainingswochenende. Ich komme an die Grenze meiner körperlichen Belastbarkeit. Aber ich bin begeistert! DAS ist genau das richtige für mich. Ab jetzt nehme ich regelmäßig am Krav Maga Training teil. Ich lerne mit einfachen, und effektiven Techniken, wie ich mich im Falle eines

Angriffs verteidigen kann. Dadurch steigt mein Selbstbewusstsein. Ich lehne zwar Gewalt ab. Allerdings weiß ich jetzt, dass ich körperlich in der Lage bin, mich zu verteidigen. Das Training ist extrem anstrengend. Am Anfang komme ich immer wieder an meine Belastungsgrenze. Aber ich werde sehr schnell richtig fit.
Außerdem bin ich ja mehrmals pro Woche bei McFit. Und gehe regelmäßig joggen.

Kündigung
Ich arbeite in der letzten Zeit nur noch sehr selten in der Entrümpelungsfirma. Mein Chef kann mich für viele Aufträge nicht einsetzen, weil ich zu langsam bin.
Zum 15. Juli wird mein Arbeitsverhältnis gekündigt.

Die Linke und die Friedensmahnwachen
Ich merke immer wieder, dass meine Aktivität bei den Friedensmahnwachen innerhalb der Linken kritisiert wird.
Ehemalige Parteifreunde distanzieren sich von mir.
Am 10. Juli verfasse ich dazu einen Facebook Post:
„Ich bin für globalen Frieden und soziale Gerechtigkeit.
Sowie für eine bessere Welt ohne Atomenergie für alle Lebewesen auf diesem Planeten.
Deshalb bin ich ehrenamtlich & unentgeltlich in verschiedenen Organisationen tätig.

Unter anderem bei der Montagsmahnwache für Frieden in Hannover.

Und ich bin zahlendes Mitglied bei der Linken. Offenbar haben einige bei den Linken einen falschen Eindruck von den Montagsmahnwachen.

Diese Mahnwachen wollen erreichen, dass die Menschen aufwachen.

Das sie nicht bedingungslos alles glauben, was in den GEZ finanzierten Medien verbreitet wird.

Das die Menschen ihren Konsum überdenken, und damit die großen Konzerne nicht mehr unterstützen.

Aber das ist politisch nicht gewollt, weil es die Politiker und Bosse hinter dem System Macht, und damit Geld kostet!

Die Montagsmahnwachen sind gegen dieses weltweite System von Geldgier & Macht. Deshalb sind sie politisch nicht gewollt. Und werden totgeschwiegen, oder als rechtslastig schlecht geredet! Und auch Die Linke beteiligt sich daran!

Ich als aktiver Teilnehmer der Montagsmahnwache Hannover merke, dass sich ehemalige Parteifreunde von mir distanzieren.

Aber ich stehe zu meiner Lebenseinstellung und zu meinen Zielen!

Ich vertrete die gleichen Ziele, wie sie auch auf den Mahnwachen verbreitet werden.

Als letzte Konsequenz werde ich aus der Partei Die Linke austreten."

Erst später wird mir klar, dass diese Spaltung politisch gewollt ist.

Mahnwache für Frieden und Völkerverständigung in Berlin

Am 19. Juli fahre ich mit weiteren Friedensaktivisten nach Berlin zur zentralen Friedensmahnwache.

Abends verfasse ich diesen kurzen Facebook Post:

„Die Montagsmahnwachen haben mein Leben positiv verändert.

Ich habe angefangen nachzudenken... Dinge zu hinterfragen.

Und ich habe viele liebe Menschen kennengelernt... neue Freunde gefunden.

Es ist mir egal, was andere über mich, oder die Mahnwachen denken.

Da stehe ich drüber. Manche sind halt noch nicht aufgewacht. Oder wollen es nicht merken."

Am Montag darauf ist eine der besten Mahnwachen in Hannover.

Mit musikalischer Unterstützung ist es einfach wunderschön und friedlich.

Die Mahnwache am 28. Juli findet als Gesprächskreis statt.

Wohngemeinschaft mit Anna

Ab 1. August mache ich aus meiner Wohnung eine WG. Anna zieht bei mir ein. Sie kommt aus Stolzenau. Wir kennen uns durch Vanessa und Deborah.

Jeder bekommt ein eigenes Zimmer. Bad und Küche teilen wir uns.

Diese WG bedeutet eine erneute Veränderung in meinem Leben.

Es wird eine tolle WG Zeit mit Anna.

Wanderung von Hannover nach Cuxhaven

Bei den Mahnwachen lerne ich Steffi aus Hildesheim kennen.

Vom 4. August – 13. August wandere ich mit ihr von Hannover nach Cuxhaven.

Wir starten in Hannover auf dem Ernst-August Platz, wo ja auch unsere Mahnwachen stattfinden.

Zunächst wandern wir von dort zu mir nach Stöcken. Da packe ich meinen Rucksack noch mal um. Es ist ein normaler Rucksack, der völlig ungeeignet ist. Wir gehen dann zu einem Armeeshop in der Marienstraße.

Mein Bundeswehrrucksack

Hier kaufe ich mir Bundeswehrstiefel. Und einen gebrauchten 60l Bundeswehrrucksack.

Das gleiche Modell, das ich auch schon 1999 in meiner Zeit als Soldat hatte.

Dieser Rucksack wird mir viele Jahre gute Dienste leisten. Ich nehme ihn zu allen Ausflügen mit. Auch auf meinen monate- und jahrelangen Fahrradreisen ist er dabei. Unter extremen Bedingungen. Oftmals voll beladen. Er wird in den nächsten Jahren mein nützlichster und meist genutzter Gegenstand.

Wanderung bis nach Nienburg

Für die Strecke von etwa 200 km planen wir 10 Tage ein. Unser erstes Ziel ist Nienburg.

In der 1. Nacht zelten wir irgendwo zwischen Hannover und Neustadt an der B6. Am nächsten Tag erreichen wir Neustadt. Es regnet.

Abends erreichen wir Schessinghausen. Wir übernachten bei Tino und seiner Freundin Carmen. Hier ruhen wir uns aus.

Am 6. August wandern wir vormittags bis nach Nienburg. Beim Mittagessen in der Fußgängerzone planen wir spontan um.

Bremen

Wir fahren mit der Bahn bis zum Hauptbahnhof Bremen. Den Nachmittag verbringen wir in der Bremer Innenstadt. Abends suchen wir sehr lange nach einer günstigen Unterkunft. Gegen 1:30 Uhr finden wir endlich ein Zimmer.

Am 7. August wandern wir nach Vegesack. Und fahren dann mit der Weserfähre auf die andere Seite nach Lemwerder.

In der Nähe von Rekum zelten wir in der Natur.

Wanderung an der Weser entlang

Am 8. August wandern wir bei starkem Wind etwa 20 km an der Weser entlang bis in den Landkreis Cuxhaven.

Um 22 Uhr kommen wir auf einem Campingplatz an. Hier bleiben wir bis zum nächsten Nachmittag.

Bremerhaven

Dann fahren wir mit Bus nach Bremerhaven. Eigentlich wollten wir zur Nordwest Mahnwache. Aber da unser Zelt kaputt ist, kaufen wir erstmal ein neues Zelt. Ein Wurf Zelt.

Danach besuchen wir Freunde von Steffi. Hier verbringen wir einen schönen Abend. Beim grillen hören wir Onkelz und Frei.Wild.

An der Nordseeküste

Am 10. August fahren wir mit Bus nach Weddewarden. Wandern dann bis zur Küste. Und auf dem Deich bis zum Ochsenturm Imsum. Als wir weiter wandern, fängt es an zu regnen. Wir wollen das Zelt auf dem Deich aufbauen… Es ist sehr windig! Fast wär unser neues Wurf Zelt weggeweht! Es hebt ab…Ich kann grad noch hinterher rennen und es festhalten!

Es hat keinen Zweck auf dem Deich zu zelten. Wir wandern im Regen noch bis nach Wremen zum nächsten Zeltplatz. Irgendwann Nachts kommen wir dort an.

Auf dem Deich

Am 11. August verbringen wir den Vormittag im Hafen von Wremen. Nachmittags wandern wir auf dem Deich weiter. Später fängt es wieder an zu regnen. Aber heute ist es nicht so windig. So dass wir auf dem Deich zelten können.

Cuxhaven

Am 12. August wandern wir vormittags bis nach Nordholz. Hier frühstücken wir kurz. Und wandern dann weiter. Nachmittags erreichen wir Oxstedt, einen Stadtteil von Cuxhaven.

Abends kommen wir im Stadtzentrum an. Jetzt regnet es wieder. Wir finden dann aber ein Hotel.

…ein Tag in Cuxhaven und Rückfahrt

Den Mittwoch verbringen wir in Cuxhaven. Erstmal frühstücken wir ausgiebig in einem tollen Frühstücksrestau-

rant in der Innenstadt. Dann gehen wir zum Hafen. Zur Aussichtsplattform „Alte Liebe"
Nachmittags fahren wir mit der Bahn zurück nach Hannover.

Steffi

Während diesem Wanderurlaub haben wir uns kennengelernt. Und sind uns immer näher gekommen…
Jetzt sind wir zusammen.
In der nächsten Zeit fahre ich oft mit dem Bahn zu ihr nach Hildesheim.

Mahnwachen Hannover
Mahnwache Hannover mit Musik von Die Bandbreite
Am 18. August spielt Die Bandbreite auf der Mahnwache Hannover.

Die nächste Mahnwache ist am 25. August

Meine Gedanken zum Geld- und Zinssystem

Am 2. September schreibe ich meine Gedanken für Reden bei den Mahnwachen auf.
Meine Gedanken zur Zeit:
Die Welt verändert sich… immer schneller…
In immer kürzeren Abständen werden immer neue Güter erschaffen… neue Modelle… neue Waren
Immer mehr Wachstum… Wachstum über alles! Es gibt das Das Null-Grenzkosten-Phänomen.
(Grenzkosten sind die Kosten, die bei der Herstellung einer zusätzlichen Einheit einer Ware Beziehungsweise Dienstleistung anfallen, lässt man die Fixkosten außen vor.) Dadurch wird es immer einfacher, schneller und billiger, immer mehr Waren zu produzieren.

Die Menschheit ist in der Lage ein Vielfaches von dem zu produzieren, was benötigt wird um allen Menschen auf diesem Planeten ein würdevolles Leben zu ermöglichen. Und vieles ist (wäre) sogar kostenlos für alle verfügbar. Ich denke da zum Beispiel an die Stromversorgung mittels Solarenergie. Oder noch besser durch die „Freie Energie"

Freie Energie ist eine unerschöpflich zur Verfügung stehende Energieform, die die Nutzung etablierter Energieträger wie fossile oder erneuerbare Energie ersetzen könnte.

Außerdem gibt es das Internet der Dinge. Alles und jeder ist vernetzt. Es gibt 3D

Drucker. Schier unerschöpfliche Möglichkeiten um das Leben für alle

Lebewesen auf diesem Planeten zu verbessern.

Im Internet gibt es alles kostenlos, was im realen Leben (noch) teuer gekauft werden muss (soll).

Musik, Filme, Wissen... alles ist immer und überall verfügbar. Warum sollte man noch CDs kaufen, wenn man doch bei YouTube alles kostenlos hören kann?

Warum solle man Zeitungen oder Bücher, kaufen wenn im Internet alles kostenlos verfügbar ist?

Informationen, Energie und auch viele gegenständliche Waren sowie

Dienstleistungen sind potentiell so gut wie kostenlos, im Überfluss vorhanden.

Es wird so viel produziert, dass gar nicht alles verbraucht werden kann. Lebensmittel werden vernichtet. Hunderttausende (oder gar Millionen) nagelneue Autos stehen auf Halde, weil sie niemand kauft.

Aber trotzdem wird immer schneller, immer mehr produziert.

Und gleichzeitig gibt es immer mehr Menschen die sich all die schönen neuen Sachen nicht leisten können. Immer mehr Menschen die weit unter dem Existenzminimum leben. Menschen, die sich nicht mal das nötigste zum Überleben leisten können. Kinder die verhungern, weil sie zufällig in Afrika geboren wurden.

Und dieser Planet steht kurz vor dem 3. Weltkrieg!

WARUM ist das so? Und WARUM lassen wir das zu? WARUM nutzen wir nicht die Chance, die uns die heutige hochentwickelte Zeit bietet?

Eigentlich hat die Menschheit jetzt im 21. Jahrhundert erreicht was sie sich schon immer gewünscht hat.

Es geht uns jetzt so gut wie niemals zuvor. Es ist niemand mehr gezwungen körperlich schwer zu arbeiten um zu Überleben. Nur WARUM gönnen wir das nicht allen Menschen auf diesem Planeten?

WARUM klammern wir uns an den Mythos der Vollbeschäftigung fest? Wo doch längst klar ist, dass das ein Hirngespenst ist.

WARUM gibt es immer noch unsinnige Arbeitsbeschäftigungsmaßnahmen für HartzIV Empfänger?

Die Menschen werden bewusst dumm, arm und in Angst gehalten.

Wer arm ist und ums Überleben kämpft, hat nicht die Kraft aufzustehen. Wer Angst hat etwas gegen das System zu sagen, weil er Gesellschaftliche Nachteile befürchtet, bleibt stumm zuhause.

Wer Angst hat seinen Arbeitsplatz und damit sein zum Überleben nötiges Einkommen zu verlieren, geht auch

krank hin, und ist bereit, für einen Hungerlohn schwere,
oder unsinnige Arbeit zu machen.
Wer Angst hat krank zu werden, lässt sich impfen, und
kauft teure Medikamente oder schon vorbeugend Vita-
minpräparate.
Wer all das glaubt, was in den gleichgeschalteten Medien
verbreitet wird, lebt ständig in Angst.
Ich frage mich immer wieder, WARUM das so ist. Und
was ich als normaler, kleiner Bürger tun kann, um eine
besseren Welt für alle Lebewesen auf diesem Planeten zu
ermöglichen.
Das Hauptproblem der Menschheit ist die GIER.
Gier nach Geld und Macht von einigen wenigen.
Geld und Macht hängt zusammen. In erster Linie geht es
ums GELD. Wer viel Geld hat, kann sich alles kaufen,
was er will. Auch Macht ist käuflich. Und wer in einer
Führungsposition sitzt, und damit die Fäden für das was
um ihn herum passiert, in der Hand hält, ist in der Positi-
on sich selbst immer mehr Geld, und damit mehr Reich-
tum zu verschaffen.
Weltweit sind es nur einige wenige, die das Geschehen auf
diesem Planeten kontrollieren, und sich selbst damit im-
mer mehr Geld und Reichtum verschaffen. Damit zusam-
men hängt auch das Zinssystem und das weltweite Schul-
denproblem.
Die ganze Welt ist überschuldet.
Doch bei wem?
Die Schuldenkrise in Griechenland, Irland und Spanien
ist nur die Spitze des
Eisbergs. Fast alle Staaten sind massiv überschuldet.
Selbst wirtschaftlich starke Länder wie die USA und Ja-
pan sind praktisch pleite. Japans Staatsschulden betrugen

2008 173% des Bruttoinlandprodukts (BIP). Dazu kommen die Schulden der Privatpersonen, der Firmen und der Sozialversicherungen. Alle diese Schulden zusammen gezählt, kommt Japan auf Schulden von 397 % des BIP. Das heißt, alle Japaner zusammen müssten fast vier Jahre lang gratis arbeiten, nur um die Schulden abzuzahlen.

Der Kern des Schuldenproblems ist, dass unser Wirtschaftssystem ein Monopoly ist. Wer reich ist, verdient etwas, weil er reich ist. Wer wenig hat, zahlt den Reichen. Egal, wie wir dies moralisch oder ethisch beurteilen, es ist völlig klar:

Ein solches Wirtschaftssystem ist instabil. Für alle, die sich einmal mit Regelkreisen befasst haben, ist offensichtlich, dass ein so aufgebautes System immer mal wieder zusammenbrechen muss.

Jeder weiß, dass wir im Monopoly ein labiles Gleichgewicht haben. Wer einmal einen Vorsprung hat, hat fast sicher gewonnen, auch wenn sich das Spiel noch Stunden dahinzieht. Es gibt keine Kraft, die einen Spieler mit Vorsprung wieder ins Gleichgewicht zurückzieht. Im Gegenteil: Durch den Vorsprung wird das Geldverdienen immer noch einfacher. Am Ende besitzt einer Alles und die anderen sind pleite. Es entsteht nie ein harmonisches Gleichgewicht, bei dem mal der eine, mal der andere Spieler im Vorteil ist.

Es ist auch nicht schwierig zu sehen, dass unser Wirtschaftssystem - wenn auch viel komplizierter als das Monopoly - so doch letztlich ebenso instabil ist wie dieses. In regelmäßigen Abständen lesen wir in den Zeitungen: "Die Schere zwischen Arm und Reich hat sich weiter geöffnet!" - Ja klar öffnet sich die Schere! Es kann ja gar nicht anders sein! Denn was mache ich mit meinem Geld, wenn ich schon alles gekauft habe, was mir wichtig ist? Ich investiere es! Das heißt, ich setze es dafür ein, dass ich in Zukunft leichter Geld verdienen kann. Wer Geld hat, kann leichter noch mehr Geld verdienen. So wird ein instabiles System gebaut!

Es ist gar nicht so einfach, ein stabiles Geldsystem zu konstruieren. Wer Geld hat, ist immer versucht, es zu investieren und sich das zukünftige Geldverdienen bequemer zu machen. Und Investieren ist ja auch gut. Vielleicht ist unser instabiles System ja auch die beste denkbare Lösung. Nichts desto trotz müssen wir uns bewusst sein, dass die Instabilität im System liegt. Auch ohne jede Gier, ohne Korruption, Schlendrian und überbordenden Lebensstil werden in unserem System die Gesamtschulden immer weiter wachsen, während einige wenige Superreiche immer reicher werden.

Geld ist eine der bedeutendsten und besten Erfindungen der Menschen. Es ist ein Maßstab dafür, wie sehr sich ein Mensch um die Gesellschaft verdient gemacht hat. Es ist eine Sicherheit, dass gute Taten nicht vergessen, sondern vergolten werden. Geld kann jederzeit gegen eine beliebige Ware getauscht werden.

Wenn ich sparen will, horte ich nicht Äpfel oder Birnen, sondern ich horte Geld. Äpfel und Birnen verfaulen. Fast alle realen Dinge zerfallen. Selbst ein Haus oder ein Stück Land verliert an Wert, wenn ich es nicht pflege. Geld aber zerfällt nicht, solange wir die Inflation mal außer acht lassen.

Das ist das Problem.

Wenn jemand, nachdem er alle seine Bedürfnisse gestillt hat, noch Geld übrig hat, ist er versucht, dieses Geld zu horten. Es ist immer gut, Geld zu haben.

Wenn irgendwann ein günstiges Geschäft auftaucht, ist es ärgerlich, wenn ich nicht zupacken kann, nur weil ich gerade kein Geld habe. Deshalb ist gehortetes Geld oft sogar wertvoller als eine Investition.

Wenn aber Geld gehortet wird, fehlt dieses Geld auf dem Markt. Gehen wir davon aus, dass dem Gesamtwert aller hergestellten Güter (Waren und Dienstleistungen) eine entsprechende Geldmenge gegenüber steht, die ausreichen würde, um alle Güter aufzukaufen. Weil alle Güter verkauft werden, können Löhne gezahlt werden, so dass der Kreislauf geschlossen ist.

Wird ein Teil des Einkommens gehortet, sinkt die Nachfrage. Ein Teil der Güter kann nicht verkauft werden, die Löhne sinken oder es gibt mehr Arbeitslose. Das Geld verführt zum Horten, weil es stabil ist, und seinen Wert nicht verliert. Wir zahlen Zinsen, damit die Reichen dieser Versuchung widerstehen. Der Zins ist nötig, damit das Geld wieder auf den Markt zurückkehrt.

Der Zins hat aber den sehr problematischen Nebeneffekt, unsere Wirtschaft zu einem Monopoly zu machen, also zu einem labilen System, in dem es wenige Gewinner und viele Verlierer gibt. Denn durch den Zins werden die hohen Vermögen immer noch grösser, und wachsen exponentiell. Auf den ersten Blick scheint es durchaus möglich, alle Schulden zurückzuzahlen. So würden wir richtigerweise einem überschuldeten Neffen raten: "Sei bescheiden, arbeite viel, schau auf deine Ausgaben!" Wenn nun aber in der Verschuldungskrise fast alle Politiker zu Sparmaßnamen und Bescheidenheit aufrufen, so diskutieren sie am eigentlichen Problem völlig vorbei. Denn bei der Schuldenkrise handelt es sich um ein grundsätzlich anderes Phänomen, als wenn sich ein leichtsinniger Neffe verschuldet. Wenn ganze Länder, ganze Kontinente, ja die ganze Welt derart verschuldet ist, können diese Schulden nicht mehr durch Sparsamkeit und Fleiß zurückgezahlt werden. Die Schulden werden so höchstens von einem Schuldner auf den anderen abgewälzt. Am einfachsten sehen wir dies, wenn wir nicht die Schuldner betrachten, sondern das Geld. Mit welchem Geld sollen die Schuldner denn ihre Schulden zurückzahlen? - Sie müssen Geld verdienen, sie müssen irgendwelche Güter produzieren, und diese verkaufen. Nur: Die ganze Welt ist verschuldet! Wenn mir ein anderer Schuldner etwas abkauft, kann ich vielleicht meine Schulden abzahlen, aber der andere Schuldner hat damit nur noch größere Schulden. Wir Schuldner können die Schulden vielleicht hin- und herschieben. Aber wirklich abzahlen können wir sie nicht. Das ist ja auch, was wir in der Schuldenkrise machen: Die Staaten, die alle selbst verschuldet sind, geben Garantien und spannen Rettungsschirme. Damit bürgen sie für die anderen Schuldner, denen es noch übler geht. In der ganzen Krisenbewältigung wurde kein Euro und kein Dollar Schuld getilgt. Die Schulden wurden nur anders verteilt.

Um Schulden zurück zu zahlen, müsste man Geld haben. Das Geld gehört aber alles schon den Kreditgebern! Es liegt schon bei dieser Handvoll Superreichen! Damit wir Schulden zurückzahlen könnten, müssten wir zuerst den Superreichen etwas verkaufen. So käme das Geld auf den Markt zurück, und wir könnten es ihnen wieder geben. Das Problem ist also nicht: Wie können wir sparen? Sondern: Wie können wir die Superreichen dazu bringen, das Geld wieder auf den Markt zu geben?

Das ist gar nicht so einfach. Betrachten wir nur mal die zehn reichsten Deutschen mit einem durchschnittlichen Vermögen von 9,25 Milliarden Euro. Jeder von denen kriegt ja fast eine Milliarde Zins pro Jahr! (Reiche Leute kriegen wesentlich höhere Zinssätze als wir Normalbürger.) Wenn die nicht mindestens 1 Milliarde Euro pro Jahr ohne jeden Gegenwert verjubeln, werden sie reicher! Und wenn sie reicher werden, steigen auch die Gesamtschulden aller übrigen. Aber wer kann schon 1 Milliarde ausgeben in einem Jahr? Da könntest du jeden Tag zwei Luxusvillen kaufen und verschenken! Das schafft kaum ein Mensch.

Dazu kommt aber, dass die Superreichen ihr Geld ja gar nicht unbedingt los werden wollen.

Wir haben viele kreative Ideen gehört, wo wir noch sparen könnten. Jetzt ist die Zeit für kreative Ideen, was die Reichen mit ihrem Geld machen sollen. Ja, richtig: Wir müssen uns das überlegen! Denn wir müssen den Reichen ja für mehr als 1 Milliarde Euro pro Jahr Güter verkaufen. Nur wenn wir das schaffen, können wir die Schuldenkrise überwinden.

Das Zinsproblem ist dieses Dilemma, aus zwei schlechten Möglichkeiten eine brauchbare zu wählen. Einerseits wird der Zins gebraucht, damit das Geld wieder auf den Markt fließt. Andererseits führt er zu einem labilen System, in dem die Reichen immer reicher und die Armen immer ärmer.

Die meisten Leute denken: "Ich habe ja keine Schulden, also zahle ich auch keine Zinsen." Das ist völlig falsch! Denn die Zinsen sind in allen Waren versteckt, die wir kaufen. Egal, ob wir ein Auto, einen Fernseher oder Lebensmittel kaufen oder zum Arzt gehen: Mit jeder Rech-

*nung zahlen wir Zinsen. Klar: Der Autohändler hat fast
sicher Schulden. Die Zinsen dafür schlägt er auf den Preis
drauf.*

*Aber wir zahlen die Zinsen nicht nur für den Autohändler,
sondern auch diejenigen des Motorenlieferanten, des
Stahlproduzenten und die Hypothekarzinsen des Vermieters der Garage. Alle diese Zinsen sind im Preis enthalten. Margrit Kennedy zeigt in einer einfachen Rechnung,
dass etwa ein Drittel unserer täglichen Ausgaben Zinsen
sind, die wir den Superreichen zahlen. Je höher die Inves-
titionskosten zur Herstellung eines Produktes sind, desto
höher ist der Anteil der Zinsen.*

*Es ist klar, dass die Schere zwischen Arm und Reich im-
mer mehr auseinander gehen muss, wenn der Hauptteil
der Bevölkerung einen Drittel ihres*

*Einkommens dazu verwenden, den Reichsten Zinsen zu
zahlen. Vergleichen wir doch mal unsere Zeit mit den
goldenen 60ern. Es ist doch bemerkenswert: Obwohl wir
viel effizienter arbeiten, als noch vor 50 Jahren, obwohl
wir über Technologien und Knowhow verfügen, die vor 50
Jahren völlig undenkbar waren und obwohl wir die Umwelt viel radikaler ausbeuten als damals, fehlt plötzlich
überall das Geld. Wo geht denn all die Wertschöpfung
hin? - Ganz einfach: Die Zinslast wächst exponentiell.
Vor 50 Jahren betrug sie ein Bruchteil dessen, was wir
heute abliefern. Bis vor etwa 30 Jahren verdiente der
Mittelstand mit seinem Vermögen mehr, als er mit alltäglichen Einkäufen an Zinsen zahlen musste. Heute verdienen nur noch die Allerreichsten an den Zinsen.*

*Das eigentliche Problem ist, dass das Geld nicht zerfällt.
Das liegt in der Grundidee des Kapitalismus: Das Kapi-
tal, also das Vermögen, vermehrt sich selber. Ein Milliar-*

*där, der nichts mehr arbeitet und für die Gesellschaft
nichts mehr leistet, wird nicht ärmer, sondern immer noch
reicher.*

*Außerdem: Der Zins reguliert die Wirtschaft. Der Zins
zwingt uns zum fortwährenden Wirtschaftswachstum.
Nehmen wir an, ich leihe mir als Unternehmer 100 Millionen Euro. Dann muss ich nach einer Weile ja nicht nur
diese 100 Millionen Euro als Tilgung zurückbezahlen,
sondern außerdem noch die Zinsen. Dazu muss ich mit
diesen 100 Millionen Euro in diesem Zeitraum aber auch
noch einen Gewinn für meine Firma erwirtschaftet haben,
sonst habe ich zwar meine Schulden bedient, bin aber
anschließend pleite. Obendrein wird aber nicht nur der
Kreditbetrag von 100 Millionen Euro verzinst, sondern
auch die jeweils hinzukommenden Zinsen. Der Geldanle-
ger bekommt also Zinseszinsen. Das heißt, die Zinsen
erfordern eine exponentielles, ein beschleunigtes Wachstum der Produktion, gesamtwirtschaftlich also ein ent-
sprechendes Wachstum des Sozialprodukts.*

*Deshalb ist die Wirtschaft gezwungen immer mehr zu
produzieren!*

*Irgendwann wird unser wirtschaftliches Wachstum aber
die Ressourcen unseres Planeten übersteigen!*

*Wie lange kann denn solch ein Geldsystem überhaupt
funktionieren? Muss ein derartiges Zinssystem nicht un-
weigerlich in wachsende Spannung hineintreiben? Nämlich in dem Maße, wie das Geldvermögen und die Verschuldung exponentiell anwachsen? Für diesen Schulden-
dienst müssen Jahr für Jahr immer mehr Zinsen von den
Schuldnern gezahlt werden. Da ist es nicht verwunderlich,
dass wir in Deutschland im 20. Jahrhundert zwei große
Wirtschaftskatastrophen erlebt haben: im Gefolge des*

Ersten Weltkriegs die Inflation von 1923 und nach dem Zweiten Weltkrieg den Zusammenbruch der Währung 1948.

In unserem Zinssystem sind solche Krisen quasi eingebaut.

In einer Welt mit begrenzten Ressourcen und Absatzmärkten kann die

Produktion auf Dauer unmöglich mit dem vom Zins geforderten exponentiellen Wachstum mithalten. Wenn sich das Wirtschaftswachstum aber verlangsamt, drücken die weiterwachsenden Zinslasten immer mehr auf das Sozialprodukt, also die Summe aller wirtschaftlichen Leistungen einer Volkswirtschaft in einem Jahr. Wir sind schon längst in einer gefährlichen Schieflage: Zwischen 1950 und 1993 hat sich das Sozialprodukt um das Achtfache erhöht – die Verschuldung von Unternehmen, Privathaushalten und Staat ist insgesamt aber um das 18--Fache angestiegen! Die Zinslasten wuchern wie ein Tumor im wirtschaftlichen Organismus.

Die Zinsen entziehen dem sozialen Organismus immer mehr Lebenskräfte – bis er zusammenbricht. Denn was geschieht bei wachsenden Schulden? Wenn die erforderlichen Erlös-Steigerungen ausbleiben, müssen die privaten Unternehmen die Kosten senken. Die Folge sind Entlassungen, gesamtwirtschaftlicher Nachfragerückgang, eine steigende Zahl von Konkursen, kurzum eine Wirtschaftskrise.

In solch einer Wirtschaftskrise befinden wir uns zur Zeit – Weltweit.

Und letztendlich entstehen so Kriege!

Wir stehen kurz vor dem 3. Weltkrieg!!

Was könnte die Menschheit tun um einen drohenden Kollaps zu verhindern, und um allen Menschen ein Menschenwürdiges Leben zu ermöglichen?
Man könnte (am besten weltweit) die Zinsen abschaffen!
Man könnte umlaufgesichertes Geld einführen das an Wert verliert wenn man es nicht ausgibt.
Man könnte ein (weltweites) bedingungsloses Grundeinkommen einführen.
Man könnte vom Irrweg abweichen, dass immer mehr Wachstum nötig ist!!
Und letztendlich müssten diejenigen die jetzt sehr viel besitzen einen kleinen Teil ihres Vermögens abgeben!
Dieses könnte z. B. durch eine (höhere) Vermögenssteuer erreicht werden.
Das Problem wird aber sein, dass eben diese Superreichen auch die Macht haben, all das zu verhindern....
Was kann ich als kleiner Bürger tun, damit diese Ziele die nötig sind, um letztendlich unseren Planeten vor dem Untergang zu retten, erreicht werden? Jeder einzelne Bürger sollte versuchen, dem System das nur auf der Gier nach Geld und Macht aufgebaut ist, Energie zu entziehen:
Man sollte:
- *Keine Kredite aufnehmen*
- *Keine Versicherungen unnötigen Versicherungen abschließen....also überlegen „Welche Versicherungen brauche ich unbedingt?" Ich habe bis auf die Pflichtversicherungen alle gekündigt! - Keine Bundesschatzbriefe kaufen*
- *Gesamtes Geld von den Banken abheben*
- *Massenmedien boykottieren. Das mache ich schon lange*
- *Boykott der Wahlen*

- Boykott von sportlichen Ereignissen. Ich habe die WM 2014 komplett boykottiert
- Boykott von Fast-Food-Ketten. Was ich persönlich nicht zu 100% umsetzen kann, und will
- Einkauf möglichst nur bei regionalen Händlern. Auch das ist grad in der Großstadt sehr schwierig. Ich persönlich kann, und will das nicht zu 100% umsetzen
- Möglichst Ernährung umstellen
- Produkte von Monsanto / Nestle meiden
- Aspartam -Produkte meiden
- Jod Salz vermeiden
- Tauschgeschäfte vorantreiben
- TV-Programm komplett weglassen. Ich besitze schon seit Jahren keinen Fernseher mehr.
- Lediglich alternative Medien konsumieren
- Menschen über die Lügen der Massenmedien und Politiker aufklären
- Überlegen, ob man unbedingt jedes Jahr ein neues Smartphone braucht - Überlegen, ob man unbedingt ein 200 PS Auto braucht. Ich hab mein Auto bewusst verkauft, und fahre jetzt mit der Bahn
- Auf einen Atomstromfreien Stromanbieter umsteigen. Ich bin schon seit Jahren bei Naturstrom
- Überlegen wo man sich ehrenamtlich einbringen kann. Ich bin schon seit Jahren ehrenamtlich und unentgeltlich in verschiedenen Bereichen tätig. - An den Friedensmahnwachen teilnehmen.

Mit diesen Schritten die jeder einzelne (weitestgehend) umsetzen kann, leisten auch wir kleinen Bürger einen Beitrag für eine bessere und gerechtere Welt für alle Lebewesen auf diesem Planeten.

Krav Maga Basis Seminar in Augsburg
Am Wochenende vom 6. September & 7. September bin
ich in Augsburg bei einem Krav Maga Basis Seminar.
Ich fahre mit der Bahn nach Augsburg.
Am Samstag lerne, und vertiefe ich bei diesem Grundlagen Seminar die Basics der Krav Maga Selbstverteidigung:

- Wahrnehmung der natürlichen Instinkte
- Körpersprache
- Prävention
- Deeskalation
- Bewegungslehre
- Basis Schlag- sowie Tritt-Techniken
- Befreiung aus diversen Würgetechniken
- Grund-Abwehrtechniken

Anschließend übernachte ich in einem Hotel in Augsburg.
Sonntag fahre ich zurück nach Hannover.

Am 8. September ist wieder Mahnwache in Hannover.

Besichtigung Meyer Werft Papenburg
Am 12. September fahre ich mit dem SoVD Liebenau
nach Papenburg. Dort besichtigen wir die Meyer Werft.

Auch diese Tagesfahrt hatte ich organisiert.

Hier ist die von mir verfasste Pressemitteilung dazu:

„Sozialverband Liebenau besichtigte Meyer Werft in Papenburg

Liebenau / Papenburg. Der SoVD Ortsverband Liebenau veranstaltete kürzlich in Zusammenarbeit mit dem Busunternehmen Beermann eine Tagesfahrt nach Papenburg zur Meyer Werft. Dort werden unter anderem Kreuzfahrtschiffe, Fährschiffe und Containerschiffe gebaut.

Während einer Werksführung bekamen die Mitglieder vom Sozialverband einen Einblick in die Betriebsabläufe und die Geschichte der Werft. Besonders beeindruckt waren die

Teilnehmer von der „Quantum of the Seas" die nach ihrer Fertigstellung vor dem Bau Dock zur Überführung bereitstand.

Anschließend fand eine Stadtrundfahrt durch Papenburg statt, die durch ein gemeinsames Kaffeetrinken abgeschlossen wurde. "

Die Mahnwache am 16. September findet wieder mit musikalischer Unterstützung statt. Diesmal von Germaid.

Ökologisches Grundeinkommen

Am 18. September findet ein von mir mit organisierter Vortrag der BI Nienburg statt.

Ulrich Schachtschneider stellt das ökologische Grundeinkommen vor:

Das ökologische Grundeinkommen (ÖGE) ist ein bedingungsloses Grundeinkommen, welches durch Abgaben auf unerwünschten Umweltverbrauch finanziert wird. Der Ertrag aus diesen Abgaben (etwa einer Öko-Steuer auf Rohstoffe, CO2-Emissionen oder Flächenverbrauch) wird gleichmäßig an die Bevölkerung zurückverteilt. Jedem Bürger, vom Säugling bis zum Greis, von Reich bis Arm, wird damit ein „Öko-Bonus" Beziehungsweise ein „ökologisches Grundeinkommen" ausbezahlt. Es handelt sich also um die Finanzierung eines bedingungslosen Grundeinkommens über die Besteuerung einer bestimmten Form von Konsum – demjenigen, der die Umwelt ungünstig belastet und dem Ziel einer „nachhaltigen Entwicklung" zuwiderläuft.

Aus der Sackgasse der Umweltpolitik

Die derzeit angewendete Ökosteuer findet zu wenig Anhänger. Ist ihr Steuersatz zu niedrig, ist sie wirkungslos. Wenn dieser aber erhöht wird, kann sie unsozial werden. Das ÖGE zeigt den Weg aus dieser Sackgasse, denn:

1. Es führt aus dem Dilemma ökonomischer Instrumente der Umweltpolitik ohne Sozialausgleich,

2. Es fördert gleichzeitig ökologische Genügsamkeit, ohne bestimmte Lebensstile zur Norm zu erheben,

3. Es ermöglicht ökonomische Sicherheit im notwendig gewordenen, ökologischen Umbau der Wirtschaft.

Somit kann das ökologische Grundeinkommen den ökologisch-kulturellen Wandel auch für breitere Schichten attraktiv machen.

Diesen Ansatz zur BGE Finanzierung finde ich sehr interessant!

Ich werde ihn später teilweise für mein eigenes BGE Konzept verwenden.

Geldfrei Leben

Am 2. Oktober nehme ich an einem Workshop zum Thema "Geldfrei(er) Leben" im Lebensgarten Steyerberg teil. Ich höre zum 1. Mal von der Möglichkeit geldfrei zu leben.

Ähnlich wie beim BGE, bin ich zuerst sehr skeptisch… Aber dann bin ich geflasht!

Das ist ja genau das was ich will - weg vom Konsum & Wachstumszwang.

Ein geldfreies Leben ist möglich. Wenn man es will, und sich von den inneren Zwängen befreit.

Seitdem fasziniert mich dieser Gedanke. Es wird zu meiner persönlichen Vision. In den nächsten Jahren achte ich immer mehr darauf, möglichst geldfrei zu Leben.

Sondermahnwache in Hannover
Am 3. Oktober findet in Hannover eine Sondermahnwache der Mahnwachen Zum Tag der deutlichen Wahrheit statt.

Ich lerne durch die Mahnwachenbewegung immer mehr alternativ denkende Menschen kennen. Und ich verändere meine Lebensgewohnheiten. Ich achte viel mehr auf meine Ernährung. Versuche Fleisch zu vermeiden. Und ernähre mich immer öfter vegan.

Hilfe für die Menschen in der Ukraine
Unter dem Motto „Mahnwachen helfen" unterstützt die Mahnwache Hannover Hilfstransporte für die Menschen in der Ukraine. Wir sammeln Bekleidung und Gebrauchsgegenstände. Die werden in einer ehemaligen Kirche in

Stöcken zwischengelagert. Am 17. Oktober beladen wir einen LKW mit Hilfsgütern.

Die Linke – Kündigung der Mitgliedschaft

Am 7. November kündige ich meine Mitgliedschaft bei der Partei Die Linke.

Durch die Mahnwachenbewegung ist mir bewusst geworden, dass meine Gedanken und politischen Ziele nicht mit den politischen Zielen der Linken zu vereinbaren sind.

Und mir ist bewusst geworden, dass es keine einzige Partei gibt, die meine Interessen vertritt.

Trotzdem möchte ich etwas verändern…selber aktiv werden.

Ich erkenne immer mehr, dass es nichts bringt, wenn ich nur zu den Friedensmahnwachen oder auf Demos gehe…

Bundesmahnwache in Berlin

Am 9. November nehme ich in Berlin an der Bundesweiten Mahnwache für Frieden & Völkerverständigung teil. Mein Redebeitrag vor dem Reichstagsgebäude ist allerdings nicht mehr verfügbar.

Sport

Trotz meiner ehrenamtlichen Aktivitäten mache ich sehr viel Sport. Ich bin mehrmals pro Woche im Fitnessstudio

und beim Krav Maga. Und ich gehe sehr viel joggen. Am
18. November laufe ich 20 km ohne Pause durch.
In diesem Jahr bin ich topfit!

Konsumverweigerung

Anfang Dezember bezahle ich die letzten Rechnungen für
mein Haus. Mit Zinsen und Gerichtskosten. Um einer
Verhaftung zu entgehen.
Es nervt mich, dass ich für ein Haus bezahlen muss, dass
mir nicht mehr gehört.
Durch meine politischen Aktivitäten, aber insbesondere
durch die Mahnwachenbewegung, weiß ich mittlerweile
in was für einem wahnsinnigen und kranken System wir
leben.
Ich will in Zukunft insbesondere das Geld- und Zinssystem nicht mehr unterstützen. Ich schließe keine Verträge
mehr ab. Ich kaufe nur noch das nötigste. Mich nervt der
vorweihnachtliche Einkaufs- und Konsumwahnsinn. Ich
versuche mich dem, so gut es geht zu entziehen.
Und ich kündige so nach und nach all meine Verträge und
Versicherungen. An mir soll keiner mehr verdienen. Mein
Gedanke ist es möglichst geldfrei zu leben. Aber bis dahin
ist es noch ein weiter Weg…

SGP

Ich habe Meiko bei der Mahnwache kennengelernt. Wir werden gute Freunde.

Anfang Dezember überlegen wir gemeinsam, wie wir etwas erreichen können. Nur auf Demos gehen bringt nichts. Wir wollen aktiv handeln.

Wir wollen soziale Gerechtigkeit für alle Menschen.

Meiko und ich überlegen eine eigene Partei zu gründen.

Die Sozial gerechte Partei - SGP

Am 8. Dezember entwerfen wir erste Vorüberlegungen für diese Parteigründung:

Das BGE soll das zentrale Kernthema der Partei sein. Es soll ökologisch finanziert werden. (Nach dem Modell von Ulrich Schachtschneider)

Das bedeutet einen kompletten Umbau des Steuersystems. Gestaffelte Einkommensteuer- Steuerfreibetrag 12.000,00 €.

Es wird der überwiegend der Konsum besteuert. Je schädlicher ein Produkt in Herstellung, Nutzung und Entsorgung ist, desto höher ist der Steueranteil.

Gute und gesunde Produkte werden durch niedrigere Steuern günstiger.

Weitere Programmpunkte sind unter anderem:

Politische Neutralität, Austritt aus der Nato

- Verkleinerung der Bundeswehr (ich bin für eine Abschaffung der Bundeswehr)   –

Sofortiger Ausstieg aus der Atomenergie

- Verschärfung der Gesetze zur artgerechten Tierhaltung (Fleisch wird viel teurer)   - - Unabhängige Berichterstattung der Medien

- kein Fracking

- keine genmanipulierten Lebensmittel

....

Langfristig möchten wir das Zinssystem abschaffen und durch umlaufgesichertes Geld ersetzen.

Meiko und ich suchen weitere interessierte Menschen für die Parteigründung. Weitere Freunde aus der Mahnwachenbewegung wollen sich daran beteiligen.

Die Mahnwachen in der Kritik. Spaltung

Im Laufe des Jahres wird die öffentliche Kritik an der Mahnwachenbewegung immer größer. Insbesondere aus dem Linken Spektrum.

Aber auch intern gibt es Probleme. Einige Aktivisten spalten die Bewegung. In Hannover bilden sich 2 Montagsmahnwachen.

(Im Nachhinein denke ich, dass diese Spaltung bewusst herbeigeführt wurde)

Mir ist das zu viel Stress. Ich nehme immer seltener an den Mahnwachen teil.

Mir ist das SGP Projekt wichtiger.

Sylvester 2014

Über die Weihnachtsfeiertage und Sylvester bin ich im Landkreis Nienburg.

Sylvester feiere ich mit Vanessa und Deborah.

2015

Anfang Januar verfasse ich einen Facebook Post über das Jahr 2014:

„ Im Jahr 2014 habe ich besonders durch die Friedensbewegung und die Mahnwachen ganz neue Lebenserfahrungen gemacht. Ich habe viele neue Leute kennengelernt, gute Freunde gewonnenen und Kontakte geknüpft. Zu Menschen die genauso denken wie ich. Ich habe die ganzen Zusammenhänge vom System erkannt...bin "aufgewacht", sehe die Welt, und meinen Konsum mit anderen Augen. Und die Friedensbewegung hat den Grundstein für meine zukünftige politische Arbeit gelegt. Ich werde ja zusammen mit Meiko, Andre und Marcel eine eigene Partei gründen. Und auch privat hat diese Bewegung mein Leben verändert. Ich habe meine Freundin durch die Mahnwachen kennengelernt. Zurückblickend kann ich sagen, dass das Jahr 2014 eines der besten meines Lebens war. "

Vorbereitungen SGP Gründung
Am 21. Januar treffe ich mich mit Meiko und 2 weiteren Freunden aus der Mahnwachenbewegung.
Wir besprechen Einzelheiten zur Gründung der Sozial gerechten Partei.
Jeder von uns wird in der nächsten Zeit einige Punkte ausarbeiten. Ich werde mich unter anderem mit dem Punkt „BGE" befassen.
Im Anschluss werde ich ein Parteiprogramm erstellen.
Außerdem schreibe ich ab jetzt die Protokolle von unseren Treffen.
Die Gründung der Partei soll im Frühjahr erfolgen. Zur Bundestagswahl 2017 wird die SGP erstmals antreten.

Köln 2015

Am 24. Januar fahre ich mit Anna und einer Freundin mit der Bahn nach Köln.
Unter anderem besichtigen wir den Kölner Dom.

Kuult Konzert in Köln
Am 25. Januar sind wir beim Kuult Konzert im Blue Shell.
Ich kannte diese Band aus Essen bisher nicht. Sie machen tolle Pop Musik, die mir gefällt.

Überlegungen zum SGP Programm
Ende Januar fange ich an, die mir zugeteilten Programm-punkte auszuarbeiten.
Das Kernthema der SGP wird ein BGE sein.
Für das BGE bin ich ja mittlerweile Experte. Ich erarbeite ein Konzept für eine ökologische Finanzierung des BGE.
Eine Hauptforderung der SGP wird eine Steuervereinfa-chung mit ökologisch-sozialer Ausrichtung durch gestaf-felte Verbrauchssteuern nach gesund - schädlich für Um-welt und Mensch. Alles, was gesund ist für Umwelt und Mensch, wird völlig steuerfrei! Je nach Schädlichkeit werden gestaffelte Verbrauchssteuern zu einer ökologisch sozialen Marktwirtschaft führen, die dem Menschen dient.
Ich entwerfe ein Konzept für die Finanzierung des BGE:
1.)Über gestaffelte Verbrauchssteuern nach gesund - schädlich für Umwelt und Mensch.
2.)Über Transaktions-Gebühren von 1% für alle.
3.)Über Dividenden, Miet- und Zinsabschlagsteuer, heuti-ge Spekulationsteuer.
4.)Über Einsparungen bei Behörden, Subventionen, Ab-schreibungen

5.)Mehreinnahmen durch Wegfall aller Steuervergünsti-
gungen, Mogeleien.

Außerdem erarbeite ich das Konzept zur Friedenssiche-
rung:

- Die SGP lehnt militärische Bündnisse wie die NATO ab,
und fordert den Austritt von Deutschland aus der NATO
sowie die Auflösung der NATO.

- Die SGP setzt sich langfristig für die Abschaffung der
Bundeswehr ein. ein.

Anfang Februar mache ich mir 1. Gedanken zur Atom-
müllproblematik.

Am 4. Februar schreibe ich eine Facebook Post zur SGP
Gründung:

„Warum gründen wir eine eigene Partei?
Ich bin davon überzeugt, dass der Weg über eine eigene
Partei der richtige ist. Wenn man in diesem System etwas
erreichen will, geht das nur, wenn man eine Weile mit-
spielt.   *Wir von der SGP fordern ja in*
vielen Bereichen genau das Gegenteil von der aktuellen
Politik. Und wenn wir es mit unseren Forderungen schaf-
fen, die Masse der Bevölkerung zu erreichen und zum
Umdenken zu bewegen, haben wir schon ein 1. Teilziel
erreicht. Auf Demos und Insbesondere zu den Montags-
mahnwachen zu gehen ist gut, richtig und wichtig. Aber es
reicht nicht! Außer wenn Millionen Menschen auf die
Straße gehen! Aber das passiert nicht... Sicher, die Bürger
könnten den Bundestag stürmen und die Politiker lyn-
chen... Aber das wäre nicht in meinem Interesse. Ich lehne
jede Art von Gewalt ab. Ich bin für eine friedliche Revolu-
tion.
Ich bin für einen friedlichen Wandel.

Den kann man nur erreichen, wenn man selber im Bundestag sitzt.
Die Politiker sind in der Verantwortung das umzusetzen, was das Volk will. Nur macht das keine der derzeitigen Parteien. Deshalb gründen wir unsere eigene Partei.
Die Sozial gerechte Partei wird sich insbesondere für die Einführung von einem ökologisch finanzierten bedingungslosem Grundeinkommen einsetzen. Ein weiteres Hauptziel der SGP ist die Abkehr vom unendlichen Wirtschaftswachstum. Das wird durch die ökologische Finanzierung des BGE erreicht. Und langfristig fordern wir die Abschaffung des Zinssystems.
Außerdem sehen wir uns als Friedenspartei,,
Am 7. Februar fahre ich mit Steffi nach Damme.
Wir nehmen mit weiteren Freunden an der Nordwest-Mahnwache teil.

Am 21. Februar fahren wir nach Halle.
Dort nehmen wir an der Endgame Demo teil.

Arbeit in Liebenau bei Wolfram
Ab 23. Februar habe ich wieder einen Nebenjob.
An 2 Tagen in der Woche arbeite ich wieder in Liebenau bei Wolfram.
Ich hab ja ein 7 Zonen GVH Ticket. Das gilt bis in den Kreis Nienburg. Allerdings ist es sehr zeitaufwendig, von Hannover nach Liebenau zu kommen. Ich fahre mit der S Bahn von Hannover Leinhausen nach Nienburg. Und dann mit Bus weiter nach Liebenau.

Steffi

Ich verbringe viel Zeit in Hildesheim bei Steffi. Da ich auch oft bei ihr übernachte, fahre ich morgens schon sehr früh in Hildesheim los. Ich verbringe viel Zeit in der Bahn zwischen Hannover und Hildesheim, oder Nienburg.
In meiner Wohnung in Stöcken bin ich nur noch selten. Meine Mitbewohnerin Anna kümmert sich um Tiffy. Dipsy nehme ich immer mit nach Hildesheim. Wenn ich arbeite, bleibt sie dort.

Rhetorik Seminar in Peine
Am 27. Februar und 28. Februar nehme ich mit meinen zukünftigen Parteifreunden in Peine an einem Rhetorik Seminar der VHS teil.
Am 6. März und 7. März finden die letzten beiden Teile statt.

Anfang März treffen wir uns mehrmals, um die Parteigründung vorzubereiten.

Am 7. März bin ich abends mit Vanessa und Deborah auf der VOLUME® Party im Funpark Hannover.

Endgame Demo in Hannover
Am 14. März bin ich mit Freunden bei der Endgame Demo in Hannover.

SGP Parteiprogramm

Im März arbeite ich intensiv an dem sehr umfangreichen Parteiprogramm.
Besonders der Teil zum Ausstieg aus der Atomenergie bereitet mir Kopfzerbrechen.

Es gibt ja weltweit kein Endlager für den Atommüll.
Die meisten Programmpunkte erarbeite ich in Tage- und
nächtelanger Recherche selber.
In der Nacht zum 4. April habe ich es komplett fertig ge-
schrieben.

Grundsatzprogramm der Sozial Gerechten Partei (SGP) in Gründung

Die Sozial Gerechte Partei steht für ein besseres Leben
für alle Lebewesen *auf diesem Planeten.*
Soziale Gerechtigkeit
Soziale Gerechtigkeit liegt uns am Herzen
Wir von der SGP setzen uns dafür ein, die soziale Gerech-
tigkeit wieder herzustellen.
Unser oberstes Ziel ist die Umverteilung von reich nach
arm.
Deshalb werden wir durch unsere Parteiarbeit an einer
entscheidenden gesellschaftlichen Veränderung mitwir-
ken:
<u>*Die Einführung von einem bedingungslosen Grundein-*</u>
<u>*kommen*</u>
Die Welt blickt auf Deutschland.
Deshalb sollte Deutschland mit gutem Beispiel vorange-
hen und ein BGE einführen – begrüßenswert wäre es,
wenn der Rest der Welt diesem Beispiel folgen würde.
Die Einführung des bedingungslosen Grundeinkommens
wird zu einer wesentlichen Erfüllung und Ausgestaltung
unseres GG Artikel 1: „Die Würde des Menschen ist unan-
tastbar!"

Das BGE führt zu einer Entkoppelung von Einkommen und Erwerbsarbeit. Es bedarf eines hohen BGE, damit alle positiven Effekte für die Ökonomie im Zeitalter der Robotik zur Geltung kommen. Nur ein BGE, das kein Almosen ist, wird die Armut endgültig abschaffen/überwinden. Heute werden Arbeitslose und besonders Hartz IV Empfänger in der Bevölkerung stigmatisiert, verlieren den Freundeskreis, werden ausgegrenzt. Das BGE erhalten alle, es ist kein Almosen, sondern ein Anspruch einer jeden Bürgerin und eines jeden Bürgers auf einen Anteil an Land, Ressourcen und am technischen Fortschritt, als Erbrecht!

Wir sind mitten in einer Umwälzung, die die industrielle Revolution bei weiten übertrifft. Durch die ersten Mechanisierungsschübe verloren Millionen von Menschen ihre Jobs in der Landwirtschaft wo 1900 noch 80% beschäftigt waren, heute sind es weniger als 2%! Die Computer, Informationstechnik und Robotik von heute macht immer mehr Menschen ganz überflüssig. Wir vollziehen gerade einen Wandel hin zu einem Markt, der zum allergrößten Teil ohne menschliche Arbeitskraft funktioniert. Heute werden nur noch zehn Prozent der arbeitenden Bevölkerung in Fabriken gebraucht. Bis 2020 werden es weltweit nur noch zwei Prozent sein. Die soziale und kulturelle Entwicklung hinkt der technischen Entwicklung auf Jahrzehnte hinterher. Der heutige Niedriglohnsektor ist eine gigantische Konjunkturbremse! Wenn in 10 Jahren nur noch 10% aller heutigen Arbeitnehmer ausreichen, alle hochwertigen Güter und Dienstleistungen zu erbringen, wer soll diese dann konsumieren?

Das BGE wird jährlich an die wirtschaftlichen Gegebenheiten angepasst. Da durch das BGE die Nachfragekrise überwunden wird, die wirtschaftliche Abwärts- in eine Aufwärtsspirale gewendet wird, steigt der Betrag stetig, bis Geld und Geldbesitz sinnlos werden, die Ressourcenbasierende Wirtschaft das monetäre geldbasierende System ablöst. Wer etwas braucht, nimmt es sich und gibt es zurück, wenn man es nicht mehr braucht!
Zur Umsetzung dieser Forderung:

Die SGP setzt sich für ein bedingungsloses Grundeinkommen ein, das

• *die Existenz sichert und gesellschaftliche Teilhabe ermöglicht*

• *einen individuellen Rechtsanspruch von der Geburt bis zum Lebensende darstellt*

• *ohne Bedürftigkeitsprüfung*

• *ohne Zwang zu Arbeit oder anderen Gegenleistungen garantiert wird*

Dieses BGE sollte so ausgestaltet sein, wie es vom Netzwerk Grundeinkommen vorgegeben ist. Es sollte (teilweise) ökologisch finanziert werden.
- Jeder deutsche Staatsbürger, der seinen Lebensmittelpunkt in Deutschland hat, erhält pro Monat das bedingungslose Grundeinkommen in Höhe von mindestens 1000 Euro, wobei einzige Bedingung seine Existenz ist! Kinder bis zum 18. Lebensjahr erhalten ein Kindergrundeinkommen in Höhe von 536 Euro. Zudem erhalten

dies auch alle in Deutschland lebenden Ausländer mit mindestens fünfjähriger Aufenthaltsgenehmigung!

- Der Staat hat für die Umsetzung und Finanzierung des bedingungslosen Grundeinkommens zu sorgen, es ist für alle die Einkommens- Basis, alle anderen Einkünfte kommen obendrauf.

Eine schrittweise Einführung für verschiedene Bevölkerungsgruppen ist erforderlich, und für die SGP denkbar. Angedachte Schritte zum bedingungslosen Grundeinkommen:

- Kindergrundsicherung

Wir von der Sozial Gerechten Partei setzen uns dafür ein, als Ersatz für das Kindergeld, künftig alle Kinder, bedingungslos und unabhängig vom Einkommen der Eltern, mit einer Kindergrundsicherung in Höhe von 536 Euro monatlich abzusichern. Damit wird der grundlegende Bedarf, den Kinder für ihre Entwicklung benötigen und den das Bundesverfassungsgericht festgestellt hat, aus öffentlichen Mitteln gedeckt.

- Bildungsgrundeinkommen

Wir von der Sozial Gerechten Partei setzen uns dafür ein, als Ersatz für die BAföG-Leistungen, künftig alle Menschen die eine Ausbildung, ein Studium oder eine Fortbildung absolvieren, aber keinen Anspruch auf Grundsicherungsleistungen haben, mit einem Bildungsgrundeinkommen abzusichern.

- Rentnergrundeinkommen (Basisrente)

Wir von der Sozial Gerechten Partei setzen uns dafür ein, als Ersatz für die Rente, künftig alle Menschen ab dem vollendeten 60. Lebensjahr, unabhängig von ihren erwor-

benen Rentenansprüchen mit einem Rentnergrundein-
kommen in Höhe von mindestens 800 Euro monatlich
abzusichern. Wer höhere Rentenansprüche erworben hat,
bekommt diese weiterhin auf Antrag ausgezahlt.

\-   *Grundeinkommen für Pflege (Sorge-Arbeit)*
Wir von der Sozial Gerechten Partei setzen uns dafür ein,
als Ersatz für das Pflegegeld, künftig alle Menschen, die
als Pflegende Angehörige eines pflegebedürftigen Men-
schen, diesen pflegen und betreuen, mit einem Pflege-
Grundeinkommen abzusichern.
\-   *Sanktionsfreie Mindestsicherung statt Hartz IV*
oder Grundsicherung
Wir von der Sozial Gerechten Partei setzen uns dafür ein,
als Ersatz für Hartz IV oder Grundsicherung, künftig alle
Menschen die keiner bezahlten Beschäftigung nachgehen
(können) mit einer sanktionsfreien Mindestsicherung
abzusichern. Die Höhe der Mindestsicherung sollte sich an
der jeweiligen Armutsrisikogrenze orientieren.
Auszahlung des BGE
Das bedingungslose Grundeinkommen wird jedem Men-
schen bargeldlos ausgezahlt.
Dazu ist zwingend erforderlich, dass für jeden ein ent-
sprechendes, nicht zu pfändendes Girokonto zur Verfü-
gung stehen muss, das heißt, niemand darf mehr vom
bargeldlosen Zahlungsverkehr ausgeschlossen sein.
Das BGE gilt für Jede/n in gleicher Höhe und für die Dauer
ihres/seines Lebens.

Ausgezahlt wird auf Grundlage der Sozialversicherungs-nummer ab dem Geburtsmonat bis Ablauf des Sterbemonats.

Wir von der Sozial Gerechten Partei sind der Meinung, dass es besser ist, Armut in den Herkunftsländern zu bekämpfen als Wirtschaftsflüchtlinge aufzunehmen. Weltweit hat JEDER Mensch das Recht auf ein würdevolles Leben! Deshalb unterstützen wir die Einführung von einem weltweiten bedingungslosen Grundeinkommen.

<u>Bildung</u>

Wir von der Sozial Gerechten Partei setzen uns für eine gute Bildung für alle Menschen ein. Bildung sollte von der Grundschule bis zum Abschluss des Studiums für die Menschen kostenlos sein. Eine gute Bildung ist Grundvoraussetzung dafür, dass sich Menschen selbstbestimmt entwickeln, und alle Formen von Ausbeutung und Unterdrückung überwinden können. Sie ist Voraussetzung für eine erfolgreiche Teilhabe aller an der Gestaltung der gesellschaftlichen Verhältnisse. Sowie für eine Beendigung des Raubbaus an der Natur und für die Schaffung friedlichen Zusammenlebens. Bildung gehört in die öffentliche Hand und muss demokratisch gestaltet werden. Um eine gute Bildung zu gewährleisten, setzen wir von der SGP uns für ein einheitliches Schulsystem in allen Bundesländern ein. Dieses bedarf allerdings einer Änderung im Grundgesetz. Eine Alternative wäre, Bundesländer übergreifende Wissensstandprüfungen an den Schulen zum Ende eines jeden Schuljahres, um einen einheitlichen Wissensstand in den Bundesländern zu gewährleisten.

Auch mit einem BGE ist die Motivation für Jugendliche, einen Beruf zu erlernen ausreichend hoch. Sie besteht darin, dauerhaft ein höheres Einkommen zu erzielen. Außerdem hat ein guter Beruf eine „identitätsstiftende" Wirkung. Wenn jemand einen Beruf erlernt hat „stellt diese Person was dar", ist ein Vorbild für andere. Den Beruf nicht nur zu lernen, sondern ihn auszuüben und auch im Berufsleben mit Menschen zusammenzukommen, die am gleichen Ziel arbeiten, ist ein wesentlicher Aspekt für die Motivation. Auch der Drang sich selbst zu bewähren und eigene Fähigkeiten unter Beweis zu stellen ist ein starker Antrieb für erfolgreiches lernen. Drohende materielle Not dagegen zwingt Menschen dazu, voreilig Kompromisse hinzunehmen und auf eine gute Ausbildung zu verzichten.

Agentur für Arbeit

Die berufliche Qualifizierung der Menschen ist auch in Zukunft mit einem BGE sehr wichtig. Menschen bei der beruflichen Qualifizierung zu unterstützen, bleibt weiterhin eine öffentliche Aufgabe. Ebenso wichtig sind alle Maßnahmen, durch die Erwerbsarbeit suchende Unterstützung erhalten. Dazu gehört auch eine Arbeitsförderung und –Vermittlung durch die Arbeitsagentur. Diese sollte allerdings freiwillig in Anspruch genommen werden. Und nicht – wie heute – erzwungen werden. Dazu sollte die Arbeitsagentur deutlich verkleinert werden. Wodurch Gelder freiwerden, die wiederrum zur Finanzierung des BGE eingesetzt werden.

Finanzen / Steuern

Wir von der SGP setzen uns für eine Steuervereinfachung ein.

Wir setzen uns dafür ein, die Lohnsteuer, sowie die Mehrwertsteuer abzuschaffen. Und durch eine gestaffelte, Konsumsteuer zu ersetzen. Das heißt, es wird nicht mehr die menschliche Arbeit besteuert, sondern der Konsum. Diese Konsumsteuer soll ökologisch-sozial ausgerichtet werden, nach gesund - schädlich für Umwelt und Mensch. Alles, was gesund ist für Umwelt und Mensch, wird völlig steuerfrei! Je nach Schädlichkeit werden gestaffelte Verbrauchssteuern zu einer ökologisch sozialen Marktwirtschaft führen, die dem Menschen dient. Die Steuervereinfachung führt zu einem gerechten, transparenten, einfachen und für alle Bürger verständlichem Steuersystem! Die Zeit der Selbstversorgung, als jeder noch über genug Land und Ressourcen verfügte ist vorbei. Im Zeitalter der globalen Fremdversorgung, wo Selbstversorgung die Ausnahme ist und fast jeder ausschließlich von Fremd-Leistung lebt, ist es unsinnig, Steuern auf die Herstellung der Güter zu erheben. Der heutigen Zeit angepasster sind gestaffelte Konsumsteuern, die den Kauf und Verbrauch von Gütern und Dienstleistungen sozial und ökologisch viel gerechter gestalten und auch ausländische Güter in gleicher Höhe besteuert, die teilweise unter Sozial- und Umwelt-Dumping billig hergestellt werden können und heute wie das Beispiel Solar-Unternehmen beweist, zu Wettbewerbsverzerrungen führen.

Die Kriterien, was gesund oder schädlich ist, werden von Wissenschaftlern nach neuesten Erkenntnissen festgelegt.

Als Einführungsbasis dienen die bereits heute gestaffelten Verbrauchssteuern: Artikel mit ermäßigtem Steuersatz von 7% werden steuerfrei, die Höchststeuer für Tabak, Mineralölprodukte und Alkohol und alle Luxusartikel werden dementsprechend deutlich angehoben!

Die seit 2009 eingeführte Spekulationssteuer und alle Kapitalertragssteuern bleiben bestehen. Es gibt keine Möglichkeit einer Steuerbefreiung oder Rückerstattung. Dafür gibt es das BGE.

Wenn jeder Bürger das BGE erhält, Behörden und Subventionen abgebaut werden, alle Steuern automatisch abgebucht und es keine Möglichkeit von Rückerstattung hat, entsteht automatisch Steuergerechtigkeit! Heute zahlen Reiche dank steuerlicher Gestaltungsspielräume so gut wie keine Steuern. Nur den Lohnempfänger wird dies sofort vom Lohn abgezogen.

Finanzierung des BGE

Es mag kühn klingen, aber: finanziert ist das bedingungslose Grundeinkommen schon.

Denn wir produzieren genügend Güter und Dienstleistungen. Von ihnen leben wir, nicht vom Geld. Geld ist ein rechtliches Äquivalent zu den käuflichen Gütern und Dienstleistungen. Es ist kein Wert an sich. Geld ist nicht Gold. Mit den Gütern und Dienstleitungen entsteht das Geld, mit dem sie gekauft werden können. Dafür ist das Geld da. Es gibt so viel Geld, wie es käufliche Werte gibt. Sonst könnte man sie nicht kaufen.

Es stellt sich eher die Frage: Wie soll das heutige bestehende System weiterfinanziert werden? Wie das Paradoxum lösen: Immer mehr Wirtschaftswachstum, immer höhere Produktivität durch Automation, bei gleichzeitigen Reallohnverlusten und steigender Arbeitslosigkeit? Dem Über-Angebot steht schon heute viel zu wenig Nachfrage, Kaufkraft gegenüber. Überangebote die man auch mit noch so aggressiver Werbung nicht losbekommt. Die Überproduktion wird heute vernichtet, statt gerecht ver-teilt, sogar 50% aller frischen Lebensmittel landen im Müll! Die regulierende Hand die für Balance zwischen Angebot und Nachfrage sorgt wird das BGE sein! Es hat schon heute genug für alle, es fehlt nur der Schlüssel für die gerechte Verteilung, das BGE ist der Schlüssel! Das BGE überwindet den Kreislauf der zyklischen Wirtschafts-krisen, die durch fehlende Nachfrage und der Politik des knappen Geldes entstehen.

Um das BGE umzusetzen, erfolgt die Finanzierung:

1.) Über gestaffelte Konsumsteuern nach gesund - schäd-lich für Umwelt und Mensch

2.) Über Transaktions-Gebühren von 1% für alle Wertpa-piergeschäfte

3.) Wiedereinführung der Vermögenssteuer in Höhe von 5 % ab einem Privatvermögen von mehr als 1. Million €

4.) Über Einsparungen bei Behörden, Subventionen, Ab-schreibungen etc.

5.) Mehreinnahmen durch Wegfall aller Steuervergünsti-gungen, Mogeleien

6.) Eine Luxusumsatzsteuer auf Luxusgüter. Als Luxusgü-ter deklariert werden sollen z. B. Luxusautos, Yachten, Schmuck und Pelze, ökologisch schädliche Produkte und andere Güter, die nicht zum Grund oder Alltagsbedarf der Menschen zählen.

Wer als Kranker, Behinderter einen Mehrbedarf hat, erhält diesen zusätzlich auf Antrag

Durch ein (teilweise) ökologisch finanziertes BGE werden schädliche Produkte und Dienstleistungen teurer.

Menschen mit geringen oder mittleren Einkommen gewinnen. Menschen mit hohen Einkommen werden stärker besteuert. Und tragen auch durch mehr Konsum von Luxusgütern zu einem überwiegenden Teil zur Finanzierung des BGE bei.

Abgeordnetenbestechung

Wir von der Sozial Gerechten Partei sind der Meinung, dass die derzeitigen Transparenzregeln für Nebeneinkünfte von Bundestagsabgeordneten nicht ausreichen.

Deshalb setzten wir uns dafür ein, die Offenlegung aller Nebeneinkünfte auf Euro und Cent sowie die Nennung aller Geldgeber gesetzlich zu verankern.

Wirtschaftskriminalität

Wir von der Sozial Gerechten Partei setzen uns dafür ein, dass die bestehenden Gesetze zur Wirtschaftskriminalität konsequent für alle Bevölkerungsschichten umgesetzt werden.

Steuerhinterziehung

Wir von der Sozial Gerechten Partei setzen uns für eine Verschärfung der Strafen für Steuerhinterzieher ein.

Steuergeldverschwendung

Wir von der Sozial Gerechten Partei befürworten einen sorgsamen Umgang mit Steuergeldern. Bei kostspieligen Projekten bedarf es einer Volksabstimmung der in der betreffenden Region / Bundesland lebenden Bürger.

Sozialversicherung

Das System der Sozialversicherung ist wesentlicher Bestandteil der staatlichen Organisierung sozialer Sicherheit.

Wir von der SGP setzen uns dafür ein, dass die Sozialversicherung nach der Einführung des BGE umgebaut wird: Grundsätzlich sollten alle Bürger die das BGE beziehen, in der gesetzlichen Sozialversicherung pflichtversichert sein. Diese wird aus den gleichen Mitteln finanziert wie das BGE.

- Krankenversicherung:

Grundsätzlich sollten alle Bürger die das BGE beziehen, in der gesetzlichen Krankenversicherung pflichtversichert sein. Der pauschale Beitrag beträgt Person 180 €. Dieser wird für jeden Menschen zusätzlich zum BGE direkt an die Krankenkasse gezahlt.

- Rentenversicherung:

Die Rentenversicherung sollte mit einem BGE nur noch bestehen, um in der Vergangenheit erworbene Rentenansprüche über das BGE hinaus, zu bearbeiten. Diese erfordern – so wie jetzt auch – einen gesonderten Antrag.

- Pflegeversicherung:

Grundsätzlich sollten alle Bürger die das BGE beziehen, in der gesetzlichen Pflegeversicherung pflichtversichert sein. Der pauschale Beitrag beträgt Person 20 €.

Dieser wird für jeden Menschen zusätzlich zum BGE direkt an die Pflegeversicherung gezahlt.

- Arbeitslosenversicherung:

Die Arbeitslosenversicherung entfällt mit der Einführung von einem BGE

Zinssystem

Die Finanzwirtschaft verfolgt das Ziel, aus Geld immer mehr Geld zu machen. Geld wird verzinst und die Zinsen werden wieder verzinst (Zinseszinseffekt). So wachsen die Guthaben exponentiell. Exponentielles Wachstum ist nur begrenzt möglich. Deshalb bricht das Geldsystem immer wieder zusammen. Im nationalen Rahmen hat es das in der Vergangenheit wiederholt gegeben. Durch die Globalisierung besteht nun die Gefahr eines globalen Zusammenbruchs. Das Bruttosozialprodukt muss mindestens genauso stark anwachsen, wie die Zinsschuld anwächst. Deshalb ist die Realwirtschaft gezwungen, immer weiter zu wachsen. Es müssen immer mehr Güter produziert werden, für die immer mehr Rohstoffe benötigt werden. Es kann auf unserem endlichen Planeten kein unendliches Wachstum geben!

An den Zinsen verdienen nur 10 % der Menschen. 90 % verlieren über die Zinsen, die in allen Preisen und Steuern enthalten sind. Das sorgt für eine massive Umverteilung von unten nach oben. Daraus entstehen extreme Kapitalkonzentrationen. Diese stellen weltweit eine Gefahr für unsere demokratische Grundordnung dar.

Das ist ein langjähriger globaler Prozess, der ein Umdenken der Menschen erfordert.

Auch in diesem Fall könnte Deutschland vorangehen und ein positives Signal setzen.

Zur Umsetzung dieser langfristigen Ziele:

Auch beim Euro oder jedem anderen gesetzlichen Zahlungsmittel würde eine kleine „Änderung" Wunder wirken: Statt Geld mit Zinsen in den Wirtschaftskreislauf zu locken, setzt sich die Sozial Gerechte Partei dafür ein, eine geringe Nutzungsgebühr für Geld zu erheben. Diese fällt nur an, wenn das Geld nicht weitergegeben, oder investiert wird. Ziel dieser Gebühr ist es, ein System ohne exponentiellen Wachstumszwang und Umverteilung zu schaffen. Reich werden kann man dann allein durch Arbeit. Ökologische Projekte werden nun finanzierbar. Die Umverteilung zugunsten einer kleinen Minderheit hört auf und die Realwirtschaft wird aus der Geiselhaft der Finanzwirtschaft befreit. Anstatt das Geld die Welt regiert, kann es den Menschen dienen.

Aus ökologischer Sicht ist es außerdem sinnvoll (und nötig!) das Wirtschaftswachstum zu begrenzen.

Die Forderung der SGP, ein (teilweise) ökologisch finanziertes BGE einzuführen, ist ein erster, entscheidender Schritt in diese Richtung.

Als Schritt zu dieser Forderung würde die SGP Regionalwährungen etc. unterstützen.

Mobilität

In der heutigen Zeit ist es sehr wichtig, günstig und schnell von einem Ort zum anderen zu kommen.

Allerdings ist Mobilität auch ökologisch bedenklich.

Wir von der SGP setzen uns dafür ein, dass jeder Mensch in der Lage ist, zu erschwinglichen Preisen an einen anderen Ort zu reisen. Allerdings befürworten wir, das „Luxusreisen" teurer werden.

Flugreisen

Flugreisen sind aus ökologischer Sicht schädlich. Sie sind als Luxusreisemöglichkeit anzusehen. Deshalb setzt sich die SGP dafür ein, Flugreisen zu verteuern. Der Flugverkehr soll nicht länger von der Kerosinsteuer befreit wer-

den. Stattdessen sollen 64 ct/Liter gezahlt werden, deutlich mehr als die EU-Energiesteuer-Richtlinie mit 33 ct/Liter. Kerosin macht etwa ein Drittel der Kosten der Fluggesellschaften aus und würde zu einer Verteuerung der Flugpreise um 60-70% führen. Wünschenswert wäre es, wenn es eine EU- weite Besteuerung von Kerosin geben würde. Auch hier könnte Deutschland mit gutem Beispiel vorangehen.

<u>PKW Verkehr</u>

Autofahren ist aus ökologischer Sicht ebenfalls schädlich, sollte aber trotzdem erschwinglich bleiben. Allerdings sollten „Luxuskarossen" schon beim Verkauf durch höhere Konsumsteuern (Luxusumsatzsteuer) deutlich verteuert werden.

Wir von der Sozial Gerechten Partei setzen uns für eine PKW und LKW Maut auf Autobahnen für alle nicht in Deutschland zugelassenen Fahrzeuge ein.

Die Einnahmen aus der Maut und der KFZ-Steuer sollen zweckgebunden für Straßenausbau und Instandhaltung aufgewendet werden.

Außerdem setzt sich die SGP für die Förderung der Entwicklung umweltfreundlicher Alternativen zum herkömmlichen Verbrennungsmotor ein.

<u>Öffentlicher Personennahverkehr</u>

Wir von der SGP setzen uns für einen weiteren Ausbau des ÖPNV ein.

Außerdem würden wir uns an Überlegungen beteiligen, den ÖPNV vergünstigt oder kostenlos anzubieten.

<u>Kinder & Familie</u>

Kinder sind unsere Zukunft. Deshalb wollen wir von der Sozial Gerechten Partei Familien mit Kindern unterstützen, und setzen uns dafür ein, als Ersatz für das Kindergeld, künftig alle Kinder, bedingungslos und unabhängig vom Einkommen der Eltern, mit einem Kindergrundeinkommen in Höhe von 536 Euro monatlich abzusichern. Zusätzlich setzen wir uns für folgendes ein:

- Kostenlose Kindergarten-, Krippen- und Kindertagesstätten Plätze mit entsprechender Kernzeitbetreuung

- Qualifizierte Förderung durch Fachpersonal für alle Altersgruppen

- Ausbildung und Bezahlung von Erzieherinnen sollen verbessert, die Fortbildung erleichtert werden

- Kostenlose Verpflegung und medizinische Betreuung aller Kinder

Die Finanzierung erfolgt aus den gleichen Mitteln wie das BGE.

Frieden

Die SGP steht für weltweiten Frieden und Völkerverständigung! Wir lehnen jede Art von Gewalt ab!

In zwischenmenschlichen und in zwischenstaatlichen Konflikten wird immer wieder, leider zunehmend, auf Gewalt zurück gegriffen. Die Ursachen dafür sind vielfältig, oftmals wird Gewalt jedoch in Unkenntnis über friedliche, gewaltfreie, zivile Konfliktlösungsstrategien angewendet. Gelöst werden die Konflikte so jedoch nicht!

Einer der wichtigsten Grundsätze der deutschen Außenpolitik ist politische Neutralität.

Deutschland sollte sich nicht an bewaffneten Konflikten zwischen anderen Staaten beteiligen.

Die SGP lehnt militärische Bündnisse wie die NATO ab, und fordert den Austritt von Deutschland aus der NATO sowie die Auflösung der NATO.

Die „Auflösung" oder „Abschaffung" der NATO wäre eigentlich 1991 mit dem Zerfall der Sowjetunion und des Warschauer Paktes fällig gewesen.

Heute führt die NATO weltweit Kriege, um angeblich Demokratie und Freiheit des Westens aufzubauen und Terroristen zu jagen. In der Folge gibt es in den Kriegsländern Tod, Hunger, Zerstörung. Wir von der Sozial gerechten Partei fordern die Auflösung der NATO!

In nahezu allen Konflikten weltweit stellen die in der NATO verbündeten Mächte ein Haupthindernis für friedliche politische Lösungen dar. Die NATO untergräbt die demokratische Entwicklung der Völker. Sie verhindert Selbstbestimmung und vernichtet damit die Grundlagen für Wohlstand und umweltgerechtes Wirtschaften.

Wir von der SGP fragen uns:

Wem nützt die NATO-Mitgliedschaft von Deutschland - außer der kleinen Minderheit der Milliardäre und ihrem Herrschaftssystem? Womit ist die Rüstung gerechtfertigt, die von den NATO-Mächten immer weiter vorangetrieben wird und wertvolles Volksvermögen verschlingt? Wohin führt eine Politik, welche mittels der NATO-Strukturen die Interessen einer kleinen Geldmachtelite gegen die Mehrheit der Weltbevölkerung durchsetzen will? Warum wird das universelle Ordnungssystem der Vereinten Nationen von den NATO-Mächten entweder missachtet oder missbraucht? Warum müssen die Bürgerinnen und Bürger mit ihren Steuergeldern und dem Verlust von politischen und sozialen Rechten für die imperiale Politik der NATO-Mächte bezahlen?

Außerdem wir setzen wir von der Sozial Gerechten Partei uns dafür ein:

- *Die Bundeswehr zu einer ausschließlichen, aber leistungsfähigen Verteidigungsarmee umzugestalten und bedarfsorientiert zu verkleinern.*

- *Die schnellstmögliche Beendigung der Auslandskriegseinsätze der Bundeswehr*

- *Den Verteidigungsetat drastisch zu verkleinern und Verwendung freiwerdender Mittel für zivile und soziale Zwecke*

- *Die zivile Nutzung aufgegebener militärischer Liegenschaften zu unterstützen*

- *Die Werbung für die Bundeswehr insbesondere an Schulen, aber auch bei den Arbeitsagenturen sofort zu beenden*

- *In Deutschland stationierte ausländische Soldaten oder Waffen sollten abgezogen werden. Insbesondere Atomwaffen und Drohnen*

- *Es dürfen (unter strengen Auflagen) nur noch Waffen in friedliche Länder verkauft werden*

- *Einen Verkauf von Waffen in Krisengebiete schließen wir von der SGP aus*

- *Die SGP setzt sich für ein weltweites Verbot von Massenvernichtungswaffen ein. Insbesondere sollten verboten werden:*

- Atomare Waffen wie Atombomben, aber auch Uranmu-
nition (DU-Munition (von englisch depleted uranium), ist
panzerbrechende Munition, deren Projektile abgereicher-
tes Uran enthalten),
- Biologische Waffen,
- Chemische Waffen

Umweltschutz

Nutzung der Atomenergie:
Atomtechnologie ist nicht beherrschbar
Die Nutzung der Atomenergie ist eine nicht beherrschbare
Technologie. Die Reaktorkatastrophen in Fukushima,
Tschernobyl und Harrisburg verdeutlichen dies auf tragi-
sche Weise.
Es fängt bereits mit dem Uranabbau an:
Uran, der Stoff aus dem Atomkraftwerke ihre Kraft bezie-
hen, ein fossiler und somit endlicher Energieträger.
Für ein AKW mit einer Leistung von 1000 MW/Jahr wer-
den 160 bis 175 Tonnen Uran benötigt, bei einer Konzent-
ration von 0,2 Prozent sind es insgesamt also über 80.000
Tonnen Gestein, die bewegt und ausgebeutet werden
müssen. Alleine für die deutschen AKW fallen so pro Jahr
mehrere hunderttausend Tonnen feste und mehr als eine
Million Liter flüssige Abfälle an. Mehr als 85 Prozent der
anfallenden Radioaktivität verbleiben in diesen Abfällen.
Beim Abbau selbst kann es für die beteiligten Arbeitskräf-
te zu gesundheitlichen Schäden kommen. Die Natur leidet
unter Wassereinbrüchen und den daraus folgenden Kon-
tamination ganzer Landstriche sowie an dem enormen
Ressourcenverbrauch der durch Abbau und Weiterverar-
beitung entsteht.

Schon der störungsfreie Normalbetrieb geht mit erheblichen Gefahren einher. So geben AKW, Atommüll-Zwischenlager sowie Atommülltransporte stetig radioaktive Strahlen und Partikel ab, die insbesondere Krebs verursachen und das Erbgut schädigen können.

Neben der Zunahme von Krebserkrankungen gibt es Hinweise auf weitere Folgen des Normalbetriebs. So kommen einer Studie zufolge mehr Kinder mit Missbildungen von Eltern zur Welt, die vor der Zeugung in der Atomanlage beschäftigt waren. Auch steigt die Rate von Totgeburten durch Niedrigstrahlung, wie aus Studien der Tschernobyl Folgen in entfernteren Ländern hervorgeht. Schließlich sind Missbildungen und andere Veränderungen auch in der Tier- und Pflanzenwelt rund um Atomanlagen beschrieben.

Außerdem besteht ständig die Gefahr von Unfällen oder Terroranschlägen:

In jedem Atomkraftwerk kann jederzeit ein Unfall mit verheerenden Folgen geschehen. Absolute Sicherheit gibt es nicht. Dies zeigt eine lange Liste von schweren Unfällen und Störfällen überall auf der Welt. In den letzten Jahren hat sich die Lage noch dadurch verschärft, dass es nicht völlig unwahrscheinlich ist, dass AKW das Ziel von Terroristen werden. Und gegen gezielte Terroranschläge ist kein Atomkraftwerk gerüstet.

Auch die Erdbebengefahr ist nicht zu unterschätzen:

Im Zusammenhang mit der Reaktorkatastrophe von Fukushima wird von Regierungsseite behauptet, Erdbeben würden keine besondere Rolle für die Atomkraftwerke spielen, die deutschen AKW seien sicher.

Das stimmt leider nicht: Die ober- und mittelrheinischen Gebiete in Deutschland sind erdbebengefährdet. Hier stehen die AKW Biblis, Philippsburg und Neckarwestheim, Gundremmingen liegt direkt an der Grenze zum erdbebengefährdetem Gebiet. Der Oberrheingraben gehört zu den seismisch aktivsten Zonen in Deutschland. Im Gegensatz zu Japan ist das Rhein-Gebiet allerdings technisch und organisatorisch nur sehr schlecht auf potentielle Gefahren und den Katastrophenfall vorbereitet.

Deshalb setzen wir von der Sozial Gerechten Partei uns für eine Atomfreie Energiewende ein:

–   Die Nutzung der Atomenergie schließen wir nach Abschaltung des letzten AKW komplett aus.

Die noch aktiven AKW in Deutschland werden in ihrer in ihrer Endphase betrieben. Es wird keine Laufzeitverlängerungen mehr geben und es werden keine neue Konzessionen mehr erteilt.

Zur Umsetzung dieser Ziele:

Wir von der Sozial Gerechten Partei setzen uns für eine sozial verträgliche Energiewende ohne Atomstrom ein. Diese ist der Kernpunkt des sozial-ökologischen Umbaus. Dazu fordern wir Einsparungen beim Energie- und Rohstoffverbrauch und eine Veränderung des Energiemixes zugunsten erneuerbarer Energien. Dies ist nicht nur eine Frage der technologischen Möglichkeiten, sondern es werden Änderungen der Produktionsweise und der Art, wie wir leben, notwendig. Vorzugsregelungen für erneuerbare Energien, für Kraft-Wärme-Kopplung und der Abbau aller Subventionen atomarer und fossiler Energieträger sind erforderlich.

Wir fordern den unverzüglichen Ausstieg aus der Nutzung der Atomenergie. Mittelfristig muss der gesamte Energiebedarf mit erneuerbaren Energien gedeckt werden.

Daher ist es notwendig, den Umbau des Energiesystems der Industriegesellschaft in Richtung erneuerbarer Energien, von der Photovoltaik über die Windenergie, Wasserkraft, Gezeitenenergie bis zur Nutzung von Biomasse, zu fördern.

Bei der Nutzung von Biomasse ist darauf zu achten, dass keine Agrarflächen genutzt werden, die dann der Versorgung der Menschen mit Nahrungsmitteln entzogen werden. Dies ist auf nationaler Ebene wichtig, aber mehr noch in Europa und in südlichen Agrarländern.

Ebenso ist darauf zu achten, dass für den Bau von Photovoltaikanlagen keine Waldflächen gerodet werden. Stattdessen sollten Dachflächen Beziehungsweise ohnehin vorhandene Freiflächen genutzt werden.

Um die Energiewende sozial zu gestalten, setzen wir von der SGP uns dafür ein, die Energiekonzerne in öffentliches Eigentum zu überführen und einer demokratischen Kontrolle zu unterstellen. Das Energiekartell muss entflochten, die Energieversorgung weitgehend rekommunalisiert werden. Die Energiemonopole müssen schrittweise aufgelöst werden.

Die Willkür der Stromwirtschaft bei der Preisgestaltung und unberechtigte Privilegien der Industrie zu Lasten der Privathaushalte müssen beendet werden. Gleichzeitig sollte die Stromversorgung auch für Menschen mit wenig Einkommen dauerhaft sicher gestellt sein.

Das heißt, jeder Energieversorger wird dazu verpflichtet, einen Sockeltarif für Strom einzuführen. Jeder Privathaushalt sollte ein kostenloses, an der Haushaltsgröße orientiertes Grundkontingent an Strom erhalten. Der über diesen Gratis-Sockel hinausgehende Stromverbrauch wird teurer als heute, weil die Kosten des Grundkontingents hierhin umgelegt werden. So würde eine Grundversorgung mit Strom sichergestellt und gleichzeitig die Verschwendung von Strom eingedämmt.

Das Sperren der Stromversorgung bei privaten Haushalten aufgrund von Zahlungsunfähigkeit muss ein Ende haben. Denn die Versorgung mit Strom ist eine Grundvoraussetzung für ein menschenwürdiges Wohnen und die Teilhabe am gesellschaftlichen Leben.

Wir von der Sozial Gerechten Partei befürworten ein Verbot von Stromsperren

Der Atommüll ist ein ungelöstes Problem:

Eine ersichtliche Perspektive einer sogenannten "Endlagerung", die den größtmöglichen Schutz für Mensch und Natur für eine Million Jahre sicherstellen könnte, gibt es (weltweit) nicht. Durch den Weiterbetrieb der Atomkraftwerke nimmt der Atommüll weiter zu. Zahlreiche Regierungen auf Landes- und Bundesebene haben jahrzehntelang die erforderliche politische Verantwortung für den Schutz heutiger und künftiger Generationen vernachlässigt oder von sich geschoben.

-   Wir von der SGP setzen uns dafür ein, die Forschung zur Behandlung radioaktiven Abfalls (Nukleare Transmutation) weiter voranzutreiben.

Dabei werden die gefährlichen AKW-Überreste einer speziellen Strahlentherapie ausgesetzt, der Transmutation.
Ein Protonenstrahl stark beschleunigt und auf ein Ziel aus
flüssigem Schwermetall gelenkt. So entstehen schnelle
Neutronen, die auf den Atommüll geschossen werden und
ihn bearbeiten. Die Neutronen bewirken, dass die langle-
bigen Stoffe in kurzlebige umgewandelt werden. Die extrem langen Halbwertszeiten reduzieren sich drastisch. Die
Radioaktivität ist dann nach wenigen hundert Jahren
praktisch erloschen.
Für diese Zeit ist der Atommüll sicher zu lagern.
Deshalb befürworten wir eine verantwortungsvolle und
ergebnisoffene Zwischenlagersuche.
Die AKW Betreiber werden verpflichtet, die Kosten zu
tragen.

<u>Fracking</u>
Risiken und negative Auswirkungen sind insbesondere:
-        Die Verunreinigung des Trinkwassers durch Chemikalien, Methan oder Lagerstättenwasser. Diese können
durch Unfälle an der Oberfläche, natürliche oder künstlich
geschaffene Wegsamkeiten im Untergrund sowie undichte Bohrlochabdichtungen in das Grundwasser gelangen.
-        Der bei der Förderung anfallende Flowback aus
Lagerstättenwasser und Frac-Flüssigkeit, welcher neben
Chemikalien des Frack-Vorgangs häufig radioaktive Iso-
tope, Quecksilber und Benzol enthält. Die Entsorgung ist
ungeklärt und unfallträchtig.
-        Erdbebengefahr durch Fracking oder die Ver-
pressung von Lagerstättenwasser in sogenannte Ver-
senkbohrungen.

\-   *Die schlechte Klimabilanz von gefracktem unkonventionellen Erdgas verglichen mit konventionellem Erdgas*

Die Sozial Gerechte Partei lehnt Fracking grundsätzlich ohne Ausnahme ab

Wir setzen uns stattdessen für eine Energiewende ein. Das heißt, Verbrauchssenkungen und die Förderung erneuerbarer Energien. Jetzt auf Erdgasförderung mit Fracking zu setzen, ist der falsche Weg.

Tierschutz

Die Sozial Gerechte Partei sieht ein würdevolles Leben für jedes Tier vor.

Missstände in der Massentierhaltung

In Deutschland leben Millionen Tiere eingeengt in riesigen Mastanlagen, ihren natürlichen Lebensräumen entrissen. Die meisten Tiere werden gewaltsam den Haltungsformen angepasst:

Hörner, Ringelschwänze, Schnäbel und z. T. auch Zähne werden ohne Betäubung gekürzt oder abgetrennt. Hühner brauchen diese Prozedur oft nicht erleben, weil sie schon vorher geschlachtet werden.

Männliche Küken werden bereits nach der Schlüpfung als nicht wertes Leben geschreddert.

Damit die Tiere den dauernden Stress überleben, werden ihnen häufig Antibiotika oder andere Medikamente verabreicht. Dieser massive Antibiotika-Einsatz führt zu Resistenzen. So können relativ harmlose bakterielle Infektionen nicht mehr behandelt werden, und im Ernstfall sogar zum Tod des Menschen führen.

Um dem entgegen zu wirken, setzen wir von der SGP uns für folgende Maßnahmen ein:

- *Eine Zwangsabgabe für jedes geschlachtete Tier, und eine damit einhergehende, durch Stichproben kontrollierte Dokumentationspflicht der Betriebe.*
- *Eine Anhebung der Konsumsteuer auf Fleischprodukte aus Massentierhaltung auf 19%. Fleisch ist als Wohlstandslebensmittel zu sehen. Fleisch fällt unter die Kategorie steuerliche Regulierung „gesund - schädlich für Umwelt und Mensch".*
- *Ein Tötungsverbot für Eintagsküken*

Wildtiere in Privathaltung

Die Lebenserwartung liegt bei Nutztieren unter 5% im Vergleich zu in der Natur lebenden Tieren.

Aber nicht nur Nutztiere sind vom falschen Umgang der Menschen bedroht. Es werden auch Wildtiere fernab ihrer natürlichen Lebensräume als Lifestyleobjekt oder Spielzeug missbraucht. Sie werden in Zoohandlungen, Online-Börsen oder auch auf illegalen Märkten verkauft.

Sie leben eingeengt und werden mangelhaft mit Futter und Wasser versorgt. Die langen Transportwege stellen für die Tiere durch die Entfernung und klimatischen Bedingungen ebenfalls eine hohe Belastung dar.

Das Verhalten ist selbst bei gezähmten Tieren noch instinktiv, und aggressives Verhalten durch Hunger, Angst und Schmerzen ist unvorhersehbar. Teure Polizei-und Rettungseinsätze sind die Folgen.

Krankheitserreger die durch die Tiere aus fernen Ländern nach Europa gelangen, haben eine Struktur die sich in einem neuen Wirtstier wie dem Menschen schnell einnisten kann.

Entflohene exotische Wildtiere stellen eine Bedrohung für das Ökosystem dar. Einheimische Tierarten werden durch sie ausgerottet.

Um dem entgegen zu wirken, befürworten wir von der SGP ein Verbot der „Köderwerbung" für Tierverkäufe (Rabattaktionen, Deklaration als unkomplizierte Anfängertiere)

Gülletourismus

Durch die Tierhaltung in Mastanlagen entstehen große Mengen an Gülle.

Diese wird oft über große Entfernungen gefahren und auf riesige Areale ausgebracht. Schadstoffausstoß und Verkehrsbehinderungen auf Landstraßen sind die Folge davon.

Von den großen Fahrzeugen geht nicht nur eine Belastung für die Umwelt, sondern eine Gefahr für andere Verkehrsteilnehmer aus (Gefährliche Überholmanöver, Radfahrer).

Durch Ausbringung dieser Ausscheidungen kommt es zu einer Überbelastung des Grundwassers mit Nitrat. Deshalb wird die Herstellung von Trinkwasser immer aufwändiger, da dieses zu 75% aus Grundwasser gewonnen wird. Eine zu hohe Konzentration von Nitrat kann insbesondere bei Kindern zu gesundheitlichen Schäden führen. Durch die Auswaschung von Nitrat gelangen auch große Mengen Stickstoff in die Umwelt. Bei einer Überbelastung mit Stickstoff kann es vom wertvollen Nährstoff zum gefährlichen Schadstoff werden. Dadurch wird das Wachs-

*tum von Pflanzen massiv beeinträchtigt. Für Anwohner
geht von der intensiven Gülleausbringung eine Geruchs-
belästigung aus.*

*Um dem entgegen zu wirken, setzen wir von der SGP uns
für eine Änderung im Umgang mit dem Gülletourismus
ein:*

- *Gülle muss auf Feldern und in Biogasanlagen in
einem Umkreis von 10 km Entfernung vom Betrieb ausgebracht werden. Für jeden weiteren km wird eine Maut
fällig die aus dem Lkw - System übernommen wird.*

- *Ein Verbot des Ausbringens von Gülle in unmittelbarer Nähe von Wohngebieten*

<u>Tierversuche</u>

*12 Mio. Tiere werden jedes Jahr in der EU für die Industrie
und Forschung durch den Einfluss von Giften und mecha-
nischer Gewalt gefoltert und getötet, um die Wirkung von
Medikamenten, Kosmetik und anderen chemischen Produkten zu testen. Der Organismus von Tieren reagiert
verschieden bis teilweise sogar gegensätzlich als der
menschliche. Eine sichere medizinische Verwertbarkeit ist
so nicht gegeben.*

*Um dem entgegen zu wirken, befürworten wir von der
SGP die Förderung der weiteren Erforschung von Alternativen zu Tierversuchen:*

*Heutzutage stehen für viele Fragestellungen sogenannte
In-vitro-Verfahren zur Verfügung. Darunter versteht man
„im Reagenzglas" durchgeführte Tests. Manche Arznei-
mittel können heute in silico, also am Computer, entwickelt und an menschlichen Zell- und Gewebekulturen, die
z. B. aus Operationen zur Verfügung stehen, getestet*

werden. Die hautreizenden Eigenschaften von Chemika-
lien und kosmetischen Stoffen können an künstlicher Haut
getestet werden. Für die Untersuchung auf fieberauslö-
sende Verunreinigungen in Medikamenten und Impfstof-
fen steht heute ein Test mit menschlichem Blut zur Verfü-
gung.
Durch diese und weitere Beispiele können Tierversuche
reduziert, oder langfristig ausgeschlossen werden.

Tierquälerei für Pelzwaren
Aus Profitgier werden jedes Jahr viele Millionen unschul-
dige Tiere gequält und getötet, damit Menschen sich mit
Pelzwaren einkleiden können, die zu 50 % aus China
stammen. Denn in China gibt es keine Tierschutzbestim-
mungen, weder im Hinblick auf die Haltungs- noch auf die
Tötungsmethoden. Für einen einzigen Pelzmantel sterben
bis zu 60 Nerze, 20 Füchse, 50 Waschbären oder 200
Chinchillas. Die Tiere verbringen ihr Leben in Massentier-
haltung, diese Methode schließt jegliches Ausleben des
natürlichen Verhaltens der Tiere aus. Verhaltensforscher
zeigen auf, dass bei allen Pelztierarten, die auf Drahtgit-
terböden gehalten werden, Schäden an den Pfoten,
übermäßiges Auswachsen der Krallen und Wundinfektio-
nen zu beobachten waren. Stereotypische Verhaltenswei-
sen wie monotones hin- und her bewegen von einer Kä-
figseite zur anderen und starre, sich wiederholende Be-
wegungsabläufe sind typische Anzeichen für eine massive
psychische Verhaltensstörung, die bei Tieren in Gefangen-
schaft oft zu beobachten ist. Darüber hinaus können sich
häufig Selbstverletzung durch das Fell- und Schwanzbei-
ßen oder gar Kannibalismus zeigen. In diesen tierfeindli-

chen Haltungsbedingungen kommt es durch den Stress oft vor, dass die Muttertiere ihre eigenen Jungen auffressen. Um die Qualität des Fells nicht zu beeinträchtigen werden die Tiere mit Elektroschocks, Genickbruch, Vergasung oder Giftinjektionen getötet. Keine dieser Methoden stellt ein schmerzfreies Sterben der Tier sicher. Oft wird den Tieren auch bei lebendigem Leib das Fell abgezogen. Um dem entgegen zu wirken, befürworten wir von der SGP ein endgültiges Import- und Handelsverbot mit Pelzen in Deutschland

Hier unsere Forderungen zum Tierschutz im Überblick:

- Eine Zwangsabgabe für jedes geschlachtete Tier, und eine damit einhergehende, durch Stichproben kontrollierte Dokumentationspflicht der Betriebe.

- Eine Anhebung der Konsumsteuer auf Fleischprodukte auf 19%. Fleisch ist als Wohlstandslebensmittel zu sehen. Fleisch fällt unter die Kategorie steuerliche Regulierung „gesund - schädlich für Umwelt und Mensch".

- Ein Tötungsverbot für Eintagsküken

- Gülle muss auf Feldern und in Biogasanlagen in einem Umkreis von 10 km Entfernung vom Betrieb ausgebracht werden. Für jeden weiteren km wird eine Maut fällig die aus dem Lkw - System übernommen wird.

- Ein Verbot des Ausbringens von Gülle in unmittelbarer Nähe von Wohngebieten

- Ein Verbot der „Köderwerbung" für Tierverkäufe (Rabattaktionen, Deklaration als unkomplizierte Anfängertiere)

- Die Förderung der weiteren Erforschung von Alternativen zu Tierversuchen

-      *Ein endgültiges Import- und Handelsverbot mit Pelzen in Deutschland*
-      *Eine staatliche Förderung nachhaltiger Projekte wie Tierschutzorganistionen*
-      *Die Förderung der frühkindlichen Bildung in Kindertagesstätten und Schulen zum bewussten Umgang mit Lebensmitteln (gesunde, nachhaltige Ernährung)*
-      *Die Änderung §90a BgB Tiere: Tiere bedürfen, weil sie empathisch sind wie Menschen, ein besonderes Schutzrecht*

Gesundheit

Medizinische Versorgung ist zu einer Handelsware verkommen.

Es gibt ein Gefälle zwischen privat und gesetzlich Versicherten.

Ärztliche Unterversorgung auf dem Land, zu viele Ärzte in Städten.

Ärzte entwickeln sich immer mehr zu Geschäftsleuten.

Es werden zu viele operative Eingriffe durchgeführt.

Es gibt einen Personalmangel & Hygienemängel in Krankenhäusern.

Die Finanzierung von Hilfsmitteln wird auf den wirtschaftlichen Vorteil der Krankenkassen ausgerichtet.

Pharmafirmen sind auf Gewinnerzielung ausgerichtet.

Menschen werden lebensrettende Medikamente vorenthalten.

Das gesamte Gesundheitssystem ist in allen Bereichen auf Profitmaximierung ausgerichtet!

Deshalb befürwortet die Sozial Gerechte Partei eine flächendeckende, bedarfsgerechte medizinische Versorgung für alle Menschen, unabhängig von sozialem Status, Alter, Herkunft oder Geschlecht.

Zur Umsetzung dieser Forderung setzt sich die SGP insbesondere dafür ein:

- Das grundsätzlich alle Bürger die das BGE beziehen, in der gesetzlichen Krankenversicherung pflichtversichert sind. Der pauschale Beitrag in Höhe von 180 € für jede Person wird von der Sozialversicherung gezahlt, und aus den gleichen Mitteln finanziert wie das BGE

- Das nur noch eine staatliche Krankenkasse besteht, die für die gesamte Bevölkerung die Gesundheitsversorgung sicherstellt

- Das eine Kontrollbehörde geschaffen wird. Diese wird an das Gesundheitsamt angegliedert. Diese Behörde übernimmt Stichproben bei Ärzten, Apotheken und Krankenhäusern sowie die Funktion einer Anlaufstelle für Patientenfragen. Somit werden profitorientierte Geschäfte und Korruption zwischen Ärzten, Kassenärztliche Vereinigung und Pharmaindustrie unterbunden.

Damit wird sichergestellt, dass es in Zukunft nicht mehr um Profit geht, sondern um Dienste am Menschen

- Das insbesondere die Pharmaindustrie keinerlei wirtschaftliche Interessen mehr haben darf!

- Das alternative Heilmethoden kassenärztlich anerkannt werden

- Das es eine bessere Entlohnung in den Pflegeberufen gibt. Das Geld ist vorhanden, es sollte nur gerecht verteilt werden!

- Außerdem befürworten wir von der SGP die Förderung einer Ansiedlung von Ärzten auf dem Land

Kirche

In der Vergangenheit kam es wiederholt zu Kritik am Kirchensteuereinzug durch den Staat.

Wir von der Sozial gerechten Partei setzen uns dafür ein, Religiosität und Staat voneinander zu entkoppeln.

Insbesondere bedeutet das:

- *Die Kirchensteuer abzuschaffen und damit die Trennung von Staat und Kirche in Deutschland zu vollenden. Die Kirchen und andere Religions- und Weltanschauungsgemeinschaften sollen sich künftig über in eigener Verantwortung festgelegte Mitgliedsbeiträge finanzieren*

- *Kirchen, Religions- und Weltanschauungsgemeinschaften sollten. ihren rechtlichen Status als Körperschaft des öffentlichen Rechts aufgeben und sich in eine Körperschaft des Privatrechts (z. B. in einen Verein) umwandeln*

- *Ferner sind sämtliche Staatsleistungen an die Religionsgesellschaften zu streichen und in Zukunft nur noch vereinzelt, zeitlich befristet und zweckgebunden zu gewähren*

(z. B. für die Sanierung denkmalwürdiger Sakralbauten).

Sonstiges

Sozialer Wohnungsbau

Aufgrund des seit Jahren immer knapper werdenden Bestandes an Sozialwohnungen ist der Wohnungsmarkt vielerorts angespannt. Gerade in Großstädten ist bezahlbarer Wohnraum stark eingeschränkt.

Statt den sozialen Wohnungsbau zu fördern um der Mietpreissteigerung entgegen zu wirken, werden Grundstücke und Wohnungen aus öffentlicher Hand meistbietend verkauft. Damit die Investoren Höchstrenditen erzielen kön-

nen, wird die Mietpreisspirale hierdurch weiter angetrieben.

Um dem entgegen zu wirken, setzen wir von der SGP uns dafür ein:

Die Rechtslage dahingehend zu ändern, dass bundeseigene Grundstücke und Liegenschaften an kommunale Wohnungsunternehmen zum Erhalt bestehender Beziehungsweise zur Schaffung neuer bezahlbarer Wohnungen veräußert werden können, unabhängig vom Höchstpreisverfahren.

Bußgeldkatalog für Ordnungswidrigkeiten im Straßenverkehr

Wir von der Sozial Gerechten Partei setzen uns für eine Angleichung von Ordnungswidrigkeiten an Tagessätze ein:

Ein Bürger, der vor Gericht verklagt wird, muss seine Strafe in Tagessätzen bezahlen. Dabei wird der Verdienst des jeweiligen Verklagten zu Grunde gelegt. Wir von der SGP setzen uns dafür ein, diese Gerechtigkeit auch für alle Ordnungswidrigkeiten des Bußgeldkataloges zu übernehmen.

Beispiel: Ein Arbeitnehmer verdient monatlich 1.200 Euro. Er wird mit einem Promille Wert von 0,85 angetroffen, so zahlt er 15 Tagessätze a´40 Euro – also 600 Euro. Verdient ein Arbeitnehmer monatlich 6.000 Euro liegt sein Tagessatz bei 200 Euro und wird dann x 15 genommen. Nur so zahlt jeder das gleiche Strafmaß. Wir wollen die Änderung im Bußgeldkatalog von festen Bußgeldsätzen in ans Einkommen gebundene Tagessätze durchsetzen. Das

Punktesystem sowie das eventuell daraus resultierende
Fahrverbot haben weiterhin Bestand.

<u>*Solidaritätszuschlag*</u>
Die Infrastruktur in Ostdeutschland ist seit Jahren auf
dem gleichen Stand wie in Westdeutschland.
Deshalb setzen wir von der SGP für die Abschaffung des
Solidaritätszuschlags ein.

Glücksspiel
Wir von der SGP setzen uns für eine transparente Spiele-
verordnung ein, um die Spielsucht weiter einzudämmen

GEZ / Fernsehgebühren
Wir von der SGP setzen uns für die Abschaffung der GEZ
Gebühren sowie die Auflösung der GEZ ein
Die Finanzierung des Fernsehprogramms sollte stattdes-
sen über folgende Wege erfolgen:

Steuerfinanzierung
Mit Steuergeldern können Sendungen finanziert werden,
die direkt staatliche Aufgaben übernehmen. Hierzu gehö-
ren z.B.

- Nachrichten

- Deutschkurse beispielsweise auch zur Unterstützung
fremdsprachiger Kinder in unseren Schulen und zur besse-
ren Integration von Mitbürgern mit wenig oder gar kei-
nen Deutschkenntnissen

- Fremdsprachkurse und andere Weiterbildungsmaßnah-
men, beispielsweise Computerbedienung und Internet-
nutzung

- Präsentation wissenschaftlicher Forschungsergebnisse:
Erläuterung der Aufgaben- und Fragestellungen sowie der

Resultate staatlich in Auftrag gegebener wissenschaftlicher Untersuchungen

- Übertragung von Parlamentssitzungen

Staatlich initiierter Rundfunk in dem hier genannten Sinne ist genauso wie andere staatliche Leistungen zu finanzieren, die dem Gemeinwesen dienen - durch Steuern. Jeder steuerpflichtige Bürger zahlt damit für diese gemeinnützigen Sendungen, egal, ob er sie nutzt oder nicht. Genauso wie jemand mit seinen Steuergeldern die Schulen mitfinanziert, egal ob er oder ein Familienmitglied selbst zur Schule geht oder nicht.

Zur Finanzierung dient die Konsumsteuer sowie die Luxusumsatzsteuer.

<u>Decoder Finanzierung</u>

Insbesondere Sendungen, die unterschiedlichen Bedürfnissen dienen, werden verschlüsselt ausgestrahlt und müssen mit Hilfe eines Decoders entschlüsselt werden. Hierfür werden Gebühren fällig. Sinnvollerweise sollten diese Gebühren nicht pauschal für einen bestimmten Kanal, Beziehungsweise Sender entrichtet werden, sondern für bestimmte Sendungen - und zwar im Minutentakt, ähnlich wie beim Telefonieren. Diese Finanzierungsart eignet sich u.a. für

- alle Arten von Spartensendungen

- für Spielfilme, Krimis, Fernsehspiele

- Sport und Musik

- Kulturelle Sendungen

- politische Magazine

- Reportagen aus aller Welt

Werbefinanzierung

Decoder Finanzierung und Werbefinanzierung können durchaus für ähnliche Programme (ggf. auch parallel oder vermischt) verwendet werden. Zu den werbefinanzierten Programmen zählen z.B.:

- jede Art von Spielfilmen
- Sport (sehr gut geeignet ist Boxen - Werbung in den Pausen oder Fußball mit Werbetransparenten)
- Musiksendungen
- Seifenopern

Natürlich bedeutet die Werbefinanzierung eine gewisse Abhängigkeit von den Werbekunden. Das ist heute aber auch nicht anders - auch bei den ÖRR - nur heute wird diese Abhängigkeit verschleiert.

Freie Wahl für freie Bürger

Ohne für den Empfang individuell zu bezahlen, könnten die Bürger also alle steuerfinanzierten und alle werbefinanzierten Programme konsumieren. Lediglich für die Decoder-Programme wäre eine Gebühr fällig - und zwar eine freiwillige Gebühr, wie es sich für ein freies Land gehört!

Außerdem setzen wir von der SGP uns dafür ein, dass alle Sender verpflichtet werden ein Kulturprogramm von mindestens 5 % für Minderheiten zu senden.

<u>*Presse*</u>

Wir von der Sozial Gerechten Partei setzen uns für eine unabhängige Presse und Berichterstattung ein.

Sollbruchstellen in Elektrogeräten "Geplante Obsoleszenz"

Bei Elektrogeräten kommt es immer öfter vor, dass diese kurz nach Ablauf der Garantiezeit kaputt gehen. Oftmals

werden bewusst Schwachstellen in das betreffende Pro-
dukt eingebaut oder Lösungen mit absehbarer Haltbar-
keit und /oder Rohstoffe von minderer Qualität einge-
setzt. Diese führen dazu, dass das Produkt schneller
schad- oder fehlerhaft wird oder nicht mehr in vollem
Umfang genutzt werden kann. Mit dem Ziel neue Produk-
te zu verkaufen und so den Profit zu steigern.
Diese geplante Obsoleszenz ist nicht nur ärgerlich für die
Kunden, sondern insbesondere Umweltschädlich. Es wer-
den unnötig kostbare Ressourcen verschwendet.
Um dem entgegen zu wirken, setzen wir von der SGP da-
für ein, das Hersteller mit empfindlichen Strafen rechnen
müssen, wenn sie Geräte vorsätzlich so bauen, dass sie
nachgewiesen zu früh kaputt gehen. Wir fordern zwei
Jahre Haft oder eine Geldstrafe von 300.000 Euro für die
Verantwortlichen Personen. Das betrifft Hersteller, die die
Lebensdauer oder den Gebrauchswert absichtlich verkürzt
haben, indem Sollbruchstellen und programmierte Funk-
tionsausfälle „eingebaut" wurden. Auch Geräte, die sich
nicht reparieren lassen, weil Teile fest verbaut sind, gel-
ten künftig als Betrug und werden mit erheblichen Geld-
strafen geahndet.
Außerdem setzen wir von der SGP uns dafür ein, die ge-
setzliche Garantiezeit auf 10 Jahre zu verlängern

<u>Homosexualität und gleichgeschlechtliche Ehen</u>

Wir von der Sozial Gerechten Partei setzen uns für die
völlige Gleichstellung homosexueller Paare ein. Bei Rech-
ten und Pflichten sehen wir von der SGP keine Unter-
schiede zwischen gleichgeschlechtlichen Lebenspartnern
und Ehegatten. Gleichgeschlechtliche Partnerschaften

sollen ohne Einschränkungen heiraten und Kinder adop-
tieren.

<u>*Schutz der Kinder vor sexuellen Missbrauch*</u>
Kinder sind besonders schutzbedürftig.

Deshalb setzen wir von der Sozial gerechten Partei uns
dafür ein, sie besser vor sexuellen Missbrauch zu schüt-
zen. Die bestehenden Strafen müssen konsequent ange-
wendet werden.

Volksabstimmungen
Wir von der Sozial gerechten Partei setzen uns dafür ein,
dass die in Deutschland lebenden Bürger bei wichtigen
Entscheidungen mit abstimmen (Volksabstimmung)

Freihandel
Wir von der SGP sind für freien Handel, aber die geplan-
ten Freihandelsabkommen TTIP und CETA lehnen in der
jetzigen Form ab.

Bargeldabschaffung
Es gibt in der letzten Zeit auch in Deutschland vermehrte
Forderungen das Bargeld abzuschaffen.

Wir von der SGP lehnen die Abschaffung vom Bargeld
konsequent ab.

<u>*Zusammenfassung*</u>
Ein wesentliches Ergebnis aus den Maßnahmen in diesem
Programm und insbesondere der Einführung von einem
bedingungslosen Grundeinkommen, ist mehr soziale Ge-
rechtigkeit für alle Menschen.

Menschliche Arbeit soll sich wieder lohnen.

Das wird insbesondere durch die Netto Auszahlung vom
Brutto Lohn eines jeden Arbeitnehmers erreicht. Zusätz-
lich zum BGE

Im Einzelnen fallen durch die von der SGP geforderten Maßnahmen folgende Lohnnebenkosten weg:

- *Lohnsteuer: Wird abgeschafft und durch die Konsumsteuer ersetzt*
- *Solidaritätszuschlag: Wird abgeschafft*
- *Kirchensteuer: Wird abgeschafft*
- *Krankenversicherung: Wird abgeschafft und vom Staat gezahlt, aus den gleichen Mitteln finanziert wie das BGE*

Dieses gilt nicht nur für die Arbeitnehmerbeiträge, sondern ebenso für die Arbeitgeber!

Schwarzarbeit ist damit automatisch nicht mehr möglich!

Einige Forderungen der Sozial Gerechten Partei mögen zum jetzigen Zeitpunkt wie eine Utopie klingen.

Aber wir von der SGP sind bereit, zusammen mit anderen Menschen und Parteien Schritte und Möglichkeiten zu erarbeiten, um unsere Ziele langfristig zu erreichen.

Global denken und lokal für Deutschland handeln!

Das Wirtschaftswachstum bremsen und nicht erhöhen!

Die Sozial Gerechte Partei steht für eine bessere und gerechtere Welt für alle Lebewesen auf diesem Planeten.

Hannover, im April 2015

Frank Zunk, Meiko T., Marcel K, Andre H.

Dieses Parteiprogramm ist der Höhepunkt meiner politischen Karriere. Und auch meine bisher beste Leistung. Nur leider kam es nie zum Einsatz. Es wurde bis jetzt nicht veröffentlicht.

Hannover Messe 2015

Am 14. April bin ich mit Meiko und Marcel vom SGP Team auf der Hannover Messe. Es ist beeindruckend, welche Fortschritte unter anderem der 3 D Druck in den letzten Jahren gemacht hat. Mir wird mal wieder bewusst, dass die menschliche Arbeitskraft in sehr vielen Bereichen überflüssig geworden ist. Alleine deswegen führt in naher Zukunft kein Weg an einem BGE vorbei.
Ich schreibe einen Facebook Post dazu:
„Durch Technologien wie den 3 D Druck können immer schneller immer mehr Produkte hergestellt werden. In absehbarer Zeit ist es möglich sogar Autos zu drucken. Aber wer soll all die Sachen kaufen?
Schon jetzt werden Autos produziert, die keine Abnehmer finden, und rosten auf riesen Plätzen vor sich hin.
Wachstum über alles. Nur für den Profit und wegen der GIER von einigen wenigen! Und die menschliche Arbeitskraft ist weitestgehend überflüssig.."

Das SGP Projekt scheitert!

Am 18. April treffen wir uns im SGP Vorbereitungsteam, um über das von mir verfasste Parteiprogramm abzustimmen.
Es wird mehrheitlich abgelehnt! Wegen dem BGE!
Ich bin enttäuscht und wütend! Ich hab viel Zeit und Energie in dieses Projekt gesteckt. Insbesondere das Programm ist mein persönliches Meisterwerk. Und jetzt so eine Enttäuschung!
Es war von Anfang an klar, dass das BGE das Kernthema der SGP werden soll.

Ohne BGE ist das Programm hinfällig.

Als Konsequenz stehe ich der SGP ab sofort nicht mehr zur Verfügung.

Da ich als Hauptinitiator wegfalle, hat sich das SGP Projekt erledigt.

Meine politische Zukunft?

Ich überlege einige Tage hin und her, wie ich politisch weitermache. Mit dem Programm als Grundlage suche ich Unterstützung. Aber kaum jemand ist bereit mit mir eine neue Partei zu gründen. Und zu 2. oder 3. ist eine Parteigründung unmöglich.

Ich stelle sämtlichen politischen Aktivitäten ein!

Am 23. April treffe ich eine Entscheidung. Dieser Tag ist das Ende meiner politischen Arbeit.

Ich stelle sämtliche Parteipolitischen Aktivitäten ein.

Ich stehe für keine Partei mehr zur Verfügung. Und werde in Zukunft auch an keiner Wahl mehr teilnehmen.

Nur die (überparteiliche) BI bedingungsloses Grundeinkommen Nienburg unterstütze ich weiterhin aktiv. Und natürlich die Umsetzung von einem BGE.

Am 2. Mai fahre ich mit Freunden nach Kassel zur 2. Bundesweiten Friedensmache.

Es ist die letzte Demo der Mahnwachenbewegung an der ich teilnehme.

GEZ Verweigerung

Ich hab noch nie in meinem Leben GEZ gezahlt. Beim Einzug in meine erste eigene Wohnung (1997 in Wietzen)

hab ich einfach angegeben, dass ich keinen Fernseher
habe. Und auch später klappte das noch. Bis 2012. Als ich
dann alleine wohnte, wurde ich regelmäßig angeschrieben. Hab die Schreiben einfach ignoriert. In diesem Jahr
werde ich mehrfach angeschrieben. Aber ich lebe ja unter
dem Existenzminimum. Von mir ist nichts zu holen.

Vegetarisch
Durch die Mahnwachenbewegung habe ich in den letzten
Monaten immer mehr meinen Konsum hinterfragt und
verändert. Dazu gehören auch meine Essgewohnheiten.
„Früher" habe ich (ohne nachzudenken) alles gegessen.
Hauptsache billig. Viel fast Food und Fertiggerichte.
…Tiefkühlpizza.
Die erste Zeit in Hannover war ich fast jeden Tag bei
McDonald's . Und ich hab immer sehr viel Fleisch geges-
sen.
Mittlerweile überlege ich sehr genau was ich esse. Und
wo ich es kaufe. Ich gehe nur noch sehr selten zu McDonald's. Und esse auch nur noch sehr wenig Fleisch. Besonders in der letzten Zeit lerne ich über die Mahnwachen
sehr viele Menschen kennen, die vegetarisch oder gar
vegan leben. Ich habe am Rande der Mahnwachen oder
auch privat sehr viele Gespräche zum Thema Ernährung.
Diese Gespräche inspirieren mich. Ernährung wird neben
dem BGE und Frieden ein sehr wichtiges Thema für mich.
Mir wird immer klarer, das weltweiter Frieden mit meinem eigenen Konsum zusammenhängt. Und mit meinen
Ernährungsgewohnheiten.
Besonders die vegane Sängerin und Friedensaktivistin
Morgaine aus Österreich inspiriert mich, Ich lerne sie auf

einer der Mahnwachen in Hannover kennen. Ihre Texte machen mich sehr nachdenklich. Das Lied „Du sollst nicht töten" überzeugt mich. Am 6. Mai beschließe ich, kein Fleisch mehr zu essen.
Allerdings ist das schwerer als ich dachte...

Moorfahrt mit dem Sozialverband
Am 9. Mai bin ich auf einer von mir organisierten Tagesfahrt mit dem Liebenauer Sozialverband im Uchter Moor.

Fleischverzicht
Mittags sind wir in Rahden Spargel Essen. Ich merke zum ersten Mal, was es heißt vegetarisch zu leben. Ich esse „nackten" Spargel und Soße. Ohne Schnitzel oder Schinken. Mir fehlt was...

An diesem Tag fahre ich abends nach Hildesheim. Bei Steffi wird gegrillt. Auch hier esse ich kein Fleisch.
Schon nach 3 Tagen hab ich Zweifel, ob meine Entscheidung, kein Fleisch mehr zu essen, richtig ist.

Kraftlos
Am Montag arbeite ich wieder bei Wolfram in Liebenau. Ich hacke und spalte Brennholz. Schwere körperliche Arbeit. Normalerweise kein Problem für mich. Heute schon. Ich fühle mich schlapp und kraftlos. Hab einfach keine Energie. Ich bin davon überzeugt, dass es daran liegt, dass ich kein Fleisch mehr esse.
Damit ist mein 1. Versuch, kein Fleisch mehr zu essen nach wenigen Tagen gescheitert.
Ich schreibe einen Facebook Post dazu:

„So..

Durch den heutigen Tag bin ich um eine Lebenserfahrung reicher. Für mich kommt 100 % vegetarisch oder gar vegan auf Dauer nicht infrage.

So schlapp und kraftlos wie heute war ich noch nie
Beim Grillen auf Fleisch verzichten ist schon grenzwertig...

Aber wenn mein Körper nicht mehr die gewohnte Leistung bringt, weil ich kein Fleisch esse, geht das für mich absolut gar nicht!

Ich danke euch für die Tipps und Hinweise, was ich essen kann um mich vegetarisch und gesund zu ernähren und trotzdem Kraft behalte. Aber ich kann das nicht zu 100 % umsetzen. Das setzt voraus, das ich täglich selbst koche. Das ist für mich nicht möglich...es passt nicht in meinen Lebensstil...

Nur Fleisch weglassen, und sonst so weitermachen wie bisher ist nicht möglich. Das habe ich heute gemerkt.
Also werde ich ab und zu mal Fleisch essen...Aber drauf achten wo es herkommt.

Ich werde mich nicht mehr aufopfern um die Welt zu retten!

Ich will mein Leben genießen und mache & esse in Zukunft das, was ich persönlich für richtig halte"

Ich kann nicht die Welt retten

Durch das Scheitern vom SGP Projekt, der er Spaltung der Mahnwachenbewegung, aber auch durch meine negativen Erfahrungen beim Fleischverzicht, merke ich immer mehr, dass ich nicht die Welt retten kann.

Nicht mit politischer Arbeit. Nicht, wenn ich dauernd auf Demos bin. Und nicht, wenn ich kein Fleisch mehr esse, um den Schlachttieren das Leid zu ersparen

Ich hab mir in der letzten Zeit zu viele Gedanken gemacht, was ich machen kann, um die Welt zu retten. Und dabei das wichtigste vergessen: Mein eigenes Leben! Und mein eigenes Glück.

Es bringt niemandem etwas, wenn ich mich aufopfere, um die Welt zu retten.

Das will ich nicht mehr!

Ab jetzt genieße ich an erster Stelle mein Leben!

AC/DC Konzert in Hannover

Am 21. Juni bin ich mit einem Freund beim dem AC/DC Open Air Konzert auf dem Messegelände in Hannover. Eine meiner absoluten Lieblingsbands live zu erleben, ist ein unvergessliches Erlebnis!

Auf dem riesigen Festivalgelände sind 75.000 Menschen! Anders als bei den meisten Rockkonzerten auf denen ich bisher war, schaffe ich es heute nicht bis nach ganz vorne. Bei zunächst noch frischen Temperaturen und einigen kurzen Regenschauern beginnt am frühen Abend das Programm auf der riesigen Teufelshornbühne mit den beiden Vorbands.

Whiskey Foundation

Die erste Vorband kannte ich bisher nicht.

Whiskey Foundation ist eine deutsche Bluesrock Band.

Die Jungs aus München machen gute Musik.

Vintage Trouble

Auch die 2. Vorband kannte ich nicht. Vintage Trouble ist eine US-amerikanische Rhythm-&-Blues-Band.

AC/DC

Dann läuft auf der riesigen Leinwand ein Introfilm:
Die Amerikaner waren gar nicht zuerst auf dem Mond.
Als sie ankommen, ist das australische Fähnchen schon
eingepflockt, daneben glüht in einem Krater ein Feuerball
namens AC/DC, der sich zur Erde aufmacht, an himmlischen Frauen und höllischen Glocken vorbei und einer
Raumstation, in der "Back in Black" gehört wird. Dann
schlägt die Glühkugel krachend um 20:45 Uhr auf dem
Expo-Gelände ein.
Statt der Feuerwehr kommt Angus Young auf die Bühne
gesprintet!
Mit "rock or bust" starten AC/DC ihr grandioses und sehr
lautes Livespektakel!
Es ist der Wahnsinn! Die Kracher Songs meiner Jugend-
zeit live zu erleben!
Zu "Thunderstruck" hab ich 199, als das Lied rauskam in
meinem Kellerzimmer gemosht!
Bei „Hell's Bells" läutet die Höllenglocke, die überdi-
mensional über der Bühne hängt.
Dann "T.N.T."! Ein weiterer Kracher meiner Jugend!
Bei „Whole Lotta Rosie" schwebt die aufblasbare riesige
"Wuchtbrumme" über der Bühne.
Der Höhepunkt ist "Highway to hell"! Dieses Lied hab
ich so oft bis zum Anschlag aufgedreht! In meinem Kel-
ler... im Capri bei Vollgas auf der Überholspur... Und jetzt
erlebe ich Angus Young und sein Gitarrensolo live!
"For those about to rock" ist mit Salutschüssen aus 6 Ka-
nonen und einem Konfetti - und Höhenfeuerwerk der
Abschluss eines genialen Konzertabends.

Trennung von Dipsy und Tiffy

Am 24. Juni gebe ich Dipsy zu Freunden nach Hannover-Anderten. Es ist besser für sie. Ich bin einfach zu viel unterwegs. Und hab keine Zeit mich um sie zu kümmern. Tiffy will ich zunächst behalten.
Aber kurz darauf entscheide ich mich, sie ebenfalls zu meinen Freunden zu geben.
Es fällt mir nicht leicht, mich von den beiden zu trennen. Aber bei Petra und ihrer Tochter Michelle haben sie es sehr gut.

Radtour an der Nordseeküste

Vom 28. Juli – 26. August mache ich mit Steffi eine Fahrradtour an der Nordsee. Für diese Tour haben wir uns ein neues Zelt gekauft. Ich fahre mit Anhänger.
Wir fahren mit der Bahn bis nach Klanxbüll. Und dann die ganze deutsche Nordseeküste entlang bis nach Emden.
Reisebericht - Zusammenfassung
28. Juli
An diesem Dienstag starten wir morgens mit 2 Fahrrädern und Anhänger am Hauptbahnhof Hannover.
Mit dem vielen Gepäck ist es eine abenteuerliche Bahnfahrt nach Klanxbüll / Schleswig-Holstein.
Hier ist der letzte Bahnhof vor der dänischen Grenze.
Vom Bahnhof fahren wir etwa 5 km bis zu einem Hotel in Neukirchen.
29. Juli
Wir fahren vom Hotel aus an die Nordseeküste. Es ist windig und regnet immer wieder.

Ich merke schnell, dass es sehr anstrengend ist, bei Wind mit viel Gepäck und Anhänger zu fahren!

Abends sind wir auf einem Campingplatz in Dagebüll. Direkt an der Küste. Es regnet und stürmt!

Aber in unserem neuen Zelt ist es gemütlich, warm und trocken.

Wir sind heute 24 km gefahren.

30. Juli

Es regnet und stürmt! Und es ist kalt. Mitten im Sommer haben wir 2 Paar Socken und Wollpullover an.

Wir bleiben in Dagebüll. Mittags essen wir in einem Fischrestaurant. Später sind wir am Strand. Dort werden wir fast weggeweht...

31. Juli

Auch heute regnet und stürmt es! Anders als geplant bleiben wir noch bis morgen auf dem Campingplatz. Wir verbringen den ganzen Tag im Zelt.

1. August

Bei bestem Wetter fahren wir etwa 27 km von Dagebüll bis nach Bredstedt. Größtenteils an der Küste entlang. Auf dem Deich. Bei den Schafen. Beim Fährhaus Schlüttsiel machen wir einen Zwischenstopp.

Da wir in Zeitverzögerung sind, fahren wir von Schlüttsiel aus mit der Bahn nach Husum.

Hier verbringen wir einen schönen Tag. Spontan stöbern wir auf dem Flohmarkt. Dann machen wir eine Hafenrundfahrt. Später sind wir in der Stadt und auf dem Deich unterwegs.

Wir bleiben bis Montag auf einem tollen Campingplatz.

2. August

Wir sind in Husum im Schifffahrtsmuseum. Anschließend essen wir auf einem Restaurantschiff im Hafen. Auf dem

Rückweg zum Campingplatz verfahren wir uns. Und "stranden" bei den Schafen auf dem Deich...

3.August

Wir fahren heute zügig weiter. Etwa 42 km bis nach Sankt Peter-Ording.

Hier zelten wir wieder auf einem Campingplatz.

4. August

Tagsüber sind wir in Sankt Peter-Ording unterwegs. Das ist ein Kurort mit vielen Touristen.

Ab 16 Uhr regnet es wieder...Wir planen um. Und bleiben noch eine Nacht auf dem Campingplatz.

Wir machen das Beste aus der Situation. Und bestellen uns Pizza vom Bringdienst.

5. August

Wir fahren etwa 21 km von Sankt Peter-Ording nach Tönning. Hier haben wir auf dem Campingplatz eine ganze Wiese für uns alleine. Abends grillen wir. Es ist ein schöner Urlaubstag bei bestem Wetter.

6. August

Wir fahren etwa 26 km an der Küste entlang über das Eidersperrwerk nach Büsum.

Ich habe ein plattes Hinterrad. Und flicken den Schlauch.

7. August

Wir verbringen den Tag in Büsum

8. August

Auch heute sind wir in Büsum unterwegs

Unter anderem besichtigen wir die Ausstellung Sturmflutenwelt "Blanker Hans"

9. August

Wir machen einen Tagesausflug auf die Insel Helgoland.

Hier bin ich ja bereits zum 2. Mal

10. August

Wir fahren an der Küste entlang von Büsum bis nach Friedrichskog.

Da einige Strandabschnitte gebührenpflichtig sind, umfahren wir sie.

Nachmittags fängt es an zu regnen. Als wir im Ort ankommen, werden wir von Mücken attackiert. Hier sind überall Mücken! Deshalb mieten wir kurzfristig eine Ferienwohnung.

Heute sind wir etwa 34 km gefahren.

11. August

Nach einem tollen Frühstück in der Ferienwohnung fahren wir weiter nach Brunsbüttel. Wir zelten auf einem Mini Campingplatz direkt am Elbdeich. Dieser Campingplatz ist sehr voll. Die Zelte stehen dicht an dicht. Und wir sind mitten drin...Mücken verfolgen uns hier auch...

Heute sind wir etwa 23 km gefahren.

12. August

Heute fahren wir etwa 25 km an der Elbe entlang. Vorbei am AKW Brokdorf. Bis nach Glückstadt. Und dann mit der Elbfähre nach Wischafen. Da diese Fährverbindung die einzige Möglichkeit ist, über die Elbe zu kommen, fahren wir einen Umweg.

Jetzt sind wir in Niedersachsen.

13. August

Wir verbringen diesen Tag in Wischhafen.

14. August

Heute fahren wir zurück zur Küste. Bis in den Landkreis Cuxhaven. Dafür fahren wir einen weiteren Umweg. 2 Brücken sind gesperrt. Und eine Straße ist ein Naturschutzgebiet, wo keine Durchfahrt möglich ist.

Mittags grillen wir am Wegrand.

Rechtzeitig vor dem ersten Regenschauer erreichen wir einen Campingplatz in Otterndorf. Wir erweitern und schützen das Zelt jetzt mit einer Plane.

Wir sind heute 60 km gefahren.

15. August

In der Nacht ist ein Gewitter. Aber dank der Plane liegen wir halbwegs trocken im Zelt.

Es regnet den ganzen Tag. Wir bleiben in Otterndorf und überwiegend im Zelt

16. August

Heute fahren wir etwa 20 km bis nach Cuxhaven. Auf dem Campingplatz bleiben wir bis Mittwoch.

17. August & 18. August

Wir verbringen eine schöne Zeit in Cuxhaven.

19. August

Mittags fahren wir weiter. Zuerst kommen wir durch den Wernerwald. Dieser Wald in Cuxhaven liegt direkt an der Küste. Außerdem sind wir auf dem Ochsenturm. Hier waren wir auf unserer Wanderung letztes Jahr ja bereits. Abends erreichen wir Bremerhaven. Hier verbringen wir die nächsten Tage bei Freunden von Steffi.

Bei denen wir ja auch schon letztes Jahr waren.

Heute sind wir etwa 40 km gefahren.

22. August

Nach einer tollen Zeit in Bremerhaven fahren wir heute 46 km bis nach Dangast. Hier zelten wir auf einem Campingplatz.

23. August

Heute fahren wir durch Wilhelmshaven bis nach Hooksiel. Auf diesem Campingplatz war ich ja vor 4 Jahren schon mal.

Wir sind heute etwa 30 km gefahren.

24. August
Wir fahren etwa 28 km bis nach Neuharlingersiel. Spät
abends kommen wir auf dem Campingplatz an.

25. August
Morgens regnet es!
Spontan bleiben wir auf dem Campingplatz. Wir verbringen noch einen Tag in Neuharlingersiel.
Später bessert das Wetter sich. Wir gehe zum Hafen.

26. August.
Wir fahren recht früh weiter. Zunächst etwa 30 km bis
nach Aurich. Hier machen wir Pause in einer Teestube.
Und besichtigen unter anderem das Wahrzeichen der
Stadt. Die unter Denkmalschutz stehende Stiftsmühle aus
dem Jahr 1858.
Dann fahren wir noch etwa 30 km bis nach Emden.
Gegen Abend erreichen wir das Ziel unserer Reise.
Wir fahren zum Hauptbahnhof. Und mit der Bahn zurück
nach Hannover.
Auch diese Bahnfahrt mit Gepäck und 2 Fahrrädern sowie
dem Anhänger ist sehr abenteuerlich.
Spät Abends kommen wir wieder in Hannover an.
Es war ein toller Urlaub. Insgesamt sind wir etwa 510 km
gefahren.
Auf dieser Tour hab ich allerdings gemerkt, dass fahren
mit Anhänger sehr anstrengend, schwierig und umständlich ist. Mehrmals ist der Anhänger umgekippt.

Leipzig 2015
Kurz darauf bin ich über das Wochenende vom 28. bis 30.
August in Leipzig.

Ich besuche Christine, die jetzt in Leipzig wohnt.

An diesem Freitagmorgen fahre ich mit dem Flixbus von Hannover nach Leipzig.

Ich besuche Christine, die mittlerweile in Leipzig wohnt.

Nachmittags fahren wir zum Panometer Leipzig. Das ist ein Ausstellungsgebäude in einem ehemaligen Gasometer.

Leipzig 1813 – In den Wirren der Völkerschlacht

Dort ist seit 2013 die Ausstellung "Leipzig 1813" zu sehen. Es ist das weltgrößte 360 Grad – Panorama im Maßstab 1:1 mit einer Bildfläche von ungefähr 3.500 qm.

In einer beeindruckenden Darstellung wird hier in einer fiktiven Szenerie die Stadt Leipzig des Jahres 1813 gezeigt.

Vom Dach der Thomaskirche ist nach der Schlacht das Leid der Menschen in der Stadt zu sehen. Und die brennenden Dörfer im Umland.

Wieder einmal wird mir bewusst, was für eine Zerstörung und sinnloses Leiden der Zivilbevölkerung durch Kriege verursacht wird.

Unheilig Konzert in Leipzig

Abends sind wir auf dem Unheilig Open Air Konzert beim Völkerschlachtdenkmal in Leipzig.

Im Rahmen der Gipfelstürmer Tournee kommt Unheilig zu zwei Konzerten nach Leipzig.

Wir verfolgen das Konzert vor etwa 15.000 Zuschauern von etwas weiter hinten. Es ist ein tolles Erlebnis mit der einzigartigen Kulisse vom Völkerschlachtdenkmal im Hintergrund!

The Crüxshadows

Die erste Vorband, eine Synth-Rock-Band aus Florida kannte ich bisher nicht.

Und ich bin positiv überrascht! Es ist ein super guter Start in einen grandiosen Konzertabend.

Megaherz

Megaherz sehe ich schon zum 2. Mal. Sie präsentieren ihr aktuelles Album "Zombieland"
Diese Musik gefällt mir!

Unheilig

Nach einem Countdown betritt "Der Graf" bei einsetzender Dunkelheit um 20:30 Uhr die Bühne. Nach dem Opener "Der Berg" präsentiert er an diesem Abend überwiegend Lieder von seinem aktuellem Album "Gipfelstürmer" Aber auch ältere Stücke wie "Unter deiner Flagge" Mit "Zeit zu gehn" verabschiedet "Der Graf" sich gegen 22:45 Uhr.

Zoo Halle

Am Samstag fahren wir mit der S-Bahn nach Halle. Dort verbringen wir einen wunderschönen Tag im Berg Zoo Halle. Dieser Zoo ist über 100 Jahre alt. Hier leben etwa 1700 Tiere. Bei bestem Augustwetter machen wir einen Rundgang und genießen von dem 40 Meter hohen Aussichtsturm die Aussicht auf das Zoogelände.

Am Sonntag fahre ich mit dem Flixbus zurück nach Hannover

ASP Konzert in Bremen

Am 16. Oktober bin ich in Bremen beim ASP Konzert. Die Rockband tritt im Rahmen der Verfallen – Tour 2015 im Aladin auf.

Spielbann

Die Vorband ist Spielbann. Diese Gruppe kannte ich bisher nicht. Aber ich bin positiv überrascht. Die Musik von Spielbann ist genau mein Geschmack. Düstere deutsche Rockmusik vom feinsten. Besonders das Lied „Schicksalsrad" gefällt mir. Es wird ein richtiger Ohrwurm für mich, den ich immer wieder höre.

Ich kaufe mir im Anschluss an das Konzert gleich das aktuelle Album „In Gedenken"

Die Band steht für Autogramme und Fotos zur Verfügung. Ich lasse mir die CD signieren.

In der nächsten Zeit besorge ich mir alle Alben von Spielbann.

ASP

Auch ASP spielen die richtige Musik für mich! Düsteren Rock.

Sie spielen ASP Klassiker wie „Krabat", „Und wir tanzten", „Werben" und „Schwarzes Blut". Aber auch die neuen Lieder des aktuellen Albums „Verfallen Folge 1: Astoria erweisen" sich als äußerst live-tauglich. Besonders die Zugaben „Ich will Brennen" und „Ich bin ein wahrer Satan" sind live Kracher und bringen die Halle zum Beben!

Bemerkenswert ist die Lightshow. Sowie die Special Effekte!

Dieses Konzert ist ein unvergesslicher Abend!

Wenige Tage später erwartet mich ein krasser Musikrichtungswechsel!

Heino Konzert in Hannover
Ich bin bei einem Konzert von meinem Kindheitsidol Heino!

Am 22. Oktober tritt er im Capitol Hannover auf. In der, für diese Veranstaltung teils mit Barhockern und Stehtischen bestuhlten Location am Schwarzen Bären, tummeln sich an diesem Donnerstag weit über 700 Heino Fans. Ich bin in der 1. Reihe dabei.

Der 76jährige Heino ist auch nach 50 Jahren auf der Bühne immer noch ein Superstar!

Und er wechselt mehrmals sein Outfit. Vom Sakko mit Stahlnieten und Glitzerapplikationen in tiefschwarz, über das altbekannte rote Sakko, bis hin zum LED funkelnden Ledermantel bleibt Heino seiner Linie treu.

Natürlich merkt man ihm das Alter an. Aber trotzdem ist dieses Konzert ein einmaliges Erlebnis. Heino singt einige seiner Volksmusik Klassiker wie „Schwarzbraun ist die Haselnuss, Jenseits des Tales und die schwarze Barbara"

Bei „Blau blüht der Enzian" kommen mir fast die Tränen. Dieses Lied war ein entscheidender Teil meiner Kindheit. Ich habe es in der Grundschule immer wieder gesungen. Deshalb war ich der „Heino"

Aber Heino trägt auch neue rockige Lieder vor. Unter anderem seine Coverversionen von den Ärzten, Oomph! Und Rammstein. Der Titel Sonne gefällt mir durch seine markante Stimme fast noch besser als das Original. Und er singt Titel aus seinem aktuellen Album. Rockige Versionen seiner alten Hits. Besonders gut finde ich „Wir lagen vor Madagaskar". Dieser Titel in der Rockversion ist seitdem das Album im Februar 2013 veröffentlicht wurde, mein Lieblingslied von Heino.

Mit „Schwarz blüht der Enzian" rockt Heino das Capitol!

Dieses Konzert ist ganz anders als die Rockkonzerte, auf denen ich sonst bin. Aber es ist ein unvergesslicher Abend.

Trennung von Steffi
Auch nach unserer Fahrradtour bin ich noch regelmäßig bei Steffi in Hildesheim. Ich helfe ihr beim renovieren der Wohnung.
Allerdings werden aus unseren Gesprächen immer öfter politische Diskussionen. Beim BGE ist sie anderer Meinung als ich.
Und ich möchte mich nicht wieder zu fest binden.
Am 1. November trennen wir uns.

Durch die anstrengende Fahrradtour und das regelmäßige Krav Maga Training sowie das trainieren bei McFit bin ich richtig fit geworden.
Ende Dezember jogge ich spontan 26 km ohne Pause durch. Von Stöcken über Umwege bis zum Maschsee und 2,5 mal drum rum. Das ist meine bisher beste Leistung.
Darauf kann ich Stolz sein.

Sylvester 2015
Über die Weihnachtsfeiertage und Sylvester bin ich wieder im Landkreis Nienburg.
Sylvester feiere ich mit Vanessa und Deborah.

Selbstbewusst starte ich ins Jahr 2016

2016

McDonald's

Ich nehme mir für das Jahr 2016 vor, nicht mehr zu McDonald's zu gehen.

Anfang Januar bin ich im Hauptbahnhof von Hannover. Und denke über das Konzept von McDonald's nach.

Ich frage mich, warum grad in den Bahnhöfen so viele junge Menschen zu McDonald's ?

Aus eigener Lebenserfahrung weiß ich:

- McDonald's ist grad vor oder nach der Disco ein Treffpunkt. Es ist bei jugendlichen „normal" Gehört zum Discobesuch dazu.

- McDonald's ist rund um die Uhr geöffnet. Selbst in einer Großstadt wie Hannover ist es nicht so einfach nachts um 4 was zu essen zu kriegen.

- Man kann dort beim Essen sitzen. In Bahnhöfen sind kaum Sitzgelegenheiten vorhanden. Warum eigentlich nicht? Ich vermute mal, um zu verhindern, dass sich Obdachlose da niederlassen...

- Es gibt kostenlose Toiletten. Die öffentlichen Bahnhofstoiletten kosten Geld.

Bis 2014 fand ich es selber cool zu McDonald's zu gehen. Aus Oben genannten Gründen ist das nachvollziehbar.

Trotzdem will ich diesen Konzern in Zukunft nicht mehr unterstützen.

Mittlerweile hat sich meine Lebenseinstellung geändert. Ich habe so nach und nach die weltweiten Zusammenhänge durchschaut.

Diese Einsicht habe ich den Menschen zu verdanken, die ich seitdem kennengelernt habe. Insbesondere die Mahnwachen für Frieden und Völkerverständigung haben mich zum Nachdenken gebracht. Und ich habe erkannt, dass ich als kleiner Bürger nur etwas verändern kann, wenn ich den Konzernen das Geld entziehe! Und eben NICHT mehr gedankenlos konsumiere. Nur wenn ich Dinge NICHT kaufe, habe ich die Macht NEIN zu sagen. Ich lehne die Massentierhaltung ab. Dann kann ich nicht mit gutem Gewissen zu McDonald's gehen. Mit jedem Euro den ich dort ausgebe, finanziere und unterstütze ich die Massentierhaltung. Das ist ein Wiederspruch.

BGE

Eines meiner weiteren Ziele für das Jahr 2016 ist es, mich noch mehr als bisher für das BGE einzusetzen. Damit es so schnell wie möglich eingeführt wird.

Markus Härtl

Am Anfang des Jahres erreicht mich eine Mail von Markus Härtl. Markus Härtl leitet die Gruppe BGE-Rheintal in der Ostschweiz, ist dort Organisator des Forums für wirtschafts- und gesellschaftspolitische Zukunftsfragen und im Vorstand der Kampagne BGE Schweiz. Am 5.Juni 2016 entscheiden die Schweizer Bürger in einer Volksabstimmung über die Einführung eines Bedingungslosen Grundeinkommens. Markus ist einer der Initiatoren dieser Volksabstimmung. Er bietet mir an, zu einem Vortrag nach Nienburg zu kommen.

Ich organisiere daraufhin eine Vortragsreise durch Norddeutschland mit ihm. Durch meine Initiative wird er im Frühjahr in Nienburg, Hannover, Bremen und Oldenburg Vorträge über die BGE Volksabstimmung halten.

Ich bleibe weiterhin im Sprecherteam der BI Nienburg.
Beim Jahresauftakttreffen zeigen wir den Film „Speed –
auf der Suche nach der verlorenen Zeit"
Als einer der Sprecher dieser BI organisiere ich in den
nächsten Wochen und Monaten die Vortragsreise von
Markus Härtl. Er wird als erstes nach Nienburg kommen.

Außerdem werde ich dieses Jahr aktiv in der Bürgerinitiative Bedingungsloses Grundeinkommen Hannover mitwirken. Auf meine Initiative wird Markus Härtl Im Frühjahr seinen Vortrag auch in Hannover halten. Ich organisiere ich einen BGE Infostand in der City, um Werbung
für diese Veranstaltung zu machen.

Durch eigene Lebenserfahrung merke ich mal wieder,
dass in naher Zukunft kein Weg an einem BGE vorbei
führt.
Ich habe nach Jahren mal wieder Passbilder von mir machen lassen. Vom Automaten. Das ging innerhalb von 2
min. Und hat nur 6€ gekostet. Es war kein Mensch nötig,
um mich zu bedienen.
Das letzte Mal war ich noch beim Fotografen. Das hat viel
länger gedauert und war teurer.
Das ist nur eines von vielen Beispielen aus meinem eigenen Leben, dass die menschliche Arbeitskraft in immer
mehr Bereichen nicht mehr benötigt wird.
Aber Menschen benötigen ein Einkommen, um sich all
die Dinge leisten zu können, die Roboter, Maschinen und
Automaten produzieren.
Auf meinem Facebook Profil entstehen einige interessante
Diskussionen über das BGE.

Gesundheitsstudie

Am 12. Januar nehme ich freiwillig an einer Gesundheitsstudie teil.

Ich nutze diese Gelegenheit, um mich gründlich untersuchen zu lasse.

Außerdem werde ich genau vermessen.

Dabei merke ich, dass die in meinem Personalausweis vermerkte Größe nicht stimmt.

Ich bin genau 1,65m groß. Das ist für einen Mann sehr klein. Aber ich bin selbstbewusst. Und sehe es nicht als Problem.

Nach einigen Tagen erhalte ich den Ergebnisbrief.

Nach meinem Body Mass Index habe ich Übergewicht. Aber die Körperfettmessung hat ergeben, dass das "Übergewicht" ein besonders ausgeprägtes Muskelgewebe ist.

Alle Werte im normalen Bereich.

Ich bin gesund und topfit.

Sport

Ich bin sportlich sehr aktiv. Gehe fast jeden Tag ins Fitnessstudio. Und bin 2 – 3 Mal in der Woche beim Krav Maga. Ich bin sehr fit und durchtrainiert. Und ich achte immer mehr auf eine gesunde Ernährung. Mein guter Fitnesszustand wird mir noch sehr nützlich sein.

40. Geburtstag

Ich habe an einem Samstag Geburtstag. Diesen Tag verbringe ich mit guten Freunden und Silke in Hannover. Wir spielen Billard und bowlen. Abends feiern wir im Agostea. Und anschließend sind wir noch bis in den frühen Morgen im Rocker.

So macht das Leben auch mit 40 noch Spaß.

Außerdem ist man immer so alt wie man sich fühlt. Und ich fühle mich wie 25.

Es ist für mich selbstverständlich, dass ich auch an meinem 40. Geburtstag keinen einzigen Schluck Alkohol trinke.

20 Jahre zuvor war ich im Vollrausch…

Bremerhaven 2016
Mitte Februar fahre ich mit Steffi übers Wochenende nach Bremerhaven zu Sandrine und ihrer Familie. Wir verbringen zusammen eine schöne Zeit. Abends gucken wir die DVD vom Onkelz Abschiedskonzert auf dem Lausitzring.

Kuult Konzert in Hannover
Am 28. Februar bin ich mit Anna zum 2. Mal auf einem Kuult Konzert. Sie spielen im Lux in Hannover. Das ist ein kleiner Club, in den nur wenige 100 Menschen reinpassen. Aber das Konzert ist ausverkauft. Und es ist ein toller Abend.

Mahnwachen helfen
Am 11. März fahre ich im Rahmen von „Mahnwachen helfen" mit Freunden nach Hamburg. Dort beladen wir ehrenamtlich einen LKW mit Hilfsgütern für die Menschen in der Ukraine.

Inge Hannemann
Am 17. März ist Inge Hannemann wieder zu Gast bei der Nienburger Bürgerinitiative. Dieses Mal hält sie vor etwa 50 Zuhörern einen Vortrag zum Thema „Die Hartz IV-Diktatur – keine Besserung in Sicht?" Sie stellt ihr gleichnamiges Buch vor. Ich kaufe es mir.

Außerdem stellt sie die von ihr gegründete Initiative „Sanktionsfrei" vor. Das ist ein gemeinnütziger Verein, der Sanktionen finanziell ausgleicht, und juristisch gegen sie vorgeht.

Meine Autobiografie

Mir ist bewusst, dass ich schon sehr viel mehr erlebt habe als viele andere Menschen.

Ich hatte schon lange den Gedanken ein Buch über mein Leben zu schreiben. Um meine Erlebnisse und Erfahrungen für die Nachwelt festzuhalten.

Am Ostersonntag 2016 beginne ich damit.

Ich werde in der nächsten Zeit viele Stunden an meinem Laptop sitzen, und Texte über Ereignisse aus meinem Leben entwerfen.

Zuerst bringe ich alles was ich erlebt habe, in die richtige Reihenfolge. Für jedes Jahr meines Lebens erstelle ich eine extra Word Datei. Dort schreibe ich stichpunktartig alles auf, woran ich mich erinnern kann. Dazu sichte ich monatelang alte Fotos und Unterlagen. Vom Kassenbon bis zum Schulzeugnis. Alles was ich noch besitze, und wo ein Datum draufsteht. Viele Ereignisse recherchiere ich in stundenlanger Arbeit im Internet. Das Schreiben von meiner Autobiografie wird das bislang aufwendigste Projekt meines Lebens.

Ich werde mit Unterbrechungen die nächsten 7 Jahre daran arbeiten.

Kündigung

Am 4. April kündige ich meinen 450€ Job bei Wolfram in Liebenau. Es ist einfach ein zu hoher zeitlicher und finanzieller Aufwand von Hannover nach Liebenau zu fahren. Außerdem ändere ich mein Üstra Abo auf 2 Zonen. Damit kann ich nur noch im Stadtgebiet von Hannover fahren. Das reicht.

Grundsicherung

Und ich beantrage Grundsicherung. Ich mache das, weil der Staat mich dazu zwingt. Mit meiner Rente & Grundsicherung habe ich mehr, als wenn ich arbeiten würde.
Ich schlage das System mit seinen eigenen Waffen.
Trotzdem "arbeite" auch in Zukunft...ehrenamtlich und unentgeltlich.
Mein finanzielles "überleben" sichert der Staat.
Ich brauche keinen Luxus. Ganz im Gegenteil. Ich versuche meinen Lebensstandard noch weiter runter zu setzen.
Ich lebe so minimalistisch wie möglich. Und konzentriere mich auf meine Autobiografie , meine Freunde und den Sport. Und natürlich auf meine Lebensaufgabe: das BGE
Hier ist mein Facebook Post dazu:
„Ich bin über meinen eigenen Schatten gesprungen, und habe Grundsicherung beantragt.
Eigentlich wollte ich nie wieder was vom Staat beantragen...wollte lieber arbeiten als um Almosen betteln. Aber ich habe nach langem Überlegen meine Meinung geändert. Mir ist klar geworden das ich als Frührentner nicht arbeiten muss, um zu überleben. Der Staat muss mir soviel Geld geben, das ich meinen bescheidenen Lebensunterhalt finanzieren kann. Und ich kann nicht gezwungen werden, zu arbeiten oder an Maßnahmen teilzunehmen. Ich bin nachweislich zu 100% erwerbsunfähig. Also wer-

de ich das in Zukunft nutzen und nicht mehr für Geld "ar-
beiten" Ich habe mich von der Arbeit befreit. Nur leider
(noch) nicht bedingungslos. Die Bedingung war, dass ich
mich vor dem Staat offenbart habe. Ich musste meine ge-
samten Vermögensverhältnisse offenlegen. Und das Geld
was ich in Zukunft kriege, reicht nicht aus um vernünftig
zu Leben und am gesellschaftlichen Leben teilzuhaben.
Das hat mit Menschenwürde nichts zu tun!
Aber mich persönlich stört es nicht, dass ich wenig habe.
Ich bin es gewohnt mit wenig auszukommen. Ganz im
Gegenteil. Ich lebe so minimalistisch wie möglich. Mein
Triumph ist, dass ich wenn ich nix hab, auch nix ausgeben
kann.
Ich habe die Gewissheit, dass an mir niemand etwas ver-
dienen kann"
„Mein Kopf ist voller Ideen und Pläne. Ich habe mich von
der Erwerbsarbeit befreit. Ab nächsten Monat beginnt
mein neues Leben.
Ich werde mich noch mehr als bisher für das BGE einset-
zen.
Und ich werde das machen, was ich wirklich kann. Bü-
cher schreiben. Nach meiner Autobiografie habe ich
schon weitere Bücher in Planung. Über das BGE. Ich
werde im 1. Teil aus eigener Lebenserfahrung die unbe-
dingte Notwendigkeit begründen. Im 2. Teil werde ich
detailliert die Machbarkeit erklären. Und Möglichkeiten
zur schrittweisen Umsetzung aufzeigen.
Danach folgt ein Buch über die Gefahren und den Irrsinn
der Atomenergie."

Rücktritt als Ortsvorsitzender beim SoVD OV Liebenau

Am 9. April gebe ich nach 5 Jahren mein Amt als Ortsvorsitzender vom OV Liebenau ab.

Es ist mir einfach zu zeitaufwendig immer nach Liebenau zu fahren. Die persönliche Betreuung der Mitglieder ist von Hannover aus nicht möglich.

Vortragreihe von Markus Härtl

Ich bin jetzt nur noch in der Nienburger BI aktiv.

Da ich ja auch in der BI Hannover aktiv bin, organisiere ich den Vortrag von Marcus Härtl dort ebenfalls. Außerdem koordiniere ich die Vorträge mit der BI in Osnabrück und Bremen.

Am 15. April ist sein Vortrag in Nienburg. Am 16. April in Osnabrück und am 18. April in Hannover. An diesen 3 Vorträgen nehme ich teil.

PETA ZWEI Street Team Hannover

Am 16. April mache ich mit Freunden einen Infostand der BI Hannover in der Fußgängerzone von Hannover. Wir bewerben den Vortrag von Markus Härtl.

Anschließend bin ich mit einem Freund in der City unterwegs.

An einem Infostand vom PETA ZWEI Street Team Hannover kommen wir mit den Tierrechtsaktivisten ins Gespräch. PETA ZWEI ist die Jugendkampagne von PETA Deutschland. Kurz darauf beteilige ich mich aktiv an den Aktionen vom Street Team Hannover.

Jenny

Über das PETA Street Team lerne ich Jenny kennen. Wir werden sehr gute Freunde.
Über Jenny knüpfe ich viele weitere Kontakte. Sie hilft mir oft...Ich habe Jenny sehr viel zu verdanken.

Milch
Und wir führen stundenlange Gespräche. Besonders über Ernährung.
Über Milch...Jenny sagt, dass Milch gar nicht so gesund ist, wie in der Werbung behauptet wird.
Außerdem wird durch Milch Tier Leid erzeugt. Milchkühe sind zu "Hochleistungsmaschinen" geworden. Sie werden künstlich befruchtet und Dauerschwanger gehalten. Damit sie immer Milch geben. Eine Kuh gibt heute bis zu 40 Liter Milch pro Tag. Natürlich sind etwa 8 Liter. Aufgrund der vielen Euterentzündungen werden die Kühe mit Antibiotika behandelt. Direkt nach der Geburt werden die Kälber von der Mutter getrennt...
Das wusste ich nicht. Beziehungsweise ich hab mir bisher nie Gedanken darüber gemacht...Ich dachte bisher, Kühe müssen ja sowieso gemolken werden....

Durch unsere vielen Gespräche überzeugt Jenny mich. Ich trinke eine Zeitlang keine Milch mehr. Und esse keinen Käse mehr. Mein Müsli esse ich mit Hafermilch. Hafermilch kostet allerdings 3 x so viel wie Kuhmilch...

Gedanken zum BGE
Am 22. April schreibe ich meine Gedanken zur Zeit, und zum BGE auf:

„Ich merke, dass viele kein Verständnis für meine Ent-
scheidung haben nicht mehr zu "arbeiten"
Aber das ist logisch. Unser ganzes Weltbild und auch das
System in dem wir leben, ist so aufgebaut, dass sich alles
um die Erwerbsarbeit dreht. Arbeitsplätze schaffen und
erhalten ist das oberste Ziel.
Die Menschen definieren sich über ihren Erwerbsarbeits-
platz.
Es "gehört" sich das man einer möglichst gut bezahlten
Erwerbsarbeit nachgeht.
Nur wer einen guten sozialversicherungspflichtigen Ar-
beitsplatz hat, stellt was dar.
Wer nicht arbeitet gilt als asozial und faul. Ist ein Sozial-
schmarotzer.
Ehrenamtliche Arbeit ist gesellschaftlich nicht anerkannt.
Und wird oftmals belächelt. An Sprüche wie " Du bist ja
blöd, das du das für umsonst machst" hab ich mich schon
gewöhnt.
Wer es geschafft hat, einen (unbefristeten) Arbeitsplatz zu
haben, arbeitet wie im Hamsterrad bis zur totalen Er-
schöpfung.
Um Haus und Auto abzubezahlen. Wovon ein Großteil
Zinsen sind....
Und um seinen Status zu halten. Um was darzustellen.
Immer mit der Angst im Nacken morgen entlassen zu wer-
den...
Und hat abends keine Kraft mehr, sich aktiv für den not-
wendigen gesellschaftlichen Wandel einzusetzen.
Wer nicht so viel Glück hat einen Arbeitsplatz zu finden,
gibt sich oftmals selbst die Schuld. Er ist ein Versager.
Auch im Ansehen seiner Nachbarn.

Und er muss von der zu geringen staatlichen Unterstüt-
zung leben.
Die beantragt werden muss.
Die Bedürftigkeit muss nachgewiesen werden.
Wer aus gesundheitlichen Gründen nicht arbeiten kann,
muss das ebenfalls nachweisen.
Die meisten Menschen leben in ständiger Angst.
Angst vor dem Verlust des Arbeitsplatzes.
Angst vor staatlicher Kontrolle.
Angst, dass das Geld nicht reicht, um Miete, Strom und
Lebensmittel zu bezahlen.
Angst vor den Flüchtlingen.
Angst vor Terror oder Krieg.
Angst vor den Bedingungen, zu denen ihnen das für den
Lebensunterhalt nötige Geld ausgezahlt wird.
Das ist gewollt. Ängstliche Menschen haben nicht mehr
die Kraft aktiv zu werden. Ängstliche Menschen lassen
sich besser steuern.
Und diese Angst verhindert, dass Menschen aktiv & krea-
tiv werden.
Und auf der anderen Seite gibt es einige wenige die nicht
"arbeiten" brauchen. Sie profitieren von den Zinsen, die
die meisten anderen bezahlen.
Sie bestimmen mit ihrem Geld und der damit verbundenen
Macht das Weltgeschehen.
Sie kontrollieren das System der Angst.
Dabei wird oft vergessen, dass die Menschheit es in unse-
rer Zeit geschafft hat, sich von der Arbeit zu befreien.
Maschinen, Roboter und Computer ersetzen immer mehr
menschliche Arbeitskraft.
Es ist niemand mehr gezwungen, zu arbeiten, um zu über-
leben.

Wir sollten das als Chance sehen.
Aber das Gegenteil ist der Fall.
Wer einen Arbeitsplatz hat, arbeitet immer mehr.
Durch Rationalisierung ist es möglich immer schneller immer mehr herzustellen.
Auch das ist gewollt. Immer mehr Wachstum für immer mehr Profit... Profit für einige wenige. Dadurch wird unsere Umwelt und letztendlich unsere Lebensgrundlage immer mehr zerstört.
Eigentlich geht es nur darum, das Zinssystem am Laufen zu halten.
Und wer soll all die Güter kaufen?
Die Menschen brauchen ein Einkommen.
Es ist so einfach. Der Staat sollte JEDEM Menschen bedingungslos so viel Geld auszahlen, das ein Menschenwürdiges Leben möglich ist.
Damit würde es den Menschen möglich, aktiv zu werden.
Ein BGE kann ein Teil der Lösung für viele globale Probleme sein.
Und es ist machbar & finanzierbar.
Wenn wir es denn wollen."

Stop TTIP Demo in Hannover
Am 23. April nehme ich an der Stop TTIP Demo in Hannover teil.
Unter dem Motto „Obama und Merkel kommen: »TTIP&CETA stoppen! Für einen gerechten Welthandel!«" gehen vor dem Besuch von US-Präsident Obama in Hannover mindestens 35.000 Menschen auf die Straße.
Wir wollen ein Freihandelsabkommen mit den USA verhindern.

Am 14. Mai nehme ich am CSD Hannover teil.
Diese Parade ist wieder ein buntes und tolles Erlebnis!
Am 15. Mai ist auf dem Opernplatz in Hannover ein Auftritt von Ohrenpost.
Dieses Trio aus Münster macht deutsche Popmusik. Die Texte handeln vom Leben, von Träumen und der Liebe.

Am 18. Mai macht eine Bekannte ein Fotoshooting mit mir.

Ich kündige meinen Üstra Abo
Da ich jetzt Grundsicherung beziehe, kündige ich mein Üstra Abo. Mit dem Sozialtarif sind die Fahrkarten günstiger als im Abo.
Allerdings habe ich dann auch keine Fahrkarte mehr nach Nienburg. Einzelfahrten kann ich mir nicht leisten. Also fahre ich öfter mal mit Fahrrad in den etwa 50 km entfernten Kreis Nienburg. Um Freunde zu besuchen oder an Veranstaltungen der BI teilzunehmen.

Finanzielle Situation
Pfandflaschen
Meine Finanzielle Situation ist sehr schlecht. Ich habe kaum Geld. Ich sammle Pfandflaschen um mir was zu Essen kaufen zu können. Um meine tägliche Zitrone bezahlen zu können.
Ich hab schon immer mal ne Pfandflasche aufgehoben, wenn ich zufällig am Straßenrand eine gesehen habe.
Aber jetzt mache ich es aus purer Not. Ich suche gezielt in Mülleimern nach Flaschen.

Am Anfang kostet es mich Überwindung, im Müll zu wühlen. Nicht nur, weil es mich ekelt... Sondern vor allem schäme ich mich. Deshalb acht ich anfangs darauf, dass mich niemand sieht. Im Laufe der Zeit stumpfe ich allerdings ab. Irgendwann ist es mir egal, was die Menschen denken.

Ich fahre meistens zum Hauptbahnhof. Dort findet man die meisten Flaschen. Eines Tages werde ich von Beamten des Sicherheitsdienstes angesprochen. Es ist nicht erwünscht, im Bahnhof in den Mülleimern zu wühlen... Ich meide den Bahnhof zukünftig beim Pfandsammeln.

Am Wochenende, wenn die Jugendlichen feiernd durch die Innenstadt ziehen, lohnt sich das Pfandsammeln am meisten. Die Bierflaschen bringen allerdings nur 8 Cent pro Flasche. Außerdem ist Glas sehr schwer. Besser sind Dosen. Die bringen 25 Cent pro Dose. Und sind viel leichter.

Trotzdem ist es ein sehr mühsames und schmutziges Leben. Es dauert sehr lange, bis ich mal Flaschen für 10- oder sehr selten 20 Euro zum Supermarkt bringen kann. Oft sind es nur Cent Beträge. Die ich dann sofort wieder für billigste Lebensmittel ausgebe.

Meine Mini Rente ist meistens am Monatsanfang schon weg. Nachdem die Festkosen abgezogen wurden, und ich Schulden bezahlt habe. Geld das mir Freunde geliehen haben.

Eigentlich bin ich ständig pleite...

BGE Aktivist aus eigener Lebenserfahrung
Das ist das eine. Noch mehr stört mich aber, dass der Geldmangel meine ehrenamtliche Arbeit einschränkt. Ich kann oft nicht an Veranstaltungen teilnehmen, weil ich

kein Geld für die Fahrkarte habe. (In dieser Zeit fahre ich auch ab und zu schwarz mit der Bahn nach Nienburg) Wenn ich dann dort ankomme, kann ich mir oft das Getränk am Veranstaltungsort nicht leisten...

Durch diese eigenen Lebenserfahrungen wird mir immer klarer, dass ein Mensch Geld braucht, um sich für die Gesellschaft einsetzen zu können.

Gerade deshalb setze ich mich für das BGE ein!

Besonders in der Nienburger Bürgerinitiative.

Auch privat führe ich immer wieder Diskussionen um das BGE.

Hier ist mal ein weiterer Facebook Post vom 2. Juni:

„Ok...ich bin nicht nur BGE Aktivist. Sondern auch Utopist. Ich denke sehr weit in die Zukunft. Eine Zukunft, die ich wahrscheinlich nicht mehr erleben werde. Aber unsere Kinder - eure Kinder.

Und ich merke immer mehr, das diese Zukunft schon jetzt erschreckend nahe ist. Es kann niemand mehr leugnen, das die Industrialisierung Arbeitsplätze vernichtet. Wir stehen jetzt im Jahr 2016 noch ganz am Anfang. Es ist durchaus realistisch und technisch machbar, dass es in 50 Jahren 80 % unserer heutigen Erwerbsarbeitsplätze nicht mehr geben wird. (Diese Zahl ist von mir aus der Luft gegriffen) Und es ist durchaus denkbar, das unsere (eure) Enkelkinder in 100 Jahren auf dem Mars leben.

Natürlich ist das eine Vision.

Genauso wie ein weltweites BGE (noch) eine Vision ist. Oder weltweiter & dauerhafter Frieden. Oder eine Welt ohne Atomenergie. Oder "freie" & kostenlose Energie. Niemand kann präzise Vorhersagen treffen, wie die Welt in 50 oder 100 Jahren aussehen wird.

Ich setze mich halt für ein (weltweites) BGE ein.
Ich bin ein Utopist. Aber bin ich deswegen ein Spinner? -
vielleicht bin ich ein Träumer.
In einigen Ländern wie der Schweiz steht ein BGE kurz
vor der (realistischen) Umsetzung.
Im übrigen...
Hätte jemand vor 200 Jahren mal gesagt, dass es in der
Zukunft möglich ist, das Menschen innerhalb weniger
Stunden durch die Luft von Europa nach Amerika fliegen,
hätte man den für verrückt & geistesgestört erklärt.
Heute ist das normale Realität.
Es geht also sehr gut, was eigentlich nicht möglich ist.
Denkt mal drüber nach"

Die Tafel

Als Bezieher von Grundsicherung bin ich berechtigt, Lebensmittel von der Tafel zu bekommen.

Am 3. Juni fahre ich erstmals zu einer Ausgabestelle der Hannöverschen Tafel. Gegen Vorlage von meinem Grundsicherungsbescheid bekomme ich gratis Lebensmittel. Ich bin beeindruckt von der Hilfsbereitschaft der ehrenamtlichen Mitarbeiter.

Gleich am nächsten Tag rufe ich bei der Tafel an. Und biete meine Unterstützung als Fahrer an. Wenige Tage später hab ich ein Vorstellungsgespräch. Direkt im Anschluss springe ich spontan ein. Und übernehme eine Tour. Seit dem 9. Juni bin ich als fester Fahrer bei der Hannöverschen Tafel ehrenamtlich 2 Mal pro Woche im Einsatz.

Dadurch bekomme ich direkt mit, was es für eine wahnsinnige Überproduktion gibt- wie viele Lebensmittel täglich entsorgt werden. Aber auch wie viele Menschen auf der anderen Seite der Gesellschaft stehen, die auf Lebensmittel von der Tafel angewiesen sind. Und was es für einen Verteilungskampf um diesen „Müll" gibt.

Die Tätigkeit bei der Tafel wird in der nächsten Zeit mein Leben beeinflussen.

Für mich als ein Mensch mit wenig Geld ist es ein Segen, dass es Einrichtungen wie die Tafel gibt. Aber als BGE Aktivist und politisch denkender Mensch hinterfrage ich, WARUM es so etwas in einem reichen Land wie Deutschland – in so einer reichen Welt- überhaupt geben muss.

Die verantwortlichen Politiker sollten sich in Grund und Boden schämen! Ich wollte selber in die große Politik einsteigen. Und genau das ändern. Und bin gescheitert...
(Erst einige Jahre später erkenne ich, dass es politisch gar nicht gewollt ist, das zu ändern.)

Ablehnung des BGE in der Schweiz
Am 5. Juni lehnt die Schweizer Bevölkerung die Einführung eines BGE ab.

Im ersten Moment bin ich enttäuscht. Später wird mir klar, dass die Abstimmung trotzdem erfolgreich war. Denn nur dadurch ist in der breiten Öffentlichkeit eine Diskussion über das Thema Grundeinkommen entstanden.
Erst später wird mir klar, dass ein BGE politisch gar nicht gewollt ist. Weil es den Menschen Freiheit geben würde. Weil es den Menschen die Angst vor der Armut nehmen würde. Weil es Armut abschaffen würde. Und die Menschen sollen bewusst arm und in Angst gehalten werden. Um sie besser steuern zu können.

Deshalb muss es Einrichtungen wie die Tafel geben.
Ein BGE wird es nur geben, wenn der Druck dafür von
der Straße kommt. Von den einfachen Menschen. Die
Abstimmung in der Schweiz war ein kleiner Schritt, um
dieses Thema überhaupt erstmal ins Bewusstsein der
Menschen zu bringen.
Im Laufe der nächsten Jahre erkenne ich, dass ich nur
etwas erreichen und verändern kann, wenn ich dieses
System nicht mehr mit meinem Geld unterstütze.
Ich verweigere bewusst den Konsum. Der Kassenbon den
ich nicht brauche, ist mein Wahlschein.

Mein Kleingarten in Kirchrode

Ab Anfang Juni verändert sich mein Leben erneut. Nicht
nur durch die Tafel.

Über einen Freund aus der Mahnwachenbewegung bekomme ich einen Kleingarten. Ich pachte ihn in einer
Kleingartenkolonie in Hannover-Kirchrode. Dieser Garten
ist allerdings sehr verwildert. Und die Hütte ist baufällig.
Langfristig plane ich, hier mein eigenes Obst und Gemüse
anzubauen.

Und ich möchte mir hier einen Rückzugsort schaffen.
Ich fange unmittelbar nach der Übergabe mit den Arbeiten
an. Und beginne, den Garten zu säubern.

Auch in der Hütte fange ich an. Nachdem der Hauptraum
entrümpelt ist, reiße ich die marode Wand- und Decken-
verkleidungen raus. Dann stelle ich fest, dass das Dach
undicht ist. Das wird eine größere Sanierung.

Im Juni verbringe ich viel Zeit im Garten. Im Kleingartenverein finde ich schnell Anschluss. Ich engagiere mich
bei der Gemeinschaftsarbeit und der Organisation von
Veranstaltungen. Und ich bekomme viel Unterstützung in

meinem Garten. Ich bin bis Mitte Juli fast täglich im Garten.

Außerdem will ich in Zukunft bewusster leben. Mehr selber anbauen und selber herstellen. Weniger konsumieren. Ich mache Marmelade. Das Obst ist von der Tafel oder von Gartennachbarn. Bis ich selbst was anbauen kann, wird noch dauern. Das einzige was ich jetzt schon habe sind Sauerkirschen, Pflaumen, Brombeeren und Äpfel.

Alternativen zu gekauften Dingen
Ich fange an Rasierschaum und Zahnpasta selbst herzustellen. Befasse mich mit Alternativen.

2 Monate auf dem Hof Schwarzes Moor

Wolfram vermittelt mir einen „Sommerurlaub" der besonderen Art. Freunde von ihm leben in der Nähe von Wietzen (Kreis Nienburg) auf dem Hof „Schwarzes Moor".

Heidi & Stephan hatten hier bis 2015 eine Heidschnucken Schäferei. Jetzt sind sie im Ruhestand und viel mit ihrem Wohnmobil „Big Blue" unterwegs. Dieses Jahr wollen sie mit Big Blue für 2 Monate nach Albanien fahren. Und brauchen für diese Zeit einen Haushüter. Ich übernehme diese Aufgabe.

Ab 15. Juli bin ich mit Dipsy auf dem Hof Schwarzes Moor.

Ich lebe hier auf dem Hof und kümmere mich um alle anfallenden Arbeiten. Das heißt, Ost und Gemüse aus dem Selbstversorger Garten ernten, Rasen mähen, Brennholz machen, das Grundstück in Ordnung halten und die Hühner versorgen.

Außerdem sind gelegentlich Feriengäste in der Ferienwohnung oder im Schäferwagen. Um die kümmere ich mich dann auch.

Neben der Arbeit auf dem Hof mache ich Ausflüge mit dem Fahrrad in der Umgebung. Ich besuche Freunde. Oder Freunde kommen mich auf dem Hof besuchen.

Ich lerne sehr viel. Befasse mich mit dem Verarbeiten von Obst und Gemüse. Und den Möglichkeiten der Selbstversorgung. Hin und wieder fahre ich nach Hannover. Kümmere mich um meinen Garten.

Es ist eine schöne Zeit auf dem Hof Schwarzes Moor.

Kurz bevor Heidi & Stephan aus Albanien zurück kommen, passiert etwas völlig unerwartetes. Mein Leben wird sich komplett verändern…

Darmverschluss 2016

Am 1. September habe ich nachts Bauchkrämpfe. Ich muss mich übergeben. Denke, dass ich was Falsches gegessen habe. Und versuche es zu ignorieren. Fahre morgens trotzdem mit Dipsy nach Hannover zu meinem Garten. Will Äpfel ernten. Im Laufe des Tages werden die Bauchkrämpfe immer schlimmer. Als ich es nicht mehr aushalte, fahre mit Fahrrad ins nahe gelegene Vinzenz Krankenhaus. Ich habe einen schweren Darmverschluss. Und werde ins Nordstadt Krankenhaus verlegt

Dort werde ich in nachts Notoperiert. Am nächsten Tag erfolgt noch eine 2. Operation.

Das wirft meine kompletten Pläne über den Haufen! Als ich wieder einigermaßen klar denken kann, kümmere ich mich als erstes darum, das Dipsy aus meinem Garten

abgeholt wird. Dann rufe ich Heidi und Stephan an. Die beiden befinden sich auf der Rückfahrt.
Sie kommen früher als geplant nach Hause.
Später erklären es die Ärzte mir folgendermaßen:
Dieser Darmverschluss ist eine Spätfolge von meinem Autounfall von 1994.
Ich habe einen Verwachsungsbauch. Verwachsungen bilden sich zwischen Organen oder Geweben, die normalerweise nicht miteinander verbunden sind. Sie können speziell nach Operationen des Bauchraums entstehen. In meinem Fall haben sich im Laufe der Jahre so extreme Verwachsungen gebildet, das diese zu einer Verengung vom Darm geführt haben. Und letztendlich kam es zum kompletten Darmverschluss.
Außerdem kann jede neue Bauchoperation wieder zu neuen Verwachsungen führen.

Ich hoffe, dass ich nicht allzu lange im Krankenhaus bleiben muss.
Aber es kommt viel schlimmer als erwartet...

Nordstadtkrankenhaus 2016 - Grenzerfahrungen
Am 7. September, einen Tag vor meiner geplanten Entlassung, bekomme ich abends wieder Bauchkrämpfe. Ich werde nochmal operiert. Es ist eine richtig große Operation.

Während ich operiert werde, kommt Geld aus meinem Portemonnaie abhanden. Es war die Miete von Anna.
Andre hatte mir das Geld einige Tage vorher vorbeigebracht.

Ich hatte einen erneuten Darmverschluss. Mein Darm war abgeknickt. Bei der OP wurde er wieder in die richtige Position gebracht. Und die ganzen Verwachsungen wurden entfernt. Dann ließ sich die Bauchdecke aber nicht mehr spannungsfrei zunähen. Deshalb wurden Netze eingearbeitet und die Bauchdecke "offen" gelassen. Es ist geplant, dass es so verheilt. Irgendwann wird dann der Rest vernäht. Das kann Wochen oder Monate dauern....

Hilflos
Für mich bedeutet das, dass ich bis auf weiteres völlig hilflos und fast bewegungsunfähig ans Bett gefesselt bin. Ich kann die Arme eingeschränkt bewegen. Und mich mit Hilfe zum Waschen auf die Seite drehen - mehr nicht. Ich bin wochenlang auf der Intensivstation. Und total verkabelt. Habe einen Blasenkatheter.
Und ich habe einen künstlichen Darmausgang mit Stoma Beutel!
Ich bekomme einen ZVK (Zentraler Venenkatheter) am Hals. Darüber werde ich künstlich ernährt. Bekomme täglich einen 1000 ml Beutel Olimel 4,4 %. 1140 Kalorien. Das ist eindeutig zu wenig für mich! Aber ich weiß (noch) nicht, dass eine höhere Dosierung möglich ist.
Ich war im Laufe meines Lebens schon oft hilflos. Habe 2 schwere Autounfälle überlebt.
Aber noch nie war ich körperlich so hilflos wie jetzt. Und gleichzeitig bei so klarem Verstand. Körperlich Hilflos und gleichzeitig im Vollbesitz seiner geistigen Kräfte zu sein ist eine der schlimmsten Erfahrungen die ein Mensch machen kann. Es ist eine Grenzerfahrung.

Jetzt, Jahre später sehe ich es als ein ganz besonderes Stück Lebenserfahrung. So etwas versteht nur jemand wirklich, der auch ähnliches durchgemacht hat.

Ich bin völlig klar im Kopf! Ich denke von morgens bis abends nach. Über den Sinn des Lebens. Über meine Zukunft. Über meine Situation. Ich hinterfrage von Anfang an jeden Behandlungsschritt und jedes Medikament. Ich wiedersetzte mich so gut es geht, wenn mir etwas nicht passt. Nur bei der künstlichen Ernährung weiß ich es 2016 (noch) nicht besser.

Von Anfang an halte ich meine Freunde über Facebook auf dem Laufenden. Poste jeden Tag wie es mir geht. Mein Handy ist der einzige Kontakt zur Außenwelt. Allerdings fällt mir das Tippen und Verfassen von langen Texten körperlich sehr schwer. Ich muss für einen Facebook Post meine letzten Kraftreserven mobilisieren....

Diese Tage sind die bis dahin schlimmsten Tage meines Lebens für mich...

Ich bin fremden Menschen hilflos ausgeliefert.
Ich muss geschehen lassen was passiert. Ich habe keinerlei Handlungs-und Entscheidungsmöglichkeiten.
Und das für mich als unternehmungslustiger Mensch, der es gewöhnt ist alles selber zu machen und zu entscheiden. Ich muss um jede Kleinigkeit bitten. "Normale" Bewegungen, wie den Stecker vom Handy in eine Steckdose zu stecken sind für mich momentan unmöglich. Ich muss warten bis das jemand macht. Ich habe mit den Armen einen Aktionsradius von 1 m zu jeder Seite. Alles was weiter weg ist, ist für mich unerreichbar. Es kann mein Trinkbecher oder die Klingel sein...

Schamgefühle sind völlig ausgeblendet.... Ich muss mich von den jungen Schwestern waschen lassen. Auch im Intimbereich.

Ich lehne die Schulmedizin ab. Aber Momentan habe ich keine andere Wahl als den Ärzten zu vertrauen. Und auch den Möglichkeiten der Behandlung durch Medikamente - Schmerzmittel sowie Blutdruckmittel. Ich will leben. Und das ist wichtiger als die Ablehnung solcher Medikamente. In meiner derzeitigen Situation gibt es keine andere Alternative als die Schulmedizin. Der habe ich zu verdanken, das ich noch am Leben bin.

Ich lasse hier im Krankenhaus alles so geschehen wie die Ärzte es für richtig halten.

Später, wenn ich entlassen bin, mich wieder vegan ernähre und Sport treibe, kann ich mir immer noch Gedanken über Alternativen machen...

Ich habe Schmerzen. Von den Nieren. Jahrelang bin ich ohne Medikamente ausgekommen. Und jetzt so viel auf einmal. Ich merke, wie der der massive Einsatz von Medikamenten meinen Körper schädigt. Aber trotzdem ist mir bewusst, dass ich ohne diese Mittel schon tot wäre. In Absprache mit den Ärzten bekomme ich so viel wie nötig. Aber auch so wenig wie möglich.

Außerdem habe ich Lungenprobleme. Weil ich ja die ganze Zeit in derselben Position auf dem Rücken liege. Der Druckverband auf dem Bauch wurde entfernt, um mir das Atmen zu erleichtern. Und die Lunge zu entlasten. Die Wunde auf dem Bauch ist nur locker abgedeckt. Jede Bewegung verursacht Schmerzen, welche wieder Schmerzmittel erforderlich machen.

Am 12. September bekomme ich Atemprobleme. Und Brustschmerzen. Meine Atmung wird rasselnd. Der für mich zuständige Pfleger findet schnell den Grund dafür. Im Vergleich zur Eingabemenge scheide ich zu wenig Flüssigkeit aus. Die ist schon bis zur Lunge gestiegen. Der Pfleger spült mich an. In kurzer Zeit scheide ich eine Menge klarer Flüssigkeit aus. Meine Atmung normalisiert sich. Und die Schmerzen sind weg. Ohne Medikamente! Ich merke immer mehr, wie alle Organe eines menschlichen Körpers zusammenspielen.   Und wie zerbrechlich so ein Organismus ist!

Auch der 13. September ist kein guter Tag für mich. Nach einer weiteren schlaflosen Nacht habe ich Schmerzen in der Seite, die immer stärker werden. Nach einer CT Untersuchung soll ich nochmals operiert werden. Zum 4. Mal. Ich werde schon für die OP vorbereitet, als der Stationsarzt mir eine Alternative vorschlägt, die dann umgesetzt wird. Unter lokaler Betäubung wird eine Art Ablauf gelegt, um die Flüssigkeit im Bauchraum, die die Schmerzen verursacht abzuleiten.

Trotz Betäubung ist das ein sehr schmerzhafter Eingriff!

Später habe ich Dauerschmerzen. Das Schmerzmittel was ich zuerst bekommen hab, hat mich "zu gedröhnt" Ich bin den ganzen Tag wie auf Drogen. Bis ich darum bete, mir ein anderes zu geben. Das ist besser. So bleibe ich einigermaßen im Besitz meiner geistigen Fähigkeiten.

Ich werde immer schwächer... Bin fast bewegungsunfähig. Ein körperliches Wrack.
Von dem sportlichen jungen Mann der ich noch vor kurzem war, ist nichts mehr übrig...

Abends werde ich verlegt. Auf die Maximalintensivstation.

Laut den Ärzten bestehen Chancen, dass ich wieder gesund werde. Es ist aber ein sehr langwieriger Prozess. Meine gesamten Pläne und Vorhaben haben sich erstmal erledigt...
Trotzdem behalte ich meinen Optimismus.

Am nächsten Tag geht es mir deutlich besser. Ich merke erstmals, dass es sehr langsam Schritt für Schritt bergauf geht. Durch den Ablauf bin ich um eine erneute Operation herumgekommen.

Vakuumverband
Ich bekomme einen Vakuumverband auf meine riesige Bauchwunde. Ein offenporiger Schaumstoff wird auf die Wundfläche zugeschnitten, in die Wunde gelegt und mit einer transparenten Klebefolie abgedichtet. Durch eine Vakuumpumpe wird Unterdruck erzeugt. Dieser zieht die Wunde zusammen. Außerdem wird die Wundflüssigkeit abgesaugt. Nach etwa einer Woche wird der Verband erneuert. So soll die Heilung verbessert und beschleunigt werden.

Krankengymnastik
Dank dem Vakuumverband kann ich mich etwas mehr bewegen.
Ich bekomme Krankengymnastik. Und inhaliere. Die Krankengymnastin zeigt mir einfache Atemübungen. Es erinnert mich dunkel an die Zeit in Hessisch Oldendorf. Damals habe ich auch mit Atemübungen angefangen.
Am 14. September steige ich mit Hilfe der

Krankengymnastin zum ersten Mal kurz aus dem Bett auf. Außerdem bin ich weitgehend schmerzfrei. Ohne Schmerzmittel!

Rückschlag

Mein Darm ist durch die Verletzungen von dem Unfall 1994 und die vielen Eingriffe sehr stark geschädigt. Am nächsten Morgen erhalte ich eine sehr schlechte Nachricht: Eine weitere Operation ist nötig! In meinem Darm hat sich ein Loch gebildet. Dadurch tritt Flüssigkeit in den Bauchraum aus. Das ablaufen lassen bringt Linderung, ist aber keine Dauerlösung. Eine erneute OP wirft mich wieder zurück. Ich habe keine Kraft mehr. Es geht mir sehr schlecht. Ich kann nicht mehr! Bin kurz davor, aufzugeben! Ich will nicht mehr operiert werden! Ich will die Einwilligung zu dieser Operation nicht unterschreiben. Es ist mir egal, wenn ich dann sterbe… Silke und Tino besuchen mich. Sie reden mit mir. Und machen mir klar, dass Aufgeben keine Option ist. Dass es keine Alternative zu dieser OP gibt, wenn ich weiter leben will.
Ich denke lange nach…
Ich hab so viele Pläne. Ja… Ich will leben. Dann bleibt nur die Einwilligung zur Operation.
Am 17. September werde ich zum 4. Mal operiert. Es war die richtige Entscheidung. Danach geht es mir deutlich besser.

Zukunftspläne

Am nächsten Tag mache ich mir bereits wieder Gedanken: Ich erkenne immer mehr, was wirklich wichtig ist im Leben. Mein Gesundheitszustand zwingt mich Prioritäten zu setzen. Die oberste Priorität ist, dass ich lebe und wieder gesund werde.

Alles andere ist unwichtig. Ich werde mich in Zukunft nur noch um mich und mein eigenes Wohlbefinden kümmern. Und ich merke, wie wichtig es ist, eine Familie und gute Freunde zu
haben. Freunde auf die man sich bedingungslos verlassen kann.
Ganz langsam Schritt für Schritt starte ich in mein neues Leben. Es ist klar...durch 4 Operationen habe ich viel Kraft und Energie verloren. Aber in mir steckt viel Potential.
Dass ich in letzter Zeit so gesund gelebt habe, so aktiv & sportlich war, hilft mir jetzt enorm dabei schnell wieder auf die Beine zu kommen. Und ich will unbedingt wieder fit werden. Mir ist natürlich bewusst, dass es ein langer Weg wird. Aber ich werde es schaffen!

Ich plane meine Zukunft:
Mein Gartenprojekt ist das wichtigste. Und ich will wieder bei der Tafel arbeiten. Damit ich mich immer mit Obst & Gemüse versorgen kann. Die Kerne pflanze ich nächstes Jahr in meinem Garten. Der Garten mit dem ich mich weitestgehend selbst versorge, wird dann meine primäre Lebensaufgabe.
Und Sport! Sobald es geht, fange ich wieder mit damit an. Ganz langsam und bewusst. Allerdings wird Krav Maga für lange Zeit nicht mehr möglich sein. Oder nie wieder…
Mehr nicht. Keine politischen Aktivitäten. Auch nicht im Bereich BGE oder Sozialverband. Aus dem Sprecherteam der BI Nienburg habe ich mich bereits Anfang September bis auf weiteres zurückgezogen.
Darum können sich andere kümmern. Kein Stress mehr...Kein Hetzen von Termin zu Termin mehr. Wenn ich irgendwo nicht dabei bin, ist das so. Ich werde mich nur noch um mich kümmern. Ich werde „bewusst Leben"

Ich kann mich um das fehlende Geld kümmern. Habe Besuch von Tanja. Sie schreibt für mich einen Brief an die Krankenhausleitung. Ich erhalte später Antwort. Mir wird mitgeteilt, dass das Krankenhaus dafür keine Verantwortung übernehmen kann. Also muss ich das so hinnehmen...

Bluttransfusionen

Am 18. September bekomme ich auf einmal keine Luft mehr. Habe Druck auf der Brust. Der Pfleger denkt erst, dass ich einem Herzinfarkt habe.
Aber sehr schnell stellt sich heraus, dass die Symptome durch Blutmangel verursacht werden.
Ich hatte bei der letzten OP zu viel Blut verloren. Noch in der Nacht und in den nächsten Tagen bekomme ich Bluttransfusionen. Das hilft mir. Sehr schnell geht es mir wieder deutlich besser. Ich bekomme durch das Spenderblut einen richtigen Energiekick!

Essen

Ganz langsam fange ich an wieder zu Essen. Mit Joghurt und Suppe. Mein Darm arbeitet. Ich bekomme Schonkost. Es gibt es aber immer wieder Rückschläge. Ich vertrage das Essen nicht. Muss mich übergeben. Aber da ich ja eine Magensonde habe, läuft es „nur" zurück.
Heidi und Stephan kommen mich besuchen. Und bringen mir Honig aus Albanien mit. Damit ersetze ich den Industriezucker. Honig ist grad jetzt wo ich ja noch den Schlauch von der Magensonde in Nase und Hals habe, gut für meinen gereizten Hals. Wirkt viel besser als jede chemische Lutschpille die ich hier im Krankenhaus kriegen kann.
Ich mache immer einen Löffel in meinen Tee. Oder in den

Naturjoghurt.

Minimalismus
Diese Tage werden mein weiteres Leben prägen.
Ich bekomme eine ganz andere Sichtweise auf fast alles.
Ich merke, was es heißt zu Leben. Ich merke was wirklich
wichtig ist. Vieles was mir vorher wichtig war ist jetzt
bedeutungslos.
Vieles was vorher bedeutungslos oder selbstverständlich
war ist jetzt von Elementarer Wichtigkeit.
Werte verschieben sich. Ich merke, dass wichtigste ist das
Leben selber.
Und es wichtig körperlich sowie geistig fit zu sein.
Alles andere ist unwichtig.
Ich befinde mich mitten in Hannover. Trotzdem bekomme
ich von der Außenwelt nichts mit. Vom Weltgeschehen
schotte ich mich bewusst ab. Den angebotenen Fernseher
und auch das Radio lehn ich ab. Mein einziger Kontakt
zur Außenwelt ist mein Handy. Das ist auch gut so. Ich
kann die ganzen schlechten Nachrichten von Krieg /
Terror und Umwelt Zerstörung nicht mehr ertragen. Es ist
mir egal, wer Superstar oder Weltmeister ist. Oder wer
wen auf zig Milliarden verklagt. Oder welche Partei die
Wahlen gewonnen hat.
Negative Nachrichten oder auch Werbung blende ich
systematisch aus.
Ich konzentriere mich nur auf mich. Auf meine Gedanken
und meinen Körper
Für mich ist nur noch wichtig, dass es mir gut geht.

Jetzt hier im Krankenhaus auf der Intensivstation merke
ich, wie wenig ein Mensch braucht um glücklich zu sein.
Ich bin glücklich, wenn ich Schmerzfrei bin.
Ich bin glücklich wenn ich Naturjoghurt essen und Tee

mit Honig trinken kann. Abgesehen vom Handy mit dem ich den Kontakt zu meinen Freunden halten kann, benötige ich nichts. Geld oder materieller Besitz waren für mich schon lange Bedeutungslos. Jetzt umso mehr. Je weniger ich besitze, desto glücklicher bin ich. Sobald mein Gesundheitszustand es zulässt, werde ich mich von vielem unnötigem Ballast trennen. Ich freue mich auf mein zukünftiges einfaches Leben in meinem Garten, in der Gemeinschaft mit meinen Freunden und im Einklang mit der Natur.

Dankbarkeit
Ich bin dankbar, in Deutschland zu leben und die Möglichkeiten der modernen Medizin nutzen zu können. Mir ist ganz klar bewusst, dass ich mein Leben der medizinischen Versorgung zu verdanken habe. Auch wenn ich nicht mit allem einverstanden bin. Und vieles zu Recht hinterfrage. Auch wenn ich die Schulmedizin ablehne. Ich bin dankbar, im Nordstadt Krankenhaus zu sein. Die Ärzte und das gesamte Pflegepersonal kümmern sich wirklich richtig gut um mich. Gerade beim Pflegepersonal merke ich Unterschiede zwischen den Menschen. Einige machen Dienst nach Vorschrift. Andere kümmern sich intensiv und aufopfernd um mich. Mir ist klar, dass sie dafür mit Geld bezahlt werden. Und oftmals an der Belastungsgrenze arbeiten.

Ich bin dankbar, dass ich Freunde habe. Freunde auf die ich mich bedingungslos verlassen kann. Gerade jetzt wo ich hilflos bin, merke ich wer meine wahren Freunde sind. Diese Zeit betrachte ich als ein weiteres Stück Lebenserfahrung.
Mir wird im Moment so viel klar. Ich finde zu mir selbst und lerne meinen eigenen Körper kennen. Merke was

wirklich wichtig ist. Dafür bin ich dankbar.

Ich lerne gerade, auf die Signale meines Körpers zu achten. Mein Körper zwingt mich zur Ruhe wenn er Ruhe braucht - so wie jetzt.
Ich merke, je ruhiger ich im Bett liege, desto weniger Schmerzen habe ich. Ich lerne sehr viel über meinen Körper.
Ich merke, welches Medikament mir guttut und was mir schadet. Und ich hinterfrage alles. Kommuniziere mit den Ärzten und dem Pflegepersonal. Ich äußere Bedenken gegen bestimmte Medikamente. Die Ärzte klären mich auf, warum diese Mittel gegeben werden. Und zeigen mir auch Alternativen auf. Ich arbeite so gut es geht mit, und bleibe immer freundlich und ruhig. Ich finde zu mir selbst, denke viel nach.
In diesen schweren Tagen lerne ich sehr viel. Über das Leben. Über das was wirklich wichtig ist.
Ich lerne Hilfe anzunehmen, Geduld zu haben, Schmerzen zu haben. Ich lerne, was es heißt hilflos zu sein. Und ich merke, wer meine wahren Freunde sind. Unendlich dankbar bin ich dass es Menschen gibt, denen ich wichtig bin. Menschen die mir helfen und mich unterstützen.
Jeder auf seine Art.
Ich weiß, dass privat alles geregelt ist.
Auch für diese Erfahrung bin ich dankbar.

Optimismus
Das Pflegepersonal ist beeindruckt, wenn ich erzähle, dass meine "Krankheit" eine direkte Spätfolge von dem Autounfall im Jahr 1994 ist. Und das ich schon 2 schwere Unfälle überlebt habe.
Und das ich auch jetzt, nach 4 Operationen immer noch Optimismus und Lebenswillen habe. Manchmal frage ich

mich selber, wo ich die Kraft und Energie hernehme. 1999 lag ich nach dem Unfall auch hier im Nordstadt Krankenhaus. Davon habe ich aber so gut wie nichts mitbekommen. Danach in der Reha in Hessisch Oldendorf hatte ich einen Gedanken der mich am Leben gehalten hat. Ich wollte noch 1 Mal auf ein Onkelz Konzert. Ich habe es geschafft. 2005 war ich beim "Abschiedskonzert" auf dem Lausitzring beide Tage in der 1. Reihe. Jetzt ist es der Gedanke "Ich will nicht mit 40 sterben" und mein Lebensziel ist es, als Selbstversorger meinen eigenen Garten zu bewirtschaften. Aufgeben ist niemals eine Option!

Das wichtigste ist, das ich nie meinen Optimismus verliere. Ich glaube ganz fest daran, dass ich irgendwann alles überstanden habe. Das irgendwann alles wieder gut ist. Bis dahin richte ich mich so gut es geht in meiner Situation ein.

Operation

Die 5. Operation ist ohne Vorwarnung am 26. September. Am Vortag habe ich auf einmal Bauchkrämpfe. Die Schwester gibt mir einfach mehr Schmerzmittel. Das hilft sofort. Bis die Wirkung nachlässt. Dann werden die Krämpfe noch schlimmer. Also eine höhere Dosis Schmerzmittel. Ich bestehe darauf, einen Arzt hinzuziehen. Der diensthabende Arzt kennt mich nicht. Er guckt nur mal auf den Bauch und sagt "kein Wunder das sie Schmerzen haben. Bei der Wunde. Da hilft nur Schmerzmittel " Also werden die extremen Bauchkrämpfe in der Nacht mit Schmerzmittel betäubt. Ich dämmere bewegungsunfähig & total benebelt vor mich hin...Bis zur Visite morgens um 7. Die Ärzte, die mich kennen, bemerken gleich was los ist. Mein Darm arbeitet nicht mehr. An der einen Engstelle, die mir immer wieder

Probleme bereitet geht es nicht weiter. Um das Problem endgültig zu lösen, entschließen sie sich zu einer sofortigen Operation. Es ist nur ein kleiner Eingriff bei dem die letzten Verwachsungen entfernt werden.

Besserung

Ich habe nach 1 Monat Krankenhaus und 5 Operationen doch mächtig abgebaut. Wiege noch 60 kg. Vorher waren es 75 kg.

Jetzt soll es weiter bergauf gehen. Die 5. Operation war die richtige Entscheidung.

Und es geht bergauf. Schritt für Schritt finde ich den Weg zurück ins Leben. Ende September klappt das Essen immer besser. Nach 1 Monat wird die künstliche Ernährung abgesetzt.

Es gibt aber noch einmal einen Rückschlag. Weil ich den Möhreneintopf nicht vertragen habe.

Das Laufen macht Fortschritte. Am Anfang brauche ich allerdings noch einen Rollator.

Am 5. Oktober werde ich auf Normalstation verlegt. Es geht weiter bergauf. Ich merke aber, dass ich hier auf der normalen Station keine Intensivbetreuung mehr habe.

Aber das ist auch gut so. Jetzt bin ich "gezwungen" auf die Beine zu kommen. Und es klappt immer besser. Ich kann (mit Bauchgurt) ohne Hilfe aufstehen. Und immer besser ohne Rollator laufen. Werde mobiler und selbstständiger. Kann mir selber helfen.

Am 12. Oktober habe ich Besuch von Vanessa & Deborah. Bin ich das erste Mal wieder draußen an der frischen Luft. Ich laufe mit dem Rollator. Wir gehen in die Cafeteria. Ich merke jetzt erst, wie groß das Krankenhausgelände ist.

Ich esse, und nehme wieder zu. Werde immer beweglicher, und gesünder. Ganz langsam komme ich wieder zu Kräften. Mittlerweile komme ich komplett ohne Schmerzmittel aus. Mein Blutdruck ist auch in Ordnung. Dafür kriege ich ja Tabletten. Ich nehme die hier im Krankenhaus, weil ich keine andere Wahl habe. Ich nehme mir allerdings vor, die Tabletten später wieder abzusetzen. Medikamente sind Gift für den Körper und haben immer Nebenwirkungen. Sie schaden mehr als sie nützen. Ich will die Pharmaindustrie nicht unterstützen. Außer im Krankenhaus habe ich noch nie Medikamente genommen. Und will das auch in Zukunft vermeiden. Mit einer gesunden Lebensweise kriege ich meinen Bluthochdruck auch so in den Griff.

Stoma

Den künstlichen Darmausgang mit Stoma Beutel habe ich immer noch. Das ist für mich ein sehr großes Problem! Besonders weil ich immer wieder Schwierigkeiten damit habe. Je mehr ich esse, desto mehr ist im Beutel. Und oftmals unverdaut! Andauernd muss ich den Beutel in der Toilette entleeren. Versuche, mit einem Ablaufbeutel scheitern. Weil der Darminhalt einfach zu dick ist. Und der Ablaufschlauch durch unverdaute Nahrungsreste (Möhren!) verstopft.

Einer der Tiefpunkte meines Lebens ist im Oktober. Nachts merke ich, dass der Beutel voll ist. Auf dem Weg zur Toilette platzt er ab! Und mein Darminhalt ergießt sich ins Zimmer! Die Nachtschwester muss putzen. Es ist mir sehr peinlich!

Ich rede am nächsten Tag mit den Ärzten. Bitte darum, den Darmausgang so schnell wie möglich zurückzuverlegen. Aber das ist noch nicht möglich. Angedacht ist Anfang des nächsten Jahres! Das ist für

mich eine Horrorvorstellung!
Aber dank der Stoma Therapeutin lerne ich damit
umzugehen. Und ich lerne die Handhabung der Beutel.
Gezwungenermaßen finde ich mich mit der Situation ab.
Es gibt keine Alternative....

Hautransplantation
Am 17. Oktober habe ich eine erneute Operation. Mir
wird Haut aus dem linken Oberschenkel entnommen.
Damit wird die offene Bauchdecke verschlossen. Den
Vakuumverband brauche ich noch ein paar Tage. Den
Bauchgurt soll ich länger tragen um den Bauch zu stützen.
Aber damit kann ich leben. Mir geht es erstaunlich gut.
Schon am nächsten Tag laufe ich zum ersten Mal ohne
Rollator auf dem Stationsflur. Ganz normal. Frei - ohne
festhalten. Und Treppen steigen klappt auch. Ohne
Schmerzen. Und ohne Schmerzmittel.
3 Tage später gehe ich ohne Rollator in die Cafeteria.
Hab zwar eine zusätzliche Wunde am Oberschenkel. Aber
das stört mich nicht.
Ich bin Sportler. Hatte nicht vor, ewig so hilflos im Bett
liegen zu bleiben.
Ich überstehe auch das. Und bin dabei wieder ganz gesund
& fit zu werden.

Reha in Bad Münder
Nach 2 Monaten werde ich am 1. November aus dem
Nordstadt Krankenhaus entlassen.
Ich werde vom Fahrdienst direkt zur Rehaklinik Bad
Münder am Deister gefahren.
Gleich bei der Eingangsuntersuchung der Schock: Ich
wiege nur noch 58 kg! Ende August habe ich 75 kg
gewogen. Ich habe in 2 Monaten fast 20 Kilo
abgenommen. Und massiv Muskeln abgebaut.

In den nächsten 3 Wochen komme ich mit sehr gutem Essen und einem intensiven Therapieprogramm langsam wieder zu Kräften. Neben dem Muskelaufbau im Fitnessstudio habe ich auch Entspannungstherapie. In der Freizeit wandere ich durch die Natur. Und nehme an Fahrten nach Hameln und Bad Münder, sowie an geführten Spaziergängen teil. Ich fange auch wieder mit joggen an. Und fahre sehr viel Fahrrad auf dem Ergometer. Dabei höre ich immer wieder das neue Album der Onkelz.

Schon nach 1 Woche habe ich keine Beschwerden mehr. Langsam aber sicher werde ich wieder gesund und fit. Ich unternehme sogar alleine Spaziergänge nach Bad Münder. Zum Abschluss nehme ich an einer 10 km Wanderung im Saupark Springe teil.

Stoma

Die Klinik ist spezialisiert auf Stoma Patienten. Ich werde sehr gut beraten und geschult. Lerne sogar die Stoma Platte selbstständig zu wechseln. Am Ende der Reha habe ich mich an das Leben und den Umgang mit einem künstlichen Darmausgang gewöhnt.

Vorsätze

Ich denke sehr viel nach. Insbesondere über mein zukünftiges Leben.

Meine täglichen Vorsätze schreibe ich auf:

Ernährung:
- *frisches Obst & Gemüse (möglichst naturbelassen)*
- *min 2 l trinken*
Möglichst wenig:
- *Industriezucker*

- *Fleisch*
- *Milch & Milchprodukte*
- *Eier*
- *Industriell hergestellte Lebensmittel*

Möglichst Verzicht auf:
- *Süßigkeiten*
- *Fertiggerichte*
- *Fleisch, Milch & Eier aus der Massentierhaltung*

Grundsätzlicher Verzicht:
- *Light Produkte*
- *Energy Drinks*

Bewegung:
- *30 min Kraftsport Oberkörper*
- *30 min Training Beine (joggen, Fahrrad fahren, spazieren gehen)*
- *30 min Bewegung an der frischen Luft (Sport, arbeiten)*
- *30 min entspannen. Nichts tun oder lesen*

Vermeiden:
- *Stress*
- *Termindruck*
- *Menschen die nicht gut für mich sind*
- *Medikamente*

Grundsätzlich niemals:
- *Impfen*
- *Alkohol*
- *Tabak*
- *Drogen*

Darauf achten:
- *Ausreichend Schlaf*

Einiges ist für mich in den letzten Jahren bereits selbstverständlich geworden. Zum Beispiel der grundsätzliche Verzicht auf Alkohol. Manches ist nur sehr schwer umsetzbar. Die meisten Schwierigkeiten bereitet mir das Weglassen vom Industriezucker. Weil in nahezu jedem gekauften Lebensmittel Zucker ist.

Abschlussuntersuchung
Ich verfasse dazu einen Facebook Post:
„Eben hatte ich die Abschlussuntersuchung.
Die Reha hat mir sehr viel gebracht.
Ich bin gesund. Alle Wunden sind schmerzfrei & sehr gut verheilt.
Und ich bin ziemlich fit. Bis ich wieder so fit bin wie vorher, wird aber noch sehr lange dauern.. Die Ärztin sagte, etwa 1 Jahr...
Ich habe allerdings in sehr kurzer Zeit schon viel erreicht. Das ist nur möglich, weil ich vorher so durchtrainiert war. Und mir ist klargeworden, wie wichtig etwas ist, was ich mittlerweile als selbstverständlich ansehe.
Ich trinke ja seit meinem 2. Autounfall 1999 grundsätzlich keinen Alkohol mehr.
In meiner Jugend habe ich sehr viel getrunken...meine Leber war durch den intensiven Alkoholkonsum schon geschädigt.
Bei meinem 1. Autounfall 1994 erlitt ich unter anderem einen Leberriss, der operativ genäht wurde.
Eine Spätfolge dieser damaligen Operation war ja der jetzige Darmverschluss.
Ich habe nichts daraus gelernt. Und weiter wilde Saufgelage gefeiert... Bis zum 2. Unfall.
Die Ärztin sagte ganz klar, dass ich die vielen Bauchoperationen im Bereich der Leber wahrscheinlich nicht überlebt hätte, wenn ich mit dem Alkoholkonsum so weitergemacht hätte wie in meiner Jugend.
Mir ist klargeworden, dass ich mal wieder einen Schutzengel hatte.

Es ist ein Wunder, dass ich noch lebe.
2 schwere Autounfälle und jetzt diese "Krankheit"
Ich sollte gut auf mich aufpassen, und meine verbleibende
Lebenszeit genießen"

Am 22. November werde ich von Heidi und Stephan abgeholt und nach Hause gebracht.

Nebenkostenrückforderung

Kaum bin ich zuhause, habe ich Ärger mit dem Amt.
Die Stadt Hannover hat mich aufgefordert meine
Nebenkostenabrechnung von 2015 einzureichen. Dazu bin
ich als Bezieher von Grundsicherungsleistungen
verpflichtet. Im Sommer hatte ich eine stattliche
Rückzahlung von 601,91€ erhalten....
Mit dem Abrechnungsbescheid gehe ich am 24.
November zum Amt. Der Sachbearbeiter weist mich
darauf hin, dass ich verpflichtet bin, diesen Betrag an die
Stadt Hannover zurückzuzahlen!
Ich raste aus! Bin kurz davor, mich mit dem
Sachbearbeiter anzulegen…
2 Sicherheitsbeamte begleiten mich dann hinaus…
Am nächsten Tag kriege ich die Rückzahlungsforderung
schriftlich:
„… Diese Abrechnung schloss mit einem Guthaben. Da
wir in ihrer Leistungsberechnung die vollen
Unterhaltskosten einschließlich der Betriebskosten
berücksichtigen, steht uns auch das Guthaben zu. Wir
müssen prüfen, ob unsere Bescheide…zu Unrecht
ergangen sind. Und ob geleistete Zahlungen in Höhe von
601,91€ von ihnen zu erstatten sind. …"
Ich bin wütend! Brauche lange, um mich wieder
abzureagieren.
Aber ich lehne ja mittlerweile Gewalt jeder Art ab. Und
versuche eine vernünftige Lösung zu finden. Meine erste

Anlaufstelle ist der Sozialverband. Aber im Beratungsgespräch mit dem SoVD wird es ganz klar bestätigt:
Die Rückzahlungsforderung vom Grundsicherungsamt ist berechtigt. Und das Amt ist auch berechtigt bis zu 30% von meiner monatlichen Grundsicherung einzubehalten. Nein...ich rege mich nicht mehr auf...

Ich verfasse einen Brief an den zuständigen Sachbearbeiter:

„Frank Zunk
Hannover, 08.12.2016
XXXXXX Str. XX
XXXXX Hannover

Stadt Hannover
Zu Hd. Herrn XXXX

Betreff: 5XXXXXXXXXX

Sehr geehrter Herr XXXX,
Die Würde des Menschen ist unantastbar. Sie zu achten und zu schützen ist Verpflichtung aller staatlichen Gewalt. (Artikel 1 des deutschen Grundgesetzes)
Die nach der aktuellen Gesetzgebung leider berechtigte Rückzahlungsforderung verletzt meiner Meinung nach die Menschenwürde.
Es ist unverantwortlich und unmenschlich einem Menschen die ohnehin schon erbärmliche Existenzsicherung zu kürzen.
Dafür sollten sich die verantwortlichen Politiker in Grund und Boden schämen!
Ich als Betroffener bin gezwungen, den geforderten Betrag von 601,91€ zurückzuzahlen.

Ich biete ihnen hiermit eine Ratenzahlung von monatlich 5,-€ an.
Sie können diesen Betrag von meiner laufenden Grundsicherungsleistung einbehalten.
Ganz klar: Es ist eine Schande, das so etwas in einem reichen Land wie Deutschland passiert.
Deshalb werde den Vorgang veröffentlichen. Um andere Menschen auf diese Ungerechtigkeit hinzuweisen.
Da ich nichts gegen sie persönlich als Mensch habe, werde ich fairerweise ihren Namen unkenntlich machen.
Sie als Beamter können nichts dafür. Es ist ihre Aufgabe die Gesetze umzusetzen.
Aber denken sie mal über ihren Job und den Fehler im System nach.

Frank Zunk

PS: Das Gute ist, das wir jetzt nicht mehr in unserer Wohnung frieren müssen.
Wir können ja in Zukunft 600,-€ mehr an Heizkosten verbrauchen. "

Ich bekomme nie eine Antwort. Aber auch keine weiteren Schreiben mehr dazu.
Damit ist diese Angelegenheit erledigt.

Minimalismus und Konsumverweigerung

Für mich ist das einer der Gründe meinen Plan schneller als gedacht umzusetzen.
Ich verweigere den Konsum!
Werde noch mehr darauf achten, so minimalistisch wie möglich zu leben. Möglichst autark und möglichst unabhängig.
Langfristig ist ein geldfreies Leben mein Ziel.

Nur wenn ich Dinge NICHT kaufe, und NICHT mit Geld bezahle, kann ich als normaler Bürger etwas erreichen.

Konsumverweigerung
Gleich am nächsten Tag beginne ich damit, meine umfangreiche CD Sammlung aufzulösen.
Ich verkaufe und verschenke viele CDs. Den Rest gebe ich Meiko. Er soll die auf dem Flohmarkt verkaufen. Ich behalte nur einige wenige CDs. Die mir etwas bedeuten.
Darunter sind alle Alben von den Onkelz, Rammstein und AC/DC sowie einige mit Autogramm der Musiker.
Auch meine Umfangreiche Büchersammlung reduziere ich.
Ich stelle sehr viele Bücher in den Bücherschrank am Herrenhäuser Markt. Zum Verschenken. Nach kurzer Zeit sind die meisten weg. Ich fühle mich sehr gut und befreit.
Außerdem werde ich jetzt noch mehr darauf achten, möglichst wenig zu kaufen.
Und ich nehme mir fest vor, wieder mehr auf meine Ernährung zu achten. Vor allem will ich auf Industriezucker verzichten! Und industriell hergestellte Lebensmittel möglichst vermeiden.
Insbesondere will ich noch mehr auf Müllvermeidung achten. Und ich versuche möglichst plastikfrei zu leben.
So nach und nach ersetze ich die alltäglichen Dinge durch plastikfreie Alternativen. Oder verzichte ganz darauf.
Ich bestelle mir gemeinsam mit Jenny Bambuszahnbürsten im Internet.
Ich kaufe grundsätzlich keine Reinigungsmittel mehr.
Essig – Zitronenreiniger stelle ich aus Zitronenschalen und Essig selbst her.

Das ist meine persönliche Antwort auf den Wahnsinn unserer Zeit.

Ich umgehe das System weitestgehend. Indem ich genau das, was von mir als normaler Bürger und Konsument erwartet wird, bewusst NICHT mache. Indem ich bewusst so wenig Geld wie möglich ausgebe.

Trotzdem nutze ich das System zu meinem Vorteil. Aber (teilweise) anders, als es von mir erwartet wird.

Aber ich lasse mir den Spaß am Leben nicht nehmen. Ich „gönne" mir gelegentlich mal was, wenn mir danach ist. Es ist mir ganz wichtig, ein aktiver Teil der Gesellschaft zu sein. Ich liebe mein Partyleben in Hannover. Ich verzichte zwar auf viel… Aber trotzdem nutze ich die Möglichkeiten unserer modernen Zeit. Insbesondere öffentliche Verkehrsmittel und das Internet.

Wenn ich alles, was ich besser nicht machen, oder nicht kaufen sollte, konsequent umsetzen will, müsste ich als nackter im Wald leben. Das ist aber nicht mein Ziel!

Es ist eine Gratwanderung.

Einen wirklichen Plan zur Umsetzung von einem geldfreien Leben habe ich noch nicht…

Zurück im Leben

Stoma

Ich bin sehr schnell zurück in meinem normalen Leben. Dank der Reha komme ich sehr gut mit meinem Stoma zurecht.

Ich bekomme über die Krankenkasse Stoma Beratung. Die Stoma Therapeutin besucht mich in den nächsten Wochen mehrmals zuhause. Ich werde per Post mit dem notwendigen Material versorgt. Und komme erstaunlich gut damit zurecht.

Sport

Schon am 25. November gehe ich wieder joggen. Ich schaffe es, 3 km am Stück durchzulaufen. Ich gehe wieder regelmäßig joggen und werde immer besser.
Ins Fitnessstudio gehe ich allerdings noch nicht.

Ebenfalls am 25. November bin ich das erste Mal wieder im Dax.

Und am 3. Dezember bin ich mit Vanessa & Deborah wieder bei der VOLUME® Party im Funpark. Kerstin Ott tritt auf. Es ist ein sehr schöner Abend mit guten Freunden.

Tafel

Ab dem 28. November bin ich wieder ehrenamtlich bei der Tafel tätig. Ich werde 1 bis 2 Mal pro Woche als Beifahrer eingesetzt.

Mein neuer Garten

Meine Krankheit hat meine Pläne mit dem Garten zerstört!
Die Hütte ist sehr sanierungsbedürftig. Insbesondere das Dach muss komplett erneuert werden. Das hatte ich für die Zeit nach meinem Aufenthalt auf dem Hof Schwarzes Moor geplant. Durch meine Krankheit hat sich das erledigt. Auf Anraten vom Gartenverein habe ich den Garten

abgegeben. Meine persönlichen Gegenstände wurden im Geräteschuppen vom Verein zwischengelagert.

Ab Januar habe ich einen neuen Garten. Ich kann sogar schon Anfang Dezember rein. Es ist genau das Grundstück daneben! Dieser Garten ist zwar auch verwildert. Aber die Hütte ist nicht so marode wie meine alte. Zumindest ist der erste Eindruck besser. Später stelle ich fest, dass es doch sehr viel mehr Arbeit ist...

Ich finde diesen Garten auf Anhieb toll. Es gibt einen kleinen Teich und einen Brunnen mit Schwengel Pumpe. Die allerdings nicht funktioniert. Auch die Hütte ist besser. Sie hat einen Vorbau. In dem die Küche ist. Einen Hauptraum. Und ein Obergeschoss! Das ist ein ideales Schlafzimmer. Dann gibt es noch einen kleinen Nebenraum. Sowie einen WC Raum.

Bestandsaufnahme

Nach einer Bestandsaufnahme fange ich noch im Dezember an die Hütte zu sanieren. Ich stelle schnell fest, dass besonders der Vorbau sehr marode ist. Ich entferne die äußere Bretterverkleidung Dahinter ist alles total verrottet. Ich beginne damit, dass Efeu vom Dach zu entfernen. Das Dach von der Hütte ist zwar noch dicht. Aber die Stirn Bretter sind in einem schlechten Zustand. Außerdem sind die Dachrinnen durchgefault. Und fehlen teilweise. Das Dach vom Vorbau scheint ebenfalls marode zu sein. Ich habe sehr viel Arbeit mit dieser Hütte. Aber ich bin zuversichtlich, dass ich es schaffen werde.

Pläne

Ich will nächstes Jahr meine Wohnung komplett untervermieten. Und dann im Garten „wohnen" Außerdem will ich mit gesammelten Kernen mein eigenes Obst und Gemüse anbauen. Und mich damit weitestgehend selbst versorgen.

Onkelz Konzert in Hannover

Am 6. Und 7. Dezember spielen die Onkelz in der ausverkauften TUI Arena in Hannover. Ich habe über einen Bekannten eine Karte für das 1. Konzert bekommen.
Dieser Dienstagabend ist für mich der Höhepunkt von einem krassen Jahr!
Ich bin nach 11 Jahren wieder auf einem Onkelz Konzert. Zum 5. Mal In meinem Leben sehe ich meine Lieblingsband live.
Die Halle ist mit 11.000 Onkelz Fans gefüllt. Da ich früh genug da bin, schaffe ich es, trotz meiner körperlichen Einschränkungen, in die erste Reihe!
Die Böhsen Onkelz stellen "Memento" vor. Das erste Album nach ihrer Wiedervereinigung 2014.
Gleich mit dem ersten Titel „Gott hat ein Problem" vom neuen Album bin ich wieder mal im Onkelz Fieber! Es wird ein unvergesslicher Abend. Die Onkelz spielen Klassiker wie „Nie wieder" aber auch viele neue Titel. Besonders die Zugaben „Wir ham' noch lange nicht genug, Kirche, Mexico" und natürlich „Erinnerungen" sind bombastisch! Ein Kracher nach dem anderen. Diese Lieder begleiten mich seit über 20 Jahren. DAS ist mein Leben! Die Onkelz sind ein extrem wichtiger Teil davon!
Besonders bei „Erinnerungen" muss ich an die Zeit im Januar 2000 denken. Dieses Lied hat mich damals auf meinem Weg zurück ins Leben begleitet. Der Text hat mir die Erinnerungen meiner Vergangenheit zurückgebracht. Und der Gedanke „Ich will noch einmal auf ein Onkelz

Konzert" hat mich in Hessisch Oldendorf am Leben erhalten.

Und ich habe es seitdem noch 4 Mal auf ein Onkelz Konzert geschafft!

Ich habe alles gegeben! Und bin am Ende immer noch fit.

Auch dieses Konzert in Hannover ist genial!

Trotzdem ist es kein Vergleich zum Abschiedskonzert auf dem Lausitzring.

Dieses Wahnsinnskonzertwochenende wird niemals zu toppen sein!

Sylvester 2016
Über Weihnachten und Sylvester bin ich wieder bei meinen Freunden im Kreis Nienburg.

Wir feiern eine Silvesterparty bei Vanessa & Deborah.

Anschließend sind wir in der Weserlust. Bis zum Feierabend. Ich bin wieder in meinem alten Leben angekommen. Und ich freue mich auf das neue Jahr.

2017
Blutdruck
Am 3. Januar verfasse ich einen Facebook Post zu diesem Thema:

„Ich hatte ja im Krankenhaus sehr hohen Blutdruck.
Wurde mit Tabletten behandelt, die ich auch nach der

Entlassung weiter nehmen sollte.
Ich habe diese allerdings entgegen dem Rat meiner Haus-
ärztin abgesetzt.
Natürlich kontrolliere & protokolliere ich regelmäßig
meine Blutdruckwerte.
Die sind ohne Tabletten im guten Normalbereich.
Ich erreiche das durch meine gesunde Lebensweise:
- gesunde Ernährung mit viel Obst & Gemüse
- sehr wenig Fleisch, Milch & Eier
- sehr wenig Industriezucker
- sehr wenig Fertigprodukte & fast Food
- sehr wenig Salz & industriell produzierte Gewürze
- viel Bewegung an der frischen Luft
Mein Sportprogramm fange ich langsam wieder an.
- Stressvermeidung, Ruhe & Gelassenheit sowie ausreichend Schlaf
- grundsätzlich nicht rauchen & kein Alkohol
- keine Medikamente & Nahrungsergänzungsmittel
- eine positive Lebenseinstellung
- kein TV Konsum und auch die täglichen schlechten
Nachrichten ignoriere ich
- nichts erzwingen oder unter Druck
Ich muss nichts. Brauche auch niemanden etwas beweisen. Alles was ich mache ist freiwillig. Weil ich es möchte. Es geht mir so gut wie nie zuvor"

Sport
Anfang des Jahres starte ich mein Training bei McFit
wieder. Ab jetzt bin ich wieder regelmäßig beim Sport.
Ich bin sehr schnell wieder richtig fit und belastbar.

Gartensanierung

Ich arbeite mit Hochdruck an der Sanierung meiner Gartenhütte.

In der Kolonie wird in der Nähe von meinem Garten ein Haus abgerissen. In Absprache mit dem Gartenverein darf ich mir dort „Brennholz" wegholen. Es sind unter anderem richtig dicke und lange Dachbalken dabei. Und Fenster. Bestes Baumaterial. Ich schaffe alles alleine zu meinem Garten. Das ist körperliche Schwerstarbeit! Manch gesunder Mensch hätte das nicht geschafft. Ich sehe es als Herausforderung, die schweren Balken zu tragen.

Küchenhexe

Gleich am Jahresanfang mache ich in dem Abbruchaus einen Zufallsfund. Ich entdecke eine originale Küchenhexe – einen gut erhaltenen Küchenofen. Nur die obere Platte fehlt. In Absprache mit dem Gartenverein darf ich Küchenhexe haben. Genauso einen Ofen habe ich gesucht. Im Internet werden die richtig teuer gehandelt. Und ich krieg sowas umsonst. Auch diesen Ofen schaffe ich alleine mit der Karre zu meinem Garten. Dieser Transport bringt mich an meine absolute körperliche Belastungsgrenze! Aber ich schaffe es! Darauf bin ich stolz!

Wohnraum

Ich räume den unteren Raum meiner Hütte aus und putze. Mein Freund Andre hilft mir, meine zwischengelagerten Möbel in die Hütte zu schaffen.

Willi schenkt mir seinen alten Ofen. Ein Anschluss ist vorhanden. Pünktlich zu meiner Geburtstagsfeier ist der Wohnraum eingerichtet. Und heizen kann ich auch.

Sanierung

Ich beginne mit Aufräumarbeiten und reiße eine marode Bretterwand ab.

Der obere Raum wird ja mein Schlafzimmer. Allerdings ist die Holzvertäfelung teilweise weiß gestrichen. Tagelang schleife ich mit der Flex die Farbe ab. Es ist eine sehr staubige Arbeit!

Aber dafür ist die originale Holzvertäfelung danach richtig schick.

Den Vorraum räume ich komplett leer. Die Küchenschränke schenke ich Andre. Ich reiße die marode Vertäfelung ab. Dahinter ist alles total verrottet. Es ist viel mehr Arbeit als ich dachte. In den nächsten Wochen und Monaten entkerne ich diesen Raum bis aufs Mauerwerk.

Plastikvermeidung

Bei der Einrichtung meiner Gartenhütte achte ich darauf, möglichst wenig Plastik zu verwenden. Ich bin dabei, so nach und nach das Plastik in meinem Alltag zu vermeiden.

Es gibt für fast alles eine Alternative. Alles was geht, ersetze ich durch Holz, Glas oder Metall. Vieles lasse ich ganz weg.

Plastikvermeidung ist ein Teil meines alternativen Lebensstils & eines meiner Hauptziele.

Auch wenn es sehr schwer ist, plastikfrei und gleichzeitig vegan zu leben. Aber ich sehe das als Herausforderung.

Mein Geburtsstein

Ich bin in der 1. Dekade des Sternzeichens Wassermann geboren. Mein Geburtsstein ist ein blauer Labradorit. Der schillernde Labradorit unterstreicht das facettenreiche Wesen der Wassermänner der ersten Dekade. Er lässt sie den wahren Gehalt der Dinge erkennen und zeigt ihnen, welche ihrer ungewöhnlichen Pläne und Ideen in der Realität Bestand haben.

Kurz vor meinem Geburtstag kaufe ich mir gemeinsam mit Jenny in einen Steinladen einen blauen Labradorit. Den trage ich an meiner Halskette. Ich habe das Gefühl, das dieser Stein mir Kraft, Selbstvertrauen und das nötige Durchhaltevermögen gibt. Er hilft mir, meine vielen Ziele nacheinander zu verwirklichen. Ohne dabei den Blick für die Realität aus den Augen zu verlieren. Leider verliere ich ihn eines Tages beim Sport...

Mainstream

Ich lasse meine Haare und den Bart wachsen. Weil ich keine Lust habe mich täglich zu rasieren. Und vor allem will ich kein Geld für einen Friseur ausgeben.

Allerdings merke ich, dass ich mir mit meinem „wilden" Aussehen Probleme schaffe. Je länger die Haare werden, desto öfter kriege ich Sprüche zu hören „Geh doch mal zum Friseur"

Das nervt mich. Es erinnert mich an meine Ausbildung. Als Herr Arnold mich zum Rasieren gezwungen hat. Weil ich ja mit meinem wilden Aussehen die Kunden vergraulen könnte.

Jetzt merke ich, dass ich von einigen Menschen nicht mehr ernst genommen werde. Ich kann förmlich ihre Gedanken lesen. „Was will denn der Penner hier?"

Ich verfasse einen Facebook Post dazu:

„Wenn jemand nicht das macht, was der "Norm" - dem Mainstream entspricht, ist derjenige in der Gesellschaft abgehängt - ein Außenseiter.

Auch wenn jemand nicht die Klamotten trägt, die grad angesagt sind...wenn jemand seine Haare wachsen lässt wie sie wollen, oder sich nicht täglich rasiert, hat derjenige von vornherein schlechte Karten bei seinen

Mitmenschen.
Weil die allermeisten gehen nur nach dem Aussehen.
Jemand kann es voll drauf haben. Aber wenn er nicht so
aussieht, wie es der Mainstream vorgibt, wird er nicht
ernst genommen"

Stoma Rückverlegung

Am 1. Februar werde ich erneut operiert. Der künstliche Darmausgang wird zurückverlegt. Damit habe ich den Darmverschluss überstanden. Ich bin dank gesunder Ernährung, sehr viel Bewegung und Sport auf dem besten Weg, wieder so fit zu werden wie vorher.

Blutdruck

Im Krankenhaus wird täglich mein Blutdruck gemessen. Alle Werte sind im guten Normalbereich.
Für mich die Bestätigung, dass es die richtige Entscheidung war, die Tabletten abzusetzen.
Ich denke jetzt noch mehr nach, als sonst. Mir ist bewusst, dass ich es durch meinen starken Überlebenswillen mal wieder geschafft habe, (nicht nur) zu überleben. Ich werde wieder ganz gesund und fit.
Auch dazu schreibe ich einen Facebook Post:
„Der Mensch als hochentwickeltes Lebewesen ist durchaus in der Lage etwas zu erreichen.
Auch wenn es unmöglich oder alternativlos ist.
Wenn er es wirklich will.
Für mich persönlich ist es durch eine vernünftige Lebensweise möglich, wieder gesund & fit zu werden.
Für die Menschheit ist es möglich,
- weltweit in Frieden zu Leben
- ein weltweites BGE einzuführen

- weltweit alle Atomanlagen abzuschalten
Wenn wir es wirklich wollen!"

Am 6. Februar schreibe ich meine Gedanken zu meinen
Lebensstil auf:
„Ich merke durch meine eigene Lebenserfahrung, wie
befreiend es ist, wenig zu
besitzen. Bewusst etwas NICHT zu kaufen.
Wenn ich etwas (zum Beispiel Werkzeug für eine seltene
Reparatur oder Renovierung) brauche, bedeutet das nicht
zwangsläufig, dass ich es auch besitzen muss. Die Alter-
native ist, es sich im Freundeskreis zu leihen. Wenn das
nicht möglich ist, würde ich es mir gebraucht kaufen. Erst
als letzte Möglichkeit kommt ein Neukauf infrage.
Bekleidung trage ich (bis auf Unterwäsche) fast nur noch
gebraucht. Oder ich
trage das auf, was ich mal gekauft habe. Ein T-Shirt hält
locker 10 Jahre. (Ich hab welche die deutlich älter sind)
Eine gute Jeans sollte 20 Jahre schaffen.
Lebensmittel bekomme ich größtenteils von der Tafel.
Oder baue ich selber an.
Möbel & Gebrauchsgegenstände stelle ich selber her.
Oder halt gebraucht...
Kosmetik oder Reinigungsmittel benutze ich fast gar nicht
mehr. Oder stelle ich selber her.
Ab und zu bin ich auf Disco. Aber dann trinke ich 2 oder 3
alkoholfreie Getränke.
So ein Abend kostet mich max. 20 €. Eher weniger.
Ich habe seit 3 Jahren kein Auto mehr.
Also brauche ich es nicht versteuern, versichern, tanken.
Habe keine Wartungs – oder Reparaturkosten. Brauche
keine Winterreifen und keinen TÜV.

Ich verzichte bewusst auf ein Auto.

Ich brauche das nicht (mehr) als Statussymbol.

Ich komme mit öffentlichen Verkehrsmitteln überall hin.

Ich habe keine Versicherungen (mehr).

Weil ich besitze nichts, was versichert werden müsste.

Ich habe bis auf Mietvertrag, Strombezug und Girokonto keine Verträge mehr.

Ich bin komplett Schuldenfrei.

Die GEZ Gebühren betrachte ich nicht als Schulden. Und zahle ich bewusst nicht.

Also was soll ich kaufen - konsumieren??

Warum sollte ich für Geld "arbeiten"?

Ich habe das "Glück" Frührentner zu sein.

Meine nackte Existenz ist abgesichert.

Warum sollte ich Dinge kaufen, die ich nicht wirklich brauche. Dinge, die überflüssig oder unsinnig sind. Die mir und unserer Umwelt mehr schaden als nützen.

z.B. überteuertes Wasser in Plastikflaschen. Obwohl Trinkwasser in sehr guter Qualität in Deutschland überall fast umsonst verfügbar ist.

Warum sollte ich meine kostbare Lebenszeit vor dem Fernseher verbringen?

Und dafür noch Geld bezahlen? Das reale Leben bietet so viel Abwechslung und

Möglichkeiten zum Zeitvertreib - gratis

Abgesehen davon, dass das TV Programm mehr als frag-würdig ist.

Warum sollte ich teure Medikamente und Nahrungsergän-zungsmittel kaufen?

Obwohl die mir und der Umwelt mehr schaden als nützen.

Warum sollte ich jedes Jahr mit dem Flugzeug in ferne Länder reisen?

In Deutschland gibt es ganz in der Nähe so schöne Ecken, wo man seinen
Urlaub verbringen kann.
Sicher...in ferne Länder will ich - zu Fuß und mit Rucksack.
Warum sollte ich rauchen, Alkohol trinken, oder Drogen nehmen?
Um dazu zu gehören? Um cool zu sein?
Um mich zu berauschen? Oder um Probleme (die ich nicht habe) zu verdrängen? All das habe ich nicht (mehr) nötig.
Warum sollte ich teure Kosmetik kaufen? Obwohl die mir und der Umwelt mehr schaden als nützten.
Warum sollte ich meine Haare mit Gel und Haarspray stylen? Gerade diese Produkte schaden meiner Gesundheit.
Das gleiche gilt für Bekleidung. Warum sollte ich mir teure Markenklamotten kaufen? Um den kleinen Mädchen in der Straßenbahn zu imponieren? Das habe ich nicht nötig. Bekleidung sollte für mich zweckmäßig sein.
Ich laufe nicht irgendwelchen Modetrends hinterher. Und würde niemals eine 3 Monate alte Jeans wegschmeißen, weil sie nicht mehr modern oder cool genug ist.
Ich bin nicht auf der Suche. Und habe es nicht nötig irgendwen zu beindrucken.
Ich bin so wie ich bin. Und mit meinem Aussehen zufrieden. Mir reicht das.
Wem ich nicht gefalle, der ist nicht gezwungen mich anzugucken, oder sich mit mir abzugeben. Ich bin zufrieden und glücklich mit dem, was ich habe.
Mir ist aber auch klar, dass nicht jeder so denkt.

Nicht jeder möchte von dem Leben, was andere weg-
schmeißen.
Das verstehe ich.
Deshalb bin ich der Meinung, dass jeder Mensch bedin-
gungslos ein Einkommen braucht.
In Form von so viel Geld, das es ihm möglich ist seine
materiellen Grundbedürfnisse zu finanzieren. Und am
Gesellschaftlichen Leben teilzuhaben. Und jeder Mensch
sollte selbst entscheiden, ob und für welchen Zweck er das
Geld ausgibt.
Ich bin mit sehr wenig zufrieden. Andere Menschen benö-
tigen mehr Konsum."

Mitte Februar fange ich an, die ersten Pflanzen zu ziehen.
Außerdem erneuere ich die maroden Stirnbretter vom
Giebel der Hütte. Und dichte das Dach ab.

Sanierung der Küche – Abriss
Im März saniere ich die Küche. Der Raum wird bis auf
die Mauern entkernt. Ich reiße auch das marode Dach
komplett ab.

Bündnis Grundeinkommen
Eigentlich wollte ich ja keine Partei mehr unterstützen.
Dann erfahre ich von Freunden von der neu gegründeten
Partei Bündnis Grundeinkommen. Die ist auch in Hannover aktiv. Mit Freunden schließe ich mich dem Landes-
verband Niedersachsen an. Ich unterstütze den Landes-
verband bei der Sammlung von Unterstützer-
Unterschriften, die für die Zulassung zur Teilnahme an
der Bundestagswahl 2017 benötigt werden.

Abmeldung der Grundsicherung

Meine Grundsicherung läuft zum 30. April aus. Für eine Weiterbewilligung müsste ich wieder Einkommensnachweise erbringen. Nach den Erfahrungen vom letzten Jahr möchte ich dem Amt keine Rechenschaft mehr über mein Einkommen ablegen. Also melde ich mich am 19. März von der Grundsicherung ab. Dadurch verzichte ich monatlich auf etwa 150€, die mir zustehen. Aber das ist mir egal. Mir ist es wichtiger, dass ich mich nicht mehr vor dem Amt rechtfertigen muss. Und Geld ist für mich bedeutungslos.

„Frank Zunk
Xxxxxx Str. xxx
Xxxx Hannover

Stadt Hannover
Zu Hd. Herrn xxxx

Betreff: Abmeldung Grundsicherung
Sehr geehrter Herr xxxx,
Da die Bewilligung für meine Grundsicherung am
30.04.2017 ausläuft,
verzichte ich auf eventuelle weitere Grundsicherungsleistungen.
JEDEM Menschen steht individuell ein Einkommen zu,
das existenzsichernd ist und gesellschaftliche Teilhabe
ermöglicht.
Und zwar OHNE Bedürftigkeitsprüfung (Einkommens-
/Vermögensprüfung),

Deshalb bin ich nicht gewillt, weitere Nachweise über meine finanzielle Situation zu erbringen.
Sie können ab 01.05.2017 die Zahlung der Grundsicherung einstellen.
Zu diesem Stichtag übersende ich ihnen meine Region-S-Karte sowie den HannoverAktivPass.
Frank Zunk"

Nachdem ich diesen Brief eingeworfen habe, fühle ich mich befreit. Ich werde niemals wieder Leistungen vom Staat beantragen. Diese Entscheidung ist für mich ein weiterer Schritt in Richtung geldfreies Leben.
Ich erhalte nie eine Antwort darauf. Die Zahlung der Grundsicherung wird eingestellt. Ich lebe zwar jetzt von weniger Geld. Was mein Leben nicht einfacher macht. Es funktioniert auf Dauer nur, wenn ich meine Ausgaben reduziere. Ich will ja meine Wohnung komplett untervermieten. Und in meinem Garten leben.
Ich arbeite mit Hochdruck daran, die Hütte bewohnbar zu machen.

Sanierung der Küche – Wiederaufbau
Im April beginne ich mit dem Wiederaufbau. Aus den Balken, die ich von dem Abbruchhaus geholt habe, baue ich eine Konstruktion für ein neues Dach.

Rohkost Potluck Barsinghausen
Am 9. April nimmt Jenny mich mit zu einem Rohkost Potluck in Barsinghausen.
Das ist ein Picknick in der Natur mit veganer Rohkost. Ich bin geflasht!

Das ist für mich eine ganz neue Lebenserfahrung! Es gibt super leckere Speisen. Alles ist vegan. Und nicht erhitzt. Einfach natürlich!

Außer Jenny kenne ich niemanden. An diesem Sonntag lerne ich sehr viele liebe Menschen kennen. Ich knüpfe Kontakte ... Bei bestem veganen Essen ergeben sich interessante Gespräche. Aus denen Freundschaften entstehen. In der nächsten Zeit bin ich noch öfter auf dem Rohkost Potluck in Barsinghausen.

Wasserfilter und Trinkwasserversorgung

Ich kaufe schon lange kein Mineralwasser mehr. Ich trinke Leitungswasser. Christine, die den Rohkost Potluck veranstaltet, vertreibt Wasserfilter von Aqua Global. Ich bestelle mir einen.

Zunächst schließe ich den Filter bei uns in der Küche an. Das gefilterte Wasser ist nicht nur nahezu ohne Schadstoffe. Es schmeckt auch viel besser.

Dann hab ich die Idee, dass ich damit das Oberflächenwasser in meinem Garten filtern kann. Ich hab zwar einen Brunnen mit einer alten Schwengel Pumpe. Aber die funktioniert nicht. Über Freunde aus dem Gartenverein bekomme ich ein kaputtes Hauswasserwerk geschenkt. Ich baue es aus Schrotteilen wieder auf. Und investiere viel Zeit, bis es funktioniert. Und ich damit Wasser hochpumpen kann. Das ist allerdings nur Oberflächenwasser. Und es ist sehr schlammig. Und sehr kalkhaltig. Was da sonst noch für Schadstoffe drin sind, möchte ich gar nicht wissen...

Ich schließe den neuen Wasserfilter an und filtere es. Gefiltert und abgekocht, ist das Wasser trinkbar. Allerdings

hab ich später massive Probleme mit der Trinkwasserversorgung.

Am 27. Mai nehme ich mit dem PETA ZWEI Street Team
an der Demo für die Schließung aller Schlachthäuser teil.

Paletten Upcycling
Der Wiederaufbau meiner Küche geht langsam voran.
Von Gartennachbarn bekomme ich Paletten geschenkt.
Die zerlege ich. Und schleife die Bretter. Dann verwende
ich sie als Dach für die Küche.

Umzug in den Garten

Am 1. Juli zieht Anna zu ihrem Freund nach Bergisch
Gladbach.
Ich nutze diese Gelegenheit. Und vermiete die ganze
Wohnung an eine Bekannte. Dem Vermieter teile ich tele-
fonisch mit, dass ich jetzt eine neue Mitbewohnerin habe.
Jessica zahlt die ganze Miete direkt an den Vermieter. Ich
ziehe in meinen Garten. Offiziell bleibe ich dort wohnen.
Wegen der Meldeadresse.
Ich zahle nur die jährliche Pacht für den Garten. Und
spare meinen Mietanteil.
Dadurch lebe ich sehr günstig. Nur so ist es möglich, mit
meiner geringen Rente auszukommen.
Allerdings ist das Leben in Leben in der Gartenhütte
grenzwertig. Die Hütte ist ja noch Baustelle. Wenn es
regnet, läuft das Wasser ins Wohnzimmer, da ja auf dem
Vorbau noch kein Dach ist.
Und in der Hütte sind Mäuse. Ich höre sie nachts immer
direkt neben mir.

Das mit der Trinkwasserversorgung klappt auch nicht so wie gedacht. Das Hauswasserwerk ist sehr störanfällig. Und ich hab zwar eine Campingtoilette. Aber noch keine Dusche. Zum Duschen fahre ich immer zu McFit. Aber da bin ich ja eh fast jeden Tag.

Es ist ein hartes Leben. Aber erstmal wird es gehen...Diesen Monat fahr ich ja wieder für 2 Monate auf den Hof Schwarzes Moor.

Anfang Juli arbeite ich mit Hochdruck daran, das Dach dicht zu kriegen. Ich hole mir mit Fahrrad & Anhänger noch Paletten von einem Freund, den ich auch auf dem Rohkost Potluck kennengelernt hatte.

Die Paletten sind aber kleiner. Die Bretter reichen nicht. Mir bleibt nichts anderes übrig, als Bretter zu kaufen. Die hole ich auch mit Fahrrad und Anhänger vom Baumarkt. Außerdem kaufe ich Dachpappe. Innerhalb weniger Tage bekomme ich das Dach zu und abgedichtet. Damit läuft mir zumindest kein Regenwasser mehr durch die Tür ins Wohnzimmer

Die harte körperliche Arbeit tut mir gut. Außerdem trainiere ich jetzt jeden Tag bei McFit. Ich mache aus der negativen Situation ohne Dusche etwas Positives. Mittlerweile bin ich schon wieder so fit wie vor meiner Krankheit.

Hof Schwarzes Moor

Am 21. Juli fahre ich mit Fahrrad in den Kreis Nienburg. Dipsy nehme ich im Anhänger mit. Ich bin wieder für 2 Monate Haushüter auf dem Hof Schwarzes Moor.

Heidi und Stephan fahren wieder mit Big Blue nach Albanien. Es läuft so wie letztes Jahr. Ich lebe auf dem Hof. Und kümmere mich um alles.

Mein Smartphone ist kaputt

Am 11. August fällt mir morgens beim Aufstehen mein
Smartphone runter. Das Display ist kaputt. Die Reparatur
lohnt sich nicht. Ich bin verzweifelt und auf der Suche
nach Ersatz. Gewöhne mich aber so nach und nach an das
Leben ohne Smartphone. Ohne Handy. Auf dem Hof fällt
es mir leichter als ich dachte. Hab da ja sowieso nur sehr
begrenzten Handy Empfang. Fürs Internet hängt mein
Laptop ja am Kabel. Telefonisch bin ich über das Festnetz
vom Hof erreichbar. Außerdem hab ich ja genug Arbeit.
Und ich beginne es positiv zu sehen. Ich gucke nicht mehr
alle 2 Minuten aufs Handy. Auf einmal habe ich viel mehr
Zeit. Hab viel mehr vom Tag. Bin nur noch online, wenn
ich am Schreibtisch sitze. So wie „früher"

Am 27. August bin ich beim Zytanien Festival. Es ist ein
toller Abend mit Freunden.

Am 7. September verfasse ich mal wieder einen längeren
Facebook Post zu meinem Leben ohne Smartphone:
„ Ich hab ja schon einige Wochen kein Smartphone mehr.
Und zur Zeit auch kein Handy.
Auf das Smartphone verzichte ich freiwillig & dauerhaft.
Ein herkömmliches Handy schaffe ich mir wieder an.
Mein Leben ist nicht grad einfacher geworden. Ich kann
mir nicht mal eben schnell ne Bahnverbindung per App
raussuchen. Hab kein Navi mehr. Kein mobiles Internet.
Keine Taschenlampe im Handy. Keine Kamera. Bin nicht
mehr ständig erreichbar...usw.... Aber auf all das kann ich
verzichten.
Ich bin vor 20 Jahren alleine und ohne Navi & Handy mit
Auto nach Jugoslawien gefahren. In der heutigen Zeit ist

*es für die meisten Menschen nicht Mal möglich ohne
Handy aus dem Haus zu gehen - Warum eigentlich nicht?
Ich genieße es unterwegs nicht mehr ständig aufs Handy
gucken zu müssen.*

*Ich werde (wieder) aufmerksamer...achtsamer. Mache mir
bevor ich das Haus verlasse, Gedanken über den Weg und
was ich vorhabe. Habe mehr Zeit. In der Bahn lese ich ein
Buch.*

*Und mir fällt auf das die allermeisten anderen Menschen
mit ihrem Smartphone beschäftigt sind.*

*Mir fallen wieder Dinge und Menschen auf, die ich vorher
übersehen habe.*

*Der "Verzicht" auf ein Smartphone ist ein Teil von der
positiven Veränderung meines Lebens.*

*So nach und nach lasse ich bewusst immer mehr von den
modernen Dingen & Gewohnheiten weg.*

*Ich besitze seit Jahren kein Auto mehr. Und das, obwohl
ich Autoschlosser bin. Und Autos "früher" ein sehr wichtiger Teil meines Lebens waren.*

*Ich besitze seit Jahren keinen Fernseher mehr. Und gucke
keine Nachrichten, Sendungen oder Filme. Videos im Netz
gucke ich nur sehr selten,*

*Auch meine Ernährung habe ich in den letzten Jahren
immer mehr in Richtung vegane Rohkost umgestellt.*

"Früher" war ich fast jeden Tag bei McDonald's .

*Ich esse zwar gelegentlich noch Fleisch. Aber sehr selten.
Und immer seltener. Auch auf Milch und Käse verzichte
ich fast komplett.*

*Ganz wichtig ist mir das Weglassen vom Industriezucker.
Ich esse auch fast keine industriell hergestellten Lebensmittel mehr.*

Alkohol trinke ich seit fast 18 Jahren grundsätzlich gar nicht mehr. Ich habe auch niemals eine Ausnahme gemacht.

Das gleiche gilt auch für rauchen oder sonstige Drogen. Ein weiterer wichtiger Punkt ist die Konsumverweigerung.

Ich kaufe fast gar nichts mehr.

Lebensmittel krieg ich von Freunden oder von der Tafel. Und ich ernte was grad reif ist.

Kleidung hab ich mehr als genug. Und bekomme ich gebraucht.

Möbel oder Einrichtungsgegenstände habe ich, oder bekomme ich auch von Freunden. Werkzeug genauso.

Ich brauche kein schickes Haus um anzugeben.

Ich muss nicht jedes Jahr in Urlaub fliegen.

Ich brauche kein tolles Auto oder teures Smartphone mehr um cool zu sein.

Was soll ich also noch kaufen?

Der freiwillige "Verzicht" auf materielle Dinge hat für mich nur Vorteile. Ich brauche z.B. keine Versicherungen mehr.

Ich befreie mich von den Zwängen. Ich muss NICHTS. Ich habe mein Leben entschleunigt.

Ich bin glücklich mit dem was ist und was ich habe"

Ich genieße das Leben auf dem Hof. Arbeite. Und grille hin und wieder mit den Feriengästen.

Im September helfe ich in der Nachbarschaft mit einer Freundin beim Schmücken vom Erntewagen für das Erntedankfest in Dolldorf.

Am 22. September kommen Heidi und Stephan aus Albanien zurück.

Stephan schenkt mir sein altes Smartphone.

Aber ich benutze es nicht.

Entschleunigung

Am nächsten Tag fahre ich zurück nach Hannover.

Zuhause in meinem Garten merke ich schnell, dass es ohne Telefon nicht geht. Ich hab ja auch keinen Festnetzanschluss mehr.

Tanja hilft mir bereits 3 Tage später. Sie (Beziehungsweise ihre Tochter Lea) schenkt mir ein minimalistisches Handy. Ein altes Samsung Modell. Ohne Internetzugang. Ich hab kein WhatsApp mehr. Aber bin wieder telefonisch erreichbar. Und kann so wie „früher" SMS schreiben. Ich bin total glücklich und zufrieden damit!

Sicher…mit Smartphone ist das Leben leichter. Mal eben schnell eine Bahnverbindung oder eine Route raussuchen, geht jetzt nicht mehr.

Aber ich hab mich sehr schnell daran gewöhnt. Und ich merke wie gut es mir tut, nicht ständig online zu sein. Ich denke wieder selber. Gucke in den Fahrplan, oder ganz herkömmlich in eine Straßenkarte. Und ich frage einfach mal nach dem Weg.

Ich gucke zum Beispiel in der Bahn nicht ständig aufs Handy. Sondern lese stattdessen ein Buch. Und ich bin nur noch sehr begrenzt online. Wenn ich mal zuhause am Laptop bin. Das erspart mir viel unnötigen digitalen Input.

Ich bin froh, über alles was ich NICHT weiß.

Ich habe mein Leben entschleunigt.

Am 30. Oktober schreibe ich meine Gedanken dazu auf.

"Ich hab mein Leben entschleunigt und mich von meinem Smartphone befreit.

Es ist mir Anfang August runter gefallen. Und kaputt gegangen.

Anfangs war ich genervt und wollte unbedingt wieder ein neues haben. Ich war regelrecht abhängig...musste alles posten & immer online sein...Hatte aber kein Geld um mir eins zu kaufen.

Nach und nach hab ich mich dran gewöhnt keins mehr zu haben.

Vor kurzem hab ich ein Smartphone geschenkt bekommen. Aber ich nutze es nicht! Oder nur um gelegentlich Fotos zu machen. Ohne Sim Karte. Zum Telefonieren hab ich ein herkömmliches einfaches Handy. Und online bin ich nur noch zuhause am Laptop. Das reicht mir.

Ich habe gemerkt, wie sich mein Leben positiv verändert hat. Ich denke wieder selbst. Und vertraue nicht mehr blind der Technik. Ich habe wieder mehr Zeit.

Zum Entspannen, oder um ein Buch zu lesen.

Wenn ich zu einer bestimmten Adresse möchte, suche ich mir vorher zuhause die Route oder Bahnverbindung raus, anstatt mich auf die App zu verlassen. Und auch zuhause hab ich meine online Zeit drastisch reduziert. Der Laptop ist meistens nur noch kurz an. Abends mal ne Stunde... Ich brauch nicht mehr ständig rund um die Uhr bei fb sein. Das reale Leben ist wichtiger! Meine wahren Freunde verstehen & akzeptieren das.

Insgesamt ist mein Leben jetzt ruhiger & entspannter. Ich habe mich so nach und nach von fast allen modernen Konsumgewohnheiten befreit.

Es fing vor fast 18 Jahren mit meinem 2. Unfall an. Seit-
dem trinke ich keinen Alkohol mehr. Und rauche nicht
mehr.
Später hab ich das TV Programm "weggelassen" Dann
den Fernseher.
Seit 2014 habe ich kein Auto mehr.
Auch meinen materiellen Besitz habe ich reduziert.
Vom eigenen Haus auf ein WG Zimmer, und dann eine
Gartenhütte.
Ich verweigere bewusst den Konsum.
Und in letzter Zeit habe ich so nach und nach meine Er-
nährung umgestellt. Von Fastfood & Fertiggerichten zu
fast roh vegan. (Ich esse gelegentlich, und sehr selten
noch Fleisch).
Jetzt habe ich mich auch von der "Informationsflut" be-
freit.
Ich bin glücklich & zufrieden mit dem was ich habe"

Sanierung der Gartenhütte
Ich arbeite wieder an meiner Hütte. Setze eine
„neue" Haustür ein. Und ganz alleine eine große Glas-
scheibe. Anfang November ist dieser Bauabschnitt fertig.

Nebenjob
Über Freunde vom Kleingartenverein bekomme ich einen
Nebenjob.
In einer Autowerkstatt. Dort arbeite ich zunächst fast täglich. Dann immer seltener. Weil sie mich nicht gebrauchen
können. Ich bin zu langsam, um an Kundenautos zu arbeiten. Zuletzt werde ich nur noch 1 x pro Woche zum aufräumen eingesetzt. Dann räume ich den ganzen Tag die
Werkstatt und das Lager auf. Dabei ist es egal, ob ich

langsam bin. Aufräumen kann ich! Der Chef ist sehr zufrieden mit meiner Aufräumarbeit.

Ich habe wieder eine Katze
Von meinem Freund André bekomme ich wieder eine Katze. Sheila ist schon sehr alt. Sie sorgt dafür, dass ich keine Mäuse mehr in meiner Hütte habe.

Bella
Anfang November lerne ich Bella kennen. Ich besuche sie oft in Hannover Döhren. Wir werden sehr gute Freunde. Und sind auch zeitweise zusammen.

Kurz vor Weihnachten wird mein Fahrrad geklaut.

Dann kommt der Winter….

Manowar Konzert in Essen
Am 1. Dezember bin ich mit Mandy beim Manowar Konzert in Essen.
Wir fahren an diesem Freitag mit ihrem Auto nach Essen. Manowar spielen im Rahmen ihrer Welttournee „The Final Battle World Tour" in der ausverkauften Gruga Halle in Essen. 10.000 Metal Fans wollen (so wie wir) noch einmal auf ein Manowar Konzert.
Eine Vorband gibt es nicht. Manowar starten allerdings mit einer Verspätung von knapp 20 Minuten in ihre zweistündige Show. Dafür wird es ein unvergesslicher Abend. Los geht's mit der Bandhymne „Manowar" Es folgt ein Kracher nach dem anderen. Bei „Fighting The World" muss ich an meinen 18. Geburtstag denken. Da-

mals habe ich mit diesem Lied in voller Lautstärke die ganze Potsdamer Str. beschallt. Bei „Warriors Of The World United" bekomme ich Gänsehaut. Dieser Titel ist eines meiner absoluten Lieblingslieder.

Ich sehe Manowar ja bereits zum 2. Mal. Und da es ihre Abschiedstournee ist, wohl nie wieder.

Nach dem Konzert fahren wir nachts direkt zurück.

Am nächsten Abend bin ich mit Vanessa & Deborah im Funpark bei der VOLUME® Party. Das ist ein krasser Gegensatz nach einem Metal Konzert.

Sylvester 2017

Auch in diesem Jahr verbringe ich die Weihnachtsfeiertage und Sylvester im Landkreis Nienburg.

Sylvester ist eine Party in Stolzenau. Anschließend sind wir in der Weserlust.

2018

Winter in der Gartenhütte – Kälte und Wassermangel

Das Leben in meiner Gartenhütte wird immer beschwerlicher. Im Januar und Anfang Februar ist es zwar nicht sehr kalt. Aber besonders nachts sinken die Temperaturen unter 0. Das bedeutet, ich muss immer aufpassen, dass mein Hauswasserwerk nicht einfriert. Ich lasse fast jeden Tag das Wasser ab. Und befülle es neu, wenn ich Wasser brauche. Und ich habe immer mehr Probleme mit der Wasserförderung. Das was aus dem Hauswasserwerk kommt ist rostbraun und sandig. Es ist absolut nicht trinkbar! Mein Wasserfilter funktioniert seit dem Herbst ja nicht mehr richtig. Er ist total verstopft. Ich fülle mir immer wenn ich unterwegs bin, Trinkwasser in Flaschen ab. Manchmal fahre ich zum nahegelegenen Aegi. Und fülle mir da vom Waschbecken im WC Wasser ab. Und von McFit bringe ich mir auch immer was mit. Da mein Wasser nicht mal mehr zum Händewaschen taugt, stapelt sich das schmutzige Geschirr. Von Zeit zu Zeit nehme ich mal ein bisschen was zu Jenny mit. Und stelle es bei ihr in die Geschirrspüle. Das ist aber auch sehr beschwerlich. Ich packe es in meinen Rucksack und die Sporttasche. Muss damit erstmal bis zur Bahn gehen. Und beim Aegi umsteigen... An waschen oder Zähneputzen ist nicht zu denken... Alleine das ist ein Grund jeden Tag zu McFit zu fahren.

Irgendwie schaffe ich es trotzdem jeden Morgen zu duschen. Meistens bei McFit. Oder bei Bella. Außerdem habe ich wieder mal kein trockenes Holz zum Heizen. Sogar trockenes Papier zum Anfeuern wird knapp. ALLES was in der Hütte ist, wird klamm...feucht. Und in der Hütte ist es genau so kalt wie draußen. Der Wind pfeift durch jede Ritze. Nachts ziehe ich dicke Pullover an und decke mich mit 2 Decken zu. Oben unterm Dach ist es noch kälter als unten. Der Wind pfeift mir um die Ohren....Ich hoffe, dass es nicht richtig kalt wird! Bei Dauerfrost oder sogar -20 Grad kriege ich ein ernsthaftes Problem! Es erinnert mich sehr an den Winter 2012 / 2013 in meinem Haus in Liebenau… Es mangelt mir an fast allem. Da ich kein Fahrrad mehr habe, muss ich mehrmals täglich von der Bahnhaltestelle zu Fuß zum Garten gehen. Und wieder zurück.

Ich habe auch kaum Geld. Kann mir nicht mal ein Monatsticket kaufen. Ich sammle Pfandflaschen, um mir täglich eine Fahrkarte zu kaufen. Wenn das Geld nicht reicht, fahre ich schwarz.

Aber wenigstens habe ich, Dank der Tafel, genug zu Essen. Da ich ja auch keinen Herd habe, esse ich meistens Brot. Ich esse bei einer Mahlzeit locker 8 Scheiben Brot oder Toast. Mit Paprika, Gurke oder Tomaten. Und jeden Morgen Müsli. Mit Hafermilch und ganz viel Obst. Ich mache mir auch fast jeden Tag eine riesige Schüssel Obstsalat. Und trinke immer noch jeden Morgen meine heiße Zitrone. Das ist mein Lebenselixier!

Zumindest „zuhause" lebe ich bis auf das Brot fast rohköstlich und weitestgehend Industriezuckerfrei.

Arbeit bei McFit als Hausmeister

Im Herbst 2017 hatte ich beim nächtlichen Trainieren bei McFit in der Südstadt die nächtliche Servicekraft Kerstin kennengelernt. Sie hatte mal so nebenbei erwähnt, dass der Hausmeister in diesem Studio sehr oft krank ist. Es wird eine Krankheitsvertretung gesucht. Ich frage Ende 2017 beim Studioleiter nach.

Im Januar ist der Hausmeister mal wieder krank.

Und bekomme ohne weitere Bewerbung einen Aushilfsjob als Krankheitsvertretung. Auf 450,-€ Basis. Ich werde vom Hausmeister aus dem Studio Hildesheim eingearbeitet.

Am 15. Januar ist mein erster Arbeitstag als Hausmeister bei McFit. Der Job macht mir sehr viel Spaß. In der nächsten Zeit bin ich täglich bei McFit. Zum Arbeiten, trainieren oder duschen. Mein Trainingsvertrag ist jetzt gratis. Da ich ja zurzeit keine Dusche habe, ist dieser Job das Beste was mir passieren kann. So ganz nebenbei fülle ich mir täglich Trinkwasser ab.

Ich bin für die Wartung der Trainingsgeräte zuständig. Und für die Technik im Studio. Es ist einiges an notwendigen Arbeiten liegen geblieben. Ich warte und überhole die Laufbänder. Repariere defekte Geräte. Und überprüfe sämtliche Spind Türen. Tausche Türen und Schlösser aus. Und ersetze defekte Glühbirnen von der Studiobeleuchtung.

Diese Arbeit macht mir sehr viel Spaß! Es ist toll, zum Team von McFit zu gehören.

Leider arbeite ich nur knapp einen Monat bei McFit. Dann kommt ein unerwarteter Schicksalsschlag dazwischen...

Darmverschluss und Krankenhaus 2018

Erneuter Darmverschluss

Am 9. Februar ist ein ganz normaler Arbeitstag bei McFit. Ich arbeite nur bis mittags. Kurz vor dem Feierabend fällt mir ein Gewicht auf den rechten Daumen. Mein Nagel braucht Monate, um sich davon zu erholen.

Ich ahne nicht, dass an diesem Freitag mein letzter Arbeitstag bei McFit ist.

Abends bin ich mit Bella beim HSP Stammtisch. Dabei ist

mir irgendwie komisch… Ich habe Bauchschmerzen.

Am 10. Februar merke ich schon nachmittags beim Sport, dass es mir nicht gut geht. Ich schaffe kaum, mein gewohntes Gewicht zu stemmen. Habe Bauchkrämpfe. Abends bin ich bei Meiko eingeladen. Zur Einweihungsparty von seiner Wohnung. Auf dem Weg zu ihm wird mir in der Bahn schlecht. Ich schaffe es grad so bis zum Endpunkt Ahlem. Sobald ich ausgestiegen bin, muss ich mich übergeben. Als ich bei Meiko ankomme, merkt er sofort, dass was nicht stimmt. Ich lege mich bei ihm aufs Sofa. Es geht mir immer schlechter. Irgendwann bringt der Lebensgefährte von Meikos Mutter mich mit Auto ins Nordstadtkrankenhaus.
Der diensthabende Arzt kennt mich noch. Bei der Untersuchung stellt sich heraus, dass ich einen erneuten Darmverschluss habe.

Nordstadtkrankenhaus 2018
Es gibt keine Alternative. Ich muss im Krankenhaus bleiben.
Operation
Noch in der Nacht werde ich notoperiert. Es ist eine 8 Stunden Operation!
Die Bauchwunde von 2016 wird wieder komplett aufgeschnitten. Es hatten sich wieder Verwachsungen zwischen den Organen gebildet, die zum erneuten Darmverschluss geführt haben. Bei der umfangreichen Bauchoperation werden diese Verwachsungen entfernt.

Meine Freunde kümmern sich um Dipsy und Sheila. Die ja in meiner Gartenhütte sind. Dipsy kommt wieder zu Petra. Andre´ nimmt Sheila zurück.

Am 14. Februar werde ich erneut operiert. Es werden abgestorbene Teile der 2016 implantierten Spalthaut entfernt. Und ein Vicrylnetz wird eingenäht, um den Bauch zu stabilisieren. Mein Bauch ist so wie 2016 „offen"

Die nächsten Tage verbringe ich auf der Intensivstation. Es geht mir anfangs nicht gut.

Allerdings bessert sich mein Gesundheitszustand schnell wieder. So das ich bald auf die normale Station verlegt werden kann.

Gedanken

Tanja bringt mir Sachen aus meiner Gartenhütte. Und mein Laptop. Nach 2 Wochen bin ich wieder online.

Ich nutze die Zeit im Krankenhaus sinnvoll. Schreibe wieder an meiner Autobiografie .

Und ich denke über meine Situation nach. Ich sehe meinen Krankenhausaufenthalt positiv. Meine Krankheit ist eine Fügung des Schicksals zum richtigen Zeitpunkt. Ich bin hier in guten Händen. Habe ein warmes Bett und das Essen wird mir gebracht. Das ist in meiner derzeitigen Wohn- und Lebens Situation nicht selbstverständlich. Mir wird immer klarer, dass ich nicht mehr in meiner Gartenhütte leben kann. Bei den derzeitigen Minusgraden bin ich froh, im warmen Krankenhaus zu sein. Ich brauche mir keine Gedanken übers heizen zu machen. In meiner Hütte hätte ich jetzt ein Problem. Nicht nur wegen der Kälte. Sondern auch weil ich bei Frost überhaupt kein Wasser mehr habe. Ich gehe davon aus, dass mein Hauswasserwerk kaputtgefroren ist.

Selbst wenn ich gesund bin, ist ein Leben im Chaos meiner Baustelle in der Gartenhütte ohne Wasser nicht menschenwürdig. Ich mache mir Gedanken über meine Zukunft.

Und mir wird klar, dass ich zumindest ein Zimmer als festen Wohnsitz brauche. Optimal wäre in einer WG. Ich beginne mit der Suche nach einem WG Zimmer. Stelle aber schnell fest, dass es gar nicht so einfach ist. Und Zimmer sind viel teurer als ich erwartet hatte. Hannover ist Studentenstadt. Und die meisten WGs suchen Studenten. Im Alter von 18 – 25. Da bin ich mit 42 etwas zu alt. Außerdem übersteigt die Miete für 1 Zimmer meine finanziellen Möglichkeiten. Ich bin gezwungen zu arbeiten. Oder muss wieder Grundsicherung beantragen... Mein Job bei McFit hätte sich unabhängig von meinem krankheitsbedingten Ausfall erledigt. Der eigentliche Hausmeister arbeitet wieder.

Krankenhaus
Am 27. Februar bekomme ich einen Vakuumverband. So wie 2016.
Mir geht es wieder viel besser. Auch das Essen klappt wieder sehr schnell. Ich habe guten Appetit und bekomme doppelte Portionen.

Im Februar und März ist in Deutschland eine Grippewelle. Ich bleibe aber im Krankenhaus davon verschont.

Lebenserfahrung
Anfang März verbringe ich viel Zeit mit der Recherche für meine Autobiografie .
Schreibe dazu auch hin und wieder einen Facebook Post. Insbesondere nach folgender Antwort entsteht eine interessante Diskussion.
„Ja ich will autark und unabhängig sein! Aber wie dieser Post aus der Zeit von meiner schweren Krankheit zeigt, habe ich auch schon das krasse Gegenteil erlebt. Ich war abhängig von anderen Menschen. Und auch vom System.

Gerade für mich als freiheitsliebenden Menschen ist das grausam. Im Nachhinein sehe ich es als ein Stück Lebenserfahrung. Und ich behaupte mal, dass ich Lebenserfahrung habe. Ich kenne fast alle Facetten des Lebens. Positives und negatives. Und ich habe Erfahrung mit dem System. Mit Ämtern und Gesetzen sowie den Folgen von Gesetzesüberschreitungen. Ich weiß was es heißt durch alle Raster vom Sozialsystem zu fallen. Über Aussagen wie "In Deutschland verhungert keiner" kann ich nur lachen. Ich weiß, dass es anders ist. Ich weiß, was es heißt Hunger zu haben. Ich weiß, was es heißt im Müll nach Pfandflaschen zu suchen. Um sich von dem bisschen Pfandgeld was zu essen kaufen zu können. Ich weiß, was es heißt keine Wohnung zu haben. Oder keinen Strom. Oder was es heißt zu frieren. Ich kenne aber auch die andere Seite. Ich hatte viel Geld. War Hausbesitzer. Habe viele Autos gehabt. Ich kenne das Leben im Überfluss. Ich weiß, wie viele Lebensmittel täglich weggeschmissen werden. Aufgrund meiner eigenen Erfahrung habe ich so nach und nach die weltweiten Zusammenhänge durchschaut. Es ist richtig "Nix passiert aus Zufall". Ich habe all das erlebt, um es als Lebenserfahrung weiterzugeben. Genau das mache ich mit meinem Buch"

Entscheidung
Am 12. März wird die Vakuum Pumpe wird entfernt. Die Wunde sieht gut aus. Es gibt 2 Optionen:
1. Ich kann sofort entlassen werden. Brauche aber für mehrere Wochen einen Pflegedienst, der die Wunde täglich versorgt. Das ist in meiner aktuellen Wohnsituation nahezu unmöglich.
2. Ich werde nochmal operiert. Es wird Spalthaut aus dem rechten Oberschenkel in die Bauchwunde verpflanzt. Dann bleibe ich mit Vakuum Verband noch etwa 5 Tage

im Krankenhaus. Nach langen Überlegen und Rücksprache mit Tanja und Tino entscheide ich mich für die erneute Operation.

Hauttransplantation
Am 14. März werde ich spät abends operiert. Die Spalthauttransplantation verläuft wie geplant. Ich habe eine große Wunde auf dem rechten Oberschenkel. Die Schmerzen sind aber mit Schmerzmittel erträglich. Der Bauch ist schmerzfrei. Ich hab wieder einen Vakuum-Verband.
In den nächsten Tagen macht mir die Wunde auf dem Oberschenkel mehr zu schaffen als der Bauch. Jeder Pflasterwechsel ist sehr schmerzhaft! Es blutet sehr stark! Ich bekomme starke Schmerzmittel! Kann kaum laufen und schlafe tagsüber.

Es geht mir aber nach wenigen Tagen wieder besser.

Entlassung
Am 20. März werde ich aus dem Krankenhaus entlassen. Die Ärzte raten mir, dass ich in der nächsten Zeit unbedingt einen Bauchgurt zum Schutz von meinem Bauch tragen sollte. Ich ignoriere diese Empfehlung. Und lasse den Gurt nach wenigen Tagen weg.
Für diesen Leichtsinn werde ich sehr grausam bestraft....

Meiko
Da ich nicht mehr in meiner Gartenhütte „wohnen" kann, komme ich vorübergehend bei Meiko unter. Er bietet mir an, das ich ein paar Tage bei ihm im Wohnzimmer auf dem Sofa übernachten kann.
Ich bin aber erstmal nur 2 Tage bei Meiko. Übers

Wochenende bin ich im Kreis Nienburg bei Vanessa &
Deborah.

Schmerzen
Ich bin ab Donnerstag in Anemolter. Abends schmerzt
meine Beinwunde. Deborah fährt mich ins Krankenhaus
nach Stolzenau zum Kassenärztlichen Notdienst. Die
Ärztin löst mein Pflaster. Das Flies ist auf der Wunde
festgebackt. Die Ärztin löst es. Es ist sehr schmerzhaft!
Ich bin wohl in den letzten Tagen zu viel gelaufen. Mit
einem neuen Pflaster wird es schnell wieder besser.

Tagebuch
Für meine Autobiografie habe ich seit Ostern 2016 alle
wichtigen Ereignisse stichpunktartig in den
Jahresübersichtsdateien festgehalten.
Die Texte werden im Laufe der Zeit immer
umfangreicher.
Ab dem 8. April schreibe ich Tagebuch. Diese Texte
speichere ich für jeden Monat in einer extra Datei.
Ab jetzt wird mein Tagebuch die Grundlage für dieses
Buch.
*Insbesondere mein Krankenhaustagebuch wird ein
unersetzliches Dokument meiner Lebensgeschichte.*
*Das Reisetagebuch meiner Fahrradreise nach Hiroshima
veröffentliche ich ungekürzt in meinem Blog und als Buch.*

Pläne
Der 12. April ist ein ganz normaler Tag. Abends bin ich
mit Bella in der Volxküche. Da gibt es wie jeden Montag
und Mittwoch Veganes Essen. Ich esse sehr viel Eintopf
und Salat. Danach bin ich noch kurz bei McFit in der
Südstadt. So ganz Nebenbei erfahre ich, dass der
Hausmeister Ende April aufhört. Das ist meine Chance

auf einen festen Job. Ich will das gleich am nächsten Tag mit dem Studioleiter besprechen.

Anschließend bin ich noch kurz bei Bella. Da die Üstra morgen streikt, fahre ich zum Schlafen zu Meiko.

Meiko erzählt mir, dass er heute Besuch von einer Bekannten hatte.

Unter anderem hat er mit ihr über mich geredet und erwähnt, dass ich ein WG Zimmer suche. Sie hat im Keller das Zimmer von ihrem Sohn frei. Das könnte sie mir vermieten.

Sie will mich aber erst kennenlernen und kommt demnächst mal bei Meiko vorbei, wenn ich auch da bin. Ich bin noch bis 1 Uhr wach. Ich habe wieder eine Perspektive. Und viele Pläne.

Donnerstagvormittag will ich zu McFit. Und nachmittags fahre ich ja übers Wochenende in den Kreis Nienburg. Auf den Hof von Heidi und Stephan.

Aber es kommt ganz anders als geplant....Meine Pläne sind von einer Sekunde auf die andere komplett hinfällig....

Nächtliche Katastrophe

An diesem Donnerstag, dem 12. April kommt es zu einer ultimativen nächtlichen Katastrophe.

Mein Leben wird sich in dieser Nacht völlig unerwartet komplett verändern.

Um halb 4 will ich zur Toilette. Im Dunkeln stoße ich mit dem Bauch gegen die Klinke von der Haustür. Denke mir nix bei...

Als ich auf Klo sitze merke ich, dass es feucht wird. Ich blute aus meiner Bauchwunde! Und ein Stück vom Darm

ist zu sehen. Es kommt immer weiter aus dem Bauch raus! Ich stopfe es wieder rein. Überall ist Blut...
Der Darm ist offen. Und halbverdauter Darminhalt tritt aus...gelbe Flüssigkeit.
Ich hab aber keine Schmerzen.
Ich wecke Meiko. Er ist geschockt! Und packt meine Sporttasche mit den nötigsten Sachen. Um 3:40 Uhr wähle ich den Notruf. Ich sage, dass mein Darm offen ist und aus dem Bauch rauskommt...
Die Sanitäter sind geschockt.
Ich werde mit dem Krankenwagen ins Siloah Krankenhaus gebracht. Im Nordstadt ist kein Bett frei
Im Krankenhaus werde ich untersucht. Der Darm ist offen. Ich muss operiert werden.
Wenn ich Glück habe, reicht ein kleiner Eingriff. Bei dem der Darm und die Bauchwunde von außen genäht wird.
Die Chance, dass es „dicht" wird, ist aber sehr gering.
Dann bleibt nur eine große Operation. Bei der mein Bauch wieder komplett aufgeschnitten wird. Und ich wochenlang im Krankenhaus bin. So wie 2016.
Ich kann mich gleich für die große OP entscheiden.
Da ich nicht wieder wochenlang im Krankenhaus bleiben will, entscheide ich mich für den kleinen Eingriff.

Die Ärzte sagen ganz klar, dass der vom Nordstadt Krankenhaus empfohlene Bauchgurt diese drastischen Folgen von einem kleinen Stoß verhindert hätte.
Ich bin selber schuld an meiner Situation, weil ich den Bauchgurt schon nach wenigen Tagen weggelassen habe.
Und ich werde grausam für meinen Leichtsinn bestraft...

Krankenhaus Siloah
Bis zur Operation wird die Darmaustrittstelle notdürftig mit einem Stoma Beutel verschlossen.

Der Beutel löst sich gleich wieder. Und der Darminhalt verteilt sich auf meinem Bauch. Die Ärztin klebt einen neuen auf. Der hält erstmal.

Morgens bringt die Ärztin mich in den 6. Stock auf Station. Da das Pflegepersonal auch streikt hat das Krankenhaus nur eine Notbesetzung.

Das Siloah Krankenhaus ist ganz neu und modern.

Ich rufe Heidi an. Sie reagiert ganz gelassen. Und bleibt dann dieses Wochenende zuhause.

Mittags werde ich operiert. Die Operation verläuft gut. Die Darmwunde wird zugenäht.

Ich hatte mir den Tag anders vorgestellt...

Glaube

Am nächsten Tag habe ich ein Schlüsselerlebnis. Spontan gehe ich zur Andacht in die Krankenhaus Kapelle. Ich nehme als einziger daran teil. Danach unterhalte ich mich noch kurz mit der Seelsorgerin.

In der nächsten Tagen und Wochen haben wir mehrere lange Gespräche. Und wir beten zusammen. Gespräche und Gebete helfen mir sehr in dieser schweren Zeit.

Fasten

Ich hab Hunger Darf aber erstmal nichts Essen. Allerdings sehe ich es positiv nichts zu essen. Ist wie beim Wasserfasten. Ich entgifte grad. Merke, dass meine Haut glatter wird.

Ich nehme mir vor, meine jetzige Situation als Chance zu nutzen. Und (wieder) mehr auf meine Ernährung zu achten.

Vor allem will ich (raffinierten) Zucker und stark verarbeitete Lebensmittel möglichst komplett weglassen.

Und ich werde wieder mehr Rohkost essen.

Umdenken

Ich schreibe jetzt täglich mit meinem Smartphone Tagebuch. Es ist sehr sinnvoll alle Ereignisse aktuell aufzuschreiben. Dann spare ich mir später zeitaufwendige Recherchen für meine Autobiografie. Und ich bin sehr froh, dass ich wieder mobiles Internet habe.

Meine Krankheit zwingt mich zum Umdenken. Ich muss Aktivitäten absagen. Ich schreibe eine Mail an den Sprecherkreis meiner Bürgerinitiative. Dass ich bei der bald anstehenden Mitgliederversammlung nicht mehr kandidiere. Dieser Schritt fällt mir sehr schwer. Ich habe die BI ja mitgegründet. Und war von Anfang an aktiv dabei.
Da ich die ganze Woche im Krankenhaus bleibe, bin ich gezwungen, meine Arbeit bei der Tafel abzusagen. Ich ahne noch nicht, dass ich für sehr lange Zeit nicht mehr arbeiten kann.
Am meisten ärgert mich, dass ich ab Mai die Chance gehabt hätte, als fester Hausmeister bei McFit anzufangen. Das hat sich jetzt erledigt.

Trotzdem sehe ich meine Krankheit positiv. Als Chance auf einen Neuanfang.
Ich werde in Zukunft noch mehr darauf achten, Prioritäten zu setzen. Und ich werde das Beste aus meiner verbleibenden Lebenszeit machen.

Rückschlag

Dienstagabend geht die Bauchwunde wieder auf. Der Arzt näht nach. Aber es wird nicht halten.

Entlassung

Donnerstag werde ich entlassen. Die Ärzte raten mir dringend zum „ lebenslangen" Tragen vom Bauchgurt. Das ist auch so im Arztbrief vermerkt: „Tragen einer angepassten polsternden Bauchbinde lebenslang"

Kündigung der Wohnung

Gleich am nächsten Tag bin ich in der Realität des Lebens angekommen.

Ich habe ein Einschreiben von meinem Vermieter. Die fristlose Kündigung der Wohnung zum 30.4! Laut dem Schreiben wurde 2 Monate die Miete nicht gezahlt. Der Gesamtrückstand beträgt 950,-€ (10,-€ Mahngebühr) Wir besitzen ohne Erlaubnis Hunde und ich habe ohne Erlaubnis Fremdmieter drin. Ich rufe meine „Mitbewohnerin" Jessica an. Sie hat keine Zeit. Und sie sagt, dass die Miete überwiesen ist. Ich halte das für eine Lüge.

Ich muss erstmal nachdenken, was ich jetzt mache....

Der letzte Tag....

An diesem Freitagnachmittag bin ich spontan mit Jenny an den Ricklinger Kiesteichen. Wir chillen in der Sonne. Ich genieße es. Und ahne nicht, dass es für mich das vorerst letzte Mal sein wird.

Abends bin ich mit Bella beim HSP Stammtisch. Es ist ein netter Abend mit guten Gesprächen. Ich übernachte bei Bella.

Ab dem nächsten Tag werde ich grausam für meine Fehler bestraft...

Sommer 2018 im

Nordstadtkrankenhaus – Grenzerfahrungen

Es ist Samstag der 21. April. Ich stehe um 7 auf und dusche kurz bei Bella.

Mein Bauchverband ist voller gelber Wundflüssigkeit. Gut, dass ich Verbandsmaterial mithabe. Ich verbinde die offene Stelle und starte in den Tag. Ich kaufe mir ein neues Monatsticket. Hätte ich gewusst, was mich erwartet, hätte ich es nicht gekauft. Ich kaufe Brötchen, und fahre zu Tanja zum Frühstück. Als ich an der Haustür bin, merke ich, dass der Verband schon wieder durch ist. Bei Tanja im Bad verbinde ich es neu.

Aber nach dem ausgiebigen Frühstück ist der Verband schon wieder durch!

Wir fahren mit der Bahn in die Stadt. Auf dem Ernst-August-Platz ist Fahrradbörse. Ich suche ja ein Fahrrad. Aber die hier sind alle viel zu teuer. Ein einziges für 80,- € fahre ich Probe. Aber das hat zu viele Macken. Und ich kann mich nicht konzentrieren. Mir ist schwindelig. Mein Bauch macht mir Sorgen. Ich fahre mit Tanja wieder zu ihr. Auf der kurzen Bahnfahrt geht es mir immer schlechter. Ich schaffe kaum noch den kurzen Fußweg von der Haltestelle zu Tanjas Wohnung. Der Verband ist total durchnässt. Es hat keinen Zweck mehr..

Tanja bestellt per Notruf einen Rettungswagen. Die Sanitäter gucken sich das kurz an. Und nehmen mich mit.

Alternativlos

Diesmal komme ich ins nahe gelegene Nordstadtkrankenhaus. Dort werde ich untersucht. Der Darm ist wieder aufgegangen! Was da ausläuft, ist gelbe Darmflüssigkeit mit Magensäure. Da ich noch nicht operiert werden kann, wird das Loch mit einem Stoma

Beutel notdürftig verschlossen. Es gibt keine Alternative zu einer großen Operation. Bei dieser muss der Bauch wie 2016 komplett aufgeschnitten werden. Und ein Stück vom Darm wird entfernt. Die Operation kann aber frühestens im August erfolgen! Bis dahin werde ich künstlich ernährt! Und ich soll wahrscheinlich bis zur OP im Krankenhausbleiben!

Damit haben sich ALLE meine Pläne für dieses Jahr mit einem Schlag erledigt

Hoffnungslos

Es ist noch nicht absehbar, ob ich nach der OP jemals wieder ganz gesund werde. Ich werde wohl eine Pflegestufe bekommen und einen Behindertenausweis beantragen müssen.

Meine Krankheit ist nicht das einzige Problem.

Ich werde für sehr lange Zeit nicht arbeiten können. Das heißt, ich werde wieder Grundsicherung beantragen müssen. Ich wollte nie wieder finanzielle Unterstützung vom Staat beantragen. Jetzt bin ich dazu gezwungen.

Ich weiß nicht, was aus meinem Garten wird. Ob ich jemals wieder in der Lage bin, weiter die Hütte zu sanieren. Abgesehen davon, dass ich kein Geld dafür habe. Und ich keinen Garten haben darf, wenn ich Grundsicherung beantrage.

Meine Wohnung ist fristlos gekündigt.

An eine Beziehung oder Familie mag ich gar nicht mehr denken.

An ehrenamtliche oder gar politische Tätigkeiten auch nicht.

Ich muss mich damit abfinden, dass mein bisheriges Leben vorbei ist.

Ich bin am Ende. Ein körperliches Wrack.

Nur mein Kopf rattert wie verrückt. So viele Gedanken...so viele Pläne die jetzt sinnlos sind.

Ich habe meinen Optimismus verloren...und keine Ahnung wie es weitergeht.
Ich bin am Boden zerstört!

Verzweiflung
Ich habe Hunger. Und darf nichts essen. Künstlich ernährt werden kann ich auch noch nicht. Dazu muss erst ein ZVK gelegt werden. Das ist für Montag angedacht. Ich liege fast den ganzen Sonntag im Bett. Heimlich esse ich ein paar Feigen, die ich noch in der Tasche hatte.
Meiko kommt mich abends besuchen. Er bringt mir mein Laptop und Anziehsachen. Ich gebe ihm meine gerade gekaufte Fahrkarte. So ist er wenigstens mobil. Mir nützt sie ja nichts mehr.
Ich diskutiere mit ihm. Und rege mich fast auf. Aber trotzdem hilft mir das Gespräch.
Meiko hat mir auch was von dem Obst mitgebracht, was ich grad gekauft hatte. Eine Banane, Orangen und Zitronen. Ich esse heimlich die Banane und trinke eine heiße Zitrone. Sie läuft sofort als gelbe Flüssigkeit wieder aus meinem Bauch. Die Wunde brennt. Der Beutel wird undicht...Die Zitrone war ein Fehler! Ich muss mich damit abfinden, für sehr lange Zeit auf mein Lebenselixier zu verzichten. Das macht mich traurig...
Es ist angedacht, dass ich die künstliche Ernährung bis zur OP im Herbst brauche, Deshalb ist der ZVK am Hals zu unkomfortabel. Ich bekomme einen Port. Der wird direkt in die Brust implantiert. Darüber kann ich problemlos ernährt werden.
Ich bin verzweifelt. Lehne diese Ernährungsform komplett ab! Das ist genau das Gegenteil von meiner Ideologie!
Essen und gesunde Ernährung ist ein sehr wichtiges Thema für mich. Ein zentraler Lebensinhalt. Ich esse sehr

gerne und sehr viel.

Anstatt von Rohkost werde ich von Sonden Nahrung ernährt.

Und zu wissen, dass ich ungewollt durch diese Chemienahrung die Pharmaindustrie unterstütze stört mich gewaltig!

Nichts zu essen ist für mich absolut unvorstellbar - aber trotzdem bittere Realität.

Der Frühling & Sommer kommt. Ich werde im Krankenhaus sein... anstatt in der Natur die Sonne zu genießen.

Mein Bauch ist eine Mondlandschaft.

Das Loch reißt immer weiter auf. Der Stoma Beutel klebt nicht richtig und ist ständig undicht.

Gezwungenermaßen fange ich an meine Aktivitäten abzusagen.

Ich rufe die Tafel an. Kündige.

Ich rufe Heidi an. Teile ihr mit, dass ich dieses Jahr nicht mehr zur Verfügung stehe. Damit hat sich mein Jahresurlaub erledigt.

Das tut weh.

Ich schaffe es noch nicht, McFit zu kündigen.

Montag kriege ich eine kleine Portion Mittagessen- Und merke, dass mir das gut tut. Aber trotzdem meinem Bauch schadet. Die Wunde brennt. Der Beutel ist andauernd undicht. Das Loch im Bauch wird immer größer.

Besonders als ich dann noch eine Orange esse.

…

Grenzerfahrungen

Der 24. April ist einer der schlimmsten Tage meines Lebens.

Morgens wache ich auf, weil es feucht ist. Der Beutel ist abgeplatzt. Ich bin von oben bis unten mit gelber Darmflüssigkeit beschmiert! Der absolute Horror! Die junge Schwester muss mich komplett abduschen und waschen. Auch im Intimbereich. Das ist mir sehr peinlich. Das Stück Darm ist bedrohlich weit rausgerutscht! - Ein Tiefpunkt meines Lebens!
Ich brauche ein komplett neues Bett.

Nahrung?
An diesem Dienstag wird der Port in meiner rechten Brust implantiert. Der Eingriff unter örtlicher Betäubung ist kurz und fast schmerzlos. Es ist nur komisch, einen Fremdkörper in der Brust zu haben.
Ich kann jetzt künstlich ernährt werden. Ich bekomme am

Anfang 1000g Olimel 4,4%.

Darf aber zusätzlich noch Essen. Wovon mir die Ärzte aber abraten. Nach den Erfahrungen der letzten Nacht ist mir der Appetit allerdings vergangen.
Alles was ich esse ist für mich nutzlos. Mein Körper kann es nicht verwerten. Es läuft als gelbe Flüssigkeit (Magensäure) aus dem Loch im Bauch wieder raus. Und greift meine Haut an. Der Stoma Beutel ist viel schneller voll, und in kurzen Abständen undicht - ich brauche ständige Versorgung. Wenn ich esse, hält der Beutel maximal 4 Stunden. Zeitweise nur wenige Minuten. Ich habe aber noch nicht eingesehen, dass es das Beste ist, wenn ich gar nichts mehr esse.
Schon nach 1 Tag künstlicher Ernährung und ohne essen merke ich einen ganz erheblichen Unterschied. Es ist läuft sehr viel weniger Flüssigkeit aus. Meine gereizte Bauchwunde beruhigt sich.
Aber ich merke auch, dass ich hungrig bin. Täglich 1

Beutel der „normalen" Nahrungsinfusion reicht mir nicht. Nach mehreren Gesprächen mit den Ärzten wird meine Dosis erhöht. Ich bekomme jetzt täglich 1500g Olimel. Ich habe Angst, dass ich abnehme und körperlich schwächer werde. Merke es bereits - Wenn ich nichts esse, bin ich sehr schwach und kraftlos. Schaffe es kaum noch aufzustehen. Ich will auf jeden Fall verhindern, dass ich im Herbst so schwach bin wie 2016! Deshalb dränge ich immer wieder darauf, dass die tägliche Dosis meiner künstlichen Ernährung noch weiter gesteigert wird. Im Netzt recherchiere ich, dass es Olimel 5,7 auch als 2000g Beutel gibt. Es ist aber hier im Krankenhaus nicht verfügbar.

Trotzdem wäre diese Art der Ernährung wäre noch vor wenigen Tagen für mich absolut unvorstellbar gewesen. Aber sie erhält mich am Leben!

Ich rufe bei McFit an. Will meinen Vertrag kündigen. Das geht aber nur schriftlich.
Ich verfasse eine schriftliche Kündigung. Das tut weh.

Wut
Aus heiterem Himmel bekomme ich Krämpfe und Schüttelfrost!
Ich merke, dass ich immer schwächer werde. Ich schaffe es kaum noch aufzustehen. Habe Kopfschmerzen. Mir ist schwindelig. Ich bin müde. Ich bin überzeugt, dass es durch den Mangel an natürlichen Vitaminen kommt.
Ich versuche mit der Schwester darüber zu reden. Sie meint, dass es normal ist wenn ich jetzt schwächer werde. Ich will mich damit nicht abfinden. Sage ihr, dass ich es gewohnt bin „topfit" zu sein. Mich viel bewege, sportlich bin. Auch hier im Krankenhaus Treppe statt Fahrstuhl nehme. Sie rät mir davon ab. Ich sollte mich möglichst

wenig bewegen. Ich raste aus! Schreie sie an. Rege mich auf. Bin wütend und verzweifelt. Die Ärztin redet mit mir. Sie erklärt mir, dass mein jetziger Zustand nur vorübergehend ist. Ich hier im Krankenhaus wieder aufgepäppelt werde. Ich beruhige mich wieder.

Depressiv?
Es ist der reinste Horror...
Ich werde für Fehler, die ich gemacht habe sehr hart bestraft.
Ich weiß nicht, ob ich es schaffe das durchzustehen. Es tut so weh, dass ich so nach und nach alles aufgeben muss was mir wichtig ist. Es tut weh, dass ich meine ganzen Prinzipien aufgeben muss. Ich hab nicht mal die Kraft um an meiner Autobiografie weiter zu arbeiten
Ich sehe keine Zukunft mehr für mich...
Ich werde immer verzweifelter. Ich kann nicht mehr...
Will lieber tot sein, als weiter mit diesem Horror leben.
Die Ärzte wollen mir Antidepressiva geben. Das lehne ich ganz entschieden ab!
Mein Körper ist ein Wrack. Das einzige was noch funktioniert ist mein Geist.
Ich bin zwar im Moment verzweifelt und traurig. Aber mein Verstand ist klar.
Ich werde auf gar keinen Fall zulassen, dass mein Gehirn durch Antidepressiva oder Stimmungsaufheller vernebelt wird!
Das würde meine Persönlichkeit zerstören. Es wäre mein Ende.
Ich werde mich jetzt zusammen reißen. Um zu verhindern, dass ich zwangsweise Antidepressiva kriege!
Sogar ein Psychologe redet mit mir. Und empfiehlt mir ebenfalls Stimmungsaufheller. Ich bin genervt. Und mir wird immer klarer, dass ich entgegen dem Rat der Ärzte

und fast allen Menschen in meiner Umgebung NIEMALS solche Medikamente nehmen werde! Der Wiederstand dagegen ist das letzte Stück Menschenwürde was mir noch bleibt.

Ich brauche keine Stimmungsaufheller.

Ich brauche Gespräche. Ich brauche Freunde, die für mich da sind. Moralische Unterstützung.

Gebete. Glaube. Ich brauche Gott.

Ich bitte um ein Gespräch mit der Krankenhausseelsorge.

Hoffnung

Das Gespräch mit der evangelischen Seelsorge hilft mir. Es ist die gleiche Pastorin, die im Siloah Krankenhaus den Gottesdienst abgehalten hat.

Ich erzähle ihr kurz und knapp was passiert ist. Wieso ich hier bin. Dass meine Wohnsituation immer drängender wird. Sie bittet den Sozialdienst, sich darum zu kümmern.

Wir beten zusammen.

Das Gespräch und beten gibt mir Hoffnung.

In der nächsten sehr schweren Zeit habe ich noch mehrere, lange Gespräche mit der Pastorin.

Jedes Mal beten wir zusammen.

Ich bekomme wieder neuen Lebensmut.

Hilfe

Ich habe ein Gespräch mit dem Sozialberater. Er erkennt, dass ich eine Menge Probleme habe. Das drängendste ist meine Wohnsituation. Aber ich habe keine Kraft mehr mich um finanzielle Dinge zu kümmern, oder gar Anträge zu stellen. Außerdem kann ich ja für sehr lange Zeit das Krankenhaus nicht verlassen. Und nicht zum Amt gehen. Der Sozialberater rät mir, dass ich freiwillig eine zeitlich begrenzte Betreuung bräuchte. Also jemand, der sich um meine ganzen finanziellen Angelegenheiten kümmert. Er fragt mich, ob ich im familiären oder persönlichen Umfeld jemanden weiß, der das übernehmen würde. Ich erbitte mir Bedenkzeit. Und rufe Vanessa an. Will sie um Rat fragen. Dieses Telefonat wird entscheidend sein. Vanessa sagt mir, dass sie die Möglichkeit einer Betreuung schon mit Tanja besprochen hat. Und sie macht sogar selber ehrenamtliche Betreuung! Sie wäre bereit, das für mich zu übernehmen. Es wäre optimal, wenn meine Beste Freundin für mich die Betreuung übernimmt. Später teilt der Sozialberater mir allerdings mit, dass das Gericht eine Betreuung ablehnt, da ich geistig zu fit bin. Es kommt lediglich eine Vollmacht für einzelne Bereiche in Frage.

Ich sehe es allerdings positiv. So bin ich nicht „entmündigt"

Vanessa bietet mir an, dass ich auch bei ihr und Deborah wohnen könnte.

Ich telefoniere mit Silke. Sie findet das sehr gut und vernünftig. Und würde Vanessa unterstützen. Sie kann das aus zeitlichen Gründen nicht übernehmen. Sie macht mir den Vorschlag, dass für die Zeit meiner Krankheit ja wieder in den Landkreis Nienburg ziehen könnte. Zum Beispiel in den Lebensgarten. Ich willige sofort ein. Diese Entscheidung verstößt gegen meine Prinzipien. Ich wollte niemals wieder in den Landkreis Nienburg ziehen. Aber in meiner jetzigen Situation ist es das Beste was ich machen kann. Ich wäre in der Nähe von Vanessa & Deborah. Und Silke. Die sich dann optimal um mich kümmern können.

Wohnungslos

Vanessa hilft mir spontan. Sie ruft meinen Vermieter an. Der will mir helfen. Allerdings braucht er die Miete. Er wendet sich an meine Mitbewohnerin. Und einigt sich mit ihr. Für mich bleibt die fristlose Kündigung bestehen.

Damit bin ich ab Mai wohnungslos. Das ist aber erstmal nicht so schlimm. Ich werde ja im Krankenhaus gut versorgt.

Da ich auch keine Postadresse mehr habe, lasse ich wichtige Post zu Silke schicken.

Vanessa und Tanja unterstützen mich bei der Auflösung meiner Wohnung. Den Vertrag mit Naturstrom kündige ich kurzfristig online. Ich muss allerdings noch die Schlussrechnung bezahlen. Es nervt mich, dass ich den Strom für meine Mitbewohnerin bezahle. Außerdem bekomme ich meine Kaution nicht zurück. Da die Wohnung renovierungsbedürftig ist. Die Küche verkaufe ich an meine Mitbewohnerin. Tanja hat das für mich geregelt. Allerdings ist mir klar, dass ich das Geld nicht bekommen werde. Aber es ist „nur" Geld. Geld bedeutet mir nichts mehr.

Was ich mit meinem Garten mache, weiß ich noch nicht.

Ich habe wieder eine Perspektive! Und ja...ich will leben

Nahrung
Ich erkenne immer mehr, dass die Ernährung entscheidend ist! Für meine körperliche Genesung. Aber auch für mein seelisches Wohlbefinden.

Ganz klar... Essen hat sich erledigt... für sehr lange Zeit. Damit muss ich mich abfinden. Auch wenn es weh tut. Also faste ich jetzt. Ich versuche es positiv zu sehen. Das Krankenhausessen ist ja auch nicht unbedingt gesundheitsfördernd.

Aber ich kann trinken. Also werde ich in der nächsten Zeit so viele frisch gepresste Säfte und grüne Smoothies wie möglich trinken. Fruchtsäfte mit Säure (Zitrone) sind nach Ansicht der Ärzte nicht so empfehlenswert. Wegen der

Fruchtsäure. Aber ich probiere es aus.

Was gut ist, sind Wildkräuter Smoothies oder Gemüse Smoothies.

Einige meiner Freunde aus der Rohkostszene besuchen mich. Und bringen Smoothies mit.

Ich bekomme sehr viel Unterstützung von meinen Freunden. Das hilft mir. Und baut mich auf.

Schüttelfrost

Am letzten April Wochenende habe ich immer wieder extreme Krämpfe und Schüttelfrost.

Mein ganzer Körper verkrampft minutenlang. Ich friere und schwitze im Wechsel. Ich habe Fieber. Besonders Schlimm ist es in der Nacht zum 29. April.

Einzelzimmer

An diesem Sonntag werde ich in ein Einzelzimmer verlegt, weil besonders nachts immer wieder was mit mir ist. Das ist auf Dauer den anderen Patienten nicht zuzumuten. Ich sehe es positiv. So habe ich meine Ruhe. Außerdem ist dieses Zimmer besser ausgestattet als die meisten anderen. Und hat eine eigene Dusche. Dass der Fernseher größer ist, interessiert mich nicht. Das Zimmer ist normalerweise ein Zweibettzimmer. Aber ich bin für die nächste Zeit alleine.

Vakuumverband

Am nächsten Tag bekomme ich einen Vakuumverband. Die gleiche Art von Verband wie ich ihn schon 2016 hatte. Der Beutel wird nicht mehr direkt auf die Bauchwunde geklebt. Sondern auf den Vakuumschwamm. Die Darmflüssigkeit wird direkt in den Beutel gesaugt und läuft nicht mehr unkontrolliert daneben. Das finde ich sehr gut.

Ernährungsberatung
Ich kann zusätzlich zur künstlichen Ernährung essen,
wenn ich das möchte. Die Ärzte raten mir allerdings
davon ab. Es ist sowieso nutzlos, weil alles was ich esse
sofort im Beutel landet.
Ich habe ein Gespräch mit der Ernährungsberaterin. Ich
darf und soll zusätzlich zu der künstlichen Ernährung
essen. Ich bekomme, solange ich hier im Krankenhaus bin
hauptsächlich vegane Kost. Überwiegend Obst & Salat.
Sinnvoll sind kleine Mengen. Und ich werde meine
Zitrone bis auf weiteres weglassen. Natürlich ist mir klar,
dass der Großteil von dem was ich esse und trinke von
meinem Körper nicht verwertet werden kann. Aber ein
kleiner Teil ist besser als nichts. Ich werde die Zeit bis zur
OP nutzen um mir ungesunde Nahrung möglichst
komplett abzugewöhnen & meinen Körper zu entgiften.
Um nach der OP mit gesunder & möglichst roh veganer
Ernährung neu durchstarten.

Besser
Ich blicke positiv in die Zukunft. Habe keinen
Schüttelfrost und keine Krämpfe mehr, weil ich
Antibiotika bekomme. Es geht mir besser. Ich bin nicht
mehr so schwach und bewege mich wieder mehr.
Aber...weil ich mich mehr bewege läuft mehr Flüssigkeit
aus meinem Bauch. Obwohl ich seit Tagen nichts
gegessen habe. Für die Bauchwunde wäre es das Beste,
wenn ich bis zur OP im Herbst ganz ruhig auf dem
Rücken liegenbleibe. Meine Situation wird immer
krasser!

Positiv
Das was ich zurzeit durchmache ist sehr außergewöhnlich

und sehr hart. Aber es wird mich nicht umbringen.

Ich beginne mich damit abzufinden Und ich weiß, dass es noch sehr lange dauert, bis ich operiert werden kann. Und das ich bis dahin diese künstliche Ernährung brauche um zu überleben. Außerdem weiß ich, dass es nur vorübergehend ist.

Ich sehe es als ein weiteres Stück Lebenserfahrung. Mir wird immer mehr bewusst, wie zerbrechlich und kostbar das Leben ist. Mir wird bewusst, dass selbst einfachste Dinge nicht selbstverständlich sind. Ich bin unendlich dankbar für das was ich habe: Ich lebe. Und es bestehen gute Chancen, dass ich nach der OP wieder ein normales Leben führen kann. Momentan werde ich hier im Krankenhaus sehr gut versorgt. Auch am Maifeiertag kümmern sich Ärzte und Pflegepersonal liebevoll um mich. Ich habe ein Einzelzimmer mit Dusche. Ich kann aufstehen. Und sogar auf dem Krankenhausgelände spazieren gehen.

Zufällig ergibt sich ein langes Gespräch mit der Pastorin. Ich erzähle ihr von meinem *Bungee Sprung* vor vielen Jahren. Ich brauche es, Technik und meinen Körper bis an die Belastungsgrenze zu bringen. So wie jetzt. Ich bringe meinen Körper und meine Seele an die Belastungsgrenze. Ich teste gerade aus wieviel Schmerz und Leid ich ertragen kann. Und Ich sehe meine jetzige Situation als ein Stück einmalige Lebenserfahrung – Eine Grenzerfahrung. Niemand kann mir das nehmen. Und niemand der das was ich durchmache nicht selber erlebt, kann mich verstehen. Das Gespräch hilft mir sehr. Ich werde versuchen wieder positiv zu denken und das Beste aus meiner Situation zu machen

Mein Geist ist klar! Ich bin in der Lage meine Gedanken in Worte zu fassen und in den Laptop zu tippen. Die aktuellen Ereignisse halte ich in meinem Tagebuch fest. In den nächsten Wochen und Monaten nutze ich die Zeit im Krankenhaus, um an meiner Autobiografie zu arbeiten. Ich hoffe, dass die mir verbleibende Lebenszeit und Energie noch reicht um mein Lebenswerk fertigzustellen und zu veröffentlichen.

Müdigkeit
Ich bin ständig müde. Schaffe es nicht sehr lange am Laptop Texte zu entwerfen. Ich schlafe immer wieder ein. Die Müdigkeit macht mir zu schaffen. Ich bin davon überzeugt, dass es am Nährstoff & Vitaminmangel liegt.

Essen?
Es gibt gleich am ersten Tag Probleme mit dem Essen. Das für mich bestellte Abendbrot hält die Schwester zurück. Sie will es erst mit der Ärztin abklären.
Ich habe Hunger. Und frage die Nachtschwester nach meinem Abendbrot. Sie rät mir vom Essen ab, Aber bringt mir einen Fruchtjoghurt. Ich bin enttäuscht und traurig. Hab aber keine Lust mehr mit ihr zu diskutieren. Also esse ich den Joghurt, obwohl ich sowas gar nicht mehr essen will. Minuten später ist der Vakuum Verband undicht. Die Schwester sieht sich bestätigt. Und klebt die undichte Stelle. Mir ist gleich klar, dass das nichts wird. Der ganze Verband „schwimmt" in Gelber Darmflüssigkeit vermischt mit Joghurt. Ich bin genervt und sauer auf mich selber. Schon als ich mich wasche tropft es wieder. Ich habe den ganzen Fußboden im Bad vollgetropft. Und putze erstmal. Die Schwester klebt wieder nach. Erfolglos...Die Pumpe piept und schaltet sich ab. Der ganze Verband löst sich auf. Alles ist voller Darmflüssigkeit. Mein ganzer Bauch ist rot und brennt. Ich bin verzweifelt. Nach langer Wartezeit klebt die Schwester mir notdürftig einen Beutel auf den Bauch. Es

ist alles gereizt und feucht. Aber ich traue mich nicht aufzustehen. Irgendwann schlafe ich ein. Die Nachtschwester weckt mich ein paarmal zum Verbandswechsel. Wenigstens hält der Beutel die Nacht durch.

Morgens klebt die Stationsärztin mir einen neuen Vakuumverband auf.

Horrornächte wie diese erlebe ich in den nächsten Tagen und Wochen öfter.

Es liegt am Essen. Aber nicht nur. Es liegt auch daran, wie sorgfältig der Vakuumverband aufgeklebt wird. Wenn ein kleines Detail weggelassen wird, ist er schon nach sehr kurzer Zeit undicht. Wenn er sehr sorgfältig und fachgerecht aufgeklebt wird, hält es auch mal 4 Tage. Trotz Essen! Die Verbandswechsel sind sehr aufwendig und werden nur von den Ärzten gemacht. Und es geht nur zu 2. Manchmal dauert so ein Wechsel 45 Minuten oder sogar 1 Stunde. Für das Krankenhauspersonal ist es sehr schwer.

Fast jeden Tag ist der Verband undicht und muss erneuert werden. An manchen Tagen sogar 2 Mal. Wenn kein Arzt Zeit hat läuft die gelbe Flüssigkeit, stundenlang über meinen Bauch. Aber ich ertrage es. DAS ist für mich der Preis dafür dass ich esse. Essen war schon immer sehr wichtig für mich. Aber jetzt ist es DAS allerwichtigste für mich. Ich denke ständig an Essen. An die nächste Mahlzeit. Und bin jedes Mal bitter enttäuscht, wenn ich „nur" ein Energiegetränk kriege. Oder einen Joghurt. Ich träume von riesigen Portionen und Pizza.

Das mit dem von der Ernährungsberaterin für mich zusammengestellten Essen klappt nicht.

Aber ich habe einfach keine Lust mehr jeden Tag und jede Mahlzeit mit dem Pflegepersonal und den Ärzten zu diskutieren ob ich Essen darf oder nicht.

Wenn ich kein Essen kriege, gehe ich ins Bistro und esse dort.

Ich halte mich nicht an den Rat der Ärzte. NICHTS essen wäre das Beste für meinen Bauch.

Aber das kann und will ich noch nicht einsehen. Es ist aber nicht nur Kopfsache. Ich merke körperlich, dass ich Hunger habe.

Betreuung?

Zwischenzeitlich habe ich wieder Gespräche mit dem Sozialberater. Es ist angedacht, dass ich bis zur OP im Herbst in ambulante Betreuung entlassen werden soll. Das könnte ein Pflegedienst übernehmen-Das Problem ist die Versorgung in der Nacht. Am besten wäre eine private Unterbringung. Alternativ kommt ein Pflegeheim infrage. Möglich ist auch eine Kurzzeitpflege. Die wird aber in der Regel nur für 4 Wochen genehmigt.

Der Sozialberater weiß allerdings keine Lösung. Kurzzeitpflege in einem Heim wäre eine Möglichkeit. Ist aber eine Finanzierungsfrage. Und mit 42 in einem Altenheim ist auch nicht so optimal. Eine Reha kommt nicht infrage. Da ich ja aufgrund meiner Krankheit an vielen Angeboten nicht teilnehmen kann. Eine private Unterbringung mit Pflegedienst kann meine Versorgung nachts nicht sicherstellen. Deshalb ist es wohl das Beste wenn ich bis zur OP hier im Krankenhaus bleibe.

Jenny

Jenny und ihr Vater besuchen mich. Sie bringen eine Überraschung mit. Frische Trinkkokosnüsse & Strohalme. Für jeden eine und eine extra für mich. Darüber freue ich mich wirklich sehr! Es ist etwas ganz besonderes im Krankenhaus Kokosnusswasser direkt aus der Kokosnuss zu trinken. Ich genieße es! Ich bin glücklich!

Das ist eine sehr schöne Entschädigung nach all dem was ich in den letzten Tagen durchgemacht habe.

Aber dann fängt Jenny wieder mit Darmparasiten und Fastenkuren an. Sie ist davon überzeugt, dass Parasiten für meine Krankheit verantwortlich sind. Sie rät mir dringend zu Darmeinläufen. Und sie rät mir keine Bananen mehr zu essen! Wegen dem Fruchtzucker. Mit dem ich die Parasiten füttere. Das halt ich für Unsinn! Gerade Bananen. Das einzige natürliche Obst was ich momentan essen kann! Außerdem hat meine Krankheit nichts mit Parasiten zu tun. Es ist ganz eindeutig eine Spätfolge von meinem selbstverschuldeten Unfall mit Miriam. Und dieser Krankenhausaufenthalt liegt daran, weil ich den Bauchgurt nicht getragen habe.

Jenny leiht mir ein Buch aus. „Gesunde Menschen. Das Fasten- und Ernährungsbuch" von Prof. Arnold Ehret. Das Buch werde ich lesen. Vom Fasten halte ich für mich persönlich allerdings nichts.

Ich mag Jenny sehr. Und sie hat mir schon oft geholfen. Ich habe ihr sehr viel zu verdanken. Habe sehr viele liebe, und für mich wichtige, Menschen durch sie kennengelernt. Durch sie bin ich an die Rohkost gekommen. Davon bin ich mittlerweile absolut überzeugt! Das mit dem Fasten akzeptiere ich. Obwohl es für mich nicht infrage kommt. Ich bin sportlich sehr aktiv. Bringe meinen Körper bewusst immer wieder bis an die Belastungsgrenze. Ich brauche sehr viel Energie um Leistung zu bringen.

Aber das mit den Parasiten geht mir doch etwas zu weit! In diesem Punkt ist sie mir zu extrem. Zu verbissen.

Diskussionen

Unter meinem Facebook Post zu diesem Thema entsteht ein interessante Diskussion über Ernährung. Besonders nachdem ich folgende Antwort geschrieben habe:

„Ich möchte mal was klarstellen: Essen und gesunde Ernährung ist in den letzten Jahren ein zentrales Thema für mich geworden. Ich esse sehr gerne und sehr viel. Ich bin ein sehr aktiver und sportlicher Mensch. Ich fordere sehr viel von meinem Körper. Und mein Körper fordert sehr viel Nahrung von mir. Fasten ist für mich keine Option. Trotzdem lese ich das Buch und befasse mich damit. Ich achte in letzter Zeit schon auf meine Ernährung. Ich hinterfrage, wo die Lebensmittel herkommen, und wie sie produziert werden. Ich habe erkannt, dass vegane Rohkost die Beste Ernährungsform ist. Deshalb versuche ich möglichst viel rohes Obst und Gemüse zu essen. Ich sehe mich aber nicht als Rohköstler. Auch nicht als Vegetarier oder Veganer. Wie ich schon mehrfach erwähnt habe, ist eine 100% vegane oder gar rohvegane Ernährung in unserer modernen Gesellschaft nahezu unmöglich. Besonders, wenn man so wie ich aktiv am gesellschaftlichen Leben teilhaben möchte. Wenn man sich nicht nur mit gleichgesinnten Menschen umgeben möchte. Ich kenne sehr viele und sehr unterschiedliche Menschen. Besonders zum Thema Ernährung hat jeder eine andere Meinung. In meinem Bekanntenkreis befinden sich strenge Rohveganer sowie auch Menschen, die sehr viel Fleisch und fast Food essen. Ich versuche mit allen klarzukommen. Ich will überall dazugehören. Es ist für mich ein Teil meines Lebens heute mit Freunden (Fleisch) zu grillen und morgen mit anderen Freunden zum Rohkostpotluck zu fahren. Ich habe einfach keine Lust mehr mir über jedes Stück Fleisch oder Kuchen Gedanken zu machen! Der Gedanke " Das Stück Torte enthält Zucker, Milch aus der Massentierhaltung und chemische

Zusätze. Das schadet mir. Damit unterstütze ich die Milchindustrie und das Leid der Kühe" macht mich krank! Es macht mich krank, wenn ich aus genannten Gründen auf das Stück Torte verzichte. Und traurig am Kaffeetisch sitze, während meine Freunde die Torte genießen! Der aufgezwungene Verzicht schadet mir mehr als das eigentliche Stück Torte! Und wenn ich dann 2 oder 3 Stück esse ist das so!

Essen, besonders in Gesellschaft mit Freunden ist für mich ein wichtiger Beitrag zum Glücklich sein. Ein Stück Lebensfreude. Fasten ist für mich grausam und unvorstellbar! Ich merke es gerade jetzt im Krankenhaus. Das Krankenhausessen ist nicht unbedingt toll oder gesund. Aber es macht mich traurig, wenn meine Mitpatienten Mittagessen kriegen und ich nur mein Energiegetränk. Oder mal eine Banane. Ich bin traurig und genervt wenn ich nichts esse. Und sehr glücklich wenn ich esse.

Ich esse auch jetzt trotz künstlicher Ernährung. Obwohl ich weiß, das etwa 80% von dem was ich esse als gelbe Flüssigkeit im Beutel landet. "

Ich habe sehr viele Gespräche und Diskussionen. Mit Pflegepersonal, Ärzten, Freunden und meiner Schwester. Und auch viele Facebook Diskussionen. Jeder hat eine andere Meinung. Aber die allermeisten Menschen in meinem Umfeld raten mir auf den Rat der Ärzte zu hören. Ich sollte gar nichts Essen. Und mich auch nach der Entlassung schonen.

Bei einem Besuch von Vanessa & Deborah diskutiere ich mit Deborah. Sie sagt, wenn ich nach der OP so weitermache wie vorher und dann wieder im Krankenhaus lande, werden sie mich nicht mehr unterstützen. Ich soll mich schonen. Und kann dann noch lange nicht arbeiten oder Sport machen. Ich rege mich auf! Weil genau DAS ist mein Plan. Wenn ich aus dem Krankenhaus entlassen werde, will ich zurück in meinem alten Leben sein. Mit Sport und arbeiten. Vanessa versteht mich.

Mich nervt es extrem, das andere Menschen über mein Leben bestimmen wollen.
NIEMAND kann sich in meine derzeitige Situation hineinversetzten. Niemand, der so etwas nicht selbst durchmacht, versteht, wie grausam es ist wenn Essen schadet! Besonders, weil Essen für mich einen so elementar wichtigen Stellenwert hat!
NIEMAND fühlt das was ich fühle. Nur ich alleine weiß, was gut für mich ist. Und was mir schadet. Ich bin es seit meiner Jugend gewöhnt, meinen Körper bis an die Belastungsgrenze zu bringen. Ich brauche diesen Kick um glücklich zu sein! Es ist MEIN Leben!

Ich verfasse einen sehr langen Facebook Post:
„Nach vielen Diskussionen möchte ich mal was klarstellen: Mir geht es so gut wie lange nicht mehr. Der Beutel hält seit etwa 60 Stunden. Ich werde hier im Krankenhaus sehr gut versorgt. Hab mein Laptop und Musik. Bin körperlich einigermaßen fit. Und ich habe gute Freunde die sich um mich kümmern.
Aber:
Immer wieder merke ich, dass mich kaum einer wirklich versteht. Ich muss mich immer wieder durchsetzen. Ich muss um jedes kleine Glück kämpfen.
Hier im Krankenhaus: Das Pflegepersonal macht das, was die Ärzte anordnen. Und jede Schwester macht es anders...Jeder Arzt sagt was anderes. Informationen werden nicht weitergeleitet und gehen unter.

Ernährung: Mein Hauptgedanke zurzeit dreht sich ums Essen. Die Ernährungsberaterin hat ganz klar gesagt was ich zusätzlich zur künstlichen Ernährung essen kann, und was nicht. Und mit mir einen Essensplan zusammengestellt. Das Essen wurde für mich bestellt. Ein Arzt sagt, dass ich das Essen kann, was die Ernährungsberaterin bestellt hat. Der nächste Arzt sagt, dass ich am besten gar nichts essen sollte. Das steht so in meiner Krankenakte. Deshalb wurde das Essen wieder abbestellt. Beziehungsweise das Pflegepersonal gibt es mir nicht. Wobei es auch da Unterschiede gibt. Die eine Schwester gibt es mir trotzdem. Die nächste nicht. Dann hat eine andere Ernährungsberaterin Energiegetränke für mich empfohlen. Die kriege ich jetzt. Trotz vielfacher Diskussionen mit Ärzten und Pflegepersonal muss ich um jede Mahlzeit "kämpfen" Und wenn sie mir mein vegetarisches Essen geben wollen ist keins mitgekommen. Weil es wieder abbestellt wurde. Ganz klar. Ich brauche unbedingt Essen zusätzlich zur künstlichen Ernährung! Mein Körper ist jahrelang riesige Mengen an Nahrung gewöhnt. Ich esse etwa 3x so viel wie andere Menschen. Da ich ja sehr aktiv und sportlich bin, verbrauche ich diese Energiemenge auch wieder. Über "normale" Portionen lache ich nur. Die "normale" Menge an künstlicher Ernährung reicht mir nicht. Ich habe ganz klar gemerkt, dass ich anfangs nur damit (ohne zusätzlich zu essen) immer schwächer wurde. Hab immerhin schon durchgesetzt, das ich jetzt das 1,5 fache der normalen Menge bekomme. 2016 als ich den ersten Darmverschluss hatte habe ich ja auch schon künstliche Ernährung bekommen. Damals war ich nicht in der Lage durchzusetzen, dass ich mehr bekomme. Ich habe innerhalb kürzester Zeit massiv an Gewicht verloren. Und war sehr schwach. Erst in der Reha, wo ich wieder wie

gewohnt sehr viel und sehr gut gegessen habe, bin ich
wieder zu Kräften gekommen. Genau das will ich jetzt
vermeiden. Ich setze mit Nachdruck durch das ich genug
zu essen kriege. Und ich halte mein Gewicht. Bleibe auch
einigermaßen fit. Ganz klar...Essen ist DAS wichtigste für
mich, um bei Kräften und glücklich zu bleiben! Ich lese
zwar gerade das Fastenbuch. Aber Fasten ist für mich
absolut gar keine Option!!
Antidepressiva:
Mir ging es anfangs sehr schlecht. Ich wollte nicht mehr
leben. War kurz vorm Aufgeben. Die Ärzte wollten mir
Antidepressiva geben. Ich habe das ganz klar und
entschieden abgelehnt! Ich habe mich gegen Ärzte und
alle die tagelang auf mich eingeredet haben, durchgesetzt!
Und habe meine Depressionen durch viele Gespräche &
beten überwunden. Ich habe mich mit meiner Situation
abgefunden. Ich denke wieder positiv. Ohne
Medikamente! Das Thema ist vom Tisch. Darauf bin ich
stolz!!
Medikamente:
Ich lehne Medikamente ab. Nehme nur was unbedingt
nötig ist. Das dürfte ja durch meine vielen Posts bekannt
sein. Nachdem ich ja anfangs extremen Schüttelfrost und
Muskelkrämpfe hatte, habe ich Antibiotika bekommen.
Das hat mir geholfen. Trotzdem halte ich da nichts von.
Und wollte es so schnell wie möglich wieder absetzen
lassen. Hab mehrmals nachgefragt wie lange ich das noch
brauche. Vor 2 Tagen wurde mir Blut abgenommen.
Danach sollte anhand der Werte entschieden werden wie
lange ich die Antibiotikainfusionen noch brauche. Macht
ja Sinn. Gestern hab ich es immer noch bekommen. Hab
dann die Schwester gefragt was denn nun ist. Sie hat in
den PC geguckt. Da waren die Werte eigetragen. Und
alles sehr gut. Ein kurzer Anruf beim Arzt und das

Antibiotika wurde sofort abgesetzt. Warum nicht gleich so? Hätte ich nicht nachgefragt, und mich durchgesetzt würd ich es immer noch kriegen... Ich bin stolz, dass ich zurzeit nichts mehr an Medikamenten kriege. Sogar mein Blutdruck ist im sehr guten Normalbereich. Ich bewege mich ja auch sehr viel (für Krankenhausverhältnisse) Ich hatte während meinem Krankenhausaufenthalt 2016 massive Blutdruckprobleme. Der war viel zu hoch. Dagegen hab ich Medikamente bekommen. Die ich aber Anfang 2017 entgegen dem Rat der Ärzte eigenmächtig abgesetzt habe. Seitdem ist mein Blutdruck sehr gut. Hätte ich die Medikamente nicht abgesetzt, würde ich sie unnötigerweise heute noch bekommen...

Meine Zukunft:

Der Gedanke der mich am Leben erhält ist der, das ich nach der Operation im Herbst möglichst schnell wieder in meinem alten Leben sein werde. Hier in Hannover. Das ich wieder Sport mache. Und auch sehr bald wieder arbeiten werde. Die meisten meiner Freunde sehen das allerdings anders. Immer wieder höre ich "Du musst dich schonen. Du kannst doch nicht gleich wieder so weiter machen wie vorher und den ganzen Tag in der Gegend rumfahren & Party machen. Du kannst doch nicht gleich wieder Sport machen, Fahrrad fahren oder deinen schweren Rucksack tragen. Und an arbeiten ist vielleicht nächstes Jahr mal zu denken" Diese gutgemeinten Ratschläge nerven mich! Es ist MEIN LEBEN! Meine Gesundheit! Und ich weiß selber am besten, was mir gut tut oder was mir schadet. Körperliche Bewegung (egal ob Sport oder Arbeit) hat noch niemanden geschadet! Ich sage ganz klar: Ich schränke meine Aktivitäten ein. Beziehungsweise habe sie schon drastisch reduziert. In Zukunft nicht mehr 20 Termine pro Tag. Sondern nur noch 10. Aber: Ja ich mache genau so weiter wie vorher. Mein

*"Partyleben" in Hannover mit Sport, ehrenamtlichen
Tätigkeiten und so bald wie möglich wieder arbeiten.
Genau das, was ich auch Ende 2016 nach meiner letzten
schweren Krankheit gemacht habe. Damals hab ich, kaum
aus dem Krankenhaus entlassen, allein die schweren
Balken im Garten durch die Gegend geschleppt. Es hat
mich nicht umgebracht. Sondern nur noch stärker
gemacht. Ich lebe immer noch! Im Übrigen: den Satz "Ich
soll mich schonen" kann man unterschiedlich auslegen.
Für die meisten Menschen bedeutet das: Den ganzen Tag
auf dem Sofa liegen und sich von Angehörigen oder
Freunden pflegen & versorgen lassen. Aufstehen nur um
zum Klo zu gehn. Für mich bedeutet das: Ich reduziere
meine Tätigkeiten und gehe alles etwas langsamer an.
Chillen am See. Das ich mit Fahrrad zum See fahre, ist
für mich selbstverständlich.
Sport kann man unterschiedlich auffassen. Wenn ich kurz
nach meiner Entlassung aus dem Krankenhaus hier bei fb
poste das ich im Fitnessstudio bin, werden mich die
meisten für verrückt erklären. Für mich ist das normal!
Und mein Plan! Im Fitnessstudio zu sein bedeutet ja nicht
automatisch, das ich am ersten Tag an der Multipresse mit
90 kg Kniebeugen mache. Mir ist klar, dass das dann nicht
sofort wieder geht. Ich werde erstmal langsam mit leichter
Gymnastik und Liegestütze anfangen. Aber ich bin beim
Sport. Und auch joggen werde ich so bald wie möglich
wieder. Fange da ebenfalls langsam und mit wenigen 100
m an. Es ist mir klar, dass ich nicht sofort wieder 25 km
durchlaufen kann.
Arbeiten kann man unterschiedlich auffassen. Es ist mir
klar, dass ich nicht unmittelbar nach der Entlassung 8
Stunden Holz hacken kann. Aber ich werde mir schon
recht schnell einen leichten 450€ Job suchen. Was spricht
gegen leichte Hausmeistertätigkeiten wie aufräumen,*

fegen, oder mal eine Glühbirne wechseln? Im übrigen MUSS ich arbeiten, um meinen gewohnten Lebensstandard halten zu können. Nochmal Unterstützung vom Amt zu beantragen, will ich möglichst vermeiden. Sobald ich körperlich dazu in der Lage bin zu arbeiten werde ich das tun. Und ich entscheide wann das ist!! Im Übrigen: Die Ärzte sagen ganz klar, dass meine Verwachsungen durch die unfallbedingten Verletzungen von 1994 verursacht wurden! Von Überanstrengung hat nie ein Arzt was gesagt!

Ich weiß, dass ich eigensinnig bin. Ich weiß, dass ich oft genau das Gegenteil von dem mache was mir fast alle Menschen in meiner Umgebung raten. Ich weiß, dass meine Einstellung nicht überall gut ankommt. Aber so bin ich nun Mal. Und ich werde mich nicht ändern!

Mir ist klar, dass ich es nur meinem starken Willen zu verdanken habe, das ich überhaupt noch lebe. Ich habe mich schon sehr oft gegen alle Wiederstände durchgesetzt. Und hinterher hat sich mein Weg als richtig erwiesen. Darauf bin ich stolz!

Ich danke allen, die sich die Mühe machen diesen Text bis zum Ende zu lesen. Und ich bitte euch um Verständnis für meine Einstellung.

BITE spart euch und mir in Zukunft gut gemeinte Ratschläge nach dem Motto "Ich soll mich schonen"

Bella

Am Muttertag besucht Bella mich. Wir sitzen wie immer auf der Terrasse der Cafeteria in der Sonne. Und trinken Latte. Ich gönne mir ein Eis. Wir teilen uns ein Stück Himbeertorte. Dann setzen wir uns auf eine Bank in den Schatten und reden. Wir kommen uns näher. Bella lässt es geschehen. Irgendwie kommen wir auf das Thema Auswandern. Bella will nach ihrer nächsten

Nierentransplantation Deutschland verlassen. Sie möchte nach Frankreich oder Italien. Aber sie will das nicht alleine. Bisher hatte sie niemanden mit dem sie das umsetzen kann. Jetzt hat sie mich. Ich hab ja schon länger vor Deutschland zu verlassen. Wir überlegen gemeinsam auszuwandern! Wir planen unsere gemeinsame Zukunft. Ganz selbstverständlich. Als wenn wir ein Paar sind. Sie will singen. Und ich werde, wenn meine Autobiografie fertig und veröffentlicht ist, weiter schreiben. Ich will kritische Bücher schreiben. Über die Probleme der Welt. Atomenergie. Tierschutz. Umweltschutz. Und natürlich über das BGE. Ich will nicht einfach Fakten aus anderen Bücher oder dem Fernsehen übernehmen. Sondern selber vor Ort recherchieren. Ich will um die Welt reisen. Nach Tschernobyl. Nach Hiroshima und Fukushima. Bella will mich begleiten. Sie kann sich vorstellen, mit mir gemeinsam alt zu werden.

Wir küssen uns kurz zum Abschied. Es fühlt sich gut, und richtig an.

Abends informiert mich Facebook, dass ich mit Bella in einer Beziehung bin! Irgendwie war mir das klar. Trotzdem bin ich überrascht. Ich rufe sie an. Es war von uns beiden nicht geplant. Hat sich einfach so ergeben. Wir haben unsere gemeinsame Zukunft geplant. Wir sind uns näher gekommen. Also sind wir (wieder) zusammen. Ich finde das schön! Bin gespannt wie sich das entwickelt.

Bei ihrem nächsten Besuch ist es ganz anders. Es ist irgendwie eine komische Stimmung zwischen uns. Wir stellen fest, dass wir unterschiedliche Vorstellungen haben. Sie kann wegen ihrer Krankheit keine Kinder kriegen. Will aber Kinder adoptieren. Ich bin mittlerweile so weit, dass ich mir ein Leben mit eigenen Kindern vorstellen kann. Aber Kinder adoptieren ist für mich keine

Option. Sie legt sehr viel Wert auf Bildung und gutes Benehmen. Für mich ist das nicht so wichtig. Ich merke, dass wir keine gute Basis für eine zukunftsfähige Beziehung haben. Ich bin mir nicht sicher, ob sie mich liebt. Sage aber erstmal nichts. Nach 2 Stunden fährt sie wieder. Kein Kuss. Keine Nähe… Ich bin nachdenklich. Ein paar Tage später telefoniere ich mit Bella. Die meiste Zeit redet sie. Sie sagt, dass sie keine Basis für eine gemeinsame Zukunft sieht. Ich bin zu wechselhaft. In dem Punkt gebe ich ihr Recht. Dann sagt sie, dass ich noch nicht erwachsen bin. Das sehe ich anders! Ich habe aber keine Lust mit ihr zu diskutieren. Wir sind uns einig, dass wir die Beziehung beenden.
Wir bleiben sehr gute Freunde. Sie besucht mich in der nächsten Zeit sehr oft.

Ich schreibe Teil 1 meiner Autobiografie
In den nächsten Tagen und Wochen arbeite ich mit Hochdruck an meiner Autobiografie . Ich entwerfe seitenweise Texte über meine Jugendzeit. Ich schreibe alle wichtigen Ereignisse bis ins Jahr 1999 auf. Mit dem 2. Unfall beende ich Teil 1. Ich erstelle dann noch ein Inhaltsverzeichnis sowie das Vorwort. Das schreiben hilft mir. Und lenkt mich ab.
Nach einer letzten Überarbeitung verschicke ich Teil 1 an ausgewählte Freunde zum Gegenlesen.

Krankenhaus
Das mit dem bestellten Essen klappt einigermaßen.
Ich esse trotz der künstlichen Ernährung relativ viel.
Manchmal doppelte Portionen. Das Essen tut mir gut. Mir geht es gut. Ich denke wieder positiv.
Aber... Fast täglich ist mein Verband undicht. Und muss gewechselt werden. Die Fistel wird immer größer. Immer

wieder läuft die gelbe Flüssigkeit über meinen Bauch oder zwischen die Beine. und greift die Haut an. Immer wieder sind meine Hosen eingesaut. Ich wasche fast täglich Jogginghosen und Unterhosen mit der Hand. Ich nehme es hin. Es ist der Preis fürs Essen.

Fieber

Am Pfingstsamstag wollte ich eigentlich mit Vanessa & Deborah zum CSD. Aber ich darf das Krankenhausgelände nicht verlassen. Und mit Infusionsständer und Pumpe heimlich zum CSD zu gehen ist keine gute Idee. Das habe sogar ich eingesehen. Vor 20 Jahren hätte ich es gemacht. Aber ich bin ja erwachsen. Und hatte mir vorgenommen, zu krasse Situationen zu vermeiden.

Außerdem höre ich auf mein Gefühl...

Es ist besser, das ich im Krankenhaus bleibe....

Vormittags schreibe ich an meinem Buch. Plötzlich wird mir kalt. Ich hole mir einen Tee. Und lege mich ins Bett. Ich hab Kopfschmerzen. Fühle mich nicht gut. Also bleibe ich im Bett. Später habe ich Fieber. Als ich einmal kurz aufstehe, um den Beutel in der Toilette zu leeren, wird mir schwindelig. Ich habe Durst. Will nur noch Flüssigkeit. Mir ist heiß und kalt. Den Rest des Tages verbringe ich im Bett. Das Fieber steigt. Schaffe es grad noch, dass Laptop runterzufahren. Ich schlafe Etappenweise. Schwester Vera kümmert sich liebevoll um mich. Sie bringt mir heiße Milch mit Honig. Das Abendessen will ich nicht. Nur trinken...Die diensthabende Ärztin nimmt mir Blut ab. Ich kriege Schmerzmittel und später Antibiotika.

Irgendwann geht das Fieber zurück.

Ich hatte mir diesen Tag anders vorgestellt.

Aber es war die richtige Entscheidung. Im Nachhinein bin ich froh, dass ich nicht beim CSD war...

Am Pfingstmontag bekomme ich abends wieder Kopfschmerzen. Mir wird schwindelig. Ich gehe früh ins Bett. Habe Fieber. Später kommt der diensthabende Arzt. Er teilt mir mit, warum es mir immer wieder so schlecht geht. Ich habe einen Keim. Im Port. Der Port soll morgen entfernt werden. Dann wird es mir besser gehen. Ich bekomme erstmal einen ZVK am Hals. In einer Woche kann ein neuer Port gelegt werden. Es beruhigt mich, dass es nichts Ernstes ist.

Am Tag danach wird der Port entfernt. Ich dachte, das ist ein ganz kleiner Eingriff. Hab mich aber getäuscht. Es ist eine langwierige Operation unter örtlicher Betäubung. Nicht unbedingt Schmerzhaft. Aber sehr unangenehm! Es ist ein komisches Gefühl, als die Ärztin in meiner Brust den Port rausschneidet! Bin heilfroh, als es überstanden ist!

Gegen Abend teilt der Arzt mir mit, dass ich erstmal weder einen ZVK noch einen neuen Port kriegen soll. Da ich esse. Es soll getestet werden, ob das essen ausreicht. Das ist mir sehr Recht!

Es geht nicht gut. Ich habe Kopfschmerzen. Mir ist schwindelig. Werde immer schwächer.

Ich verliere über die Fistel zu viele Nährstoffe. Werde langfristig wohl doch wieder einen Port brauchen. Am Samstag wird erstmal ein ZVK im Hals gelegt. Damit kann ich wieder künstlich ernährt werden. Ich bekomme jetzt 1500g Olimel 5,7%. Das sollte nach Aussage der Schwester reichen. Es sind täglich 1600 Kalorien. Ich dürfte keinen Hunger mehr haben. Ich bin skeptisch. Laut einem online Kalorienrechner beträgt mein Grundumsatz 1560 Kalorien.

Schon am Montag muss der ZVK wieder gezogen werden, weil die Stelle sich entzündet hat.

Die Stationsärztin teilt mir mit, dass es Probleme mit meiner Niere gibt. Wegen dem Flüssigkeitsmangel. Ich brauche regelmäßige Wasserinfusionen.

An diesem Tag ohne künstliche Ernährung esse ich sehr viel. Abends bestelle ich mir Pizza und Salat. Der Verband hält.

Am nächsten Tag wird in meiner linken Brust ein neuer Port implantiert.

Ich bekomme zwar einen Bluterguss, der erst nach Wochen zurückgeht. Aber ich kann in der nächsten Zeit problemlos künstlich ernährt werden. Habe kein Fieber und keine Kopfschmerzen mehr. Und auch meine Nierenwerte bessern sich wieder. Allerdings habe ich mit dem neuen Port auch gleich wieder neue Probleme. Ich bekomme einen riesigen Bluterguss in der Brust. Und habe wochenlang Schmerzen.

Schreibblockade

Ich beginne ich mit den Vorbereitungen für Teil 2 von meinem Buch. Ich lege Ordner an und erstelle Dateien. Und fange an zu schreiben. Entwerfe die ersten Absätze zu der Zeit im Nordstadtkrankenhaus. Als ich im Koma lag. Und langsam erwacht bin. Das schreiben fällt mir sehr schwer. Es belastet mich. Es ist komisch. Vor 18 Jahren lag ich wenige Meter von hier entfernt im Koma. Im selben Krankenhaus. Und jetzt schreibe ich darüber… Irgendwann kann ich nicht mehr. Ich höre auf…Es ist mir zu krass. Ich mache eine der schwersten Zeiten meines Lebens durch. Und schreibe über eine weitere sehr schwere Zeit aus meiner Vergangenheit.

Am nächsten Tag will ich weiter schreiben. Aber mir fällt nichts ein. Ich kriege grad mal 1, 2 Sätze hin. Hab eine Schreibblockade. Die Erinnerung tut weh. Ich kann nicht mal Tagebuch schreiben.

Onkelz

Abends im Bett mach ich Musik an. Über Kopfhörer.
Mein Bettnachbar guckt irgend so eine Musiksendung. Ich
höre lieber Onkelz. Das hilft mir. Es geht mir wieder
besser. Mir fallen Texte für mein Buch ein. Und ich werde
an einigen Stellen Onkelz Passagen einbauen. Die Lieder
und Texte der Onkelz helfen mir mal wieder. Bis
Mitternacht höre ich Onkelz.

Am Ende werde ich sehr nachdenklich. Ich höre mal
wieder eines meiner Lieblingslieder der Onkelz. Kirche.
Bisher fand ich das richtig geil. Auch den Text. Aber jetzt
sehe ich den Text zum ersten Mal kritisch! In dieser
schweren Zeit bin ich sehr gläubig geworden. Ich kann
dieses Lied nicht mehr hören. Und den Text nicht mehr
mitsingen! Das tut weh…

Einige Tage später arbeite ich wieder an meiner
Autobiografie . Ich schaffe es ohne Probleme, die Texte
aus meinem Kopf in den Laptop zu tippen. Und ich
verwende Zitate aus Texten der Onkelz. Besonders das
Lied Erinnerungen passt. Je mehr ich nachdenke, desto
mehr Erinnerungen kommen hoch. Wie ich aus dem
Koma erwacht bin. Damals hatte ich genau dieses Lied im
Kopf. Es half mir meine Erinnerungen wieder zu finden.
Jetzt hilft es mir diese Momente in Worte zu fassen.
Die Texte der Onkelz haben mir geholfen, meine
Schreibblockade zu überwinden.

Probleme

Ende Mai gibt es massive Probleme mit meinem Verband.
Ich esse einen Salat im Bistro. Der Verband ist zum 2. Mal
an diesem Tag undicht. Die Nachtschwester kratzt später
den unverdauten Salat von meinem Bauch. Sie sagt, dass

es eindeutig am Essen liegt. Ich diskutiere mit ihr…
Sie gibt sich wirklich Mühe. Aber da sie alleine ist, kann
sie keinen neuen Vakuumverband kleben. Und macht
einen Notdürftigen Stoma Beutel drauf. Der hält nur
Minuten. Ich erlebe eine weitere Horror Nacht. Komme
mit dem wegwischen der gelben Flüssigkeit nicht
hinterher. Sie läuft überall hin. Über meinen Bauch.
Zwischen meine Beine. Ins Bett...
Meine Haut ist gereizt und brennt. Es ist grausam…
Der Verband wird erst vormittags erneuert. Die Fistel ist
viel größer geworden. Es ist kein passender Schornstein
mehr vorhanden. Die Stationsärztin verwendet einen zu
kleinen. Es hält nur bis zum Abend. Die Schwester ist
abends 1 Stunde damit beschäftigt. Es wird nicht dicht.
Sie bricht es dann ab. Der Verband bleibt aber auf meinen
Wunsch ohne Pumpe drauf. Nachts ist er undicht. Ich
wische wieder gelbe Flüssigkeit von meinem wunden
Bauch. Vormittags klebt die Schwester erst mit Hilfe der
Schülerin und dann zusammen mit der Stationsärztin
einen neuen Verband. Dann diskutierte ich mit der
Stationsärztin. Sie sagt, ich sollte am besten gar nichts
essen. Dann würde die Bauchwunde viel schneller und
besser verheilen. Wenn ich esse verschiebt sich der OP
Termin immer weiter nach hinten. Es kann zu weiteren
Problemen kommen. Es ist meine Entscheidung. Ich bitte
um einen Gesprächstermin mit einem anderen Arzt.
Danach entscheide ich, ob ich das Essen einstelle oder
nicht. Wenn die Folgen vom Essen nur sind das der Beutel
schneller voll ist, und die Fistel immer größer wird,
nehme ich das in Kauf. Das ist der Preis, den ich bereit
bin zu zahlen.
Es geht ein paar Tage einigermaßen gut.
Aber ich merke, dass das Krankenhauspersonal wegen der
häufigen Verbandswechsel zunehmend genervt ist. Weil

ich entgegen dem Rat der Ärzte esse. Aber nicht alle Ärzte raten mir vom Essen ab. Eine Ärztin nimmt sich Zeit für ein Gespräch. Sie sagt, das essen mir nicht unbedingt nützt, aber auch nicht schadet. Es ist klar, dass der Beutel öfter voll ist. Und das die Fistel immer größer wird. Aber viel größer als jetzt geht ja gar nicht. Und wenn der Beutel nicht dicht ist, schadet das der Haut. Essen ist aber nicht schädlich für den OP Verlauf. Oder die Heilungschancen. Es hat nichts mit der OP zu tun. Die OP kann erst so spät erfolgen, weil jeder erneute Eingriff bringt neue Risiken mit sich. Und je mehr Zeit seit der letzten OP vergangen ist, desto besser ist es.
Das Gespräch beruhigt mich. Das heißt für mich, ich kann in Bezug auf Essen so weitermachen wie bisher.

Essen
Ich werde übermütig. Ich hab abends nach dem Abendessen noch Hunger. Spontan bestelle ich mir 2 Hamburger. Fast Food. Mit Fleisch. Mir ist danach. Und ich genieße es. Der Verband hält. Noch...
Am nächsten Morgen esse ich 3 Brötchen zum Frühstück. Vormittags verfasse ich einen Facebook Post: *„ update zu meinem Gesundheitszustand: Es geht mir richtig gut :-) Ich habe mich an das Leben im Krankenhaus gewöhnt. Und ich bin erstaunlich fit. Bin viel draußen. Habe schon sehr viele Leute kennengelernt. Und ich arbeite an meinen Buchprojekten. Ich schreibe zum einen an meiner Autobiografie . Und parallel dazu an einem Buch über meine Krankheitsgeschichte. Hier gehe ich ausführlich auf meine unfallbedingten gesundheitlichen Probleme ein. Besonders berichte ich über meine Erfahrungen in Bezug auf Essen. Da ich entgegen dem Rat der Ärzte trotz künstlicher Ernährung ganz normal esse. Das ich esse, ist DAS entscheidende! Nur deshalb geht es mir so gut. Nur*

deshalb bleibe ich fit. Essen ist DAS allerwichtigste für mich. Die künstliche Ernährung hält mich zurzeit am Leben. Aber wenn ich nichts zusätzlich essen würde, wäre ich innerhalb kürzester Zeit ein körperliches und geistiges Wrack. Ich würde die Zeit bis zur OP im August nicht durchstehen. Und müsste nach der OP bei 0 anfangen. Für die Zeit nach der OP habe ich bereits sehr viele Pläne. Die kann ich aber nur umsetzen, wenn ich fit bin. Dazu brauche ich Energie. Also esse ich.

Das ich esse hat in meiner jetzigen Situation auch Nachteile:

- Der Beutel ist sehr viel öfter voll. Ich muss ihn ständig im Blick haben. Der Beutel verstopft sehr oft. Ich muss ihn dann auf der Toilette entleeren.

- Der Verband ist öfter undicht. Und muss öfter erneuert werden. Dabei ist es aber entscheidend, wie sorgfältig & fachgerecht die Ärzte und das Pflegepersonal ihn kleben. Normalerweise soll der Vakuumverband etwa 1 Woche halten. Bei meinen Wundverhältnissen, und weil ich esse sind 3 – max. 4 Tage "normal".

- Die gelbe Flüssigkeit greift meine Haut an

- Die Fistel (das Stück Darm, was aus dem Bauch ausgetreten ist) wird immer größer. Und kann immer schwerer versorgt werden. Ich denke aber, größer als jetzt kann es nicht mehr werden. Das ist für mich kein Grund zur Besorgnis. Das ist für mich der Preis dafür dass ich esse. Ich bin bereit ihn zu zahlen. Für mich persönlich überwiegen ganz eindeutig die Vorteile vom Essen. Was nützt es mir, wenn meine Buchwunde gut aussieht, aber der Rest von meinem Körper ein Wrack ist? Mich nerven allerdings die ständigen Diskussionen ums Essen. Immer wieder die Kommentare der Ärzte und vom Pflegepersonal "Sie wissen aber, das sie eigentlich nicht essen sollten?" Der ständige Kampf um jede Mahlzeit.

Das ich "heimlich" essen muss. Ich kaufe mir was im
Bistro oder bestelle Pizza. Und auch in meinem
Freundeskreis versteht mich kaum jemand. Das macht
mich traurig. Ich fühle mich wie ein Alkoholiker der
heimlich trinkt. Ganz klar. Ich weiß selbst am besten, was
mir gut tut. Oder was mir schadet."

Dieser Text ist aber kurze Zeit später schon nicht mehr
aktuell!

Gegen Mittag will ich raus gehen. Ich komme bis zum
Fahrstuhl. Dann merke ich dass der Verband undicht ist.
Die gelbe Flüssigkeit läuft in Strömen. Zwischen meine
Beine und am Bein runter. Der Verband hat sich komplett
abgelöst! Ich sage der Schwester Bescheid und gehe ins
Bett. Dann kommt die Ärztin. Sie sagt, dass es eindeutig
am Essen liegt. Dem kann ich nichts mehr
entgegensetzen. Mir ist klar das die Burger und 3
Brötchen den Verband „zerschossen" haben.
Die Ärztin sagt, dass ich es dem Krankenhauspersonal
nicht mehr zumuten kann, jeden Tag den Verband zu
wechseln. Ich sollte mir dringend überlegen, ob ich das
essen nicht doch weg lasse. Ich versuche ihr zu erklären,
dass ich Essen muss, um bei Kräften zu bleiben. Sie
versteht mich. Es ist eine Gratwanderung. Sagt aber auch,
dass es nur Kopfsache ist. Ich rege mich innerlich auf.
Und treffe mit ihr spontan eine Abmachung. Ich esse und
trinke 1 Woche nichts. Nur Infusionen. Ab sofort. Werde
mich nach dem Verbandswechsel wiegen. Und nach einer
Woche nochmal. Es ist mir total klar, dass ich körperlich
abbaue und immer schwächer werde. Damit beweise ich
dem Team vom Nordstadtkrankenhaus, dass Essen DAS
entscheidende für mein körperliches und geistiges
Wohlbefinden ist. Es ist nicht nur Kopfsache. Sondern hat
direkte körperliche Auswirkungen.

Die Ärztin schlägt mir vor, dass ich begleitend
Medikamente bekommen kann, um es mir leichter zu
machen, aufs Essen zu verzichten. Stimmungsaufheller.
Das lehne ich entschieden ab! Mein Wille ist stark genug.
Ich werde es ohne Medikamente durchziehen! Ich spiele
mit meiner Gesundheit. Aber das nehme ich in Kauf. Um
mir und allen anderen zu beweisen das ich Recht habe!
Dann wechselt die Ärztin den Verband. Anschließend
wiege ich mich. Ich wiege 64,7 kg
Mein Essen wird sofort abbestellt. Das Obst was ich noch
habe, verschenke ich. Meinen angefangenen Tee stelle ich
halbvoll in den Geschirrwagen. Für mich ist der Tag
gelaufen…
Ich bin sehr schlecht drauf. Lasse meine schlechte Laune
am Pflegepersonal aus.
Ich habe Hunger und Durst.
Ich hatte mir diesen Dienstag anders vorgestellt...

In den nächsten Tagen bin ich durchgehend schlecht
gelaunt. Aber ich ziehe es durch. Ich verzichte 1 Woche
auf essen und trinken.
In meinem Beutel ist fast nichts drin. Ich brauche tagsüber
keinen Ablaufbeutel.
Ich werde nicht so schnell schwächer wie ich dachte.
Liegt wohl daran, dass meine künstliche Ernährung höher
dosiert ist. Ich hab zwar Hunger. Aber ich ignoriere das
Hungergefühl. Es klappt viel besser als ich dachte. Und
das OHNE Stimmungsaufheller oder Antidepressiva. Nur
durch meinen starken Willen. Ich lenke mich ab. Gehe
draußen auf dem Klinikgelände spazieren. Und ich
arbeite. An meiner Autobiografie . Ich schreibe
stundenlang. Eine Seite nach der anderen. Das hilft mir
doppelt. Es lenkt mich ab. Und es hilft mir meine
Vergangenheit zu verarbeiten. Ich schreibe über die

schwere Zeit in Hessisch Oldendorf, die sich gar nicht so sehr von der schweren Zeit jetzt unterscheidet. Der Neustart zurück ins Leben. Meine Entscheidung keinen Alkohol mehr zu trinken.

Bei der Chefarztvisite rede ich recht lange mit den Ärzten. Es ist so, dass ich erst im August operiert werden kann. Es ist ganz klar, dass ich mir selber schade wenn ich esse. Weil die Fistel immer größer wird. Irgendwann ist das nicht mehr beherrschbar. Die Ärzte raten mir eindringlich nichts mehr zu essen. Und meine künstliche Ernährung ist ja schon höher dosiert als erforderlich. Ich muss erstmal raus. Nachdenken.

Später habe ich ein Gespräch mit der Stationsärztin. Ich sage ihr, dass die OP möglichst früh sein soll. Und das ich statt 1500mg Olimel 2000mg täglich haben möchte. Damit ich keinen Hunger mehr habe. Außerdem will ich etwa 1Liter täglich trinken. Und etwas Obst essen. Dann kann ich mir vorstellen bis zur OP aufs Essen zu verzichten. Sie wird sich darauf einlassen. Ich soll allerdings bis Dienstag weiter nichts essen & trinken. Dann will sie gucken wie es mir geht. Die großen Olimel Beutel hat das Krankenhaus nicht. Müssten für mich bestellt werden. Sie kümmert sich darum. Mit diesem Gesprächsergebnis kann ich leben. Jetzt geht es mir besser.

Ich gewöhne mich in kürzester Zeit daran, nichts zu essen. Das wäre noch wenige Tage vorher für mich absolut undenkbar gewesen. Und ich habe eingesehen, dass ich nur so eine realistische Chance habe im Herbst wieder ganz gesund zu sein.

Trotzdem bin ich in den nächsten Tagen ständig schlecht gelaunt. Und habe immer Hunger.

Das Experiment wird am Samstag vorzeitig beendet. Der

Arzt sagt, dass eine höhere Dosierung vom Olimel nicht möglich ist. Ich bekomme schon das höchste was möglich ist. Aber ich kann ab sofort etwas trinken. Zu Jeder Mahlzeit einen Tee. Und etwas Wasser. Außerdem 1 Energiegetränk am Tag. Nach der Visite wiege ich mich. Ich rechne damit, dass ich abgenommen habe. Aber das Gegenteil ist der Fall. Ich wiege 64,8. Hab also mein Gewicht seit Dienstag gehalten. Die Schwester gibt mir 2 Energiegetränke für heute. Und ich trinke zum Mittag einen Tee.

Ich bin genervt. Und Enttäuscht. Mein Plan ist gescheitert. Ich lehne Schulmedizin und Medikamente wie die künstliche Ernährung ab. Aber ich muss mir eingestehen, dass die künstliche Ernährung besser ist, als ich dachte. Ich werde NICHT schwächer und ich halte mein Gewicht. Das ist das entscheidende.

Ich setze jetzt alle Hoffnung in die Operation im August. Ich will weiterleben und wieder ganz gesund werden. Habe bereits viele Pläne für die Zeit nach meiner Entlassung. Die kann ich aber nur umsetzen, wenn ich gesund und fit bin. Deshalb halte ich mich jetzt an das was die Ärzte mir raten. Ich weiß, dass dieser Sommer der schlimmste meines Lebens ist. Aber ich werde es überstehen. Ohne Antidepressiva! Der Gedanke an meine Zukunft gibt mir Kraft. Außerdem sind es nur noch 2 Monate bis zur Operation.

Das einzige was ich mir gönne, ist gelegentlich etwas Obst. Da ich es vom Pflegepersonal nicht kriege, kaufe ich es im Bistro. Oder lasse es mir mitbringen.

Buchprojekte
Anfang Juni habe ich Besuch von Tanja. Wir reden über meine Krankheit.

Sie hat die Idee, dass ich ein Buch über meine Krankheitsgeschichte schreiben sollte. Ich finde das sehr gut. Und werde es jetzt sehr bald schreiben. Weil jetzt sind die Erlebnisse grad sehr aktuell für mich.

Ich beginne gleich am nächsten Tag mit meinem 2. Buchprojekt. Ein Buch über meine Krankheit. Das ist einfach. Ich brauche nur aus meiner Autobiografie kopieren. Einige Passagen ändere ich ab. Und füge andere hinzu. Ich beginne mit dem Unfall 1994. Dann meinen 1. Darmverschluss. Und den aktuellen Krankenhausaufenthalt. Fertigstellen werde ich es aber erst nach der Operation im Herbst. Wenn ich wieder gesund bin.

Ich arbeite vorrangig und mit Hochdruck an meiner Autobiografie.

Allerdings wird es immer schwieriger weiterzuschreiben. Ich hab zu viele Lücken in meinen auf dem Laptop vorhandenen Daten. Mir fehlen meine Kalender und Arztberichte.

Deshalb kann ich nicht der Reihe nach weiterschreiben. Ich schreibe erstmal nur Überschriften für wichtige Ereignisse bis 2018. Dann kann ich so nach und nach die Texte zu jedem Ereignis schreiben. Ich beginne am Ende. Und schreibe in den nächsten Tagen seitenweise Texte über meinen jetzigen Krankenhausaufenthalt. Das ist einfach. Die Erinnerung ist ja noch ganz frisch. Und einen Großteil kopiere ich aus meinem Tagebuch.

Später konzentriere ich mich nur noch auf meine Autobiografie. Darin übernehme ich ja meine Krankheitsgeschichte.

Eisenmangel

Bei einer Visite Anfang Juni erfahre ich den Grund für meine ständige Müdigkeit. Ich habe Eisenmangel. Und das wahrscheinlich schon länger. Es wird an meiner größtenteils veganen Ernährung liegen. In der nächsten Zeit bekomme ich Eiseninfusionen.
Ich merke sehr schnell, dass es mir allgemein besser geht. Ich bin tagsüber nicht mehr müde. Und schlafe nachts besser. Hab auch keine Kopfschmerzen mehr.
Ich lehne zwar nach wie vor die Schulmedizin und Medikamente sowie Nahrungsergänzungsmittel ab. Aber zurzeit nützt mir genau das, was ich ablehne.
Ich nehme mir vor, nach meiner Entlassung sehr genau darauf zu achten was ich esse. Und das ich meinen Körper mit ausreichenden Nährstoffen versorge. Insbesondere auf Eisen.

Ambulant
überaschenderweise kommt der Sozialberater zu mir. Vom Krankenhaus ist angedacht, dass ich bis zur OP entlassen werden soll! Damit habe ich nicht gerechnet!
Die Frage ist nur wo ich hin kann. Hier in Hannover habe ich so kurzfristig keine Möglichkeit unterzukommen. Bleibt nur der Kreis Nienburg. Tanja. Ich soll das mit ihr besprechen. Dann habe ich ein Gespräch mit der Ernährungsberaterin. Ich erkläre ihr, dass ich von den Ärzten aus gar nichts essen soll. Und das es für mich sehr schwer sein wird, das durchzuhalten, wenn ich entlassen werden soll. Insbesondere, wenn ich bei Tanja bin. Sie versteht mich.
Ich rufe Tanja an. Sie bespricht das mit Thorsten. Und erklärt sich bereit, mich bis zur OP aufzunehmen.
Ich denke aber, dass es nicht möglich ist. Da Tanja und Thorsten tagsüber unterwegs sind. Und sich nicht um mich kümmern können. Ein Pflegedienst würde ja nur 3

Mal täglich kommen. In der Zwischenzeit wäre meine Versorgung nicht gesichert. Außerdem ist das nächste Krankenhaus 30 km entfernt.
Ich erkläre das am nächsten Tag genau so den Ärzten. Eine andere Lösung gibt es so kurzfristig nicht. Also hat sich das erledigt. Und ich bleibe im Krankenhaus.

Wohnungsauflösung
Meine Wohnung ist total verkommen und renovierungsbedürftig. Der Vermieter fordert von mir die Übernahme der Kosten. Ich einige mich mit ihm. Er behält die Kaution. Sowie meine Nebenkostenrückzahlung. Damit ist es erledigt. Ich habe mit der Wohnung richtig Verlust gemacht.

Das Geld für die Küche bekomme ich auch nicht.

Aber Geld ist für mich bedeutungslos. Meine Ruhe ist mir wichtiger

Port
Am 20. Juni bemerkt die Schwester das die Einstichstelle vom Port total rot und geschwollen ist. Es besteht die Gefahr einer Blutvergiftung! Der Port wird noch am selben Tag entfernt. Ich brauchezum 3. Mal einen neuen Port! Normalerweise soll so ein Port 5 Jahre oder länger halten. Bei mir hat der 1. Port 1 Monat gehalten. Und beim 2. waren es nur 20 Tage!
Abends ist das Pflaster durchgeblutet. Und am nächsten Morgen schon wieder. Es ist immer noch ein Bluterguss in der Brust, der operativ entfernt werden muss. Das ist für mich der Auslöser für meinen Entschluss. Ich werde keiner weiteren Portimplantation mehr zustimmen. Ich sage es der Ärztin. Und trage es später auch in meiner

Patientenverfügung ein. Es ist mein Recht, derartige Eingriffe abzulehnen.

Gespräche

Ich habe ein weiteres langes Gespräch mit dem Chefarzt. Er erklärt, dass er mich nicht vor August operieren wird. Mein Bauch ist einfach zu geschädigt Unter Umständen werde ich eine zu frühe Operation nicht überleben. Und die Gefahr von Folgeschäden ist sehr groß. Es müsste viel mehr vom Darm entfernt werden. Das würde dann zu einem Kurzdarmsyndrom führen. Was langwierige Ernährungsprobleme bedeuten könnte. Und dauerhaft künstliche Ernährung erforderlich machen würde. Auch könnten mehrere Fisteln auftreten. Was einen dauerhaften künstlichen Darmausgang zur Folge haben könnte. Angedacht ist, Anfang August zu operieren. Das ist in 6 Wochen. Kein seriöser Arzt wird mich früher operieren. Außerdem kann die künstliche Ernährung nicht dauerhaft höher dosiert werden, weil sonst meine Leber und Niere geschädigt wird.
Mir ist klar, dass ich den Ärzten ausgeliefert bin. Aber ich muss mich gezwungenermaßen damit abfinden. Und werde die Dinge so wie sie sind hinnehmen. Mir bleibt keine andere Alternative. Wenn ich leben und gesund werden will. Und ich will leben! Ich habe so viele Pläne und Vorhaben. Ich habe ein Ziel. Dazu muss ich gesund sein.
Ein spontanes, langes Gespräch mit der lieben Frau von der Seelsorge hilft mir.
Wir reden nicht nur über meine Krankheit. Sondern auch über ganz andere Themen. Wie das BGE. Ich erzähle ihr, dass ich einer der Mitbegründer einer Bürgerinitiative bin. Und das ich eine eigene Partei gründen wollte. Das ich das Parteiprogramm geschrieben habe.

Sie bringt mich sogar zum Lachen.

Ich versuche positiv zu denken. Und ich nehme mir vor, mich auch dem Pflegepersonal gegenüber wieder freundlicher zu verhalten. Ich will keinen depressiven Eindruck mehr machen.

Es sind nur noch 6 Wochen bis zur OP. Ich hab schon so viel geschafft! Dann schaffe ich die 6 Wochen auch noch! Dieser Sommer im Krankenhaus ist nicht leicht. Aber ich habe es selber in der Hand, ihn mir so angenehm wie möglich zu machen.

Essen

Die Ärzte haben mich mit Essen auf 0 gesetzt. Ich soll gar nichts essen. Nur künstliche Ernährung. Der Grund dafür ist mein Vakuumverband. Der soll normalerweise 1 Woche halten. Bei mir hält er 1 - 2 Tage. Manchmal muss er 2 Mal am Tag erneuert werden Diese häufigen Wechsel sind dem Personal nicht zuzumuten. Das verstehe ich. Aber es nervt mich gewaltig! Am Anfang diskutiere ich immer wieder mit Ärzten und Pflegepersonal ums Essen. Aber auch die erfolglosen Diskussionen nerven mich. Ich finde einen Weg damit umzugehen. Ich diskutiere nicht mehr. Nehme es einfach so hin. Und wenn ich Hunger habe, esse ich im Bistro was. Aber nur sehr wenig. Mal ein Brötchen oder ein Stück Obst. Und ich esse es ganz langsam. Vor allem kaue ich alles sehr lange und sehr gründlich. Darauf hat mich eine sehr liebe Frau gebracht, die ich im Krankenhaus kennengelernt habe. Ich bezahle lieber fürs Essen als beim Personal um jede Mahlzeit zu betteln. Und der Verband hält! Sogar länger als eine Woche! Mir geht es sehr gut dabei. Meine Laune bessert sich. Dadurch, dass ich esse und durch viele Gespräche mit lieben Menschen schaffe ich es wieder positiv zu denken.

Fußball WM 2018 in Russland vom 14. Juni bis zum 15. Juli 2018

Der WM kann ich im Krankenhaus nicht entgehen. Besonders während der Deutschland Spiele läuft in jedem Zimmer ein Fernseher. Ich versuche es aber so gut wie möglich zu ignorieren. Sitze mit Kopfhörern am Laptop. Am Rande kriege ich mit, das Deutschland in der Vorrunde ausscheidet.

Garten

Ich bekomme vom Kleingartenverein eine Abmahnung, weil mein Garten verwildert ist.
Da ich körperlich bis auf weiteres nicht in der Lage bin mich um den Garten zu kümmern, werde ich ihn kündigen. Und das Gartenprojekt aufgeben.
Am 3. Juli schreibe ich die Kündigung zum Jahresende. Es muss sich allerdings ein Nachpächter finden. Das wird aber schwierig, da der Garten in einem sehr schlechten Zustand ist.

Zukunftspläne

Ich mache mir Gedanken über meine zukünftige Wohnsituation. Es ist sehr schwer ein WG Zimmer zu finden. Ich will möglichst vermeiden, wieder Grundsicherung zu beantragen.
Am 6.Juli verfasse ich spontan einen Facebook Post:
„Es ist absehbar, dass ich in etwa einem Monat operiert werde. Und wieder ganz gesund werde. Also suche ich ab Herbst 1 günstiges Zimmer. Möglichst im Großraum Hannover. Ich könnte mir aber auch vorstellen Hannover zu verlassen.
Da ich möglichst vermeiden will, nochmal Grundsicherung zu beantragen, kann und will ich nicht

viel Geld bezahlen. Ich bin aber bereit für eine einfache
Wohnmöglichkeit zu arbeiten. Wer hat ein eigenes Haus
und kann Hilfe gebrauchen?
Bin handwerklich begabt. Und vielseitig & flexibel
einsetzbar. Hausmeistertätigkeiten und Gartenpflege
wären mir am liebsten. "

Dieser Post wird mein Leben verändern. Marcus antwortet
darauf:
„Ich würde dich kostenlos auf meinem Hof unterkommen
lassen. Ich strebe ja eine Selbstversorgung an, so dass
auch eine Verpflegung locker drin ist. Wenn du nicht
gleich von Anfang an mit anpacken kannst ist das für mich
auch nicht schlimm. Es fallen auch immer leichte
Tätigkeiten an, zum Beispiel Konservieren von
Lebensmitteln. "
Ich bin begeistert. Als ich letztes Jahr mit Jenny auf
seinem Hof war, war das ja schon mal im Gespräch. Aber
damals wollte ich nicht aus Hannover weg. Wegen
meinem Garten. Jetzt ist die Lage anders. Nach einigen
Telefonaten mit Silke und Freunden steht meine
Entscheidung fest. Ich werde nach meiner Entlassung aus
dem Krankenhaus direkt zu Marcus auf den Hof ziehen,
Noch am selben Abend teile ich es ihm mit. Und mache
mir Gedanken, wie das umzusetzen ist.
Ich teile Marcus mit, dass ich nur ein Zimmer brauche. Er
hat Bett und Kleiderschrank über. Ich nehme den
Schreibtisch von Heidi und die Holzschränke aus meiner
Gartenhütte mit. Wenn ich entlassen werde, fahre ich
direkt vom Krankenhaus mit Fernbus und Bahn nach
Freiberg. Später fahre ich mit einem Transporter nach
Hannover und hole die Sachen aus dem Garten.

Damit ist meine Zukunft gesichert! Und ich wohne ab

Herbst in Sachsen. In unmittelbarer Nähe meiner Lieblingsstadt Dresden!

Gartenauflösung
Tino fährt Anfang Juli für mich zu meinem Garten, gibt die Kündigung ab, und holt persönliche Sachen aus der Hütte. Den Rest hole ich im Herbst.
Es wird ein Gutachten erstellt. Später erfahre ich, dass mein Garten mit 4000 Euro im Minus ist. Wegen dem ganzen Müll. Und nicht erfüllter Auflagen. Ich habe bis Ende November Zeit, den Garten aufzuräumen und die Mängel zu beseitigen.

Scheidungstermin
Ich bekomme Post vom Amtsgericht. Am 31.Juli ist der Termin für die Scheidung meiner Ehe mit Jessica. Da ich dann aber noch im Krankenhaus sein werde, rufe ich beim Gericht an. Der Termin wird verschoben.

ZVK
Mitte Juli habe ich wieder Probleme mit meinem ZVK. Er schmerzt und wird gezogen. Mir wäre es am liebsten, wenn ich bis zur OP in 3 Wochen ohne ZVK auskomme. Und Essen kann. Aber der Arzt sagt, dass das es keine Alternative zum ZVK gibt. Ich brauche einen Venenzugang für die Ernährung und Medikamente. Am 14. Juli wird mir nach langem Suchen ein ZVK in die rechte Leiste gelegt. Direkt unterhalb der Bauchwunde! Ich bin damit nicht zufrieden! War kurz davor den Eingriff zu verweigern. Bin sehr genervt. Das legen ist aber wesentlich „angenehmer" als am Hals. Dort ist bereits alles zerstochen.
Später merke ich, dass der ZVK in der Leiste „komfortabler" ist als am Hals.

Fitness

Zwischenzeitlich habe ich immer mehr Gewicht verloren. Am 17. Juli wiege ich nur noch 63,2 kg.

Ich bin genervt, dass ich nicht mehr fit bin. Dass mich ein kleiner Spaziergang umhaut. Auch wenn es zur Zeit sehr heiß ist. Die Hitze macht mir zu schaffen. „Früher" hat mir Hitze nichts ausgemacht. Ich hab bei Wolfram den ganzen Tag bei 30 Grad Holz gehackt. Und war abends noch fit!

Und es nervt mich, dass ich ständig Hunger hab. Weil ich hier auf Station nichts zu essen kriege. Aber ich ziehe das noch bis zur OP durch. Und danach werde ich wieder essen und niemals wieder über Essen diskutieren! Ich werde mir nie wieder vorschreiben lassen wieviel ich essen darf! Und ich will ruckzuck wieder fit werden! Nicht nur so fit wie ich war. Ich will durch gesunde Ernährung und noch mehr Sport besser und fitter werden als vorher!

Letzter ZVK Wechsel und OP Termin

Am 26. Juli wird mir zum letzten Mal ein neuer ZVK gelegt. Diesmal in Die Linke Leiste.

Und der Termin für die Operation steht fest. Ich werde am 1 August operiert. Der Arzt erklärt mir den Ablauf der OP: Es wird ein Stück vom Dünndarm entfernt. Und dann die beiden Enden zusammengenäht. Eventuell bekomme ich für ungefähr 2 Monate einen künstlichen Darmausgang. Das kann aber erst im Verlauf der OP entschieden werden. Die OP ist gar nicht so umfangreich, wie ich dachte! Wenn alles gut geht, kann ich bereits nach 1 Woche oder etwa 10 Tagen entlassen werden! Das hätte ich nicht erwartet. Ich habe bereits mit 1 weiteren Monat Krankenhausaufenthalt gerechnet. Das ist eine sehr gute Nachricht.

Jetzt habe ich eine Perspektive.

Operation
Um 20 nach 7 werde ich abgeholt und in den Aufwachraum gebracht. Bis es losgeht, wird es 8. Erst wird mir in einem Vorraum ein Schmerzkatheder gelegt. Von der eigentlichen OP kriege ich nichts mit.
Sie dauert etwa 4 Stunden.
Es wird nur das Stück Darm entfernt und der Darm zusammen genäht. Mehr nicht. Ich brauche kein Stoma und keinen Vakuumverband mehr.
Anschließend werde ich auf die Intensivstation verlegt.

Komplikationen
Am nächsten Tag geht es mir anfangs gut. Ich bekomme ein Medikament zur Darmanregung und werde auf die Überwachungsstation verlegt.
Später habe ich Schmerzen und Bauchkrämpfe. Besonders schlimm ist es in der Nacht zum 4. August. Ich bekomme starke Schmerzmittel. Morgens macht die Schwester einen Einlauf. Danach habe ich Stuhlgang und es geht mir deutlich besser. In der nächsten Zeit schlafe ich viel. Am 6. August werde ich auf Normalstation verlegt. Ich bin wieder in meinem alten Zimmer.
Ich habe immer wieder Schmerzen. Dagegen bekomme ich starke Schmerzmittel, die mich „wegballern" In den nächsten Tagen bin ich meistens im Dämmerzustand. Es geht mir schlecht. Meine Blutwerte sind sehr schlecht. Deshalb wird ein CT gemacht. Dazu muss ich ein abscheulich schmeckendes Kontrastmittel trinken. Das CT zeigt keinen auffälligen Befund. Ich soll aber erstmal nur Wasser trinken.
In der Nacht zum 9. August habe ich wieder extreme Bauchkrämpfe!

Es fängt an mit einem Völlegefühl. Dann ist mir kotzübel. Ich musste mich aber nicht übergeben. Was auch? Ich hab ja nix gegessen. Dann in Wellen Bauchkrämpfe. Die immer schlimmer werden. Genau wie bei einem Darmverschluss. Ich habe panische Angst, dass es wieder einer ist. Und ich wieder operiert werden muss.

Irgendwann halte ich es nicht mehr aus. Und klingle nach der Nachtschwester. Die gibt mir 2 Medikamente. Die nur kurz helfen. Dann ruft sie den diensthabenden Arzt an. Der empfiehlt Boscopan. Das kenne ich bereits von meinem Darmverschluss 2016. Es hilft. Ich döse kurz. Dann fangen die Krämpfe wieder an. Mittlerweile ist auch schon 6 Uhr morgens. Der Stationsarzt kommt. Er spritzt mir Boscopan pur direkt in die Vene und bringt mich in die Notaufnahme. Ich habe wirklich Panik, dass ich wieder operiert werde. Er macht ein Ultraschall. KEIN Darmverschluss. Es ist "nur" eine Verstopfung im Dickdarm. Nach einem Einlauf geht es mir viel besser.

Der 10. August ist einer der schlechtesten Tage meines Lebens. Nachts habe ich immer wieder Krämpfe. Die mit Boscopan behandelt werden. Ich bin fast die ganze Nacht wach. Die Krämpfe werden immer schlimmer und immer häufiger. Ich übergebe mich 2 x. Beim 2. Mal kommt ein riesiger Schwall raus. Ich bekomme Boscopan und Schmerzmittel im Wechsel. Mittags wird nochmal ein Ultraschall gemacht. Dabei stellt die Ärztin fest, dass der Darm komplett leer ist. Aber der Magen ist voll. Das verursacht die Krämpfe. Sie legt mir eine Magensonde. Die pumpt sofort knapp einen Liter ab. Das verschafft mir Erleichterung. Es ist ganz klar ein erneuter Darmverschluss. Der Darm arbeitet nicht!

Ich bin völlig verzweifelt! Habe Angst vor einer erneuten Operation! Aber eine Operation ist nahezu ausgeschlossen. Weil mein Darm nicht mehr operiert werden kann. Es soll versucht werden, die Sache medikamentös in den Griff zu bekommen. Dazu soll gleich im Aufwachraum wieder ein Schmerzkatheder im Rückenmark gelegt werden. Und wenn ich einmal da bin, nochmal ein neuer ZVK. Später komme ich in den Aufwachraum. Dort stellt der Arzt fest, dass meine Blutgerinnungswerte zu schlecht sind. Unter diesen Umständen ist ein Eingriff im Rückenmark zu gefährlich. Das wird auf morgen verschoben. Es wird nur ein neuer ZVK auf der anderen Seite vom Hals gelegt. Das nervt mich. Ich hoffe, dass es der letzte ist.

Mir geht es eine Zeitlang gut. Dann fangen die Krämpfe wieder an! Es wird immer extremer! Ich krümme mich stundenlang vor Schmerzen. Die Schwester kümmert sich aufopfernd um mich. Mehrmals kommt der Arzt. In immer kürzeren Abständen kriege ich immer mehr Medikamente. Ich kann nicht mehr! Bin völlig fertig! So extreme Krämpfe und Schmerzen hatte ich noch nie! Ich krümme mich im Bett und weine vor Schmerzen. Die Ärzte stellen fest, dass ich durch innere Blutungen viel Blut verliere. Ich bekomme 2 Bluttransfusionen.

Ich bin dem Tod sehr nahe...

Es hat keinen Zweck mehr. Ich werde auf die Intensivstation verlegt. Dort werde ich an die Überwachung angeschlossen und bekomme eine ganze Palette an Medikamenten. Irgendwann schlafe ich ein. Und schlafe die ganze Nacht durch.

Genesung

Als ich am nächsten Morgen aufwache, habe ich keine Schmerzen und keine Krämpfe mehr. Es geht mir viel besser. Durch weitere Bluttransfusionen und Medikamente bessert sich mein Zustand in den nächsten Tagen wieder etwas. Nach 2 Tagen werde ich wieder auf

Normalstation verlegt. Schon am nächsten Tag habe ich wieder Probleme. Die Magensonde fördert sehr viel Flüssigkeit und mein Stuhlgang besteht nur aus Blut. Es wird eine Magen– und Darmspiegelung gemacht. Es gibt keine Auffälligkeiten. Das Blut war wohl Altblut von der Operation. Der Stationsarzt rät mir, dass ich mich bewegen soll. Das ist mir sehr Recht. Meine Magensonde wird früher als geplant wieder gezogen, weil sie verrutscht. In den nächsten Tagen gehe ich sehr viel auf dem Klinikgelände spazieren.

Mein Zustand bessert sich täglich. Mit Energiegetränken und Joghurt beginnt der Kostaufbau. Dann bekomme ich Instantsuppe. Ich halte davon nichts. Aber nehme das so hin. Es gibt keine Alternative. Und ich vertrage es. Schon nach kurzer Zeit bekomme ich Weißbrot. Schneller als ich dachte wird meine künstliche Ernährung abgesetzt. Ich bekomme am 18. August erstmals nach Monaten wieder ein richtiges Mittagessen. Da ich keinen Infusionsständer mehr habe, kann ich auch wieder Treppe steigen. Das „richtige" Essen und die Bewegung tut mir gut. Es geht mir jeden Tag besser. Ich plane meine Zukunft. Mein neues Leben auf dem Hof in Sachsen.

Milchprodukte
Ein letzter Rückschlag wird meine Ernährungsgewohnheiten nachhaltig verändern. Ich habe wieder Bauchkrämpfe, für die es keine Ursache gibt. Mit Medikamenten wird es aber schnell wieder besser. Am 22. August fällt mir beim Frühstück auf, WAS ich alles esse. Actimel, Buttermilch, Joghurt, Käse. Schlagartig wird mir klar, dass die ganzen Milchprodukte das Problem sind. Ich lasse sie ab sofort weg. Seitdem habe ich keine Bauchkrämpfe mehr. Es geht mir sofort viel besser. Ich nehme mir vor, nach meiner Entlassung (bis auf

Honig) vegan und industriezuckerfrei zu leben. Die
Ernährungsumstellung wird aber ein langer Weg…

Die Idee & mein Lebenstraum
Am 21. August schreibe ich wieder an meiner
Autobiografie . Ich sichte Dateien mit Fotos. Viele Bilder
von mir auf Anti-Atom Demos…

Auf einmal habe ich eine spontane Idee. Ich will nach
Hiroshima fliegen. Diese Stadt, auf die im 2. Weltkrieg
die 1. Atombombe abgeworfen wurde, fasziniert mich
schon seit meiner Jugend!
Ich will mit eigenen Augen sehen, was der Mensch mit
der Nutzung der Atombombe angerichtet hat. Und ich will
darüber berichten.
Dann überlege ich weiter….warum dorthin fliegen?
Ich könnte doch die Reise nach Hiroshima mit meiner
Lebensgeschichte verknüpfen.
Ich könnte doch aus eigener Muskelkraft mit Fahrrad
dorthin fahren.
Diesen Gedanken finde ich im ersten Moment verrückt.
Aber je mehr ich darüber nachdenke, desto klarer wird es
mir.
Diese Idee fasziniert mich immer mehr. Aus einem
verrückten Gedanken wird mein Lebenstraum.
Ich denke immer mehr darüber nach.
Und mir ist von Anfang an klar, dass ich es schaffen
kann…schaffen werde! Weil ich es wirklich will!
Aber erst sollte ich wieder ganz gesund und fit sein.
Realistisch wird das erst übernächstes Jahr was.
Also plane ich für 2020 eine Fahrradreise nach
Hiroshima.

Du kannst das nicht...
Kaum jemand dem ich von meiner Idee erzähle, glaubt

das ich das schaffen kann.

Immer wieder höre, und lese ich dieselben Sätze:

Du kannst doch nicht mit Fahrrad nach Japan fahren! Das ist ja Wahnsinn. Es ist viel zu weit.

Du kannst nicht durch Afghanistan fahren! Die schneiden dir den Kopf ab.

Das ist viel zu gefährlich. Was da alles passieren kann...wilde Tiere...du könntest überfallen werden.

Und alleine! Das geht nicht! Wie willst du dich denn verständigen?

Werd erstmal gesund...Und was ist wenn du unterwegs wieder krank wirst?

Was ist, wenn dein Fahrrad kaputt geht, oder geklaut wird? Wovon willst du leben?

Nein das geht nicht! Auf gar keinen Fall! Das ist nicht möglich!

...Ich weiß, dass ich es kann

Je öfter ich das höre, desto klarer wird es mir.

Ich fahre mit Fahrrad nach Hiroshima.

Gerade weil alle sagen, das geht nicht.

Ich werde mir selber und der Welt beweisen, dass es möglich ist.

Und ich werde ein Buch darüber schreiben.

Entlassung

Am Freitag, 24. August werde ich aus dem Krankenhaus entlassen. Nach über 4 Monaten verlasse ich erstmals das Gelände vom Nordstadtkrankenhaus.

Ich bin frei.

Ich bin in den nächsten Tagen noch bei Bella.

Mit ihr bin ich am 30. August auf der Rathauskuppel.

Ich genieße das Gefühl von Freiheit!

Ab September starte ich auf dem Hof von Marcus in mein neues Leben.

Neuanfang auf dem Apfelhof in Sachsen

Am 4. September beginnt mit dem Umzug von Hannover in den Landkreis Mittelsachsen mein neues Leben. Mit sehr viel Gepäck fahre ich morgens mit der Straßenbahn von Bella aus zum Hauptbahnhof. Und dann mit Fernbus nach Dresden. Nach 6 Stunden Busfahrt werde ich dort von Marcus und Jenny abgeholt. Um ca 20:40 Uhr kommen wir auf dem Hof in Halsbrücke an. Ich bekomme erstmal ein provisorisches Zimmer über dem Proberaum in der Scheune. Marcus und Jenny zeigen mir grob den Hof. Es ist allerdings schon dunkel und spät. Ich richte mich nur noch kurz in meinem Zimmer ein und schlafe dann.

Sport

Gleich am nächsten Morgen mache ich Frühsport und gehe wieder joggen. Erstmals seit langer Zeit. Seit diesem Tag mache ich das täglich. Ich möchte sehr bald wieder bei McFit trainieren. Ob ich wieder Krav Maga machen kann, weiß ich noch nicht.
In der nächsten Zeit werde ich sehr schnell wieder komplett gesund und fit.

Apfelhof

Der Hof von Marcus in der kleinen Ortschaft Halsbrücke ist ein etwa 300 Jahre altes Bauernhaus. Ein 3 Seiten Hof. Im Hauptgebäude ist im Untergeschoss das Zimmer von Nico mit seiner Freundin Lena Die beiden sind aber nur sehr selten da. Es gibt einen Heizungsraum und ein Bad. Sowie den ehemaligen Stall, der jetzt als Apfellager dient. Oben ist der Wohn- und Schlafraum von Marcus. Dort ist auch gleichzeitig die Küche. Der Rest der Wohnung ist

Baustelle. Der Dachboden ist riesig groß und fast leer. Das Nebengebäude ist eine große Scheune. In einem Teil ist der Proberaum von Marcus und seiner Band „Motherjuice". In der Scheune sind viele Geräte, Werkzeuge und Holz. Es gibt ein Obergeschoss. Dort ist mein provisorisches Zimmer.

Die 2. Scheune befindet sich gegenüber vom Haupthaus. Vor diesem Gebäude steht zur Zeit ein Baugerüst. Das Dach soll demnächst erneuert werden. Dann gibt es noch einen Hühnerstall. Marcus hat etwa 10 Hühner. Die sind noch von seiner Oma und werden nicht geschlachtet.

Das Grundstück ist sehr groß. Es gibt viele Apfelbäume. Und einen Gemüsegarten. Dort ist ein kleiner Entenstall, in dem 2 Enten sind. Die laufen Tagsüber durch den Gemüsegarten und fressen die Nacktschnecken.

Das Leben auf dem Hof gefällt mir. Ich wohne dort zusammen mit Marcus und Jenny. Sie ist aber erstmal nur vorübergehend auf dem Hof.

Marcus ist tagsüber arbeiten. Ich kümmere mich gemeinsam mit Jenny um den Haushalt und die anfallenden arbeiten. Zur Zeit ist es Hauptsächlich die Apfelernte. Und ich füttere täglich die Hühner und Enten. Außerdem arbeite ich auf der Baustelle. Marcus ist dabei, weitere Räume auszubauen. Ich übernehme in der nächsten Zeit den Trockenbau. Verkleide die Wände mit Rigipsplatten, tapeziere und verlege Laminat.

Ernährung
Marcus und Jenny leben überwiegend Rohvegan. Es wird nicht gekocht. Wenn ich auf dem Hof bin, esse ich

ebenfalls sehr viel Rohkost. Gemüse, Salat. Und Obst.
Das meiste aus eigenem Anbau.

Morgens esse ich Haferflocken mit Hafermilch, Nüssen,
Obst, (zuckerfreien) Kakao und Honig. Außerdem esse
ich dank Markus sehr viel Buchweizen.

Damit ernähre ich mich automatisch ohne Milchprodukte
und zuckerfrei. Gelegentlich esse ich mal ein Ei von den
eigenen Hühnern. Anfangs esse ich noch normales
Vollkornbrot. Steige aber nach einiger Zeit auf
Buchweizenbrot um. Das esse ich mit Erdnussmus, Honig
oder veganem Brotaufstrich.

Nach kurzer Zeit auf dem Hof wird mir immer klarer, wie
wichtig gesunde Ernährung ist. Entscheidend ist es,
schädliche Lebensmittel wegzulassen. Insbesondere
Industriezucker! Aber auch Milch- und Milchprodukte.
Und Weizen!

Ich merke durch eigene Erfahrung, dass es am besten ist,
alles was in irgendeiner Weise industriell hergestellt oder
verarbeitet wurde, wegzulassen. Und stattdessen durch
naturbelassenes Obst und Gemüse zu ersetzen. Ich merke,
wie gut es mir nach einem Salat mit frischem Gemüse aus
eigenem Anbau geht. Es ist ein richtiger Energiekick, der
durch meinen Körper fließt. Und ich merke, wie schlecht
es mir nach einem Döner mit Weißbrot und industriell
hergestellter Sauce geht.

Aber die Ernährungsumstellung ist doch nicht so einfach,
wie ich anfangs dachte.

Sobald ich unterwegs bin, wird es schwieriger. Ich achte
zwar darauf, dass es zumindest vegetarisch ist. In Freiberg
was veganes und zuckerfreies zu bekommen, ist so gut
wie unmöglich. Da ich zuhause schon genug Salat esse,

will ich unterwegs was „warmes" essen. Anfangs meistens vegetarischen Döner oder Rollo. Später vegetarische Reispfanne. Komplett Rohvegan ist (noch) nichts für mich. Gerade weil ich körperlich sehr aktiv bin, brauche ich Kalorien. Und unterwegs ist die Verlockung zu groß. Das gute ist, dass ich kein Verlangen mehr nach Zucker habe. Das habe ich der langen künstlichen Ernährung zu verdanken.

Sobald ich bei Menschen bin, die nicht so sehr auf ihre Ernährung achten, wird es besonders mit „Zuckerfrei, Milchfrei und Weizenfrei" sehr schwer. Es ist „normal" dass es zum Frühstück Brötchen mit Marmelade oder Käse gibt. Mittags ein gekochtes Gericht mit Fleisch. In dem meistens Käse ist. Und gekaufte Soße mit Chemie und Zucker. Nachmittags Kaffee mit Milch. Und Kuchen. Abends Brot mit Käse und Wurst. Es ist normal, dass es Softdrinks oder gar Cola gibt. Bestenfalls gezuckerte Säfte.

Da ich mich durch meinen Ernährungsstil nicht ausgrenzen will, mache ich immer noch sehr viele Ausnahmen. Esse immer wieder Käse oder zuckerhaltige Lebensmittel. Obwohl ich weiß, dass es mir nicht gut tut.

Gesundheit
Mir geht es immer besser. So gut wie nie zuvor. Meine schwere Krankheit habe ich ohne Folgeschädmehüberstanden.
Ich hab keine Beschwerden, Bauchkrämpfe oder Schmerzen mehr. Und nehme keine Medikamente mehr. Durch mein tägliches Sportprogramm bin ich dabei, wieder topfit zu werden.

Ich bin davon überzeugt, dass mein guter Gesundheitszustand nur durch meinen gesunden Lebensstil möglich ist.

Beste, gesunde Ernährung sowie viel Bewegung in der Natur und ein tolles soziales Umfeld mit lieben Menschen. Aber auch Stressvermeidung und das Weglassen von allem was schädlich ist.

Das sind die entscheidenden Faktoren für Gesundheit und Glück.

Gleich nach meinem Umzug fahre ich zu meinem neuen Hausarzt nach Freiberg. Ich brauche ja noch tägliche Verbandswechsel. Das soll ein Pflegedienst übernehmen. Dem Freiberger Pflegedienst ist es allerdings zu weit weg. Ich hab keine Lust, mich um einen anderen zu kümmern. Und wechsle in den nächsten Wochen den Verband selber. Bis das Verbandsmaterial aufgebraucht ist. Dann ist die Bauchwunde auch so weit verheilt, dass ich den Verband weglassen kann. Den Bauchgurt trage ich aber weiterhin und dauerhaft.

Klapprad

Der Ort Halsbrücke liegt in der Nähe von Freiberg im Landkreis Mittelsachsen. Der Hof von Marcus gehört zum Ortsteil Krummenhennersdorf. Hier gibt es keine Einkaufsmöglichkeiten. Das nächste Geschäft ist in der knapp 10 km entfernten Kreisstadt Freiberg. Dort ist auch der nächste Bahnhof. Dresden ist etwa 35 km weit weg. Um mobil zu sein, kaufe ich mir Mitte September bei Ebay ein neues Klapprad. Für 200 €. Inklusive Tasche und Versand. Ich erwarte nichts davon. Aber es ist der beste Kauf seit langem. Mit diesem Klapprad bin ich überall mobil. Ich kann es gratis in der Bahn mitnehmen.

Und (in der Tasche) sogar im Fernbus. Wenn ich nach Hannover fahre, nehme ich es immer mit. So spare ich das Ticket für die Stadtbahn. Auch im Landkreis Nienburg bin ich in Zukunft öfter damit unterwegs. Und natürlich zuhause. Ich fahre mehrmals in der Woche nach Freiberg.

Rohkost Potluck in Leipzig
Am 15. September bin ich mit Marcus und Jenny zum ersten Mal beim Rohkost Potluck in Leipzig.
Der Potluck ist im "Kinderreich Markkleeberg" in Leipzig. Das ehemalige Messegelände agra Park ist ein Naturparadies mitten in Leipzig. Christian von Raw Spirit ist der Veranstalter. Es wird ein sehr schöner Nachmittag bei herrlichen Spätsommerwetter mit lieben Menschen und besten rohveganen Speisen. Christian spielt Gitarre. Abends bleibe ich spontan in Leipzig. Wir sind dann noch auf einem gratis Konzert. Ich übernachte bei Christian in der Wohnung.
Später bin ich noch mehrmals beim Rohkost Potluck in Leipzig.

Leben auf dem Hof
Ich lebe mich sehr schnell auf dem Hof ein. Wir sind eine tolle Gemeinschaft. Im Oktober haben wir für einige Zeit einen weiteren Mitbewohner. Wir erneuern gemeinsam das Dach von der Scheune, Sie wird mit neuen Wellblechplatten eingedeckt.
Wir arbeiten gemeinsam in der Baustelle von der Wohnung.
Wir bereiten oft gemeinsam unsere Mahlzeiten zu. Überwiegend Rohkost. Wir ernten immer noch Äpfel und

verarbeiten die zu Saft. „Unser" Saft ist der Beste, den ich je getrunken habe.

Ich kümmere mich mit Jenny um den Haushalt.

Und nebenbei mache ich Sport. Außerdem arbeite ich an meiner Autobiografie .

Wohnwagen

Ende Oktober bin ich erstmals in der Scheune vor der Das Baugerüst steht. Darin steht unter anderém ein Wohnwagen. Der war ursprünglich als vorübergehende Unterkunft für mich gedacht. Kann aber zur Zeit nicht rausgezogen werden, weil das Tor durch das Gerüst blockiert ist. Anfang November bauen wir es ab. Und ziehen den Wohnwagen mit dem Auto von Marcus raus. Wir stellen ihn auf den Hof direkt vor die Tür. Und schließen Strom an.

Der Wohnwagen ist zwar etwas älter. Aber sehr gemütlich eingerichtet. Es gibt eine Küche mit Kühlschrank und Gasherd. Und ein kleines Bad mit Campingtoilette und Dusche. Aber wir füllen kein Wasser in den Tank. Ich kann ja jederzeit ins Haus. Geheizt wird mit Flaschengas. Jetzt habe ich eine richtige Unterkunft für mich alleine. Ich bin glücklich. Ich habe sogar wieder eigene Schränke. Da meine Sachen ja noch in Hannover sind, richte ich mich erstmal provisorisch ein.

Zuhause

Mir geht es auf dem Hof so gut wie nie zuvor.

Besonders seit ich im Wohnwagen untergebracht bin.

Eigentlich ist es nur als vorübergehende Lösung gedacht.

Bis das Zimmer für mich ausgebaut ist.

Aber ich kann mir ein dauerhaftes Leben im Wohnwagen vorstellen.

Ich schlage das Marcus und Jenny vor, Das ist beiden Recht. Dann können wir den für mich geplanten Raum anders nutzen. Wenn der Wohnwagen gebraucht wird, können meine paar Sachen ruckzuck rausgeräumt werden. Also bleibe ich dauerhaft ihm Wohnwagen. Dann brauche ich kaum Sachen und keine Möbel. Ich bin glücklich!

Umzug

Anfang November hole ich mit Marcus meine Sachen aus Hannover. Dafür leihen wir uns einen Anhänger. An einem Freitag fahren wir nach Hannover. Und bleiben übers Wochenende. Ich übernachte bei Bella. Am Sonntag beladen wir den Anhänger mit meinen Kartons. Ich nehme nur das nötigste mit. Meine Möbel lasse ich in der Hütte. (Die bekommt Andre´ später). Auch die Küchenhexe bleibt dort. Ich weiß nicht was damit passiert.

Spät abends fahren wir zurück zum Hof. Dort kommen wir erst morgens um halb 4 an. Da Marcus an diesem Montag wieder arbeiten muss und morgens den Anhänger mit nach Freiberg nimmt, lade ich ihn alleine ab. Morgens um halb 8 ist er leer. Grad noch rechtzeitig. Ich mache durch. Sortiere den ganzen Tag meine Sachen und richte meinen Wohnwagen ein. Mein neues Zuhause gefällt mir. Ich bin glücklich. Und stolz auf meine Leistungsfähigkeit. Das beladen und entladen vom Anhänger war körperliche Schwerstarbeit. Und das ohne Schlaf! Ich bin nicht nur gesund, sondern auch wieder topfit.

Minimalismus

Ich habe mich bereits in Hannover von sehr vielem was ich noch besaß, getrennt. Das meiste habe ich entsorgt, oder in meinem Garten gelassen. Der Wohnwagen ist ja komplett eingerichtet. Und normale Alltagsgegenstände wie Geschirr kann ich in unserer WG nutzen. Im Wohnwagen habe ich nur eine minimale Grundausstattung. Dazu gehört neben einer begrenzten Auswahl an Bekleidung mein Laptop. Trotzdem ist mein Wohnwagen sehr gemütlich. Hier verbringe ich sehr viel Zeit, und schreibe einen Teil von diesen Texten.

Alles andere was ich von meinen Sachen noch behalten möchte, aber zur Zeit nicht brauche, lagere ich dauerhaft auf dem Dachboden ein. Darunter meine Bücher, die verbliebenen CDs, Geschirr und die alten Heino Platten von meiner Mutter.

Gartenübergabe
Ende November bin ich nochmal für 2 Wochen in Niedersachsen. Diesmal fahre ich mit Marcus nach Hannover. Ich bin einige Tage bei Bella und kümmere mich um meinen Garten.
Ich entsorge den Müll. Tanja fährt mit mir zur Deponie.
Ich räume den Garten und die Hütte auf.
Am 29. November bin ich zum letzten Mal in meinem Garten. Und übergebe ihn an den Verein. Ich hab zwar den Müll entsorgt und grob aufgeräumt. Allerdings habe ich nicht alle Auflagen erfüllt. Unter anderem sind die Bäume nicht gefällt. Damit bleibt der Garten im Minus. Außerdem habe ich etwas Entscheidendes im Vertrag nicht bedacht. Es gibt keinen Nachpächter. Deshalb bin ich verpflichtet für das nächste Jahr eine

Nutzungsentschädigung zu zahlen! Oder ich muss sofort einen Nachpächter finden. Da ich so schnell keinen Nachpächter finde, zahle ich die Nutzungsentschädigung. Das war mir eine Lehre. Niemals wieder werde ich einen Kleingarten pachten.

Im Dezember besuche ich einen Freund in Erfurt. Dort verbringe ich einige schöne Tage.

Scheidung
Ich verstehe mich immer noch sehr gut mit Jessica.
Da sie mittlerweile ein Kind hat, wir aber noch verheiratet sind, gelte ich offiziell als Vater. Und müsste Unterhalt zahlen. Was aber nicht möglich ist. Damit in Zukunft nichts mehr von mir gefordert werden kann, lassen wir uns scheiden. Am 18. Dezember werden wir vom Amtsgericht in Stolzenau geschieden.
Da wir uns einig sind, dauert es nur wenige Minuten.
Ich verbinde diesen Termin mit meinem Weihnachtsurlaub in Niedersachsen.

Sylvester 2018
Auch dieses Jahr verbringe ich die Weihnachtsfeiertage und Sylvester mit meinen Freunden im Landkreis Nienburg.

2019
Tafel

Mitte Januar frage ich spontan bei der Tafel in Freiberg an, ob ich dort ehrenamtlich tätig werden kann. Bereits am nächsten Tag fange ich an.

Ich helfe beim Sortieren von Lebensmitteln. Anders als in Hannover ist die Zentrale auch die Ausgabestelle. Hier wird in der „Küche" überwiegend Obst und Gemüse sortiert. Bis zum Frühjahr unterstütze ich die Tafel Freiberg 2 Mal pro Woche.

Planung für die Fahrradreise nach Hiroshima
Ich bin wieder gesund und fit.

Anfang des Jahres beginne ich ernsthaft, meine Idee aus dem Krankenhaus zu verwirklichen.

Ich will nächstes Jahr mit Fahrrad von hier aus bis nach Hiroshima fahren. Quer durch Asien. Bis nach Japan.

Eigentlich wollte ich über Russland fahren. Und Orte wie die KZ Gedenkstätte Auschwitz, Tschernobyl und Wolgograd (ehemals Stalingrad) besuchen. Außerdem wollte ich den Geburtsort meiner Mutter, Angerapp in Polen (ehemals Ostpreußen) besuchen.

Aber bei der Planung stelle ich fest, dass für die Einreise nach Russland ein Visum nötig ist, dass vorab in Deutschland beantragt werden muss.

Außerdem ist die Route am Mittelmeer entlang, und dann über die Türkei, Iran, Indien...

landschaftlich schöner. Also plane ich um.

Probefahrt durch Deutschland
Und mir ist klar, dass ich nicht einfach so losfahren kann. Ich sollte erstmal eine längere Probetour in Deutschland machen. Ich überlege eine Zeitlang. Dann hab ich die Idee:

Ich werde dieses Jahr vom Hof aus nach Niedersachsen fahren. Freunde besuchen. Und dann durchs Ruhrgebiet bis nach Bayern. Bis zur Zugspitze. Ich will die Zugspitze besteigen! Und dann über Thüringen zurück nach Sachsen fahren. Für diese Tour plane ich den ganzen Sommer ein.

Wenn ich das schaffe, schaffe ich es auch nach Hiroshima zu fahren!

Ab März wird meine Rente wegen dem Versorgungsausgleich gekürzt.
Dazu schreibe ich am 15. März einen Facebook Post:
„Ich hatte in meinem Leben schon sehr viel Ärger mit diversen Ämtern.
Und jetzt auch wieder.
Aufgrund meiner Scheidung wird meine ohnehin schon sehr niedrige Rente wegen des Versorgungsausgleichs gekürzt.
Das bisschen Geld was ich ausgezahlt kriege,
wird auch noch gekürzt, weil ich eine Pfändung laufen habe.
"Früher" hätte ich mich wegen so etwas aufgeregt.
Mittlerweile sehe ich das völlig entspannt. Es ist nur Geld. Geld ist für mich bedeutungslos.
Wie viele von euch wissen, war ich eine Zeitlang politisch sehr aktiv. Ich war jahrelang für Die Linke im Kreisvorstand von Nienburg. In Hannover wollte ich eine eigene Partei gründen. Hab das Parteiprogramm dafür geschrieben. Mit dem BGE als Kernpunkt.
Wegen der Ablehnung vom BGE durch meine Mitgründer ist das Projekt gescheitert.

Dann habe ich aufgrund meiner schweren Krankheit sämtliche politischen Tätigkeiten eingestellt.

Mittlerweile habe ich erkannt, dass parteipolitische Arbeit Verschwendung von Lebenszeit ist.

Ich habe erkannt, dass das System in dem wir Leben zum Scheitern verurteilt ist.

Es geht weltweit immer und überall um nichts anderes als um die Befriedigung der Gier nach Geld und Macht von einigen wenigen. Ich empfinde keinen Hass mehr auf diese Menschen. Die Gier hat sie blind gemacht. Sie wissen nicht was sie tun. Von mir aus sollen sie mit ihrem Geld glücklich werden. Ich habe die Gewissheit das Geld nicht glücklich macht.

Meine persönliche Abrechnung mit ihnen und dem System ist es, dem System und damit diesen Menschen das Geld zu entziehen.

Ich lebe, so weit es geht am System vorbei. Kaufe und bezahle so wenig wie möglich mit Geld. Mein Ziel ist es "geldfrei" zu leben.

Ich befreie mich so nach und nach von allen Zwängen und (fast) allem was mich belastet.

So ganz nebenbei macht mich dieser "Konsumverzicht" glücklicher, und gesünder.

Der Auslöser für mein Umdenken war mein 2. Unfall vor 20 Jahren. Damals begann es damit, dass ich den Alkohol weggelassen habe. Seitdem habe ich niemals wieder einen Tropfen Alkohol getrunken. Im Laufe der Jahre habe ich immer mehr weggelassen. Unter anderem das TV Programm. In den letzten Jahren wurde die Ernährung ein wichtiges Thema für mich. Insbesondere achte ich darauf, dass ich mich tierleidfrei ernähre.

Aber ich bin noch nicht am Ziel. Es ist ein langer Weg mit vielen Rückschlägen.

Es gelingt mir nicht immer mich komplett vegan zu ernähren. Ich gebe immer

wieder Geld für Dinge oder auch Lebensmittel aus, von denen ich weiß, dass sie nicht gut sind.

Aber im Großen und Ganzen bin ich auf einem guten Weg. Das habe ich insbesondere Marcus und Jenny zu verdanken.

Und der Tafel, wo ich ehrenamtlich tätig bin.

Zur Zeit bin ich ja dabei, meine Fahrradtouren zu planen und vorzubereiten.

Dieses Jahr fahre ich ab Mai etwa 3000 km durch Deutschland. Das ist die "Probefahrt" für meine Asien Tour im nächsten Jahr.

Mein Gedanke dabei ist, auch auf diesen Touren möglichst geldfrei zu leben. In Deutschland ist das nur sehr schwer umzusetzen. Deshalb habe ich vor, pro Tag mit 10€ auszukommen. Die Realität wird zeigen, ob das möglich ist.

Mein großes Ziel ist ja die Tour nach Hiroshima. Möglichst geldfrei. Und ich möchte bewusst alleine fahren. Um zu mir selbst zu finden. Ich will die absolute & grenzenlose Freiheit erleben. Sämtliche Zwänge und Verpflichtungen hinter mir lassen. Ich will an meine körperliche Grenze gehen. Das ist besonders nach meiner schweren Krankheit im letzten Jahr eine gewaltige Herausforderung für mich.

Ich möchte etwas erleben und die Schönheit der Welt entdecken. Aber ich möchte auch auf den Wahnsinn hinweisen, den der Mensch anrichtet. Deshalb fahre ich bewusst Orte wie die KZ Gedenkstätte Auschwitz an. Und deshalb

habe ich bewusst Hiroshima als Ziel gewählt. Ich werde
mein Reisetagebuch mit Fotos und Videos in einem Blog
und später als Buch veröffentlichen. "

Fahrradtour durch Deutschland

Um mich auf meine Fahrradreise nach Hiroshima vorzu-
bereiten, möchte ich dieses Jahr eine Probetour machen.
Bis zur Zugspitze. Mein Jahresziel ist die Besteigung der
Zugspitze.

Vorbereitungen
Ich bekomme von Vanessa und Deborah ein schrottreifes
Mountainbike geschenkt.
Im Frühjahr zerlege ich dieses Fahrrad komplett. Und
baue es unter Verwendung von Teilen aus anderen
Schrotträdern komplett neu auf. Außerdem baue ich einen
Gepäckträger an.
Ich stelle meine Ausrüstung zusammen:
Gepäcktaschen
– Normale Stofftaschen. (kaufe ich neu für etwa 60€)
Lenkradtasche
– Kaufe ich neu für 20€
Zelt
–Ein normales 3 Personen Zelt. (kaufe ich neu für etwa
60€)
Rucksack

– Ich verwende meinen BW Rucksack.

Schlafsack

- Ein normaler Schlafsack. Hab ich geschenkt bekommen.
Dazu nehme ich 2 normale Sofadecken mit. Eine zum
Unterlegen und eine zum zudecken. Sowie ein kleines
Kissen.

Luftmatratze

– Die hab ich ebenfalls geschenkt bekommen.

Das Handy

– Ich habe ein altes (geschenktes) Samsung S3.
Ich hab ein altes Tablet. Das will ich als Navi nutzen. Und
um Tagebuch zu schreiben.

Stromversorgung

– Ich hab das Vorderrad mit einem Nabendynamo ausge-
rüstet.
Dazu habe ich einen USB Umwandler. Und ich hab eine
kleine Powerbank. Die
hab ich schon seit Jahren. Sie hat bisher immer gute
Dienste geleistet.
Strom benötige ich hauptsächlich fürs Handy und fürs
(Handy) Navi.

Bekleidung

- Ich nehme Bekleidung für 10 Tage mit. Für jeden Tag
frische Unterwäsche und ein frisches T-Shirt. 2 Hosen
und 2 Pullover. Jeansjacke.
Windjacke und ein Regencape.
Die Stiefel hab ich vor Jahren im BW Shop gekauft. Und
vor der Tour fast nie angehabt.
2 Paar Turnschuhe.
Diverse Kleinigkeiten wie Stirnlampe (kaufe ich neu für
20€). Besteck, kleinen Topf, Campingkocher, BW Ta-

schenmesser, Schreibzeug, Verbandskasten, Werkzeug
Kosmetik usw.
Außerdem nehme ich sehr viele Lebensmittel mit: Brot,
Nudeln, Obst, Gemüse,
Teebeutel usw.
Und einen 5 Liter Faltkanister mit Trinkwasser.
Abgedeckt wird das Ganze von einer großen Plane. Die
nutze ich auch zum Unterlegen.

Eine Freundin aus Freiberg zeichnet für mich das Symbol
der Tour. Eine Friedenstaube.
Diese Zeichnung befestige ich an der Gepäcktasche.
*(Diese Zeichnung wird später auch das Symbol meiner
Fahrradreise nach Hiroshima.)*

Probefahrt nach Dresden
Am 24. März mache ich mit dem neu aufgebauten Fahrrad
eine Probefahrt nach Dresden zu McFit.
Aus meinem Tagebuch:
Samstag, 23.März: Um 6:45 Uhr klingelt der Wecker. Ich
wasche mich am Waschbecken und versorge die Hühner.
Dann frühstücke ich Brot. Anschließend mache ich Fotos
von meinem Rad und bringe die Lenkradtasche sowie die
Satteltasche an. Mache weitere Fotos. Dann packe ich
meine Sportsachen in den BW Rucksack. Nehme Obst
und Kaffee mit. Und vorsorglich Werkzeug. Eigentlich
wollte ich um 10 los. Aber es wird fast 11 bis ich los-
komme. Ich fahre nach der Fahrradpapp. Eine wunderschöne Nebenstrecke. Aber ich merke schon nach kurzer
Zeit, dass ich länger brauchen werde als geplant. Ich wollte eigentlich um 18 Uhr zurück sein. Um die Hühner zuzumachen. Mein Navi zeigt mir an, dass ich 4 Stunden bis

nach Dresden zu McFit brauche. Ich schreibe Marcus, dass er seine Mutter bitten soll die Hühner zuzumachen. Schon nach wenigen km bekomme ich Probleme mit der Schaltung. Der vordere Umwerfer reagiert nicht richtig. Ich stelle immer wieder nach. Später verklemmt er sich. Ich setze ihn kurzerhand außer Betrieb. Den Rest der Strecke kann ich nur noch die hinteren Gänge nutzen. Und immer wieder löst sich die Schraube vom linken Pedal. Alle paar km muss ich anhalten und die nachziehen. Bis auf die technischen Probleme ist es eine sehr schöne Tour. Kurz vor Dresden ist der Weg gesperrt. Ich schiebe mein Rad übers Feld an der Baustelle vorbei. Um 15:40 Uhr bin ich in Unkersdorf. Einem Vorort von Dresden. Um 17:20 Uhr bin ich in Dresden. Halte beim ersten Döner Imbiss an und esse erstmal was. Ein vegetarisches Gericht mit Falafel, Salat und Blätterteigrollen. Gegen 18 Uhr bin ich bei McFit. Viel später als geplant. Der Akku von meinem Tablett ist gerade leer. Ich bitte den Trainer es aufzuladen. Ich trainiere 1,5 Std. Dann dusche ich ausgiebig. Um etwa 20 Uhr fahre ich zurück. Das Tablet ist nur zu etwa 30% aufgeladen. Es wird dunkel. Ich habe Probleme mit dem Dynamo. Irgendwann krieg ich es hin. Und auch die Schraube vom Pedal löst sich immer wieder. Ich fahre erstmal zum Hauptbahnhof. Kaufe mir beim Sparmarkt Studentenfutter. Und esse beim Döner Imbiss eine vegetarische Rolle. Kurzzeitig überlege ich, mit der Bahn zu fahren. Es wird immer später. Aber ich ziehe es durch und fahre weiter. Genau um Mitternacht ist der Akku vom Tablett leer. Ich packe es in den Rucksack. Und nehme das Handy als Navi. Um 0:20 Uhr fahre ich beinah auf einen Schotterhaufen. Kurz darauf bemerke ich, dass ich meinen Rucksack vergessen habe! Es ist genau 0:22Uhr.

Ich hab den unter der Laterne liegen gelassen, als ich das Tablett reingepackt habe. Nach Navi fahre ich die Strecke zurück. Es ist ein Wunder, dass ich die Laterne wiederfinde. Und der Rucksack liegt da noch! Da hab ich wirklich Glück gehabt. Ich bin sehr dankbar und froh darüber. Im Rucksack war neben dem Tablett auch mein Trinken für die Fahrt. Und ich hab noch etwa 25 km vor mir. Ich fahre weiter. Das fahren ist mit dem Dynamo sehr beschwerlich. Ich komme kaum vorwärts. Ich werde nächsten Monat auf alle Fälle einen Nabendynamo anschaffen. Bald habe ich das nächste Problem. Der Handy Akku ist auch fast leer. Um 2 Uhr geht das Handy aus. Ich habe noch etwa 15 km vor mir. Und das nachts. Im dunkeln. Und ich kenne mich überhaupt nicht aus. Ich weiß nur, dass ich durch den Kurort Harta muss. Der ist ausgeschildert. In diesem Ort orientiere ich mich an den Buslinien. Und Wanderkarten helfen mir. Und Freiberg ist ausgeschildert. Ich fahre auf einer Bundesstraße in Richtung Freiberg. Das ist 19 km entfernt. Ich weiß, dass Krummenhennersdorf von Dresden aus vor Freiberg ist. Aber lieber fahre ich einen Umweg, als mich nachts völlig zu verfahren. 3 km vor Freiberg sehe ich ein Schild. Nach Conradsdorf. Das ist der Nachbarort von Krummenhennersdorf. Endlich komme ich auf bekannte Straßen. Um 6 Uhr! Bin ich zuhause. Sehr viel später als geplant. Ich bin etwa 60 km gefahren. Ich schreibe einen kurzen fb Post. Trinke einen heißen Kakao mit Hafermilch und versorge die Hühner. Um 7:30 Uhr schlafe ich.
Der Tag war vegetarisch und weitestgehend zuckerfrei.

Routenplanung

Vom Hof aus will ich durch Sachsen und Sachsen Anhalt bis in meine Heimat Niedersachsen fahren. In Hannover und im Kreis Nienburg werde ich länger bleiben und Freunde besuchen.

Dann fahre ich durch das Ruhrgebiet nach Hessen. In Bergisch Gladbach und Wetzlar will ich Freunde besuchen. Das nächste Ziel ist Frankfurt. Von dort fahre ich bis nach Bayern. Das Ziel meiner Tour ist die Zugspitze. Ob ich dann über Thüringen wieder zum Hof zurück fahre entscheide ich spontan. Wenn es zu spät wird, fahre ich von München mit der Bahn zurück. Etwa im September will ich zurück auf dem Hof sein.

Die Strecke beträgt etwa 3000 km.

Ich plane die Route so, dass ich an McFit Fitnessstudios vorbeikomme. Zum Duschen & trainieren.

Ich möchte mit so wenig Geld wie möglich auskommen und hab keinerlei Ersparnisse. Monatlich habe ich etwa 400€ zur Verfügung Und setze mir ein Limit von 10€ pro Tag.

Anfang Mai bin ich Startklar

Die Tour – Erlebnisse & Erfahrungen (nachträgliches Tour Tagebuch)

Mai

Samstag, 04.05.

Vormittags regnet es. Trotz Regen fahr ich um 12:30 Uhr (viel später als geplant) auf dem Hof in Halsbrücke Krummenhennersdorf (Sachsen) los. Am Anfang komme ich kaum vorwärts. Ich merke schnell, dass ich zu viel Gepäck mithabe. Das Fahrrad ist sehr schwer. Und lässt sich kaum bewegen. Das Fahren ist sehr anstrengend Ich fahre etwa 8 km über Halsbrücke nach Freiberg.

Mein erster Zwischenstopp ist in Freiberg bei Freunden. Dort komme ich nach einer Stunde um 13:30 Uhr an. Normalerweise fahre ich vom Hof bis Freiberg 30 min. Als erstes reduziere ich mein Gepäck. Ich bekomme von meinem Bekannten eine Isomatte geschenkt. Die Luftmatratze und diverse Kleinigkeiten lasse ich dort. Den Nachmittag verbringe ich mit Freunden in Freiberg. Gegen Abend fahr ich weiter. Zunächst bin ich noch in Freiberg unterwegs.

Gegen Abend verlasse ich Freiberg in Richtung Grimma / Leipzig. Mittlerweile hat der Regen nachgelassen. Jetzt komme ich etwas besser vorwärts. Trotzdem komme ich an meine Belastungsgrenze.

Und ich ahne, dass ich sehr bald Probleme mit der Stromversorgung kriege. Das Navi zieht viel Akku. Und der Dynamo liefert weniger Strom als ich dachte. Der Handy Akku leert sich extrem schnell. Ich fahre ohne Navi nach Gefühl weiter. Es wird dunkel und immer später. Ich hab keine Ahnung wo ich bin. Gegen Mitternacht bin ich am Ende meiner Kräfte. Ich schreib noch einen kurzen Facebook post. Dann schlafe ich. Irgendwo an einem Feldweg. Unter freiem Himmel.

Mein Tagesziel Grimma hab ich weit verfehlt.

Ich weiß auch nicht, wieviel km ich heute gefahren bin.

Sonntag, 05.05.

Etwa um 10 wache ich auf. Es ist total schön, in der Natur aufzuwachen und zu frühstücken.

Ausgeruht und gut gelaunt starte ich in den Tag. Mein Handy ist dank der Powerbank wieder geladen. Aber sobald ich das Navi anmache, geht der Akkustand schnell runter. Also fahr ich ohne Navi. So lässt sich allerdings auch die Strecke nicht aufzeichnen.

Nach dem Frühstück fahr ich weiter in Richtung Grimma. Ich mache viele schöne Fotos. Die gehen aber später alle verloren.

Außerdem hab ich massive Probleme mit der Stromversorgung. Der Umwandler funktioniert nicht mehr.

Ich verfahre mich. Und mache einen Umweg über Nossen. Dort komme ich nachmittags an. Ich verlege die Kabel vom Dynamo zum Umwandler neu. Dann lädt das Handy wieder. Aber sehr langsam.

Irgendwann abends entdecke ich in der Nähe vom Kloster Altzella an der Mulde einen schönen Platz zum Übernachten. Hier baue ich zum ersten Mal auf dieser Tour das Zelt auf.

Seit dem Start der Tour bin ich etwa 35 km gefahren. Damit liege ich sehr weit im Zeitplan zurück.

Montag, 06.05.

Ich stehe früh auf. Frühstücke schnell und baue das Zelt ab. Und fahre dann zügig weiter.

Um 9:30 Uhr bin ich in Döbeln. Und fahre nach einer kurzen Pause weiter.

Um 16:45 Uhr erreiche ich Leisnig.

Gegen Abend fahr ich weiter. Und erreiche den Landkreis Leipzig. An Grimma fahr ich nur vorbei. Gegen Mitternacht zelte ich irgendwo unter einer Bahnbrücke. Bevor ich schlafe, schreibe ich noch einen kurzen Facebook post:

„ Kurzes Update

Es geht mir sehr gut. Ich schlafe unter freiem Himmel oder im Zelt.

Die körperliche Anstrengung mit dem schwer beladenen Rad tut mir gut.

Auch wenn ich an meine Belastungsgrenze komme. Aber das was ich jetzt

mache ist genau das was ich brauche. Genau so hab ich mir mein Leben immer vorgestellt.

Natürlich läuft nicht alles nach Plan. Ich hab Probleme mit der

Stromversorgung. Und ich komme viel langsamer voran als ich dachte.

Aber die Schwierigkeiten sehe ich als Herausforderung. Und ich möchte mir

keinen Stress machen.

Ich mach das alles just for fun.

Wenn ich später als geplant ankomme dann ist das so."

Es lässt sich später nicht mehr nachvollziehen welche Strecke und wie viele Kilometer ich heute gefahren bin.

Mein Fazit nach dem ersten Tagen dieser Tour:

Das Tablet versagt schon nach kurzer Zeit.

Das Handy ist als Navi nicht geeignet. Es ist einfach zu alt.

Google Maps funktioniert nicht richtig. Und es hat zu viele Macken. Die meiste Zeit fahre ich ohne Navi. Anders als geplant, kann ich die zurückgelegte Strecke nicht aufzeichnen.

In den ersten Tagen schreibe ich noch Tagebuch auf dem Tablet. Allerdings ist das später total kaputt. So das ich auf diese Aufzeichnungen nicht mehr zugreifen kann. Und ich bin abends einfach zu erschöpft um Tagebuch zu schreiben. Das ist auch gar nicht mehr möglich. Weder mit dem Tablet noch mit Handy. Auch mit der Hand schreiben geht nicht, weil ich abends im Zelt kein Licht habe. Die fehlenden Aufzeichnungen machen die spätere Recherche dieser Tour sehr schwer.

Ich merke sehr schnell, dass es keine gute Idee war, Lebensmittel mitzunehmen.

Es ist sehr viel Ballast. Und die Lebensmittel zerquetschen und vergammeln im Rucksack. Brot zerbröselt. Vieles von dem was ich mitgenommen habe, entsorge ich unterwegs.   Außerdem ist der Campinggaskocher ungeeignet. Er braucht sehr lange, um etwas Wasser zu erhitzen. Nudeln Kochen ist extrem zeitaufwendig und „unmöglich"

Ich gehe dazu über, beim Bäcker oder Imbiss zu essen. Morgens fahre ich immer als erstes zu einem Bäcker. Dort frühstücke ich ausgiebig, kann mich waschen und das Handy laden. Allerdings kostet ein Frühstück beim Bäcker zwischen 5 und 10 €. Abends esse ich meistens in einem Imbiss oder einer Pizzeria. Damit gebe ich viel mehr Geld aus als geplant. Ich brauche an manchen Tagen mehr als 20€. Nur für Lebensmittel. Aber am Essen spare ich nicht. Ich verbrauche bei der extremen Anstrengung mit dem schweren Fahrrad viel Energie. Und brauche damit sehr viel Nahrung. Außerdem merke ich ganz klar, dass eine vegane (oder gar rohvegane) Ernährung auf so einer Tour nicht möglich ist. Auch zuckerfrei ist nicht möglich. Ich esse das was sich grad ergibt. Achte allerdings darauf, dass es vegetarisch ist. Auch das ist nicht immer möglich. Und ich esse sehr viel fast Food! Damit verwerfe ich schon nach kurzer Zeit meine Ernährungsgrundsätze. Meine Priorität ist es satt zu werden. Und Energie (Kohlenhydrate) zu bekommen.

Nur meine tägliche Zitrone trinke ich nach Möglichkeit. Allerdings mit kaltem Wasser

Dienstag, 07.05.

Ich fahre tagsüber durch den Landkreis Leipzig. Mache Fotos. Die sind aber später verloren gegangen.

Um 17:30 Uhr bin ich in Liebertwolkwitz. Einem Ortsteil von Leipzig. Gegen 18:30 erreiche ich das Völkerschlachtdenkmal in Leipzig.

Als ich von dort weiter fahren will, habe ich ein plattes Hinterrad. Ich lasse das Rad in der Nähe vom Denkmal stehen und fahr mit Bus in die Stadt. Kaufe kurz vor Ladenschluss einen neuen Schlauch & Mantel. Dann repariere ich in einer nächtlichen Aktion das Rad. In dieser Nacht schlafe ich unter freiem Himmel in einem Park in der Nähe vom Völkerschlachtdenkmal.

Ich bin gestern und heute etwa 90 km gefahren.

Mittwoch, 08.05.

Ich verlasse sehr früh mein Nachtlager in einem Gebüsch. Immer mehr Leute gehen mit ihren Hunden spazieren. Das wird mir zu heikel. Ich möchte ja Ärger vermeiden. Ich setze mich auf eine Bank. Und schreibe einen Facebook post:

„Guten Morgen fb Welt ;-)

Ich hab wieder alles im Griff. Meine Stromversorgung ist gesichert. Und ich hab mein Rad mit neuer Bereifung fürs Hinterrad ausgestattet. Übernachtet hab ich in einem Park in der Nähe vom Völkerschlachtdenkmal.

Jetzt frühstücke ich. Dann geht's zu McFit. Frühsport und duschen.

Später fahr ich weiter. In Richtung Harz"

Nach dem Frühstück bei einem Bäcker fahr ich gegen 11 zu McFit zum Trainieren und duschen. Dann bin ich in der Stadt unterwegs. Und mache sehr viele Fotos. Die meisten gehen aber später verloren. Einige hab ich bei Facebook hochgeladen. Und konnte diese so retten.

Eigentlich wollte ich dann weiter fahren. Aber gegen Abend fängt es an zu regnen. Ich plane um. Und fahr spontan etwa 11 Kilometer zum Zeltplatz am Kulkwitzer See.

Es ist nichts los. Ich bin fast der einzige Gast auf diesem Zeltplatz. Und habe dadurch freie Platzwahl für mein Zelt. Die Übernachtung kostet mich etwa 20€.

Ich bin heute etwa 15 km gefahren.

Donnerstag, 09.05.

Ich schlafe etwa bis 8. Dusche erstmal. Und baue dann mein Zelt ab. Frühstücke noch auf dem Zeltplatz. Gegen 11 fahre ich weiter.

Ich fahre über Schkeuditz nach Halle.

Damit habe ich das 1. Bundesland durchquert. Und bin jetzt in Sachsen-Anhalt.

Abends erreiche ich Halle.

Es regnet.

Mein erstes Ziel in Halle ist McFit. Ich trainiere und dusche.

Abends merke ich, dass es schwierig ist in einer Großstadt einen gratis Schlafplatz zu finden. Als ich kurz Pause mache, fällt mein Rad um. Dabei geht meine Glas Wasserflasche kaputt.

Um mich vor dem Regen zu schützen, übernachte ich in einer Bushaltestelle.

Ich bin heute etwa 45 km gefahren.

Freitag, 10.05.

Als gegen morgen immer mehr Fahrgäste kommen, verlasse ich die Bushaltestelle. In der Nähe ist ein verlassenes Grundstück. Hier verbringe ich in einem Gebüsch den Rest der Nacht.

Tagsüber bin ich in Halle unterwegs. Unter anderem wieder im Fitnessstudio. Zum Duschen. In einem Imbiss im Bahnhof esse ich Mittag.

Später kaufe ich mir eine Flasche billiges Mineralwasser. Jetzt hab ich wieder eine Wasserflasche zum Auffüllen. Aus Plastik. Im normalen Alltag versuche ich ja so Plastikfrei wie möglich zu leben. Aber auf Tour ist das nicht möglich. Glas auf einer Fahrradtour mitzunehmen ist keine gute Idee.

Abends fahre ich weiter.

Das nächste Etappenziel ist Quedlinburg.

Später komme ich an einem überdachten Rastplatz für Radfahrer vorbei.

Daneben übernachte ich im Zelt.

Ich bin heute etwa 10 km gefahren.

Es geht mir sehr gut. Ich wachse mit den Schwierigkeiten. Ich bin selbst überrascht, wie leistungsfähig ich bin.

Hab Gepäck reduziert. Und richtig viel Luft auf die Reifen gepumpt. Jetzt komme ich besser voran. Bis Hannover sind es noch 200 km. Diese Tour ist eine gewaltige Lebenserfahrung für mich. Ich merke grad was ich wirklich brauche. Ich merke aber auch, was das Leben auf der Straße bedeutet.

In den ersten Tagen hab ich noch Tagebuch geschrieben. Aber mein Handy macht immer mehr Probleme. Das Tablet versagt total. Es ist komplett unbrauchbar.

Und ich hab massive Probleme mit der Stromversorgung. Außerdem bin ich abends einfach zu erschöpft, um Tagebuch zu schreiben.

Ich mache zwar von jedem Ortsschild an dem ich vorbeikomme ein Foto.

Allerdings verliere ich die meisten dieser Bilder durch einen Datenchrash der Speicherkarte.

Die fehlenden Aufzeichnungen erschweren später die Recherche dieser Tour.

Samstag, 11.05.

Es regnet den ganzen Tag. Ich bleibe bis abends an dem Rastplatz.

Nutze die Zeit und packe mein Gepäck neu. Gegen Abend fahre ich trotz Regen weiter. Ich bin nach kurzer Zeit völlig durchnässt. In Wettin suche ich mir eine Pension. Die kostet zwar 40€ für die Nacht. Aber so kann ich mich & meine ganzen Sachen trocknen. Und alle Geräte aufladen.

Ich bin heute etwa 10 km gefahren.

Sonntag, 12.05.

Die Sonne scheint. Ausgeschlafen, geduscht und nach einem guten Frühstück fahre ich weiter. Es ist allerdings sehr windig.

Ich fahre über Könnern und Schackstedt bis Aschersleben. Dort zelte ich am Stadtrand in der Natur.

Ich bin heute etwa 40 km gefahren.

Montag, 13.05.

Ich fahre über Hoym / Morgenrot nach Quedlinburg. Und komme dort am frühen Nachmittag an.

Ich bin sehr beeindruckt von dieser schönen Stadt. Und mache sehr viele Fotos. Fast alle sind aber später verloren gegangen. Einige wenige konnte ich über Facebook „retten".

Abends fahr ich weiter. Ich habe Rückenschmerzen und bin genervt von meinem vielen Gepäck. Ich fahre über Blankenburg. Dort packe ich nochmal alles neu. Und trenne mich von einigen Dingen. Ich entsorge Sachen die ich eigentlich behalten wollte. Jetzt fühle ich mich befreit. Und komme noch besser voran. Wernigerode ist das nächste Ziel.

Kurz hinter Blankenburg stürze ich mit Fahrrad beinahe einen Weg runter. Gut, dass ich mein Gepäck reduziert hab. So kann ich das Rad grad noch halten.

Dadurch entdecke ich einen wunderschönen Ort.

Ich würd gerne über Nacht hier bleiben. Aber eine Gruppe Jugendlicher die offenbar auf Klassenfahrt sind, verbringt hier einen fröhlichen Abend. Ich suche mir dann einen anderen Platz zum Zelten. Auf einem Parkplatz. Der Schotterboden ist sehr hart.

Ich bin heute etwa 40 km gefahren.

Dienstag, 14.05.

Nach dem Frühstück im Wald fahre ich weiter. Am frühen Nachmittag erreiche ich Wernigerode.

Ich fahre zügig weiter.

Im Koster Café vom Kloster Drübbek mache ich gegen 16 Uhr eine kurze Kaffeepause.

Um 17 Uhr bin ich in Ilsenburg. Ich fahr weiter bis zum ehemaligen deutschdeutschen Grenzübergang Lochtum / Abbenrode. Dort komme ich gegen 18:30 Uhr an.

In dieser Nacht zelte ich im Harz mitten im Wald.

Ich bin heute etwa 40 km gefahren.

Mittwoch, 15.05.

Ich komme bei bestem Wetter gut voran.

Fahre durch den Landkreis Wolfenbüttel bis zu meinem nächsten Zwischenziel Hildesheim.

In Hildesheim übernachte ich bei Steffi.

Ich bin heute etwa 60 km gefahren.

Donnerstag, 16.05.

Ich verbringe den Tag bei Freunden in Hildesheim. Am späten Nachmittag fahr ich trotz Regen weiter. Abends erreiche ich Hannover.

Hannover ist ein wichtiges Zwischenziel für mich. Hier hab ich ja eine Zeitlang gelebt.

Ich fahr direkt nach Ahlem zu Meiko.

Dort verbringe ich die nächsten Tage.

Ich bin heute etwa 40 km im Regen gefahren.

Freitag, 17.05.

Meiko und ich unternehmen heute eine Wanderung.
Zuerst gegen wir zum alten Conti Gelände. Und anschließend weiter nach Herrenhausen.

Abends essen wir gemeinsam sehr gut.

Samstag, 18.05.

Wir sind im Vinhorster Wald. Hier dreht Meiko ein Video
über mich und meine Tour.

Abends spielen wir Monopoly.

Sonntag, 19.05.

Ich fahre von Ahlem nach Hannover. Dort besuche ich
Tanja. Hier verbringe ich die nächsten Tage.

Montag, 20.05.

Ich fahre mit Rad von Hannover zum etwa 20 km entfernten Zytanien Festivalgelände.

Hier verbringe ich einen schönen Tag mit Freunden.

Mittwoch, 22.05.

Ich besuche Christine. Wir unternehmen einen Spaziergang in der Eilenriede.

Donnerstag, 23.05.

Ich fahre mit Rad durch Hannover. Unter anderem bin ich
zu Besuch im Nordstadt Krankenhaus.

Es ist erst wenige Monate her, dass ich fast tot in diesem
Krankenhaus lag. Und jetzt bin ich mit meinem schwer
beladenen Fahrrad hier! Darauf bin ich stolz!

Nachmittags fahre ich nach Anderten zu Freunden.

Den Abend verbringe ich mit Freunden.

Freitag, 24.05.

Ich nehme mit Vanessa und Deborah am NDR 2 Plaza
Festival 2019 teil.

Bei diesem Open Air auf dem ehemaligen Expo-Gelände in Hannover sind etwa 25.000 Menschen.

Es treten folgende Stars auf:

BenjRose, Wingenfelder, Lea, Lukas Graham, Rea Garvey. Und als Headliner der US Rockstar Lenny Kravitz.

Es ist ein tolles Erlebnis!

Samstag, 25.05.

Ich nehme an der Demo „ Hannover für die Schließung aller Schlachthäuser"

teil.

Sonntag, 26.05.

In den letzten Tagen werden die Probleme mit meinem Handy immer massiver. Es lässt sich nicht mehr aufladen. Von Tanjas Freund Marco bekomme ich günstig Ersatz. Ein Samsung S4. Damit hab ich wieder ein Navi. Allerdings zieht die Navi Nutzung sehr viel Akku. Also fahre ich größtenteils ohne Navi.

Montag, 27.05.

Ich setze meine Tour fort. Fahre von Hannover in den Landkreis Nienburg / Weser.

Beim Herrenhäuser Markt halte ich kurz beim Edeka und kaufe mir Bananen.

Bei diesem Edeka hab ich immer eingekauft, als ich in Stöcken gewohnt habe.

Mittags fahr ich durch Stöcken. Vorbei an dem Haus in dem ich fast 4 Jahre gewohnt habe.

Nachmittags bin ich in Neustadt.

Spontan mache ich eine kurze Pause bei Freunden in Mariensee.

Abends erreiche ich meine Heimat. Den Landkreis Nienburg.

Den Sonnenuntergang genieße ich an der Weser in Landesbergen.

Ich hab ein wichtiges Zwischenziel erreicht. Hier verbrachte ich den größten

Teil meines Lebens. Ich werde etwa 1 Monat in meiner Heimat bleiben.

Fahr direkt nach Anemolter zu Deborah. Dort bin ich die nächsten Tage.

Heute bin ich etwa 65 km gefahren.

Donnerstag, 30.05.

Ich mache mit Freunden eine „Vatertagstour" im Landkreis Nienburg. Wir

gehen zu Fuß von Leese zum Kloster nach Schinna zu einer Vatertagsveranstaltung.

Für mich ist dieser Tag natürlich Alkoholfrei. Trotzdem habe ich sehr viel Spaß.

Ich bin seit dem Start etwa 500 km gefahren.

Juni:

Sonntag, 02.06.

Ich fahre (im Auto) mit Freunden nach Cuxhaven. Wir verbringen einen schönen Tag an der Nordseeküste.

Donnerstag, 06.06.

Wir fahren zu den Externsteinen. Auch das ist ein sehr schöner Tag mit guten Freunden.

Samstag, 08.06.

An diesem Pfingstsamstag fahre ich mit Freunden nach Hannover zum CSD (Christhoper Street Day). Wir nehmen an der Parade durch die Innenstadt von Hannover teil.

Montag, 10.06.

Am Pfingstmontag setze ich meine Tour fort. Ich fahr von Anemolter nach Uchte zu Silke.

Ich bin heute etwa 15 km gefahren.

Mittwoch, 12.06.

Ich fahre von Uchte ins benachbarte Hoysinghausen zu Freunden. Da es regnet, nimmt Tino mich bis Lemke im Auto mit. Von dort aus fahre ich etwa 10 Kilometer weiter nach Balge zum " Hof Schwarzes Moor". Dort bleibe ich die nächsten Tage.

Ich bin heute etwa 15 km gefahren.

Freitag, 14.06.

Ich bekomme Besuch von einer Bekannten. Wir verbringen zusammen einen netten Nachmittag auf dem Hof Schwarzes Moor.

Sonntag, 16.06.

Ich mache vom Hof aus einen Ausflug in den benachbarten Kreis Diepholz. Ich fahre nach Kampsheide. Zu dem ehemaligen Hof von Silkes Opa. Hier fahre ich nur vorbei. Die Gebäude wurden saniert und umgebaut. Es sieht jetzt ganz anders aus als ich es in Erinnerung habe.

Ich verbringe den Nachmittag in Asendorf. Dort ist gerade Erdbeermarkt.

Hier tritt ein junge Straßenmusikerin aus Bremen auf.

Gegen Abend fahre ich zurück zum Hof.

Ich bin heute etwa 30 km gefahren.

Montag, 17.06.

Ich bin zu Fuß in der Umgebung vom Hof unterwegs.

Dienstag, 18.06.

Ich bin mit Fahrrad unterwegs. Unter anderem fahre ich zum Schweringer See.

Ich bin heute etwa 15 km gefahren.

Mittwoch, 19.06.

Ich setze meine Tour fort. Und fahre vom Hof aus quer durch den Landkreis Nienburg bis nach Heidhausen.

Unter anderem fahre ich durch Liebenau. Vorbei an meinem ehemaligen Haus. Es tut immer noch weh, es zu sehen.

Außerdem besuche ich Wolfram.

Dann mache ich einen Abstecher zum Liebenauer Schloss Eickhof. Hier befindet sich jetzt ein Zen-Kloster

Von Liebenau aus fahre ich am Wellier Kolk vorbei.

Als ich vom Wellier Kolk wegfahre, fängt es an zu regnen. Es wird ein richtig heftiger Ragen. Ich bin gerade mitten in der Marsch. Und stelle mich in einem kleinen Waldstück unter. Trotzdem werde ich klitschnass.

Etwa um 19:45 Uhr komme ich bei Vanessa in Heidhausen an. Hier verbringe ich die nächsten Tage.

Ich bin heute etwa 30 km gefahren.

Freitag, 21.06.

Von Heidhausen aus mache ich einen Ausflug nach Husum.

Abends bin ich mit Freunden in Loccum im Klosterwald.

Ich bin heute etwa 20 km gefahren.

Samstag, 22.06.

Ich bin zwischen Heidhausen und Stolzenau unterwegs.

Sonntag, 23.06.

Ich fahre (im Auto) mit Silke, meinem Neffen und einer Freundin in den Heidepark nach Soltau.

Donnerstag, 27.06.

Mit Freunden mache ich eine Radtour nach Mardorf ans Steinhuder Meer.

Ich bin heute etwa 60 km gefahren.

Freitag, 28.06.

Ich mache eine Fahrradtour nach Nienburg zu Expert.

Dort kaufe ich mir eine große Solar Powerbank für 40€.

Ich bin heute etwa 60 km gefahren.

Samstag, 29.06.

Es ist ein sehr heißer Sommertag. Ich fahr zu Tino und seiner Familie nach Schessinghausen.

Von dort aus will ich ins Nienburger Freibad.

In Nienburg hab ich wieder ein plattes Hinterrad. Tino holt mich später

mit Auto ab. Bei ihm repariere ich das Rad.

Ich bin heute etwa 20 km gefahren.

Sonntag, 30.06.

Ich fahre nochmal nach Husum.

Da mein Geld besonders am Monatsende sehr knapp ist, arbeite ich gelegentlich. Jobs bekomme ich über Freunde. Wie ich im weiteren Verlauf meiner Tour merken werde, ist es in Deutschland ohne Beziehungen unmöglich, einfach so für einige Tage gegen Bargeld zu arbeiten.

Auf dem Weg nach Niedersachsen ist an meinem Fahrrad die Plastikabdeckung vom vorderen Zahnkranz abgefallen. Die gibt es nicht einzeln. Ein Freund schenkt mir einen kompletten Zahnkranz. Den baue ich um.

Ich bin im Juni etwa 270 km gefahren. Allerdings nur im Landkreis Nienburg und Umgebung.

Juli

Mittwoch, 03.07.

Nach einem längeren Aufenthalt bei Vanessa belade ich morgens mein Fahrrad und setze meine Tour fort.

Ich will nochmal zu Silke nach Uchte. Erstmal fahre über Stolzenau zum Lebensgarten nach Steyerberg. Dort mache ich Mittagspause.

Nachmittags fahr ich nach Uchte.

Ich bin heute etwa 30 km gefahren.

Ich verbringe noch einige Tage bei Silke.

Freitag, 05.07.

Wir fahren (mit Auto) in den Zoo nach Osnabrück.

Das Wochenende verbringe ich noch bei meiner Schwester und ihrer Familie in

Uchte.

Da meine USB Ladekabel alle kaputt sind, schenkt Silke mir ein Ladekabel.

Montag, 08.07.

Nach über 1 Monat verlasse ich den Landkreis Nienburg. Ich fahre von Uchte nach Darlaten. Vorbei an dem Haus, in dem ich 1996 für 3 Monate in meiner 1. WG gewohnt habe. Von dort aus fahre ich weiter in den Landkreis Diepholz.

Ich fahre bis nach Brockum. Dort besuche ich einen Freund vom SMP Radio.

Fahre noch am selben Abend weiter. Ich erreiche Nordrhein-Westfahlen. Damit habe ich ein weiteres Bundesland durchquert. In der Nähe von Oppendorf zelte ich.

Ich bin heute etwa 50 km gefahren.

Das nächste Ziel ist Minden. Die hinteren Bremsklötze von meinem Fahrrad sind abgefahren. Bevor ich ins Weserbergland fahre, sollten die erneuert werden.

Dienstag, 09.07.

Ich fahre über Rahden bis nach Minden.

Nachmittags regnet es. Total durchnässt komme ich gegen 17 Uhr in Minden bei Mandy an. Nachdem ich geduscht habe, fahr ich um etwa 18 Uhr mit ihr im Auto nach Porta Westfalica zu einem Fahrradshop. Ich kaufe mir neue Bremsklötze. Und ein neues USB Ladekabel fürs Handy.

Später ist das Wetter wieder besser. Ich gehe mit Mandy in die Natur. In der Nähe ist ein wunderschöner See. Wir machen tolle Fotos.

Abends zelte ich an diesem See.

Das nächste Ziel ist Vlotho. Auch dort möchte ich Freunde besuchen.

Ich bin heute etwa 40 km gefahren.

Mittwoch, 10.07.

Morgens erneuere ich die Bremsklötze. Dann fahr ich weiter. Durch das

wunderschöne Weserbergland. Vorbei am Kaiser-Wilhelm-Denkmal an der Porta Westfalica

Hier war ich schon mehrmals. Zuletzt dieses Jahr im Januar. Deshalb spare ich mir den Umweg auf die andere Weserseite. Und fahr nur dran vorbei

Gegen Abend komme ich in Vlotho-Exter bei Freunden an. Hier übernachte ich.

Ich bin heute etwa 50 km gefahren.

Donnerstag, 11.07.

Kurzfristig möchte ich noch meinen alten Freund Boris in Rinteln besuchen. Also fahre ich heute nochmal zurück nach Niedersachsen.

Es ist wieder eine tolle Fahrt durch eine wunderschöne Landschaft.

Gegen Abend komme ich bei Boris in Rinteln an. Wir haben uns etwa 20 Jahre nicht gesehen. Ich bleibe übers Wochenende bei ihm.

Ich bin heute etwa 50 km gefahren.

Freitag, 12.07.

Ich mache von Rinteln eine Tagestour nach Hameln.

Auf der Route liegt Hessisch Oldendorf. Hier war ich von Januar bis Mai 2000 nach meinem Unfall in der Neurologischen Klinik. Heute bin ich als Besucher hier. Allerdings ist das Klinikgelände eine Baustelle. Viele Gebäudeteile wurden abgerissen und erneuert. Ich erkenne nichts wieder.

Sehr nachdenklich fahre ich weiter nach Hameln.

Gegen Mittag erreiche ich diese wunderschöne Stadt.

Nachmittags werde ich auf dem Rückweg in Fischbeck vom Regen überrascht.

Es regnet den Rest des Tages. In Etappen fahr ich noch bis kurz vor Rinteln

weiter. Dann regnet es durchgehend. Boris holt mich mit seinem

Transporter ab.

Ich bin heute etwa 50 km gefahren.

Samstag, 13.07.

Ich mache mit Boris und seiner Familie einen Tagesausflug. Zuerst sind wir bei der Schaumburg.

Später wandern wir zur nahe gelegenen Paschenburg.

Sonntag, 14.07.

Ich fahr mit Rad zum Klippenturm. Auch dort genieße ich die wunderschöne

Aussicht.

Montag, 15.07.

Nach einem schönen Wochenende setze ich die Tour fort. Boris nimmt mich morgens mit nach Vlotho. Von dort fahre ich weiter. Mein heutiges Tagesziel ist Gütersloh.

Ich fahre über Herford nach Bielefeld. Hier mache ich einen Ausflug zum Tierpark Olderdissen.

Es ist ein schöner Tag mit vielen Eindrücken.

Gegen Abend erreiche ich Gütersloh.

Hier besuche ich Freunde, die ich vom Rohkost Potluck Barsinghausen kenne.

Ich bin heute etwa 55 km gefahren.

Dienstag, 16.07.

Ich bin in Gütersloh unterwegs.

Mittwoch, 17.07.

Nach einer schönen Zeit bei meinen Freunden verlasse ich Gütersloh und fahre weiter.

Das nächste Ziel ist Bergisch- Gladbach.

Im Schlosspark von Rheda Wiedenbrück mache ich Pause.

Abends erreiche ich Hamm. Fahre aber noch bis nach Rünthe.

Hier zelte ich zwischen der Lippe und dem Datteln-Hamm-Kanal.

Ich bin heute etwa 70 km gefahren.

Donnerstag, 18.07.

Ich fahre von Rünthe nach Lünen zu McFit. Zum Duschen & trainieren.

Gegen Abend erreiche ich Dortmund.

Nach einem kurzen Aufenthalt fahre ich weiter bis nach Witten. Heute zelte ich an der Ruhr.

Ich bin heute etwa 45 km gefahren.

Freitag, 19.07.

Der bisher anstrengendste Tag meiner Tour. Ich fahre über 70 km von Witten bis Bergisch-Gladbach. Teilweise steil bergauf. Das ist mit dem ganzen Gepäck schon eine Herausforderung.

Außerdem habe ich den ganzen Tag Probleme mit der Gangschaltung.

In Schwelm mache ich Mittagspause.

10 Kilometer vor Bergisch-Gladbach geht der vordere Umwerfer kaputt. Ich baue ihn kurzerhand aus. Und komme grad noch so bis zu meinen Freunden.

Durch die Steigungen und die Probleme mit der Schaltung ist die heutige Fahrt extrem anstrengend. Ich bin am Ende meiner Kräfte.

Aber trotzdem genieße ich die schöne Landschaft.

Mit letzter Kraft erreiche ich mein heutiges Tagesziel.

Ich bin heute etwa 70 km gefahren.

In Bergisch-Gladbach bleibe ich einige Tage bei meiner ehemaligen

Mitbewohnerin Anna und ihrem Freund. Am Wochenende ruhe ich mich aus.

Bevor ich nach Hessen weiterfahre, werde ich die Schaltung reparieren.

Wahrscheinlich reicht es nicht, nur den vorderen Umwerfer auszutauschen. Auch die Kette sollte erneut werden. Und der hintere Umwerfer ist wohl auch kaputt.

Montag, 22.07.

Wir fahren mit Auto in den Kurzurlaub an die Nordsee nach Holland.

In Zandvoort genießen wir eine sehr schöne Zeit.

Dienstag, 23.07.

Wir fahren nach Amsterdam. Ich bin ja bereits zum 2. Mal in dieser wunderbaren Stadt.

Abends sind wir in Zandvoort am Strand.

Mittwoch, 24.07.

Wir fahren zurück nach Deutschland.

Ich verbringe die nächsten Tage in Bergisch-Gladbach.

Ich überhole mein Rad und repariere die Gangschaltung.

Die Kette und der hintere Umwerfer gehen doch noch. Allerdings fahr ich erstmal nur mit den hinteren Gängen weiter. Der vordere Umwerfer ist Schrott. Und das Ersatzteil was ich mir besorgt hatte, passt nicht.

Mittwoch, 31.07.

nach einem längeren Aufenthalt in Bergisch- Gladbach und dem Kurzurlaub in Holland setze ich meine Tour fort.

Das nächste Ziel ist Solms (bei Wetzlar) /Hessen.

Zunächst fahre ich nach Köln. Dort bin ich am frühen Nachmittag. In den Kölner Dom komme ich leider nicht rein. Da mein Rucksack zu groß ist. Möchte den aber nicht draußen liegen lassen.

Köln kenne ich schon. Und war ja auch schon im Dom. Trotzdem bin ich beeindruckt von dieser schönen Stadt. Heute mache ich eine ganz neue Erfahrung. Als ich mein Rad durch die City schiebe, spricht mich eine Frau an. Sie hat Essen übrig. Und schenkt es mir. Einfach so. Es ist zwar mit Fleisch. Aber egal. Da ich sowieso grad Hunger und sehr wenig Geld habe, bin ich dankbar dafür.

Es wird mir in der nächsten Zeit noch sehr oft passieren, dass ich einfach so Geld oder Essen geschenkt bekomme. Im Nachhinein denke ich, dass die Menschen mich wegen meinem schwer beladenen Fahrrad und meinen allgemeinem Erscheinungsbild für einen Obdachlosen halten. Letztendlich schaffe ich es nur durch die Unterstützung von lieben Menschen diese Tour zu überstehen.

Ich bleibe bis abends in Köln. Und fahr dann noch ein Stück weiter.

Dann verliert mein Hinterrad Luft. In der Nähe von Siegburg zelte ich direkt an der Sieg.

Ich bin heute etwa 40 km gefahren.

Im Juli bin ich insgesamt etwa 550 km gefahren.

August

Donnerstag, 01.08.

Gleich morgens flicke ich den Schlauch vom Hinterrad. Nach dem Frühstück in Sankt Augustin fahre ich weiter. Nach wenigen Kilometern ist der Schlauch wieder undicht. Also flicke ich nochmal. Dann ist auch noch das Ventil undicht. Schiebe das Rad etwa 2 Kilometer bis zur nächsten Tankstelle. Dort pumpe ich Luft auf. Und möchte einen neuen Schlauch kaufen. Aber hier in der Nähe gibt es sowas nicht.

Ich fahr erstmal weiter. Wenn die Luft wieder runter geht, erneuere ich den Schlauch.

Schon zum 3. Mal das das Hinterrad platt. Der Schlauch wurde schon 2 x erneuert. Es liegt wohl am Gewicht.

Die Luft hält. Ich komme weiter als gedacht.

In der Nähe der von Uckerath zelte ich.

Ich bin heute etwa 20 km gefahren.

Mein heutiger Facebook post:

„Heute ist der 1. August. Vor genau 1 Jahr wurde ich operiert. Ich war letztes Jahr sehr schwer krank. Und jetzt bin ich wieder topfit. Gesundheitlich geht es mir sehr gut. Das ist nicht selbstverständlich. Jetzt bin ich auf Fahrradtour nach Bayern. Mein Ziel für dieses Jahr ist die Besteigung der Zugspitze. Heute hatte ich technische Probleme. Hab 2 x den Schlauch vom Hinterrad geflickt. Aber das ist für mich kein Grund aufzugeben

Aufgeben ist niemals eine Option„

Freitag, 02.08.

Mittags überquere ich die Landesgrenze.

Ich bin jetzt in Rheinland-Pfalz. Es geht bergauf. Das ist mit dem schweren Gepäck eine schweißtreibende Herausforderung.

Gegen Abend erreiche ich Altenkirchen.

Abends führt mein Navi mich in die Irre. Ich verfahre mich im Wald.

Es geht steil bergauf. Ich schiebe das Rad etwa 5 Kilometer durch den Wald.

Gerade noch rechtzeitig vor dem Dunkel werden komme ich wieder an die Bundesstraße.

In der Nähe von Hachenburg bin ich gerade dabei mein Zelt aufzubauen, als mich der Regen überrascht. Ich schaffe es aber vor dem Starkregen noch rechtzeitig meine Sachen ins Zelt zu bringen.

Trotz Schwierigkeiten bin ich heute etwa 50 km gefahren.

Samstag, 03.08.

Es ist ein schweißtreibender Start in den Tag. Noch vor dem Frühstück schiebe ich das Rad einen sehr steilen Berg hoch.

Gegen Mittag komme ich in Kirburg an. Dort frühstücke ich bei einem Bäcker. Sitze draußen und genieße die Aussicht.

Dann fahre ich weiter. Die meiste Zeit bergab. Aber auch das ist mit dem ganzen Gepäck eine Herausforderung.

Am späten Nachmittag bin ich im Lahn-Dill Kreis / Hessen. Und damit im nächsten Bundesland.

Die letzten 10 Kilometer führen durch den Wald.

Ich schiebe das Rad steil bergauf. Dann steil bergab. Ich komme an meine Belastungsgrenze.

Spät abends erreiche ich Solms / Niederbiel.

Hier bleibe ich einige Tage bei meinem alten Freund Ingo und seiner Familie.

Ich bin heute etwa 55 km gefahren.

Die nächste Zeit verbringe ich bei Freunden und mache Ausflüge in die nähere Umgebung von Solms.

Während dem Aufenthalt fällt mein Zahnputzbecher aus Glas runter und geht kaputt. Ich ersetze ihn durch einen

Plastik Becher. Auf so einer Tour ist es schlicht nicht möglich, Plastikfrei zu leben.

Ingo hat mehrere alte Schrottfahrräder im Keller stehen. Daraus baue ich mir Ersatzteile für mein Rad ab. Unter anderem einen Umwerfer. Der Umbau ist mir allerdings zu aufwendig, da es eine andere Baureihe ist. Ich nehme ihn trotzdem mit. Fahre den Rest der Tour aber nur mit den hinteren Gängen.

Außerdem tausche ich die Bremsklötze komplett aus. Da der hintere Mountainbike Ständer schon nach kurzer Zeit komplett versagt hat, und abgeknickt ist, nutze ich die Gelegenheit. Und baue mir einen herkömmlichen vorderen Ständer an. Und auch gleich einen zusätzlichen doppelten Ständer. Damit das beladene Rad besser steht. Es bringt aber nur bedingt was. Ich brauche zum beladen immer etwas, wo ich es gegen lehnen kann.

Eigentlich wollte ich den Gepäckträger auch austauschen, da eine Strebe bereits gebrochen ist. Aber es ist kein passender dabei. Also fahr ich erstmal so weiter.

Ich nutze den langen Aufenthalt hier um meine ganze Wäsche, sowie die Decken und den Schlafsack zu waschen. Das Zelt hängen wir zum Trocknen in den Garten. Es ist schon sehr beansprucht und undicht. Ich denke, dass es diese Tour aber noch halten wird. Für die Asien Tour brauche ich ein neues Zelt.

Auch meine Packtaschen sind schon sehr ramponiert. Sie haben Löcher und die Reißverschlüsse gehen kaputt.

Für die Asien Tour werde ich mir Packtaschen von besserer Qualität besorgen.

Da mein Geld sehr knapp ist, möchte ich arbeiten. Ich fahre durch Solms und versuche einen Job zu finden.

Frage bei verschiedenen Firmen und Bauernhöfen an.

Aber niemand möchte mich ohne Vertrag für einige Tage arbeiten lassen. Erst kurz bevor ich meine Tour fortsetze, bekomme ich über einen Freund von Ingo Arbeit. So kann ich mir noch ein paar Euro verdienen.

Und ich hab Zeit zum Nachdenken. Ich verfasse einen Facebook Post:

„Ich bin ja seit Anfang Mai mit dem Fahrrad unterwegs. Jetzt bin ich in Hessen bei Freunden und hab ein paar Tage Zeit. Kann mich ausruhen und mal über das was ich in den letzten Wochen und Monaten erlebt habe nachdenken.

Mit dem was ich jetzt mache erfülle ich mir einen Traum. Ich bin frei. Ich habe mich von allen Zwängen befreit. Ich hab keinerlei Verpflichtungen.

Alles was ich mache ist freiwillig. Weil ich es möchte.

Das allerwichtigste ist Gesundheit.

Es geht mir so gut wie nie zuvor. Ich hab keinerlei gesundheitliche Probleme mehr und bin topfit.

Das ist ja besonders für mich nicht selbstverständlich. Vor 1 Jahr lag ich noch schwer krank im Krankenhaus.

Ich habe auf dieser Tour schon sehr viel erlebt und gesehen. Hab viele Menschen kennengelernt und gute Freunde wieder getroffen. Teilweise nach sehr langer Zeit.

Ich hatte viele sehr gute Gespräche.

Aber es war nicht immer einfach.

Besonders wenn es bergauf geht, ist das Rad fahren mit dem vielen Gepäck sehr anstrengend.

Ich hatte technische Probleme. 3 x war das Hinterrad platt. Die Schaltung und
beide Bremsen habe ich schon teilweise erneuert.
Trotzdem bin ich mit meinem geschenkten Fahrrad zufrieden.
Das übernachten ist teilweise etwas abenteuerlich gewesen. Leipzig hab ich in einem Park im Gebüsch geschlafen. In Halle in einer Bushaltestelle. Oder bei Gewitter und Starkregen im Zelt.
Außerdem habe ich immer wieder Probleme mit der Stromversorgung.
Obwohl ich jetzt eine Powerbank mit Solar habe. Spätestens nach 3 Tagen brauche ich eine Steckdose.
Meine nächste Anschaffung wird ein Solarpanel sein.
Für die Tour nach Japan will ich mich komplett autark mit Strom versorgen können.
Auch finanziell ist es nicht einfach. Ich hab ja nur meine Mini Rente. Nebenbei sammle ich Pfandflaschen. Gelegentlich arbeite ich.
Ich komme grad so hin. Aber grad so reicht mir.
Da ich nur Klamotten für 10 Tage habe, bin ich immer darauf angewiesen das ich bei Freunden Wäsche waschen kann. War aber auch schon im Waschsalon.
Für diese Tour ist mein Vertrag bei McFit sehr nützlich. (Das ist übrigens der einzige Vertrag den ich noch habe) Ich kann damit jedes McFit Fitnessstudio in Deutschland nutzen. Und die gibt es in fast jeder größeren Stadt. So kann ich fast täglich duschen. Ansonsten natürlich bei Freunden.

Ich möchte mich hiermit nochmal ganz herzlich bei all meinen Freunden wo ich schon war, für ihre Gastfreundschaft bedanken.

Auf dieser Tour habe ich schon sehr viele Lebenserfahrungen gesammelt.

Ich war bei sehr unterschiedlichen Menschen zu Gast.

Überall wo ich hinkomme ist es anders. Andere Lebenseinstellungen. Andere Ernährungsgewohnheiten. Andere Tagesabläufe.

Ich bin sehr dankbar, dass ich all das erleben darf. Insbesondere was die Ernährung betrifft, merke ich wie unterschiedlich Menschen sein können.

Ich persönlich würde mich am liebsten vegan, zuckerfrei und überwiegend von Rohkost ernähren.

Lebensmittel auf dem Fahrrad mitnehmen ist sehr ungünstig.

In der Regel esse ich da, wo ich grad vorbeikomme. Beim Bäcker, im Bistro oder Imbiss. Dann achte ich darauf, dass es zumindest vegetarisch ist.

Wenn ich bei Freunden bin, esse ich das was es da gibt.

Eine vegane, zuckerfreie oder gar rohvegane Ernährung ist auf einer mehrmonatigen Fahrradtour schlicht nicht möglich.

Und noch etwas habe ich gelernt. Ich weiß jetzt wie wenig ich brauche, um glücklich zu sein.

Materieller Besitz bedeutet mir ja schon lange nichts mehr.

Aber jetzt weiß ich es zu schätzen in einem richtigen Bett zu schlafen. Strom aus der Steckdose zu haben. Morgens zu duschen. Auch im Regen ein festes Dach über dem Kopf zu haben.

Und ich genieße gutes Essen mit Freunden.

All das ist nicht selbstverständlich.

Sonst brauche ich nichts.

Trotz der Anstrengungen (die ich als Herausforderung sehe), ist diese Tour genau das richtige für mich"

In Solms ist während meinem Aufenthalt gerade Blutspende. Es wäre das 1. Mal, dass ich nach meiner schweren Krankheit wieder die Gelegenheit zum Blut spenden habe. Aber ich werde nicht zugelassen. Weil mein Eisenwert zu niedrig ist. Ich weiß, dass es daran liegt, weil ich mich in letzter Zeit überwiegend vegan ernährt habe. Und grundsätzlich keine Nahrungsergänzungsmittel nehme. Ich werde in Zukunft wieder mehr Milchprodukte essen. Und auch gelegentlich Fleisch. Das ist mir lieber als Nahrungsergänzungsmittel oder gar Medikamente zu nehmen.

Außerdem ist mir aufgefallen, dass ich durch das fast tägliche Fahrradfahren mit dem schweren Gepäck sehr muskulös und fit geworden bin. Ein besseres Fitnesstraining als so eine Tour gibt es nicht.

Mittwoch, 07.08.

Ich mache einen Tagesausflug nach Wetzlar.

Auch in Solms bin ich mit dem Fahrrad unterwegs.

Ich bin heute etwa 25 km gefahren.

Donnerstag, 08.08.

Ich verfasse spontan einen längeren Facebook post über mich und diese Tour. Und poste den in einer großen Minimalismus Gruppe. Dieser Post bekommt innerhalb kür-

zester Zeit über 500 likes. Es entsteht eine interessante
Facebook Diskussion. Ich knüpfe Kontakte und bekomme
sehr viele Hilfsangebote. Später werden daraus reale
Freundschaften entstehen.

Donnerstag, 15.08.

Nach einer sehr schönen Zeit bei meinen Freunden setze
ich meine Tour fort. Mein nächstes Ziel ist Frankfurt. Dort
will Samstag an einer Müllsammelaktion teilnehmen.

Und ich bin mit Freunden verabredet. Vorher mache ich
einen kurzen Zwischenstopp in Limburg.

Nachmittags fängt es an zu regnen.

Es regnet fast den ganzen Rest des Tages. Es ist eine sehr
anstrengende Fahrt. Ich komme an meine Belastungsgrenze. Mit vielen Zwangspausen komme ich bis Meren-
berg. Und zelte dort.

Ich bin heute etwa 20 km weit gefahren.

Freitag, 16.08.

Heute scheint die Sonne wieder. Ich komme gut vorwärts. Allerdings hab ich gestern zu viel Zeit verloren.
Deshalb ist es nicht mehr möglich nach Limburg zu fahren. Ich will ja morgen Nachmittag in Frankfurt sein. Ich
ändere die Route und fahr über Weilburg nach Frankfurt.
Mittags erreiche ich Weilburg.

Heute funktioniert das Internet zeitweise nicht.

Später kommen noch Probleme mit der Stromversorgung
dazu. Meine ganzen Ladekabel sind defekt. Deshalb kann
ich auch keine Fotos mehr machen.

In der Nähe von Bad Homburg übernachte ich.

Ich bin heute etwa 55 km gefahren.

Samstag, 17.08.

Morgens fahre ich zügig weiter. Bis nach Bad Homburg. Zufällig entdecke ich ein Hotel das Frühstücksbuffet für 9,50€ anbietet. Nach einem ausgiebigen Frühstück fahre ich die restlichen 20 Kilometer nach Frankfurt.

Es geht bergab. So macht diese Tour Spaß. Ich bin einfach glücklich.

In Oberursel kaufe ich bei einem toom Baumarkt 2 USB Ladekabel.

Gegen 13 Uhr erreiche ich die City von Frankfurt. Fahre direkt ans Mainufer.

Dort treffe ich mich mit einem Freund. Florian kannte ich bisher nur von Facebook.

Gemeinsam unterstützen wir cleanffm bei der Säuberung des Mainufers.

Cleanffm ist eine Initiative für mehr Sauberkeit in Frankfurt.

Von einem Schrottfahrrad, dass aus dem Main gezogen wurde, baue ich mir den vorderen Umwerfer für mein Rad ab.

Anschließend sind wir in der City von Frankfurt unterwegs.

Abends trainiere ich bei McFit in der Innenstadt. Und bin später alleine in der City unterwegs. Es ist ja Samstagabend. Unzählige Jugendliche sind auf der Frankfurter Partymeile.

Ich würd auch gerne auf Disco oder Party gehen. Allerdings bin ich schon wieder fast pleite. Dabei ist grad erst der halbe Monat rum. Ich streife ziellos durch die Straßen und sammle Pfandflaschen. Die feiernden Jugendlichen lassen diese achtlos liegen. Dabei gerate ich mit einem anderen Pfandsammler in Streit. Wegen einer 8 Cent Bierflasche. Er überlässt sie mir dann aber. Später merke ich, dass er mir mein neues USB Ladekabel geklaut hat.

Ich will heute in Frankfurt übernachten. Das ist schwieriger als gedacht. Zelten ist gar nicht möglich. Stundenlang bin ich auf der Suche nach einem Schlafplatz und schiebe ich mein Fahrrad durch die Frankfurter Straßen. Überall ist abgesperrtes Privatgrundstück. Halbwegs infrage kommende Plätze sind belegt. Von Obdachlosen oder feiernden Jugendlichen. Irgendwann setzt leichter Regen ein. Als es richtig stark regnet, stelle ich mich in einer U Bahn Station unter. Gegen 4 Uhr morgens, als die Stadt langsam zur Ruhe kommt, bleibe ich spontan im überdachten Eingangsbereich vom Gebäude der Caritas. Mit der Plane als Unterlage schlafe ich direkt vor der Tür. Gut, dass Sonntag ist.

Ich bin heute etwa 35 km gefahren.

Sonntag, 18.08.

Etwa um 9 wache ich auf. Ich bin ja mitten in der Stadt. Und die erwacht langsam zum Leben. Ich packe schnell meine Sachen zusammen. In der Nähe ist eine Bäckerei. Mein Geld reicht grad noch für ein Frühstück. Dann fahr ich wieder zu McFit. Zum Frühsport und duschen. Nachmittags treffe ich mich mit einem Freund.

Wir kennen uns vom Hof Schwarzes Moor. Oliver wohnt in der Nähe von Frankfurt. Wir setzen uns in ein Café und verbringen bei guten Gesprächen einen netten Nachmittag zusammen. Gegen Abend fängt es wieder an zu regnen. Der Regen wird immer heftiger.

Als der Regen nachlässt, fahre ich weiter.

Ich fahr durchs Frankfurter Bankenviertel zum Hauptbahnhof.

Am Gleis 7 ist eine Gedenkstätte aufgebaut.

Hier hatte Ende Juli ein Mann einen Achtjährigen und dessen Mutter vor einen einfahrenden ICE gestoßen. Der Junge starb im Gleisbett, seine Mutter konnte sich in letzter Sekunde retten. Eine ältere Frau, die er auch attackiert hatte, konnte sich in Sicherheit bringen, ohne auf die Gleise zu stürzen. Dieses Ereignis hatte bundesweit für Schlagzeilen gesorgt.

Sehr nachdenklich fahre ich weiter.

Morgen will ich spontan Florian besuchen. Er wohnt in Heusenstamm. Etwa 12 km entfernt von Frankfurt. Kurz hinter dem Ortsaugang von Frankfurt führt das Navi mich durch ein kleines Waldstück. Ich nutze die Gelegenheit. Und bleib über Nacht hier. Im Wald zu zelten, ist doch angenehmer als mitten in der Stadt zu schlafen.

Ich bin heute etwa 10 km gefahren.

Montag, 19.08.

Ich fahre recht früh weiter. Mittags komme ich in Heusenstamm an. Ich werde sehr herzlich von Florian und seiner Mutter aufgenommen. Heute übernachte ich hier. Im Gästezimmer. Nach dem Mittagessen fahren Florian und ich mit dem Fahrrad los. Er zeigt mir die Gegend. Gestern ist hier ein Tornado durchgezogen. Der Starkregen in Frankfurt war nur ein Ausläufer. Hier sind sehr viele Bäume umgestürzt.

An einem Bach holen wir gemeinsam den Müll den der Sturm angeschwemmt hat, aus dem Wasser

Später sind wir im Wald. Hier die Zerstörungskraft von dem Orkan deutlich zu sehen.

Es beeindruckt mich sehr, dass viele mächtige Bäume einfach so entwurzelt wurden. Ich hab ja letzte Nacht gar nicht weit von hier entfernt mitten im Wald gezeltet.

Wir nehmen uns aber auch Zeit zur Besinnung...

Es ist ein toller, aber auch beeindruckender Nachmittag.

Abends gehen wir in einer Kneipe Billard spielen.

Ich bin heute etwa 10 km gefahren.

Dienstag, 20.08.

Nach dem gemeinsamen Frühstück packe ich meine Sachen, und belade das Fahrrad.

Ich werde von Florian noch mit Lebensmitteln aus seinem Garten und einigen Ausrüstungsgegenständen versorgt.

Unter anderem bekomme ich von ihm ein „neues" Rücklicht. Meins hatte ich vor kurzem verloren. Und einen Sattelbezug.

Mein Sattel beginnt ja sich aufzulösen. Dadurch gehen meine Hosen im Schritt kaputt. Und ich bekomme einen Plastik Trinkbecher.

Und Florian fährt mit mir zu einer befreundeten Fahrradwerkstatt. Dort bekomme ich gratis eine „neue" linke Tretkurbel. In letzter Zeit hat sich immer öfter die Schraube gelöst. Dann war die Kurbel locker. Ich kenne das schon von meinen anderen Fahrrädern. Scheint ein Problem bei den billigen Mountainbikes zu sein. Mit dem Austausch der Kurbel ist es für den Rest der Tour behoben.

Wir fahren noch ein Stück gemeinsam. Etwa um 16 Uhr fahren wir von Heusenstamm aus los.

In einem Wald mache ich Rast und wir verabschieden uns. Ich habe mit Florian einen großartigen Menschen kennengelernt. Aus einer flüchtigen Facebook Bekanntschaft ist eine gute und reale Freundschaft entstanden.

Ich setze meine Tour fort. Der ursprüngliche Plan war, dass ich von Frankfurt aus über Würzburg / Nürnberg in Richtung Augsburg / München fahren wollte. Aber durch den Facebook post von neulich hab ich Kontakte geknüpft. Und ändere die Route. Ich werde einen Umweg durch den Schwarzwald und am Bodensee entlang durch das Allgäu in Richtung Garmisch-Patenkirchen fahren.

Als nächstes möchte ich eine Facebook Bekannte in Altensteig (nähe Stuttgart) besuchen. Das ist eine Strecke von etwa 250 km. Bis dahin bin ich auf mich alleine gestellt.

Das nächste Etappenziel ist Darmstadt. Da ich erst nachmittags weiterfahre, komme ich heute nur bis Rödermark / Ober-Roden. Ich zelte in der Nähe der B459.

Ich bin heute etwa 12 km gefahren.

Mittwoch, 21.08.

Ich fahre durch Eppertshausen und dann durch Dieburg bis nach Darmstadt.

Mir fallen immer wieder schöne wildwachsende Blumen am Wegrand auf

Nachmittags mache ich noch einen spontanen Stopp an der „Grube Prinz von Hessen". Das ist ein ehemaliger Tagebau im Stadtwald östlich von Darmstadt.

Das ausgekohlte Restloch der Grube füllte sich nach der Nutzung mit Grund- und Regenwasser, wodurch ein mehr als 6 ha großer und sehr schöner See entstand.

Etwa um 18 Uhr erreiche ich McFit in Darmstadt. Ich trainiere und dusche.

Danach fahr ich in die City von Darmstadt. Hier mache ich nur eine kurze Pause. Obwohl es schon spät ist. Ich brauche ja noch einen Platz zum Übernachten.

Finde dann aber schon kurz hinter dem Stadtrand in einem Waldstück einen Platz zum Zelten. Bis das Zelt im Dunkeln steht, ist es 1 Uhr.

Nachts hab ich Zahnschmerzen.

Ich bin heute etwa 25 km gefahren.

Das nächste Ziel ist Worms.

Donnerstag, 22.08.

Die Zahnschmerzen werden immer heftiger. Ich fahr noch bis nach Gernsheim. Dort finde ich etwa um 14:30 Uhr eine Zahnarztpraxis. Die Zahnärztin erneuert provisorisch eine weggebrochene Füllung. Und rät mir, dass ich zu meinem Hauszahnarzt gehen sollte. Ich überlege kurzzeitig die Tour abzubrechen. Aber nein...Ich ziehe es durch. Ich will auf alle Fälle bis zur Zugspitze fahren!

Allerdings ist es kaum noch zu schaffen, im September zurück auf dem Hof zu sein. Ich werde wahrscheinlich ab München mit der Bahn zurückfahren.

Nach diesem ungeplanten Aufenthalt setze ich die Tour in Richtung Worms fort. Gegen Abend bin ich im Kreis Bergstraße und etwa um 19 Uhr erreiche ich Biblis. Sehr beeindruckt bin ich von der katholischen Pfarrkirche St. Bartholomäus.

Am frühen Abend entdecke ich zwischen Biblis und Worms einen wunderbaren Platz zum Übernachten. An einem kleinen Bach. Und von der Straße nicht einsehbar.

Hier bleibe ich. Und nutze die Zeit zum Ausruhen. Außerdem lade ich Fotos bei Facebook hoch.

Trotz Zahnschmerzen und dem außerplanmäßigen Halt beim Zahnarzt bin ich heute etwa 30 km gefahren.

Freitag, 23.08.

Ich verbringe eine erholsame Nacht in der Natur. Mein schmerzender Zahn hat sich etwas beruhigt. Mir ist aber klar, dass die Zahnarztbehandlung nur provisorisch war.

Sehr wahrscheinlich werde ich nur bis zur Zugspitze mit Fahrrad fahren. Und dann mit der Bahn nach Hause.

Im Winter werde ich meine Zähne von meiner Zahnärztin komplett sanieren lassen.

Damit ich auf meiner Asien Tour Zahnprobleme vermeide.

Morgens fahr ich ins nahe gelegene Hofheim, dem größten Stadtteil von Lampertheim. Dort frage ich einen freundlichen älteren Herrn nach einem Bäcker oder Geschäft. Er erklärt mir den Weg zu einem Edeka in dem auch ein Bäcker ist. Wir kommen ins Gespräch. Ich erzähle ihm von meiner Tour. Das ich aus Sachsen auf dem Weg zur Zugspitze bin. Beim Bäcker treffe ich ihn wieder. Spontan lädt er mich zum Frühstück ein.

Das ist eine glückliche Fügung. Ich hab grad überlegt, wieviel ich mir noch leisten kann. Jetzt zum Monatsende wird mein Geld sehr knapp.

Nach Worms ist es nicht mehr weit.

Etwa um 11:30 Uhr erreiche ich die Nibelungenbrücke.

Die Nibelungenbrücke verbindet die rheinland-pfälzische Stadt Worms über den Rhein mit den hessischen Städten Lampertheim und Bürstadt.

Worms ist eine fantastische Stadt.

Als erstes besichtige ich den Dom St. Peter zu Worms

Ich bin beeindruckt von diesem gewaltigen und wunderschönen Gebäude.

Nachmittags bin ich auf dem jüdischen Friedhof "Heiliger Sand", dem ältesten erhaltenen jüdischen Friedhof Europas.

Später besichtige ich das Lutherdenkmal, eines der größten Reformationsdenkmäler der Welt.

Und ich bin in der City unterwegs.

Am Marktplatz fällt mir besonders die protestantische Dreifaltigkeitskirche auf.

Am Brunnen vor dem Rathaus fülle ich meinen Wasserkanister auf.

In der Bahnhofsbar 24 /seven mache ich eine kurze Pause.

Gegen Abend verlasse ich Worms und fahr noch ein ganzes Stück weiter.

Kurz vor Ludwigshafen zelte ich.

Ich bin heute etwa 30 km gefahren.

Heute habe ich sehr viele Fotos gemacht. Die meisten sind aber durch den Datenchrash meiner Speicherkarte verloren gegangen.

Samstag, 24.08.

Morgens erreiche ich Ludwigshafen.

Ich bleib aber nicht lange. Fahr gleich weiter. Wieder überquere ich den Rhein. Der Rhein ist die Landesgrenze zu Baden-Württemberg.

Und bin jetzt in Mannheim. Hier verbringe ich das Wochenende.

Erstmal mache ich eine Pause am Rhein.

Hier sind sehr viele Schwäne im Wasser. Es ist toll, diese schönen Tiere zu beobachten.

Nachmittags bin ich bei McFit im Mannheimer Stadtteil Käfertal. Trainieren und duschen. Als ich dann gegen Abend in die City fahren will, verliert mein Hinterrad Luft. Zum 4. Mal auf dieser Tour ist das Hinterrad platt. Ich bin genervt.

Aber als ich grad dabei bin, den Schlauch zu flicken, hält ein anderer Radfahrer an. Und hilft mir. Er wohnt hier in der Nähe. Fährt kurz nach Hause und holt mir einen neuen Schlauch. Und eine Luftpumpe. Beides schenkt er mir. Das ist sehr gut! Ich bin nämlich fast pleite. Ich ersetze den Schlauch und fahr in die City. Dort genieße ich den Samstagabend.

Aber kurze Zeit später folgt das nächste technische Problem. Das Radlager vom Hinterrad ist kaputt. Es ist spät am Abend. Ich bin mitten in der Mannheimer Party Meile und zerlege mein Hinterrad. Allerdings ist das Radlager komplett auseinander gefallen. Es ist Schrott. Damit ist das Fahrrad nicht mehr fahrtüchtig. Irgendwann gebe ich es auf. Und schiebe das Rad durch das nächtliche Mannheim. Bis ich gegen 2 Uhr morgens am Rhein eine ruhige Ecke finde. Dort ist es möglich, unter freiem Himmel zu schlafen.

Ich bin heute etwa 20 km gefahren.

Sonntag, 25.08.

Ich verbringe den Sonntag in Mannheim. Schiebe das schwer beladene Rad durch die Stadt und sammle Pfandflaschen. Ich bin pleite. Nicht nur das Fahrrad ist kaputt.

Es kommen auch massive Probleme mit der Stromversorgung dazu. Da ich ja nicht fahre, kann auch kein Strom mit dem Dynamo erzeugt werden.

Nachmittags schreibe ich einen Facebook post über meine Lage. Daraus ergibt sich eine ungeahnte Welle der Hilfsbereitschaft. Viele meiner Freunde überweisen mir per PayPal jeweils einen kleinen Geldbetrag. Insgesamt kommen so etwa 120€ zusammen. Ich bin überwältigt! Allerdings ist ja Sonntag. Und das Geld ist erst frühestens morgen auf meinem Girokonto. Für heute halte ich mich noch mit dem Sammeln von Pfandflaschen über Wasser. Allerdings ist es nicht möglich, diese an einem Sonntag abzugeben.

Ich kratze mein letztes Kleingeld zusammen. Um mir was zu essen zu kaufen.

Auch das ist schwierig und unnötig teuer. Eben, weil ja Sonntag ist.

Ich hab den ganzen Tag über Hunger. Das schwer beladene Rad bei der Hitze durch die Stadt zu schieben ist sehr anstrengend. Sogar an Trinkwasser zu kommen ist mühsam ohne Geld. Ich bin am Ende meiner Kräfte.

Der Tag endet krass und unerwartet. So ganz nebenbei erfahre ich, dass heute Abend eine meiner Lieblingsbands hier in Mannheim auftritt. Metallica spielen vor 60.000 Zuschauern das letzte Europakonzert ihrer „World Wired Tour" 2019 auf dem Mannheimer Maimarktgelände! Ich schließe mein kaputtes Fahrrad vor einem Supermarkt an und gehe zu Fuß zum Konzertgelände etwas außerhalb der Stadt. Da ich erst sehr spät von dem Konzert erfahre, komme ich auch erst dort an, als die Vorbands schon spielen. Das heißt, die meisten Konzertbesucher sind schon auf dem riesigen Veranstaltungsgelände. Und ohne Eintrittskarte ist es nicht möglich, auf das Gelände zu kommen. Ich sammle vor den Toren Pfandflaschen. Hier sind allerdings auch viele andere Flaschensammler. Das meiste Leergut der Konzertbesucher ist schon weg. Für mich bleiben nur ein paar 8 Cent Bierflaschen. Aus Glas. Und mein Rucksack wird schnell sehr schwer. Es ist schmutzig und mühsam, im Müll der feiernden Metallica Fans zu wühlen! Ich wär auch lieber direkt beim Konzert gewesen. Metallica ist eine der Kultbands meiner Jugendzeit. Ich höre den gewaltigen Sound der mir so vertrauten Songs. Klassiker wie „One" und „Master of Puppets". Zu diesen Titeln hab ich schon als Jugendlicher in meinem Kellerzimmer gemoscht. Und wilde Partys mit viel Alkohol gefeiert. Aber sehen kann ich nichts. Das Konzertgelände ist weiträumig abgesperrt. Und die Sicht ist mit Stehwänden verdeckt. Später spielen Metallica noch den Rio Reiser Song „König von Deutschland". Und als Zugabe unter anderem „Nothing Else Matters" und „Enter Sandman"

Etwas traurig und erschöpft von dem krassen und anstrengendem Tag verlasse ich das Gelände. Ich hab Hunger. Aber ohne Geld bekommt man nichts zu essen. Schwer bepackt mit Pfandflaschen, die nicht mal 10€ wert sind, gehe zu dem Supermarkt wo mein Fahrrad steht. Und schiebe es raus aus der Stadt. Mit den Flaschen und meinem ganzen Gepäck. Es dauert sehr lange, bis ich einen Platz zum Schlafen finde. Sogar hier, außerhalb der Stadt und weit weg vom Konzertgelände höre ich noch den Sound von Metallica Songs und das grölen der besoffenen Fans. Ich schlafe wieder unter freiem Himmel. Am Rand von einem Feld. Später weiß ich nicht mehr, wie spät es ist. Aber es wird schon langsam wieder hell.

Heute war einer der krassesten Tage dieser Tour. Selten hab ich so ein Wechselbad der Gefühle erlebt.

Montag, 26.08.

Gleich morgens gehe ich wieder zu dem Supermarkt zurück. Gebe die Pfandflaschen ab und kaufe mir was zu Essen. Mit dem letzten Akku von meinem Handy überweise ich die eingegangenen Überstützungsgelder meiner Freunde auf mein Girokonto. Es dauert aber noch bis das Geld gutgeschrieben ist. Ich setzte meine Tour erstmal zu Fuß fort. Am frühen Nachmittag verlasse ich Mannheim. Und schiebe das Rad in Richtung Heidelberg. Unterwegs sammle ich Pfandflaschen. Finde aber nur sehr wenige.

Später ist der Akku vom Handy leer. Ich komme nur knapp 10 km weit. Und schlafe irgendwo auf der Strecke unter freiem Himmel.

Dienstag, 27.08.

Das Geld ist noch nicht auf dem Konto. Ich lebe heute nur von etwa 2€

Pfandgeld. Schiebe das Rad weiter in Richtung Heidelberg. Mittlerweile ist auch mein Wasserkanister undicht. Dadurch wird die Trinkwasserversorgung schwierig. Und das bei der Hitze!

Ich schlafe wieder unter freiem Himmel.

Bin jetzt kurz vor Heidelberg

Mittwoch, 28.08.

Morgens erreiche ich Heidelberg.

Ich hab das Rad etwa 20 km weit geschoben. Aber das Geld ist noch nicht auf dem Konto. Also laufe ich durch die Stadt und sammle Pfandflaschen.

Ich gucke in jeden Mülleimer. Finde aber nur sehr wenige Flaschen. Dafür springt aus einem Mülleimer eine Ratte raus. Ich bin körperlich am Limit. Es ist sehr heiß. Die ganze Zeit das schwere Rad schieben. Und seit Tagen nichts vernünftiges Essen. Dann komme ich zufällig an einer kleinen Fahrradwerkstatt vorbei. Ich frage den sehr netten Inhaber nach einem gebrauchten Hinterrad. Er hat eins. Es soll 20€ kosten. Da ich ja pleite bin, frag ich ihn spontan, ob ich dafür auch bei ihm arbeiten kann. Ich erzähl grob die Geschichte von meiner Tour. Er willigt sofort ein. Das passt ihm grad sehr gut. Er hat viel Arbeit. Ich bleibe sofort da. Und erneuere von einem Fahrrad unter anderem beide Schutzbleche. Bin etwa 2 Stunden in der Werkstatt beschäftigt. Dann ist Feierabend. Ich bekomme das Hinterrad gratis. Und baue es sofort um. Damit ist mein Fahrrad wieder fahrtüchtig und startklar für die Weiterfahrt.

So ganz nebenbei bekomme ich noch was zu essen. Und kann mein Handy aufladen.

Einen Satz neue Bremsklötze gibt es auch noch dazu. Der Werkstattbesitzer ist sehr zufrieden mit meiner Arbeit. Und mir hilft es sehr. Vor allem bin ich mal wieder satt. Mittlerweile ist das Geld auch da. Morgen kaufe ich mir einen neuen Wasserkanister. Und ein Solarpanel, oder noch eine Solar Powerbank.

Ich fahr aus der Stadt raus. Und schlafe auch heute wieder unter freiem Himmel.

Gerade die letzten Tage waren die beste Vorbereitung für meine Japan Tour. Ich bin zur Zeit komplett auf mich alleine gestellt. Hab tagelang unter freiem Himmel geschlafen. Bin finanziell und körperlich bis ans Limit gekommen. Aber ich lebe. Und mir geht es sehr gut

Trotz der Schwierigkeiten setze ich meine Tour fort.

Donnerstag, 29.08.

Ich verbringe noch einen Tag in Heidelberg. Bummle durch die City und mache Fotos.

Die Ruine vom Heidelberger Schloss beeindruckt mich. Ich versäume aber die

Gelegenheit zu einer Besichtigung. Ich entdecke einfach zu viele interessante Dinge in dieser wunderbaren Stadt. Und dann kommt die nächste Panne dazwischen.

Nachmittags gehe ich ins Thermalbad zum Duschen.

Bis abends bin ich in der Innenstadt unterwegs. Eigentlich wollte ich mir ein Solarpanel kaufen. Plötzlich habe ich wieder ein plattes Hinterrad. Zum 5. Mal innerhalb kurzer Zeit! Der Reifen ist kaputt. Wohl durch das ständige abbauen. Ich bin genervt! Gehe dann zu Fuß zu einem Baumarkt in der Nähe. Um mir einen unplattbaren Reifen zu kaufen. Aber die gibt es dort nicht. Stattdessen kaufe ich mir für 6€ einen Wasserkanister. Wieder einen Faltkanister. Der ist aber bereits am nächsten Tag undicht!

Der Fahrradladen daneben hat schon geschlossen. Als ich dann gegen 20 Uhr wieder bei meinem Rad bin, kommt ein junger Mann kam zu mir und fragt ob er helfen kann. Ich sage, dass ich einen neuen Reifen brauche. Aber im

Baumarkt keinen unplattbaren bekomme. Er meinte, dass es sowas nur im Fachhandel gibt. Aber er gehört zu dem Fahrradladen und würd mir eben einen holen. 10 min später ist er mit einem unplattbaren Reifen zurück. Den bekomme ich von ihm sogar günstiger als im Laden. Ich hab ja auch wieder Geld um ihn zu bezahlen. Mit dem Reifen und einem neuen Schlauch hab ich das Rad ruck-zuck repariert. Den Schlauch hatte ich noch, weil mir der freundliche Herr neulich gleich einen 2. als Ersatz gege-ben hat. Durch all diese glücklichen Fügungen kann ich meine Tour fortsetzen. Mit dem neuen (gebrauchten) Hinterrad fährt sich das Rad auch viel besser. Die Kette springt nicht mehr.

Eigentlich wollte ich ja noch das Schloss besichtigen. Ent-scheide mich aber trotzdem, weiter zu fahren. Um noch vor dem Wintereinbruch auf der Zugspitze zu sein. Also setze ich am Abend meine Tour fort.

Das nächste Ziel ist Speyer.

Ich bin allerdings zu müde und kaputt. Die letzten Tage waren einfach zu krass. Kurz hinter Heidelberg suche ich mir einen Schlafplatz. Das ist gar nicht so einfach, in die-sem dicht besiedelten Gebiet. Ich fahr über holprige Feldwege. Da von meiner Gepäcktasche ja die Reißver-schlüsse immer mehr kaputt gehen, lässt sich die eine große Seitentasche gar nicht mehr schließen. Durch die offene Tasche verliere ich meinen Verbandskasten. Ich merke es allerdings zu spät. Und finde ihn im Dunkeln nicht wieder.

Dann finde ich hinter einem Maisfeld eine geeignete Stel-le zum Übernachten. Dort ist ein kleiner Weg. Direkt daneben ist allerdings die A5. Aber es ist mir egal. Ich schlafe unter freiem Himmel auf diesem Weg. Zwischen Maisfeld und der Autobahn. Nur ein schmaler Grünstreifen trennt mich von der Fahrbahn.

Freitag, 30.08.

Morgens fahr ich weiter. Unterwegs mache ich sehr schöne Fotos. Diese Fotos von meinem Fahrrad mit der Grundeinkommens Tasche werden später zu einem Sinnbild meiner Tour. Nur weil ich meine Rente hab, ist diese Tour möglich. Diese niedrige Rente ist mein Grundeinkommen. Wenn auch nicht bedingungslos.

Im 10 Kilometer entfernten Schwetzingen frühstücke ich bei einem Bäcker.

Es ist toll, dass ich dank der Unterstützung meiner Freunde, nicht erst mit knurrendem Magen Pfandflaschen sammeln muss, um mir was zu Essen kaufen zu können. Dann mache ich noch eine Pause vor der evangelischen Kirche.

Mein Handy ist wieder geladen, Ich schreibe einen Facebook post. Und bedanke mich bei meinen Freunden für die Unterstützung.

Mittags kaufe ich mir für 20€ eine Solar Powerbank in einem Geschäft in Schwetzingen. Und später für 40€ ein Solarpanel bei einer großen Decathlon Filiale etwas außerhalb. Damit sollte meine Stromversorgung sichergestellt sein. Über den Fahrraddynamo lässt sich das Handy gar nicht mehr laden. Der Umwandler scheint kaputt zu sein.

Nachmittags fahr ich weiter. Und komme an der Ketscher Rheininsel vorbei. Das ist ein Naturschutzgebiet bei Ketsch. Hier fahre ich durch eine wunderschöne Landschaft.
Gegen Abend überquere ich nochmal den Rhein. Und erreiche Speyer (Rheinland-Pfalz).
Ich besichtige den Dom. Das ist ein imposantes Bauwerk!
Abends bin ich in der Altstadt unterwegs.
Spätabends fahr ich weiter. Überquere nochmal den Rhein und bin wieder in Baden-Württemberg.
In dieser Nacht zelte ich am Rhein.
Ich bin heute etwa 25 km gefahren.
Mein nächstes Ziel ist Karlsruhe. Allerdings will ich vorher nach Bruchsahl zu McFit. Das ist ein Umweg von etwa 15 km.
Samstag, 31.08.
Vormittags fahr ich weiter. In Altlußheim frühstücke ich in einem Café´
Gegen 18:30 Uhr bin ich bei McFit in Bruchsahl. Zum trainieren und duschen.
Auf der Suche nach einem Schlafplatz fahr ich ein Stück zurück. Beim Netto in Karlsdorf kaufe ich Bananen und Getränke ein. Und fahr dann noch bis nach Forst. Auch dort ergibt sich keine geeignete Übernachtungsmöglichkeit. Ich verlasse den Ort wieder. Später fängt es an zu regnen. In der Nähe verläuft die A5. Unter einer Autobahnbrücke ist ein regengeschützter Platz zu Übernachten.
Heute bin ich etwa 30 km gefahren.
Mein Hinterrad verliert schon wieder Luft. Ich pumpe immer wieder Luft nach.

Im August bin ich insgesamt etwa 500 km gefahren.

September

Sonntag, 01.09.

Es ist schon krass, an einem Sonntagmorgen im Gebüsch unter einer Brücke aufzuwachen.

Aber meine Sachen sind einigermaßen trocken geblieben.

Da hier so früh noch keiner vorbeikommt, lasse ich mir Zeit mit der Weiterfahrt.

Etwa um 10 bin ich in Graben-Neudorf. Hier frühstücke ich.

Ab mittags bin ich im Freibad Graben- Neudorf. Es ist fast komplett leer. Ich dusche ausgiebig. Und fahre nachmittags weiter.

Etwa um 18 Uhr bin ich in Büchenau. Um 19:15 in Untergombach.

Zwischen Untergrombach und Obergrombach entdecke ich eine ruhige Wiese zum Zelten.

Montag, 02.09.

Es ist toll, morgens in der Natur aufzuwachen.

Ich fahr früh weiter. Nach Obergrombach zum Frühstücken.

Mittags erreiche ich Weingarten. Und fahre am frühen Nachmittag weiter.

Immer wieder entdecke ich wunderschöne wildwachsende Blumen am Wegrand.

Gegen 15 Uhr erreiche ich Karlsruhe. Hier verbringe ich den Rest des Tages.

In der Innenstadt fallen mir tolle gelbe Lampen auf. Die Lampen sind Teil des Projektes „Highlight Innenstadt".

Mit dem Projekt sollen erreichte, und noch geplante

Maßnahmen der Innenstadtentwicklung in Szene gesetzt werden.

Abends komme ich zufällig bei der Kundgebung der Montagsdemo Karlsruhe vorbei.

Die Karlsruher Montagsdemo ist eine Initiative von gewerkschaftlich Engagierten aus verschiedenen Arbeitsloseninitiativen und dem gewerkschaftlichen Zukunftsforum, Privatpersonen sowie weiteren Aktivisten.

Spontan sage ich auch was am Micro:

Das ich als Friedensaktivist unterwegs bin. Das ich mich schon jahrelang für Frieden, Gerechtigkeit und das BGE einsetze. Und das meiner Meinung nach bewusster Konsumverzicht das Beste ist um etwas zu verändern. Mit dem was man NICHT kauft entzieht man den Konzernen das Geld.

Meine Worte fanden allgemeine Zustimmung.

Im Anschluss habe ich noch sehr interessante Gespräche.

Einer der Teilnehmer lädt mich zum Essen ein.

Spät abends verlasse ich die Stadt. Etwas außerhalb suche ich mir einen Schlafplatz in einem Gebüsch neben der Bahnstrecke. Genau um Mitternacht sitze ich grad im Gebüsch und trinke meine Zitrone. Als ein vorbeifahrender Zug mich blendet. Der Lockführer hat mich bestimmt gesehen. Ich möchte nicht wissen, was der von mir gedacht hat…

Gegen 0:30 Uhr schlafe ich unter freien Himmel.

Ich bin heute etwa 25 km gefahren.

Dienstag, 03.09.

Früh morgens werde ich vom einsetzenden Zugverkehr geweckt. Und es fahren Radfahrer vorbei.

Gegen 7 fahr ich weiter. Um 8:30 Uhr bin ich in Durlach. Hier frühstücke ich erstmal.

Mittags fahre ich weiter. Mein Hinterrad ist immer wieder platt. Ich halte in der

Marsch zwischen Durlach und Pfinztal an. Und erneuere den Schlauch. Einen Reserveschlauch hab ich noch dabei. Ein junger Mann kommt vorbei. Und fragt, ob er mir helfen kann. Wir unterhalten uns eine Weile. Er heißt Abdullah und wohnt hier in der Nähe. Als das Rad wieder fahrbereit ist, fahren wir gemeinsam weiter. In Pfinztal ist eine Tankstelle mit einem Ford Autohaus. Dort will ich den Luftdruck auf dem Reifen nochmal erhöhen. Ich pumpe zu viel auf. Der Reifen platzt mit einem lauten Knall! Nicht nur der neue Schlauch ist zerfetzt. Auch der Pannenschutzreifen ist beschädigt. Kurz darauf platzt auch noch der Schlauch vom Vorderrad! Abdullah fährt für mich mit Rad zu einem Händler in der Nähe und kauft einen neuen Schlauch. Ich zerlege vor der Werkstatt das Hinterrad.

Als Abdullah zurück ist, erneuern wir gemeinsam den Schlauch.

Pumpen auf. Und wieder platzt er! Jetzt ist die Decke auch komplett zerfetzt! Der Angestellte von der Werkstatt gibt mir den Tipp, dass im Nachbarort Remchingen ein großes Fahrradgeschäft ist. Es ist nur etwa 6 km entfernt. Allerdings schließt „Lucky Bike" um 19 Uhr. Und es ist schon fast 18 Uhr. Das wird knapp. Selbst wenn ich ein Stück mit der Bahn fahre. Trotzdem gehe ich zur nächsten Bahnhaltestelle. Mein zerlegtes Fahrrad lasse ich bei der Tankstelle stehen.

Als ich auf die S Bahn warte, komme ich mit einer Frau ins Gespräch die ihre Tochter zum Bahnhof gebracht hat. Sie fährt in Richtung Remchingen und bietet spontan an mich mitzunehmen. Sehr dankbar fahr ich mit. Sie fährt sogar einen Umweg. Und bring mich direkt bis zu dem Fahrradgeschäft. Um 18:45 Uhr bin ich da. Ich lasse mich noch kurz vor Ladenschluss beraten. Und kaufe mir 2 pannensichere Mäntel und passende Schläuche sowie Felgenschutzband.

Insgesamt gebe ich knapp 90€ aus. Wie gut, dass grad Monatsanfang ist und ich Geld hab. Aber jetzt wird der Rest des Monats wieder sehr knapp.

Als letzter Kunde des Tages verlasse ich das Geschäft und mache ich mich zu Fuß auf den Rückweg zu der Tankstelle. Am Straßenrand liegen sehr viele 25 Cent Pfanddosen, die ich unterwegs einsammle. Aus Gewohnheit. Obwohl es grad nicht zwingend nötig ist. Schon nach einem kurzem Stück Fußmarsch hält ein Autofahrer an. Er fragt ob er mich mitnehmen kann. Sehr dankbar steige ich ein. Der nette Mann bringt mich bis zur Tankstelle. Eher als gedacht kann ich mich an die Reparatur von meinem Fahrrad machen. Ich erneuere beide Reifen komplett. Und pumpe vorsichtig Luft auf. Kurz vor dem dunkel werden ist mein Rad mit neuer Bereifung wieder start- klar. Nachdem das Gepäck wieder aufgeladen ist, fahr ich gegen 21 Uhr weiter. Und bin um 21:45 Uhr in Wilferdin- gen. Auf der Suche nach einem Schlafplatz entdecke ich gegen 22 Uhr eine Bank am Waldrand. Die ist allerdings kaputt. Ich schlafe davor unter freiem Himmel.

Ich bin heute trotz der Verzögerungen etwa 20 km gefahren.

Mittwoch, 04.09.

Ich wache früh auf. Es ist immer wieder toll, morgens von der aufgehenden Sonne geweckt zu werden. Nach dem Frühstück in Wilferdingen fahre ich weiter.

Gegen 13 Uhr mache ich Rast. Und schreibe einen langen Facebook post. Zu meiner aktuellen Lage und den Erfahrungen während der Tour. Unter anderem was die Ausrüstungsgenstände betrifft.

Fast alles was ich mitgenommen habe, hat komplett versagt!

Das einzige was alle Belastungen aushält, ist mein Bundeswehrrucksack. Und die Bundeswehrstiefel. Hab ich beides aus dem BW Shop in Hannover. Top Qualität!

Mein Fazit: Billige Ausrüstungsgegenstände aus dem Baumarkt oder noch billiger online bestellt, sind für solch eine Tour absolut untauglich. Ausrüstung die für die Armee produziert wurde ist von allerbester Qualität. Das gibt mir allerdings zu denken.

Für meine Tour nach Japan benötige ich noch einiges an Ausrüstung in guter Qualität. Aber Qualität kostet Geld. Deshalb überlege ich schon länger, mir einen Sponsor zu suchen. Kann mir durchaus vorstellen, dass es Hersteller von Outdoorausrüstung oder Fahrrädern gibt, die Interesse an einer Fahrrad Tour quer durch Asien haben, wo ihre Produkte präsentiert und getestet werden. Und ich denke, dass so eine Tour ein guter Härtetest für die Belastbarkeit von Dingen ist.

Um 14:30 erreiche ich Pforzheim. Ein weiteres Teilziel.

Gegen 17 Uhr bin ich bei McFit. Wie immer – zum trainieren und duschen.

Abends bin ich in der City von Pforzheim unterwegs. Hier findet gerade das „Oechsle Fest" statt. Das ist ein traditionelles Weinfest.

Spät abends fahr ich aus der Stadt raus. Um mir einen Schlafplatz zu suchen. Am Waldrand richte ich mich an einer Bank mit Tisch für die Nacht ein.

Ich bin heute etwa 15 km gefahren.

Donnerstag, 05. 09.

Heute werde ich vom Vogelgezwitscher geweckt.

Ich fahr wieder zurück nach Pforzheim. Zum Frühstücken.

Und dann nochmal zu McFit zum Frühsport.

Später bin ich in der Stadt unterwegs.

Nachmittags fahr ich an der Nagold entlang weiter. Das nächste Ziel ist Calw.

Gegen Abend erreiche ich Unterreichenbach. Und später den Kurort Bad Liebenzell

Ich zelte direkt an der Nagold. Unmittelbar neben dem Kurpark von Bad Liebenzell.

Ich bin heute etwa 20 km gefahren.

Freitag, 06.09.

Es ist schön, morgens direkt neben der Nagold aufzuwachen.

Da ich ja direkt beim Kurpark zelte, baue ich das Zelt morgen zügig wieder ab. Erstmal gehe ich in die Stadt.

Nach dem Frühstück in einem Café setze ich mich in den Kurpark.

Ich bin ja jetzt im Schwarzwald. Es ist wunderschön hier.

Allerdings ist Bad Liebenzell ein Kurort, und dem entsprechend teuer.

Und ich passe mit meinem Outfit und dem beladenem Fahrrad nicht hierher.

Ich merke deutlich die Arroganz und abwertenden Blicke der Menschen. Ich fühle mich zwischen den Kurgästen und Touristen nicht wohl. Ich passe einfach nicht in diese „normale" Gesellschaft.

Vormittags verlasse ich diese Stadt wieder und fahr weiter.

Ich komme an einer wunderschönen Blumenwiese vorbei. Auf einem Hinweisschild wird erklärt, welchen Nutzen diese Wiese hat.

Mein nächstes Ziel ist Calw. Etwa um 12:45 Uhr erreiche ich diese wunderschöne Stadt.

Gegen 14 Uhr verlasse ich sie aber schon wieder und fahr ins 3 Kilometer entfernte Stammheim.

Dort gehe ich ins Freibad. Zum Duschen. Ich hab das ganze Bad für mich alleine. Und dusche ausgiebig.

Am frühen Abend bin ich in Stammheim unterwegs.

Und fahre etwa um 19 Uhr weiter in Richtung Wildberg.

Dann entdecke ich zwischen Stammheim und Gültlingen eine wunderschöne und abgelegene Wiese. Spontan bleibe ich hier. Baue sehr früh mein Zelt auf. Und ruhe mich aus.

Ich bin heute etwa 15 km gefahren.

Samstag, 07.09.

Ich wache früh auf und starte ausgeschlafen in den Tag.

Es wird einer der krassesten Tage dieser Tour.

Ich fahr recht früh weiter.

Um 9:54 Uhr komme ich in Gültlingen an. Dort frühstücke ich erstmal. Fahr dann weiter nach Wildberg. Dort komme ich etwa um 10:15 Uhr an.

Mein heutiges Tagesziel ist Altensteig. Dort will ich eine Facebook Bekannte besuchen.

Mal wieder macht mir die Stromversorgung Probleme.

Bis Wildberg funktioniert das Navi. Dann stürzt mein Handy ab. Jetzt bleibt mir nur, nach Gefühl weiter in Richtung Altensteig zu fahren. Ich folge den Schildern.

Und fahre in ein Waldstück.

Der Waldweg wird immer unwegsamer. Und führt in die Lützenschlucht.

Aus dem Weg wird ein sehr steiler und schwieriger Wanderweg. Für Radfahrer absolut ungeeignet! Und mit meinem schwer beladenen Rad unmöglich! Das merke ich allerdings zu spät. Zurück, und steil wieder runter ist mir zu riskant. Und zurück ist für mich keine Option.

Also schiebe ich das Rad immer weiter hoch. Der Weg wird immer enger und steiler. Neben mir geht es sehr tief runter.

Vereinzelte entgegen kommende Wanderer raten mir vom weiteren Aufstieg ab.

Es geht steile Treppen hoch.

Als schieben nicht mehr möglich ist, packe ich das Gepäck komplett ab. Und trage Rad und Gepäck in Etappen einzeln weiter hoch.

Ich komme an die Grenze meiner körperlichen Belastbarkeit. Aber ich schaffe es!

Nach mehreren Stunden bin ich oben.

Und setze meine Tour durch eine malerische Landschaft fort.

Etwa um 17 Uhr erreiche ich Effringen. Fahre dann weiter durch Schönbrunn und Wenden bis nach Altensteig. Dort komme ich um 18:45 Uhr an. In einem Café treffe ich mich mit meiner Facebook Bekannten Sandra.

Wir verbringen eine tolle Zeit miteinander.

An diesem Abend treffen wir uns mit Freunden von ihr im benachbarten Nagold in einer Bar.

Anschließend machen wir eine nächtliche Stadtführung durch Nagold.

Dann sind wir noch mit Auto in Altensteig unterwegs.

Gegen 1.45 Uhr sind wir im Haus von Sandras Eltern wo ich im Gästezimmer einquartiert bin. Ich verfasse noch einen Facebook post über den heutigen Tag. Um 2:30 Uhr schlafe ich. Mal wieder in einem richtigen Bett.

Ich bin heute etwa 30 km gefahren, Beziehungsweise hab Fahrrad und Gepäck bergauf getragen.

Sonntag, 08.09.

Ausgeschlafen und geduscht starte ich in den Sonntag.

Meine Wäsche wird gewaschen.

Morgens frühstücken wir mit Sandras Eltern. Gegen Mittag fahren wir nochmal für eine Stadtführung mit dem Auto durch Altensteig.

Etwa um 13 Uhr verabschiede ich mich. Sandras Vater schenkt mir noch einen 10l Wasserkanister. Damit ist meine Trinkwasserversorgung wieder gesichert.

Ausgeruht und gut versorgt setze ich meine Tour fort.
Mein nächstes Ziel ist Freudenstadt.
Ich komme heute aber nicht sehr weit. Bin gerade aus
Altensteig rausgefahren. als es anfängt zu regnen. Zufällig
komme ich an einer Schutzhütte vorbei. Die Tür ist offen.
Rausgebrochen. Hier stelle ich mich unter. Allerdings
regnet es den ganzen Rest des Tages. Und in der Hütte ist
kein Empfang. Ich nutze die Zeit. Repariere und sortiere
meine Ausrüstung. Das Zelt hat schon sehr gelitten. Ich
repariere die Stangen so gut es geht. Irgendwann wird es
dunkel. Ich stelle mich darauf ein, in dieser Hütte zu
übernachten. Sie ist sehr schmutzig. Ich säubere sie so
gut es geht, und richte mich für die Nacht ein.
Etwa ab 22 Uhr schlafe ich. Nachts merke ich, dass hier
Mäuse sind. Sie krabbeln sogar über meinen Schlafsack.
Montag, 09.09.
Ich wache recht früh auf. Mittlerweile hat es aufgehört zu
regnen.
Diese Hütte ist nicht gerade einladend mit der kaputten
Tür. Ich packe schnell meine Sachen zusammen. Und
fahre etwa um 9 weiter. Gegen 11 erreiche ich die
Nagoldtalsperre. Es ist ein wunderschöner Ort!
Etwa um 12.30 Uhr fahr ich weiter. Und erreiche um
16:15 Uhr Freudenstadt.
Im Stadtzentrum setze ich mich erstmal ins Café` „Pause"
am Marktplatz. Sandra empfiehlt mir zum Herzog-
Friedrich-Turm außerhalb der Stadt zu fahren. Von dort
aus hat man eine gute Aussicht auf Freudenstadt und den
Schwarzwald. Und sie gibt mir den Tipp für einen „Lost
Place". Ein verlassenes Hotel. Später fahr ich zu dem

Turm. Dort komme ich aber erst um 21 Uhr an. Es ist schon dunkel. Ich steige hinauf. Sehe aber nicht mehr viel. Nur die Lichter von Freudenstadt. Ganz in der Nähe vom Turm ist ein idealer Platz zum Zelten. Um etwa 23 Uhr liege ich im Zelt und schlafe.

Ich bin heute etwa 30 km gefahren.

Dienstag, 10.09.

Etwa um 7 stehe ich auf und baue das Zelt ab. Dann geh ich nochmal auf den Turm.

Die Aussicht über Freudenstadt und den Schwarzwald ist bombastisch. Besonders toll ist es, dass die Stadt teilweise noch im Morgennebel liegt. Ich mache sehr viele und sehr schöne Fotos.

Gegen 9:30 Uhr fahr ich wieder in die Stadt. In dem Café am Markt gibt es Frühstücksbüffet. Ich frühstücke ausgiebig.

Nachmittags fahr ich zum ehemaligen Hotel Waldlust. Es steht seit Jahren leer. Eine wunderbare Foto Location. Allerdings ist der Zutritt nur im Rahmen einer Führung möglich.

Aber auch von draußen mache ich sehr viele schöne Fotos.

Gegen 16 Uhr fahre ich wieder in die Stadt. Auf dem Weg spricht mich eine sehr alte Frau an. Wir unterhalten uns lange. Ich erzähle ihr, dass ich auf dem Weg nach Garmisch Patenkirchen bin. Sie ist begeistert von meiner Geschichte. Und bittet mich, ihr eine Postkarte aus Garmisch zu schreiben. Sie gibt mir ihre Adresse. Als wir uns verabschieden, schenkt sie mir 20€. Einfach so.

Ich fahr nochmal kurz nach Freudenstadt rein. Etwa um 17 Uhr setze ich meine Tour fort. Das nächste Ziel ist Alpirsbach. Und dann Schiltach. Ich fahr wieder am Turm vorbei. In der Dämmerung bin ich im Wald unterwegs. Als es plötzlich steil bergab geht. Und es kommt ein Schotterweg. Ich kann nicht mehr bremsen und rutsche weg. Beinahe den Abhang runter. Das Erste Mal auf dieser Tour stürze ich schwer. Knalle mit dem Arm auf den Schotter. Gut, das ich kurz vorher meine Jacke angezogen hab. Die fängt das meiste ab. Ich hab nur ein paar Schrammen. Da war Glück im Unglück!

Im Übrigen trage ich beim Fahren immer noch meinen Bauchgurt. Der hält auch sehr viel ab.

Nach diesem Erlebnis reicht es mir für heute. Ich brauche was zu essen. Und suche den Vogtsmichelhof, den Sandra mir empfohlen hat. Finde ihn auch.

Aber es ist heute geschlossen. Dort in der Nähe ist eine Gaststätte. Da bekomme ich kurz vor Feierabend noch ein belegtes Brot. Mittlerweile ist es schon 22 Uhr. Ich hab keine Lust mehr weiter zu fahren. In der Nähe ist eine wunderschöne Wiese. Ein idealer Platz zum Zelten. Bis ich dann zum schlafe, ist es Mitternacht.

Ich bin heute etwa 20 km gefahren.

Mittwoch, 11.09.

Die schönsten Momente dieser Tour sind es, morgens in der Natur aufzuwachen. Das entschädigt mich für alle Strapazen.

Diese Wiese ist sehr abgelegen. Ich lasse mir Zeit. Und genieße die Ruhe in der Natur.

Um 9:45 Uhr fahr ich weiter.

Ich bin jetzt im Kinzigtal. Ich folge ein Stück dem Flößer-
pfad.

Schon nach kurzer Fahrt passiert eine erneute Panne. Der
Reißverschluss von der linken Satteltasche war ja schon
länger kaputt. Jetzt reißt sie endgültig ab. Ich schnalle
den Wasserkanister so am Gepäckträger fest. Am meisten ärgert mich, dass ich die Tasche vor der Tour neu
gekauft habe. Und das ich Geld für Dinge ausgebe die
nichts taugen.

Nach diesem ungeplanten Stopp führt mich der Flößer-
pfad direkt nach Alpirsbach. Das ist ein wunderschöner
Ort mit einem tollen Kloster.

Etwa um 15:45 Uhr fahre ich weiter. Das nächste Ziel ist
Schenkenzell. Dort komme ich etwa um 16:45 Uhr an.

Nach einem kurzem Aufenthalt fahr ich in Richtung Schiltach weiter. Dann sehe ich von der Straße aus eine Burgruine. Es ist die Schenkenburg aus dem 13. Jahrhundert.

Spontan mache ich dort einen Zwischenstopp.

Von der Ruine sind nur noch wenige Mauerreste erhalten. Aber ich genieße die Aussicht über das Kinzigtal.

Kurze Zeit später erreiche ich Schiltach.

Fahr aber nach kurzer Zeit wieder aus der Stadt raus. Um
mir einen Schlafplatz zu suchen.

Als die Sonne untergeht, finde ich einen schönen ruhigen
Platz zum Übernachten. Ich entspanne mich in der Natur
und zelte. Nachts wird es allerdings schon recht kalt.

Ich bin heute etwa 15 km gefahren.

Donnerstag, 12.09.

Ausgeschlafen starte ich in den Tag. Ich fahr erstmal zurück nach Schiltach. Das ist eine wunderschöne Stadt.

Mittags mache ich einen Abstecher zum Schlossberg. Von dort aus habe ich eine wunderbare Aussicht über die Stadt und den Schwarzwald. Später bin ich im Stadtzentrum unterwegs. Unter anderem im Museum am Markt. Nachmittags verlasse ich diese tolle Stadt. Und fahre weiter ins etwa 10 km entfernte Wolfach.

Gegen Abend erreiche ich Wolfach. Auch diese Stadt ist wunderschön.

Als ich an einem Brunnen meinen Wasserkanister auffülle, spricht mich ein Mann an. Wir kommen ins Gespräch. Und er schenkt mir 10 €. Damit ich mir was zu essen kaufen kann. Dafür bin ich sehr dankbar. Ich hab schon wieder fast kein Geld mehr. Ich kaufe mir Bananen und Studentenfutter.

Gegen 19:15 Uhr verlasse ich die City. Und suche mir außerhalb der Stadt einen Platz zum Übernachten. Zwischen Wolfach und Hausach finde ich am Rand einer Wiese einen schönen Platz zum Zelten.

Ich bin heute etwa 15 km gefahren.

Freitag, 13.09.

Es ist immer wieder schön, morgens in der Natur aufzuwachen.

Mein heutiges Ziel ist Gutach. Aber vorher möchte ich einen Ausflug nach Hausach und zur Burg Husen machen. Auch wenn das ein Umweg ist.

Gleich morgens hab ich wieder Probleme mit der Satteltasche. Die eine Seite war ja vor einigen Tagen schon abgerissen. Jetzt lässt sich der Reißverschluss von der 2. Seitentasche auch nicht mehr schließen. Bevor ich mein Werkzeug verliere, mach ich die Tasche komplett ab.

Dabei bemerke ich, dass der Gepäckträger auch abgerissen ist. Ich befestige ihn provisorisch. Aber das wird nicht lange halten. Dann schnalle ich das Gepäck so auf dem Gepäckträger fest. Die ganze Konstruktion ist sehr abenteuerlich. Und ist es jetzt morgens viel mehr Aufwand die Sachen zu verstauen.

Aber erstmal geht es. Langfristig brauche ich eine neue Satteltasche und einen neuen Gepäckträger.

Sehr spät fahr ich weiter. Durch das Kinzigtal.

Um 14:30 Uhr komme ich in Hausach an.

Ich gehe hoch zur Burg Husen. Das ist eine Burgruine aus dem 12. Jahrhundert über der Stadt.

Etwa um 16:45 Uhr fahr ich wieder ein Stück zurück und dann nach Gutach.

Gegen 18 Uhr komme ich in Gutach an.

Als es dunkel wird verlasse ich Gutach wieder. Mein nächstes Ziel ist Hornberg.

Etwas außerhalb finde ich einen Platz zum Zelten.

Ich bin heute etwa 25 km gefahren.

Samstag, 14.09.

Es ist jetzt immer sehr aufwändig, das Gepäck auf dem Rad festzuschnallen.

Vormittags fahre ich nach Hornberg. Jetzt im Spätsommer kann ich unterwegs Obst pflücken.

Gegen Mittag erreiche ich Hornberg.

Ich gehe auf den Schlossberg. Hier ist die Ruine von Schloss Hornberg aus dem 12. Jahrhundert. Es sind heute nur noch der Bergfried und der Pulverturm sowie Mauerreste übrig geblieben. Die Aussicht auf die Stadt und den Schwarzwald ist bombastisch!

Dann bin ich wieder in der Stadt unterwegs.

Eine Frau spricht mich an. Wir unterhalten uns kurz. Ich erzähle von meiner Tour. Sie lädt mich zu sich nach Hause zum Essen ein. Als wir uns verabschieden, schenkt sie mir 20€.

Etwa um 14:45 Uhr verlasse ich Hornberg wieder. Und fahr weiter in Richtung Triberg. Dort sind Deutschlands höchste Wasserfälle.

Ich komme am Haus der 1000 Uhren vorbei.

Spontan mach ich eine Pause. Und geh rein. Es sind sehr viele wunderbare Uhren ausgestellt und zu verkaufen. Nach einem kurzen Rundgang fahr ich weiter.

Kurz vor Triberg dann das nächste Uhren Geschäft. Der Uhren-Park Eble ist Deutschlands größtes Fachgeschäft für Kuckucksuhren.

Gegen Abend erreiche ich Triberg. Ich bleib aber erstmal außerhalb der Stadt. Um mir eine Übernachtungsmöglichkeit zu suchen. In einem Wald in der Nähe vom Bergsee Triberg finde ich eine Schutzhütte. Dort richte ich mich für die Nacht ein.

Ich bin heute etwa 15 km gefahren.

Sonntag, 15.09.

Heute Morgen wache ich im Wald auf.

Ich bin in unmittelbarer Nähe vom Bergsee. Nach einem kurzem Stopp an diesem wundervollen See fahr ich nach Triberg. Allerdings stelle ich schnell fest, dass Triberg eine Touristenstadt ist. Völlig überlaufen und sehr teuer. Besonders stört mich, das an jeder Ecke ein Hinweisschild auf Deutschlands höchste Wasserfälle ist. Und das für den Eintritt Geld verlangt wird. Mich stört es, wenn aus der Schönheit von unserem Planeten um jeden Preis Profit gemacht wird. Aus Protest besuche ich die Wasserfälle nicht. Ich fühle mich nicht wohl in dieser wunderschönen Stadt.

Am späten Nachmittag verlasse ich Triberg wieder.

Mein nächstes Ziel ist der 5 km entfernte Stöcklewaldturm.

Es geht sehr steil bergauf. Ich schiebe das Rad etwa 4 km den Berg hoch. Etwa um 18:45 Uhr bin ich am Stöcklewaldturm. Das ist ein 25 m hoher Aussichtsturm im Stöcklewald zwischen Triberg und Furtwangen. Bis zur Aussichtsplattform sind es 127 Treppenstufen. Die Anstrengung hat sich gelohnt. Ich genieße eine grandiose Aussicht über den Schwarzwald!

Nachdem ich in der Gaststätte noch was gegessen habe, zelte ich am Waldrand in unmittelbarer Nähe vom Turm. Ich bin heute nur knapp 10 km gefahren.

Montag, 16.09.

Es ist jetzt nachts schon recht kalt. Trotzdem genieße ich es, immer wieder morgens in der Natur aufzuwachen.

Ich fahr früh weiter. Mein nächstes Ziel ist Furtwangen.

Vormittags erreiche ich den Kurort Schönwald.

Am frühen Nachmittag mach ich Pause. Sitze auf einer Liege. Und lade Fotos auf Facebook hoch. Dabei fällt meine Speicherkarte mit allen Bildern die ich bisher auf dieser Tour gemacht hab, runter.

In den Rindenmulch unter der Liege. Etwa 1 Stunde brauche ich, sie wieder zu finden. Dafür zerlege ich die Liege teilweise. Aber ich hab Glück und finde sie wieder.

Beruhigt fahre ich weiter.

Etwa um 16 Uhr erreiche ich Furtwangen.

Am frühen Abend fahre ich wieder raus aus der Stadt.

Und zelte etwas außerhalb am Rand einer Wiese.

Ich bin heute etwa 15 km gefahren.

Dienstag, 17.09.

Es wird jetzt immer später hell.

Kurz nachdem ich weiter gefahren. bin, lerne ich auf einem Parkplatz einen Geschäftsmann aus Shanghai /China kennen. Er spricht mich an. Ich erzähle ihm, dass ich aus Sachsen komme. Und auf dem Weg zur Zugspitze bin. Als Probefahrt für meine Tour nach Japan. Er gibt mir seine Visitenkarte. Wenn ich auf meiner Asien Tour in China bin, soll ich mich bei ihm melden. Er will mich dann unterstützen.

Es ist sehr schön, dass ich immer wieder auf liebe Menschen treffe. Sehr glücklich fahre ich weiter. Etwa um 10:15 Uhr erreiche ich den Luftkurort Neukirch. Das ist ein Stadtteil von Furtwangen.

Doch bald bekomme ich neue Probleme. Nach kurzer Fahrt verrutscht mein Gepäck.

Ich stelle fest, dass der Gepäckträger fast komplett abgerissen ist. Stundenlang versuche ich ihn wieder zu befestigen. Aber es hat keinen Zweck.

Ich schiebe das Rad dann auf der Suche nach einer Fahrradwerkstatt durch Neukirch. Zufällig begegne ich einem älteren Herrn. Der hat in seinem Haus eine kleine Werkstatt.

Und er hilft mir. Zusammen befestigen wir den Gepäckträger mit einer "neuen" Halterung aus Flacheisen komplett neu. Für seine umfangreiche Hilfe möchte er nichts haben. Und er hat mir wirklich sehr geholfen.

Sehr dankbar kann ich nach weiteren 2 Stunden meine Fahrt fortsetzen.

Ich fahre durch das Hexenlochtal und komme an der „Hexenlochmühle" vorbei. Die Hexenlochmühle ist die einzige Mühle im Schwarzwald, die von zwei Wasserrädern angetrieben wird.

Mein nächstes Ziel ist Titisee. Aber erstmal zelte ich irgendwo in der „ Wildnis" im Hexenlochtal.

Ich bin heute etwa 15 km gefahren.

Mittwoch, 18.09.

Ich weiß nicht genau wo ich bin.

Um etwa 11:15 Uhr erreiche ich den Luftkurort Breitnau.

Nach einem kurzem Aufenthalt fahr ich weiter.

Bei einer Pause merke ich, dass mein Handy die Speicherkarte nicht mehr erkennt.

Es zeigt nur an "SD Karte beschädigt" Das wäre schlecht.

Alle Bilder von meiner
Tour sind da drauf.

Bei nächster Gelegenheit guck ich mal am PC oder Laptop was damit los ist. Ich hoffe, dass ich die Fotos retten kann.

Ich kann allerdings noch Fotos mit der Kamera darauf speichern. Die dann allerdings nicht mehr hochladen. Das ich weiter Fotos mache, und auf der Karte speichere, erweist sich später als Fehler. Dadurch werden die älteren Fotos von der Tour unwiederbringlich überschrieben. Ich verliere sehr viele Bilder.

Aber erstmal genieße ich die Fahrt durch den Schwarzwald.

Ich komme bei bestem Wetter gut vorwärts.

Um 15:40 Uhr erreiche ich den Kurort Titisee-Neustadt.

Auch das ist eine wunderschöne Stadt. Aber ich fühle mich zwischen den Kurgästen und massenhaft Touristen aus aller Welt nicht wohl. Und auch von meinem Erscheinungsbild mit dem schwerbeladenen Rad passe ich nicht hierher.

Ich versuche, mich abseits von den Touristen zu halten.

Und genieße die Schönheit von diesem See.

Dann fahre ich noch ein Stück weiter. Und suche mir einen Platz für die Nacht. In dieser Touristenhochburg ist es schlicht unmöglich „gratis" zu übernachten.

Sehr weit abseits von den Touristen finde ich später ein ruhiges Plätzchen zum Zelten.

Ich bin heute sehr grob geschätzt etwa 40 km gefahren.

Donnerstag, 19.09.

Heute schlafe ich etwas länger. Wache wieder in der Natur auf.

Ausgeruht fahre ich weiter.

Um 11:30 Uhr erreiche ich Altglashütten. Um 13 Uhr bin ich am Schluchsee. Dieser See ist nach meiner Einschätzung nicht so überlaufen wie der Titisee. Am Schluchsee verbringe ich einen schönen Nachmittag und Abend. Ich fahre am See entlang bis in den Ort Schluchsee. Bleibe aber in einem Waldstück außerhalb des Kurortes. Hier zelte ich neben einer Bank am Wegrand.

Ich bin heute etwa 15 km gefahren.

Freitag, 20.09.

Es ist toll mal wieder im Wald aufzuwachen.

Vormittags fahr ich in den Ort.

Gegen Mittag fahre ich weiter. Mein heutiges Ziel ist Blumberg. Kurz überlege ich, durch die Wutachschlucht zu fahren. Das ist Landschaftlich sehr reizvoll.

Aber nach der Erfahrung in der Lützenschlucht bleibe ich doch lieber auf der Hauptstraße. Ab Bonndorf komme ich auf der B115 gut vorwärts.

Um etwa 19 Uhr erreiche ich Blumberg. Von meinem letzten Pfandgeld kaufe ich mir im Supermarkt die billigsten Brötchen. Dann zelte ich am Stadtrand.

Ich bin heute etwa 40 km gefahren.

Samstag, 21.09.

Heute Nacht ist Bodenfrost. Es ist empfindlich kalt im Zelt.

Das Zelt ist steif gefroren. Ich habe beim Abbauen Probleme. Außerdem habe ich es sehr dicht neben einer Hauptverkehrsstraße in einem Gebüsch aufgebaut. Aber ich schaffe es, das Zelt abzubauen und einzupacken, ohne dass jemand etwas merkt.

Nach diesem etwas holprigen Start fahr ich zu dem Supermarkt in Blumberg. Ich habe Hunger. Bin allerdings total pleite. Ich sehe keine andere Möglichkeit, als zu betteln. Vor dem Supermarkt spreche ich die Menschen an. Und bitte um etwas Kleingeld. Die meisten gehen achtlos weiter. Einige geben mir Geld. 1 oder 2 € oder ein paar Cent Stücke. Mit einigen Menschen komme ich ins Gespräch. Zuletzt gibt mir ein Mann 10€. Damit hab ich genug Geld für ein ordentliches Frühstück.

Frisch gestärkt fahre ich weiter. In Richtung Bodensee.

Langsam verlasse ich den Schwarzwald. Und komme in die Bodenseeregion. Am Straßenrand stehen immer mehr Apfelbäume. In den nächsten Tagen werde ich mich überwiegend von Äpfeln ernähren.

Ich bin jetzt im Landkreis Konstanz.

Um 16:20 bin ich in Tengen.

Gegen 18 Uhr erreiche ich Blumenfeld.

In der Nähe von Beuren am Ried zelte ich.

Ich bin heute etwa 20 km gefahren.

Sonntag, 22.09.

Ich genieße den morgendlichen Ausblick aus dem Zelt.

Heute starte ich gemütlich in den Tag.

Um 11 erreiche ich Storzeln. Dann Riedheim. Dort verfahre ich mich. Und fahre Richtung Thayngen / Schaffhausen (Schweiz). Ich fahre bis zum Grenzübergang Thaynger Straße / Ebringerstrasse. Dort frage ich nach dem Weg zum Bodensee. Und fahr dann wieder ein Stück zurück.

Mittags bin ich in Riedheim.

Dann komme ich an der Ruine der mittelalterlichen Festung Hohentwiel vorbei.

Verpasse aber aus Unwissenheit die Gelegenheit zu einem Zwischenstopp.

Um 13 Uhr erreiche ich Singen.

Nachmittags fahre ich weiter.

Gegen 18:30 Uhr erreiche ich Stahringen, einen Stadtteil von Radolfzell am Bodensee.

Ich bleibe nur kurz. Und fahr noch ein Stück weiter um mir einen Schlafplatz zu suchen.

Am Rand einer Wiese zwischen Stahringen und Espasingen zelte ich.

Ich bin heute etwa 35 km gefahren.

Montag, 23.09.

Nachts regnet es.

Als ich morgens aufstehe, sieht es erst einigermaßen trocken aus.

Doch als ich gerade das Zelt abbauen will, fängt es wieder an zu regnen. Also bleibe ich bis gegen Mittag hier.

Sehr spät starte ich in den Tag.

Gegen 14:45 Uhr erreiche ich Espasingen.

Um 15:15 Uhr bin ich am Bodensee. Damit habe ich ein wichtiges Teilziel meiner Tour erreicht.

Stolz und glücklich starte ich in eine weitere Etappe dieser Tour. In den nächsten Tagen fahre ich am Ufer vom Bodensee entlang. Bis nach Lindau. Und dann durch das Allgäu nach Garmisch-Patenkirchen.

Um 15:40 Uhr erreiche ich Bodman-Ludwigshafen

Hin und wieder gibt es einen kurzen Regenschauer.

Ich zelte fast direkt am Ufer zwischen Bodman-Ludwigshafen und Sipplingen.

Ich bin heute etwa 10 km gefahren.

Dienstag, 24.09.

Heute fahr ich zügig weiter. Etwa um 9 Uhr bin ich in Sipplingen.

Streckenweise fahre ich an der B31 entlang. Um 10:30 Uhr bin ich in Goldbach.

Kurze Zeit später erreiche ich die Große Kreisstadt Überlingen.

Ich fahre weiter am Nordufer entlang

Und komme an der wunderschönen Wallfahrtskirche Birnau vorbei.

kurze Zeit später bin ich im Erholungsort Unteruhldingen. Hier sind sehr viele Touristen.

Um 14 Uhr verlasse ich den Ort wieder und fahre nach Meersburg. Diese idyllische Kleinstadt ist eine Touristenhochburg. Als erstes fällt mir die Burg Meersburg auf.

Ein weiterer Teil der mittelalterlichen Stadtbefestigung ist das Unterstadttor.

Auch der Marktplatz mit dem vorderen Seetoor ist sehr schön.

Ich fahr weiter am Bodenseeufer entlang

Um 15 Uhr erreiche ich Hagnau. Kurz darauf Immenstaad.

Ich fahr noch ein Stück weiter. Zwischen Immenstadt und Fischbach. Komme ich an sehr vielen Apfelbäumen vorbei. Hier am Bodensee ist ja ein bekanntes Anbaugebiet für Äpfel.

Spontan entschließe ich mich über Nacht hier zu bleiben. Ich finde eine abgelegene Stelle am Rand einer Apfelplantage. Dort zelte ich.

Ich bin heute etwa 35 km gefahren.

Mittwoch, 25.09.

Um 7:20 Uhr stehe ich auf.

Ich baue zügig das Zelt ab und fahr weiter. Etwa um 8:30 erreiche ich

Fischbach. Das ist ein Stadtteil von Friedrichshafen. Um 9:15 Uhr bin ich in Friedrichshafen. Hier verbringe ich den Vormittag.

Mittags fahr ich weiter am Bodensee entlang.

Immer wieder gibt es Regenschauer.

Ich komme immer wieder an Apfelplantagen vorbei.

Gegen 14:45 Uhr erreiche ich Eriskirch. Fahr aber nur durch.

Kurz darauf bin ich in Langenargen. In diesem sehr schönen Ort mache ich eine längere Pause.

Immer wieder regnet es. Allerdings sind es nur kurze Schauer.

Um 16:30 Uhr fahre ich weiter.

Ich komme durch Gohren. Dann erreiche ich gegen 17 Uhr Kressbronn. Fahre aber zügig weiter.   Etwa um 18 Uhr erreiche ich den Ort Nonnenhorn / Kreis Lindau. Damit bin ich in Bayern.

Ich überlege, wo ich etwas zu essen her bekomme. Mein Geld ist in den letzten Tagen sehr knapp. Ich hab auf der Fahrt Pfandflaschen gesammelt. Und mich größtenteils von Äpfeln ernährt.

Von meinem letzten Pfandgeld will ich mir eine Pizza holen. Allerdings hat die Pizzeria in Nonnenhorn geschlossen. Ich stehe mit dem Rad vor der Pizzeria. Eine Frau spricht mich an. Wir kommen ins Gespräch. Ich erzähle ihr von meiner Tour zur Zugspitze. Sie erklärt mir den Weg zur nächsten Pizzeria in Wasserburg. Und sie schenkt mir 10€. Einfach so. Um mich zu unterstützen. Als ich dann weiter fahren will, kommt eine andere Frau auf mich zu. Sie hatte das Gespräch eben mitbekommen. Und schenkt mir ebenfalls 10€. Ich fahr weiter. Am Hafen spricht mich ein Mann an. Wir unterhalten uns sehr lange. Er ist so beeindruckt von meiner Geschichte, dass er mir 20€ schenkt. Ich bin geflasht von so viel Hilfsbereitschaft. Damit ist nicht nur mein Abendessen in der Pizzeria gesichert. Sondern auch die nächsten Tage.

Ich fahr etwa 3 km bis ins benachbarte Wasserburg. Dort esse ich in der Pizzeria, die mir die Frau empfohlen hatte, eine Pizza.

Gegen 21 Uhr verlasse ich Wasserburg. Kurz danach entdecke ich in der Nähe vom Bodenseeufer neben dem Biotoplehrpfad Birkenried eine ruhige Stelle zum Zelten. Hier verbringe ich die Nacht.

Ich bin heute etwa 30 km gefahren.

Donnerstag, 26.09.

Nachts regnet es. Mein Zelt ist mittlerweile undicht. So dass meine Sachen zum Teil nass werden.

Von diesem wundervollen Ort aus starte ich in den Tag. Gegen 8:30 Uhr erreiche ich die Kreisstadt Lindau. Hier fängt es richtig an zu regnen. Ich komme grad noch bis zu einer Bäckerei. Hier frühstücke ich ausgiebig. Und warte den Regen ab. Als der gegen Mittag etwas nachlässt, fahr ich weiter. Mein nächstes Ziel ist Lindenberg im Allgäu. Das sind noch knapp 30 km von hier aus. Dort will ich eine Facebook Bekannte besuchen. Das hatte sich im August durch meinen Post in der Minimalismus Gruppe ergeben. Also verlasse ich die Bodenseeregion. Und fahr in Richtung Allgäu. Um 13:30 Uhr bin ich in Streitelsfingen.

Ich fahre über Weißenberg und Schlachters. Es regnet immer wieder. Und es geht teilweise steil bergauf. Und ich hab wieder mal Probleme mit der Stromversorgung. Da ich ja das Solarpanel im Regen nicht betreiben kann. Ich bin jetzt im Allgäu und fahr durch eine wunderschöne Landschaft.

Das letzte Stück ist eine Herausforderung. Es geht steil bergauf. Und es regnet! Gegen 17 Uhr erreiche ich Lindenberg. Meine Bekannte wohnt allerdings am anderen Ende der Stadt. Kurz bevor ich dort ankomme, kommt sie mir bereits entgegen.

Ich werde sehr herzlich von Petra und Georg aufgenommen. Und bekomme sogar ein eigenes Zimmer. Ich bleibe einige Tage hier. Noch an diesem Abend fangen wir an, meine Wäsche zu waschen. Und trocknen die gesamte Ausrüstung. Es ist ja alles total durchnässt. Nach einer heißen Dusche, sehr gutem Essen und guten Gesprächen schlafe ich mal wieder in einem frisch bezogenen Bett.

Das alles weiß ich jetzt wirklich zu schätzen.

Ich bin heute etwa 30 km gefahren.

Freitag, 27.09.

Ausgeschlafen verbringe ich den Tag mit Petra. Nachmittags unternehmen wir eine kleinere Fahrradtour in der Umgebung von Lindenberg.

Am Waldsee machen wir eine kurze Pause.

Sonntag, 29.09.

Heute unternehmen Petra und ich einen Ausflug mit dem Bus von Petra. Wir fahren nach Isny. Das ist ein Kurort im Landkreis Ravensburg im württembergischen Allgäu. Petra zeigt mir einige Sehenswürdigkeiten dieser schönen mittelalterlichen Stadt. Wir bummeln durch die Fußgängerzone.

Interessant finde ich die Geschichte über den Steuerzahlerbrunnen: Dargestellt ist symbolisch der Steuerzahler durch die Kuh, welche durch den Beamten gemolken wird. Die Milch entläuft jedoch durch die löchrigen

Milchkrüge und wird am Boden von einer Katze aufge-
leckt.

So ist diese sprichwörtlich „für die Katz", während der
Rest „den Bach nab geht" und in einem kleinen Bachlauf
entfließt.

Die Wehrgänge der unteren Stadtmauer aus dem Mittel-
alter sind teilweise begehbar.

Im Anschluss sind wir in der Umgebung von Lindenberg
unterwegs. Unter anderem sind wir an einem schönen
Moorsee.

Den Abend verbringe ich mit Petra und Georg in ihrer
Wohnung in Lindenberg.

Montag, 30.09.

Nach einem tollen Wochenende fahr ich heute weiter.

Ich wurde von Petra und Georg bestens versorgt. Mit
sehr gutem Essen. Meine gesamte Wäsche ist gewaschen. Die Ausrüstung getrocknet und überholt. Ich hab
eine gute Regenjacke bekommen. Georg hat für mich ein
Plakat mit dem Motto meiner Tour erstellt. Und einlaminiert. „Vom Erzgebirge zu den Alpen" steht jetzt hinten
auf meinem Fahrrad. Auch die Zeichnung mit der Friedenstaube hat er einlaminiert. Und ich bekomme richtig
gute Gepäcktaschen. Vormittags belade ich mein Fahrrad
neu. Und bringe das Plakat an.

Am frühen Nachmittag setze ich meine Tour in Richtung
Garmisch-Patenkirchen fort. Bis dahin sind es noch etwa
125 km. Ich fahre ein Stück durch Österreich.

Mein nächstes Zwischenziel ist der Alpsee bei Immenstadt. Kurz hinter Lindenberg komme ich an einem Bau-

wagen vorbei. Hier sind einige Tiere untergebracht. Es ist ein kleines Tierparadies.

Allerdings komme ich heute nicht sehr weit. Petra hat mit mir einen guten Radweg rausgesucht. Aber mein Navi lotst mich anders.

Am Bahnhof von Röthenbach verfahre ich mich. Dann sprechen mich 2 junge Männer an. Sie sind auch mit Fahrrad unterwegs. Und werden durch das Plakat auf mich aufmerksam. Wir unterhalten uns. Sie wohnen in der Nähe. Und laden mich auf einen Kaffee zu sich in die WG ein. Es wird ein sehr schöner Nachmittag mit vielen lieben Menschen. Wir sitzen auf der Terrasse. Ich erzähle, dass ich aus Sachsen auf dem Weg zur Zugspitze bin. Irgendwann wird es kühl. Wir gehen rein. Es ist eine richtig tolle WG. Mittlerweile ist es schon spät geworden. Ich werde eingeladen bis morgen hier zu bleiben. Übernachten kann ich im Partyraum. Später machen wir gemeinsam einen Salat für uns alle.

Nebenbei erwähne ich, dass ich bei einem Datencrash alle bis dahin gemachten Fotos dieser Tour verloren habe. Lafet aus der WG bietet mir an, dass ich mit seinem Laptop versuchen könnte, die wiederherzustellen.

Später richte ich mich für die Nacht im Partyraum ein. Dann setze ich mich ans Laptop. Mit einem gratis Programm aus dem Netz schaffe ich es tatsächlich sehr viele verloren geglaubte Fotos wiederherzustellen. Allerdings sind die Ordner nicht mehr vorhanden. Aber das ist erstmal nicht so wichtig. Der Wiederherstellungsvorgang dauert sehr lange. Es sind ja sehr viele Fotos.

(Später merke ich, dass einige nur teilweise vorhanden sind. Und die Bilder vom Mai fehlen komplett.)

Ich bin überglücklich. Auch wenn es eine sehr kurze Nacht wird. Ich schlafe auf dem Sofa im Partyraum.

Ich bin heute nur knapp 10 km gefahren.

Im September bin ich insgesamt etwa 575km gefahren.

Oktober

Dienstag, 01.10.

Ich stehe früh auf. Darf sogar in der WG duschen. Ich bemerke, dass ich mein großes Duschhandtuch verloren habe. Wohl schon auf dem Weg zu Petra.

Gleich morgens geh ich zum Bäcker in der Nähe. Hole Brötchen. Wir frühstücken. Dann packe ich meine Sachen zusammen und belade das Rad.

Hannah aus der WG schenkt mir noch ein großes Dusch-handtuch.

Ich fahre recht früh weiter. Mein heutiges Tagesziel ist Immenstadt.

Es ist ein herrlicher Tag. Bei bestem Wetter komme ich gut voran.

Etwa um 11 Uhr fahre ich über den Rentershofener Bahndamm. Das ist der größte von Menschenhand ge-schaffene Bahndamm der Welt.

Mittags bin ich in Ellhofen.

Etwa um 14:30 Uhr erreiche ich Oberstaufen. Ich bin jetzt im Schwäbisch bayerischen Landkreis Oberallgäu.

Um 16:30 Uhr verlasse ich Oberstaufen wieder und fahr weiter in Richtung Großer Alpsee /Immenstadt

Ich komme durch Knechtenhofen.

Dann durch Salmas, Lamprechts und Wiedemannsdorf.

Gegen 17:50 Uhr erreiche ich den Großen Alpsee.
Der Große Alpsee ist ein wunderschöner etwa 2,5 km²
großer Natur See in den nördlichen Allgäuer Alpen.
Ich fahr am Nordufer entlang.
Abends erreiche ich Immenstadt. Das ist eine wunder-
schöne Stadt. Werde morgen noch eine Weile hier blei-
bleiben. Nach langem Suchen finde ich etwa um 22 Uhr
ein Plätzchen zum Zelten. Etwas außerhalb von Immen-
stadt. An der Iller zwischen Immenstadt und Blaichach.
Als ich etwa um 23:30 Uhr im Zelt bin, regnet es.
Ich bin heute etwa 35 km gefahren.
Mittwoch, 02.10.
Es regnet die ganze Nacht. Morgens lässt der Regen et-
was nach. So dass ich mein Zelt abbauen kann.
Gegen 7:45 Uhr starte ich in den Tag.
Ich fahr ein Stück zurück. Nach Immenstadt. Dort früh-
stücke ich erstmal in einem Café´. Das Plakat an meinem
Rad zeigt Wirkung. Immer wieder sprechen mich Men-
schen an. Eine Frau schenkt mir Geld. Als ich grad aus
dem Café´ komme. Sie möchte mich auf einen Kaffee
einladen. Also (geh ich nochmal rein. Und trinke noch
einen Kaffee.
Den Vormittag verbringe ich in dieser schönen Stadt.
Mittags fahr ich weiter. Mein heutiges Tagesziel ist der
Rottachspeicher.
Etwa um 15 Uhr bin ich in Rettenberg.
Um 16:30 erreiche ich Emmereis
Kurz darauf bin ich in Vorderburg.
Etwa um 17 Uhr fängt es an zu regnen. Es regnet richtig
heftig. Ich bin kurz vor dem Rottachspeicher auf freier

Strecke. Und schiebe das Rad einen Berg hoch. Nach kurzer Zeit bin ich total durchnässt. Dann hält ein Transporter an. Ein junger Mann fragt mich, ob er mich ein Stück mitnehmen soll. Wir laden mein Rad und das Gepäck in den Transporter. Ich erzähle kurz von meiner Tour. Und dass ich heute noch bis zum Rottachspeicher wollte. Dort zu zelten kann ich bei dem Regen allerdings vergessen. Der Mann gehört zu einem Bauernhof in der Nähe. Und bietet mir an, dass ich bei ihm in der Scheune im Heu übernachten könnte. Sehr dankbar nehme ich das Angebot an. Also fahre ich mit ihm nach Burgkranzegg. Das gehört zu Petersthal und ist ein Ortsteil der Gemeinde Oy Mittelberg. Direkt am Rottachspeicher. Der Bauernhof ist ein Familienbetrieb mit etwa 40 Milchkühen. Ich darf mich in der Scheune einquartieren. Bekomme sogar noch ein gutes Abendessen und heißen Tee. Mein Nachlager richte ich mir im Heu Lager ein. Meine nasse Ausrüstung hänge ich zum Trocknen in der Scheune auf.

Draußen regnet es. Ich schlafe im Heu. In dieser Nacht schlafe ich sehr gut.

Ich bin heute etwa 20 km gefahren.

Donnerstag, 03.10. (Tag der Einheit – Feiertag)

Ich wache früh auf. Weil die Kühe im benachbarten Stall gefüttert werden.

Spontan helfe ich beim Füttern.

Die Tiere werden sehr gut behandelt und versorgt. Die Milch wird von einer kleinen Allgäuer Molkerei abgeholt. Jede Kuh hat einen Namen. Und es gibt auch mal Streicheleinheiten.

Durch diesen kleinen Familienbetrieb können 2 voll arbeitende Generationen und ein 8 Monate altes Kleinkind versorgt werden.

Als wir mit füttern fertig sind, kommt der Tierarzt. Ich kann aus nächster Nähe die Besamung einer Kuh miterleben.

So bekomme ich einen kurzen Einblick in das Landleben im Allgäu.

Nachdem die Kühe versorgt sind, werde ich zu einem guten Frühstück mit der Familie eingeladen. Der Käse von der Hof Milch ist wirklich gut. Und auch die Gespräche am Frühstückstisch sind toll.

In der Zwischenzeit sind meine Sachen getrocknet. Und es hat aufgehört zu regnen.

Gegen Mittag setze ich meine Tour bei bestem Wetter fort.

Der Bauernhof, auf dem ich übernachtet habe liegt ist in der Nähe vom Rottachspeicher. Das ist auch mein 1. Ziel für heute.

Ich mache direkt am See eine kurze Pause.

Als ich grad weiterfahren will, werde ich von einem sehr lieben Menschen auf nen Kaffee eingeladen. Daraus wird ein längeres Mittagessen und ein sehr gutes Gespräch mit vielen neuen Erkenntnissen. Etwa um 15:30 Uhr fahre ich weiter.

Ich fahre durch Memersch. Dann durch Haag. Um 17 Uhr erreiche ich das Pfarrdorf Oy.

Um 18 Uhr bin ich in Oy-Mittelberg.

Am Rand einer Wiese zwischen Oy-Mittelberg und Haslach zelte ich.

Ich bin heute etwa 10 km gefahren.

Freitag, 04.10.

Mit diesem Blick aus dem Zelt starte ich in den Tag.

Etwa um 9 fahre ich weiter. Um 9:30 Uhr bin ich in Haslach.

Gegen 10 erreiche ich Nesselwang im Ostallgäu. Gegen Mittag fahre ich weiter.

Um 13:30 Uhr erreiche ich Pfronten.

Nachmittags fängt es an zu regnen.

Trotzdem fahr ich weiter in Richtung österreichische Grenze.

Um 15:20 Uhr überquere ich im Regen die Grenze nach Österreich. Die Straße geht einfach weiter.

Österreich

Kurz darauf erreiche ich den Ort Schönbichl. Ich bin jetzt in Tirol.

Um 16 Uhr bin ich in der Kleinstadt Vils.

Mein Navi lotst mich über einen Wiesenweg. Und durch eine freie Weidefläche für Kühe. Der Regen lässt etwas nach.

Ich komme durch die Gemeinde Musau.

Jetzt wird der Regen wieder stärker. Ich bin total durchnässt. Und beschließe mir in diesem Ort eine Unterkunft für die Nacht zu suchen. Ich frage die erste Person die bei dem Wetter draußen ist. Eine sehr nette Frau. Sie sagt, dass es hier im Ort keine Pensionen oder Hotels gibt.

Nach Rücksprache mit ihrem Mann bietet sie mir an, dass ich bei ihnen im Stall im Heu Lager übernachten kann.

Dankbar nehme ich das Angebot an. Und richte mich im Stall ein. Der ist gerade leer. Die Kühe sind auf der Weide.

Meine Sachen hänge ich zum Trocknen auf

Es regnet die ganze Nacht in Strömen. Ich schlafe trocken im Stall.

Ich bin heute etwa 30 km gefahren.

Wie ich später festgestellt habe, bin ich fast am Schloss Neuschwanenstein vorbei gefahren. Ursprünglich war das eines meiner Ziele auf dieser Tour. Heute hab ich da allerdings nicht dran gedacht. Und diese Gelegenheit zu einem Zwischenstopp nicht genutzt.

Freitag, 05.10.

morgens hat der Regen nachgelassen. Ich werde von Ingrid und Ulrich zum Frühstück eingeladen. Wir frühstücken gemeinsam. Und unterhalten uns sehr gut. Zum Abschied bekomme ich noch eine Regenhose geschenkt.

Gegen 10:30 Uhr ist es wieder einigermaßen trocken. Ich fahr weiter. Mein heutiges Tagesziel ist der Plansee.

In Pflach fängt es wieder stärker an zu regnen.

Gegen Mittag erreiche ich die Marktgemeinde Reutte.

Nach einer kurzen Mittagspause fahre ich weiter. Und bin um 14 Uhr in Breitenwang.

Nachmittags regnet es immer stärker. Ich mache in einer kleinen Kapelle eine Regenpause.

Gegen 16 Uhr erreiche ich den Plansee.

Es regnet in Strömen. Und dann springt etwa um 17:15 Uhr die Kette ab. Sie verhakt sich in der Schaltung. Ich packe im Regen das Gepäck ab und zerlege den Umwerfer. Nach etwa 1 Stunde kann ich weiter fahren.

Ich bin durchnässt und erschöpft. Könnte eine heiße Dusche und ein richtiges Bett gebrauchen. Ein Stück weiter ist ein Campingplatz. Aber dort kann man nur zelten. Also fahr ich weiter. Ich komme wieder an die Landesgrenze zwischen Österreich und Deutschland. In unmittelbarer Nähe zur Grenze entdecke ich ein ruhiges Waldstück. Dort baue ich mein Zelt auf. Meine komplette Ausrüstung ist mal wieder durchnässt. Und das Zelt ist auch nicht mehr dicht. Zumindest regnet es in der Nacht nicht mehr so stark.

Ich bin heute etwa 30 km im Regen gefahren.

Sonntag, 06.10.

Als ich morgens aufwache, hat der Regen etwas nachgelassen.

Gegen 10 fahr ich zu einer Gaststätte ganz in der Nähe. Dort frühstücke ich erstmal ausgiebig am Kamin. Als ich einigermaßen getrocknet bin, fahre ich weiter.

Dann überquere ich die Grenze nach Deutschland. Auch hier geht die Straße einfach weiter.

Deutschland

Bis zu meinem Zielort Garmisch-Patenkirchen sind es noch etwa 30 km.

Um 12:30 Uhr erreiche ich den Ort Graswang im Landkreis Garmisch-Patenkirchen.

Hier mache ich in einer Gaststätte Mittagspause.

Um 13:30 Uhr bin ich in Ettal. Gegen 14 Uhr erreiche ich Oberau.

Als nächstes erreiche ich Farchant.

Um 15 Uhr erreiche ich den Zielort dieser Tour. Garmisch-Patenkirchen.

Ich bin seit dem Start am 4. Mai etwa 2550 km gefahren. Aber die Tour ist ja noch nicht zu Ende. Morgen werde ich die Wanderung zur Zugspitze starten.

Dann fahre ich noch weiter bis nach München. Eigentlich wollte ich noch einen Zwischenstopp bei einer Facebook Bekannten in der Nähe von Augsburg machen. Aber das klappt aus Zeitgründen nicht.

Ursprünglich war mein Plan von hier aus über Thüringen zurück nach Sachsen zu fahren. Aber da mittlerweile schon Oktober ist, und ich im Herbst wieder zurück auf dem Hof sein möchte, fahre ich ab München mit der Bahn nach Hause.

Jetzt suche ich mir eine günstige Übernachtungsmöglichkeit. Und einen Platz zum Unterstellen für mein Fahrrad. Ich fahre eine Zeitlang durch Garmisch.

Gegen Abend finde ich endlich ein günstiges Hostel. Für eine Nacht. Es ist ein 4 Bett Zimmer. Und die Dusche ist auf dem Flur. Und s gibt einen abschließbaren Fahrradschuppen. Dort kann ich sehr günstig mein Fahrrad für 3 Tage unterstellen. Erstmal hab ich das Zimmer für mich alleine. Ich stelle das Rad und einen Teil vom Gepäck in den Schuppen. Hänge das Zelt dort so gut es geht zum Trocknen auf. Dann dusche ich erstmal. Später geh ich nochmal zu Fuß los und esse in der Nähe eine Pizza. Als ich zurückkomme, sind noch 2 weitere Gäste im Zimmer. Aber ich bin zu erschöpft für lange Gespräche. Und schlafe recht früh.

Ich bin heute etwa 40 km gefahren.

Wanderung in den Alpen

Montag, 07.10.

Heute schlafe ich mal etwas länger. Und Frühstücke ausgiebig im Hostel.

Dann packe ich mein Gepäck für die Wanderung zur Zugspitze. Ich nehme Zelt und Schlafsack mit. Außerdem Bekleidung und Proviant für 3 Tage.

Ich hatte mir schon vor der Tour eine Wanderstrecke zur Zugspitze rausgesucht.

Diese Route führt durch die Partnachklamm und das Reintal. Diese Tour ist mit 21 km die längste und gleichzeitig einfachste Möglichkeit um auf Deutschlands höchsten Berg zu gelangen.   Allerdings sind alle Wanderhütten und Einkehrmöglichkeiten genau seit diesem Wochenende geschlossen. Das heißt, ich muss mir genug Proviant mitnehmen. Und im Zelt übernachten. Diese Tour ist zwar an einem Tag zu schaffen. Aber ich gehe davon aus, dass ich länger brauche. Für Hin- und Rückweg plane ich 3 Tage ein.

 Auf der Zugspitze liegt schon Schnee. Und eigentlich ist die Wandersaison seit Anfang Oktober vorbei. Jeder, den ich frage, rät mir von einem Aufstieg zur Zugspitze ab. Auch die Dame vom Tourismusbüro von Garmisch sagt ganz klar. „Nein. Auf gar keinen Fall"

Ich wage dieses Abenteuer trotzdem. Um 11 Uhr bin ich startklar. Und wandere vom Hostel aus los.

Ich gehe erstmal etwa 2 km durch Garmisch. Bis zum Skistadion. Unterwegs kaufe ich mir noch Energie Riegel für die Tour. Das Skistadion ist der offizielle Startpunkt der Wanderroute.

Um 13 Uhr beginnt das bisher größte Abenteuer meines Lebens.

Etwa um 14 Uhr bin ich an der Partnachklamm.

Nach einer halben Stunde hab ich die Klamm durchquert. Es ist ein sehr beeindruckendes Erlebnis!

Ich wandere zügig weiter. Auf breiten Wanderwegen komme ich gut vorwärts und folge der Partnach in Richtung Partnach-Ursprung. Das Reintal ist eine bizarre und wunderschöne Landschaft.

Um 18:20 Uhr erreiche ich die Bockhütte. Sie ist allerdings, wie ich erwartet hatte, geschlossen.

Ich beschließe, über Nacht hier zu bleiben. Und baue mein Zelt auf der Wiese vor der Hütte auf. Fast direkt an das Partnach.

Ich bin heute etwa 11 km gewandert.

Dienstag, 08.10.

Es ist einer der besten Momente dieser Tour. Morgens in den Alpen aufzuwachen. Dieser 1. Blick aus dem Zelt ist unbezahlbar.

Ich wasche mich an der Partnach.

Dann setze ich mich vor die Bockhütte und frühstücke.

Ich hab nur noch Energieriegel und Wasser. Ich genieße den Ausblick!

Kurz nach 9 breche ich auf und wandere von der Bockhütte aus weiter.

Die Berglandschaft und das Reintal sind sehr beeindruckend.

Etwa um 12:30 Uhr komme ich bei der (ebenfalls geschlossenen) Reintalangerhütte an.

Die Hütte ist erst seit dem letzten Wochenende geschlossen. Das Personal ist noch dabei sie auszuräumen. Ich bekomme noch ein (alkoholfreies) Bier. Dann wandere ich weiter.

Der Weg wird immer steiler und schmaler. Irgendwann endet er in einem Geröllfeld.

Eine Weile versuche ich weiter zu kommen. Aber ich finde keinen begehbaren Weg mehr. Also gehe ich ein Stück zurück. Und nehme dann einen anderen Weg.

Dort komme am Partnach-Ursprung vorbei.

Es ist eine bizarre Berglandschaft.

Aber auch diese Strecke wird immer unwegsamer. Es geht durch einen Bergwald.

Dann komme ich auf eine Alm.

Von der Alm aus führt kein begehbarer Weg mehr weiter bergauf.

Mit meinem schweren Rucksack und ohne Bergsteigerausrüstung ist ein weiterer Aufstieg unmöglich.

Auch in Anbetracht der Jahreszeit, in der jederzeit mit Schnee zu rechnen ist, entscheide ich mich zum Abbruch der Tour.

Im Schnee wäre ich hier chancenlos gewesen.

Und eine Besteigung der schneebedeckten Gipfel wäre lebensgefährlich.

Ich habe hier keinen Handy Empfang. Also auch kein Navi. Und gehe ich durch ein Geröllfeld nach Gefühl zurück.

Irgendwann komme ich wieder an die Stelle wo der andere Weg aufgehört hatte.

Den gehe ich dann wieder bergab.

Ich komme wieder zur mittlerweile verlassenen Reintalangerhütte.

Hier mache ich eine kurze Pause.

Und wandere dann weiter bergab.

Bei Einbruch der Dunkelheit komme ich wieder zur Bockhütte.

Hier baue ich mein Zelt auf. Diesmal fast direkt neben der Hütte.

Ich bin heute etwa 20 km gewandert.

Mittwoch, 09.10.

Noch einmal wache ich in den Alpen auf. Es ist sehr neblig. Ich kann zusehen, wie die Berge im Nebel verschwinden. Das beeindruckt mich sehr. Und ich weiß, dass es auch aus diesem Grund die richtige Entscheidung war, die Tour abzubrechen.

Ich wasche mich an der Partnach und frühstücke wieder vor der Bockhütte.

Etwa um 9 breche ich auf. Und wandere zurück ins Tal.

Ich entscheide mich für den Weg über die Partnachalm. Und hoffe, dass ich von dort eine gute Aussicht auf die Partnachklamm habe.

Aber es ist zu neblig. Dafür wandere ich durch eine sehr schöne Landschaft.

Mittags erreiche ich die Gaststätte "Partnachalm".

Hier kann ich zum ersten Mal wieder was richtiges Essen. Ich hab mich ja seit Montagnachmittag nur von Energieriegeln ernährt. Leider gibt es in dieser Gaststätte kein einziges vegetarisches Gericht. Und es ist sehr teuer. 3,30€ für einen Kaffee.

Ich entscheide mich für Spaghetti Bolognese.

Dann wandere ich das letzte Stück zurück nach Garmisch.

Als ich dort wieder ankomme, fängt es an zu regnen. Am Ortseingang setze ich mich unter ein Dach und nutze den

Regen zum Verfassen von einem Facebook post über meine Alpenwanderung. Dann wandere ich im Regen quer durch Garmisch zurück zum Hostel. Dort dusche ich erstmal ausgiebig. Ich entscheide mich, noch eine Nacht hier im Hostel zu verbringen. Abends fahr ich mit Rad zu einer Pizzeria und esse eine Pizza. Bis ich dann im Bett liege, ist es nach Mitternacht.

Morgen fahr ich weiter in Richtung München. Das nächste Etappenziel ist der Starnberger See.

Ich bin heute etwa 11 km gewandert.

Ich bin bis direkt unterhalb der Zugspitze gewandert.

Das ist mit dem schweren Rucksack und ohne Bergsteigerausrüstung bei den derzeitigen Wetterverhältnissen schon eine beachtliche Leistung.

Fahrt nach München

Donnerstag, 10.10.

ich schlafe aus, dusche und frühstücke ausgiebig. Dann bringe ich meine Wäsche in einen nahegelegenen Waschsalon. Mittags fahre ich weiter.

Ich verbringe den Tag noch in Garmisch.

Gegen Abend verlasse ich Garmisch. Und fahr weiter in Richtung München.

Mein nächstes Etappenziel ist der Starnberger See.

Zwischen Garmisch und Farchant zelte ich auf einer Weide.

Ich bin heute etwa 10 km gefahren.

Freitag, 11.10.

Ich wache früh auf. Der Blick aus dem Zelt beeindruckt mich immer wieder.

Gegen 9 fahre ich weiter. Kurzfristig beschließe ich einen kleinen Umweg zu
fahren. Ich möchte noch einen Zwischenstopp am Walchensee machen.
Gegen 10:30 Uhr bin ich in Farchant. Heute Frühstücke ich in einer Bäckerei.
Gegen 11 fahr ich weiter durch die Alpenregion.
Dann führt mein Navi mich durch einen Wald.
Der Weg wird immer steiniger.
Es geht bergauf. Ich komme mit dem schwer beladenen Rad kaum vorwärts.
Ich schiebe das Rad einen steinigen Waldweg bergauf.
Dann komme ich in ein Tal. Das Gachen Tod Klammerl.
Hier ist ein beeindruckender Wasserfall!
Ich fahre weiter durch den Wald. Es ist sehr mühsam. Ich bin am Ende meiner Kräfte. Und ich bemerke, dass die hinteren Bremsklötze vom Fahrrad wieder abgefahren. sind. Ich ignoriere das schleifen der Bremse. Ich will damit wenigstens noch bis nach München kommen.
Später führt der Weg durch eine Furt über einen kleinen Fluss, die Grießlaine. Ich schiebe das Rad durchs Wasser. Es läuft mir oben in die Stiefel. Den Rest des Tages hab ich nasse Füße.
Danach wird der Weg besser. Abends erreiche ich den Walchensee. Und gegen 20:45 Uhr den gleichnamigen Ort. Hier entdecke ich ein kleines Waldstück in der Nähe vom See. Dort baue ich mein Zelt im Dickicht auf.
Ich bin heute etwa 25 km gefahren. Es war ein sehr anstrengender Tag.
Samstag, 12.10.

Als ich aufwache, sehe ich, dass das Zelt wirklich im Dickicht steht. Ich bin von mir selber beindruckt, wie ich es im Dunkeln geschafft habe, dort das Zelt aufzubauen.

Allerdings hab ich irgendwo im Gestrüpp die vordere Stecklampe vom Fahrrad verloren.

Und ich hab in unmittelbarer Nähe vom Walchensee gezeltet.

Ganz in der Nähe ist ein kleines Café´. Dort frühstücke ich.

Gegen Mittag fahr ich weiter. Mein nächstes Zwischenziel ist der nahe gelegene Kochelsee. Um 14:15 Uhr erreiche ich den Ort Kochel am See. Auch der Kochelsee ist wunderschön.

Hier verbringe ich den Nachmittag. Gegen Abend fahre ich noch ein Stück weiter.

Mein nächstes Zwischenziel ist der Starnberger See.

Ich fahre ein Stück an der Loisach entlang. Dann entdecke ich eine wunderschöne und abgelegene Wiese. Spontan entscheide ich mich hier zu zelten.

Ich mache mir einen ruhigen Abend und schlafe sehr früh.

Ich bin heute knapp 20 km gefahren.

Sonntag, 13.10.

Ausgeschlafen wache ich recht früh auf.

An diesem Sonntagmorgen hab ich die Wiese direkt an der Loisach für mich alleine.

Etwa um 9:30 Uhr fahr ich weiter.

Gegen 10 erreiche ich den Ort Großweil. Kurze Zeit später bin ich in Kleinweil.

Nachmittags fahre ich weiter.

Ich bin jetzt im Landkreis Weilheim-Schongau.

Später fahre ich durch Sindelsdorf.

Um 13:45 Uhr bin ich in Penzberg. Hier verbringe ich den Nachmittag.

Abends fahr ich noch ein Stück weiter. In einem kleinen Waldstück finde ich einen Platz zum Zelten. Als ich mein Zelt aufbaue, stelle ich fest, dass der Reißverschluss kaputt ist. Im Allgemeinen ist es in einem sehr schlechten Zustand. Und das nach nicht mal einem halben Jahr! Eigentlich wollte ich das

Zelt für meine Asien Tour verwenden. Es ärgert mich maßlos, dass ich mir Schrott gekauft habe! .

Ich verfasse einen Facebook post dazu:

„Mein Zelt ist nach nur 5 Monaten total kaputt. Es ärgert mich, das Dinge die ich neu kaufe und mit Geld bezahle nichts taugen.

Das Zelt und meine 1. Packtaschen waren die einzigen Ausrüstungsgegenstände die ich für meine Tour gekauft hatte. Und beides ist absoluter Schrott! Es ist mir unbegreiflich, das die Industrie es nicht schafft, vernünftige & langlebige Gegenstände herzustellen. Dabei ist es technisch möglich. Mein

Bundeswehrrucksack ist nach 5 Monaten Dauereinsatz unter Extrembedingungen immer noch neuwertig.

Es ist fragwürdig und traurig, dass die technischen Möglichkeiten für die Armee eingesetzt werden. Und ein Normalbürger bekommt keine gute Qualität zu erschwinglichen Preisen.

Das ist der Wahnsinn von unserem System.

Die Dinge sollen schnell kaputt gehen, damit wieder neue Produkte verkauft werden können.

Das ist einer der Gründe warum ich das System in dem wir alle leben, ablehne"

Ich bin heute etwa 20 km gefahren.

Montag, 14.10.

Ich wache wie immer morgens recht früh auf. Baue das Zelt ab und fahre dann

weiter.

Ich fahre über Untereurach und Iffeldorf zum Starnberger See.

Etwa um 13:30 Uhr erreiche ich den Starnberger See.

Jetzt sind es noch etwa 50 km bis nach München.

Nachmittags fahre ich am Ostufer vom Starnberger See entlang.

Gegen 15:45Uhr bin ich in Seeheim. Dann erreiche ich den Landkreis Starnberg.

Gegen 17:45 Uhr erreiche ich die Stelle an der der bayerische König Ludwig II.1886 ertrunken ist.

Etwas oberhalb von dem Gedenkkreuz befindet sich die 10 Jahre später erbaute Votivkapelle. Sie ist allerdings geschlossen.

Ich kann aber durch das Gittertor hineingucken.

Ich fahr noch ein Stück weiter. Gegen 19:40 Uhr bin ich in Berg.

Zwischen Berg und Kempfenhausen zelte ich in der Nähe vom See.

Ich bin heute knapp 30 km gefahren.

Dienstag, 15.10.

An diesem Morgen weiß ich noch nicht, dass dieser Tag der letzte Reisetag meiner Tour
sein wird.

Etwa um 9:20 Uhr fahre ich weiter.

Es sind noch knapp 30 km bis nach München. Dort will ich eine Bekannte besuchen. Und dann weiter nach Augsburg fahren. Auch dort in der Nähe will ich noch eine Bekannte besuchen.

Um 13 Uhr erreiche ich Percha. Nach dem Frühstück fahre ich zügig weiter.

Um 11:45 Uhr erreiche ich München.

Kurz bevor ich dort ankomme, ist der Akku von meinem Handy leer. Das letzte Stück fahre ich ohne Navi. Und ich kann keine Fotos mehr machen.

Um etwa 13:40 Uhr bin ich bei meiner Facebook Bekannten. Sie wohnt etwas außerhalb in der Nähe vom Olympia Park im 7. Stock von einem Wohnblock.

Hier verbringe ich den Rest des Tages. Ich werde bis Donnerstag in München bleiben. Und dann in Richtung Augsburg weiterfahren.

Ich bin heute etwa 30 km gefahren.

Mittwoch, 16.10.

Während der Tour bin ich morgens meistens in der Natur aufgewacht. Heute habe ich einen etwas anderen Ausblick.

Nach dem Frühstück mit meiner Bekannten fahr ich zu McFit zum Trainieren.

Nachmittags bin ich mit Fahrrad in der Stadt unterwegs. Ich übernachte nochmal bei meiner Bekannten. Morgen fahr ich weiter in Richtung Augsburg.

Donnerstag, 17.10.

Nach dem Frühstück setze ich meine Tour fort. Erstmal fahr ich in die City.

Nachmittags ergibt es sich, dass mein geplanter Besuch in der Nähe von Augsburg nicht klappt. Spontan entscheide ich mich, dass ich morgen mit der Bahn direkt von München aus zurück nach Hause fahre.

Ich verbringe den Nachmittag bei bestem Wetter in der Fußgängerzone.

Abends suche ich mir einen Platz zum Zelten. Wieder einmal merke ich, dass es in einer Großstadt gar nicht so einfach ist, einen gratis Platz zum Übernachten zu finden. Nach langer Suche baue ich das Zelt in einem Gebüsch in einem Park auf. In etwa 5 km Entfernung zum Bahnhof. Zum Übernachten im Freien ist es mir mittlerweile zu kalt. Es ist die letzte Nacht dieser Tour. Und das letzte Mal, dass ich dieses Zelt aufbaue. Nach der Tour entsorge ich es.

Freitag, 18.10.

 Vom Park aus ist mein Zelt nicht einsehbar. Allerdings hab ich nicht bedacht, dass oberhalb ein Weg ist. Morgens hab ich ein merkwürdiges Erlebnis. Ich stehe nackt vor dem Zelt und wasche mich. Auf dem Weg geht ein Mann mit Hund spazieren. Er guckt sehr komisch als er mich sieht...

Ich fahr in die City. In der Nähe vom Hauptbahnhof frühstücke ich ausgiebig.

Um 12:43 Uhr fährt der Zug. Ich fahr mit dem Quer-durchs-Land-Ticket der DB.

Um 18:30 Uhr bin ich in Freiberg. Der Weg mit dem Rad vom Bahnhof bis nach Hause ist fast Routine. Allerdings brauche ich wegen dem vielen Gepäck doppelt so lange wie sonst. Um 20:20 Uhr bin ich wieder auf dem Hof in Halsbrücke.

Nachdem ich von meinen Mitbewohnern begrüßt wurde und mich wieder im Wohnwagen eingerichtet habe, schreibe ich nachts noch einen Facebook post zum Abschluss dieser Tour:

„Ich bin nach über 5 Monaten wieder zuhause.
Hab den Wohnwagen eingeräumt. Und meinen Laptop angemacht & die Fotos von meiner Tour grob gesichtet.
Leider sind die Fotos von Mai komplett weg. Die meisten anderen konnte ich nach dem Speicherkartencrash retten. Das gute ist, das ich als ich bei meiner Schwester war, eine Sicherheitskopie auf ihrem Laptop gespeichert hab. Das warn die Bilder vom Mai.
Am Wochenende werde ich anfangen meine Reise aufzuarbeiten.
Ab nächster Woche unterstütze ich die Hofgemeinschaft wieder mit meiner Arbeitskraft.
Und ich nehme meine ehrenamtliche Tätigkeit bei der Tafel wieder auf."

Ich bin heute etwa 10 km gefahren.
Im Oktober bin ich 280 km gefahren.
Auf dieser Tour bin ich vom 4. Mai bis zum 18. Oktober etwa 2680 km gefahren.

Nachwort:

Auf dieser Fahrradtour von Halsbrücke / Sachsen bis nach München bin ich quer durch Deutschland gefahren. Es war die Probetour für meine Fahrradreise nach Hiroshima.

Ich habe sehr viel erlebt und gesehen. Viele liebe Menschen kennengelernt. Bin mehrmals an meine körperliche Belastungsgrenze gekommen. Hab Lebenserfahrungen gemacht. Und viel gelernt.

Ich weiß jetzt, was alles nicht geht.

Ich weiß, dass große Teile meiner Ausrüstung ungeeignet für eine Tour quer durch Asien sind.

Insbesondere das Fahrrad – ein geschenktes, schrottreifes Mountainbike ist absolut untauglich für größere Touren mit viel Gepäck.

Ich hatte viel zu viel Gepäck dabei. Ich habe wichtige Dinge wie eine sichere Stromversorgung und sichere Datenspeicherung vernachlässigt.

Aber ich hab gemerkt wie wichtig es ist Freunde zu haben. Und dass es überall liebe Menschen gibt, die mich bedingungslos unterstützt haben. Dafür bin ich sehr dankbar. Ohne die Unterstützung von meinen Freunden und auch fremden Menschen hätte ich diese Tour nicht geschafft.

Und ich bin stolz auf das was ich erreicht habe.

Besonders aufgrund meiner gesundheitlichen Vorgeschichte kann ich darauf auch stolz sein.

Mein unbedingter Überlebenswille ist die beste Voraussetzung für die Tour nach Japan.

Durch den Datenchrash meiner Speicherkarte hatte ich alle bis dahin gemachten Fotos verloren. Einen kleinen Teil konnte ich noch während der Tour wiederherstellen.

Viele Bilder sind unrettbar verloren gegangen. Die Bilder vom Mai hatte ich nur teilweise auf dem Laptop meiner Schwester gesichert.

Da ich während der Tour auch kein Tagebuch geschrieben hatte, war das nachträgliche Erstellen von diesem umfangreichen Foto Tour Tagebuch eine gewaltige, und monatelange Aufgabe.

Auf dem Hof in Sachsen

....wieder im Alltag

Nach meiner Fahrradtour durch Deutschland bin ich wieder im Alltag auf dem Hof in Sachsen. Ich unterstütze 2 Mal pro Woche die Tafel in Freiberg. Und arbeite auf dem Hof in der Baustelle. Helfe dort beim Ausbau von Wohnräumen. Aber kümmere mich auch um andere Sachen wie die Versorgung mit Brennholz.

Foto- Tour Tagebuch der Deutschlandtour

Und ich beginne einen Foto Bericht über meine Deutschland Tour zu erstellen. Das wird allerdings viel umfangreicher und schwieriger als gedacht. Es liegt besonders daran, dass ein erheblicher Teil meiner Fotos durch den Datenchrash meiner Speicherkarte verloren gegangen sind.

Ursprünglich sollte der Bericht zu Weihnachten fertig sein. Die Fertigstellung verzögert sich aber um mehrere Monate.

Wochenlang recherchiere ich meine Reise. Ich kämpfe mich durch Berge von Kassenbons und tausende Fotodateien. Oder die Reste davon. Es ist sehr hilfreich, dass ich immer wieder Fotos bei Facebook hochgeladen habe. Und ich hab ja auch regelmäßig gepostet, wo ich bin und was ich mache oder denke. Mit der Hilfe von Facebook gelingt es mir in monatelanger Arbeit auf 860 Seiten ein nachträgliches Foto- Tour Tagebuch zu erstellen.
Jetzt brauche ich eine Homepage, auf der ich das veröffentliche.

Am 5. November startet der Kartenvorverkauf für die Onkelz Tour 2020.
Ich bestelle mir sofort nach Verkaufsstart eine Karte für das Onkelz Konzert in Dresden. Noch am selben Tag ist die Tour komplett ausverkauft.

Berlin 2019
Kurz vor Weihnachten bin ich mal wieder in Berlin. Eine Bundestagsabgeordnete lädt unter anderem Mitarbeiter der Tafel zu einer Besuchsfahrt ein.
Besonders beeindruckend finde ich die Führung durch das Olympiastadion. Hier bin ich zum ersten Mal.

Sylvester 2019
Dieses Jahr verbringe ich Sylvester auf dem Gut Steimke in Uslar. Hier lebt ein Freund von mir in einem Tipi. Torsten kenne ich von der Mahnwachenbewegung. Wir haben uns aber lange nicht gesehen. Der Jahreswechsel auf diesem wunderbaren Hof mit vielen lieben Menschen ist etwas ganz besonderes

2020

2020 – Ein-Kauf-nix-Jahr

Am 29. Januar werde ich durch den Facebook Post von einem Freund dazu inspiriert: Ich werde das Jahr 2020 zu einem „Kauf-nix-Jahr" machen.

Schreibe auch einen Facebook Post dazu:

Mach 2020 zu einem "Kauf-nix-Jahr"

„Der fb Post von einem Freund hat mich dazu inspiriert.
Ich bin schon länger Konsumverweigerer. Kaufe nur das nötigste.

Aber ein ganzes Jahr keine Gebrauchsgegenstände kaufen?

Das ist sogar für mich eine Herausforderung.

Insbesondere, weil ich ja im Sommer meine Asien Tour starten werde.

Dafür brauche ich noch ein paar Sachen.

Fahrrad, Zelt, Wanderschuhe, Navi, Handy...

Dinge die ich normalerweise (gebraucht) kaufen würde.

Es wird schwierig. Aber mit der Unterstützung von lieben Menschen ist es machbar.   DAS ist
noch ein besonderer "Kick" für meine Tour.

So wenig Geld wie möglich ausgeben. Und trotzdem ans Ziel kommen.

Es passt auch zu meiner allgemeinen Lebenseinstellung.

Und zu dem was mich zu dieser Tour inspiriert hat.

Ich lebe sehr einfach und minimalistisch.

Ich möchte bewusst den Konsum verweigern.

Und so nachhaltig wie möglich zu leben.

*Ich möchte als Friedensbotschafter mit dem Fahrrad von
Dresden nach Hiroshima fahren.*

*Langfristig ist meine persönliche Vision komplett geldfrei
zu leben.*

*Theoretisch wäre das für mich jetzt schon möglich. Ich
lebe ja "gratis" gegen Mithilfe hier auf dem Hof.*

*Geld brauche ich nur noch, wenn ich unterwegs esse und
für Bahnfahrten. Oder wenn ich mal was mit Freunden
unternehme.*

Allerdings ist meine Tour geldfrei nicht möglich.

Alleine schon wegen Lebensmitteln und nötigen Visa"

Ich halte mich ein halbes Jahr daran. Und kaufe nichts.
Außer Lebensmittel und Bahnfahrkarten.

Gedanken

Am 31. Januar schreibe ich meine Gedanken über den
Sinn meines Lebens auf:

Was ist für euch der Sinn des Lebens?

Was sind eure Ziele im Leben?

Wann hat man eurer Meinung nach "was erreicht?"

Im Januar bin ich 44 geworden. Zeit für einen kurzen
Rückblick auf mein bisheriges Leben:

Ich bin anders als die meisten anderen Menschen. Ich war
immer anders. Als Kind war ich der "Heino" ein Außenseiter. Wurde als Klassenclown verspottet...

Als Jugendlicher hatte ich viele Probleme, war kriminell
und hatte keine richtigen Freunde und keine Freundin. Die
Mädchen haben mich ausgelacht. Ich hatte nur meine
Saufkumpanen. Ich hab sehr viel Alkohol getrunken. Immer öfter bis zum totalen Absturz... Wilde Sauforgien...

Kurz nach meinem 18. Geburtstag der 1. schwere Autounfall. Ich bin ohne Führerschein besoffen gegen einen
Baum gefahren. Meine Beifahrerin wurde leicht verletzt.
Ich war zum 1. Mal sehr schwer verletzt. Hatte lebensbe-
drohliche innere Verletzungen.

Trotzdem war ich danach sehr schnell wieder topfit und
gesund.

Eine der Folgen war, das meine Mutter mich endgültig
rausgeschmissen hat. Trotzdem hab ich weitergemacht
wie bisher. Ich hab damals nichts daraus gelernt.

Mit 23 der 2. schwere Autounfall. Mein bester Freund ist
betrunken gefahren. Er kam dabei ums Leben. Ich wurde
zum 2. Mal sehr schwer verletzt .Dieses Mal waren es
neben den Knochenbrüchen Kopfverletzungen. Ich hatte
ein schweres Schädel-Hirn Trauma und lag 1 Monat im
künstlichen Koma. Seitdem bin ich Frührentner.

Dieser Unfall hat mich und mein Leben nachhaltig zum
Positiven verändert.

Meine Mutter hat sich mit mir versöhnt, und mich wieder
aufgenommen. Ich habe seitdem nie wieder einen Tropfen
Alkohol getrunken. Mittlerweile ist das 20 Jahre her.

Und ich hab angefangen nachzudenken. Und umzudenken. Dieser Prozess hält seitdem an. Ich bin noch nicht am
Ziel.

Ich hatte viele Pläne und Projekte. Vieles ist gescheitert.
Alle meine Beziehungen sind gescheitert. Meine Ehe ist
gescheitert.

Ich hab oft neu angefangen. Hab viel ausprobiert.

Ich war Hausbesitzer. Hatte ein neues Auto. Viel Geld...

Aber ich war auch ganz unten. Hatte kein Geld. Es mangelte an allem, was hier in Deutschland selbstverständlich

sein sollte. Strom, sauberes Trinkwasser, Lebensmittel, Holz / Öl zum Heizen....

Erst durch die Tafel konnte ich meine Existenznot beenden. Seit Jahren bin ich ehrenamtlicher Mitarbeiter der Tafel. Erst in Hannover. Jetzt in Freiberg.

Darüber versorge ich mich mit Lebensmitteln.

Ein wichtiges Thema der letzten Jahre ist die Ernährung. Ich hab viel ausprobiert. vegetarisch, (roh)vegan, zuckerfrei...Mittlerweile esse ich wieder alles. Aber bewusst. Mit viel Rohkost und möglichst zuckerfrei.

Besonders beim Konsum hat sich sehr viel geändert.

Durch meine Lebenserfahrung. Aber auch, weil ich immer mehr hinterfragt habe.

Mittlerweile lebe ich sehr minimalistisch. Ich verweigere bewusst den Konsum! Ich sehe den Konsumverzicht als Antwort auf viele weltweite Probleme. Mein langfristiges Ziel ist es geldfrei zu leben

Und ich wollte "die Welt retten"

War jahrelang bei der Linken im Kreisvorstand Nienburg aktiv. Hab Sitzungsprotokolle geschrieben und Wahlkampf gemacht.

Beim Sozialverband war ich jahrelang Ortsvorsitzender in meinem Heimatdorf Liebenau.

Unter meiner Leitung war der Ortsverband sehr aktiv.

Ich bin Mitbegründer der Bürgerinitiative bedingungsloses Grundeinkommen Nienburg.

Ich war jahrelang im Tierschutz und der Anti-Atombewegung sowie im Organisationsteam der Mahnwache für Frieden in Hannover tätig.

Durch die Mahnwachenbewegung kam es bei mir zu einem weiteren umdenken.

Ich wollte eine eigene Partei gründen. Mit dem BGE als Kernthema. Das Parteiprogramm hab ich fast alleine entworfen. Allerdings ist auch dieses Projekt gescheitert. Mein Elternhaus, das ich fast alleine umgebaut und saniert habe, musste ich aus Geldmangel verkaufen. Ich bin in eine kleine 2 Zimmer Wohnung gezogen. Dort hatte ich später ein WG Zimmer. Dann wollte ich in meiner Gartenhütte leben. Das 1. Gartenprojekt ist 2016 gescheitert, weil ich als Spätfolge vom 1. Unfall einen schweren Darmverschluss hatte, und lange im Krankenhaus lag. Das nächste Gartenprojekt ist wegen dem 2. Darmverschluss gescheitert. ich hab fast das ganze Jahr 2018 im Krankenhaus verbracht. Und war fast tot. Jetzt lebe ich bei Freunden auf einem Hof in Sachsen in einem Wohnwagen. Und dieses Jahr werde ich meinen Lebenstraum umsetzen: Ich werde mit Fahrrad von Dresden nach Hiroshima fahren. Mir wird immer klarer, was der Sinn meines Lebens ist: Mein Leben ist außergewöhnlich.

Meine Erlebnisse und insbesondere meine Lebenserfahrungen sind ein gewaltiger Schatz.

Ich hab viele Fehler gemacht. Aber letztendlich daraus gelernt. Jetzt bin ich mit mir im Reinen.

Und ich hab in den letzten Jahren so nach und nach die weltweiten Zusammenhänge durchschaut.

All das werde ich nach der Rückkehr von meiner Weltreise zusammen mit den Erfahrungen dieser Tour in meiner Autobiografie verarbeiten und für die Nachwelt festhalten.

 Ein "normales" Leben ist für mich persönlich undenkbar. Ich weiß...der "Traum" vieler Menschen ist das Häuschen im Grünen. Einen Lebenspartner und Kinder zu haben.

Für mich wär es "schlimm" wenn ich jeden Tag einer geregelten Erwerbsarbeit nachgehen müsste. Und abends zu Frau und Kindern nach Hause komme, bisschen fernseh gucke & mit den Kindern spiele. Um am nächsten Tag wieder arbeiten zu gehen. Um das Haus halten zu können. Um den jährlichen Urlaub zu finanzieren.

Und samstags Rasen zu mähen.... damit die Nachbarn sehn wie schön man es hat.

An dieser schönen, heilen Familienwelt würde ich kaputt gehen.

Ich brauche grenzenlose Freiheit! Abenteuer, Nervenkitzel, Herausforderungen, das Außergewöhnliche. Ich liebe es, bis an die Grenze des machbaren zu gehen. Oder darüber hinaus.

Ich will Unmögliches möglich machen.

Obwohl ich oft gescheitert bin, hab ich etwas erreicht.

Auch wenn ich keine Kinder in die Welt gesetzt habe.

Auch wenn ich in meinem Leben nur wenige Monate auf Lohnsteuerkarte gearbeitet habe. Auch wenn ich kein Haus und (bewusst) kein schickes Auto mehr habe.

Durch die Umstände von meinem außergewöhnlichen Leben habe ich etwas erreicht, was sonst kaum einer schafft.

Ich hab mich von allen Zwängen und Verpflichtungen befreit. Ich muss nichts mehr. Ich kann. Wenn ich möchte.

Nur deshalb ist es möglich, dass ich mit Fahrrad quer durch Asien bis nach Japan fahren kann.

Ich bin glücklich und zufrieden mit meinem bisherigen Leben und dem was ich jetzt habe.

Am 5. Februar mache ich mir Gedanken, wie ich es schaffe, meinen Traum zu leben. Auch diese Gedanken schreibe ich auf:

Träume nicht dein Leben - Leb deinen Traum *(das soll später der Leitspruch für meine Fahrradreise nach Hiroshima werden)*

Wie schaffe ich es meine Ziele zu erreichen?

- steh auf! Werd selber aktiv. Nicht nur reden. Einfach machen!

- sei selbstbewusst! Jeder Mensch kann etwas schaffen. Wenn er es wirklich will!

- Respektiere das was andere Menschen sagen oder machen. Respekt ist die Grundvoraussetzung für weltweiten Frieden

- denke und lebe bedingungslos

- Gib bedingungslos. Teile das was du hast - Dann bekommst du bedingungslos alles was du benötigst

- bring dich bedingungslos in die Gesellschaft ein. Hilf anderen wo immer es geht

- Leb gewaltfrei. In der Kommunikation, aber auch im handeln

- sei dankbar für das was du hast

- sei zufrieden mit dem was du hast

- sei bescheiden. Konsumiere weniger

- sei authentisch. Verstell dich nicht

- achte darauf, dass deine Worte zu deinen Taten passen

- stell keine Forderungen

- löse dich von allen Zwängen. Wenn das manchmal nicht möglich ist, überleg was du ändern kannst

- hinterfrage alles

- akzeptiere das was du nicht ändern kannst

- sei ehrlich. Zu dir selbst - aber auch zu anderen

- gönne anderen Menschen etwas
- sei mutig!
- leb bewusst!

Jeder Mensch hat sein eigenes Leben selbst in der Hand. Jeder entscheidet selbst wie, und unter welchen Bedingungen er leben möchte.

Wenn du das umsetzt, fügt sich alles andere einfach so zusammen.

Menschen kommen auf dich zu. Menschen bieten dir Hilfe an. Du wirst geliebt, akzeptiert & respektiert.

Am 10. Februar schreibe ich auf, warum ich geldfrei leben will.

Da ich immer wieder gefragt werde, warum ich geldfrei leben möchte:

Ich hatte ja 2 schwere Autounfälle. Und als Folge bin ich seit 20 Jahren Frührentner. Es war ein sehr schwerer und langer Weg diese Rente wegen voller Erwerbsunfähigkeit zu bekommen. Und sie ist sehr niedrig. Ich lebe damit unter dem Existenzminimum. Deshalb hatte ich diversen Ärger mit den Ämtern. Und deshalb hab ich angefangen das System zu hinterfragen. Ich wollte die Welt retten. Ich wollte etwas verändern. Bin dann 2007 in Die Linke eingetreten. Und war schon kurz darauf im Kreisvorstand vom KV Nienburg / Weser. Über Die Linke bin ich zum BGE gekommen. Diese Idee hat mich von Anfang an fasziniert. Ich bin einer der Mitbegründer einer BI für das BGE.

Jahrelang dachte ich, dass ich etwas erreichen kann, wenn ich für Die Linke Wahlkampf mache. Aber erst 2014 hab ich gemerkt, dass das so nicht funktioniert. In Hannover bin ich auf die Montagsdemos und neu gegründete

Mahnwachenbewegung gestoßen. So nach und nach hab ich angefangen, die ganzen weltweiten Zusammenhänge zu verstehen. Ich bin dann aus der LINKEN ausgetreten. Und wollte eine eigene Partei gründen. Mit dem BGE als Kernthema. Ich hab fast alleine ein Parteiprogramm entworfen. Kurz bevor es zur Gründung kam, haben die Mitbegründer das BGE abgelehnt. Damit war das Programm hinfällig. Für mich war die Konsequenz, dass ich sämtliche Parteipolitischen Aktivitäten eingestellt habe. Und zeitgleich hab ich die weltweiten Zusammenhänge und das Geld- und Zinssystem immer mehr hinterfragt. Ich habe erkannt, dass das eigentliche Problem der Menschheit die Zinsen sind. Um das irrsinnige Zinssystem am Laufen zu halten, muss die Wirtschaft immer weiter wachsen. Es muss immer mehr produziert werden. Dafür werden immer mehr Ressourcen benötigt. Um die werden Kriege geführt. usw.

Es geht weltweit immer und überall nur um Macht und Geld für einige wenige auf Kosten der allermeisten anderen. Dieses eine Prozent der Weltbevölkerung gewinnt immer - An den Zinsen, die die anderen 99% bezahlen. Sie gewinnen an den "Lebensmitteln" die uns krank machen, an den Medikamenten, am Krieg, am anschließenden Wiederaufbau, am Irrsinn der Atomenergie genauso wie an der Massentierhaltung oder der Urwaldrodung usw.

Der normale Bürger soll konsumieren und arbeiten. Nebenbei wird er mit dem TV Programm bespaßt. Und die Menschen sollen arm, dumm und krank sein. Und immer in Angst leben. Damit sie besser zu lenken sind.

Den Menschen wird vorgegaukelt, dass sie arbeiten MÜSSEN, um sich was leisten zu können. Alles dreht sich um den Erhalt von Arbeitsplätzen. Die Werbung gaukelt uns vor, was wir alles unbedingt kaufen MÜSSEN. Um was darzustellen, um gut auszusehen, um jung und gesund zu bleiben usw....

In Wirklichkeit dreht sich alles nur um arbeiten & konsumieren. Damit die Wirtschaft immer weiter wachsen kann. DAMIT der Profit für die Bosse im Hintergrund (das 1% der Weltbevölkerung) gesichert ist. Die ja von den Zinsen leben. Und mit ihrem Geld und der damit verbundenen Macht das Weltgeschehen kontrollieren.

Wahlen und Politik sind nur ein Lügengebilde. Politiker in höheren Positionen sind gekaufte Marionetten der Wirtschaftsbosse. Sicher, es gibt sehr viele kleine Kommunalpolitiker die es gut meinen. Die den Menschen wirklich helfen wollen. Aber sie haben keine Chance etwas zu erreichen. Erreichen könnten Politiker nur etwas im Bundestag. Aber wenn ein Politiker dort nicht das durchsetzt, was die Wirtschaftsbosse im Hintergrund vorgeben, wird er ruckzuck "abgesetzt". Er "stolpert" über einen Skandal oder ähnliches.....

Ich hab fast 20 Jahre gebraucht um das zu verstehen. Jetzt weiß ich, dass Wahlen nicht bringen.

Wenn ich als kleiner Bürger etwas erreichen will, etwas verändern will gibt es nur 1 Möglichkeit. Nur wenn ich mich selbst ändere, ändere ich die Welt. Ich selbst hab es in der Hand. Mit meinem Geld kann ich bestimmen, in was für einer Welt ich leben möchte. Ich kann das was ich unterstützen möchte, mit Geld kaufen. Und das was ich nicht möchte, kaufe ich eben NICHT. Wenn ich Massentierhaltung ablehne, kann ich nicht zu McDonald's gehen. Das ist ein Widerspruch!

Ich hab erkannt dass mein Wahlzettel der Kassenbon ist. Und zwar der, der gar nicht erst gedruckt wird. Mit jedem Produkt das ich NICHT kaufe, und NICHT mit Geld bezahle, entziehe ich dem System das Geld!

Deshalb möchte ich so wenig wie möglich konsumieren. Der Konsumverzicht hat natürlich auch noch weitere Vorteile.

Ich fühle mich freier. brauche nicht auf meinen Besitz aufpassen oder ihn versichern. Das Leben ist einfach entspannter und leichter.

Wenn ich weniger Geld ausgebe (brauche) stehe ich weniger unter Druck dieses Geld zu verdienen. Ich muss nicht arbeiten. Ich kann. Und ich arbeite für mich. Ich arbeite, damit ich ein Dach über dem Kopf, und genug zu essen habe. Mehr brauche ich nicht. Vor allem brauche ich keine „Luxusgüter" um anderen zu imponieren, was ich für ein toller Kerl bin.

Geld an sich ist als Tauschmittel eine gute Erfindung. Nur das was die GIER von einigen wenigen daraus gemacht hat, ist nicht mehr gut.

Natürlich ist eine geldfreie Welt (noch) eine Utopie. Aber letztendlich ist es gut und sinnvoll, dass es Utopien gibt. Und Menschen die daran glauben.

Menschen, die daran arbeiten Utopien umzusetzen.

Ich werde eine geldfreie Welt wahrscheinlich nicht mehr erleben. Aber ich möchte mit gutem Beispiel vorangehen. Deshalb möchte ich weitestgehend geldfrei leben.

Ich habe meinen inneren Frieden gefunden

Hier auf dem Hof in dieser tollen und liebevollen Gemeinschaft geht es mir so gut wie nie zuvor.

Ich bin bestens mit allem, was ich brauche, versorgt. Hab tolle Freunde.

Und bin jetzt kurz davor meinen Lebenstraum umzusetzen.

Ich habe für mich selber Frieden gefunden.

In meinem Herzen ist keine Platz mehr für negative Gefühle wie Wut oder Hass.

Erst jetzt kann ich Frieden in die Welt bringen.

Vorbereitungen für meine Fahrradreise nach Hiroshima
Ab März beginne ich mit der konkreten Planung für das größte Abenteuer meines Lebens.   Am 5. März hole ich meinen Reisepass bei der Gemeinde in Halsbrücke ab.

Für den Start peile ich Mitte Juni an. Ich fahre zuhause auf dem Hof los. Allerdings ist Halsbrücke, oder auch Freiberg so klein- das kennt kaum jemand außerhalb von Sachsen. Und ich will die Reise ja veröffentlichen. Also werde ich offiziell in Dresden starten. Da es eine Reise für den Frieden wird, starte ich direkt vor der Frauenkirche in Dresden. Natürlich nehme ich vorher noch an einem Gottesdienst teil.

Ich plane die Route. Überlege durch welche Länder ich fahren kann.

Und ich beginne meine Ausrüstung zusammenzustellen. Fast alles was ich auf meiner letzten Tour dabei hatte, ist komplett untauglich. Insbesondere fehlt mir noch ein Fahrrad.

Außerdem arbeite ich ja immer noch an dem Reisebericht über die Deutschlandtour. Damit wollte ich eigentlich Sponsoren suchen. Aber das hat sich schon erledigt. Die Zeit wird zu knapp.

Dann kommt etwas dazwischen….

Das Corona Virus

Schon Ende Januar bekomme ich am Rande mit, dass es ein neues Virus gibt.

Aber ich gucke ja schon lange kein TV und auch keine offiziellen Mainstream Nachrichten mehr. Die Meldungen die immer öfter in meiner Facebook Timeline auftauchen, ignoriere ich anfangs einfach. Irgendwann werden die Meldungen immer bedrohlicher. Ich befasse mich mit dem Virus. Mir ist von Anfang an klar, dass die Meldungen in den Mainstream Nachrichten völlig übertrieben sind. Allerdings betrifft es mich ja mittlerweile auch schon persönlich. Immer mehr Veranstaltungen werden abgesagt. Länder schließen ihre Grenzen. Ich denke, dass dieses Virus meine Reiseplanung verändern könnte.

Jedes Gespräch dreht sich nur noch um das Virus. Es nervt es mich.

Mitte März will ich nach Niedersachsen. Freunde besuchen. Und zur GFK Tagung in den Lebensgarten Steyerberg. Ich buche schon am 5. März das Quer-durchs-Land Ticket der Bahn.

Am 11. März um 8:30 Uhr ändert sich die Situation. Ich bekomme eine Facebook Nachricht von Heidi. Sie sagt meinen Besuch und auch die Buchungen für die Ferienwohnung ab! Wegen dem Corona Virus! Ich bin fassungslos!

Und rufe beim Hof Schwarzes Moor an. Stephan geht ran. Er bestätigt das, was Heidi geschrieben hatte. Als Vorsichtsmaßnahme haben die beiden beschlossen, bis auf weiteres allen Gästen abzusagen. Ich akzeptiere das so. Bin aber sehr genervt! Diese Nachricht verändert meine ganze Planung. Ab übermorgen wäre ich auf dem Hof gewesen. Die Fahrt nach Niedersachsen hab ich schon gebucht. An diesem Mittwoch überlege ich fast den ganzen Tag, was ich jetzt mache. Ich hab ein Ticket, mit dem ich durch ganz Deutschland fahren kann. Aber weiß nicht wohin. Schreibe Freunde an. Telefoniere... Abends ergibt es sich, dass ich meinem Facebook Freund Jan in Wilhelmshaven übers Wochenende besuche.

Am nächsten Tag bin ich wie jeden Donnerstag bei der Tafel. Im Radio wird gesagt, dass in Sachsen Großveranstaltungen verboten werden. Das würde bedeuten, dass das Onkelz Konzert in Dresden im April auch abgesagt wird.

Abends verfasse ich einen Facebook Post dazu.

„So langsam nervt mich das Corona Virus. Normalerweise ignoriere ich sowas ja. Ich lasse mir auch keine Angst machen.

Und ich lasse mich weder zu Hamsterkäufen verleiten, noch von der allgemeinen Panik anstecken.

Und impfen lassen werde ich mich auch nicht. Weder gegen das Corona Virus, noch gegen irgendwas anderes. Allerdings betrifft es auch mich mittlerweile in immer mehr Lebensbereichen.

Auch in Sachsen wurden heute Großveranstaltungen abgesagt. Dann fällt das Onkelz Konzert in Dresden wohl auch aus...

Und es ist gut möglich, dass dieses Virus meine Tour gefährden könnte. Immer mehr Länder schließen ihre Grenzen....

Aber ich bereite trotzdem erstmal alles weiter vor. Und versuche so lange wie möglich meinen normalen Alltag beizubehalten.

Mich kann eh nichts erschüttern :-)
Wenn es irgendwie möglich ist, werde ich diese Tour machen! Wenn ich nicht im Juni starten kann, dann eben zu einem späteren Zeitpunkt.
Ich sehe es positiv. Dann hab ich mehr Zeit für die Vorbereitungen.
Ich mache aus der aktuellen Situation das Beste was für mich möglich ist. Morgen fahr ich erstmal übers Wochenende nach Wilhelmshaven.
Und dann bin ich nächste Woche in Hannover und dem Kreis Nienburg. Ich hoffe sehr, dass die GFK Tagung im Lebensgarten Steyerberg stattfindet.
In diesem Sinne freue ich mich auf ein tolles Wochenende bei Jan „

Besuch bei Jan

Am Freitag fahre ich nach Wilhelmshaven. Die Züge fahren pünktlich. Und sind fast leer.
Ich verbringe mit Jan eine schöne Zeit am Meer.
Aber auch wir merken die Auswirkungen von dem Virus.
Vieles was wir machen könnten ist nicht möglich. Die geplante Müllsammelaktion wird kurzfristig abgesagt.

Das Virus zwingt mich, meine Reisepläne zu ändern...
Sonntag wird mir klar, dass ich aufgrund der derzeitigen Situation meine Reisepläne ändern muss. Auch Tschechien hat die Grenze nach Deutschland geschlossen.
Ich entscheide mich, den Tour Start auf März 2021 zu verschieben.
Dazu schreibe ich einen Facebook Post:
„Eigentlich wollte ich in 3 Monaten meine Tour nach Asien starten.
Aber ich so wie es aktuell aussieht, werde ich den Start

auf nächstes Jahr im Frühjahr verschieben.
Das ist höhere Gewalt.
Ich sehe es positiv.
So kann ich ganz entspannt meine Ausrüstung zusammen-
stellen. Ich brauche ja noch ein vernünftiges Fahrrad.
Und ich kann in Ruhe den Foto Bericht von meiner Tour
durch Deutschland fertig machen. Und mich um die
Homepage kümmern „

Das Virus nervt mich zwar. Aber ich sehe es eher positiv.
Die Menschen finden wieder zueinander. Und die Natur
erholt sich. Die Menschheit sollte dieses Virus als Chance
für einen Neuanfang sehen. Und ich sehe darin vor allem
die Chance auf eine schnellere Einführung von einem
BGE.

Sonntagabend bin ich bei McFit in Wilhelmshaven. Das
Studio ist fast leer. Die Mitarbeiterin sagt, dass es wahrscheinlich ist, dass die Studios bald geschlossen werden.
Und so ist es…
Ab Montag werden nach und nach Deutschlandweit Geschäfte, Schulen, Gaststätten, Discos und Fitnessstudios
geschlossen. Das öffentliche Leben kommt weitestgehend
zum Stillstand. So etwas gab es noch nie.

Hannover
Ich fahre in fast leeren Zügen nach Hannover. Nachmit-
tags bin ich zum Kaffee bei einer Bekannten. Dann besu-
che ich Meiko, wo ich über Nacht bleibe.
Er ist ja jetzt ehrenamtlicher Fahrer bei der Tafel. Die
Tafel Hannover ist auch geschlossen.
Dienstag fahre ich in den Kreis Nienburg. Mir fällt auf,

dass auf dem Ernst August Platz vor dem Hauptbahnhof relativ normaler Betrieb herrscht. Die Menschen sitzen in den (noch geöffneten) Cafés zusammen.

Kreis Nienburg
Vanessa teilt mir mit, dass die GFK Tagung abgesagt wurde.
Dienstagnachmittag bin ich bei Silke in Uchte. Wir diskutieren über das Virus. Silke nimmt die ständigen Warnungen in den Nachrichten sehr ernst. Sie meint, dass wir alle zuhause bleiben sollten, um das Virus nicht noch weiter zu verbreiten. Genau das wird auch in den Nachrichten immer wieder gesagt. Ich finde es übertrieben.
Abends teilt Vanessa mir mit, dass unser geplanter Amsterdam Urlaub storniert ist. Das Geld bekommen wir zurück.

Die Situation in Deutschland
Die Maßnahmen der Regierung zur Bekämpfung der Krise werden immer drastischer. Großveranstaltungen sind Deutschlandweit verboten. Fast alle Veranstaltungen sind abgesagt oder verboten. Fast alle Geschäfte sind geschlossen, Cafés haben begrenzte Öffnungszeiten, Discos und Clubs sind geschlossen. Das öffentliche Leben ist massiv eingeschränkt. Immer wieder wird an die Bürger appelliert, zuhause zu bleiben.
Mittwoch holt Deborah mich ab. Wir fahren noch einkaufen. Die Supermärkte bleiben geöffnet. Aber in vielen Geschäften sind einige Regale leer. Besonders Klopapier ist überall ausverkauft.
Heute Abend hält Bundeskanzlerin A. Merkel eine TV Ansprache. Sie appelliert an die Bundesbürger: „Es ist

ernst. Nehmen Sie es auch ernst!" Die Kanzlerin fordert die Bürger auf, sich solidarisch zu verhalten, und warnt vor den Folgen bei Missachtung der Corona Krise-Regeln. „Es wird darauf ankommen, wie diszipliniert jeder und jede die Regeln befolgt"

Ich halte es für übertrieben.

Bis Freitag bleibe ich bei Deborah.

Donnerstag telefoniere ich mit Jessica. Die Lebenshilfe hat jetzt auch schlossen.

Meine Arbeitskollegin teilt mir mit, dass die Tafel in Freiberg (noch) geöffnet ist.   Im Internet informiere ich mich über die Entwicklung:

In Bayern gilt in einigen Städten Ausgangssperre. Es ist damit zu rechnen, dass bald in ganz Deutschland Ausgangssperre ist. Weil viele Menschen sich nicht an die Ratschläge halten, soziale Kontakte zu reduzieren. Und sich weiter dicht an dicht in Cafés und den Städten treffen. Jugendliche feiern Corona Partys. Heute Abend (19.März) sind knapp 13.000 Menschen in Deutschland infiziert. Am Freitagmorgen verfolgen Deborah und ich übers Radio und im Netz die neuesten Meldungen zur Corona Krise. In ganz Bayern gilt ab morgen 0 Uhr Ausgangssperre. In Niedersachsen und anderen Bundesländern ist sehr wahrscheinlich auch damit zu rechnen. Morgen (Samstag) wird die Bundesregierung die Lage beobachten. Die Zahl der Infizierten. Aber auch das Verhalten der Menschen. Ob sie sich an die Empfehlung halten und zuhause bleiben. Und dann wird sich Sonntag entscheiden, ob die Maßnahmen ausgeweitet werden. Es ist mit einer bundesweiten Ausgangssperre zu rechnen. Nachmittags gibt es etwa 15.000 Infizierte in Deutschland.

Gegen 15 Uhr holt Vanessa mich ab. Wir fahren zu ihr nach Heidhausen. Wir gucken im TV Nachrichten zum Corona Virus. Um 15:30 Uhr bekomme ich die Benachrichtigung, dass das Onkelz Konzert in Dresden auf den 9. Oktober verlegt wird. Das Ticket behält seine Gültigkeit. Abends sind es knapp 20.000 Infizierte in Deutschland. In Italien und Spanien steigt die Zahl der Toten drastisch an. In Niedersachsen sind Cafés und Restaurants geschlossen. Nur noch Lieferdienste sind erlaubt.
Samstagmittag sind es 21.000 Infektionen in Deutschland. Ich werde morgen schon zurück nach Hause fahren.

Später schreibe ich in einen Facebook Post, was ich über die aktuelle Lage denke:
„Meine persönliche Meinung zur aktuellen Situation:
Ganz Deutschland und fast die ganze Welt befindet sich im Ausnahmezustand. Wir sollten es schon ernst nehmen. Und trotzdem ruhig und gelassen bleiben.
Und wir sollten die Empfehlungen der Bundesregierung beachten. Um das Virus nicht noch weiter zu verbreiten. Es ist wichtig und richtig, in der nächsten Zeit im kleinen Kreis möglichst im Haus zu bleiben, engen Kontakt zu anderen Menschen zu vermeiden. Sinnvoll sind auch Spaziergänge oder Sport in der Natur. Natürlich im kleinen, privaten Kreis. Und einfach mal öfter die Hände zu waschen.
Ein gesundes Mittelmaß an Vorsicht ist jetzt sinnvoll und richtig.
Vieles ist allerdings übertrieben und (bewusste) Panikmache.
Ich lasse mich nicht verrückt machen.

Jetzt in Panik zu verfallen, und sich zu Hause einzuschlie-
ßen ist meiner Meinung nach der falsche Weg. Absolut
überflüssig sind Hamsterkäufe von Klopapier oder Nu-
deln.
Ich gehe davon aus, dass wir ab Montag eine bundesweite
Ausgangssperre haben. Aber das ist dann so. Auch diese
Zeit wird vorüber gehen.
Zur Zeit bin ich noch in Niedersachsen bei Freunden.
Wir sind überwiegend im kleinen Kreis im Haus.
Ich werde morgen (früher als geplant) zurück nach Sach-
sen fahren.
Ich denke, dass das Virus bewusst im Labor gezüchtet
wurde.
Aber zur Zeit geht es um das Leben und die Gesundheit
von vielen Menschen. Schadensbegrenzung ist jetzt wich-
tiger als Schuldzuweisung.
Ja... das Virus nervt mich.
Mir ist aber bewusst, dass es mittlerweile jeden Menschen
betrifft. Und anderen geht es viel schlechter als mir. Viele
meiner Freunde haben jetzt ganz andere Probleme als ein
verschobenes Konzert oder eine abgesagte Veranstaltung.
Und mittlerweile sehe ich die derzeitige Situation positiv.
Die Natur erholt sich. Die Menschen finden wieder zuei-
nander. Die Welt wird entschleunigt. Vielen Menschen
wird jetzt bewusst, dass es so wie bisher nicht weiter ge-
hen kann.
Und diese Krise bietet uns die Chance, ein BGE einzufüh-
ren.
Auch für mich persönlich mache ich das Beste *daraus.*
Ich verschiebe den Start meiner Tour auf März 2021.
Dann hab ich noch mehr Zeit. Und kann mich in Ruhe und
besser darauf vorbereiten.

Ich hab bis dahin mehr Zeit Freunde zu treffen. Und neue
Freunde zu finden. So wie letztes Wochenende in Wil-
helmshaven.
In diesem Sinne wünsche ich euch eine ruhige und mög-
lichst entspannte Zeit.
Bleibt gesund"

Um 20 Uhr gucken wir kurz Nachrichten im TV. Es sind
mittlerweile etwa 21.800 Infizierte. Aber die Menschen in
Deutschland halten sich an die angeordneten Maßnahmen.
Das öffentliche Leben in Deutschland ist weitestgehend
zum Erliegen gekommen.

...wieder in Sachsen
Am Sonntag fahre ich zurück nach Sachsen. Die Züge
sind fast Menschenleer. Es kommt auch niemand um meine Fahrkarte zu kontrollieren.
Nachmittags entsteht eine hitzige Diskussion auf Facebook. Unter meinem Post von gestern. Ein Freund kritisiert mich. Er hat Angst wegen dem Virus. Und wirft mir
vor, dass ich die Lage nicht ernst genug nehme. Und dass
ich immer noch in der Gegend rumfahre. Er findet mein
Verhalten nicht gut.
Gegen 16 Uhr bin ich auf dem Hauptbahnhof Leipzig. So
leer wie heute hab ich diesen Bahnhof noch nie gesehen.
Viele Geschäfte sind geschlossen. Die Stühle hochgestellt.
Es sind nur sehr wenige Menschen unterwegs.
Abends bin ich zurück auf dem Hof. Zuhause ist alles
relativ normal.
Marcus arbeitet normal weiter. Jenny auch. Die Tafel
Freiberg ist weiterhin geöffnet. Ich arbeite ab morgen
wieder ganz normal.

Allerdings wurden heute Nachmittag zur Eindämmung der Corona Pandemie weitreichende Maßnahmen und Einschränkungen bekannt gegeben.

Ab Montag gilt in Sachsen folgendes:

Das Bundesland Sachsen verschärft seine Maßnahmen zur Eindämmung der Corona-Pandemie weiter. Von Montag null Uhr an gilt für den gesamten Freistaat eine Ausgangsbeschränkung. Danach ist das Verlassen von Wohnung oder Haus ohne triftigen Grund untersagt.

- Die Bürgerinnen und Bürger werden angehalten, die Kontakte zu anderen Menschen außerhalb der Angehörigen des eigenen Hausstands auf ein absolut nötiges Minimum zu reduzieren.

- In der Öffentlichkeit ist, wo immer möglich, zu anderen als den unter I. genannten Personen ein Mindestabstand von mindestens 1,5 m einzuhalten.

- Der Aufenthalt im öffentlichen Raum ist nur alleine, mit einer weiteren nicht im Haushalt lebenden Person oder im Kreis der Angehörigen des eigenen Hausstands gestattet.

- Gastronomiebetriebe werden geschlossen. Davon ausgenommen ist die Lieferung und Abholung mitnahmefähiger Speisen für den Verzehr zu Hause.

- Dienstleistungsbetriebe im Bereich der Körperpflege wie Friseure, Kosmetikstudios, Massagepraxen, Tattoo-Studios und ähnliche Betriebe werden geschlossen, weil in diesem Bereich eine körperliche Nähe unabdingbar ist. Medizinisch notwendige Behandlungen bleiben weiter möglich.

Der Weg zur Arbeit, zur Notbetreuung, Einkäufe, Arztbesuche, Teilnahme an Sitzungen, erforderlichen Terminen und Prüfungen, Hilfe für andere oder individueller Sport

und Bewegung an der frischen Luft sowie andere notwendige Tätigkeiten bleiben aber weiter möglich. Auch ehrenamtliche Tätigkeiten sind erlaubt.
Diese Maßnahmen gelten mindestens zwei Wochen.

Für mich ist dieser Montag ein ganz normaler Arbeitstag bei der Tafel in Freiberg. Wir sind heute nur sehr wenige Mitarbeiter. Einige haben sich krank gemeldet. Ansonsten läuft der Betrieb normal. Ausgabe ist ja heute ohnehin nicht. Wir bereiten montags immer für die Dienstags-Ausgabe vor. Ich säubere erstmal die Herren Toiletten. Melde mich freiwillig dafür. Ich reinige und desinfiziere die Toiletten und das Waschbecken sehr gründlich. Und wische den Boden.

Da mein Klapprad gerade kaputt ist, fahre ihr mit Bus nach Hause. Der Fahrkartenverkauf im Bus ist komplett eingestellt. Die vordere Tür ist gesperrt. Das gilt schon länger in ganz Deutschland. Der Busfahrer nimmt mich so mit. Allerdings fährt der Bus einen langen Umweg durch die Stadt bis zum ZOB. Als ich in den Bus nach Halsbrücke einsteige, bittet die Fahrerin mich, dass ich mir am Schalter eine Fahrkarte kaufe. Die kostet 2,20€. Ich fahr bis Halsbrücke. Dort müsste ich etwa 1 Stunde auf den Anschlussbus warten. Dazu hab ich keine Lust. Also gehe ich zu Fuß nach Hause. Ich nutze die Zeit und telefoniere mit Tino. Der ist zuhause in Kurzarbeit. Auch mit Jessica telefoniere ich. Sie ist auch zuhause. Aber wäre sie ja sowieso. Ihr Freund hat jetzt auch frei. Die Lebenshilfe ist geschlossen.

Nachmittags bin ich wieder auf dem Hof. Nico und Lena sind ja jetzt auch hier. Sie haben bis auf weiteres Schulunterricht von zuhause aus. Auch Klausuren schreiben sie zuhause. Und schicken sie per Mail an den Lehrer. Ihre Schule wurde geschlossen.

Mein Leben läuft in den nächsten Tagen fast normal weiter. Von der Ausgangssperre bekomme ich nicht viel mit. Ich bin ja sonst auch meistens zuhause.

Die Ausgabe bei der Tafel läuft fast normal. Es darf allerdings immer nur 1 Kunde zur Zeit rein. Ende März fällt mir auf, dass die Tafel Freiberg jetzt viel mehr Ware bekommt als sonst. Zum einen liegt es daran, dass viele Tafeln im Umkreis geschlossen sind. Und die Ware dann zu uns kommt. Aber wir bekommen auch sehr viel vom Großhandel. Weil ja die Gaststätten geschlossen sind. Das sind Großpackungen, die wir erst portionieren müssen.
Und wir haben weniger Mitarbeiter als sonst. Einige melden sich krank.

Facebook
Ich verbringe sehr viel Zeit auf Facebook. Verfasse Posts und Kommentare zu dem Virus. In der Nacht zu Donnerstag entwerfe ich einen langen Text zum Thema Angst:
"Angst - viele Menschen in Deutschland, aber auch weltweit haben zur Zeit Angst.
Angst vor dem Virus. Aber auch Existenzangst wegen den wirtschaftlichen Auswirkungen von dem Virus.
Ich persönlich sehe die derzeitige Gesamtsituation angstfrei & entspannt.
Eher positiv.
Natürlich ist mir die reale Gefahr bewusst. Und ich nehme das Virus ernst.

Und natürlich verstehe ich, dass die Menschen Angst haben.

Manchmal frage ich mich selber, warum ich in dieser für uns alle schweren Zeit so locker und angstfrei bleiben kann.

Je mehr ich darüber nachdenke, desto klarer wird es mir. Es hat 3 Gründe:

Zum einen ist es meine positive Lebenseinstellung. Ich denke einfach positiv.

Ich sehe in allem das positive. Auch in dem was eigentlich negativ ist. So wie das Virus.

Natürlich rede ich mir nicht einfach Dinge oder Situationen schön, sondern ich versuche die positiven Seiten der negativen Dinge zu erkennen. Das dauert manchmal etwas länger. Deshalb war ich am Anfang bei den ersten Auswirkungen des Virus sehr genervt. Es hat mich geärgert, dass Veranstaltungen ausgefallen sind usw...

Aber mittlerweile habe ich die positiven Seiten von dem Virus entdeckt. Ich merke wie blau der Himmel auf einmal ist. Ich merke, dass immer mehr Menschen anfangen umzudenken. Auch in meinem persönlichen Umfeld. Ich merke, wie ich selber zur Ruhe komme. Und das obwohl sich für mich ja gar nicht so viel geändert hat.

Ich arbeite ja weiter ganz normal bei der Tafel in Freiberg. Und auch hier auf dem Hof ist alles normal und entspannt wie immer.

Zum anderen ist es meine Lebenserfahrung.

Warum sollte ich Angst vor den gesundheitlichen Auswirkungen von dem Virus haben?

Ich war schon mehrmals fast tot. Ich hab viele Monate im Krankenhaus verbracht. Fast alle meine Organe waren bereits unfallbedingt verletzt. Ich hatte 2018 monatelang

einen offenen Bauch und offenen Darm. Wurde monate-
lang künstlich ernährt. Ich wurde im Laufe meines Lebens
etwa 20 Mal unter Vollnarkose operiert. War 1 Monat im
künstlichen Koma. Musste alles neu lernen. Ich weiß, was
Schmerzen sind.

Auch wenn dieses Virus potentiell tödlich ist...ich hab mit
Sicherheit schon schlimmeres erlebt, als das was es an-
richten kann.

Warum sollte ich Angst vor den wirtschaftlichen Folgen
des Virus haben?

Es wird mich sehr wahrscheinlich gar nicht betreffen. Ich
bin ja unfallbedingt Frührentner.

Meine mini Rente ist mir unbefristet sicher.

Und ich lebe sowieso nahezu geldfrei. Ich würde auch
klar kommen wenn das Geldsystem zusammenbrechen
würde.

Außerdem hab ich in meinem Leben schon mehrfach wirk-
liche grundlegende Existenzangst gehabt. Ich hatte schon
mehrmals nichts zu essen. Also richtig Hunger.

Ich weiß, was es bedeutet ohne Strom, ohne Trinkwasser-
anschluss, ohne Heizung zu leben. (Bei - 20 Grad). Ich
hab schon auf der Straße oder mitten im Wald geschlafen.
Jetzt zur Zeit geht es mir hier auf dem Hof in einer tollen
Gemeinschaft richtig gut. Und ich sehe keinen Grund
warum ich wegen dem Virus Existenzangst haben sollte.
Und ein weiterer ebenso wichtiger Punkt für meine Angst-
freiheit:

Ich vermeide weitestgehend negative Nachrichten. Natür-
lich informiere ich mich über die aktuelle Situation. Aber
nüchtern und distanziert. Ich hinterfrage alles.

Und ich gucke z.B. keine Videos.

Einen Fernseher besitze ich seit vielen Jahren nicht mehr.

Ganz klar...das was ich erlebt habe, ist meine eigene Le-
benserfahrung. Es hat mich geprägt.
Diese Erfahrung beeinflusst mein Denken und Handeln in
dieser Zeit
Jeder Mensch hat andere Erfahrungen gemacht. Jeder
Mensch geht anders mit dieser für uns alle neuen Situati-
on um.
Jeder Mensch denkt und handelt anders.
Das ist auch gut so.
Jeder Mensch kann selber entscheiden, was er denkt oder
glaubt.
Und jeder erwachsene Mensch kann selber entscheiden,
wie er handelt.
Jeder ist für seinen eigenen Lebensweg und sein Handeln
selbst verantwortlich.
Denkt mal drüber nach"

Am 27. März mache ich einen langen Spaziergang in der
Nähe vom Hof.

Ich poste Fotos davon bei Facebook. Daraus entwickelt
sich eine hitzige Diskussion. Ein Freund von mir ist offenbar der Meinung, dass ich die derzeitige Situation und
die Gefahr vor dem Virus nicht ernst genug nehme.

Das Virus breitet sich in Deutschland weiter aus. Bundesweit gibt es derzeit 65.191 bestätigte Infektionen 570
Menschen sind gestorben. (Stand: 30. März, 17:25 Uhr)

Die Ausgangsbeschränkungen für Sachsen werden bis
zum 20. April verlängert.

Mein Facebook Post vom 31. März & Eskalation

„Ich hab keine Angst vor dem Virus. Aber es nervt mich immer mehr. Die Ausgangsbeschränkungen nerven mich! Die Angst der Menschen nervt mich. Ich merke wie die Situation in Deutschland, aber auch Weltweit immer verrückter wird. Ich mache mir Sorgen. Am meisten Sorgen macht mir, dass die allermeisten Menschen das alles einfach so hinnehmen. Wie Lämmer auf dem Weg zur Schlachtbank.

Kurz vor Mitternacht schreibe ich einen Facebook Post: „mit welcher Begründung sind die derzeitigen Einschränkungen gerechtfertigt?

Ich verstehe, dass es sinnvoll und richtig ist, ältere und gefährdete Menschen vor dem Virus zu schützen. Aber mit so drastischen Maßnahmen?? Für ALLE Menschen? Das halte ich für übertrieben! Und das soll noch 3 Wochen so weiter gehen??

Es wird gerade ein ganzes Land vor die Wand gefahren! Warum isoliert man nicht einfach nur die Risikogruppe? Und ich frage mich langsam wirklich, warum die meisten Menschen das alles einfach so hinnehmen...

Natürlich denke ich weiter positiv. Sehe die Vorteile, die sich gerade ergeben. Allgemein. Und auch für mich persönlich.

Aber ich bin trotzdem besorgt.

Ich frage mich, was gerade in der Welt vor sich geht... „ Kurz nach der Veröffentlichung kommen die ersten Kommentare. Ich beantworte sie. Es entwickelt sich eine Diskussion über die Kommentare.

Um 2:45 Uhr mach ich genervt das Laptop aus.

Mittwoch, 1. April (Auszug aus meinem Tagebuch)
….

Als ich dann gegen Mittag online gehe, hab ich viele Kommentare auf meinen Post von heute Nacht. Ich beantworte die so nach und nach. Es wird immer mehr. Die Diskussion wird immer hitziger. Meiko klinkt sich ein. Mein ehemaliger Gartennachbar aus Hannover schreibt sehr viel. Er erwähnt, dass er das Virus hatte. Er war damit aber nicht im Krankenhaus. Und nach einigen Tagen war es wieder weg. Ein anderer Freund kritisiert mich. Er greift mich persönlich an. Er erwähnt alte Fehler, die ich gemacht habe. Immer wieder meine Autounfälle unter Alkohol. Ein weiterer Gartennachbar aus Hannover kritisiert mich. Auch er greift mich persönlich an. Wirft mir vor, dass ich mein Leben nicht im Griff habe. Das ich immer rumerzählt hab, dass ich vegan lebe. Ich aber bei Feiern sehr gerne und sehr viel Fleisch gegessen habe. Ich rechtfertige mich. Erkläre, warum ich wieder Fleisch esse. Eine Bekannte klinkt sich ein. Sie ist enttäuscht von mir. Dass ich Fleisch esse. Sie dachte, ich lebe streng vegan. Ich rechtfertige mich wieder. Die Diskussion läuft immer mehr aus dem Ruder. Ich verliere die Nerven. Breche das ab, und geh erstmal ne Runde joggen. Ich bin wütend. Mich kotzt der Virus Irrsinn an!

Um 17:20 Uhr schreibe ich einen Facebook Post dazu:
„Der weltweite Wahnsinn um dieses irrsinnige Virus macht mich krank!
Ich bin einfach nur genervt.
Ab sofort werde ich alles was damit zu tun hat ignorieren.
Das betrifft auch Diskussionen über das Virus.
Ich werde hier auf meinem Profil die Kommentarfunktion für alle Beiträge zum Virus deaktivieren. Auch für diesen Post.

Ich werde normal weiter leben. So weit es in der derzeiti-
gen Situation möglich ist. Das
heißt, ich arbeite normal hier auf dem Hof und bei der
Tafel. Und bereite meine Fahrradtour durch Asien vor.
Ich bitte euch um Verständnis für diesen Schritt. Es ist zu
meinem persönlichen Schutz. In den
nächsten Tagen werde ich wieder mehr raus gehen. Spa-
zieren und joggen in der Natur. Und öfter mal Handy und
Laptop aus lassen. Auch hier auf fb werde ich weniger
Zeit verbringen.
Für normale Gespräche oder auch Diskussionen (gerne
auch zum BGE) bin ich natürlich immer offen"

April 2020 in Sachsen
Auf Facebook poste ich erstmal gar nichts mehr. Einge-
hende Kommentare ignoriere ich. Ich finde allerdings
keine Möglichkeit die Kommentarfunktion für einzelne
Beiträge abzuschalten.
In den nächsten Tagen versuche ich so normal wie möglich zu leben. Ich ignoriere die täglichen Meldungen und
Nachrichten über das Virus. Arbeite in der Baustelle auf
dem Hof und bei der Tafel. Von der Tafel bekomme ich
eine Bescheinigung, dass ich als Mitarbeiter vor Ort benötigt werde, um den Weiterbetrieb zu gewährleisten.
Ich werde allerdings nie kontrolliert.
Im April gehe ich oft in der Natur spazieren.

Am 15. April werden von der Bundesregierung folgende
Maßnahmen beschlossen:
Die im März getroffenen Kontaktbeschränkungen bleiben
weiter gültig und werden bis zum 3. Mai verlängert. Das
schließt auch das Einhalten des Sicherheitsabstands zu

anderen Menschen von 1,5 Meter in der Öffentlichkeit ein.
Der Aufenthalt im öffentlichen Raum ist weiter nur allein,
mit einer weiteren nicht im Haushalt lebenden Person
oder im Kreis der Angehörigen des eigenen Hausstands
erlaubt.
Großveranstaltungen sollen wegen der Corona-Pandemie
bis zum 31. August grundsätzlich untersagt werden – auch
Fußballspiele sind davon betroffen. Konkrete Regelungen,
etwa zur Größe der Veranstaltungen, sollen durch die
Länder getroffen werden.
In öffentlichen Gesundheitsdiensten sollen zusätzliche
Personalkapazitäten geschaffen werden, "mindestens ein
Team von fünf Personen pro 20.000 Einwohner". In be-
sonders betroffenen Gebieten sollen zudem Teams der
Länder und die Bundeswehr hinzukommen. Mit diesen
Maßnahmen sollen Infektionsketten möglichst schnell
erkannt, Tests zielgerichtet durchgeführt und eine voll-
ständige Kontaktnachverfolgung gewährleistet werden.
Um die vollständige Nachverfolgung von Kontakten mit
Corona Virus-Patienten sicherzustellen, soll auch eine
Smartphone-App zum Einsatz kommen. Sobald diese ver-
fügbar ist, sollen möglichst große Teile der Bevölkerung
die Anwendung nutzen, um zu erfahren, ob sie Kontakt zu
einer infizierten Person hatten. Die Nutzung dieser App
soll freiwillig sein.
Deutschland kann derzeit bis zu 650.000 Tests in der Wo-
che durchführen, um Corona Virus-Infektionen festzustel-
len. Je nach Weltmarktlage sollen zusätzliche Kapazitäten
hinzugekauft werden.
Der Bund sichert den Ländern und den kassenärztlichen
Vereinigungen Unterstützung bei der Beschaffung von
Schutzausrüstung zu. Vornehmlich soll diese im Ausland

bezogen werden. Zusätzlich sollen auch im Inland "unter Hochdruck" Produktionskapazitäten geschaffen werden. Dabei ist das Ziel, eine Vollversorgung der Einrichtungen des Gesundheitssystems sowie der Pflege sicherzustellen. Bund und Länder haben das Tragen von Alltagsmasken im öffentlichen Nahverkehr und im Einzelhandel "dringend" empfohlen. Eine generelle bundesweite Maskenpflicht soll es aber nicht geben.

Für Risikogruppen und insbesondere Pflege, Senioren- und Behinderteneinrichtungen müssen nach den "jeweiligen lokalen Gegebenheiten" besondere Schutzmaßnahmen ergriffen werden. Dabei soll der Schutz der Risikogruppen im Vordergrund stehen. Jedoch dürften die Maßnahmen nicht zu einer vollständigen Isolation der betroffenen Person führen. Den Einrichtungen wird empfohlen, externe Sachverständige hinzuzuziehen, um ein spezifisches Konzept zu entwickeln.

Bund und Länder haben vereinbart, dass anstehende Prüfungen und Prüfungsvorbereitungen der Abschlussklassen "nach entsprechenden Vorbereitungen" wieder stattfinden können. Der allgemeine Schulbetrieb in Deutschland soll dann am 4. Mai wieder aufgenommen werden – beginnend mit den Abschlussklassen, den Klassen, die im kommenden Jahr Prüfungen ablegen, und den obersten Grundschulklassen. Zudem wird die Kultusministerkonferenz beauftragt, bis zum 29. April ein Konzept für weitere Maßnahmen vorzulegen.

Geschäfte bis 800 Quadratmeter Verkaufsfläche, Kfz- und Fahrradhändler sowie Buchhandlungen dürfen unter Hygieneauflagen und einer Steuerung des Zutritts wieder geöffnet werden. Zudem sollen sich Friseure darauf vor-

bereiten, ab dem 4. Mai wieder den Betrieb aufzunehmen.
Dabei gelten auch die genannten Schutzmaßen.
Der Besuch von Kirchen, Synagogen, Moscheen sowie
religiösen Festen, Veranstaltungen und Zusammenkünften
bleibt weiter untersagt.
Unternehmen sollen in Deutschland auf Grundlage einer
angepassten Gefährdungsbeurteilung sowie betrieblichen
Pandemieplanung ein Hygienekonzept umsetzen. Dabei ist
unter anderem das Ziel, "nicht erforderliche Kontakte in
der Belegschaft und mit den Kunden zu vermeiden, allge-
meine Hygienemaßnahmen umzusetzen und die Infekti-
onsrisiken bei erforderlichen Kontakten durch besondere
Hygiene- und Schutzmaßnahmen zu minimieren". Wenn
möglich, sollen Unternehmen weiter Heimarbeit ermögli-
chen.
Bund und Länder unterstützen die Wirtschaft dabei, ge-
störte internationale Lieferketten wiederherzustellen.
Dafür werden für betroffene Unternehmen entsprechende
Kontaktstellen eingerichtet, die auf politischer Ebene
dazu beitragen sollen, dass die Herstellung und Lieferung
benötigter Produkte wieder problemlos erfolgt.
Es gilt weiterhin die Aufforderung, auf private Reisen
sowie den Besuch von Verwandten zu verzichten. Das gilt
sowohl für Auslandsreisen als auch für überregionale
Tagesausflüge im Inland. Die weltweite Reisewarnung
wird aufrechterhalten. Hotelübernachtungen sind weiter-
hin nur für notwendige und ausdrücklich nicht touristi-
sche Zwecke möglich. Für Personen, die in Deutschland
einreisen, wird weiter eine zweiwöchige Quarantäne an-
geordnet, ausgenommen sind Pendler und Berufsreisende.
Bund und Länder wollen in enger Abstimmung mit den
Krisenstäben der Länder für besonders vom Corona Virus

betroffene Gebiete schnell abrufbare Unterstützungsmaß-
nahmen bereitstellen. Damit soll auf die regionale Dyna-
mik bei der Verbreitung des Virus besser reagiert werden
können. Dazu gehöre auch, dass umfassende Beschrän-
kungen in den betroffenen Gebieten aufrechterhalten be-
ziehungsweise nach zwischenzeitlicher Lockerungen kon-
sequent wieder eingeführt werden sollen. Im Einzelfall
soll es möglich sein, die "Mobilität in die besonders be-
troffenen Gebiete hinein und aus ihnen heraus" einzu-
schränken.
Der Bund sichert deutschen Unternehmen sowie interna-
tionalen Organisationen bei der Impfstoffentwicklung
gegen SARS-CoV-2 ihre Unterstützung zu. Sobald ein
Impfstoff verfügbar ist, sollen schnellstmöglich Impfdosen
für die gesamte Bevölkerung bereitstehen.
Der Bund kündigt den Aufbau einer SARS-CoV-2-
Datenbank an. Dabei sollen mit Unterstützung von For-
schungseinrichtungen von Bund und Ländern stationäre
Behandlungen dokumentiert und ausgewertet werden. Ein
wichtiger Punkt ist dabei die Bestimmung der Immunität
der Bevölkerung gegen den Erreger. "

Für mich ändert sich nichts. Ich bin überwiegend zuhause.
Und 2 Mal die Woche bei der Tafel.
Am 16. April wird für Sachsen eine Maskenpflicht ab
Montag beschlossen. In öffentlichen Verkehrsmitteln und
beim Einkauf soll eine Maske getragen werden. Ab dem
27. April gilt diese Maskenpflicht für ganz Deutschland.
Ich bekomme von der Tafel eine Maske. Die ich aller-
dings nur sehr selten trage.
Mir macht zunehmend Sorgen, dass bald ein Impfstoff
gegen das Virus gefunden wird. Und dass Bill Gates dann

die ganze Weltbevölkerung impfen will. Ich befürchte, dass dann grenzüberschreitendes Reisen ohne Impfnachweis nicht mehr möglich sein wird.

Ich werde mich niemals wieder gegen irgendetwas impfen lassen. Weder gegen Grippe noch gegen dieses Virus!

Das würde allerdings meine Reisepläne ernsthaft gefährden.

Nach der Facebook Diskussion halte mich aber mit Äußerungen zum Virus zurück.

Ich ignoriere es weitestgehend.

Nicole

Über Facebook lerne ich Nicole kennen.

Am 15. Mai bin ich das erste Mal wieder mit der Bahn unterwegs. Ich fahr nach Magdeburg zu Nicole. Wir verbringen einige sehr schöne Tage miteinander.

Tiffy wird eingeschläfert

Anschließend fahr ich weiter nach Anderten.

Meiner ehemaligen Katze Tiffy geht es sehr schlecht. Am 21. Mai fahr ich zu meinen Freunden nach Anderten. Und besuche sie nochmal.

Am 22. Mai wird Tiffy eingeschläfert. Diese telefonische Nachricht macht mich sehr traurig...

Tiffy war das wichtigste Tier in meinem Leben. Ich hing sehr an ihr...

Gut Steimke

Ich fahr weiter nach Uslar. Dort verbringe ich einige
schöne Tage bei Torsten auf dem Gut Steimke.

Landkreis Nienburg
Auch im Landkreis Nienburg besuche ich Freunde.
Außerdem Silke und ihre Familie.
Mit Freunden bin ich im Klosterwald in Loccum unter-
wegs

Pfingsten 2020
Über Pfingsten besucht Nicole mich auf dem Hof in Sachsen. Wir verbringen eine sehr schöne Zeit miteinander.

Geldfrei leben
Eines meiner Ziele ist es, möglichst komplett geldfrei zu
Leben.
Ein Schritt dahin ist das Kauf-nix-Jahr.
Am 3. Juni verfasse ich einen Facebook Post zu meinem
bisher erfolgreichen Kauf-nix-Jahr:
„heute ist der 3. Juni 2020
Anfang des Jahres hatte ich spontan beschlossen das Jahr
2020 für mich zu einem Kauf-Nix-Jahr zu machen.
Das heißt, ich möchte mir dieses Jahr keine Konsumgüter
kaufen, die in meinem Besitz verbleiben. Jetzt ist fast die
Hälfte des Jahres rum. Und ich hab es bis heute geschafft.
Ich hab dieses Jahr noch nichts gekauft. Nur Lebensmittel
und Bahnfahrkarten.
Warum mache ich das?
Ich möchte das Geldsystem nicht mehr mit meinem Geld
unterstützen.
Ich habe erkannt, dass ich durch das was ich kaufe (oder
eben nicht kaufe) und mit Geld bezahle, Einfluss darauf

habe, in was für einer Welt ich leben möchte.
Der Kassenbon (der nicht gedruckt werden muss) ist mein
Wahlzettel.
Letztendlich ist meine Vision komplett geldfrei zu leben.
Zuhause im normalen Alltag ist das für mich fast möglich.
Geld benötige ich nur noch, um am gesellschaftlichen
Leben teilzuhaben. Wenn ich unterwegs bin und Freunde
treffe.
Wenn ich dauerhaft auf dem Hof lebe, und bei der Tafel
arbeiten würde, wäre es für mich tatsächlich möglich,
geldfrei zu leben.
Aber auf Dauer ist das nicht meine Vorstellung vom Le-
ben. Ich will was "erleben" Freunde treffen... Und vor
allem etwas von der Welt sehen....
Sobald ich mit der Bahn nach Niedersachsen zu meinen
Freunden fahre, gebe ich Geld aus.
Sobald ich nach Dresden, Leipzig, Hannover oder Mag-
deburg fahre, um Freunde zu besuchen, zu MC Fit zu
gehen... oder einfach so in die Stadt, gebe ich Geld aus.
Ich will mich nicht mehr aufopfern, um die Welt zu retten!
Und dann ist da ja noch mein Traum... Dieses Fernweh...

Reisepläne
Mir wird immer klarer, was ich wirklich will.
Ich will grenzenlos frei sein! Ich will endlich meinen Le-
benstraum umsetzen!
Ich will mit dem Fahrrad nach Hiroshima fahren.
Der Beginn meiner Reise wird in Dresden sein.
Eigentlich wollte ich schon Mitte Juni losfahren. Hab den
Start aber wegen dem Virus auf Frühjahr 2021 verscho-
ben. Aber die weltweite Lage wird nicht besser. Im Ge-
genteil. Ich denke, dass man ohne Impfnachweis in ab-

sehbarer Zeit nicht mehr so einfach grenzüberschreitend reisen darf. Ich kann nicht mehr warten. Wenn ich nicht bald starte, kann es zu spät sein....

Zweifel

Aber trotzdem habe ich immer wieder Zweifel....

Ich frage mich, ob ich es wirklich machen soll... ob ich es schaffen kann, alleine eine so weite Strecke mit dem Fahrrad zu fahren. Bis nach Hiroshima sind es etwa 20.000 km.

Kann ich mitten in der Corona Zeit eine Weltreise machen?

Kann ich einfach so ins ungewisse starten? Und dafür alle Sicherheiten aufgeben?

Ich frage mich, ob mein Traum es wert ist, alles aufzugeben.

Ich habe tolle Freunde. Im Kreis Nienburg. In Hannover. Aber auch hier in Sachsen. Mir macht meine ehrenamtliche Tätigkeit bei der Tafel Spaß.

Ich lebe auf einem tollen Hof in einer super tollen Gemeinschaft.

Und jetzt bin ich kurz davor, mich wieder auf eine feste Beziehung einzulassen....

Ich bin zufrieden. Lebe so wie ich es immer wollte. Am System vorbei. Hier auf dem Hof nahezu geldfrei. Bin trotzdem, dank meiner Freunde und der Tafel, bestens mit allem was ich brauche versorgt....

Besser geht es nicht.

Trotzdem ist es kein vollkommenes Glück.

Da ist noch mein Traum... und diese Sehnsucht... Fernweh...

Tagelang überlege ich hin und her...

Die Entscheidung

Am 27. Juni treffe ich eine Entscheidung.

Ich will meinen Traum leben! Dieser Traum ist mir wichtiger als alles andere…

Wichtiger als jede Sicherheit.

Dann sollte ich es auch machen… einfach machen!

Ich entscheide mich für die Reise.

Ich weiß, dass ich es schaffen kann! Ich glaube an mich… an meine Fähigkeiten.

Und ja…Es ist auch in dieser Zeit möglich. Weil ich es wirklich will!

Ich mache es einfach! *(Dieser Satz ist seit meiner Entscheidung für die Reise einer der Leitsätze für mein Leben)*

Im Nachhinein weiß ich, dass diese Entscheidung die beste Entscheidung meines Lebens war.

Ich lebe meinen Traum.

Jetzt habe ich meinen inneren Frieden gefunden.

Die Umsetzung von meinem Lebenstraum beginnt

Ich möchte möglichst bald starten.

Da ich aber im August noch Zahnarzt Termine habe, geht das frühestens Ende August. Ich peile den 28. August an. Das wäre der frühestmögliche Termin. Dann kann ich am Sonntag, 30. August nach dem Gottesdienst in Dresden an der Frauenkirche starten.

Zunächst informiere ich Marcus und Jenny über meine Pläne. Dann ausgewählte Freunde.

Mit dem Beginn der eigentlichen Reisevorbereitungen ist es allerdings nicht mehr möglich geldfrei zu leben. Aber das ist dann so. Ich setze Prioritäten. Und bevor ich die Welt retten kann, sollte es mir selbst gut gehen.

Ich verkaufe meine Karte für das Onkelz Konzert
Da das Onkelz Konzert ja auf Oktober verschoben wird, verkaufe ich schweren Herzens meine Konzertkarte über die extra eingerichtete Verkaufsplattform.
Diese Entscheidung fällt mir sehr schwer.
Aber ich setze Prioritäten Und die oberste Priorität ist meine Reise nach Hiroshima.

Die Ausrüstung
So nach und nach stelle ich mir eine bessere Ausrüstung zusammen. Da ich als Frührentner nur sehr wenig Geld habe, besteht meine Ausrüstung überwiegend aus gebrauchten Dingen. Vieles bekomme ich geschenkt.
Auf der Probefahrt hatte ich ein einfaches Baumarkt Zelt. Es war komplett untauglich. Und hat die Probefahrt nicht überstanden.
Zelt
Ich tausche meinen Wasserfilter gegen ein neues Zelt für meine Fahrradreise.
Nico empfiehlt mir das Lightent 2 von Ferrino.
Ein Freund sucht gerade einen Wasserfilter. Ich schlage ihm ein Tauschgeschäft vor. Marcus erneuert noch die Filter. Damit ist der wieder neuwertig.
Ich bekomme das Zelt dafür.
Durch diesen Tausch habe ich geldfrei einen entscheidenden Ausrüstungsgegenstand für meine Reise bekommen.

Ich baue es probeweise hinter dem Wohnwagen auf. Und schlafe eine Nacht darin.

Schlafsack
Auf der Probefahrt hatte ich einen einfachen, geschenkten Schlafsack.
Für die eigentliche Reise entscheide ich mich für meinen etwa 40 Jahre alten Bundeswehrschlafsack. Den habe ich schon seit meiner Jugend. Hab ihn irgendwann mal gebraucht auf dem Flohmarkt gekauft.
Rucksack
Wie auch auf der Probefahrt verwende ich meinen großen Bundeswehrrucksack.

Ich brauche ein Reiserad...
Das wichtigste fehlt mir noch. Ein Fahrrad. Erst wenn ich das habe, kann die eigentliche Planung beginnen.
In den nächsten Tagen kümmere ich mich intensiv um ein vernünftiges Fahrrad. Ich sehe keine andere Möglichkeit, als es (gebraucht) zu kaufen. Tagelang sitze ich am Laptop und Google nach Fahrrädern. Ich überlege zeitweise sogar, mir ein neues zu kaufen. Aber erstens kann ich mir das nicht leisten. Und zweitens würde ein neues Fahrrad gegen meine Konsumprinzipien verstoßen.
Nach langer Suche finde ich bei Ebay Kleinanzeigen ein gebrauchtes Reiserad.
Allerdings ist der Versand nicht möglich. Also werde ich es aus Göttingen abholen. Und das mit meinem Abschiedsbesuch in Niedersachsen verbinden.

Reiseplanung

Ich möchte für Frieden und Völkerverständigung von Dresden nach Hiroshima fahren.

Zunächst fahre ich vom Hof aus nach Dresden.

Dort starte ich offiziell vor der Frauenkirche. Und fahre erstmal nach Tschechien. Dann über Österreich nach Ungarn. Dort möchte ich am Plattensee überwintern. Nächstes Jahr fahre ich über Serbien und Griechenland in die Türkei. Dann Iran. Wahrscheinlich über Pakistan oder Afghanistan nach Indien. Und weiter in Richtung China. Dann mit dem Schiff nach Japan. Bis zu meinem Ziel Hiroshima sind es etwa 15.000 km. Ich plane etwa 2 Jahre ein. Pro Tag möchte ich etwa 50 km fahren.

Abschiedsbesuch in Niedersachsen

Am 10. Juni fahre ich mit Nico nach Hannover. Er fährt weiter, und lässt mich dort nur raus. Ich nehme diesmal mein Klapprad nicht mit, da ich mir ja das Reiserad kaufen möchte.

Zunächst verbringe ich ein Wochenende bei Meiko.

"Wir wachen auf - Hannover" Demo

Am 11. Juni bin ich mit Meiko auf der "Wir wachen auf - Hannover" Demo.

Wir treffen einige bekannte Friedensaktivisten aus der Mahnwachenbewegung. Darunter unseren Freund Marcel.

Ich bekomme eine Anzeige, weil ich mich weigere eine Maske zu tragen.

Später schreibe ich einen Facebook Post dazu:

„Auf der "Wir wachen auf - Hannover" Demo hatte ich eben ein interessantes Erlebnis mit der Polizei.

Ich hab mich bewusst der Anweisung zum Tragen von einer Maske widersetzt.

Ich wurde freundlich von der Polizei angesprochen und auf die Maskenpflicht hingewiesen.

Freundlich, aber bestimmt habe ich den Polizisten erklärt, dass ich das nichtmöchte. Die Polizei hat meine Personalien aufgenommen.

Ich hab eine Ordnungswidrigkeit begangen. Das ist dann so.

Wenn ich Post bekommen sollte, werde ich dagegen öffentlichkeitswirksam vorgehen. Nur so funktioniert es. Ich mache noch lange nicht das was alle machen."

(Ich habe nie Post in dieser Angelegenheit bekommen. Das bestätigt meine Einstellung. Wenn man etwas wirklich will, schafft man es auch – gegen jeden Widerstand)

Abschied von Tanja

Am Sonntag besuche ich meine langjährige Freundin Tanja. In ihrem Garten machen wir uns einen schönen Nachmittag. Der Abschied von Tanja ist sehr schwer...

Mein Reisefahrrad

Am 13. Juli fahr ich mit der Bahn nach Göttingen. Um das Fahrrad abzuholen.

Es ist ein etwa 10 Jahre altes, 26er Winora Reiserad mit 16- Gang Nexus Nabenschaltung. Der Verkäufer wohnt in der Nähe vom Bahnhof. Ich guck mir das Rad kurz an. Fahre es probe. Und kaufe es für 300€. Dann nehme ich es in der Bahn mit und fahr wieder zurück nach Hannover. Auf dem Ernst- August Platz, der ja für mich Symbolcharakter hat, mache ich Fotos. Und ich schreibe einen Facebook Post:

„Ich hab mir heute ein gebrauchtes Reise Rad für meine Asientour gekauft.

Damit ist es jetzt an der Zeit, den Starttermin bekannt zu geben.

Ich werde am Freitag, den 28. August bei uns auf dem Hof in Halsbrücke / Sachsen los fahren.

Der offizielle Start ist Sonntag, 30 August 2020 nach dem Gottesdienst vor der Frauenkirche in Dresden.

Diese Fotos auf dem Ernst-August- Platz in Hannover hab ich genau an der Stelle gemacht, an der im Frühjahr 2014 die Montagsmahnwachen für Frieden und Völkerverständigung stattfanden. Die hab ich ja damals teilweise mit organisiert und mit gestaltet.

Im Übrigen ist dieses Fahrrad der 1. Gebrauchsgegenstand, den ich mir dieses Jahr gekauft und mit Geld bezahlt habe."

Anschließend fahre ich mit der Bahn weiter in den Kreis Nienburg.

Abschied von Freunden

Ich verbringe 2 schöne Tage bei Deborah und ihrer Familie.

Dann fahre ich zu Vanessa. Der Abschied von meiner besten Freundin fällt mir sehr schwer....

Ich bin traurig, meine Besten Freunde für lange Zeit nicht zu sehen.

Aber ich bin mir sehr sicher, dass wir uns wiedersehen... irgendwann...

Von Vanessa aus fahre ich noch für ein paar Tage nach Uchte zu meiner Schwester und ihrer Familie. Auch der Abschied von meinen Neffen fällt mir sehr schwer....

Mir ist irgendwie bewusst, dass ich sie erst wieder sehen werde, wenn sie erwachsene Männer sind…

Am 19. Juni fahre ich mit meinem Reiserad quer durch den Landkreis Nienburg. Unterwegs treffe ich zufällig Sven. Er hat ja vor etwa 25 Jahren mal bei uns im Haus in Liebenau zur Miete gewohnt. Zu der Zeit, als ich mein erstes Auto hatte.
Ich fahre durch Liebenau. Noch einmal ans Grab von meiner Mutter und meiner Oma.
Vorbei an meinem ehemaligen Haus. Es ist jetzt komplett umgebaut, und sieht ganz anders aus…Der Käufer hat fast alles rausgerissen, was ich in jahrelanger Arbeit mühsam aufgebaut hatte… Das tut weh…. Diesen Anblick kann ich nicht lange ertragen…. Ich fahr schnell weiter.
Auf meinem Arbeitsweg zu der Werkstatt von Wolfram. Hier ist alles nahezu unverändert. Und so vertraut… Auch das tut weh. Ich habe viele Jahre sehr gerne bei Wolfram gearbeitet. Der Abschied von Wolfram fällt mir richtig schwer…
Dann fahr ich weiter. Wie so oft in meiner Kindheit und Jugend… durch die Marsch nach Nienburg. Bis nach Schessinghausen. Zu meinem besten Freund Tino. Wir kennen uns ja schon sehr lange. Noch aus der Zeit als ich meinen Capri hatte. Hier übernachte ich.
Am nächsten Tag verabschiede ich mich auch von Tino und seiner Familie.

Fahre mit Fahrrad zurück nach Nienburg. Und dann mit der Bahn nach Wilhelmshaven.

Besuch bei Jan

Ich besuche Jan. Der hat jetzt einen Garten. Dort verbringe ich mit ihm und seinen Freunden einige tolle Tage. Unter anderem fahren wir mit dem Paddelboot auf dem Ems-Jade-Kanal.

Am 25. Juni verabschiede ich mich auch von Jan und seinen Freunden.

Besuch bei Dany

Jetzt fahr ich mit der Bahn über Hamburg nach Itzehoe. Und dann mit Rad weiter zu einer Freundin. Dany kenne ich schon etwa 12 Jahre. Wir haben uns sehr lange nicht gesehen. Sie macht Internetradio. Morgen möchte sie mit mir eine Sondersendung machen. Abends bereiten wir gemeinsam die Sendung vor.

Meine Fahrradreise nach Hiroshima bei Radio Drachenblut

An diesem Sonntag machen Dany und ich von 10 – 13 Uhr eine gemeinsame live Sendung bei Radio Drachenblut. Ich hab ja auch jahrelang Internetradio gemacht. Hab also durchaus eine gewisse Sendeerfahrung. Trotzdem ist es am Anfang ungewohnt, nach so langer Zeit mal wieder on air zu sein… Aber schon nach kurzer Zeit werde ich lockerer. Es geht in dieser Sendung nur um mich und die Umsetzung von meinem Lebenstraum! Die Musikauswahl ist sehr rockig. Genau nach meinem Geschmack. Ich bin in meinem Element! Zwischen den Liedern berichte ich über meine Fahrradreise nach Hiroshima.

Ich weiß, dass einige meiner Freunde mir zuhören.

Am nächsten Tag verabschiede ich mich von Dany und Hans.

Dann fahr ich mit der Bahn zurück nach Sachsen.

Nach über 8 Stunden Zugfahrt und 6 mal umsteigen bin ich spät abends wieder Zuhause.

Der Reisebericht meiner Deutschland Tour 2019
Nach monatelanger Arbeit ist es am 9. Juli soweit. Ich habe auf 860 Seiten ein nachträgliches Foto-Tour Tagebuch von dieser Tour erstellt. Ich verschicke diese Datei zunächst an ausgewählte Freunde.
Unmittelbar danach fange ich an, meine Homepage zu erstellen.

Der letzte Monat in Deutschland
Innerhalb von einem Monat erledige ich die letzten Dinge in Deutschland. Kümmere mich um Formalitäten. Schließe eine Auslandskrankenversicherung ab. Beende meine Zahnarztbehandlungen.
Ich kündige meinen ehrenamtlichen Job bei der Tafel.

Fahrrad Vorbereitung
Das Reiserad überhole ich komplett, und baue vorne einen zusätzlichen Gepäckträger an. Ein Freund schickt mir gute Gepäcktaschen. Sie werden kurz vor dem Start geliefert.
Da ich auf der Probefahrt erhebliche Probleme mit der Stromversorgung hatte, lege ich darauf besonderen Wert. Und kaufe mir zusätzlich zu dem kleinen von der Probefahrt noch ein großes Solarpanel. Außerdem sind 2 Dynamos am Fahrrad.
Damit werden 4 Powerbanks geladen.

Zur Navigation dient zunächst ein gebrauchtes Teasi One^2 Fahrradnavi.

Ich bestelle die letzten Sachen im Internet. Unter anderem ein gebrauchtes Tablet.
Mein Laptop lasse ich zuhause.

Meine Homepage
Außerdem arbeite ich tage- und nächtelang mit Hochdruck an der Erstellung meiner Homepage. Kurz vor dem Start dieser Reise ist sie online.
Ich beginne mein Reisetagebuch. Das veröffentliche ich auf meiner Homepage im Blog. Und auch bei Facebook.

Auch auf dem Hof erledige ich die letzten arbeiten.
Ende August bin ich startklar für das größte Abenteuer meines Lebens.

Vor der Abreise (Ausschnitte aus meinem Tagebuch)
August 2020
....
Sonntag, 23. August
In 1 Woche fahr ich los.
Mein Fahrrad ist technisch startklar. Ich baue die Gepäcktaschen an. Packe Zelt, Schlafsack und Iso Matte auf. Das Fahrrad fährt sich auch beladen richtig gut. Es liegt sicher und stabil auf der Straße. Lässt sich gut lenken.
Ich imprägniere die Ausrüstung und stelle sie bereit.
Morgen ist mein letzter Arbeitstag bei der Tafel.
Dann werde ich die Taschen packen.

Ich erledige letzte Formalitäten. Kündige fast alle Verträge. Bis auf meine Mitgliedschaft bei McFit. Das lasse ich erstmal weiter laufen. Da ich es ja auch im europäischen Ausland nutzen kann.

Und ich schließe eine Auslandskrankenversicherung ab.
,
Zuhause stehen noch letzte Tätigkeiten an. Den Wohnwagen ausräumen und putzen.

Meine persönlichen Sachen werden auf dem Dachboden eingelagert.

Freitagmorgen fahr ich Zuhause los. Abends bin ich in Dresden. Eine Übernachtungsmöglichkeit hab ich dort auch schon.

Sonntag starte ich offiziell nach dem 11 Uhr Gottesdienst vor der Frauenkirche.

Ich informiere Radio Dresden und die Sächsische Zeitung über den Start meiner Fahrradreise von Dresden nach Hiroshima.

Montag, 24. August - Der letzte Arbeitstag bei der Tafel

Um 5:45 Uhr klingelt der Wecker. Ich dusche. Dann wasche ich mein Geschirr ab. Lass die Hühner raus und füttere sie. Ich frühstücke heute Brot.

Ralf hat mir geschrieben. Er freut sich, wenn ich ihn Sonntag kurz besuchen komme. Um 8 Uhr fahr ich mit dem Reiserad nach Freiberg. Ab 9 arbeite ich. Von Margitta bekomme ich ein Stück selbstgemachten Kuchen. Sie hatte Geburtstag. Ich bin erst kurz im Lager. Dann helfe ich in der Küche. Morgens kommt Hannelore, um sich von mir zu verabschieden. Sie hat mir eine wunderschöne Karte geschrieben. Und einen Geldschein reingelegt.

Sabrina empfiehlt mir einen Friseur in Freiberg. Ich rufe da an. Bekomme für morgen 9:30 Uhr einen Termin. Zum Mittag macht Moni Tortellini.

Um 11:30 Uhr bekomme ich eine traurige Nachricht. Petra schreibt mir, dass meine ehemalige Hündin Dipsy gestern gestorben ist.

Um 13:15 Uhr ist Feierabend. Ich nehme einige Lebensmittel für die Tour mit.

Im Park mache ich Pause und telefoniere mit Petra. Sie sagt mir dass es Dipsy gestern ganz schlecht ging. Und dass sie sie abends einschläfern lassen mussten. Um sie zu erlösen. Dann rufe ich Jessica an. Ich sage ihr das mit Dipsy. Tino erreiche ich nicht.

Ich fahr kurz zur Volksbank. Hebe Geld von meinem Konto ab. Dann fahre ich nach Hause. Kurz bevor ich da bin, springt die Kette ab. Ich lege sie wieder rauf. Um 14:45 Uhr bin ich zuhause.

Ich packe die Sachen von der Tafel aus. Dann schreibe ich Tagebuch. Zwischendurch telefoniere ich mit Tino. Dann schreibt Dany mir. Sie bereitet die Sendung für Sonntag vor und braucht Songs von Syndicate. Sie will meinen Start in Dresden live übertragen. Um 17:20 Uhr ist mein Tagebuch auf dem neuesten Stand. Später stelle ich das, was ich mitnehmen will, auf der Plane zusammen. Für ein Foto.

Um 18 Uhr kommen Syndicate zur Bandprobe.

Nachdem ich das Foto gemacht habe, fange ich an, die Taschen zu beladen. Das ist sehr aufwendig. Und das Rad wird sehr schwer. Als es dunkel wird, verlege ich es in die Scheune. Zwischendurch befestige ich den Ständer neu. Die Tasche am Lenker ist schon kaputt. Beide Seitentaschen sind eingerissen. Ich schneide sie kurzerhand ab.

Als alles beladen ist, mache ich eine kurze Probefahrt. Das Rad ist wirklich sehr schwer. Und lässt sich sehr schwer lenken.

Etwa um 0:30 Uhr mache ich Feierabend. Ich schreibe dann noch einen Facebook Post zum Tod von Dipsy. Und einen neuen Blog Beitrag.

Bis ich im Bett bin, ist es 2:30 Uhr. Ich schlafe im Schlafsack.

Dienstag, 25. August

Um 7 Uhr klingelt der Wecker. Ich wasche mich am Waschbecken. Lass die Hühner raus und füttere sie. Frühstücke schnell Müsli mit etwas Obst und Joghurt.

Um 8:30 Uhr fahre ich mit dem beladenen Fahrrad los. Ich merke schnell, dass ich vorne viel zu viel Gewicht habe. Ich komme die Steigungen nicht hoch. Muss schieben. Es ist sehr anstrengend. Ich brauche sehr lange bis nach Freiberg. Bin um 9:30 Uhr erst in Freiberg. Rufe kurz beim Friseur an. Sage, dass ich etwas später da bin. Dann verfahre ich mich noch. Bis ich da bin, ist es 9:50 Uhr. Die Friseuse meint, das es eigentlich zu spät ist. Aber ausnahmsweise macht sie das noch. Sie wäscht meine Haare. Und schneidet sie. Es kostet 25,50€. Anschließend fahr ich zu Charlotte. Sie gibt mir die einlaminierte Zeichnung von der Friedenstaube. Wir verabschieden uns. Dann fahre ich noch zu Kristian. Er gibt mir einen kleinen Kaffeekocher. Ich kaufe noch ein paar Kleinigkeiten ein und fahre zurück zum Hof. Es ist mit dem beladenen Fahrrad sehr schwer. Um 12:30 Uhr bin ich zuhause. Schreibe erstmal Tagebuch. Ab 13:30 Uhr befasse ich mich mit dem Fahrrad. Ich packe die vorderen Taschen wieder aus. Sichte und reduziere die Sachen. Lasse einige BW Jacken zuhause. Dann räume ich die Schränke vom

Wohnwagen aus. Verstaue Sachen auf dem Fahrrad. Aber achte darauf, vorne weniger Gewicht zu haben. Räume meine privaten Sachen aus dem Wohnwagen. Verstaue das, was ich nicht mitnehme in Kartons. Bring die auf den Dachboden. Später sichte und sortiere ich meine Lebensmittel im Apfellager. Was ich nicht mehr mitkriege, lasse ich hier. Verstaue noch einiges auf dem Fahrrad. Etwa um 20:30 Uhr ist das Rad Startklar. Ich erhöhe den Reifenluftdruck auf 3 Bar und mache eine kurze Probefahrt. Es fährt sich viel besser.

Später esse ich noch einen Salat. Dann will ich einen Beitrag für meinen Blog schreiben. Aber ich bin zu müde, und breche das ab. Etwa um Mitternacht putze ich Zähne. Bis ich im Bett bin, ist es 0:30 Uhr.

Mittwoch, 26. August

Heute schlafe ich länger. Es ist der letzte richtig ruhige Tag vor meiner Reise. Ich verbringe ihn überwiegend in meinem Wohnwagen. Entspanne mich. Genieße die Ruhe. Ich mach nichts besonderes. Chatte mit Freunden. Und schlafe früh.

Donnerstag, 27. August

Um 5:20 Uhr klingelt der Wecker. Ich wasche mich am Waschbecken. Frühstücke ganz schnell Brot.

Ich lasse die Hühner raus und füttere sie.

Um 6:30 Uhr fahr ich nach Halsbrücke zum Zahnarzt. Schon nach kurzer Zeit stelle ich fest, dass das Rad immer noch zu schwer ist.

Um 7 habe ich den letzten Zahnarzttermin. Die Füllung ist schnell gemacht.

Nach dem Zahnarzt fahre ich nach Freiberg. Zum Obi. Ich kaufe Spanngurte. Einen guten Ratschen Zurrgurt, WD

40, und Flickzeug. Auf der Rückfahrt reißen meine Banner teilweise ab. Die Löcher waren zu weit am Rand.

Gegen Mittag bin ich zurück auf dem Hof.

Nachmittags lade ich das meiste von meinem Gepäck wieder ab. Ich lasse vieles Zuhause. Reduziere Gepäck und damit Gewicht. Ich lasse die ganze obere Tasche weg. Belade das Rad neu. Und zurre alles richtig fest. Ich befülle den Wasserkanister. Auch den zurre ich richtig fest. Ich belade das Rad komplett. Und achte darauf, das Gewicht nach hinten zu verlagern. Ich erhöhe nochmal den Reifenluftdruck. Auf 4 Bar. Das ist der maximal zulässige Druck. Das Rad steht sogar auf dem Ständer. Ich mache eine kurze Probefahrt. Es fährt super gut. Sogar bergauf. Und es lässt sich leicht lenken.

Dann will ich es für die Fotos wieder auf den Ständer stellen. Der knickt ab! Ich überlege kurz...dann gucke ich bei den Schrotträdern in der Scheune, ob da zufällig noch ein Ständer ist den ich verwenden kann. Ich hab Glück. Am letzten Rad in der Ecke ist ein Doppelständer. Den baue ich ab, putze ihn. Und baue ihn an mein Rad. Das Rad steht damit sehr sicher. Meine Banner befestige ich neu.

Um 18:40 Uhr ist mein Rad startklar. Ich bin Stolz auf mich. Mache kurz ein paar Fotos.

Dann erledige ich auf dem Hof die letzten Dinge. Sammle Pflaumen auf. Lagere die letzten persönlichen Sachen auf dem Dachboden ein. Räume den Wohnwagen aus und putze ihn. Wasche Wäsche. Bis ich mit allem fertig bin, ist es weit nach Mitternacht. Ich schreibe noch kurz einen Tagesbericht im Blog.

Um 2:30 Uhr schlafe ich.

Morgen beginnt ein neuer Lebensabschnitt für mich. Ich bin gespannt, was mich erwartet.
Ich bin grenzenlos frei...

. ...

An dieser Stelle endet die Zusammenfassung meiner bisherigen Lebensgeschichte.

Die folgenden Erlebnisse beschreibe ich in den Büchern über meine Fahrradreise von Dresden nach Hiroshima.

Frank Zunk

Über dieses Buch

Ich habe dieses Buch nach bestem Wissen und Gewissen verfasst.

Alle im beschriebenen Ereignisse sind tatsächlich passiert. Allerdings kann ich mich an einiges nicht mehr genau erinnern. Durch fehlende Unterlagen konnte ich manche Ereignisse nicht mehr genau- und im zeitlichen Zusammenhang wiedergeben.

Dem Aufmerksamen Leser mag der Unterschiedliche Schreibstiel aufgefallen sein.

Das liegt daran, dass ich die Texte über einen langen Zeitraum, und unter teilweise schwierigen Umständen verfasst habe.

Angefangen habe ich 2016 in Hannover,

Einen Großteil habe ich während der schlimmsten Zeit meines Lebens geschrieben. 2018 im Krankenhaus Hannover. Bei der Endkorrektur habe ich diese Texte weitestgehend im Original gelassen. Damit es authentisch ist.

Nach dem Krankenhausaufenthalt habe ich eine längere Schreibpause eingelegt.

Ich war ja auf meiner Deutschlandtour. Und mit den Vorbereitungen für meine Fahrradreise nach Hiroshima beschäftigt.

Während dieser Reise habe ich die Arbeiten an meiner Autobiografie fortgesetzt.

Auf einen tollen Campingplatz in Antalya / Türkei habe ich weitere Texte geschrieben.

Und dann, am 03. Juni 2022 in einem Hostel in Batumi / Georgien die Schreibarbeiten abgeschlossen.

Die Arbeiten am Layout sowie die Rechtschreibprüfung verzögerten sich immer wieder.
Erst dieses Jahr habe ich mein 2016 begonnenes Lebenswerk in Indien fertig gestellt.
Im Januar 2024 wird dieses Buch veröffentlicht.

Eventuelle Rechtschreib- und Formfehler sind ein Zeichen dafür, dass dieses Buch kein Massenprodukt von der Stange ist. Es ist authentisch - Aus dem Leben.

Frank Zunk,
Chundiayawara, Rajasthan / Indien
Am 21. Oktober 2023

Danke

An dieser Stelle möchte ich mich bei den Menschen bedanken, die mir im Laufe meines Lebens immer wieder geholfen haben:

Meiner Besten Freundin Vanessa Apel.
Meiner langjährigen Freundin Tanja Schicke
(Lüpkemann)
Meinem Besten Freund Tino Kirk
Wolfram Schäfer
Marcus Weigend

In dankbarer Erinnerung an Emanuel Kirk.

ISBN 978-3-7584-5815-6

www.epubli.com